Inscriptions Campanaires Du Département De L'isère...

Georges Vallier, Gustave Vallier

INSCRIPTIONS

CAMPANAIRES

DU

DÉPARTEMENT DE L'ISÈRE

RECUEILLIES, ANNOTÉES ET ILLUSTRÉES

PAR

G. VALLIER

MEMBRE CORRESPONDANT DE LA SOCIÉTÉ FRANÇAISE D'ARCHÉOLOGIE

ET DE PLUSIEURS AUTRES SOCIÉTÉS SAVANTES

MONTBÉLIARD

IMPRIMERIE P. HOFFMANN

1886

INSCRIPTIONS CAMPANAIRES

DU

DÉPARTEMENT DE L'ISÈRE

Tiré à 200 Exemplaires

dont 40 sur papier Hollande et 160 sur papier ordinaire

	pap. Holl.	pap. ordiu
Souscrits numérotés	23	112
Exemplaires réservés	8	14
Dans le commerce	9	34
	40	160

№ 169

CET EXEMPLAIRE APPARTIENT

à la Société Royale de numismatique
de Belgique .

PIÈCES DIVERSES

PAR

GUSTAVE VALLIER

TOME X.

PIÈCE CONTENUE DANS CE VOLUME

———

Inscriptions campanaires du département de l'Isère. — Mont-béliard, P. Hoffmann, 1886.

INSCRIPTIONS
CAMPANAIRES

DU

DÉPARTEMENT DE L'ISÈRE

RECUEILLIES, ANNOTÉES ET ILLUSTRÉES

PAR

G. VALLIER

MEMBRE CORRESPONDANT DE LA SOCIÉTÉ FRANÇAISE D'ARCHÉOLOGIE
ET DE PLUSIEURS AUTRES SOCIÉTÉS SAVANTES

MONTBÉLIARD
IMPRIMERIE P. HOFFMANN
1886

Tout exemplaire de cet ouvrage, non revêtu de la signature de l'auteur, sera repulé contrefait.

————————

J. Vallès

LISTE DES SOUSCRIPTEURS

Papier Hollande.

5. — S. A. R. LE PRINCE PHILIPPE DE SAXE-COBOURG ET GOTHA, à Vienne (Autriche).

MM.

6. — ALLEGRET (ADRIEN), à Die (Drôme).
7. — ANSELME-MARIE (le R. P. général), à la Grande-Chartreuse (Isère).
8. — AUDIFFRET (le Mis D'), trésorier-général, à Lille (Nord).
9. — BELLET (l'abbé CHARLES), à Tain (Drôme).
10. — BLANCHET (AUGUSTIN), manufacturier à Rives (Isère).
11. — BOUCHAGE (le Vte ROBERT DE GRATET DU), à Perpignan (Pyrénées-Orientales).
12. — BOUCHARDON (GUSTAVE), à Bonnevaux (Isère).
13. — CHABRIÈRES (MAURICE), trésorier-général à Lyon (Rhône).
14. — CHAPER (EUGÈNE), ancien député de l'Isère, à Grenoble (Isère).
15. — DÉRIARD (LOUIS), manufacturier à Rive-de-Gier (Loire).
16. — DUPONT-DELPORTE (le Bon HUGUES), à Grenoble (Isère).
17. — FÉVRIER (le général de division VICTOR), à Châlons (Marne).
18. — GRENOBLE (la Bibliothèque de), (Isère).
19. — GRENOBLE (la Ville de), (Isère).
20. — KLÉBER (ALPHONSE), manufacturier à Rives (Isère).
21. — MARCIEU (le Mis DE), au château du Touvet (Isère).
22. — MORIN-PONS (HENRY), banquier à Lyon (Rhône).
23. — QUINSONAS (le Cte EMMANUEL DE), Chanay (Ain).
24. — TERREBASSE (HUMBERT DE), au château de Terrebasse (Isère).
25. — VALLIER (FERDINAND), à Grenoble (Isère).
26. — VAULSERRE (le Mis DE CORBEAU DE), à St-Albin-de-Vaulserre (Isère).
27. — VERNA (le Bon JOSEPH DE), au château de Verna (Isère).

1 à 4 et 28 à 31. — Nos réservés.

Papier ordinaire.

MM.

41. — ALLARD DU PLANTIER (Antoine), à Voiron (Isère).
42. — ARCHIVES DÉPARTEMENTALES DE L'ISÈRE, à Grenoble (Isère).
43. — ARCHIVES DÉPARTEMENTALES DES HAUTES-ALPES, à Gap (H^tes Alpes).
44. — ARRAGON (Charles), ingénieur civil à Lyon (Rhône).
45. — ARRAGON (Joseph), au Pont-de-Beauvoisin (Isère).
46. — ASTIER (Mme Veuve Alphonse), à Bourg-St-Andéol (Ardèche).
47. — AUVERGNE (l'abbé J.-A.), chanoine de la Cathédrale, à Grenoble (Isère).
48. — BABOIN (Henri), ancien député de l'Isère, à Lyon (Rhône).
49. — BARATIER (Emile), libraire à Grenoble (Isère).
50. — BERTHIN (Eolde), propriétaire à Beaurepaire (Isère).
51. — BERTRAND (Mme Veuve Eugène), à Grenoble (Isère).
52. — BÉTHOUX (l'abbé), vicaire à la Motte-d'Aveillans (Isère).
53. — BIBLIOTHÈQUE DE LYON, à Lyon (Rhône).
54. — BIBLIOTHÈQUE DU PALAIS DES ARTS, à Lyon (Rhône).
55. — BIZOT (Ernest), architecte, à Vienne (Isère).
56. — BLANCHET (Paul), manufacturier, à Rives (Isère).
57. — BOUCHAGE (l'abbé Léon), aumônier des Religieuses de St Joseph, à Chambéry (Savoie).
58. — BOURG (Félix du), au château de Franquières (Isère).
59. — BRICHAUT (Auguste), ingénieur civil, à Paris (Seine).
60. — BURDET (Amédée), conseiller-honoraire à la Cour d'appel, à Grenoble (Isère).
61. — BURDET (Mlle Marie), à Grenoble (Isère).
62. — BURDIN aîné, fondeur de cloches, à Lyon (Rhône).
63. — CARRA, chanoine-honoraire, curé-archiprêtre de Beaurepaire (Isère).
64. — CASIMIR-PÉRIER, député de l'Aube, à Paris (Seine).
65. — CHALON (Renier), membre de l'Académie royale, président de la Société belge de numismatique, à Bruxelles (Belgique).
66. — CHAMPOLLION-FIGEAC (Aimé), à Vif (Isère).
67. — CHARVAT (J.-F.-A. de), propriétaire et maire, à St Barthélemy-de-Beaurepaire (Isère).
68. — CHARVET (Gratien), ancien magistrat, à Grenoble (Isère).
69. — CHEVALLIER (l'abbé Alf.-Adolphe), curé à Cuisles (Marne).
70. — CLERMONT-TONNERRE (le duc de), à Ancy-le-Franc (Yonne).
71. — COLOMB (Victor), à Valence (Drôme).
72. — COLONNA-STIGLIANO (le prince Ferdinando), membre de la Commission municipale de Naples pour la conservation des monuments, à Naples (Italie).

73. — COOLIDGE (le Révérend W.-A.-B.), Magdalen College, à Oxford (Angleterre).

74. — COTE (Auguste), ancien libraire, à Grenoble (Isère).

75. — CROLLALANZA (le Commandeur J.-B. de), à Pise (Italie).

76. — CUMONT (Georges) avocat à la Cour d'appel, secrétaire de la Société royale belge de numismatique, à Ixelles-Bruxelles (Belgique).

77. — CUNIT (Mme Veuve Elisa), à Grenoble (Isère).

78. — DAIGUENOIRE (J.), propriétaire à Voiron (Isère).

79. — DELVIGNE (l'abbé Adolphe), curé de St Josse-ten-Noode, à Bruxelles (Belgique).

80. — DEMOLE (Eugène), Conservateur du Cabinet numismatique, à Genève (Suisse).

81. —   Idem.   idem.   (un second exemplaire).

82. — DESCHAMPS-DE-PAS (Louis), Correspondant de l'Institut, à St-Omer (Pas-de-Calais).

83. — DOUGLAS (le Cte), au château de Montréal (Ain).

84. — DUMANOIR (Georges), à l'Etang, près Voiron (Isère).

85. — DURAND (Charles), à Chambéry (Savoie).

86. — DURAND (Paul), à Bletterans (Jura).

87. — EYSSERIC (St Marcel), à Sisteron (Basses-Alpes).

88. — FARNIER (Ferdinand), fondeur de cloches à Robécourt (Vosges).

89. — FAVA (Mgr. Amand-Joseph), évêque de Grenoble, à Grenoble (Isère).

90. — FEUVRIER (l'abbé), chanoine honoraire, curé doyen de Montbéliard (Doubs).

91. — FINETTE (Joanny), licencié en droit, à Lyon (Rhône).

92. — FRANCLIEU (le Baron Emilien de), au château du Vieux-Colombier, près le Péage-de-Roussillon (Isère).

93. — GALBERT (le Cte Alphonse de), à Risset (Isère).

94. — GALBERT (le Vte Raymond de), à la Buisse (Isère).

95. — GIRARDIN (l'abbé Pierre), curé de Varces (Isère).

96. — GRATTIER (Alexandre), libraire, à Grenoble (Isère).

97. — GRÉAU (Julien), à Paris (Seine).

98. — GUEYFFIER (Abel-Augustin), à Bressieux (Isère).

99. — GUIMET (Emile), Musée Guimet, à Lyon (Isère).

100. — HÉLIE (l'abbé Marius), Vicaire de St Bruno, à Voiron (Isère).

101. — HUET-POMPÉE (l'abbé d'), curé-archiprêtre du Pont-de-Beauvoisin (Isère).

102. — JOCTEUR-MONROZIER (J.-B.-Alphonse), ancien député de l'Isère, à Châtonnay (Isère).

103. — JOURDAN (Clément), ancien député de l'Isère, à Anjou (Isère).

104. — JUVIN (le Docteur Jh), à Grenoble (Isère).

105. — KLÉBER (Alexandre), manufacturier, à Rives (Isère).

106. — KLÉBER (Gaston), manufacturier, à Rives (Isère).

107. — LAGIER (l'abbé A.), curé de Blandin (Isère).

108. — LALANDE (J.), proviseur honoraire, maire de Sens (Yonne).

109. — LALANDE (Jh André), avoué à Valence (Drôme).

110. — LAUGIER (Jh Fois), Conservateur du Cabinet des Médailles, à Marseille Bouches-du-Rhône).

111. — LAURIÈRE (Jules de), à Paris (Seine).

112. — LOMBARD DE BUFFIÈRES (le Bon), au château de Milliassière, à Siccieu (Isère).

113. — MASIMBERT (Adolphe), avocat à Grenoble (Isère).

114. — MICHAL-LADICHÈRE (Henri), manufacturier à St Geoire (Isère).

115. — MIÉDAN-GROS (l'abbé Vital), chanoine de Tarentaise, à Moûtiers (Savoie).

116. — MONTALIVET (Georges de), à Paris (Seine).

117. — MOREL (Louis-Barthélemy), à Andancette (Drôme).

118. — MAIGNIEN (Edmond), Conservateur de la Bibliothèque de Grenoble (Isère).

119. — MURINAIS (la Mse de), au château de Murinais (Isère).

120. — MUSÉE ARCHÉOLOGIQUE CANTONAL DE VAUD, à Lausanne (Suisse).

121. — NOVEL (Emilien), ancien conseiller à la Cour d'appel, à Grenoble (Isère).

122. — NUGUES-BOURCHAT (l'abbé Jh), curé-archiprêtre de Vif (Isère).

123. — OLIVECRONA (Knut d'), conseiller à la Cour suprême du royaume de Suède, membre-correspondant de l'Institut de France, à Stockholm (Suède).

124. — PACCARD (Georges et Francisque), fondeurs de cloches à Annecy-le-Vieux (Hte-Savoie).

125. — PALLIAS (Honoré), rentier à Lyon (Rhône).

126. — PENET (Félix), à Grenoble (Isère).

127. — PÉRIER (Georges), banquier à Grenoble (Isère).

128. — PERRIN (Joseph), rentier à Montferra (Isère).

129. — PERROSSIER (l'abbé Cyprien), curé de Parnans (Drôme).

130. — PETIT (l'abbé A.), curé de St Antoine (Isère)

131. — PIOLLET (Fx-Albert), Substitut du Procureur-Général, à Grenoble (Isère).

132. — PRA (l'abbé Ml-Jh), curé-archiprêtre de St Maurice, à Vienne (Isère).

133. — PROMIS (le Chev. Vincenzo), bibliothécaire du Roi, à Turin (Italie).

134. — REBOUD (Alexandre), avoué à St Marcellin (Isère).

135. — REVEL DU PERRON (le Cte Armand-F.-M.-J. de) à St Geoire (Isère).

136. — REY (Amédée), à Paris (Seine).

137. — RICHARD-BÉRENGER (Edmond), conseiller général de l'Isère, à Paris (Seine).

138. — RIVIÈRES (le Bᵒⁿ EDMOND DE), au château de Rivières (Tarn).
139. — ROCHAS-AIGLUN (EDOUARD DE), Inspecteur des forêts, à Digne (Basses-Alpes).
140. — ROCHER (ALEXANDRE), à la Côte-Sᵗ-André.
141. — ROUSSILLON (l'abbé ANTOINE), curé-archiprêtre de Sᵗ Marcellin (Isère).
142. — ROUSSILLON (le Docteur Jᵇ), au Bourg-d'Oisans (Isère).
143. — SAINT-ROBERT (C. DE), à Paris (Seine).
144. — SARAZIN (l'abbé MARIE), curé de Trilport (Seine-et-Marne).
145. — SIZERANNE (le Cᵗᵉ Lˢ-FERNAND MONIER DE LA), ancien député de la Drôme, à Paris (Seine).
146. — TAILLEBOIS (EMILE), Inspecteur de la Société française d'Archéologie, à Dax (Landes).
147. — TEISSEIRE (LÉONCE), ancien magistrat, à Grenoble (Isère).
148. — TEYSSIER-PALERNE DE SAVY (JULES), à Jarrie (Isère).
149. — VAILLANT (Vᵗᵉ-JULES), à Boulogne-sur-Mer (Pas de-Calais).
150. — VALFONS (le Mⁱˢ DE), à Nîmes (Gard).
151. — VALLENTIN (LUDOVIC), juge à Montélimar (Drôme).
152. — VIRIEU (LA Mⁱˢᵉ DE), au château de Pupetières (Isère).
153 à 166. — Nᵒˢ réservés.

MONTBÉLIARD, IMP. P. HOFFMANN.

A Monsieur G. G... ..., ancien magistrat.

Qui n'entend qu'une cloche n'entend qu'un son

Mon cher Gustave,

A qui, mieux qu'à un ancien magistrat qui savait écouter le pour et le contre, pourrais-je dédier un livre armé d'une pareille épigraphe?.. Ce livre, du reste, n'est pas mon œuvre personnelle. Au temps de notre jeunesse, il est né de nos causeries, ou plutôt de mes longues et amusantes pérégrinations et de tes incessantes mais amicales railleries ; malgré elles, il a pris forme, et, sous une apparence futile, il s'est transformé en œuvre sérieuse. Mécène, par son goût éclairé, mérita que son nom devint le type du protecteur judicieux ; je veux que le tien, modestement voilé, en devienne le synonyme et que, sous l'égide de l'amitié et avec le ferme espoir qu'il me sera tenu compte des difficultés de ma tâche et des obstacles surmontés, le fruit de mes patientes recherches passe à la postérité la plus reculée !..

Permets-moi donc, en signe de reconnaissance et d'amitié, d'inscrire ton nom sur ce premier feuillet. Je n'ai jamais eu de collaborateurs, et je ne suis point fâché de m'en associer un tel que toi. Je ne te demande, pour toute marque de gratitude, que de ne pas m'adresser ces vers d'un poëte :

> *Persécuteurs du genre humain,*
> *Qui sonnez sans miséricorde,*
> *Que n'avez-vous au cou la corde*
> *Que vous tenez en votre main.*

Ton vieil ami.

G. Vallier.

PRÉFACE.

Il y a bien longtemps, [1] *—. les jours passent si vite, que ce souvenir me semble dater d'hier seulement, — il y a bien long-temps que j'avais recueilli les inscriptions de cloches de notre département de l'Isère... Je n'avais oublié ni le grand désastre de la fin du dernier siècle, ni l'indifférence dans laquelle on avait jusqu'alors vécu au sujet de ces inscriptions ; et, songeant aux hommes dont les noms auraient dû traverser les siècles sur un métal quasi impérissable, je me rappelais ces mots du psalmiste :* Periit memoria eorum cum sonitu, et Dominus in æternum permanet (*Ps. IX, v. 7-8).*

Si, avant 1789, *un homme avait eu l'idée d'entreprendre ce travail de bénédictin, beaucoup de gens apprécieraient mieux*

---

(1). *Cela remonte à l'année* 1857, *année du Congrès de la Société fran-çaise d'archéologie à Grenoble. Une des questions du programme fut celle-ci :* Y a-t-il d'anciennes cloches dans le département ? *Et il fut répondu* qu'il est rare de trouver des cloches d'une date antérieure au XVIe siècle. Les guerres de religion sont une des causes principales de la destruction de ces cloches. On a cité la cloche d'Amblagnieu qui porte la date de 1526.
Et voilà tout.
Ce fut alors que l'idée première de ce recueil me vint à la pensée.

l'utilité de recueillir ces détails, en apparence *peu importants à connaître aujourd'hui, mais dont l'intérêt ne saurait être mis en doute pour les générations d'historiens qui succéderont à la nôtre, et qui auront bien le droit d'être étonnées du peu de cas qu'ont fait nos pères de ces épaves de notre histoire locale. Prises isolément, ce n'est pas grand'chose, il est vrai ; réunies en un* Corpus Inscriptionum, *cela devient un monde !....*

Aussi, avais-je médité d'écrire l'histoire de chacune des cloches survivantes ou de celles qui avaient remplacé les victimes du Temps ou des Révolutions, de l'accompagner de notes sur l'église à laquelle elles appartenaient, de rappeler les titres à la mémoire de la postérité des grands personnages ou des simples particuliers dont les noms figuraient sur leur panse d'airain, et, par ceux des curés ou recteurs qu'elles rappelaient aussi quelquefois, de contribuer peut-être à compléter les listes des anciens desservants de nos cités et de nos villages. — Je voulais.... Mais à quoi bon parler des châteaux en Espagne de ma jeunesse, maintenant qu'il ne m'est plus possible de les réaliser !

J'aurais rêvé aussi de joindre à ce recueil celui des inscriptions campanaires de la Drôme et des Hautes-Alpes ; or, j'avais employé six ans à faire ma récolte dans le seul département de l'Isère !...

Bernardus valles, Benedictus colles amabat,
Oppida Franciscus, magnas ignatius urbes.

Mais si Bernardins, Bénédictins, Franciscains et Jésuites eussent été flattés de voir mes courses aboutir à chacune de leurs préférences, il n'en est pas moins certain que je ne pouvais plus songer à entreprendre un pareil labeur pour ces deux départements. L'histoire de notre province y aurait gagné assurément, car bien des noms de famille sont communs à ces trois fractions de la patrie dauphinoise. Le temps m'a manqué ; mais n'est-ce pas quelque chose déjà que d'avoir pu aborder et réaliser un travail de cette nature pour un seul département ? Près de 1400 inscriptions de cloches, depuis les plus anciennes jusqu'à celles de l'âge présent, — peut être plus curieuses encore que leurs aînées par certains côtés que mes lecteurs saisiront certainement, — ne sont pas une petite affaire.... J'ai montré la voie. Que mes confrères du voisinage suivent mon exemple dans leur région respective !....

Sans donc oublier le passé, je suis fermement persuadé que si mes belles intentions n'ont pu, sur quelques points, recevoir même un commencement d'exécution, il me reste néanmoins un devoir à accomplir: celui de publier purement et simplement les textes recueillis par moi.... De plus jeunes arrivent, à qui, pour la plupart du moins, ils feraient forcément défaut par la grande destruction ou refonte des cloches qui a été faite et se pratique de plus en plus depuis près d'un siècle ; ils pourront peut-être les consulter avec fruit, et je dois me montrer satisfait d'avoir pu, avant de mourir, rendre au moins ce petit service à l'histoire de mon pays. Dès lors, mon but doit se borner à rectifier, au moyen de quelques notes, les erreurs si fréquentes commises par les fondeurs de cloches, à donner de sommaires notices sur les principaux noms des parrains, curés ou autres fonctionnaires qui s'y trouvent, à éclairer selon mes moyens les textes cités dans les inscriptions, etc. etc., mais, tout cela, de la manière la plus brève possible pour ne pas charger outre mesure les pages destinées à la reproduction des inscriptions campanaires, et aussi parce que mes forces ne me permettraient pas de faire mieux maintenant.

Je dois encore prévenir mes lecteurs, — ou plutôt ceux qui trouveront quelque intérêt à feuilleter ce recueil ou à le consulter, — que j'ai reproduit fidèlement les inscriptions qu'il renferme, telles que je les ai relevées sur les cloches mêmes, ayant eu rarement recours à des tiers, si ce n'est pour le Supplément que j'ai jugé nécessaire de joindre à mon travail, et ne m'en rapportant qu'à moi-même de ce soin.. C'est le cas d'ajouter que, si je puis répondre de l'exactitude des textes relevés par moi, il n'en est plus de même pour ceux qui m'ont été communiqués. Il y aura là plus d'une erreur, plus d'un oubli, plus d'un manque d'attention à relever. Tout le monde ne voit pas et ne comprend pas de la même façon. J'ai eu, malheureusement, plus d'une fois l'occasion d'en faire la triste expérience.

Evidemment, je ne pouvais avoir la prétention de faire fabriquer spécialement pour cette publication des caractères, des signes et surtout des ornements conformes *à ceux des différents siècles où ces cloches ont été fondues. J'ai dû me contenter de ceux que m'offraient les ressources de l'imprimeur. Cet inconvénient ne changera rien, heureusement au sens des inscriptions, et j'y suppléerai de mon mieux par quelques explications ou substitutions descriptives.*

On ne refera certainement pas ce travail après moi, en bloc du moins; mais il sera très probablement repris en sous-œuvre par les écrivains qui s'occuperont de certaines localités de notre département, et qui, j'en suis persuadé, trouveront à ajouter beaucoup de choses à celles que j'aurai pu consigner moi-même dans les notes placées au bas du plus grand nombre des inscriptions de nos cloches, si toutefois ils ne détruisent par de meilleurs renseignements ceux que j'ai cru pouvoir avancer, ou n'y relèvent quelque erreur dans ceux qui m'ont été communiqués de bonne foi et que j'ai acceptés de même.

Qu'il me soit permis de former un vœu : c'est qu'au siège épiscopal de chaque diocèse, il soit établi une Commission des Inscriptions et Belles-lettres *analogue à celle de l'Institut, mais avec la seule mission de réviser toute inscription destinée à un monument religieux ou à un objet mobilier du culte, et, en particulier, celles qui doivent être placées sur les cloches.*

Non que je réclame pour elle le droit de rien changer au fond.

Ce qui constitue essentiellement une inscription de ce genre appartient au curé, au donateur, au parrain, et leur pensée doit être respectée. Mais je voudrais que cette commission reçût la charge d'imprimer à ces rédactions du premier jet, mal digérées pour la plupart, la forme qui trop souvent leur fait défaut. Elle s'entendrait à cette effet avec leurs auteurs, et, leur faisant comprendre ce qu'il y a trop souvent de grotesque ou de fâcheux dans leurs conceptions, elle leur fournirait le moyen d'éviter certaines formules que je ne puis spécifier autrement dans cette préface. Je l'ai dit dans le prospectus de ma publication : loin de moi la pensée de faire des personnalités, et le lecteur intelligent saisira le sens de mes paroles sans que j'appuie plus fortement sur les énormités que je vise et contre l'abus desquelles je ne saurais trop m'insurger.

J'ai parlé de fâcheuses conceptions à éviter.... Je ne retire pas le mot. Mes lecteurs me comprendront, quand ils auront vu, de leurs yeux vu, à quels excès peuvent conduire certains mobiles de vanité, d'envie ou de jalousie de voisinage, dans quels abus de langage on peut être entraîné par des besoins imaginaires ou factices, dont le dernier mot n'est autre que celui de. l'amour-propre, mais qui, la plupart du temps, se dissimulent sous le voile d'une gratitude exagérée, d'une politique *particulière où la fin ne justifie pas toujours les moyens;.... et, en fait des choses de la religion, il faut y regarder à deux fois avant de les employer. A ces hommes, il faudrait encore ajouter ces faiseurs d'inscriptions dont la simplicité d'esprit, pour ne pas dire l'ignorance, et dont la bonhomie ont pu leur persuader que les écarts de leur plume étaient des chefs-d'œuvre, alors même qu'ils sont le plus dépourvus d'idées... Ils sont nombreux : on pourra s'en assurer. Que d'idées maladroitement conçues, en effet, que de grossière et inexcusable ignorance des plus simples règles de la poétique, depuis cette femme d'un haut fonctionnaire du département, che-*

valier de la légion d'honneur, marraine, *jusqu'à ces alexan-*
drins pompeux que leurs auteurs n'ont pas dû toujours comprendre,
ou auxquels, par une hardiesse particulière, ils ont donné de six
à quinze pieds !!!...

C'est pour eux surtout que la révision de ces textes mal équi-
librés s'impose par l'établissement de la commission que j'appelle
de mes vœux les plus ardents, et dont l'urgence et la nécessité
sauteront aux yeux de tous.

Une autre observation que je crois de circonstance.

Une inscription doit s'adresser au public, à la foule qui passe,
aux ignorants comme aux érudits. A quoi bon, sur la panse de
la plus modeste cloche comme sur le fronton d'un arc triomphal,
se servir de caractères qui n'ont plus de valeur pour personne ?
Je serais curieux de savoir si les Romains, que nous voulons
toujours imiter, ont jamais eu l'idée de placer des inscriptions
grecques ou puniques sur des temples ou sur des piédestaux de sta-
tues élevés en Italie, et, réciproquement, — si ce n'est lorsque leur
langue fut devenue la langue universelle, — des inscriptions latines
sur les monuments élevés chez les Egyptiens ou chez les Grecs ?
Au moyen âge, alors que le latin était le langage officiel et que les
idiomes locaux étaient un obstacle à ce qu'on se comprît de province
à province, l'emploi de cette langue était chose fort sensée, rai-
sonnable et même indispensable ; mais, à dire vrai, nous sommes
quelque peu ahuris, quand, de nos jours, nous nous heurtons contre
une inscription latine écrite en caractères gothiques, dont tout le
monde ne connaît pas les mystères, ou en un latin tel qu'on se
demande si Virgile ou Cicéron, avec la meilleure volonté du monde,
consentiraient à le reconnaître comme leur langue. Que de temps
perdu à déchiffrer les lettres et les mots!... Il serait presque aussi
aisé de déchiffrer une inscription runique ! Ou bien, si l'ins-
cription est gravée en caractères connus de tous le monde, pour-
quoi la formuler dans une langue qui en dérobe le sens à la
multitude ?

Le latin, dans ses mots, brave l'honnêteté.

C'est bien. Mais alors, si l'on n'a rien à cacher, pourquoi ne pas l'écrire dans la langue du pays auquel elle est destinée ?

A vrai dire l'emploi de la langue française tend à se généraliser pour les inscriptions qui n'ont pas un caractère essentiellement liturgique, comme celles des cloches. Le latin est la langue de l'église. Soit ! mais seulement pour des textes sacrés et non pour les patronages et les titres des personnes dont les noms doivent être inscrits sur les cloches, où la plupart des curés croiraient manquer à leur devoir s'ils ne mettaient en latin leurs noms et prénoms ; où l'on vous traite de Castellanus, *parce que vous habitez un château ; où l'on appelle un maire — même de la plus mince commune, —* Œdilis, Officiale, Civitatis administrator, Major, Præfectus *ou* Magistratus loci; *un juge de paix,* Judex regionis; *où, au milieu d'une inscription rédigée pourtant en français, on se trouve tout-à-coup en face d'un ancêtre ou d'un descendant de* Joseph Prudhomme, *se disant* ex linguæ latinæ professore!... *Malgré l'admirable concision de la langue latine, je ne vois pas ce que l'on a à gagner en la substituant en pareil cas à la langue française !... En vérité, n'est-il pas temps de s'arrêter dans cette voie, et la difficulté de faire passer des titres honorifiques modernes dans une langue morte n'est-elle pas un motif suffisant pour renoncer définitivement à une coutume routinière et surannée ?...*

J'ai fait suivre mon recueil de tous les textes sacrés ou liturgiques offerts par les inscriptions, — souvent d'une manière fort incorrecte ou intentionnellement modifiés, — ayant soin de les ranger par ordre alphabétique, afin de faciliter les recherches, et d'indiquer à la suite les sources où ils ont été puisés. Cette précaution évitera bien des redites et simplifiera l'impression de mon livre. Je dois remercier spécialement, sur ce chapitre-là, M. le chanoine Auvergne, qui a bien voulu m'éclairer de sa compétence sur les textes liturgiques qui échappaient naturellement à la mienne, n'ayant su fixer que ceux qui m'avaient permis de recourir à la Concordance *du Cardinal Hugues de St. Cher (lisez St. Chef). J'ai également une marque de gratitude à donner à quelques personnes qui ont bien voulu me prêter leur concours par quelque communication (que je me suis, du reste, toujours fait un devoir d'accompagner de leurs noms), et surtout aux nombreux ecclésiastiques qui m'ont facilité l'entrée des clochers de leurs églises ou plutôt l'accès de leurs cloches, pour la plupart fort difficiles à atteindre ; et à ceux encore qui, dans les derniers temps, m'ont fait parvenir les incriptions des nouvelles cloches acquises depuis mon passage. Pourquoi faut-il qu'à côté des expressions de ma gratitude, j'aie à regretter l'abstention de quelques-uns de ces messieurs à répondre à mon désir ?... Mais je me console de ces lacunes en songeant que mon recueil est de ceux qui ne peuvent jamais être complets, car, au moment où j'écris ces lignes, des cloches se brisent et d'autres sont coulées... Beaucoup de celles dont j'ai relevé moi-même les inscriptions ont ainsi disparu ; beaucoup d'autres, également, sont nées à mon insu... et, d'ici à quelques années, il est probable que mon livre ne sera plus que l'écho du passé...*

Enfin, j'ai placé à la suite de ce Corpus inscriptionum *trois tables alphabétiques : une pour les fondeurs de cloches, une autre pour les noms des localités du département, et une dernière pour ceux des personnes citées sur les cloches. De la sorte, les intéressés pourront, sans de longues et fastidieuses perquisitions, se rendre compte sur-le-champ des ressources que peut leur offrir ce* Recueil des inscriptions campanaires du département de l'Isère.

Feci quod potuit ; faciant meliora sequentes !

G. *VALLIER.*

Grenoble, janvier 1886.

RECUEIL

DES

INSCRIPTIONS CAMPANAIRES

DU DÉPARTEMENT DE L'ISÉRE

---

1. — GRENOBLE, *St Laurent.*   1300.

✠ TRIPLICI : MIſPRINCIPIV : FUIT ICT : M : C : TER.

Légende de l'ancienne cloche détruite en 1840, lors de la fonte des cloches actuelles, et telle que l'a relevée M. V^{or} Teste, archiviste de Vienne, la difficulté d'arriver jusqu'à la cloche l'ayant empêché de bien lire. Communiquée par lui en 1864.

Cette cloche pesait 280 kilogrammes.

Faut-il croire à une inscription mal reproduite par le fondeur ou mal lue par celui de qui je la tiens?... Je ne sais; et, si je cherche un sens à ces mots, je ne découvre absolument que celui-ci, basé sur la défectuosité présumée de l'inscription que je tente de rétablir, mais avec la plus grande réserve :

[Cette cloche] a retenti le premier jour [en l'honneur de la Trinité, *triplici mis[terio]* ?...

Peut-être aussi faudrait-il lire : *Triplicis mensis [in] principium fuit facta !*... et alors devrait-on y voir une simple mention du 3e mois de l'an 1300 ?...

Mais tout cela est fort douteux, et je ne propose ces interprétations que pour en chercher une, mais sans vouloir en soutenir aucune.

Quant à la date, on avait proposé de la lire 1003 ; mais je la trouvais trop ancienne, eu égard au style de ses caractères et j'étais très porté à changer le C de place et à lire 1300 au lieu de 1003. Cette disposition s'est confirmée pour moi devant cette observation que *ter* signifie *trois fois* et non *trois*. C'est donc MILLE et CENT, répété trois fois, ou 1300. Du reste, cette manière d'indiquer la date se rencontre quelquefois dans les chartes.

2. — S⟨ᵗ⟩-LATTIER. (XIV⟨e⟩ ou XV⟨e⟩ siècle)·

✠ XPS : REX : VENIT : IN : PACE : DEUS : ḣOMO : FACTUS : EST.

Note : *ut.* Diamètre : 73 cent.

Par la même raison que pour l'inscription précédente, je crois cette cloche du XIV⟨e⟩ siècle, ou au plus tard du commencement du XV⟨e⟩. Je lis : *Christus rex venit in pace ; Deus homo factus est.*

Sur les quatre faces, se voient les images d'un *Ecce homo* et de la *Vierge*, répétées deux fois. Touchant à chacune de ces images et répété par conséquent quatre fois, un petit sceau rond dont voici la description :

Légende en lettres gothiques frustes, mais dans laquelle il me semble démêler le nom de François de G...(?): Ecu penché sous un heaume sommé d'un lion armé de deux épées et soutenu par deux lions assis : *de... à la bande de : ... chargée de trois merlettes (?) de... accompagnée d'une tête de lion arrachée, de...*

3. — S⟨ᵗ⟩-JULIEN-DE-L'HERMS. — XIV⟨e⟩ ou XV⟨e⟩ s.

Cette inscription est placée sur une seule ligne.

Note : *mi*. Diam. 64 c.

4.—St-JULIEN-DE-L'HERMS. XIVe ou XVe siècle.

Comme la précédente, cette inscription occupe une seule ligne dont j'ai répété le commencement et la fin.

Note : *fa* (faux). Diam. 59 c.

J'ai déjà publié ces deux inscriptions, en en donnant les *fac-simile* dans la *Petite revue des Bibliophiles dauphinois*, en 1869 (pp. 3 à 5), et je requérais le concours des savants du pays pour en rechercher l'explication. Deux réponses me furent adressées au sujet de la seconde de ces inscriptions, deux réponses différentes. Elles étaient de MM. A. Allmer et A. Steyert. Quant à la première, celle du n° 3, M. Steyert seul entreprit d'en lever le voile ; mais, après divers essais, il se vit forcé d'y renoncer. La nouvelle publication que j'en fais rencontrera-t-elle un Œdipe ?... Je ne saurais mieux faire, je crois, que de reproduire ici et mon article et les intéressantes communications auxquelles il donna lieu (pp. 41 à 44 de la même *Revue*).

« J'ai entrepris, disais-je, un travail fort curieux sur l'épigraphie campanaire du département de l'Isère : mais, dans ce travail comme dans tout autre, j'ai dû reconnaître qu'on est exposé parfois à rencontrer des pierres d'achoppement en travers de la route. J'ai lu toutes les légendes des cloches du pays, et, je puis le dire, j'ai su venir à bout de quelques-unes d'entre elles qui n'étaient pas exemptes de difficulté. Cependant mon triomphe n'est pas complet : il est deux inscriptions sur lesquelles j'ai pâli, devant lesquelles ma perspicacité, — je l'avoue sans fausse honte, — est venue se heurter d'une manière fort pénible pour mon amour-propre, et je profite bien vite de la facilité que m'offre la *Petite revue des Bibliophiles dauphinois* de m'adresser à la science, pour lui demander le mot de l'énigme que je ne puis deviner sans son aide.

« Deux cloches existent à Saint-Julien-de-l'Herms (canton de Beaurepaire) ; à elles seules, elles remplissent le modeste clocher de son église, et ses heureux habitants vivent très bien sans s'inquiéter d'autre chose que de leur douce musique et du prône de leur pasteur. Il n'en est pas de même d'un archéologue......, et j'ai dû, pour ma satisfaction particulière d'abord, et ensuite dans un intérêt d'un ordre plus élevé, en estamper les inscriptions, les mouler avec de la cire. J'ai pu obtenir, par ce moyen, de véritables *fac-simile* que j'ai dessinés et réduits et dont j'offre ici la reproduction fidèle, espérant un peu que l'attrait de la difficulté vaincue me fera rencontrer un Œdipe.... J'avoue, pour mon compte, qu'en face de pareils hiéroglyphes, j'ai cru devoir décliner mes faibles connaissances.

« Voici, d'abord, l'inscription de la plus grosse de ces cloches, qui a 64 centimètres de diamètre à la base (Voir l'inscription n° 3).

« Cette inscription occupe une seule ligne ; et l'intervalle en blanc, qui existe entre la fin et le commencement, indique suffisamment que celui-ci se trouve là où je l'ai indiqué, malgré l'absence d'une croix initiale. J'y joins le dessin de grandeur naturelle *(que je crois inutile de reproduire dans le présent recueil,)* de cette petite croix qui paraît servir de séparation à chaque mot, — ainsi que cela se voit sur une foule d'autres cloches, — et celui d'une lettre prise au hasard dans l'inscription, afin de donner une idée de l'ornementation qui l'accompagne et d'offrir ainsi aux épigraphistes le moyen d'en déterminer l'époque par l'étude du style. J'ai le regret, vu le peu de dimension qu'il m'a été permis de donner au dessin de cette légende, de n'avoir pu reproduire les caractères avec tous les détails dont ils sont entourés. J'ai dû me borner à indiquer seulement les lettres, en les dépouillant de l'ornementation qui les accompagne et qui, vu leur exiguité, n'aurait réussi qu'à les rendre confuses. Elles ont 42 millimètres de hauteur.

« La deuxième cloche est un peu plus petite : elle a 59 centimètres de diamètre. Voici son inscription, dont les caractères ont 25 millimètres de haut. (V. l'inscription n° 4).

« Cette légende est inscrite en une seule ligne dont les deux extrémités se rejoignent sans solution de continuité, ce qui offre une difficulté de plus pour décider où elle doit commencer. Cependant, il est à présumer que la lettre placée sous la croisette doit être la première de l'inscription ; quant aux quatre lettres que l'on voit au-dessous, il est probable qu'elles en sont les dernières et que c'est faute de place qu'on s'est résigné à les placer ainsi. J'ai des exemples certains à l'appui de cette conjecture.

« Forcé par la longueur de cette légende à la briser en trois fragments, à cause de la justification de cette *Revue*, j'ai reproduit à la fin les quatre lettres du commencement, pour que l'on se rende bien compte de leur position par rapport à la petite croisette dont j'ai parlé.

« *Et nunc erudite me, gentes...*   G. VALLIER.

« Je propose de lire, ainsi qu'il suit, l'inscription de la petite cloche (celle du n° 4) qui me paraît être du quatorzième siècle :

« *A me* || *malvm tempus, ni[v]es. calligin[es], grando et m[un]dus sancto pat[r]iarcha [et] benedictione [domini],* || *ame[n].*

« Loin de moi, le mauvais temps, les neiges, les brouillards, la grêle et le monde, par la protection du saint patriarche, patron de cette église, et par la bénédiction de Dieu ! Amen.

« Le mot *ni[v]es* et le mot *et* sont à rebours. Les syllabes du mot *m[un]dus* sont transposées, et il manque sur la première un signe d'abréviation. L'*a* est remplacé par un *e* renversé dans *calligin[es]* ; *g* par *o* dans *grando* ; *t* par un *c* droit dans *tempus* et *pat[r]iarcha* ; par un *c* renversé dans *et* et *benedictione*. Lyon. A. ALLMER.

Monsieur,

« Je viens de recevoir communication du 1er numéro de la *Petite Revue des Bibliophiles dauphinois*, dans laquelle vous proposez le déchiffrement de deux inscriptions illisibles. Quoique venant bien tardivement, je vous envoie mes interprétations qui pourront peut-être vous intéresser, si vous n'en avez pas, jusques-là, reçu de préférables.

« Je commence par la seconde inscription, la seule qui m'ait fourni un texte assez complet et assez plausible, et, pour mieux vous faire apprécier la valeur de ma traduction, je vous exposerai simplement la marche que j'ai suivie. Voici d'abord, en caractères modernes, — en très petites capitales, pour que l'inscription puisse se lire sur une seule ligne, — le texte de cette inscription :

† MALVCEPVSSEINCELLIGINORĀDOD9MDESCŌPACARCHĀBNDCOE
MAME

« Tout cela paraît d'abord indéchiffrable, soit à cause du manque de séparation des mots, soit par le nombre des abréviations et aussi par les fautes du graveur qui a retourné plusieurs lettres et, comme nous le verrons par la suite, en a omis et changé quelques-unes. Cependant trois mots se détachent à première vue de ce chaos. C'est d'abord ORĀDO pour *orando*, SCŌ abréviation bien connue de *sancto*, et PACIARCHA qui doit certainement se rendre par *patriarcha*. Cette première découverte nous conduit facilement à la lecture du mot suivant qui doit être, par conséquent, le nom d'un saint : les lettres BNDCO surmontées d'un sigle s'appliquent parfaitement à *Benedicto*, et cette traduction convient très bien à saint Benoît qui était honoré comme patriarche des moines d'Occident. N'y aurait-il pas eu à Saint-Julien-de-l'Herms ou aux environs (1) quelque couvent de Bénédictins ? C'est à vous de le constater.

(1) Non seulement il y avait des prieurés de Bénédictins dans tous les environs, à Sardieu, Penol, Gillonay, Tourdan, etc. etc., mais il y en avait un aussi à St-Julien même, existant en 1328. (G: V.)

« Malgré ces premiers jalons, le sens ne se complète pas : lors même que 9 de D9M serait le sigle de EU et donnerait *deum* ; *orando* ou *in orando deum de sancto patriarcha Benedicto* serait un texte trop grossièrement fautif pour être admis. Le commencement de la légende restait d'ailleurs toujours illisible. Je remarquai alors qu'il manquait à l'inscription, outre le F et le Q, une lettre d'un usage très fréquent, le T, et comme dans *patriarcha* il est remplacé par un C, je cherchai sa présence dans d'autres mots. J'ai pu lire ainsi, sans trop craindre de me tromper : *intellig...* au lieu d'*incellig*, *tempus* dans *c̄epus*, et je n'ai pas eu de peine alors à reconnaître *malum* dans les premières lettres. J'obtenais ainsi la lecture que voici : *Malum tempus se intellig in orando d : m de sancto patriarcha Benedicto* ; mais cela n'est guère intelligible. On y trouve pourtant les éléments d'une version plausible : *malum tempus*, idiotisme déjà en usage à cette époque, vient bien à propos de cloches, celles-ci ayant la réputation d'éloigner le mauvais temps. Il semble que le sens de l'inscription devrait être : *Que le mauvais temps s'apaise en invoquant saint Benoît* ou *en invoquant Dieu par l'intercession de saint Benoît !* Mais j'ai eu beau torturer ce latin et le rendre aussi mauvais que possible, je n'ai pu y trouver ce thème. J'en suis venu à admettre que le mot *se* entre *tempus* et *intellig* est incomplet ou tronqué. Je suis donc entré résolument sur le terrain des suppositions où me poussaient forcément les lourdes bévues commises par le graveur. Je partais de ce principe que l'inscription fournie au fondeur était correcte, même assez élégante, mais que l'ouvrier qui l'avait reproduite sur la cloche, s'il savait lire, ne savait guère écrire et avait complètement dénaturé ce texte. Il a retourné tous les E et plusieurs C, a confondu des lettres toutes différentes et en a transposé un certain nombre comme dans MAME, qui n'est rien autre que le mot *amen*, dénaturé par le graveur qui poinçonnait deux lettres à la fois.

« Voici donc ma version. C'est la cloche qui parle elle-même, comme vous avez dû en rencontrer plus d'un exemple, et qui invoque le saint contre l'orage. *Malum tempus se*[vit] ou *se*[detur] ; *intellige in oratione med sancte patriarcha Benedicte ! Amen !*

« Je n'ai pas admis *est* dans *se*, parce que *malum tempus est*, pour *il fait mauvais temps*, me semblait un latin de cuisine trop accentué. *Oratione* dans ORADOD9, *med* dans MDꓱ sont des interprétations bien libres ; elles ne sont justifiées que par la ressemblance du D avec l'N, du C avec l'E, de l'E retourné avec l'A dans les lettres onciales, qui a pu amener une confusion assez vraisemblable. Quant au vocatif au lieu de l'ablatif, il est motivé par le sens auquel je me suis arrêté et il établit ainsi l'abréviation de *Benedicte* d'une manière tout-à-fait normale B̄NDCTE.

« Je n'insiste pas davantage sur l'exactitude de ma traduction que vous pourrez facilement rectifier et compléter ; mais je ne crois pas que le véritable sens s'éloigne beaucoup de cette version ou des variantes que je vous signale en même temps.

L'autre inscription, dont voici la reproduction,

dcba cbgfpaa afposra gfgyede : a gapafa edgfgfyi

est loin de m'avoir livré même le moindre repli du voile obscur dont elle est enveloppée. J'en suis réduit, du moins jusqu'à présent, à vous exposer les trois seuls systèmes dans lesquels les recherches doivent se renfermer.

« Ou le sens de cette inscription a été absolument dénaturé par l'ignorance de l'ouvrier, ou ces caractères ne devaient avoir aucun sens dans l'intention de celui qui les a alignés, ou bien enfin, ils représentent une écriture crypto-graphique.

« La première hypothèse n'est guère admissible, car, le fît-on à plaisir, il est bien difficile d'altérer une inscription au point que l'on n'en puisse dé-chiffrer un seul mot. Dans ce cas d'ailleurs, il faudrait renoncer à tout espoir d'interprétation.

« L'idée d'une suite de caractères tracés sans aucune intention de produire un sens n'a rien d'invraisemblable : on en trouve de nombreux exemples dans les peintures et les sculptures de la seconde moitié du quinzième siècle, époque à laquelle remonte, en effet, l'inscription (1). Ces lettres sarrasines, comme on les nommait, étaient figurées sur les bordures des vêtements pour imiter, tant bien que mal, les inscriptions arabes qui se trouvaient d'ordinaire sur les étoffes d'origine orientale ; mais il est, je crois, sans exemple qu'une cloche ait reçu une semblable décoration. On devrait supposer qu'aucune légende n'ayant été fournie au fondeur, il aurait ainsi rempli la place réser-vée ; avant tout cependant on aurait à prouver que l'inscription ne renferme aucun sens, et, pour cela, il y a à examiner la troisième hypothèse.

« Une première objection se présente et nous renvoie au système des lettres sarrasines. Vous remarquerez, en effet, que sur les six mots dont se compose l'inscription, cinq se terminent ou commencent (si l'écriture est rétrograde) par le même caractère ; ce qui ne peut guère se présenter dans un texte. Cependant on pourrait dire que le rédacteur a voulu ajouter cette bizarrerie aux difficultés de lecture qu'il cherchait à entasser, et il s'agit de trouver la clef de son problème. Ici, j'avoue que je ne me suis pas senti le courage de pousser jusqu'au bout. A première vue, j'étais demeuré convain-cu que l'inscription n'était pas rédigée en latin, et, l'admettant en français,

---

(1) M. Steyert aurait pu citer également les jetons à compter, fabriqués à Nuremberg pour l'Europe entière et pour la France en particulier, remarquables par des légendes *trompe-l'œil* dans lesquelles il ne faut chercher aucun sens raisonnable. J'ai publié une partie de ceux qui concernent le Dauphiné dans la *Revue belge de numismatique* (1880). — V. *Essai sur les jetons de la Chambre des Comptes du Dauphiné* (58 p., 5 planches et 5 grands tableaux). (G. V.)

je n'y ai trouvé aucun article ; le premier mot seulement pourrait être un pronom, et ce mot, minutieusement disséqué. n'a pu me fournir les éléments d'un alphabet applicable aux autres. Il devenait donc certain pour moi que, si ces caractères représentaient un sens, il avait été rédigé dans un dialecte local qui, m'étant inconnu, m'ôtait toute possibilité de réaliser le déchiffrement.

« Une telle conviction, jointe à ce que je penchais un peu vers la deuxième hypothèse, a suffi pour me faire renoncer à mes recherches. Si donc je me suis étendu longuement sur des tentatives avortées, ce n'est pas seulement pour vous prouver le soin consciencieux avec lequel je me suis efforcé de répondre à votre appel, mais aussi pour fournir une méthode et des règles certaines aux investigateurs qui ne craindraient pas d'entrer dans cette voie difficile et laborieuse.

« Veuillez agréer, Monsieur, l'expression de mes sentiments les plus distingués. »

A. STEYERT.

Lyon, 21 février 1870.

5. — **VOIRON** Chapelle de N.-D. de Grâce, XIV° ou XV° s.

⊹ mēte : scħm : spotħneu : ħonoꝛe : & :
pħte : liberħtionem

(Mentem sanctam, spontaneum honorem et patriæ liberationem) (1).

Note : *sol* (faux).   Diam. 61 c.

Cette cloche est très haute pour son diamètre. Lettres ornées

---

(1). Cette inscription, empruntée à je ne sais quel texte, se voit souvent sur les cloches, médailles ou monnaies des XIV° et XV° siècles. J'ai lu quelque part que c'était une invocation contre les Anglais, maîtres d'une partie de la France. Mais, si on la trouve sur des médailles et sur des cloches françaises, sur des monnaies de Philippe-le-Bon (1419-1430) et de Philippe-le-Hardi (1384-1404), elle se voit egalement sur les *nobles*, monnaie d'or d'Edouard II !... et j'ajouterai qu'on peut la lire aussi sur la cloche donnée par le pape Grégoire XI à l'église de St-Jean-de-Latran, à Rome (1370-78) !... Ce n'est donc qu'une invocation patriotique propre à tous les pays, suivant les circonstances dans lesquelles ils se trouvent. Témoin encore cette cloche de Mieussy (Savoie), sur laquelle on peut la lire en français : *J'ai une âme sainte et spontanée pour honorer Dieu et la délivrance de la patrie. 1559.* Cette année avait vu, en effet, le duc de Savoie, Emmanuel-Philibert, rentrer en possession de ses états, demeurés pendant de longues années au pouvoir de la France.

fort jolies ; fleurs de lis dans les O et une autre au-dessus de ᴘᴀᴛᴇ.

6. — VENOSC. 1451.

✠ IH̅S̅ AVE MARIA GRACIA PLENA DN̅S̅ TECVM

✠: SANCTE ～ PETRE ～ ORA ～ PRO ～ NOBIS

～ LEN ～ MIL ～ CCCC ～ L : I :

Jesus. Ave, Maria, gratia plena, Dominus tecum.
Sancte Petre (1), *ora pro nobis. L'an 1451.*

Note : *ré* (faux). Diam. 62 c.

7. — PISIEU. 1459.

(✠) xp̅s̅ : vincit : xp̅s̅ : regnat : xp̅s̅ : imperat : xp̅s̅ : ab : omn

i : malo : nos : defendat : m : cccc : l : ix (✠) ave maria : gracia

Christus vincit, Christus regnat, Christus imperat, Christus ab omni malo nos defendat. 1459. Ave, Maria, gratia.

Note : *la.* Diam. 48 c.

8. — LAVAL. 1463.

ᛜ salva terra ᛜ a ᛜ ve ᛜ maria ᛜ gracia ᛜ plena ᛜ dns ᛜ tec ᛜ l ᛜ m ᛜ cccc ᛜ lxiii

Salva terra (nom de la cloche). *Ave, Maria, graciâ plena, Dominus tecum. L'an 1463.*

Sous l'inscription, on voit les images de l'*Agneau triomphant,* de la *Vierge* et du *Christ* entre la Vierge et Sᵗ Jean.

Entre les deux derniers médaillons : ᴀᴠ.

Sur la panse, 2 fois le ᛜ de la légende.

Note : *la.* Diam. 81 c.

(1) Sᵗ *Pierre,* patron du lieu.

9. — S^T-JEAN-DE-FROMENTAL. 1464.

✠ xps : vincit : xps : renat : xps : inperat
mcccclxiiii

Christus vincit, Christus regnat, Christus imperat. 1464.
Note : *ut ♯.* Diam. 42 c.

10. — FOUR. 1495.

iħs xpsrexvenitinpacedevsħomofactusest
anno dni

mio cccc nona gesio qvito

Jesus Christus rex venit in pace. Deus homo factus est. Anno domini millesimo quadringentesimo nonagesimo quinto.
Note : *mi.* Diam. 66 cent.

11. — QUINCIEU. XVe siècle.

☩ mentem sanctam spontaneam honorem deo et pat

Mentem sanctam spontaneam honorem Deo et pat
Note : *mi.* Diam. 61 c.

12. — PRABERT. XVe siècle.

iħs (en *lettres conjuguées*) maria sctvs devs sctvs fortis sctvs
et inmortalis m : nobis [1]

Maria. Sanctus Deus, Sanctus fortis, Sanctus et immortalis, miserere nobis.
(Trisagion du vendredi saint) :
Agios o Theos ! agios ischyros, agios athanatos, eleison imas.
Note : *fa.* Diam. 49 c.

(1) Tous les S de cette inscription sont fondus à rebours,

13. — MONTCEAUX. XVe siècle.

✝ iesus maria ✠ xpus vincit xpus regnat xpus in perat

Jesus Maria + Christus vincit, Christus regnat, Christus imperat.

Sur la panse, *Croix* formée avec l'ornement ꜳꝏ entre les médaillons gothiques de St *Michel* et de la *Vierge*.

Note : *ut* (faux). Diam. 54 c.

14. — CHAUMONT. XVe siècle.

(*La Vierge*). ihs m ☩ scte georgii ora pro nuio (*La Vierge.*) ☩ a (*2 dragons vomissant des flammes, posés l'un sur l'autre et en sens inverse.*)

Jesus. Maria. Sancte Georgii ora pro…

Il devrait y avoir *nobis*, et, là où un mauvais plaisant a voulu lire *pro vino !*…, le fondeur s'est sans doute trompé. Je suis porté, du reste, pour mon compte, à lire ꝓꝓꝉꝃ (*pro populo*) avec M. de Terrebasse qui a ainsi publié cette légende dans ses *Inscriptions du Moyen-Age de Vienne*, etc. (p. 471, nº 592). Seulement, je ne consens pas à traduire, comme lui l'a final par *Amen*, et j'y verrais plutôt l'initiale du nom du fondeur. « Cette cloche, ajoute-t-il, a de temps immémorial le renom d'éloigner la foudre et la grêle. C'est sans doute à cette vertu particulière que fait allusion l'invocation à St Georges, l'exterminateur des démons. » Je regrette de ne pouvoir partager cette opinion. Que St Georges soit invoqué contre le démon, ou plutôt contre les mauvaises passions, soit !… mais, contre la grêle et la foudre, jamais ! Ce serait lui permettre d'empiéter sur les droits de Ste Barbe….

Note : *fa* ♯. Diam. 50 c.

15. — CRAS. XVe siècle.

✠ : ſ : Leodeghri : orħ pro nobiſ : m : ſ :

ⱣꞪILIⱣE : ꝀAꝚEL : CVꝚE : ꝰE ꝼIT : ꝼEꝚꝚE : [1]

S. Leodegari, ora pro nobis. M. S. Philippe Karel, curé, me
fit faire.

Note : *sol.*   Diam. 47 c.

On prétend que cette cloche est venue de Lyon, après la
Révolution.

16. — FROGES.   XVᵉ siècle.

🕀 iĥs *(en lettres conjuguées et écusson couronné de France.)* xps : vincit : xps : regnat : xps : inperat : *(Ecusson couronné de France.)* ave maria : gracia : plena : dominus : tecum : [2]

*(Christus vincit, Christus regnat, Christus imperat. Ave,
Maria, gratiâ plena, Dominus tecum).* Au-dessous, images de
la *Vierge*, de l'*Ecce homo*, de Sᵗ *Michel*, et, de nouveau, de
l'*Ecce homo.*

Note : *si ♭.*   Diam. 82 c.

17. — CESSIEUX.   XVᵉ siècle.

🕀 iĥs mᵃ xps vinsit xps regnat xps inperat xps aboi maɫo nos defendat

✠ este martine [3] ✠ Ꞇe deum [4] laudamuc [5] mente sanctã cᵽotaneã honorẽ deo ✠ ? prẽ liberationen⚮⚭

*(Jesus. Maria. Christus vincit, Christus regnat, Christus im-
perat, Christus ab omni malo nos defendat. — Sancte Martine
+ Te Deum laudamus + Mentem sanctam spontaneam honorem Deo + patriæ liberationem).*

Note : *si.*   Diam. 81 c.

(1) Tous les S de cette inscription sont fondus à rebours.
(2) Les S gothiques de la légende sont fondus à rebours.
(3) St *Martin*, patron du lieu. — (4) ꝛ et ℓ conjugués. — (5) ꝛ et ꝯ conjugués.

18. — BRION. XVᵉ siècle.

✠ AVE MARIA · SALVALTERRA · GRA · PLENA · SALVAL ERVIT

J'ignore le sens de ces mots, à moins que l'on ne veuille y voir une prière bilingue ainsi conçue : *Ave Maria, sauve la terre; Gratiá plena, sauve les fruits* (?)... (V. l'inscription n° 35).

Sur la panse : marque du fondeur, une cloche appliquée 4 fois.

Note : *si.*   Diam. 47 c.

19. — Sᵀ-ONDRAS. XVᵉ siècle.

✠ ihusmariacristusvinsitcristusregnatcristusaboimalo deusnosdefendat

Jesus. Maria. Christus vincit, Christus regnat, Christus ab omni malo Deus nos defendat.

Les lettres se chevauchent pour la plupart.

Sur la panse, grande *Croix* formée avec le **te deum landamus** sur la branche horizontale.

Note : *si.*   Diam. 71 c.

20. — Sᵀ-PIERRE-DE-COMMIERS. XVᵉ siècle.

laudate dominom in sin balis bene sonam tibus

Laudate Dominum in cymbalis bene sonantibus.

Sur la panse, *Croix* ornée, et les images du *Christ entre la Vierge et Sᵗ Jean*, de l'*Agneau triomphant* et de la *Vierge*.

Note fêlée.   Diam. 53 c.

21. — Sᵀ-PIERRE-D'ENTREMONT. XVᵉ siècle.

✝ ẞSAVEMARIAGRADIAPLENADNSTECVMBENE-DICTATVINMVLIERIBVS

Jesus. Ave Maria, gratiâ plena, Dominus tecum, benedicta tu in mulieribus.

Dessous, les images du *Christ entre la Vierge et St Jean*, de la *Vierge*, de *St Michel* et de l'*Ecce homo*.

Au bas, marque du fondeur.

Tous les S et les C de cette légende sont fondus à rebours.

Note : *sol* ♯.   Diam. 93 c.

22. — SAVAZ.   XVe siècle.

☩ ꜰꝟeꝿꜵꝛꝩꜵꝯꜵꝯꝩꜵᴘꝶeꝯꜵᴅoꝿꝼꝯꝩꞇeꝯoꝯꞄeꝯꝺ

Ave Maria, gratiâ plena, Dominus tecum bened.

Lettres sans ornements intérieurs.

Note : *mi.*   Diam. 61 c.

Cette cloche vient, dit-on, de Beauvoir-de-Marc, où il y en avait quatre avant la Révolution.

23. — SEREZIN (de Bourgoin).   XVe siècle.

☩ iesus ☩ mꜵrie ☩ omꝺi m ꝯ ☩ s ꝛꝺꞄꜵꝯe ☩ sꞄ oess sꝺi orꜵꝼꝯoꞄ [1] ⊤ [2]

Jesus. Maria, omnes sancti (?) miserere nobis. S. Albane (3) sb (pour et peut-être) omnes sancti, orate pro nobis.

Note : *ut.*   Diam. 71 c.

24. — SERMÉRIEU.   XVe siècle.

☩ iħs ☩ maria ☩ xp̄s ☩ vixitxp̄sregnatp̄xs

Jesus. Maria. + *Christus vincit, Christus regnat, Christus.*

Note : *ut* ♯.   Diam. 68 c.

---

(1) Tous les A de cette légende sont fondus à rebours. — (2) J'ignore la signification du *tau* final. — (3) *St Alban*, patron du lieu.

25. — VARCES.   1501.

✠ x̄p̄s : vincit : x̄p̄s : renat : x̄p̄s : inperat : x̄p̄s : aboni :
malo : nos : defendat : anno : dni : millesimo : v̊ : et :
ung : ⌐S 🔔 F⌐

✠ ✠ : nomen : — : eius : — : maria — : et : — :
fructuum — terre — : custodia.

*Christus vincit, Christus regnat, Christus imperat, Christus ab
omni malo nos defendat. Anno Domini millesimo quingentesimo
et ung.* (Ecusson du fondeur : petite cloche entre S et F).

Nomen ejus Maria et fructuum terræ custodia. (Ces trois
derniers mots étaient, pour ainsi dire, illisibles).

(Son nom est Marie, et il est la sauvegarde des produits de la
terre).

Images du *Christ* entre la *Vierge* et *S⹁ Jean*, au-dessus de
MARIA. — Ecu de France au-dessous du même mot. .

Note : *mi*   Diam. 129 c.

D'après le *Registre des délibérations de la Confrérie du très-
saint sacrement de l'autel* de la paroisse de Vif, la tradition
veut que la grosse cloche de Varces ait été la deuxième de Vif
et que les habitants, aidés par les Huguenots, s'en emparèrent
pour lors. (V. la cloche de la dite Confrérie, sous la date 1658,
dans le *Supplément*).

Cette cloche a été fêlée en 1883 et remplacée par une nouvelle (V. la nouvelle cloche dans le *Supplément*, à rapprocher,
pour la seconde ligne de l'inscription, de celle de Brion, n° 18).

26. — MEAUDRE.   1503.

✠ sancta : barbara : orapronobis : anno : dn̄i m̄ v̄ :
et : troes : *3 lis couronnés dans un écusson.* :

*Sancta Barbara, ora pro nobis. Anno Domini, millesimo
quingentesimo et trois.* (Ecu couronné de France.)

Ste Barbe est invoquée, sur les cloches, contre le feu du ciel.

Images du *Christ entre la Vierge et St Jean*, de la *Vierge*, de *St Michel* et de l'*Ecce homo*. Sur la panse, on voit la répétition de l'*écu de France* couronné qui se trouve à la fin de l'inscription. A la forme des caractères et aux signes, on reconnait que cette cloche est du même fondeur que la précédente.

Note : *ré.*   Diam. 63 c.

27. — SIMANDRE.   1507.

✝ ihs sancta maria ora pronobis lan mu[c] et vii

Jesus. Sancta Maria, ora pro nobis. L'an 1507.

J'ai lu 1507 au lieu de 1504, le dernier mot étant un peu douteux et pouvant tout aussi bien se lire un que vii ; il me semble, du reste, que l'on aurait mis uny et non un, si l'on avait voulu écrire la fin de cette date en lettres et non en chiffres romains.

Note : *mi.*   Diam. 58 c.

28. — VILLE-SOUS-ANJOU.   1507.

✝ iys maria anno dni millesimo v[c] septo scĩa barbara
                                         is
ora pro nobis sdyonio

Jesus. Maria. Anno Domini millesimo quingentesimo septo Sancta Barbara, ora pro nobis. S. Dyonisio (1).

Sur la panse, médaillons carrés de *S[t] Pierre ; S[t] Paul ; Ste Barbe,* et *Jésus tenant le globe crucigère.*

Sur le cordon central : ave maria 〰 ave gratia 〰 ave gra 〰

Note : *ut.*   Diam. 72 c.

29. — L'ALBENC.   1511..

✝ ihs maria lanmilccccxi sancte georgi ora pro nobis

_____

(1) *St Denis,* patron du lieu. — Ste Barbe est invoquée contre la foudre.

deus vo ; puis, 2 écussons sur le premier desquels on lit P
et, sur le second, RB.
RR

Jesus. Maria. L'an 1511. *Sancte Georgi, ora pro nobis. Deus*
vobiscum (?).

Sur la panse, une grande croix sous laquelle on lit : **te deum**
laudamus. La même légende dans l'ornement courant au-dessus de la petite croix ; elle forme encore le fond de cette même
petite croix, sur lequel on a appliqué ensuite un *Christ.* Le
fond de la grande croix est formé avec le reste de l'ornement
courant [1].

Note : *la.*   Diam. 77 c.

30. — St-THÉOFFREY.   1514.

✝ mentem ✝ sanctam ✝ spontaneam ✝ honorem ✝
deo ✝ patrie ✝ et liberat
ionem

Mentem sanctam spontaneam honorem Deo patriæ et libera-
tionem.

Les 3 images du *Christ,* de la *Vierge* et de l'*Ecce homo* ; entre
les 2 premières, l'inscription suivante en lettres gothiques plus
petites que les précédentes

hoc ✝ opus ✝ fecit ✝ fier
i ✝ nobilis ✝ iohana ✝ de

(Ecusson de st Priest) **sancto ✝ preseto ✝**

(Ecusson de st Priest) **domina ✝ vriatici ✝ admccccxiiii**

Hoc opus fecit fieri nobilis Johana de Sancto Preseto [2]*,*
domina Uriatici. Anno Domini 1514.

(1) J'ai fait analyser un fragment de cette cloche. Il a été trouvé :
Cuivre : 80 p. %|₀ ; Etain : 20 p. %|₀ ; Trace de zing.
    La tradition, comme en beaucoup d'autres localités, voulait qu'il y eût de
l'argent dans le métal de cette cloche.
    (2) Jeanne de Saint-Priest n'est pas indiquée dans l'*Armorial du Dauphiné.*
Elle appartenait à la famille Richard de Saint-Priest, ainsi que le prouvent les 2

Cette cloche se trouve déjà reproduite, mais avec quelques inexactitudes (1420 au lieu de 1514, entr'autres), dans les *Inscriptions du Moyen-Age*, de M. de Terrebasse.

Note : *ut*.   Diam. 62 c.

31. — Sᵀ-HILAIRE-DU-ROSIER.   1515.

✝ ihs § maria § xps § res § venit § in § pace § deus § homo § factus § est lcccccxv

Sur la panse : ✝ ; La *Vierge ; Sᵗ Michel* et l'*Ecce homo*.

Jesus. Maria. Christus rex venit in pace. Deus homo factus est. 1515.

Y a-t-il une erreur dans cette date, le m de *mille* étant remplacé par un l ? Je ne puis en douter.

Note : *ré*.   Diam. 67 c.

32. — CHIRENS.   1518.

✝ ano § dni § m § ccccc § xviii § ihus § xpus § filius § dei-misererenob

Anno Domini 1518. Jesus Christus, filius Dei, miserere nobis.
Note : *si*.   Diam. 88 c.

33. — BONNE-FAMILLE.   1520.

✝ ihs ✝ m ✝ an ✝ no ✝ dni ✝ (la *Vierge*) m ✝ ccccc

xx (Sᵗ *Michel*) sᶜtabarbara ✝ (*Ecce homo*). Les mêmes images descendent de telle sorte qu'elles coupent aussi la ligne suivante, qui est en caractères plus petits.

ihsauttransienspermediusillo—ruibat (auc, en caractères

écussons placés avant et après ce nom : *d'azur, à trois quintefeuilles d'argent*. Cette cloche est donc un témoin irrécusable de l'alliance des deux familles de Sᵗ Priest et des Alleman.

plus gros et à moitié caché par une sorte de grillage) — *orapronobis*

Jesus. Maria. Anno Domini 1520. Sancta Barbara. Jesus autem transiens per medium illo (médaillon de la *Vierge*) *rum ibat, Ave. Ora pro nobis.* Ces derniers mots sont placés immédiatement après l'image de St *Georges.*

Note : *fa.*   Diam. 51 c.

34. — GRENOBLE (Notre-Dame).   1523.

DEO LAUDANDO POPULOQ. ADJUVANDO. AVE MARIA. NOMINE LAURENTIA. ANNO DOMINI M. V^c. XXIII°.

PIO MUNERE P. D. N. LAURENTII ALAMANDI II. EPI. ET PRINCIPIS GRA*tiano*PO*litani*.

Au bas, sont les mots, répétés : JESUS, MARIA, JESUS, MARIA.

J'ai copié, sans y rien changer, cette inscription dans la *Notice sur la Cathédrale de Grenoble* publiée dans le 8e vol. de la 1re série du *Bulletin de la Société de Statistique de l'Isère*, peu de temps avant la refonte des cloches de cette église. Ainsi qu'on le voit, c'était un don de l'évêque de Grenoble. Cette cloche était la première des quatre qui existaient alors. Il est fâcheux que la forme des caractères n'en ait pas été conservée, ainsi que je l'ai fait pour toutes les cloches dont j'ai relevé moi-même les inscriptions.

Je crois, de plus, que cette inscription n'a pas été relevée avec exactitude, les sigles P. D. N. placés devant le nom de l'évêque, ne me paraissent pas complets ; car, dans le Pouillé du dioc. de Grenoble de 1497, le nom de l'évêque Alleman est toujours précédé de la formule *Reverendus* ou *Reverendus Pater Dominus Noster*, etc. ; et, ici, le P *seul* existe devant les mots *Domini Nostri.*

35. — AMBLAGNIEU.   1526.

✝ iħs mā xp̄s vinciᴛ xp̄s regnaᴛ xp̄s inperaᴛ xp̄s ab omni malo nos defendaᴛ amen

(*Ecce homo*) ſanðrea (la *Vierge*) S Laurenti (*Ecce homo*) orate pro (la *Vierge*) nobis Lmccccccxxvi

Jesus. Maria. Christus vincit, Christus regnat. Christus imperat, Christus ab omni malo nos defendat. Amen.

S. *Andrea* [1], S. *Laurenti, orate pro nobis.* L'an 1526.

Ornement courant avec : te ðeum lauðamus répété 5 fois.

Crucifix formé avec les mêmes ornement et légende. Sous l'ornement courant, et répété 2 fois, l'écusson ⊡

Note : *si* ♭.   Diam. 99 c.

36. — CHASSIGNIEUX.   1530.

± fait—lan—mil—cccce—xxx

Fait l'an 1530.

Note : *sol.*   Diam. : 49 c.

37. — DIÉMOZ.   1534.

⚓ muᶜxxxiiii ðame loyse ðarces a fait faire les cloches bastir et fonðes cet chapel

Le *Christ entre la Vierge et S* Jean* ; S* Martin* ; la *Vierge*.

te ðeum ⁓ lauð ⁓ amus ⁓ iris ⁓ xps ⁓ nod ⁓

Sur la panse, écusson de la famille d'Arces [2].

(1) S* *André*, patron du lieu.

(2) *D'azur au franc quartier dextre d'or, à une cotice de gueules brochant sur le tout.* J'ignorais quelle était cette Loyse d'Arces ; mais M. de Terrebasse signale et reproduit une autre inscription de la même époque, placée au-dessus de la porte principale de l'église de Diémoz et relatant, sous une forme différente, les mêmes faits que celle de la cloche : LAN 1533 A FAICT FAYRE CESTE CHAPELLE DAME LOYSE DARSES VEFVE DE FEV NOBLE ROBIN DONCIEV SEIGNEVR DE DIEM.

1534. Dame Loyse d'Arces a fait faire les cloches, bâtir et fonder cette chapelle.

Te Deum laudamus. Jesus (?) Christus [miserere] nobis (?).
Note : *ut.*   Diam. 74 c.

Cette cloche a été publiée dans les *Inscriptions du Moyen-Age de Vienne*, etc. (3ᵉ partie, nᵒ 564, p. 448), par M. de Terrebasse, mais avec quelques inexactitudes.

Il y avait jadis 4 cloches de la même époque, dit-on.

38. -- Sᵀ-ROMAIN-DE-JALLIONAZ.   1534.

☩ m vᶜxxxiiii sancte romane ora pro nobis

Sur la panse : le *Christ entre la Vierge et Sᵗ Jean ; Sᵗ Martin à cheval et le mendiant ;* la *Vierge et l'enfant Jésus.*

1534. Sancte Romane, (1) *ora pro nobis.*

Cette cloche a été fondue en 1870. (V. le nᵒ 1179.)
Note fêlée.   Diam. (?)

39. — CORENÇON.   1539.

MONSVR ✳ LE BARON ✳ DE SASONAGE ✳ ME ✳ F ✳ FERE ✳ L ✳ M ✳
ſ

VXXXVIIII

Monsieur le baron de Sassenage me fit faire l'an 1539.

Sous le mot BARON, écusson couronné de France. Sous le

Comme on le voit, ces lignes nous apprennent l'alliance de la donatrice, *veuve de Robin d'Oncieu, seigneur de Diéme* ou *Dicmos.* Mais, de ce que cette maison serait fort secondaire au point de vue de la noblesse, est-ce une raison pour cet auteur de supposer que Loyse d'Arces aurait eu la pensée de ne pas placer, à côté du sien, l'écusson armorié de l'homme dont elle avait porté le nom ?... Je ne le suppose pas, et je crois que si elle n'a pas fait figurer ces armes sur la cloche à côté des siennes, ce doit être uniquement parce qu'elle pensait que les armoiries sont une signature et que les morts ne doivent pas signer. Du reste, l'écusson aux armes de la famille d'Arces, placé sur la cloche, est mal rendu, puisque la cotice doit *brocher sur le tout*, et que le graveur a fait au contraire *brocher le franc quartier sur la cotice.*

(1) *Sᵗ Romain,* patron du lieu.

mot : me ⚜ F, marque du fondeur en forme d'écusson, portant une cloche entre l et ♭ ; au chef chargé d'un π entre deux fleurous.

Note : *mi* faux.   Diam. 46 c.

40. — Sᵀ-ISMIER.   1541.

☩ ihs maria xps vincit xps renat xps aboni malo nos defendat

☩ laudatedominoninsibalisbene sonatibus milccccxxxxi

Jesus. Maria. Christus vincit, Christus regnat, Christus ab omni malo nos defendat.

Laudate dominum in cymbalis bene sonantibus. 1541.

Sur la panse, un gros écusson rond représeutant 2 personnages nimbés dont l'un est agenouillé devant l'autre ; et une petite image carrée représentant le *Christ en croix.* Chacune de ces effigies est représentée 2 fois.

Note : *sol* ♯.   Diam. 94 c.

41. — VILLETTE-SERPAIZE.   1543.

☩ ihs mᵃ xps vinsit xps regnat malo nos defendat l m vᶜ xl iii

Jesus. Maria. Christus vincit, Christus regnat [ab omni] malo nos defendat. L'an 1543.

Sur la panse, le *Christ entre la Vierge et Sᵗ Jean ;* la *Vierge ; Sᵗ Michel* et *Sᵗᵉ Barbe.*

Note : *ut* ♯.   Diam. 69 c.

42. — MOISSIEU.   1546.

IHS ✳ MA ✳ LA ✳ M ✳ V ✳ XXXXVI ✳ SANCTE ✳ DESIDERI [1] ✳ ORA PRO NOBIS ✳ ALLELVYA ✳

─────────

(1) *Sᵗ Didier,* patron du lieu.

Jesus. Maria. L'an 1546, etc.

Médaillons gothiques du *Christ,* tenant sa croix entre les jambes, et de St *Michel* ; autre médaillon rond avec une légende circulaire.

Note : *mi* faux. Diam. 59 c.

43. — St-ANDRÉ-LE-GUA [1]. 1546.

☩ iħs § maria § s § andrea § ora § prono § bis § l § m § v § xxxx § vi §

Jesus. Maria. S. Andrea [2], *ora pro nobis. L'an 1546.*
Note : *ut.* Diam. 75 c.

44. — St-SORLIN. 1547.

(☩) iħs maria sancte saturnine ora pro nobis lan mil v^c xxxxvii

Jesus. Maria. Sancte Saturnine [3], *ora pro nobis l'an 1547.*

te denlaudam9 ✿✿✿ ⚏ ✿✿✿✿✿ ⚏ ✿✿✿✿✿ te denlaudam9

Te Deum laudamus — Te Deum laudamus.
Sur la panse : *Ecce homo, St Michel* et la *Vierge.*

---

(1) C'est ici le cas de protester contre le changement ridicule du nom de *St André-le-Gua* en celui de *St André-le-Gaz* qui lui a été imposé par l'ignorance de l'administration du chemin de fer de Paris à Lyon et à la Méditerranée, ignorance, il est juste de le reconnaître, dont la responsabilité doit remonter à la *Statistique du dép^t de l'Isère* (T. IV, p. 254, et *passim.* de M. J. J. A. D. Pilot, *archiviste du dép^t de l'Isère*). J'ajouterai même qu'après l'avoir déjà fait ailleurs, j'avais adressé à cette administration, sur la demande de l'un de ses membres les plus intelligents, mais faisant malheureusement partie de la minorité, une note relative à l'origine de ce nom. Le Conseil n'a pas voulu se déjuger, et ce nom *stupide* restera. On en verra bien d'autres. En ce moment, on est en train de démonétiser le nom du Grand-Lemps, que l'on a ordonné à tous les employés de cette gare de prononcer le *Grand-Lan.* Rien n'est sot comme l'amour-propre, et tout le monde sait que les Parisiens ne peuvent pas se tromper.....

(2) St *André,* patron du lieu.
(3) St *Saturnin,* patron du lieu.

Croix ornée posée au-dessus du 𝔱𝔢 𝔡𝔢𝔳𝔩𝔞𝔳𝔡𝔞𝔪9

Note : *fa* ♯.   Diam. 55 c.

45. — BEAUCROISSANT.   1548.

.✠ 𝔞 𝔣𝔳𝔩𝔤𝔳𝔯𝔢 𝔢𝔱 𝔱𝔢𝔪𝔭𝔢𝔰𝔱𝔞𝔱𝔢 𝔩𝔦𝔟𝔢𝔯𝔞 𝔫𝔬𝔰 𝔡𝔫𝔢 𝔪𝔦𝔩𝔳ᶜ 𝔵𝔵𝔵𝔵𝔳𝔦𝔦𝔦

A fulgure et tempestate libera nos, Domine. 1548.

Sur la panse : *Ecce homo,* la *Vierge* et S* Michel.*

Note : *fa*.   Diam. 57 c.

C'est l'ancienne cloche de Parménie, ou du moins celle que les *Illuminés* avaient acquise pour leur chapelle [1].

46. — LE GENEVREY.   1551.

✠ 𝔪𝔦𝔩𝔩𝔢 § 𝔠𝔦𝔫𝔮 § 𝔠𝔢𝔫𝔱𝔰 § 𝔠𝔦𝔫𝔮𝔲𝔞𝔫𝔱𝔞 § 𝔢𝔫𝔫𝔤 § 𝔞𝔳𝔢𝔤𝔯𝔞𝔭𝔩𝔢𝔫𝔞 𝔡𝔫𝔰 𝔱𝔢𝔠𝔳

(La *Vierge*) 𝔠𝔢𝔱𝔢 𝔠𝔩𝔬𝔠𝔥 (S* *Michel*) 𝔢 𝔞 𝔣𝔢𝔱 𝔣⟍𝔢 (Le *Christ entre la Vierge et* S* *Jean*). 𝔞 𝔩𝔬𝔶𝔰𝔭𝔞𝔶𝔢𝔫

Mille cinq cent cinquante et un. Ave gratiâ plena, Dominus tecum. Cette cloche a fait faire Aloys Payen [2].

Note : *la*.   Diam. 97 c.

47. — PAQUIER.   1551.

✠ 𝔞§𝔡§𝔪§𝔡§𝔮§𝔦§𝔰§𝔢𝔭𝔬𝔱𝔬𝔯𝔢 [3] §𝔬𝔯𝔞§𝔭𝔯𝔬§𝔫𝔬𝔟𝔦𝔰

Anno Domini Millesimo Quingentesimo Quinquagesimo uno.
S. Christofore, ora pro nobis.

---

(1) V. *Le Vallon de la Fúre,* par G. VALLIER ; Grenoble, Redou, 1852, p. 49 et suivantes.

(2) Tous les 𝔖 de cette légende sont fondus à rebours.

(3) S* *Christophe* étant le patron du lieu, je propose de trouver son nom dans ces lettres de la légende, que l'on pourrait lire ainsi en abrégé : C et P (le rho grec employé sur toutes nos cloches après le C ou X du mot XPISTVS). Ici, une lacune fréquente aussi, comme dans le mot *Kristus* (sic. XPS), soit CR*ist*OFORE. On trouve une abréviation de ce genre et pour le même nom, mais cette fois en français, au n° 55 de ce recueil.

La *Vierge* sur un écusson répété 4 fois.

Note : *mi*.   Diam. 57 c.

48. — VERTRIEU.   1551.

✠ IHS ✸ AVTEM ✸ TRANCIENS ✸ PER ✸ MEDION ✸ ILLORVM ✸ ILBAT ✸ 1551

Jesus autem transiens per medium illorum ibat. 1551.

Sous la légende, images de la *Vierge*, de *Jésus* (?), de St *Michel* et du *Christ entre la Vierge et St Jean.*

Note : *sol*.   Diam. 49 c.

49. — LA CHAPELLE-DE-MERLAS.   1552.

verbum caro factum est iesus maria mvlii scte ferreole ora pronobis

Croix : traverse, ave maria ; montant, te deu landamus ; dessus, médaillon de l'*Ecce homo.*

Verbum caro factum est. Jesus. Maria. 1552. Sancte Ferreole[1], *ora pro nobis. Ave maria. — Te Deum laudamus.*

Note : *mi*.   Diam. 58 c.

Cette cloche fut enlevée à Merlas lors de la Révolution.

50. — VÉZERONCE.   1552.

± sanctelaurentiorapronobis ✿ | nerbon ✿ carofactm ✿ est ✿ md^clii | ✿ m ✿ ii

Sancte Laurenti, [2] *ora pro nobis. Verbum caro factum est. 1552. J. M.* . (peut-être *Jésus, Maria,* et je ne sais quoi…)

Sur la panse : *Crucifix* formé avec le TE DEUM LAUDAMUS vertical et AVE MARIA en pied, surmonté d'un fragment de

[1] St *Ferréol*, patron d^u lieu.
[2] St *Laurent*, patron du lieu.

l'*Ecce homo*. Au-dessus, l'*Ecce homo* complet avec cette légende ; S* Michel : *Ecce homo* différent et la *Vierge*.

Note : *la*.   Diam. 57 c.

51. — VERMELLE (Château de).   1552.

ie suis a monsur de lamotte qe me fit fere l'an
155z

Je suis à Monsieur de Lamotte qui me fit faire l'an 1552.
Note : *sol*.   Diam. 24 c.

52. — STᴱ-BLANDINE.   1563.

✠ MENTEM SANTAM SPONTANIAM HONOREM DEO ET PATRIE LIBE
✠ RATIONEM ✠ CRESSCEN BENI ET FRANCESSCVS PERRVSINI FECIT

(*Le Christ entre la Vierge et* S* *Michel*) ✠ MDLXIII (la *Vierge*).
Plus loin : S* *Michel*.

Note : *fa*.   Diam. 52 c.

Cette cloche a été achetée d'occasion, et vient, dit-on, d'Espagne, à la suite des armées françaises. Crescimbeni [1] et
François Perrusini étaient sans doute des fondeurs associés.

53. — VERTRIEU.   1563.

☞ son deo honor e gloria lan xvᶜ lx iii

Pour *Soli Deo honor et gloria. L'an 1563.*
Image du *Christ entre la Vierge et* S* *Jean*.
Note : *fa* ♯.   Diam. 53 c.

---

(1) Le nom de *Crescimbeni*, et non CRESSCENBENI de notre inscription,
doit s'écrire ainsi, si je m'en rapporte au même nom que je trouve cité, comme
celui d'un écrivain, dans une note de la notice de' M. le profʳ Jʰ Tomassett
sur la colonne d'Henri IV à Rome. (V. le *Bull. de la Soc. d'arch. de la Drôme*,
1883, p. 75.)

54. — VILLARD-RECULAS. 1573.

✠ salvaterre │SHI│ dns petrus rostanduscvra [1] 1273 [2]

Salvaterre, (*Sauve-terre*, nom de la cloche). *Jesus hominum salvator. Dominus Petrus Rostandus cura. 1573.*

Crucifix.

Note : *mi.*   Diam. 54 c.

55. — VILLARD-REYMOND. 1573.

Ā 1273 [3] ĪHS

claude · btay · consul · xpofle · bray · parent .

A la suite, 🔔🔔 ; la 2ᵉ cloche est surmontée d'un c dans un rond.

Anno 1573 Jesus hominum Salvator. Claude Btay (?) consul. Christophe Bray parent, (sans doute pour *Claude Bray consul et Christophe Bray, parrain*).

Sur la panse, ± et deux fois le *Christ en croix.*

Note : *ré.*   Diam. 57 c.

56. — JONS. 1575.

✠ IHS XPS VINCIT XPS REGNAT XPS IMPERAT XPS AB OMNI MALO ET (*Ecce homo*) TENPESTATE NOS DEFENDAT (la *Vierge*) BONIFACE GOLIN (Sᵗ *Michel*) CHAN [4] 🔔 1575

---

(1) A-t-on voulu dire que Pierre Rostand était *curé*, ou bien que cette cloche a été fondue par les soins (*curâ*) de Pierre Rostand ?... Mais alors on aurait oublié de mettre ce nom au génitif.. Ce mot doit donc être là pour *curatus.*

(2) Le 5 de la date 1573 est un peu douteux, parce qu'il est représenté par un S retourné qui le fait ressembler à un 2. Mais le style de cette cloche ne peut convenir à une date aussi reculée que celle de 1273, si l'on était tenté de la lui donner.

(3) Pour la date, même observation que pour la cloche précédente.

(4) Boniface Golin (peut-être Colin...), *châtelain* (?)...

Sur la panse, *Croix* ornée et posée sur la légende **te deum laudamus**.

Note : *ré* ♯.   Diam. 61 c.

57. — GILLONAY.   1578.

⚜ XPS . VINCIT . XPS . REGNAT . XPS . IMPERAT . XPS . ABOI [1]

TEMPESTATE . NOS . LIBERAT . ET . DEFENDAT . SANTE . MORISCI [2]

ORA . PRO . NOBIS . 1S7VIII [3] P . REINAV — I . B .

– COSEVL – [4]

Images de St *Jean*, St *Michel* et l'*Annonciation*.

Note : *ré*.   Diam. 68 c.

58. — CHUZELLES.   1584.

✠ IHS ✠ ✠ SANCTE ✠ MAVRISE (5) ✠ ORAPRONOBIS

FC ET IG MON FAICT REFFAIRE LAN 1584

Note : *sol* ♯.   Diam. 48 c.

Cette cloche provient, dit-on, de St Maurice, hameau de la paroisse, où il y avait une chapelle dont ce saint était le patron.

59. — S^T-SORLIN.   1584.

IHS ☉ MA

HOC ⋮ OPVS ⋮ FACTFVIT DIEVICESIMA OCTAVA MENSIS IVLLII ANNO
1584

❧ ET FVIT COMMATER LIONETA BSSET VXOR MPDEVIMOBVRGEN-
TVRRIS PINII

*Hoc opus factum fuit die vicesima octava mensis julii anno
1584, et fuit commater Lioneta Basset (6) uxor M. P. de Vimo
burgensis (?) Turris Pinii.*

---

(1) *Ab omni.* — (2) *Sancte Maurice* ; St *Maurice* est le patron du lieu. —
(3) Singulière forme de date, composée de chiffres romains, d'un chiffre arabe
et d'un caractère de l'alphabet, pour *1578*. — (4) *Consul.*

(5) *Maurice.*

(6) Lionette Basset appartenait sans doute à l'ancienne famille de ce nom, de

Dessous, 5 feuilles pendantes alternant avec 5 fleurs de lis.
Note : *ut* ♮. Diam. 58 c.

60. — Sᵀ-MARTIN-D'HÈRES. 1594.

Inscription de l'ancienne cloche, fondue pour fabriquer la première cloche actuelle.

1594. IN NOMINE DOMINI AMEN
STE MARTINE [1] ORA PRO NOBIS
LVDOVICVS ARM. VRETVS [2]
DOMINE SANCTE MARTINE DE D'HERA.

J'ignore quelle était la forme des caractères.
Communication de M. le curé Charpe.

61. — QUIRIEU. 1598.

✠ 1598
✠ IHS · MRALAVDATE DNM INCIMBALISBENESONANTIB⁹ DAMOISELE
IOISE DE ST IVLIN [3]

LOYSE IAI NOMEE MA MAREYNE (petit écusson aux armes de la famille Noir [4] NOBLE ESTIENNE NOYRS [5] DE [6] (petit écusson de la famille de Vallier.) [7]

la Tour-du-Pin, annoblie en 1586, et fut marraine de notre cloche. Quant au nom de son mari, *M. P. Devimo* ou *Devime*, bourgeois du même lieu, je n'ai pu trouver aucun renseignement à son sujet.

(1) *Sᵗ Martin*, patron du lieu.

(2) Louis Armuet, seigʳ de Bonrepos et de Sᵗ Martin d'Hères, chevʳ de l'ordre du roi, lieutenant gén. pour S. M. dans les montagnes du Dauphiné, en 1570. ...*Arm. vretus !* Est-il permis de défigurer un nom de la sorte !....

(3) Fille de Gabriel de la Poype, seigneur de Sᵗ Jullin, elle était femme de Pierre Noir (*Jean*, ainsi nommé par erreur dans l'*Armorial*), seigneur de Lancin, Poisieu et la Bertaudière, et de Guye de la Maladière, fille de Claude et d'Anne de Maubec. — (4) *De gueules à la bande engrelée d'argent.* — (5) Son fils probablement, qui fut chevalier de Malte. — (6) Légende inachevée. Etienne Noir était là sans doute comme parrain. — (7) *D'or, au chevron d'azur ; au chef coupé émanché de 5 pièces d'azur sur 4 et 2 demies d'or soutenu d'azur.* J'ignore pour quel motif cet écusson, aux armes de la famille de Vallier, est placé à la fin de cette inscription.

Les lignes de cette inscription ont été interverties : je les rétablis ainsi : *Jesus. Maria. Laudate Dominum in cymbalis benesonantibus. Loyse j'ai* [été] *nommée. Ma marraine damoiselle Loyse de St Jullin. Noble Etienne Noir de* ....

Sur la panse : *Crucifix* et la *Vierge.*

Note : *si.*   Diam. 74 c.

62. — OZ.   1600.

1600 ✝ IESUS MARIA A FVLGVRE ET TEMPESTATE DEFFENDE NOS DOMINE. MESSIRE MICHEL

BASSET CVRE PIERRE DVRIF Z (pour *et*) CONSVL ENIMVND [1] DVRAND YZABEAV [2] MEILLOZ

Note : *ut.*   Diam. 73 c.

Sur la panse : *St Michel ;* — la *Vierge et l'enfant Jésus ;* — *St Jean ?* — le *Christ entre la Vierge et St Jean.*

Les 3 z de la 2e ligne sont représentés par un ƀ à rebours.

63. — BUIS.   1601.

✝ ihs mar ❀ s ❀ iohanes orapronobism
vci

Jesus, Maria. Sancte Johanes, ora pro nobis, 1601. [3]

A la suite, images de la *Vierge,* du *Christ* et de l'*Ecce homo.*

---

(1) *Ennemond.* — (2) *Isabeau.*

(3) Cette cloche porte bien la date de 1601, et je la maintiens à cette date, quoique les caractères de sa légende, tombés en désuétude depuis un demi-siècle, paraissent définitivement abandonnés par l'usage et ne puissent être qu'égarés à cette époque. Je m'explique donc ce millésime par une erreur que j'attribue à la mauvaise place donnée par le fondeur à la lettre C qui ne devrait pas suivre immédiatement le ʊ sur la même ligne, mais être posée un peu au-dessus. Cependant, comme quelques fondeurs pourraient avoir persisté— on sait la ténacité de la routine, — dans l'usage des caractères gothiques est qu'*en réalité* c'est bien le millésime mvci (1601) que porte cette inscription, je la maintiens à cette date dans mon recueil, tout en émettant la pensée d'une attribution plus juste à l'année 1501 (mvᶜi).

Sur la panse, croix avec **auem—aria** sur la traverse.

Sur les deux degrés inférieurs : **te deum**

smuepurl

Note : *si* ♭.

Diam. 45 c.

64. — BOSSIEU. 1601.

✝ IHS . MA [1]. AVDI DVLCISONVM TIBI DEVOTVM PIA MATER.
ATQVE BONAMVALLEM PROTEGE VIRGO TVAM [2]. 1601

Sur la panse : le *Christ en croix* ; — la *Vierge* ; — un *saint* ;
— un autre *saint*. (?)

Ces figures sont très frustes. Sous le *Christ,* un écusson de
fondeur N❦II

(Ancienne cloche de l'Abbaye de Bonnevaux.) Refondue en
1865 (n° 1145).

Note : *ut* ♯ fêlée. Diam. 67 c.

65. — GRENOBLE (*S*^t *Bruno*). 1601.

☞ IHS . MRA [3] . SANCTE . PAVLE . ORA . PRO . NOBIS . MESSIRE
. IOSEPH . DE . BRIANCON .
CHEVALLIER . SEIGNEVR . DE VARCE . P [4] . ET . DAMOISELLE.
ALIX . DE . LHAIRE . ET . GLANDAGE .
. M . [5]

Sur la panse, Croix ornée.
1601 MI

Note : *ré.* Diam. 62 c.

Ancienne cloche de St Paul de Varces, où je l'ai vue moi-
même. Elle est à St Bruno depuis la fondation de cette chapelle

(1) *Jesus, Maria.*
(2) Distique. — (3) *Jesu Maria.* — (4) *Parrain.* — (5) *Marraine.*

(septembre 1865), maintenant une des paroisses de la ville de Grenoble. Le saint, invoqué sur cette cloche, est, en effet, le patron de Saint-Paul de Varces, dont la fête a lieu le jour de la Conversion de Sᵗ Paul.

66. — SEREZIN-DU-RHONE. 1601.

☩ IOꞪꞪES ‡ BOGUEGIꞪO (?) ‡ SꞪ ‡ FEMꞪ ‡ ANO ‡

DꞫ ‡ MILLO ‡ U ‡ C ‡ I

Johanes Boguegino (?) sa femme. Anno domini millesimo Sexcentesimo uno [1].

Note : *si* ♭.   Diam. 45 c.

67. — Sᵀ-ETIENNE-DE-Sᵀ-GEOIRS. 1604.

☩ AD HONOREM • DEI • ET • B [2] • MARIÆ • AC • B [3] • FRANCISCI • 1604 •

Sur la panse, 2 sceaux ogivaux, dont l'un avec la légende : — SIGILLVM • MINISTRI — PROVINCIE • S • DIDACI [4] ; Sᵗ François debout à droite, tenant un crucifix. Le second sceau est muet et représente un saint agenouillé à droite devant un ange descendant du ciel.

Note : *ut*.   Diam. 38 c.

68. — Sᵀ-VÉRAN. 1608.

☩ IHS MA SCTA [5] BARBARA ORA PRO NOBIS 1608

Beau *Crucifix* et marque du fondeur [A 🔔 S]

---

(1) Pour cette date, et quelques autres encore que je signalerai plus loin, je renvoie le lecteur à la note 3 de la page 30.

(2) *Beatæ*. — (3) *Beati*. — (4) PLANCHE I, n° 1. La Province franciscaine de Sᵗ Didace était dans le midi de l'Espagne ; je ne puis m'expliquer l'apposition de ce sceau, sur la cloche de Sᵗ-Etienne de Sᵗ-Geoirs, que par le passage, dans ce pays, du ministre de cette province, au moment de la fusion.

(5) *Sancta*.

Note : *sol.* Diam. 45 c.

(Ancienne cloche de Quincivet, paroisse supprimée avant la Révolution.)

69. — GRANIEU. 1608.

IHS . MARIA . S . BLASY [1] . ORA . PRO . NOBIS .
. 1608 .
Sur la panse, ☨ ornée.
Au bas, sur le cordon : . N . FRANSCOIS . DE . GRATET . SEI-
GNEVR [2] . D . LAARENCE . DE . FERRVS [3] . DAME .
Note : *la.* Diam. 40 c.

70. — Sᵀ-DIDIER-DE-BIZONNES. 1608.

☨ IHS Mᴬ SANCTE IOANNES BAPTISTE . & . SANCTA BARBARA
ORATE PRO
☞ NOBIS ⚜ 1608
Note : *mi.* Diam. 55 c.
Cette cloche vient, dit-on, de Biol, d'où elle fut enlevée à la Révolution. *Sᵗ Jean* est, en effet, le patron de cette localité.

71. — SILLANS. 1609.

☨ IHS Mᴬ [4] XPS [5] VINCIT XPS REGNAT XPS IMPERAT XPS AB
OMNI MALO
✠ NOS DEFANDAT [6] ☞ 1609

Marque du fondeur A 🔔 S

Note : *si.* Diam. 73 c.

---

(1) *Sᵗ Blaise*, patron du lieu. — (2) François de Gratet, seigneur de Granieu, etc., trésorier de France en la généralité de Dauphiné. — (3) *Laurence*, sa femme sans doute. — (4) *Jesus. Maria.* — (5) *Christus.* — (6) *Defendat.*

3

72. — LANS. 1610.

⊥ IESVS MARIA SANCTVS BARTOLOMEVS[1] ORA PRO NOBIS ⊥ NOBLE IEHAN BAPTISTE DE PONNAT PAIRAIN [2]

& DAMOYZELLE DOROTHE DE GARCIN   ARINE [3] ⊥ Mᴱ ADREVET CAPPᴺᴱ & CHASTELLEIN DE CLAIS [4] ⊥

C HIMBERT CLEMENT ⊥ C GIRARD PEINTRE CONCEVL [5] & B ROMEIN CONCEVL 1610

Au-dessus de la ⊥, une cloche.

Note : *ut* ♯.   Diam. 67 c.

73. — CHAMP. 1613.

⊥ IHS MARIA SANCTE PETRE SANCTE BLASI[6] ORATE PRO NOBIS 1613

Sur la panse : le *Christ entre la Vierge et Sᵗ Jean* ; — *Sᵗ Pierre* ; — la *Vierge* ; — *Sᵗ Blaise*, évêque. Dessous, marque du fondeur ⬚D 🔔 V⬚

Note : *ré*.   Diam. 64 c.

74. — Sᵀ-SAVIN. 1613.

⊥ IHS MARIA SANCTE SAVINE [7] ORA PRO NOBIS M IEAM DVBOYS PBRE [8] CVRE DE SAINCT SAVIN

NOBLE HERCVLES DE BVFFEVANT SIEVR DE VILLE [9] DAMOYSELLE MARIE DE DORNE [10]

(1) *Sᵗ Barthélemy*, patron du lieu. — (2) *Parrain*. J.-Bᵗᵉ de Ponnat, conseiller au Parlement par lettres du 24 juillet 1595, reçu le 30 mai 1596, résigna ses fonctions en faveur de son fils François en 1628. Outre ce fils, il en avait deux autres : Jean-Louis, président de la Chambre des Comptes, suivant l'*Armorial du Dauphiné*, — ce qui est une erreur, — et Jean-Baptiste, chevalier de Malte, qui portait les mêmes prénoms que lui, mais qui n'a pu être parrain de cette cloche. — (3) *Marraine*. La femme de J.-Bᵗᵉ de Ponnat s'appelait Jeanne, selon l'*Armorial* ; à moins d'une erreur, elle n'a donc pas été la marraine de cette cloche, et Dorothée doit être quelqu'une de ses proches. — (4) Peut-être *A. Drevet*, capitaine et châtelain de Claix. — (5) *Consul*.

(6) *Sᵗ Blaise*, patron du lieu.

(7) *Sᵗ Savin*, patron du lieu. — (8) *Prebtre*. — (9) La cloche offre trois *Croix de Sᵗ Maurice*, chacune dans une petite couronne de laurier. — (10) Serait-ce Marie de Dorne, dame de Demptézieux et de Montcarra (suivant l'*Armorial*)

DAME DE DENTHESIEV M [1] LES CONSEVL MONT FAICT FAIRE EN LAN 1613 (Marque du fondeur 🔔 [2]

Note : *si*.   Diam. 79 c.

75. — GRENOBLE *(Notre-Dame)*.   1614.

J.HS IN . MATVTINIS . MEDITABOR . INTE [3] . ANNO . DOMINI . 1614 . F . D . B . 🔔 [4]

C'était la cloche de Matines du Chapitre de la Cathédrale.

Note : *si*.   Diam. 82 c.

76. — VIENNE *(St- André-le-Bas)*.   1616.

H [5] . DE . VILLARS . A [6] . ET . COMTE . DE . VIENNE M . D . BVDOS [7] . COMTESSE . DEDISIMIEV .

DE . GENEVREY I . R [8] ✿✿✿✿✿✿✿✿✿✿✿✿✿✿ S . SEVERVS [9] .   1616

Note : *ut*.   Diam. 75 c.

77. — VILLENEUVE-D'URIAGE.   1618.

✝ J.HS MAR . S . IOANNES . PATSITA . ORV . PRONOIS *(tête de chérubin et petit ornement fleurdelisé)* 1618 🔔

✝ IEHAN . CLAVDE . ALLEMAND . ET . LOVYSE . DE . CLERMONT . SEQNEVRS . BARON . ET . DAME . DVRIAYE [10].

et femme de François Bally, maître ordinaire en la Chambre des Comptes ? Je n'ose l'affirmer, la date semblant s'opposer à ce rapprochement.

(1) *Messieurs*. — (2) Cette inscription a déjà été publiée, en 1865, dans les *Recherches historiques sur les environs de Bourgoin*, par M. L. Fochier, à qui je l'avais communiquée ; mais elle n'y a pas été reproduite bien fidèlement.

(3) *In te*. — (4) *Fecit* D. B. (?) ; je le suppose du moins, ces 3 sigles étant suivis d'un ornement courant terminé par une petite cloche.

(5) *Henri*. — (6) *Archevêque*. — (7) *Marguerite de* Budos, tante du connétable de Montmorency, mariée en 1598 à César de Disimieu, conseiller d'Etat en 1611, chev. de l'O. du St Esprit en 1613, maréchal de camp en 1615 et gouverneur de Vienne. — (8) J'ignore la valeur de cette ligne. — (9) *Sanctus Severus*, un des saints les plus honorés dans la ville de Vienne.

(10) *Jean-Claude Alleman*, marié en 1613 à *Louise de Clermont*, et seigneurs, baron et dame d'Uriage.

Jesus. Maria. Sancte Johannes Baptista. Ora pro nobis.

Note : *ré.*   Diam. (?)

78. — CHANTELOUVE.   1620.

J.H.S MA LAVDATE EVM IN CYMBALIS ✿

BENESONANTIBVS ✠ **te deum** ✿ **laudamus** ✿ **te domin** ✿
16Z0

Sur la panse : le *Christ entre la Vierge et S' Jean* ; — la
Vierge ; — *S' Michel.*

Note : *si* ♭.   Diam. 43 c.

79. — SOLEYMIEU.   1622.

✝ IHS MA STE ROMANE [1] ORA PRO NOBIS N ❈ MELCIOR DE ❈
(*écusson de la Poype*) [2] LA POYPE SGNR DE ❈ S ❈ IVLLIEN [3]
PARAIN & MARIE DE LORAS

(Une *sainte, avec une cloche*) DAME DE (le *Christ entre la
Vierge et S' Jean.*) SERRIERE (un *saint ?*) MARRAINE ✝ (la *Vierge*)
1622

Note : *fa* ♯.   Diam. 49 c.

80. — VENOSC.   1622.

✝ J.H.S MAI . S . PETRE . ORA . PRO . NOBIS . A FVLGVRE . ET
. TEMPESTATE . LIBERA . NOS . DOMINE . 1622 .

✝ . I . ROVARD . PAREIN . ✝ CLAVDA . ROVARD . MAREINE .
NOMEE . MARIE .

Sur la panse : images de *S' Pierre* ; — le *Christ entre la Vierge
et S' Jean* ; — la *Vierge et l'enfant Jésus* ; — tête de *Chérubin* ;
— *Évêque bénissant* ; — l'*Agneau triomphant* ; — les deux *S'
Jean* ; — *S' Michel* ; — l'*Agneau triomphant* ; — tête de *Chérubin* ; — un grand *Crucifix.*

(1) *S' Romain*, patron du lieu. — (2) *De gueules, à la fasce d'argent.* — (8) Melchior de la Poype-Saint-Jullin, guidon d'une compagnie de gendarmes, sous
Henri IV, et capitaine de cavalerie au service des Génois contre la Savoie.

Note : *la*.   Diam. 86 c.

81. — Sᵀ-ANDÉOL.   1623.

(En belles et grosses lettres :)

J.H.S ̅M̅A̅ ⚜ SANCTA MARIA ORA ⚜ PRO NOBIS

(Lettres la moitié moins grandes :)

✠ te ⚜ deum ⚜ laudamus ⚜ te ⚜ dominus [1] ⚜ 1623

⚜ . B . |✳| (*Sᵗ Michel*) . B . |✳| (la *Vierge*) . B . |✳| (le
Christ entre la Vierge et Sᵗ Jean) . B[2] . |✳|

Note : *fa* (faux).   Diam. 56 c.

82. — CHANDIEU (Chapelle de).   1624.

✝ SANCTA MARIA ORA PRO NOBIS NOBLE CLAVDE DE LAIGVE CHEVALIER
DE MALTE [3] ET DAMOISELLE MARIE DE LAIGVE [4] SA SOEVR ONT
FAICT BENIR

1624. Puis, à la suite de la date, et en caractères barbares
dont il m'a été impossible de rien faire sortir de raisonnable :

NVNCIIR PAACAFFANVNCPONTVSDORTISVM

M. IAVDE (la *Vierge*) VPQVEDE (*Sᵗ Pierre*) VIRGO MARI (le *Christ
entre la Vierge et Sᵗ Jean*) APARENS (*Sᵗ Michel*).

Note : *fa* ♯.   Diam. 51 c.

83. — FRONTONAS.   1624.

J.H.S MARIA IOSEPH ✿ SIT NOMEN DOMINI BENEDICTVM ✿ A FVL-
GVRE ET

✝ TEMPESTATE LIBERA NOS DOMINE ✱ SANCTE IVLIANE [5] ORA
PRO NOBIS

1624

---

(1) Pour *dominum [confitemur]*. — (2) J'ignore la valeur de ces B répétés
quatre fois.

(3) Claude de Laie, fils de Claude, fut reçu chevalier de Malte en 1622. —
(4) Elle avait épousé M. de Relinghen.

(5) *Sᵗ Julien*, patron du lieu.

1re face : *Croix* ornée. — 2e face : autre *Croix*, mais différente et accompagnée de la marque c 🔔 v dans un cercle.

Note : *ré*.   Diam. 61 c.

84. — LAVARS.   1624.

⸸ IHS AVE MARIA GRATIA PLENA DOMINVS TSECON [1] **BENEDIS-TA** [2] **TV**

AESTE FAIC [3] **POUR LEGVISE** [4] **DE LAVAR 1624**

Sur la panse : le *Christ entre la Vierge et St Jean* ; — *S^t* ∙ ∙ ∙, avec une espèce de cœur à côté (fruste) ; - la *Vierge et l'enfant Jésus* ; — *2 Saints* dont l'un tient un rond orné.

Plus bas, grande *Croix* fleurdelisée.

Note : *mi*.   Diam. 60 c.

85. -- S^T-LAURENT-EN-BEAUMONT.   1624.

⸸ IHS MARIA . S . LAVRENTI [5] **ORA PRONOBIS 1624 AF**

⸸ . S . CLAVDE FREINET CHATELAIN DE BEAUMONT

DAMOSSELL . IANNE . DVMESTRAL . C . D . P . M . . C . PRA . PR . M GL . [6]

Croix fleurdelisée : — *St Pierre ;* — la *Vierge et l'enfant Jésus ;* — le *Christ entre la Vierge et St Jean* : — un *évêque*.

Note : *fa*.   Diam. 56 c.

86. — DOISSIN.   1625.

† **IHS MARIA SANCTE MATINE** [7] **ORA PRO NOBIS FAICT LANE**
162S au milieu d'un ornement courant fleurdelisé.

Sur la panse, *Croix* fleurdelisée entre la marque [🔔], répétée 2 fois.

Note : *sol*.   Diam. 44 c.

---

(1) *Tecum*. — (2) *Benedicta*. — (3) *A été faite*. — (4) *L'église*.
(5) *St Laurent*, patron du lieu. — (6) Il m'est impossible de rien faire sortir de tous ces sigles placés après le nom de *demoiselle Jeanne du Mestral*.
(7) *St Martin*, patron du lieu.

87. — VOIRON *(St Bruno).* [1]   1625.

J.HS AVE · GRATIA · PLENA · DOMINVS · TECVM · BENEDICTA · TV ·
IN MVLIERIBVS · ET · BENEDICTVS · FRVCTVS · VENTRIS · TVI · SAN [2]
CTA · MARIA · MATER · DEI · ORA · PRO · NOBIS · PECCATORIBVS ·
PIÆ · DEIPARÆ · CONSVLES · TVLLINI · 16Z9

Sur la panse : le *Christ entre la Vierge et St Jean* : la *Vierge* ;
St Michel terrassant le dragon.

Note : *fa* ♯.   Diam. 56 c.

88. — DIZIMIEU.   1626.

☩ LAVDO DEVM VERVM VOCO CLERVM CONGREGO PLLEBEM [3] DEF-
FVNCTOS [4] PLORO NVBEM FVGO FESTA MARIA ☛

ANGELICA COMITISSA DE DISIMIEV [5] ET DE VERRVE IOSEPHVS
IGNATIVS ALEXANDER MANEROY [6] SCAGLIA COMES

DE VERRVE 1626 *(St Pierre)* : *(St · · ·)* ; ⌐Ḡ v¬ et ⌐S̄ v¬ :
(St Pierre) ; *(St · · ·)*.

Sur la panse : *Croix* ornée : — *écusson* de Scaglia : *d'argent, à
la croix de sable, cantonnée de 4 losanges de même* ; — autre
écusson écartelé : au 1, de *Disimieu* ; au 2, de . . . . (?) ; au 3, de
Clermont ; au 4, de *Champagne* (?) ; en cœur, écusson du *Dauphiné* . . . . A quelles alliances tout cela répond-il ? Je n'ai su
le trouver.

Note : *sol.*   Diam. 100 c.

---

(1) C'est l'ancienne cloche de l'*église des Augustins* de Voiron, ayant appartenu antérieurement à la paroisse de Tullins. — (2) Ce mot et celui qui commence la ligne suivante n'en font qu'un.

(3) Pour *plebem.* — (4) *Defunctos.* — (5) Marie-Angélique de Disimieu, fille
unique de Jérôme de Disimieu, grand-maître des eaux et forêts de Dauphiné,
bailli du Viennois et gouverneur de Vienne, et de Anne de Puy du Fou, fut la
seconde femme d'Alexandre Scaglia, comte de Verrüe, auquel l'*Armorial du
Dauphiné* donne les prénoms d'*Alexandre-César* et que notre cloche appelle
Joseph-Ignace-Alexandre-Mainfroy. Il était gentilhomme ordinaire de la
Chambre et premier écuyer du duc de Savoie. — (6) Mainfroy.

89. — GRENOBLE *(St Louis).*   1626.

† IHS MAR IN NOMINE IESV FVGITE PARCES [1] ADVERSAE HAEC
CAMPANA VOCATAR [2] ANNA CVIVS COMMATER

EXSTITIT ANNA DE COVGNOZ [3] COMPATER VERO PER ILLVSTRIS
DNS LVDOVIVIS [4] FAVRO PRAESES IN

PARLAMENTO ET REGIS CONCILIARIVS FACTA FVIT SVB REGIMINE
REV DNAE ADRIAENAE DE CHAMBERAM [5]

ABBATISSAE AGAYVM [6] ET SVB IMPENO [7] ILLVITRISSIMI DNIO [8]
N [9] DE RIDDES ABBAETIS LTAEMEDI [10] 18 IVNG [11] 1626

Au bas, écusson aux armes du Président du Faure :

(1) Pour *partes* : « *Partes adversæ,* » les ennemis... Ce texte est emprunté à
la 3ᵉ antienne, à l'office de *Laudes*, en la fête de l'Invention de la Sainte Croix :
*Ecce Crucem Domini, fugite, partes adversæ : Vicit leo de tribu Juda, radix
David, alleluia.* — (2) *Vocatvr.* — (3) *Cognoz* de Clèmes. — (4) *Ludovicus.* —
(5) *Reverendæ dominæ Adrianæ de Chambaran.* — (6) *Ayayum.* — (7) *Im-
penso,* sous la dépense, aux frais de. — (8) *Illustrissimi domini.* — (9) *N. de
Riddes.* Nicolas de Riddes, abbé de Tamiers, est un personnage à ajouter à la
liste des membres de cette famille qu'ont donnée MM. Aug. Dufour et François
Rabut, dans leur histoire de la commune de Flumet (Savoie), où elle était fixée
(*Mém. et docum. publiés par la Soc. savois. d'hist. et d'arch.,* 1867, t. XI, p. 86).
— (10) Pour *abbatis Stamedei,* abbé de Tamiers. — (11) *Jvnivs.*

(V. les notes plus étendues que j'ai données dans le *Bulletin de la Drôme,*
indiqué à la page suivante.

Ecartelé aux 1 et 4 de du Faure *aux 2 et 3 de* . . . ?

Note : *si.* Diam. 73 c.

Cette cloche, transportée à l'église de St Louis, de Grenoble, nous ne savons à la suite de quels événements, a été cassée en 1867 et remplacée la même année par la 3e cloche actuelle.

J'ai publié cette inscription, en 1884, dans le *Bulletin de la Société d'archéologie de la Drôme*, dans l'espoir que, ne sachant où découvrir le 2e quartier de ces armes, quelqu'un de mes confrères pourrait me renseigner à cet égard. Ce n'est pas en vain que j'ai frappé à leur porte. Voici la réponse à mon *desideratum* que j'ai reçue de mon ami Humbert de Terrebasse : ce dont je saisis l'occasion de le remercier de tout cœur.

M. G. VALLIER, dans un article intitulé : *Numismatique du Parlement de Grenoble,* inséré dans la 71e livraison du *Bulletin de la société d'archéologie de la Drôme* (octobre 1884), donne le dessin d'un écusson qu'il décrit en ces termes · « Ecartelé : *aux 1 et 4, d'argent, à la bande en devise d'azur, enfilée de trois couronnes ducales d'or, qui est de Faure :* aux 2 et 3, *de... au chevron de... accompagné de 3 raves (?) renversées de ..; au chef de... (?),* qui est de...; le tout dans une couronne de laurier. »

On retrouve ces dernières armes, que l'auteur signale à l'attention des curieux, dans un recueil manuscrit et soigneusement enluminé de *Blasons de la noblesse Delphinoise au XVIIe siècle* (1), provenant du cabinet de M. de Sautereau, conseiller au Parlement de Grenoble. Elles doivent être ainsi expliquées : *De gueules, au chevron d'or, accompagné de trois grenades de même ; au chef d'argent.* Ce sont bien des grenades, car le manuscrit du XVIIe s. et le consciencieux dessin de M. VALLIER retracent nettement ce fruit. De plus, la rave, quoique consacrée à Apollon, est un légume peu héraldique, surtout en France, et la proximité de la Savoie ne suffit pas à légitimer son introduction dans des armoiries dauphinoises. Pourtant, cette pièce figure dans quelques blasons allemands, mais elle est généralement pointue (2). Ces armes sont attribuées à *M. Du Faure* par l'auteur du ms.

_____

(1) **Ms.** de la biblioth. du château de Terrebasse ; pet. in-8°, 158 p. (6 blasons par page). — (2) Quoiqu'assez hautain de son naturel, le blason n'a point dédaigné ce légume, un peu *terre à terre*, mais non méprisable, quoique *peu poétique.* M. de Terrebasse a sans doute oublié que l'*Armorial du Dauphiné* de M. de la Bâtie nous en donne la preuve à côté du nom de la famille RAVIER, et que sous ce rapport notre province n'a rien à envier à la Savoie, ni même à l'Allemagne. Je n'en donne pas moins, et avec plaisir, acte de sa rectification à mon cher confrère. J'aime mieux voir dans nos blasons une grenade de plus et une carotte de moins (G. V.).

cité ci-dessus, qui, plus loin, donne également celles de « *M. Du Faure-Vercors : D'azur*, à la bande d'argent, enfilée de trois couronnes antiques d'or. » Mais s'étant aperçu que ces émaux constituaient une brisure propre aux du Faure de la branche d'Upaix, il rétablit les émaux de la branche aînée, dite *de Vercors*, en Diois, représentée par le président Louis du Faure, en notant sur la marge de son Armorial : « *D'argent, à la bande d'azur, enfilée dans 3 couronnes d'or*, » Cette dernière description est reproduite dans un manuscrit relatif au couvent de Montfleury (1), à l'article de « Gonette du Faure, religieuse en 1482, fille de Guigue du Faure, d'une famille très-ancienne du Diois, connue depuis l'époque de 1279. »

Voici donc deux familles portant le même nom, mais parfaitement distinctes, quant à leur origine, ainsi que le prouve la dissemblance de leurs armes. L'une, celle des du Faure de Vercors, est citée par Chorier et divers généalogistes. L'autre, celle des du Faure, sans désignation de seigneurie, n'est connue que par la mention qu'en fait le manuscrit des *Blasons de la noblesse delphinoise* et par l'écusson de la cloche des Ayes, qui nous apprend qu'en 1626 une fille de cette maison était l'épouse du président Louis du Faure-Vercors, seigneur de la Colombière (*alias* Colombinières).

Suivant les lettres de provisions (2) du 25 janvier 1598, Mᵉ Jean Figuel fut pourvu de l'office de conseiller au Parlement de Grenoble, *par la résignation de Mᵉ Pierre du Faure et le décès de Mᵉ Estienne Barle*. Ce Pierre du Faure, et autre Pierre du Faure, président en 1614 (3), pourraient bien appartenir à cette famille peu connue, car ce prénom n'est signalé, chez les nombreux du Faure-Vercors, qu'en la personne de Pierre du Faure, seigneur de la Colombière, procureur général au Parlement en 1640. En outre, Chorier dit (4) que les du Faure-Vercors ont fourni trois présidents au Parlement, qui sont François en 1594, Louis en 1621 et Antoine en 1641. Il est donc évident que Pierre du Faure, président en 1614, n'appartenait point à la famille de du Faure-Vercors. Il doit en être de même pour Félicien et Isaac, l'un chanoine, l'autre official de l'église cathédrale de Grenoble, en 1613.

90. — SICCIEU.   1626.

✝ IHS MARIA SANCTE IVLIANE (5) ORA PRONOBIS 1626 (*Ecusson de Granet*) TE ANNE DE GRANET (6) (*Ecusson de la Poype*) MELCHIOR DE LAPOIPE

---

(1) Biblioth. du Château de Terrebasse, in-8°, 220 p. — (2) *Registrum litterarum officiariorum*, 1365-1670. Ms. de la biblioth. du château de Terrebasse, in-4°. — (3) GUY-ALLARD, *Dictionnaire*. — (4) CHORIER, *État politique*.

(5) L'*Ordo* nomme cette localité *Siccieu-Saint-Julien*; mais il lui donne pour patron Sᵗ Jean-Baptiste. — (6) Anne, fille de Pierre de Granet, seigneur de

M . A . R . CVRE M . B . P . T . A . V . [1] ~~~~~~~

Chacun de ces écussons est répété 2 fois, avant et après le nom [2].

Note : *mi*. Diam. 51 c.

91. — LENTIOL. 1628.

✝ IHS

MARIA CESTE CLOCHE EST POVR LESGLIES PARROCIHALE [3]

(Espèce de fleuron) DE SAINCT IACQVES LE MAIEVR [4] DE LENTIO [5] . 1628

Sur la panse : le *Christ entre la Vierge et St Jean* ; *St Michel* ; *Saint* tenant une palme et un calice.

Il s'y trouve aussi deux fois les armes de la famille de Lestang : *d'azur, à 3 fasces muraillées d'argent, maçonnées de sable, la 1re de 5 créneaux, la 2e de 4 et la 3e de 3*, associées au *gironné d'or et de sable de huit pièces* des Grolées, par le mariage, en 1606, de Jacques de Murat de Lestang, seigneur de Lens, Marcolin, Lentiol et Moras, chevalier de l'ordre de St Michel, gentilhomme de la chambre du roi Henri IV en 1595, colonel d'un régiment pendant les guerres de religion et député par la province vers le roi pour le maintien de ses privilèges, avec Sébastienne-Laurence de Grolée, fille de Jacques, comte de Viriville.

Crucifix orné.

Note fêlée. Diam. 44 c.

92. — MORESTEL. 1628.

✝ *(petit médaillon à lettres gothiques ?)* 𝔵𝔭𝔰 𝔳𝔦𝔫𝔠𝔦𝔱 𝔵𝔭𝔰 𝔯𝔢𝔤𝔫𝔞𝔱 𝔵𝔭𝔰 𝔦𝔪𝔭𝔢𝔯𝔞𝔱 𝔵𝔭𝔰 𝔞𝔟 𝔬𝔪𝔫𝔦 𝔪𝔞𝔩𝔬 𝔫𝔬𝔰 𝔡𝔢𝔣𝔢𝔫𝔡𝔞𝔱 𝔪𝔳𝔠𝔵𝔵𝔳𝔦𝔦𝔦

Painessins, en Bresse, conseiller au parlement de Grenoble, épousa, en 1613, Melchior de la Poipe, que nous avons déjà vu parrain de la cloche de Soleymieu en 1622 (Voir le n° 79). J'ignore le sens des deux lettres TE, qui précèdent le nom d'*Anne*. — (1) Je n'ai pu apporter la lumière sur ces sigles. — (2) Celui de Granet : *d'azur, au lion d'or.* Celui de la Poype : *de gueules, à la fasce d'argent*.

(3) *L'église paroissiale.* — (4) St *Jacques-le-Majeur*, patron de la localité. — (5) *Lentio* est la prononciation patoise du nom de *Lentiol*.

Christus vincit, Christus regnat, Christus imperat, Christus ab omni malo nos defendat, 1628. [1]

Note : *mi.* Diam. 110 c.

Je crois devoir placer ici une inscription que j'ai relevée avec soin et qui se trouve gravée sur la poutre qui sert de montant au joug de la cloche. Elle porte la date de 1626 : elle est donc antérieure de deux ans à celle de la cloche elle-même. La voici fidèlement reproduite avec tous ses monogrammes ou abréviations, que je ne puis lire qu'en partie et dont les archives locales seules pourraient don-

1626.	
2ᴱ, APVR	
F. C. BOVR	(V et R *conjugués*)
NERAND	(N et R, N et D *conjugués*)
PRIEVR	(V et R *conjugués*)
L	
F. CAT. PA	
TRAS. Pᴿ	
F. P. CLA	(P *barré sur le pied*)
VEL	
F. I. DVV	(DVV *conjugués*)
FA	
PA	*(Joug de la cloche)*
A — RE	
GVILLET	

ner la clef : *1626, 2 apvril : F. C. Bournerand, prieur. Le F.* (?) *Cat. Patras, pʳ* (?). *F. P, Clavel..... Gvillet.*

93. — Sᵀ-ÉTIENNE-DE-Sᵀ-GEOÏRS. 1628.

Sancte Simeone, ora pro nobis. Noble Eymard de Goutefrey, Dame Franson de la Poepe Saint Jullin dame de Eynes et autres lieux. A. Reboul, prieur. SRFDCLF 1628.

Copiée par moi sur le Registre de la paroisse de Sᵗ-Etienne de 1808.

Cette cloche était, suivant ce Registre, celle de l'*Angelus.* Elle fut achetée en 1808 de M. Calixte de Goutefrey, propriétaire du château de Bressieux, à l'horloge duquel elle servait de

(1) V. la note du n° 63, p. 30.

timbre. Elle pesait 3 quintaux et 6 livres. Cassée en 1829, suivant le Registre de 1830, elle servit à la fonte de celle de la même année, qui pèse 6 quintaux.

Comment cette cloche était-elle au château de Bressieux ? Je l'ignore. Mais je suppose qu'elle a dû appartenir avant à l'église de St-Siméon-de-Bressieux, sur la paroisse de laquelle se trouvent les ruines du château de ce nom.

94. — TREFFORT. 1628.

☩ IN TYMPANO ET CHORO LAVDEMVS DEVM [1] 1628 AMO⁄RC [2]
Sur la panse : le *Christ entre la Vierge et st Jean* ; la *Vierge et l'enfant Jésus* ; *st Pierre* ; *2 Saints*, dont l'un est St Jean.
Note : *fa*. Diam. 56 c.

95. — SAUGNIEU. 1629.

☩ JHS MAR SANCTE BLASI ORA PRO NOBIS A ESTE PARRAIN NOBLE CLAUDE DE LA

☩ COMBE SIEVR DE CHAMPREMONT & DAMOYZELLE MARGVERITE DEGRANGET [3]

SA FEMME MARRAINE MRE P. CARRIER PBR CVRE 1629 (*marque du fondeur André Bernard, suivie de* FI) [4]
Sur la panse : *Croix* fleurdelisée ; *Saint* entre deux adorants, de la bouche desquels sortent deux banderoles avec les mots : S. IACOBE et ORAPRONOBIS.
Note : *fa* ♯ Diam. 53 c.

96. — CHICHILIANNE. 1631.

☩ IHS SANCTA MARIA ORA PRONOBIS NOBLE PIERRE LOVIS DE VEYNES [5] (*Sceau de Louis de Veynes*) [6] 1631

(1) Imitation du Ps. 150, v. 4. — (2) Est-ce un nom ? Sont-ce des sigles ?.... Je m'abstiens de me prononcer.
(3) De Granget (?). — (4) Pour *fecit*, probablement.
(5) Pierre-Louis de Veynes, seigneur de Chichilianne, conseiller au parlement, mort en 1671 — (6) V. le n° 1 de la note 2, à la page suivante.

⸸ ESCVYER SEIGNEVR DE CHESILIANE PARRAIN ET DAMOISELLE ANNE DE

⸸ VEYNES MARRAINE [1] MESSIRE CLAVDE MARIE CVRE NATIF DV DIT LIEV [2]

Note : *ut.*   Diam. 77 c.

(1) Marie-Anne de Veynes, grand'tante du parrain et femme de Guigues de Jouven.

(2) Immédiatement après cette inscription, vient une ligne ou ceinture d'images religieuses et de sceaux, quelquefois répétés en double épreuve. Je néglige l'imagerie pour ne m'occuper que des sceaux, et je donne la reproduction de ces derniers qui, malgré qu'ils se soient refusés à me laisser lire tout ou partie de leurs légendes, à cause des bavures du métal ou de leur peu de relief, n'en sont pas moins utiles à conserver et aideront peut-être un jour à reconstituer plus exactement d'autres exemplaires de ces sceaux qu'il serait important de bien élucider, quand ce ne serait que pour connaître les liens qui les attachent à la confection de cette cloche ou à l'histoire de l'église de Chichilianne. Néanmoins, je fais mes réserves à ce sujet et je partage tout-à-fait le sentiment de mon honorable confrère M. J. Rouyer, de Thiaucourt, dont j'ai voulu mettre à contribution le savoir étendu : « Je vous avoue, m'écrit-il, que je doute que la présence de ces sceaux sur la cloche de 1631 ait véritablement une portée historique, parce que, de ces cinq sceaux, il y en a trois qui sont personnels (sans compter le sceau muet des de Veynes), et qu'il y avait peut-être déjà deux cents ans, pour le moins, quand la cloche a été fondue, que les individus pour lesquels ces sceaux avaient été faits n'étaient plus de ce monde. En somme, je ne serais pas surpris que nous fussions en présence d'une question d'ornementation quelque peu banale..... »

Soit ! Mais l'intérêt attaché à la découverte de ces sceaux à leur point de vue personnel et isolé, n'en subsiste pas moins, et je me félicite de pouvoir les faire revivre, quand ce ne serait que pour fournir à d'autres les moyens de les réintégrer dans les séries particulières auxquelles ils appartiennent.

Je place en tête de cette description celle du petit sceau indiqué dans l'inscription elle-même.

1° — Sceau muet de la maison de Veynes (Ecusson sommé d'un casque entouré de lambrequins : *de gueules, à trois bandes d'or*).

2° — Ꞩ' ꝰℲℝℐꞩ ℐ𝔬ℏℐꞩ ℭ𝔬ℙℰ — ℝ𝔪𝔫𝔬𝔫-𝔬ℭℒꓝℰ ? (A part les trois premiers mots qui se lisent parfaitement *Sigillum fratris Johanis*, il est bien entendu que je ne garantis nullement la suite de la lecture de cette légende que j'ai reproduite dans mon dessin avec tous mes doutes, dans l'espoir qu'un plus heureux que moi, trouvant un sceau mieux conservé, en découvrira plus tard la véritable leçon). Sous un dais gothique, deux figures de face que je ne puis déterminer, l'une dans l'attitude de la prière, l'autre qui

1

4

3

5

2

G. Vallier, del.

Au-dessous, cordon de feuilles d'acanthe coupé par la croix suivante :

semble lui poser une couronne sur la tête. Dessous, un écusson que je décris également sans trop le déchiffrer : *De . . . au semé d'hermines (ou de fleurs de lis, ou de mouches) (?) de . . . ; au chef de . . . chargé de trois calices de...* (Pl. I, n° 2.)

3° — ✠ PEREGRINVS DE COEC — TIVI ARCHI [*diaconvs*(?)] VTICEN [*sis*] (*Peregrin de Coectivi archidiacre d'Uzès.*)

Le nom de *Coectivi* se rattache à Uzès, puisque, dans la série des évêques de cette ville, figure Alain de *Coëtivy*, qui était en même temps évêque d'Avignon (1440-1445) et évêque d'Uzès (1438-1474). Alain de Coëtivy, d'une illustre maison de Bretagne, fut évêque de Dol, puis de Cornouailles, ensuite d'Avignon, dont il rebâtit à ses frais le palais épiscopal. Nicolas V le fit cardinal en 1448. Il présida au Concile d'Avignon, en 1457, comme légat du pape, avec Pierre, cardinal de Foix. Calixte III, dont il avait favorisé l'élection, l'honora des légations de France et d'Angleterre. Il mourut à Rome le 22 juillet 1474, âgé de 70 ans, et fut inhumé dans l'église de Ste-Praxède, où l'on voit encore son magnifique tombeau.

Ce fut le dernier Évêque d'Avignon, Julien de la Rovère, qui lui succéda, ayant vu ériger l'évêché d'Avignon en archevêché, en 1475, par son oncle Pie IV.

L'écusson de ses armes portait un *Fascé d'or et de sable de six pièces*, qui est précisément offert par notre sceau, dont le *Peregrinus* appartenait évidemment à la même famille. (Pl. I, n° 3).

4° — **S. dom hugonis de** (en *lettres conjuguées*) **barce—lone** (?) **de** (en *lettres conjuguées*) **cretor' doctoris** (*Sigillum domini Hugonis de Barcelone* (?) *decretorum doctoris*) Je n'affirme nullement la lecture du mot *Barcelone*. Tout ce que je puis affirmer c'est que Hugues de... était docteur en décret, c'est-à-dire, en droit canon. Je tâche de deviner, et je convie mes confrères en archéologie aux mêmes recherches. Les lettres mal venues, les bavures du métal sont un grand empêchement à certaines lectures, et l'on ne peut arriver à un résultat que par la découverte de sceaux mieux conservés. On le pourrait aussi par l'attribution certaine des armoiries ; mais mes efforts ont été vains. Voici la description de ce sceau :

Sous un double dais gothique, deux saints, probablement St Hugues, patron du docteur, et St Ives, patron des avocats. Dessous, écusson écartelé : *Aux 1 et 4, de . . . à une croix formée de cinq croissants de . . . ; aux 2 et 3, de . . . . à cinq merlettes (?) de . . . .* (Pl. I, n° 4.)

5° — **S. spitualis porat**[9] — **couetualis de** (en *lettres conjuguées*) **godio** (*Sigillum spiritualis* (Sceau du spirituel) *prioratus conventualis de Godio*) ; Niche gothique, dans laquelle la Vierge debout de face et couronnée, tenant l'enfant Jésus sur le bras droit, et accostée d'un glaive et d'une crosse, emblèmes du pouvoir temporel et du pouvoir spirituel. Dessous, écusson : *De... au lion de . . . .* (Pl. I, n° 5.)

CD

IHSMRABCD CD

† ʃ

† IHSMR

† IHSMRAB

± IHSMRAF

Le *Bulletin d'archéologie chrétienne* de M. le Commandeur J.-B^te Rossi (Edition française par M. l'abbé Duchesne, 3e série, 5e année, 1880, p. 143), après avoir dit que, pour apprendre la lecture aux enfants, on leur faisait écrire et « réciter l'alphabet *per ordinem et ordine verso primis extremas litteras jungens* » ; après avoir entrevu dans cet usage une application fort ingénieuse de la réunion de l'*alpha* et de l'*oméga* appliquée au Christ, comme principe et fin de toutes choses, et avoir avancé que l'alphabet a été substitué quelquefois auprès de la croix à ces deux lettres mystiques de l'Apocalypse, ajoute :

« L'*urceus*, récemment découvert à Carthage, démontre clairement que les anciens chrétiens, au moins en Afrique, découvraient quelque corrélation entre la croix et l'a, b, c, ABC*darium*. Les manuscrits liturgiques font mention de l'ABC et de l'*abecedarium* précisément à propos de l'usage où l'on était de le tracer sur les deux lignes de la croix transverse, dans la consécration des églises. Dans le langage traditionnel du populaire chrétien, la table abécédaire est appelée *croix de Dieu* (en italien, *croce santa* ou *santa croce*)...

« ... Remy d'Auxerre, expliquant, au IXe siècle, les rites de la consécration des églises, compare les alphabets que l'évêque écrit sur le pavé, le long des lignes de la croix, aux éléments de la foi que l'on enseignait aux catéchumènes et aux néophytes pour consacrer leur âme comme un temple spirituel : *Quid autem per alphabetum nisi initia et rudimenta doctrinæ sacræ intelligi convenit ?* (Rémy, *Tractatus de dedic. eccles.*, etc.) Ceci suffit à expliquer la tradition, au moins celle du haut moyen-âge, sur le sens que les anciens attachaient à la réunion de la croix et de l'alphabet. »

On sait que, dans la cérémonie de la consécration des églises selon le rite romain, l'évêque trace avec le bout de sa crosse tout l'alphabet grec et tout l'alphabet romain sur le pavé, le long de deux lignes de cendre ; ces lignes partent des quatre angles de la nef ; par leur intersection elles forment la figure d'une croix grecque, X.

Serait-ce un sceau de Joyeuse (*Godiosi* ou de *Godioso*), dans le Vivarais ? Il faudrait, pour en être certain, savoir s'il y avait une maison de l'ordre du St-Esprit.

Ne serait-ce point dans cette coutume ou tradition qu'il faudrait rechercher l'origine de ces croix formées des lettres de l'alphabet ou de passages des Ecritures que j'ai retrouvées sur quelques cloches ? Je me. contente d'en reproduire une seule et de signaler ce fait curieux aux épigraphistes et aux archéologues religieux.

97. — CRÉMIEU *(Eglise des Augustins)*. 1631.

☩ . [1] IHS . MARIA . SIT . NOMEN . DOMINI . BENEDICTVM . ANNO . SAL . RE [2] . DIE . XXV . MENS [3] . IVNII . 1631

Au bas, *Crucifix* orné entre l'écusson couronné de France et Dauphiné, (mais en ordre inverse), et le sceau oval des Augustins. autour duquel on lit : *Sigillum conventus crimacensis ordinis sancti augustini* [4].

Sous la légende de la cloche, *s^t Michel*, *s^te Marie* et l'*Ecce homo*, avec de petits écussons au dauphin.

Sur la panse, et après le sceau des Augustins, quatre autres sceaux.

1° Sceau écartelé : au 1, de Dizimieu : aux 2 et 3, de Ferrand (ou Palanin); au 4, de Clermont-Chatte. — 2° Sceau parti . . . . (une alliance peut-être de la famille de la Poëpc (?). — 3° Sceau du Dauphin de France. — 4° Sceau aux armes de Crémieu.

On y voit encore la marque du fondeur *Nicolas Doriz*.

Note : *ré*. Diam. 124 c.

98. — CREYS. 1631.

IHS MARIA SANCTE MAVRICI [5] ORAPRONOBIS M ✿ ESTIENNE RAY-NAVD CVRE DE CRAYPT [6]

---

(1) Tous les points de séparation de cette légende sont représentés par une sorte de *compas*, ou *cornet d'Orange* (?), impossible à reproduire ici. — (2) *Salutis reparatæ*. — (3) *Mensis*. — (4) Le prieuré d'Augustins de Crémieu fut fondé par le Dauphin Jean II, en 1317, pour dix religieux dont le nombre fut porté à 30 par Humbert II. en 1337.

(5) *St Maurice* est le patron du lieu. — (6) *Creys*.

POVR PARRAIN NOBLE ANTHOINE DE SAINCT GERMAIN [1]

POVR MARRAINE NOBLE DAMOYSELLE IEANNE DE SAINCT GERMAIN

1631

Sur la panse et répétés 2 fois chacun, les médaillons du *Christ entre la Vierge et s^t Jean*, de *s^t Michel* et de la *Vierge*.

Note : *si ♭* discord.   Diam. 75 c.

99. — MONTBONNOT.   1631.

J.HS MA SANCTE FABIANE ET SEBASTIANE

ORATE PRONOBIS 1631

Note : *sol* ♯.   Diam. 45 c.

100. — MONTFÉRRA.   1631.

J.HS . MA . PSALLAM . DEO . MEO .

🌲 QVAMDIV FVERO 🌲 1631

Note : *ré*.   Diam. 29 c.

101. — VILLARD-EYMOND.   1632.

J.HS MA AVE MARIA GRATIA PLENA DOMINVS TECVM

SANCTA MARIA ORA PRONOBIS 1632

Sur la panse : le *Christ entre la Vierge et s^t Jean*, et écusson au soleil ; *s^t Michel* ; la *Vierge et l'enfant Jésus*.

Note (fêlée).   Diam. 49 c.

102. — SASSENAGE.   1633.

J.HS . MA . S . PETRE [2] ✝ ORA . PRO . NOBIS . AN . 1633 . DNIS . CASSEN^{CI} [3] . D . GASPARI A . CASSENATICO .

ET . D . ANTONIA . DALBON . CONIVGIB [4] . DE CROSC CVRATO .

_____

(1) Est-ce Antoine de St Germain, mari de Sébastienne de Grolée, ou Antoine, son fils, chevalier de St Jean de Jérus,lem ?....

(2) *St Pierre*, patron du lieu. — (3) *Dominis Cassenatici* (étant seigneurs de Sassenage). — (4) *Conjugibus*. — Le *Dictionnaire de la Noblesse* de La Chenaye-Desbois donne Antoinette d'Albon, fille de Pierre d'Albon, seigneur de St-Forgeux, etc. pour deuxième femme à *François*, baron de Sassenage, marquis du Pont-

P . BEVL   CAST^{No} (1) . T . BERARD .

ET P . B . CARRON CONSVLIB (2) . DICTI . LOCI . HOC . TIMPANVM .

ELIQVATVM (3) . EST . PATRINIS, marque du fondeur ▯

IISDEM . DNIS . (4)

. I . C . (5)

Au bas, *Crucifix* sous lequel : (même marque que ci-dessus)
entre P . ▯ T .

Note : *si*.   Diam. 89 c.

103. — CHARANTONAY.   1634.

J.H.S MA CHRISTVS . VINCIT . CHRISTVS . REGNAT . CHRISTVS
IMPERAT . CHRISTVS . AB . OMNI . MALO . NOS DEFENDAT .
1634

1re face : *Croix* formée de fleurs de lis. — 2e face : La même
Croix avec ± I ▯ S

Note : *fa* ♯.   Diam. 50 c.

104. — St-GEOIRE *(Château de Longpra).*   1634.

J.H.S MA SANCTA MARI (6) ORA PRO NOBIS

. P . DVCHON PROCVRKVR ~~~~~~ 1634 (7)

Sur la panse : le *Christ entre la Vierge et s^t Jean*, la *Vierge,
s^t Michel.*

Note : *ré* (faux).   Diam. 42 c.

en-Royans et père de Gaspard ; quant à celui-ci, il lui fait épouser, le 17 janvier
1646, Françoise de Damas, fille de Ch. de Damas, comte de Thiange, etc. Où est
l'erreur ? Est-il admissible qu'à Sassenage même on ait pu mettre le nom de
Gaspard pour celui de *François* ?... Je suis donc porté à penser que La Chenaye-Desbois s'est trompé en faisant d'Antoinette d'Albon la femme de ce dernier, au lieu de la donner à Gaspard. — (1) *castellano.* — (2) *consulibus.* —
(3) *Eliquare* signifie *fondre* ; mais il a encore la signification de *rendre clair,
purifier.* Serait-ce à dire que les parrains l'ont fait fabriquer à leurs frais, ou
simplement qu'ils ont jeté, suivant l'usage d'alors, des monnaies de métal pré-
cieux dans le creuset, afin de donner à la cloche un son plus harmonieux, plus
pur, métal qui, du reste, n'arrivait pas à sa destination, comme on le sait, et
restait au fond du creuset ?.,. — (4) *Dominis.* — (5) *Quid ?*
(6) *Maria.* — (7) Le 4 est en sens inverse.

105. — Sᵀ-GEORGES-DE-COMMIERS.   1634.

✠ CHRISTVS ✠ VINCIT ✠ REGNAT ✠ IMPERAT ✠ AB ✠ OMNI
✠ MALO ✠ NOS ✠
✠ DEFENDAT ✠✠ FAYS ✠ CVRATVS ✠

Sur la panse : belle *Croix* entre 16—34

Note : *ut* ♯.   Diam. 70 c.

106. — VALENCIN.   1634.

✠ J.HS MA . CHRISTVS . VINCIT . CHRISTVS . REGNAT . CHRISTVS .
IMPERAT . CHRISTVS . ABOMNI . MALO . NOS . DEFENDAT .

Sur la panse : (une grande *croix*) 1634, le *Christ entre la
Vierge et sᵗ Jean, la Vierge*, (autre *croix* semblable), *sᵗ Antoine,
Jésus portant l'Agneau sur ses bras.*

Note : *mi*.   Diam. 54 c.

Cette cloche vient, dit-on, du prieuré de Bellecombe, situé
près de là.

107. — VENOSC.   1634.

✠ iħs § ma § sancte § petre § ora § pronobis § xps §
vincit § xps § regnat § m vc x x x iiii ✠

Jesus. Maria. Sancte Petre [1] *ora pro nobis. Christus vincit,
Christus regnat, 1634* [2].

Sur la panse, *Croix* formée avec le dauphin au centre et
4 fleurs de lis.

Un petit écusson, celui de France, est placé sous SANCTE
PETRE et sous XPS ; un autre, sous NOBIS, représente un dauphin
dans un rond. C'est le même qui a servi pour la croix.

Note : *ré*.   Diam. 60 c.

---

(1) *Sᵗ Pierre*, patron du lieu. — (2) V. la note du n° 68, p. 30.

108. — SEYSSINS. 1635.

J.HS . MA . SANCTE . PATER . FRANCISCE . ORAPRONOBIS . EX .
ELEMOSINIS . CONVENTVS .

SANCTI . FRANCISCI . GRATIANOPOLIS . ORDINIS . MINORVM . CON-
VENTVALIVM . MENSE . MARTII

163S

Note : *si*. Diam. 90 c.

Comme on le voit, cette cloche fut donnée à Seyssins par le
couvent des Frères mineurs ou Cordeliers conventuels, fondé
à Grenoble en 1220.

109. — VILLE-MOIRIEU. 1635.

✠ AVE MARIA GRATIA PLENA 1635

Croix ornée répétée deux fois.

Note : si. Diam. 44 c.

110. — Sᵀ-MAURICE (*Lalley*). 1636.

± IHS MARIA PER VEXILLVM SANCTE CRVCIS

SONITVM HVIVS TINTINABVLI FIDELE INVITEN

FVGIANT 1636 *(la Vierge et l'enfant Jésus)* : I : M : P *(le Christ
entre la Vierge et sᵗ Jean)* P W   SB *(sᵗ Michel)* M : D :
L ± : P : M *(sᵗ Pierre)*. (1)

Note : *si* (fêlée). Diam. 79 c.

111. — COMMIERS. 1637.

IHS . MA . LAVDATE . DOMINVM . INTYNPANO . ET . CHORO .

M . DC . XXXVII

Note : *fa* discord. Diam. 52 c.

(1) J'ignore la valeur de tous ces sigles, aussi bien que des trois derniers
mots qui précèdent la date, singulièrement corrompus par le fondeur.

112. — COSSEY.   1637.

J.HS MA · SANCTE · SEBASTIANE · ORAPRONOBIS ·

te deum ✳ laudamus ✳ te dominum ✳ confitemur 1637

Te Deum laudamus, te Dominum confitemur.

Note : *la.*   Diam. 43.

113. — Sᵀ-BONNET-DE-MURE.   1638.

✠ ✿ xps ✿ vincit ✿ xps ✿ regnat ✿ xps ✿ inperat ✿ xps ✿ aboni ✿ malo ✿

✿ nos ✿ defendat ✿ lan ✿ *(Image de…)* **✿ m ✿ v ✿** *(Im.de…)* **c ✿** *(Im. de…)* **xxxviii** *(Im. de…)*

Christus vincit, Christus regnat, Christus imperat, Christus ab omni malo nos defendat. L'an 1538. [1]

Note : *si.*   Diam. 78 c.

114. — VARCES.   1638.

J.HS ADHONOREM · DEI · ET · B · MARI [2]

VIRGINIS · DECALMA [3] · E · DERRIONÆ

VS [4] . ÆDIFFICARE EECIT [5] 1638.

Sur la panse : *Crucifix* ; *sᵗ Joseph* ; un écusson ovale représentant *sᵗ Jean-Baptiste*, et couronné de la croix papale et d'un chapeau de cardinal : *sᵗᵉ Anne et la Vierge enfant* ; *sᵗ Pierre.*

Note : *ré.*   Diam. 31 c.

---

(1) V. la note du n° 63, p. 30.

(2) *Beatæ Mariæ.* — (3) DECALMA, que j'étais tenté de prendre pour le nom d'un membre de la famille de *La Chal*, de *La Chau* ou de *Charmes*, ne serait-il qu'un complément, surnom ou désignation d'une *Vierge Marie* topique ? — (4) *E(nnemondus) Derrionævs.* La famille Derrion, (V. *Armorial* : v° Derrion) originaire de Varces, fut ennoblie en 1654, en la personne d'Ennemond Derrion, qui avait exercé pendant 20 ans la charge de conseiller, secrétaire du roi, maison et couronne de France, audiencier en la chancellerie du Dauphiné. Il est probable que c'est ce personnage que nous voyons figurer dans cette inscription. — (5) *Ædificare fecit.*

115. — BETENOUD.   1641.

☍ IHS . MA . S . IEAN . BAPTISTE [1] PRIE POVR NOVS . EMARCDE .
CT [2]

 MON NON . [3] M [4] . PARREIN NOBLE EMARC [5] ET MARREINE . DA
MARGERITE . ENFANTS DE . NO [6] . ALEXANDRE DE VALLIN SEGVR [7]
DE CHATEAV VILEIN . D . DIT . LIEV [8] ET AVTRES PLACES . 1641
. N [9]

Sur la pause :

M . ANDRE ✝ DE RVA

CVRE DE ✝ BETENOVD

Après RVA, une image de St Jean-Baptiste tenant dans ses bras l'agneau pascal ; après BETENOVD, la même image, mais avec un lis au-dessous.

Sous la première image, la marque de Sevrot, fondeur. A droite et en haut de la seconde, un écusson aux armes de Vallin : *de gueules, à la bande componnée d'argent et d'azur, de six pièces.*

Note : *fa* ♯   Diam. 47 c.

116. — HERBEYS.   1641.

✝ J.HS ✳ MA ✳ SIT . NOMEN . DOMINI . BENEDITVM . XRS . VINCIT .
XRS . REGAT [10] . XRS . IMPERAT . SANCTA

✳ MARIA . SIT [11] . VICTO . ET . VRSI [12] . ORATE . PRO . OPPIDO .
HERBESII [13] . ANNO . DNI [14] ✳ 1641

Une ligne d'images, d'étoiles, de feuilles d'arbres, et jusqu'à un lézard.

---

(1) Patron du lieu. — (2) *Aymarde est.* — (3) *Mon nom.* — (4) *Mon.* — (5) *Aymar*, fils d'Alexandre de Vallin, qui fut gouverneur de Honfleur, fut tué en 1672 au siége d'Orsoy, où il commandait un régiment de cavalerie. Je n'ai aucune note sur sa sœur *Dame Marguerite.*— (6) *Noble.* — (7) *Seigneur.* — (8) *De Betenoud.* — (9) Je suis porté à penser que c'est l'initiale du fondeur.
(10) *Regnat.* — (11) Pour *Sti.* (12) *Victor et Urse, St Victor et St Ours,* patrons de la localité. — (13) *Oppido.* pour maison forte. sans doute. — (14) *Domini.*

Sous la croix : P + 🔔🔔 T

Note : *si*.   Diam. 76 c.

117. — MAUBEC.   1641.

✝ ❀ **lanmvcxxxxietverbumcarofactumest** ❀

L'an 1541 (1). *Et verbum caro factum est.*
Le *Christ* (d'une facture barbare.)
Note : *sol*.   Diam. 55 c.

118. — PONSONNAS.   1641.

✝ IHS MARIA . S . MARGARETA (2) ORA PRO NOBIS

PETRVS IOSSERANDVS PRESBITE (3) DE PONSONAS E PELLET (4) PAR-
RAIN 1641

Note : *mi*.   Diam. 55 c.

119. — Ste-MARIE-D'ALLOIX.   1641.

✝ IHS Ste MARIE DALLOIX (5) Mre FRANCOYS AME (6) DE MARCIEVX

SEIGNEVR ET BARON DE BOTIERES (7)

✝ PARRAIN)-(DAMOISELLE CLAVDINE DE MANIQVET F DE NIZAIE (8)

DE CASSARD SEIGNEVR DE 〜〜〜〜〜〜〜〜〜〜〜〜〜

BELLECHAMBRE MARRAINE PAROCHO B CHAPON P CHARBONNEAV P

REVOL A SABRYV BOVIER L M

1641

Sur la panse, 3 écussons armoriés :

1° Ecusson de Marcieu : Ecartelé au 1 : *de vair, au chef de
gueules, chargé d'un lion issant d'or,* qui est de *Monteynard ;*
au 2 : *parti d'or et d'azur, au bâton de gueules, brochant sur le
tout,* qui est de *Talaru :* au 3 : *d'or, à la bande de gueules.*

---

(1) V. la note du n° 63, p. 30.
(2) *Ste Marguerite,* patrone du lieu. — (3) *Presbyter.* — (4) *E. Pellet.*
(5) *D'Alloix.* — (6) Pour *Emé.* — (7) *Boutières.* — (8) *Femme de N. Izaie (?).*

chargée d'un griffon d'argent, becqué et onglé de sable,
qui est de *Guiffrey* ; au 4 :
de gueules, à la croix d'hermines, qui est de *la Palud*.
Sur le tout, d'azur à l'a-
gneau passant d'argent ; au
chef d'or, chargé de 3 ren-
contres de vaches, de sable,
qui est de *Marcieu*. (Le second quartier de *Talaru* est
fort mal rendu sur la cloche :
on dirait un *pal brochant
sur une bande*. Notre dessin
en est un fac-simile.

2° Ecusson de Maniquet : *d'azur,
à 3 demi-vols d'argent*.

3° Ecusson de Cassard : *d'azur, à la licorne passant d'argent*.

Note : *mi*.   Diam. (?).

Fêlée en 1879, cette cloche a servi à la confection de celle
de 1880.

120. — LA TOUR DU PIN.   1641.

☩ IHS MAR STAMARIA (1) S PETRE S STEPHANE S FIACRI ORATE PRO NOBIS

☩ POST 207 ANNOS INFŒLICI (2) PARTIVM DISSIDIO CONTICVI & STATIM IISDEM FELICII FVSIOE (3) COALESCENTIBVS NITIDIOR MIHI VOX EST

☩ RESTITVTA AŇO DNI (4) 1641 7 M̄ (5) MAII CVRA NOBILIS GEORGII DE MVSY TERRÆ TVRRISPINI DNI IN SECRETIORIB9. (6) CONSILIIS CHRISTIĀ REGIS CONSILIARII

☩ & PRIMI PRÆSIDIS IN SVPRÆMA (8) SVBSIDIORVM DALPHINATVS CVRIA NEC NON DILIGENTIA . D (9) . STEPHANI RVLATI HVIVS ECCLESIÆ CVRATI MERITISSIMI TVM

☩ ETIAM CIVIVM EXPENSSIS (10) SVB CONSVLATV D . B . PRVNELLE

. P I MVSY . A VINAY ⫶ M 🔔 🔔 IOLLY *(deux fois)* (11)

Sur la panse : *Croix fleurdelisée ; Ecusson de la Tour-du-Pin ;* même *Croix fleurdelisée.*

Note : *sol.*   Diam. 99 c.

121. — DOMÊNE.   1642.

☩ BENEDICITE FVLGVRA ET NVBES DOMINO 1642 *(tête de Chérubin.)*

13 médaillons dans l'ordre suivant :

---

(1) *Sancta Maria.* — L'église est sous le vocable de l'Assomption. — (2) *Infelici.* — (3) *Felici fusione.* — (4) *Anno Domini.* — (5) *Mensis.* — (6) *Secretioribus.* — (7) *Christianissimi.* — (8) *Supremâ.* — (9) *Domini.* — (10) *Expensis.* — (11) Pour les personnes qui ne sont point familiarisées avec la langue latine, je crois devoir donner ici la traduction de cette longue inscription : « Jésus. Marie. Ste Marie, St Pierre, St Etienne, St Fiacre, priez pour nous. Après 207 années, je me suis vu imposer le silence par la funeste division des partis, et, aussitôt après leur réunion dans une heureuse fusion, la voix m'est rendue plus brillante, l'an du Seigneur 1641, le 7 du mois de mai, par les soins de noble Georges de Musy, seigneur de la Tour-du-Pin, conseiller du roi très chrétien en ses conseils privés et premier président à la Cour suprême des subsides (la Chambre des Comptes) du Dauphiné, et par le zèle de M. Etienne Rulat, curé très méritant de cette église, et aussi aux frais des citoyens, sous le consulat de MM. B. Prunelle, P. J. Musy, A. Vinay.

Salvator mundi, S. Petrus, S. Paulus, S. Andreas, S. Matthias, S. Bartholomeus, S. Jacobus minor, S. Tadheus, S. Thomas, S. Simon, S. Philippus, S. Jacobus major, S. Johannes.

Sur la panse, 1ʳᵉ face : LIEVTAVD ✝ SECRETAIN [1]
E. IAQVET INFIRMIER

2ᵉ face : NICOLAVS GARNIER, dans la marque de ce fondeur.

3ᵉ face : COQVIER ✝ AVMONIER
HVGVES CLAPIER . CAPISCOL .

4ᵉ face : A . DE . *(Ecusson aux armes de Garcin)* [2] . GARCIN . P . [3]

Note : *si.*   Diam. 79 c.

C'est probablement la cloche de l'ancien Prieuré de Domène.

122. — MEAUDRE.   1642.

✝ xpsvincitxpsregnatxpsinperatxpsabomnimalonosdefe
ndatmvcxxxxii

Christus vincit, Christus regnat, Christus imperat, Christus ab omni malo nos defendat. 1642 [4].

Sur la panse : le *Christ entre la Vierge et Sᵗ Jean* ; — la *Vierge et Sᵗ Michel.*

Note : *sol ♯.*   Diam. 94 c.

123. — BEVENAIS.   1643.

DEFVNCTOS PLANGO . COLO FESTA ET FVLMINA FRANGO . M . DC . XLIII

Sur la panse, 1ʳᵉ face : Le *Christ entre la Vierge et Sᵗ Jean.*

2ᵉ face : IOANNES BAPTISTA SAVIOZ
IOANNES BEROD

3ᵉ face : La *Vierge.*

---

(1) Pour *sacristain*, sans doute. — (2) *Ecartelé d'or et d'azur à la fasce d'argent, chargée de 3 molettes de sable, brochant sur le tout.* — (3) Antoine de Garcin, *parrain*, je suppose. A. de Garcin, marié à Cath. de Revillasc, eut un fils portant le même prénom que lui et vivant en 1671. Auquel des deux appartient le patronage de notre cloche ?...

(4) V. la note du n° 63, p. 30.

4ᵉ face : IOHAN CHRITOFF
KLELI VON FRIBVRG
GOS MICH [1]

Note : *mi.*   Diam. 53 c.

124. — GRENOBLE (*Eglise du Lycée*).   1644.

J.H.S ✳ M̄Ā ✳ TEDEOM [2] ✳ LAVDAMVS ✳ TEDOMINOM [3] ✳ CONFITE-
MVR 1644

Note : *fa ♯.*   Diam. 51 c.

125. — Sᴛ-PIERRE D'ALLEVARD.   1644.

☩ SIT . NOMEN . DOMINI . BENEDICTVM . STI . PETRE . ET . THEO-
DVLE . ORATE . PRONOBIS . MAGNIFICATE DOMINVM MECVM ET EXAL-
TEMVS NOMEN EIVS IN IDIPSVM .

☩ Mᴿᴱ [4] . PH . DEVIGNON [5] . PRIEVR DE CELIEV PARRAIN . DAME
VIRGINE DE GVIFFRAY DE MOᴬᴿᴰ [6] MARRAINE . N . C . DVDVMAS [7] .
SACRAISTAIN . R . GAY . CVRE . ⚜⚜⚜⚜⚜⚜⚜⚜⚜⚜⚜

☩ G . PALLEYS CONSVL . VRBAIN BRESSAND NOTAIRE ET TABEL-
LION ROYAL . ÆTATIS SVÆ 55 . DAMOISELLE PH FABRI MARIES [8] .
⚜⚜⚜☞ MARCEL EYMERIC . . 1 . 6 . 4 . 4 .

☞DAMOYSELLE IEVDY FABRV SA FEMME S B BRESSAND NOTAIRE
ROYAL NICOLS EYMERIC M BRESSAND MARIES [9] MARCEL ET VRBAIN
BRESSAND ⚜⚜☞⚜⚜⚜⚜⚜⚜⚜⚜⚜⚜⚜☞

Au-dessus de la croix : GASPARD EYMERIC

ANOˢ 2 ANS

A côté : Marque du fondeur

Note ; *sol.*   Diam. 104 c.

---

(1) Jean-Christophe Kleli, de Fribourg, m'a fondue (*gos miche*, vieux allemand,
pour *gohs mich*).

(2) *Te Deum.* — (3) *Te Dominum.*

(4) *Messire.* — (5) *De Vignon.* sans doute. — (6) *Virginie de Guiffrey de Monteynard,* mariée, en 1622, à Ennemond Emé de Saint-Julien, son cousin germain. — (7) *Dumas,* sans doute. — (8 et 9) *Mariés.*

126. — THEYS. 1644.

✳ LAVDATE DOMINVM IN CYMBALIS BENE SONANTIBVS . P . IVSTINO THESII CVRIONE HOC CYMBALVM MARIA NOMINATV ,

➡ ANNO DNI 1644 RENOVATVM EST , NOBILI . I . C . DE TORNET D . DHERCVLES [1] & Dᴬ MARIA DE VALERNOD EIVS

➡ LVSTRICIS PARENTIBVS , CVM NOBILI . P . DE THEYS , [2] & ECCLESIÆ PROCVRATOR [3] NOBILI N . DE GENTON & [4]

Au bas, il me semble lire : ◯ GVEDAN ou GVERDAN ◯ ? ; mais ce nom a été effacé ou gratté.

Note : *si*. Diam. 80 c.

127. — Sᵀ-SÉBASTIEN-DE-CORDÉAC. 1645.
(Temple protestant).

J̈HS ✳ MA ✳ GLORIA TIBI ✳ DOMINE QVI ✳ NATVS ✳ ES ✳ DE VIER-GINE [1] ✳ COMPATRI

✳ ES ✳ SANCTO ✳ SPIRITV ✳ IN SEMPITERNA ✳ SECVLA [2] ✳ AMEN ✳ *1645 (ce dernier chiffre est retourné)* P *(marque du fondeur)* [3] T

(1) *Jean-Claude de Tournet, seigneur d'Herculais,* marié en premières noces avec Marie de Valernod, en l'honneur de laquelle Salvaing de Boissieu a laissé quelques pièces de vers latins. Elle mourut en 1654. J. C. de Tournet épousa en secondes noces Marie Pourroy. — (2) J'ignore quel est ce membre de la famille de Theys. J'en dirai autant de N. de Genton, qui le suit. — (3) *Procuratore.* — (4) Traduction : *P. Justin étant curé de Theys, cette cloche a été nommée Marie, l'an du Seigneur 1644 ; elle a été refondue* [aux frais] *de noble I. C. de Tournet d'Herculais et de dame Marie de Valernod* [et] *de son illustre famille, avec noble P. de Theys et noble N. de Genton, procureur de cette église,* etc.

(1) *Virgine.* — (2) Je rétablis ce texte par trop dénaturé par le fondeur et qui a été emprunté à la *Doxologie* en vers iambiques de Sᵗ Fortunat, évêque de Poitiers :

> *Gloria tibi, Domine,*
> *Qui natus de Virgine*
> *Cum patre et sancto spiritu*
> *In sempiterna secula.*

(3) Il y a un proverbe : *boire comme un sonneur.* La marque du fondeur (une grappe de raisin, une bouteille et un verre) y fait-elle allusion ? Ou bien Pierre Thibaut le revendique-t-il aussi pour sa corporation ?

Sur la panse : le *Christ entre la Vierge et S* Jean* ; la *Vierge et l'enfant Jésus ; S* Michel*.

Note : *fa* ♯.   Diam. 50 c.

Inutile de faire remarquer que cette cloche a été fondue pour le culte catholique.

128. — BLANDIN.   1648.

† IHS MARIA SANCTE JACOBE (1) ORA PRO NOBIS

NOBLE LOVIS VACHON (2) DAMOYSELLE ANTHOINETTE DECOONE 1648

Note : *mi*.   Diam. 54 c.

129. — BESSINS.   1649.

J.HS ⚜⚜⚜ MA ✶ IEAN ✶ DE LA CROIX SEIG : DE CHEVRIERES ✶ MARQVIS DORNACIEVS (3) ⚜⚜⚜

✶ CONS. DESTAT ✶ PRESIDENT AV PARLEMENT DE DIION ✶ 1649 (4)

✶ ⚜⚜⚜ ✶ ⚜⚜⚜ ✶✶

Image de la *Vierge* sous le mot MARQVIS.

Note : *ré*.   Diam. 60 c.

130. — GAVET *(Chapelle de S* Sébastien et S* Roch)*. 1649.

J.HS ✶ MA ✶ 1649 ✶ ✶ ✶ ✶

Note : *ut*.   Diam. 34 c.

---

(1) *S* Jacques-le-Majeur*, patron du lieu. — (2) Je trouve, dans l'*Armorial du Dauphiné*, la mention suivante : la famille de Cognoz (ou Coni) de Clêmes a fini par Antoinette de Cognoz, fille de Louis de Cognoz et de Claudine de Loras, mariée dans la maison de Vachon de Belmont, vers 1720. Ces deux personnages auraient-ils quelque rapport avec ceux de notre cloche, et la date renfermerait-elle une erreur de quelques années ? ou bien, ce qui est plus probable, l'*Armorial* est-il en faute ?

(3) *D'Ornacieux*. — (4) Puis au Parlement de Grenoble, en 1650. On peut voir, de ce personnage, un jeton que j'ai publié dans la *Numismat que du Parlement de Grenoble* (*Bulletin de la Soc. d'arch. et de stat. du dép. de la Drôme*, 1883).

131. — BOURG-D'ARUT *(ham. de Venosc).* 1650.
Chapelle de St Sauveur.

JHS MA IEY ESTE FAICTE A L HONNEVR DE S^T SAVVEVR * 1650 *

Note : *sol* ♯. Diam. 44 c.

132. — SABLONS. 1650.

SIT NOMEN DOMINI BENEDICTVM . S . FERREOLE [1] . ORA . PRO .
NOBIS . 1650 ☞

NOBLE GABRIEL DE FAY BARON DE VIRIEV [2] NOBLE MARGVERITE
DE LESTANG [3] PARRAIN ⅋ MAR

Buste de la *Vierge* dans un croissant : — St *Pierre* ; — S^t
Antoine.

Note fêlée. Diam. 80 c.

(1) *St Féréol,* patron du lieu. — (2) Pour annoter ce nom que je ne savais plus à quelle famille classer, depuis que la cloche qui le portait avait été fondue pour faire place à une nouvelle (V. le *Supplément,* année 1865), peu de temps après que j'en eus relevé les légendes, j'ai dû faire des recherches sérieuses au sujet de l'inscription ci-dessus, que j'affirme avoir relevée exactement et minutieusement dans tous ses détails. Or, je dois à M. Humbert de Terrebasse la note suivante, qui établit d'une manière péremptoire ce qu'étaient le parrain et marraine de cette cloche.

• SABLON. — *De Fay-Virieu (de gueules, à la bande d'argent chargée d'une fouine de sable.)*

• *De Varey.* Très-ancienne famille consulaire de Lyon, possédant les seigneuries d'Avauges en 1334 ; de Malleval, Chavanay et Virieu (en Forez) en 1517.

• Jean de Fay, seigneur de Peyraud, fils de Noël de Fay, seigneur de Peyraud, et de Françoise de St-Gelais, épousa Louise de Varey qui lui apporta les seigneuries de Malleval, Chavanay et *Virieu.*

• François de Fay, seigneur de Virieu, leur fils, épousa Catherine de Morges de la Motte, veuve en 1632.

• Gabriel de Fay, baron de Virieu, épousa Marguerite de Murat-de-Lestang, de la branche des seigneurs de Sablon, tombée en quenouille avec elle et sa sœur Mariette, femme de Charles de Murat, son cousin.

• *Virieu* est un bourg et seigneurie dans la paroisse de Pélussin en Forez, vendu par le connétable de Bourbon à Antoine de Varey en 1517. •

(3) La famille de Murat-Lestang, seigneur de Sablon, éteinte, ainsi que nous venons de le voir dans la note précédente.

133. — VENISSIEUX.   1650.

☩ ihs maria xps vincit xps regnat xps imperat xps
ab omni malo nos defendat lan mil v cl

(Le Christ et les saintes femmes) madame claude appertot *(S Georges)*
dict cornuty dame *(la Vierge)* de venissie marryne *(S Georges)*.

Jesus. Maria. Christus vincit, Christus regnat, Christus im-
perat, Christus ab omni malo nos defendat. L'an mil six cent
cinquante [1].

Madame Claude Appertot, dite Cornuty, dame de Venissieu,
marraine.

Note : *mi.*   Diam. 113 c.

134. — GRENOBLE *(La Halle)*.   1651.

J.HS ✳ M̄A ✳ 1651 ⚜⚜⚜⚜ ✳ ✳ ✳ ✳ ✳
Note : *ut.*   Diam. 37 c.

135. — GRENOBLE *(Horloge du Lycée)*.   1651.

J HS ✳ M̄A ✳ MATER ✳ GRATIE [2] BIENHEVREV ⌣ S ⌣ IOZET ✳ 1651 ✳
Jésus. Maria. Mater graciæ. Bienheureux S Joseph.
Note : *la.*   Diam. 43 c.

136. — LA MURE *(Ancienne cloche des Capucins)*. 1651.

✳ IHS ✳ M̄A LAVDATE EVM IN CIMBALIS BENE SONANTIBVS ✳ 1651 ✳
Le Christ entre la Vierge et S Jean ; S Georges ; Ecce homo.
Note fêlée.   Diam. 50 c.
Cette cloche a été mise au rebut.

---

(1) V. la note du n° 63, p. 30.
(2) *Maria mater graciæ* (Vers iambique de S Fortunat, évêque de Poitiers,
dans le petit office de la S Vierge).

137. — Sᵀ-PAUL-LÈS-MONESTIER. 1651.

⸸ IHS MARIA IN CYMBALIS BENE SONANTIBVS LAVDATE DOMINVM ET BAPTIZEE

⸸ PAR *(écusson de la Tour)* NOBLE *(idem)* ANTOINE DE LA TOVR [1] *(idem)* CVRE PARRAIN A DONNE 18 . . . . MARRAYNE

⸸ DAMOYZELLE LOVIZE DE VAINE FAMME DE *(écusson d'Armand de Grisail)* NOBLE *(idem)* ANTHOINE DARMAND DE

⸸ GRIZAIL *(idem)* [2] H ANDRE ET P ACHARD P FOVCHERANT LE 12 AOVST 1651

Sur la panse, les figures suivantes de la cloche de Chichilianne : Deux des sceaux dont j'ai parlé à l'article de la cloche de 1631; plus les images de *Jésus*, de la *Vierge*, etc., les petits sceaux de la Tour et d'Armand de Grisail, que nous avons déjà vus intercalés en divers endroits de la présente inscription, et la marque du fondeur, PIERRE DORRE.

Note : *la.*   Diam. 88 c.

138. — Sᵀ-JEAN-LE-VIEUX. 1652.

JHS ＊ MA ＊ IE TE SALVÆ MARIE PLEINNE [3] DE GRACE ＊ 1692 ＊

Le Christ entre la Vierge et St Jean ; St Georges et l'Ecce homo.

Note : *fa* ♯.   Diam. 50 c.

---

(1) A l'écusson, je juge que le curé, qui paraît avoir été le parrain de cette cloche, appartenait à la famille de La Tour ; mais je ne saurais dire à quelle branche. Quoique son écusson figure quatre fois sur la cloche, il m'a été impossible de déterminer d'une manière certaine les meubles du chef. Cependant il me semble y découvrir les 3 *heaumes* de l'écu des La Tour-Gouvernet ; mais, comme je ne puis rien affirmer, je me contente de blasonner ces armes : *de.... à la tour de... ; au chef de.... chargé de* (?)... Le parrain donna 18 *livres* (?), je pense ; mais ce mot ne paraît plus dans l'inscription. — (2) Je ne puis non plus, faute de documents, déterminer quel est cet Antoine d'Armand de Grisail, — je trouve deux membres de cette famille portant ce même prénom vers 1663 et 1668 ; — ni la place de Louise de Veynes dans la généalogie de la famille de ce nom. Pour les armoiries d'Ant. d'Armand de Grisail, elles sont bien telles que les donne l'*Armorial du Dauphiné* : un *fascé d'argent et de gueules*.

(3) Orthographe de *fondeur* que je n'ai pas besoin, je pense, de rectifier.

139. — MENS *(Temple protestant).*   1658.

1693

Note : *sol* ♯.   Diam. 39 c.

Cette ancienne cloche, anépigraphe, provient de l'église de St-Genis, hameau de Mens.

M. G. de Rivoire de La Bastie pense que cet écusson pourrait être une brisure des *de Morges*, seigneurs de St-Genis, ou un écusson mal rendu des Emery la Chaux, ce qui lui paraît du reste, improbable, attendu que ces derniers portaient : *d'azur, à la barre d'or, accompagnée de 4 étoiles d'argent 3. 1*; *parti d'argent, à la barre d'azur, accompagnée de 3 têtes de lion arrachées de gueules 2. 1.* Ces armes restent donc un problème à résoudre :

(*De.... à la bande de.... accompagnée en chef de 3 têtes de lion couronnées et arrachées de.... et en pointe de 3 étoiles de. ..*) (1)

_____

(1) Au moment de mettre sous presse, je reçois, en réponse à l'insertion d'un *desideratum*, adressé par moi à mes confrères de la *Société d'archéologie et de statistique de la Drôme*, une note qui m'est apportée par le *Bulletin* de cette société (1885, p. 222) et que je m'empresse de reproduire, — sous toutes réserves, bien entendu, — une supposition n'étant pas une solution, mais aidant parfois à y arriver.

« M. le cte H. de la Tour-du-Pin-la-Charce, dans une note relatives aux *armes à enquerre*, publiée par M. G. VALLIER, propose, en supposant une petite ligne

140. — VAUJANY. 1653.

J.H.S ✳ MA ✳ ST ‾ FELIX ET ✳ ST ‾ MARGERITE [1] ✳ PRIES ✳ POVR ✳
✳ NOVS ✳ PARAIN ✳

IAQVE ✳ ROSTIN ✳ MAREYNE ✳ IZABEAV ✳ GVIGNIN ✳ 1 ✳ 6 ✳ 5 ✳ 3
Note : *ut.*   Diam. 62 c.

141. — PARISET. 1654.

J.H.S ✳ MA ✳ IEY ESTE FAICTE[2] POVR SERVIR A LEGLIZE DE NOSTRE
✳ DAME DE PARIZE [2] ✳ 1654
Note : *sol.*   Diam. 47 c.

142. — Sᵀ-GEORGES DE COMMIERS. 1654.

LAVDATE DNM [3] INTIMPANO ET CHORO SANCTE GEORGI [4]
ORAPRONOBIS ✠ M CARET F [5] ✺ 1694 ✠
Note : *ré* discord.   Diam. 61 c.

143. — Sᵀ-SIXTE. 1655.

J.H.S ✳ MA + 1655 ✳ ✳ ✳ ✳
Note : *ut ♯.*   Diam. 32 c.

tirée en bande, effacée ou grattée sur la cloche, d'y voir un écusson, — fantastique, il est vrai, — parti des armes de Morges et d'Urre. Or, l'*Armorial du
Dauphiné* rapporte une alliance, en 1635, d'Antoine d'Urre, seigneur de Venterol,
avec Louise de Morges, dame de la Motte. ·

Tout en remerciant l'auteur de cette note d'avoir répondu à mon appel, je lui
observerai qu'il n'y avait sur la cloche aucune trace d'existence ou de destruction de la petite bande en question. Mais ce ne serait pas un motif. Comme on
l'a vu déjà plus haut (nᵒˢ 87 et 119), les fondeurs, par ignorance, n'apportaient
pas beaucoup d'attention à la reproduction exacte de certains détails des armoiries. Nos *armes* restent donc toujours à *enquerre.*

(1) Sᵗᵉ *Marguerite.*
(2) *J'ai été faite pour servir à l'église de Notre-Dame de Pariset.*
(3) *Dominum.* — (4) Sᵗ *Georges,* patron du lieu. — (5) M. Caret *fecit* (ou
fondeur).

144. — VERMELLE. 1655.

✝ IHS MRA Sᵀ BLAISI [1] ORA PRONOBIS 1655 *MESSIRE SILLON CHARSOICTE* [2] *GIRERD*

Je ne garantis nullement la lecture des mots soulignés qui sont presque complètement effacés et que j'ai cru pouvoir lire ainsi. Dans tous les cas, cela ne nous apprend pas grand chose : Ce sont peut-être les noms du parrain et de la marraine.

Crucifix, la *Vierge*, *S* *Jean*, le *Christ entre la Vierge et S* *Jean*.
Note : *ré*.   Diam. 63 c.

145. — MONTAGNE. 1656.

✝ J.HS MARIA IOSEPH QVOTIES CVMQVE SONVERIT HOC TIN-TINNABVLVM . S . ANTONIO DICATVM PROCVL RECEDANT

LÆSIONES TONITRVORVM [3] ET CALAMITATES TEMPESTATVM

FAICTE LAN 1656

Sous la légende : 1° *Saint tenant un calice* [4] ; dessous, la *Vierge*. --- 2° *Sainte à la tour* [5]. — 3° *S* *Catherine* ; dessous, *Aigle au tau sur la poitrine*. — 4° *Personnage tenant une lanterne* [6]. — 5° *Jésus-Christ* ; dessous, le *Christ entre la Vierge et S* *Jean*. — 6° *S* *Pierre*. - 7° *S* *Paul* ; dessous, *sceau de S* *Antoine* [7]. — 8° *S* *André*.

Note : *ut*.   Diam. 74 c.

146. — ALLEMONTS. 1657.

J.HS * MA * S^ * NIZERII [8] * ORAP~[9]—Mᴿᴱ[10] * IEAN * EYMAR * CVRE * IEAN * CANIOT * CONSVL * IEAN * DVRAND * Nᴿᴱ [11]

---

(1) *Jésus, Maria. Sancte Blasi*, S* Blaise, patron du lieu. — (2) *Charlotte* (?)
(3) Pour *tonitruum*. — (4) Sans doute, S* *Jean l'évangéliste*. — (5) *S* *Barbe*. — (6) Probablement, l'ermite qui éclairait S* Christophe, lorsqu'il traversait le torrent. — (7) Ce sceau de l'abbaye de S* Antoine me fait supposer que cette cloche pourrait bien avoir été donnée par cet ordre religieux à la paroisse de Montagne, qui est située dans le voisinage de cette abbaye. C'est dans le même ordre d'idées qu'on a également placé, sur cette cloche, l'*aigle au tau sur la poitrine*.
(8) *S* *Nizier*, patron du lieu.—(9) *Ora pro nobis.*—(10) *Messire*.—(11) *Notaire*

✻ ET SECRETAIRE ✻ ET PIERRE ✻ SON ✻ FILS ✻ MATHELIN ✻ CANIOT
1 ✻ 6 ✻ 5 ✻ 7 ✻ ⚜ ⚜ ⚜ ⚜ ⚜ ⚜ ⚜ ⚜ ⚜ ⚜ ⚜ ⚜ ⚜ ⚜

Sur la panse : le *Christ entre la Vierge et St Jean* ; — la *Vierge tenant l'enfant Jésus* ; — *St Michel perçant le dragon.*

Note : *si* ♭.   Diam. 80 c.

147. -- CHIMILIN.   1657.

✝ SIT NOMEN DOMINI BENEDICTVM ST LAVRENTI [1] ORA PRO NOBIS

N [2] LOVYS DE REVOL [3] PRC OMT [4] DE ST GENIS ET PTONOT APL..........

✝ ....IE ENNEMON BERGIER CVRE DV LIEV 1657

Dans un cartouche : MR SEBASTIEN DE

           LIONNE CLAVESON [4]

           BARON DVDIT

           CLAVESON SEGR

           DE LAYSSIN ET

           AVLTRES PLACES

Note : *sol.*   Diam. 99 c.

148. — GRENOBLE *(Notre-Dame).*   1657.

HOC OPUS HIC LABOR EST UT TANTI CORPORIS UNA
VOX SUMPTU ATQUE SONO MOLLIA CORDA TRAHO ;

(1) *St Laurent*, patron du lieu. — (2) *Noble*. — (3) De tout l'article consacré à cette famille dans l'*Armorial du Dauphiné*, je n'ai pu rien extraire de relatif à ce personnage, et j'avoue ne pas comprendre quel titre lui est attribué, sur notre cloche, de PRC OMT *de Saint-Genis et protonotaire apostolique*...... Le reste de l'inscription a été martelé. — (4) Encore baron de Claveyson en 1657 mais marquis par l'érection de cette terre en marquisat, par lettres de décembre 1658. Conseiller au Parlement de Grenoble dès 1641, il résigna son office en 1666, année où il fut nommé gouverneur de la ville de Romans. Fils d'Hugues de Lionne, seigneur de Leissin, conseiller au Parlement, et de Laurence de Claveyson, il était par conséquent neveu d'Artus de Lionne, conseiller au Parlement, puis évêque de Gap, père du fameux Hugues de Lionne, le confident et le successeur de Mazarin, en 1661. J'ai publié le jeton d'alliance de ce personnage avec Catherine-Béatrix-Robert. (V. la *Numismatique du Parlement de Grenoble*, dans le *Bulletin de la Soc. d'arch. et de stat. de la Drôme*).

NOSCOR ET ILLUSTRIS BRIANCONI CURA DECANI [1]

ETERNUM ERE MAGIS CONDIDIT ESSE MEO. [2]

ANNO MILLESIMO SEXCENTESIMO QUINQUAGESIMO SEPTIMO.

Je ferai, sur cette cloche, les mêmes observations que j'ai faites déjà sur celle de 1523 (n° 34). C'était alors la 2e cloche. Les quatre vers, placés avant la date, et qui forment deux distiques, peuvent-ils se traduire? Pour mon compte, j'y ai renoncé.

149. — Sᵀ-MAXIMIN.   1657.

☩ IHS MARIA ANNO DOMINI 1657 FACTA SVM ECCLESIÆ PARRO-CHIALIS SANCTI MAXIMINI [3] SANCTIQVE☞

CHRISTOPHORI SVMPTIBVS EIVSDEM PARROCHI [4] PARROCHO DOMINO IOANNE PERINEL☞

Note : si.   Diam. 85 c.

150. — TÈCHE ET BEAULIEU.   1659.

☞ IESVS . MARIA . SIT NOMEN . DOMINI BENEDICTVM : POVR NOSTRE DAME DE

TESCHE : FAICTE PAR MAISTRE CLAVDE RICHARD A GRENOBLE 1659

Note : ré.   Diam. 57 c.

151. — Sᵀ-GERVAIS.   1660.

. . . .

. . . . DVRRE [5] . SON . EPOVSE . PARRAIN . ETMARAINE . HEN-RIETE [6] . 1660 .

✳ SANTE . GERVASI . ET . PROTASI [7] . ORATEPROZOBIS [8] . MES-SIRE . HENRI . DEGARAGNOT [9] . C . Sᴿ .

---

(1) *Briançon de Fontanieu*, doyen du chapitre de Notre-Dame. — (2) Deux distiques.

(3) D'après l'*Ordo*, Sᵗ *Maxime* est le patron de cette église.—(4) Pour *parochiæ*.

(5) Les noms du parrain et de la marraine ont été cisaillés ; il n'en reste que la fin du nom de la dernière, qui paraît avoir appartenu à la famile d'Urre.

(6) Nom de la cloche. — (7) *Sante* pour *Sancti*. Les saints *Gervais* et *Protais* sont les patrons du lieu. — (8) *Pro nobis*. — (9) *H. de Garagnol* fut d'abord vi-

DECETTE . PAROISSE . ET . AVTRES . PLACES . ET . DAME . FRAN-
COISE DEGILIBERT . DEVERDVN

Au bas : . CLAVDIVS . RICHARDVS : ME . FECIT .

· Note : *ut.*   Diam. 64 c.

152. — SARCENAS.   1660.

J.HS $\overline{MA}$ ✳ 1660 ✳ ✳ ✳ et deux petits *nœuds* ou *lacs.*

Note : *ut.*   Diam. 36 c.

153. — SEMONS.   1660.

. IESVS . MARIA . IOSEPH . 1660 .

Sur la panse, *Croix* à branches ornées de feuilles d'olivier
entre c — G.

Note : *fa* ♯.   Diam. 47 c.

154. — BUVIN.   1661.

✠ IESVS MARIA IOSEPH SANCTE IVLIANE [1] ORA PRONOBIS
✠ M . LOVIRCALLES . [2] CVRE [3] NOBLE GVITHAVME DE REVOL [4]
SEIGNVR DE CE LIEV [5] ✝ PARRAIN ⸭ VCRESSE DE CLAVAISO [6] 1661
DAME DAME BIERES ET DE CHARANCIN MARRAIN [7]

bailli, puis gouverneur de St-Marcellin. De plus, on l'indique comme seigneur
de St-Gervais, et notre inscription, par les sigles C . Sr . qui suivent son nom,
semble indiquer une *co-seigneurie.* Et pourtant l'*Armorial* n'accorde à cette
famille que la seigneurie de Verdun.... Serait-ce l'initiale des titres de *Chevalier*
et de *Seigneur* ?....

(1) St *Julien,* patron du lieu. — (2) *Louis Calles* ou *Galles* (?). — (3. Le titre
de *curé,* malgré le point qui le précède, doit être joint évidemment au nom de
Calles ou *Galles.* — (4) Je trouve beaucoup de *Guillaume* de Revol et pas un
Guithaume dans l'*Armorial.* — (5) *Seigneur de ce lieu.* — (6) *Lucrèce de
Claveyson* avait épousé François d'Hières, seigneur d'Hières et de Charancieu.
Il faut donc lire : *dame de Bières* et *Charancin* pour *dame d'Hières et Cha-
rancieu.* La lettre L a glissé sur la cloche, comme on le voit. — (7) *Marraine.*

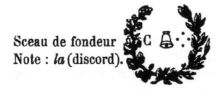

Sceau de fondeur
Note : *la* (discord).   Diam. 43 c.

155. — CHAVANOZ.   1661.

✝ IHS MARIA IOSEPH ASSVMPTA EST MARIA IN CŒLVM ET GAVDENT
ANGELI [1] A FVLGVRE & TEMPESTATE LIBERA NOS DNE [2]

NOBLEE CHARLES DE VIENNOIS DE SEIGNEVR VISAN [3] PARRAIN DE-
MOIESELLE LAVRECE [4] DE GRANIEV MARRAINE

MESSIRE QVENTIN BOVVARD CVRE HONORABLE SIEVR IEAN DELA-
FORGE SECRETAIRE GREFFIER ROYAL DE CHAVANOZ

Au-dessous, et rangés tout autour de la cloche, les effigies
suivantes : *St Pierre ;* — *S^{te} * * * ;* — *Ste Barbe ;* — La *Vierge
et l'enfant Jésus ;* — *St Laurent ;* — Le *Christ entre la Vierge
et St Jean ;* — *St Jean-Baptiste*, et au bas 1661.

Sur la panse : le *Christ entre la Vierge et St Jean ; un sujet
fruste ; Croix ornée ;* marque de fondeur (⬠) sous 5 feuilles
d'arbre et au-dessus du nom de M . G . CLAVSSE.

Note : *si* ♭.   Diam. 84 c.

Cette cloche a été refondue en 1880 (V. le *Supplément*).

156. — CHOLONGE.   1661.

J̈HS ✳ MA ✳ IOSEPH ✳ SALVATOR ✳ MONDI [5] ✳ SALVA ✳ NOS ✳
D [6] ✳ BARRVEL ✳ PARROCHVS ✳ 1661

Le *Christ entre la Vierge et St Jean ; St Georges* et l'*Ecce homo.*
Note : *ré.*   Diam. 67 c.

---

(1) Antienne des Vêpres de l'Assomption.— (2) Litanies des saints.— (3) *Noble
Ch. de Viennois, seigneur de Visan*, fils, je suppose, d'Alexandre de Viennois.
chef de la branche de Visan. — (4) *Demoiselle Laurence.*
(5) *Mundi.* — (6) *Dominus.*

157. — MIONS. 1661.

✝ LOVE SOIT LE TRES SAINT SACREMENT DE LAVTEL FRANCOIS DE NEVFVILLE MARQVIS DE VILLEROY [1]

Sur la panse : 1° *Croix ornée ;* 2° *Calice ;* 3° la *Vierge entre* 16—61 ; 4° *Armes de Villeroy.*

Note : *si.*   Diam. 72 c.

158. — SÉCHILLIENNE. 1662.

J.H.S ✳ MA ✳ D . O . M ✳ ET D [2] . MARTINO ✳ A FVLGVRE ET TEM-PESTATE LIBERA NOS ✳ LAVDATE DOMINVM ✳ IN

CYMBALIS BENE SONANTIBVS ✳ ÆS ISTVD MEDIANTE ✳ NOB . PETRI DV-MOTET DOMINI SECHILINÆ [3] ✳ ET DOM .

B . BLANCHAR ✳ PARROCHI [4] ✳ 1662 ✳ ✳ ✳ ✳ ✳ ✳ ✳ *et des feuilles d'arbres jusqu'à la fin de la ligne.*

Sur la panse : le *Christ entre la Vierge et St Jean ;* — *St Georges ;* l'*Ecce homo.* Entre ces images, 3 fois l'écusson de Pᵉ du Motet [5].

Note : *si.*   Diam. 76 c.

159. — LEYRIEU. 1663.

J.H.S ✳ SIT ✳ NOMEN ✳ DOMINI ✳ BENEDICTVM

---

(1) François de Neuville, duc de Villeroy, pair de France, lieutenant-général pour le roi dans la ville de Lyon, n'était probablement encore que *marquis,* lorsqu'il acquit du Domaine, les terres de Mions, Corbas, etc., qu'il hommagea le 22 nov. 1686.

(2) Pour *Divo* sans doute. — St *Martin* est le patron du lieu ; mais cela ne suffit pas, je crois, pour lui donner l'épithète de *divo !*... à moins pourtant que, plus humblement, on n'ait songé qu'à celle de *Domino* (?). — (3) *Noble Pᵉ du Mottet, seigneur de Séchilienne* et d'Oulle, marié en 1674 à Françoise de Fay de Villers. — (4) Cette cloche (*œs istud*) a sans doute été fondue, en commun, aux frais (*medietate* et non *mediante*) de Pᵉ du Mottet et de messire B. Blanchard, curé du lieu. J'ai pensé au mot *medietate* de préférence à celui de *mediantibus,* car alors il eut fallu mettre à l'ablatif les noms et qualités des deux donateurs. — (5) *De gueules, à l'aigle d'argent, becqué et membré d'or ; au chef de même.* L'écusson est placé sous un casque grillé de face, sommé d'un aigle éployé entre des lambrequins, et soutenu par 2 aigles en regard.

1re face : 1663 sous une fleur de lis. 2e face : *Croix ornée*.
Note : *ré*.   Diam. 34 c.

160. — LA BUISSE.   1665.

J HS ✳ AVE MARIA GRATIA PLENA ✳ 1665 ✳ ✳ ✳
Note : *ut*.   Diam. 33 c.

161. — LE SAPPEY.   1665.

(*Une ligne de feuilles d'arbres.*)

✠ IHS MAR IOSEPH Ste MICHAEL (1) ORA PRO NOBIS CESTE CLOCHE A ESTE REFAICTE EN LAN 1665

✱ ESTANT SEIGNEVR NOBLE CLAVDE DE IOVFRAY (2) ✱✠ & CVRE MESSIRE IEAN SALLARIER MA BENISTE ✠

✠ & VIVANT DOMINIQEV IAIL (3) & BALTAZAR PILLON & IEAN IOUR-DAN CONSVL & I ROCHE A — S

Sous la croix, la marque de ROCHAS ?.... ? et celle de c 🔔 P
Note : *ut* ♯.   Diam. 70 c.

162. — CHALON.   1666.

✠ SIT NOMEN DOMINI BENEDICTVM 1666 ✱
Sur la panse : *Croix à branches de laurier ; — Lis couronné.*
—J.HS. — *Lis couronné.*
Note : *la*.   Diam. 45 c.

163. — VIF.   1666.

✠ SIT NOMEN DNI BENEDICTVM IN SECV (4) . St IOAN . BAPT . DE VIVO PATRONVS (5) 1666

✠ MESSIRE IACQVES DE BERENGER CHEVALIER SEIGNEVR DV GVA G SEI (6) DE VIF

---

(1) St *Michel*, patron du lieu. — (2) Cl. de *Jouffrey* ne figure pas dans l'*Armorial du Dauphiné*, et je suppose entaché d'erreur l'article que l'auteur a consacré à cette famille. — (3) *Dominique Jail*.
(4) *Secula*. — (5) St *Jean-Baptiste*, patron de *Vif*. — (6) *Co-seigneur*.

✝ PASQVIERS Sᵀ MVRIS ET COMPTE (1) DE CHARMES BATERNAY PRN (2) HAVTE ET

✝ PVISSANTE DAME MARIANE DE SIMYANE (3) ESPOVSE DVDIT MARRAINE ✝

Sur la pause : *Croix carrée ornée et fleurdelisée.; — Un saint ; — Croix fleurdelisée* entre c ✝ v : — *Sᵗ Pierre.*

Note : *ut* ♯. Diam. 72 c.

164. — Sᵀ-HILAIRE *(de la Côte).* 1667.

✠ SIT NOMEN DOMINI BENEDICTVM IESVS MARIA IOSEPH Sᵀᴱ HILARE (4) Sᵀᴬ ANNA Sᵀᴱ ABDON ET SENNEN

✠ ET Sᵀᴬ BARBARA ORATE PRO NOBIS MESSIRE SEBASTIEN ANDRE CVRE DE Sᵀ HILAIRE LE PAR. (5) NOBLE

✠ ABEL DE CHAMPIER LA MAR. (6) DAMᴸᴱ MARIE MAGDELENE DAVTHVN DAME DE Sᵀ CIERGE 1667

Au bas ; ÆML ? TTOYER N AVBRY F

Note : *ut* ♯. Diam. 68 c.

165. — Sᵀ-GUILLAUME. 1668.

✝ LAVDATE DNVM (7) IN CYMBALIS BENE SONANTIBVS

✝ NOBLE IEAN DE BVCHER (8) PARRAIN ET DAME ANNE DE BELLVE MARRAINE

✝ Mᴿᴱ FRANCOIS MONIER PRIEVR ET CVRE 1668

Croix ornée entre : P 🔔 R — 1. I 🔔 IOLY

Marque du fondeur répétée 2 fois

Note : *mi.* Diam. 59 c.

(1) *Comte.* — (2) *Parrain.* — (3) Fille de Ch.-Louis de Simiane, mⁱˢ d'Esparron, seigʳ de Truchenu, appelé *le marquis de Simiane*, capᵉ de cavalerie au régiment Cardinal, mort en 1684, et de Madeleine Hay : elle avait épousé, le 2 juin 1678, suivant le *Dictionnaire de la noblesse* de la Chenaye-Desbois, — ce qui est une erreur prouvée par la date de notre cloche, — *Jacques Bérenger,* comte du Guâ et de Charmes, maréchal de camp.

(4) *Sᵗ Hilaire,* patron du lieu. — (5) *Le parrain.* — (6) *La marraine.*

(7) *Dominum.* — (8) J. de Bucher appartenait sans doute à la descendance de Pʳᵉ Bucher, seigneur de Sᵗ-Guillaume et procureur général au Parlement de Grenoble au XVIᵉ siècle.

166. — SOLAISE.   1668.

➤ A . FVLGVRE . ET . TEMPESTATE . LIBERA . NOS . ꝺNE [1] . STA . MRA [2] . ORA . PRO . NOB . STI [3] . SYVESTER . TE [4] . CLARE . HVIVS . ECSIAE [5] .

➤ PATRONI [6] . ORATE . PRO . NOB . 8IVN [7] . 1668 . ABCTORE [8] . I . F . BAVDRND . BNDTA [9] . FVI . REQVIRENTE . NOB [10] . RENATO . LANQLOIS [11]

➤ SECRETARIO . ET . NOE [12] . NICOLAI . DE . NVEVFVILLE [13] . DVCIS . DE . VILLEROY . MARESCALLI . ET . GAILIARVM . PABIS [14] . HVIVS . PAHAE [15] . PROTECTO

➤ RIS . ET . DNA [16] . MARGARITA . BAVDRAND [17] . NOE . NOB [18] . CATHARINAE . DE . NEVFVILLE . VXORIS . COMITIS . DE HARCOVRT . P . PIS [19] . DARMAGNAC

Sous le crucifix placé entre 2 J.HS, . ꝺ . ɢ . ɪ . v [20], et, sur les autres faces, trois fois les armes des Villeroy : *d'azur, au chevron d'or, accompagné de 3 croix ancrées de même.*

Note : *sol.*   Diam. 94 c.

167. — BIVIERS.   1670.

J.HS * MA * SIT * NOMEN * DOMINI * BENEDICTVM * 1670 *

Note : *mi.*   Diam. 53 c.

168. — BRESSON.   1670.

* J.HS MA STE FRANCISCE ORA [21] * PAR LES BIENFAITS DE NOBLE IEAN LOVIS DE

---

(1) *Domine.* — (2) *Sancta Marta.* — (3) *Nobis. Sancti.* — (4) *Et.*—(5) *Ecclesiæ.* — (6) Sur l'*Ordo*, Sᵗ *Silvestre* seul est indiqué comme patron du lieu. — (7) *Nobis. 8 junii.* — (8) *Rectore.* — (9) *Baudrand. Benedicta.* — (10) Il faut *requirentibus nobile.* — (11) *Langlois.* — (12) *Nomine.* — (13) *Neufville.* — (14) *Pair de France.* — (15) *Parochiæ.* — (16) *Domina.* — (17) Comme on le voit, Langlois et Marg. Baudrand furent, en cette circonstance, les représentants du duc de Villeroy et de la princesse d'Armagnac. — (18) *Nomine nobilis.* — (19) *Principis.* — (20) Initiales du fondeur peut-être ?

(21) Sous-entendu : *pro nobis.*

PONAT GARCIN S.R[1] DE COMBE AVX R.P. [2] RECOLLECTS ✳ 1670

⚜ ✳ ⚜ ✳

Dessous, 3 fois le sceau des Récollets avec la légende :
⚜ SIGIL . MIN . PLIS . FF . MINO . OBS . RECOL . PVINC . S . FRAN . IN . GALL .

(Sigillum ministri provincialis fratrum minorum observantiæ Recollectorum provinciæ sancti Francisci in Gallia.)

169. — GRANDE-CHARTREUSE.   1670.
(Ancien horloge).

J.HS ✳ M̄A ✳ AVE ✳ MARIA ✳ GRATIA ✳ PLENA ✳ 1670

Note : *fa* ♯.   Diam. 49 c.

170. — MONTCHABOUD *(Chapelle de).*   1670.

J.HS M̄A 1670

Note : *ut* discord (fêlée.)   Diam. 26 c.

171. — GRANDE-CHARTREUSE.   1672.
(Ancien horloge).

J.HS ✳ M̄A ✳ LE ✳ IOVR ✳ DV ✳ IVGEMENT ✳ SAPPROCHE ✳ ET ✳ IE
✳ CONTE ✳ LES ✳ HEVRES ✳ ✳ 1672

Note : *la*.   Diam. 84 c.

172. — NOTRE-DAME DE MÉSAGE.   1672.

J.HS M̄A LAVDATE EVM IN CYMBALIS BENESONANTIBVS 1672

Note : *mi*.   Diam. 55 c.

(1) J. L. de Ponat de Garcin, *seigneur* de Combes, décédé Doyen de la Chambre des Comptes de Dauphiné, le 23 juin 1696. — (2) *Révérends Pères*.

173. — CHANTELOUVE.   1673.

J.HS MA ☀ SIT NOMEN DOMINI BENEDICTVM ☀ STE IRENEE [1] ORA
PRO NOBIS ☀ 1673 ☀

Le *Christ entre la Vierge et S*ᵗ* Jean ;* la *Vierge ; S*ᵗ* Michel.*
Note : *ut ♯.*   Diam. 67 c.

174. — BEAUVOIR.   1674.

J.HS MA ☀ LAVDATE DOMINVM IN TYMPANO ET CHORO 1674.
Note : *sol.*   Poids : 150 kilog.   Diam. 46 c.

175. — GRENOBLE *(S*ᵗ *Louis).*   1674.

J.HS MA LAVDATE EVM IN CYMBALIS BENESONANTIBVS 1674 ➽
Note : *mi.*   Diam. 55 c.

176. — MAUBEC.   1674.

☀ J.HS MA ☀ MARIE DE MONTLOR [2] MA DONNEE ☀ 1 ☀ 6 ☀ 3 ☀ 7 ☀
☀ LE R . P . [3] A . ESPEAVTE . PR . [4] MA F . [5] REFONDRE EN
LHONR [6] DE STE CATHERINE M [7]

1674

Au bas de la panse, une *Croix* répétée 2 fois.
Note fêlée.   Diam. 57 c.

C'est sans doute la cloche de l'ancien couvent des Dominicains, fondé à Paleyzin, sur la commune de Maubec, en 1465,
par Pʳᵉ Hazard, notaire, et connu sous le nom de *Couvent des
Dominicains de Paternos.*

---

(1) *S*ᵗ *Irénée*, patron du lieu.
(2) Marie, comtesse de *Montlaur*, baronne de Maubec, dame d'Aubenas, avait
épousé en premières noces Philippe de Montauban d'Agoult, comte de Sault,
et, en secondes, J.-Baptᵉ d'Ornano, colonel des Corses, maréchal de France. —
(3) *Le Révérend Père.* — (4) *Prieur.* — (5) *M'a fait.* — (6) *L'honneur.* —
(7) *Martyre.*

177. — St-ALBAN DE VAULX. 1675.

✠ IESVS MARIA MESSIRE LOVIS DE LA POYPE . S . IVLLIEN PRESI-
DENT AV PARLET [1] DE GRENOBLE . P . [2]

✠ ET DAME IEANE DE BARRO [3] EXPOVSE DE M^{RE} PIERRE DE VAVLX
CON^{ER} AVDICT PARLEMT . [4] M . [5] 1675

Sur la panse : 1re face, *Crucifix entre la Vierge et St Jean*,
suivi de NA ; 2e face, ± N 🔔 M

Note : *la*.   Diam. 90 c.

178. — TRAMOLÉ. 1676.

+ IHS MAR SS MORIS [6] ORA PRO NOBIS & N SOVFFREY DARZAT [7] &
IANE BOVCHAT ONT ESTE MES PARAIN & MARAINE & MON
MIS NON [8] IANE 1676 ⚜ ⚜ ⚜ ⚜ ⚜ ⚜ ⚜ ⚜ ⚜ ⚜ ⚜
± formée avec un ornement fleurdelisé.

Note : *sol*.   Diam. 48 c.

179. — VATILIEU. 1676.

± SIT NOMENT [9] DOMINI BENEDICTUM PARIN [10] ET [11] GUCHET
MARRAINE SA SEUR [12] LA CLOCHE
ANTHOINESTE [13] . I . POLLAT 1676

Au bas : C ? . VOVLLEMOT.

Note : *si*.   Diam. 76 c.

180. — JARRIE *(La Basse).* 1677.

J.H.S AD HONOREM B. MAR. VIRG. ET S. FRANC. DE PAVLA [14] 1677

(1) *L^s de la Poype-Saint-Jullin*, baron de la Cueille, était président au Parlement dès 1650. — (2) *Parrain*.— (3) *Jeanne de Baro*, fille de Gaspard de Baro,
conseiller au Parlement. — (4) *P^{re} de Vaux*, seigneur de *Vaux* et de *Plagnieu*,
conseiller au dit Parlement, dès 1651. — (5) *Marraine*.

(6) *Saint Maurice*, patron du lieu. — (7) Les *d'Arzac* ou *Arzac* étaient
seigneurs de Tramolée. Noble Soffrey d'Arsac a dû évidemment appartenir à
cette famille ; mais l'*Armorial du Dauphiné* ne l'indique pas. — (8) *M'ont mis
nom Jeanne.*

(9) *Nomen.* — (10) *Parrain.* — (11) *Etienne.* — (12) *Sa sœur.* — (13) *La
cloche [se nomme] Antoinette.*

(14) *Beatæ Mariæ Virginis et Sancti Francisci de Paula.* (V. le *Dict. de Si-
gillog.* de Chassant et Delbarre, p. 26).

Sur la panse : CHA
RI
TAS

Note : *fa* ♯.   Diam. 50 c.

Cette cloche vient de l'église de la Haute-Jarrie. Elle a appartenu aux Minimes, comme l'indique le mot *Charitas*, qui, disposé en trois lignes comme sur notre cloche, était leur devise et aussi leur blason.

181. — CHAMPAGNIER.   1677.

J.HS ‾MA ADORATE EVM OMNES ANGELI EIVS 1677
Note : *ré*.   Diam. 63 c.

182. — GRESSE.   1677.

+ SIT NOMEN DOMINI BENEDICTVM . EX HOC NVNC ET VSQVE IN SECVLVM

DIE 24 . SEPTEMBRIS 1677 . BALTHAZARD IVLLIEN CVRE DE GRESSE PARRAIN

MRS (1). IAQVE IVLLIEN NOTAIRE ET GREFFIER DE GRESSE MARRAINE CATERINE DISDIER .˙.

Note : *ut* ♯.   Diam. 69 c.

183. — Sᵀ-ANTOINE.   1677.

J.HS ‾MA LAVDATE DOMINVM OMNES GENTES 1677
Note : *sol*.   Diam. environ 50 c.

Provenant de l'ancienne chapelle de Sᵗ-Martin de Vinay.

184. — LA MOTTE Sᵀ-MARTIN.   1678.

J.HS * ‾MA * IOSEPH * 1678 * * *
Communiquée par M. Lᵗ Peyrin, de Notre-Dame-de-Vaulx.
Note : (?).   Diam. 41 c.

(1) Pour *Mʳ*.

185. — Sᵀ-MARTIN DE CHELLES. 1679.

J.HS ✳ MA ✳ TE DEVM LAVDAMVS DOMINVM CONFITEMVR ✳
1679

Note : *fa* ♯. Diam. 50 c.

186. — TRÉMINIS. 1679.

J.HS MA LAVDATE EVM IN CYMBALIS BENESONANTIBVS 1679

Note : *mi.* Diam. 56 c.

187. — EYZIN. 1680.

☩ IN HONOREM DEI BEATÆ MARIÆ VIRGINIS ET SS [1] ✐ DECEM

MILLIVM MARTIRVM ANNO DOMINI 1680 ✐ E ✐ BESSON ET M ✐

GRAND MONT FAICT

Croix ; — la *Vierge et l'enfant Jésus.*

Note : *la.* Diam. 88 c.

Cette cloche provient de l'église de Pinet.

188. — GRENOBLE *(Horloge de l'Arsenal).* 1680.

J.HS MA ✳ 1680

Note : *si* ♭. Diam. 40 c.

189. — VIENNE *(Sᵗ Martin).* 1680.

☩ SANCTE MARTINE [2] ORA PRONOBIS MON PARRAIN EST NOBLE

PIERRE DE ☞

VERDONNAY SEIGᴿ DE VILLENEVFVE DV MARC [3] ET MARRAINE

DAME ☞

MARGVERITE DE BVFFEVENT FEMME DE NOBLE CHARLES DV GENE-

VRAY [4] . 1680 .

(1) *Sanctorum.*
(2) Sᵗ *Martin*, patron de l'église à laquelle cette cloche appartient. — (8) Pᵉ
de Verdonnay, seigneur de Villeneuve-de-Marc, capitaine d'une compagnie de
chevau-légers en Italie, avait épousé Clémence de Clermont de Chaste de Ges-
sans, veuve de Pierre de Boissat, de l'Académie française. — (4) Je n'ai trouvé

6

Au bas : E . BESSON ET ± M . GRAN . . . . VE (?)

Ecusson de Verdonnay : *d'argent, à 6 billettes de gueules,
3. 3. ; au chef d'azur chargé de 3 molettes d'or.*

Note : *si* ♭.　　　　　　　　　　　　　　Diam. 77 c.

190. — GRESSE.　　　　　　　　　　1681.

✠ SIT NOMEN DOMINI BENEDICTVM SANCTE BARTHOLOMÆE [1]
ORA PRO NOBIS

Sur la panse : 16 ± 81 ; — 2ᵉ face : JHS

Quoique cette cloche ne porte pas de signature, je n'hésite
pas à la donner au fondeur I — H (V. le n° 199).

Note fêlée.　　　　　　　　　　　　　　Diam. 55 c.

191. — Sᵀ-QUENTIN-SUR-ISÈRE.　　　1681.

± IESVS MARIA IOSEPH ANO [2] . DOMINI . 1681 .

Sur la panse : *Crucifix ; Sᵗ Laurent* (?) ; marque d'Estienne
Besson ; la *Vierge et l'enfant Jésus.*

Note : *si.*　　　　　　　　　　　　　　Diam. 77 c.

192. — ISERON.　　　　　　　　　　1684.

± NOS VRREXIT [3] INTER NATOS MVLIERVMMAIOR IOANNE BAPTISTA
± MATTH II [4] A IZERON ANNEE 1684

Note : *ré.*　　　　　　　　　　　　　　Diam. 65 c.

N'ayant pu arriver jusqu'à cette cloche, j'y ai fait monter le
marguillier, et c'est sous sa dictée que j'ai pu en recueillir
l'inscription, en le questionnant sur la forme des lettres et la
position des mots.

---

aucun renseignement dans l'*Armorial* sur ces deux personnages. (Rapprocher
ce nom, *Ch. du Genevray*, de celui de *Genevrey* mis à la suite du nom de
Disimieu, dans l'inscription n° 76).

(1) *Sᵗ Barthélemy*, patron du lieu.
(2) *Anno.*
(3) *Non surrexit.* — (4) *Matth. XI.*

193. — St-MAMERT.   1684.

✝ SIT NOMEN DOMINI BENEDICTVM · ANNO DOMINI 1684 ·
LOVIS DE LVSSE [1] P. [2] MARIE ANNE DANGERAY M. [3]

1re face : *Croix* ornée, suivie de H $\overline{\text{EN}}$ CHAPPVT FECIT ; —
2e face : Même *Croix*.

Note : *fa* ♯.   Diam. 45 c.

194. — QUAIX.   1685.

J.H.S MA IOSEPH ANNA Ste IOANNS BAPTISTA [4] ORA PRO NOBIS Sta
BARBARA ORA [5] — IAY ESTE FAICTE A

QVAIS DON [6] DAME MARIE DV FAVRE [7] MARQVISE DE VIRIEV EST
DAME [8] CROLES LARIVIERE ET ESPOVSE DE M^{re}

NICOLAS PRVMIER [9] DE St ANDRE CH^{er}—CON^{er} DV ROY EN SES
CONSEILS ET P^R PRESIDENT AV PARLEMET DE

GRENOBLE BENITE PAR Mre IEAN ANTHOINE ALBERT CVRE DV LIEV
S^R CLAVDE BRVMESTANTONAIN [10]

DV LIEV . I . BRVM ◆ C^{RE} L BRVM ◆

Au bas, marque de Jⁿ Voissot, fondeur, accostée de 1685.

Note : *sol* ♯.   Diam. 87 c.

195. — RIVES.   1686.

J.H.S A FVLGVRE ET TEMPESTATE LIBERA NOS DOMINE ◆ IE SVIS LA
CLOCHE

---

(1) L^s *de Leusse* ou de *Lusse*, seigneur des Côtes d'Arey, conseiller au Parlement de Grenoble (V. l'inscription n° 264). — (2) *Parrain*. — (3) *Marraine*. Elle
appartenait sans doute à la famille d'Angerez, citée par l'*Armorial*, qui en dit
fort peu de choses.

(4) *Sancte Johanna Baptista*. Ce saint est le patron du lieu. — (5) Sous-entendu : *pro nobis*. — (6) *Don* (sous-entendu : *de*). — (7) Fille d'Antoine du Faure,
seigneur de la Rivière, président au Parlement de Grenoble. — (8) *Estant dame*
(seigneur) *de*. — (9) Messire Nicolas *Prunier*. — (10) *Brun estant châtelain* (ce
dernier mot est abrégé d'une façon si ridicule et fautive, qu'il m'a été difficile
de le deviner ; mais l'étude que j'ai faite de toutes ces inscriptions m'y a amené
et je n'ai plus de doute sur l'interprétation de celle-ci. Ennemond Brun était, du
reste, notaire à Quaix de 1650 à 1682, et J. Brun le fut aussi de 1690 à 1694. L'M
de *Brum* est une erreur du fondeur, comme dans le mot PRVMIER, pour PRV-
NIER, et dans les noms suivants, I. BRVM et L. BRVM pour *Brun*.

✎ DE LA PARROISSE DE S^T VALIER ⁽¹⁾ EN 1686.

Note : *sol* ♯.   Diam. 88 c.

196. — ROYAS.   1686.

✠ SIT NOMEN DOMINI BENEDICTVM

Sur la panse : *Croix* ornée ; — *Maria* en monogramme, avec l'м et l'в conjugués.

Au bas, en lettres gravées :

JE M'APELLE • GENEVIEVE • M^R • JEAN • JACQVES • RATIER • MA • PROCVREE • A • CE • COVVENT ⁽²⁾ • ET • A • ESTE • PARRAIN • ET • DAM^{LE} GENEVIEVE • MARTIN • MARRAINE • LE 3 FEV 1686

Note : *fa.*   Diam. 54 c.

197. — S^T-HONORÉ.   1686.

S^{TE} BARBE PRIES POVR NOVS DV FOVDRÉ ET DE LA TEMPEST^E DELIVRES NOVS SEIGNEVR . CVRE ⁽³⁾ PIERRE GHEVRON . PARRIEN ⁽⁴⁾ ET PROCVREVR DE LEGLISE CLADE⁽⁵⁾ PONCET⁽⁶⁾ A FEV FRANCOIS . LA MARRAINE MARIE PERREIN ⁽⁷⁾ . EST DULCIS IN PACE LABOR 1686

Note : *ré.*   Diam. 62 c.

198. — S^T-PIERRE DE CHANDIEU.   1686.

I . H . S . ⁽⁸⁾ S^{TE} PETRE ⁽⁹⁾ ORA PRO NOBIS : POUR PARRAIN FRANCOIS DE BEAUSOSEL MNOTGNOTIER ⁽¹⁰⁾ CHEVALLIER DE MALTHE ET GRAND BAILLIF DE LA LANGUE D'AUVERGNE

ET MARRAINE HAUTE ET PUISSANTE DAME DAME MARGUERITE DE L'AIGUE ⁽¹¹⁾ BARONNE DE CHANDIEU ET MARQUISE DE LEUVILLE ET AUTRES PLACES 1686.

----

(1) St *Vallier*, patron de la paroisse de Rives. Je ne sais pourquoi l'*Ordo* dit St *Valère*, puisque le premier nom est adopté, depuis longtemps, ainsi que nous le voyons par surérogation dans la dénomination de la ville de St Vallier (Drôme).

(2) Quelle est la provenance de cette cloche ?... Je l'ignore.

(3) *Curé.* — (4) *Parrain.* — (5) *Claude.* — (6) Sous-entendu : *fils* (?). — (7) *Perrin.*

(8) *Jesus hominum salvator.* — (9) St *Pierre-ès-liens*, patron du lieu. —

(10) *François de Bocsozel-Montgontier.* — (11) *Mary^{te} de Laigue*, fille de Fran-

Cette cloche, fondue en 1843 ou 1844 pour en faire une neuve, pesait 250 kil. Sa légende m'a été communiquée par M. Milliot, curé, qui avait eu l'heureuse idée de la consigner sur son registre.

199. — LA VALETTE. 1686.

⚜ SIT ☆ NOMEN ☆ DOMINI ☆ BENEDICTVM ☆ SANCTE ☆ BAR-THOLOMÆE [1] ☆ DE

LA ☆ VALETTE ☆ ORA PRO NOBIS ☆ PARRAIN ☆ CLAVDE ☆ PER-RET ☆ MARRAINE LOVISE DVRAND ⚜

Sur la panse : 16⚜86. — Plus bas, et répété 5 fois : JHS (V. le n° 190).

Note : *mi.* Diam. 63 c.

200. — BELLECOMBE. (Ancienne cloche). 1687.

Pour la plus grande gloire de Dieu et l'honneur de la Ste V. Marie, de St Jean l'évangéliste et de tous les saints, messire Jean Barnier archiprêtre et curé de Bellecombe a donné cette cloche audit lieu. Mre Claude Chanel [2], chanoine théologal de l'église St André de Grenoble, conseiller du Roi au parlement, a été parrain et dame Jeanne Dupuy épouse de noble pierre Pourroy conseiller du Roi, thrésorier de France, a été marraine en l'année 1687.

Cette cloche, refondue en 1849, a servi à confectionner la nouvelle. J'ai pu en avoir la légende, grâce à M. le curé Sautard qui l'avait relevée à l'époque de sa destruction.

çois, chevalier, seigneur de Laigue, Chandieu, etc., et de Sabine-Reine de Re-linghen, épousa, en 1670, Ch. Olivier de Leuville, lieutenant-général des armées du roi.

(1) St *Barthélemy*, patron de la Valette.

(2) Cl^de *Canel*, prêtre et avocat en la Cour, maître ordinaire des Comptes en 1672, en remplacement de Jacques Canel, son père, décédé. Conseiller du roi en 1677, (office de conseiller-clerc), il fut en même temps prieur de Vizille ; il a

201. — PONTCHARRA *(Section de Grignon).*　1688.

☩ LAVDATE DNVM IN CYMBALIS IVBILATIONIS NOMEN MIHI E [1]
LVDOVICA THERESIA . PATRINVS MEVS E [2] NOBILIS FRANC[s] PERRIN [3]

été, durant plusieurs années, un administrateur aussi intelligent qu'actif de l'hôpital de Grenoble, où le souvenir de son nom s'est conservé. Les moulins que possède cet établissement sur le territoire de cette ville lui doivent leur construction et leur nom.

(1) *Est.* — (2) *Est.* — (3) *Franciscus Perrin.* Pour fournir quelques renseignements sur ce personnage, mon lecteur me permettra de signaler à sa curiosité deux articles publiés par moi, en 1869, dans le *Bulletin de l'Académie Delphinale (Le poète Jean Millet et l'abbaye de Bongouvert),* et, en 1879, dans la *Revue de Vienne et du Vivarais (La Grande Abbaye de Dauphiné),* articles dans lesquels j'ai fait connaître un intéressant diplôme conférant audit François Perrin la charge de *Grand Lieutenant et Vicaire Général de l'Abbaye de Bongouvert de Grenoble et pais de Dauphiné.* Je ne pense pas que l'on puisse trouver déplacées, dans ces pages, les quelques lignes que je veux consacrer au parrain de la cloche de Pontcharra.

Si la Folie présidait aux opérations de l'abbaye de Bongouvert, cette singulière confrérie avait aussi un côté sérieux, et si Henri de Bourbon ne dédaignait pas de prendre rang parmi les confrères de la Mère folle de Dijon, le Parlement de Dauphiné, de son côté, ne considérait pas comme au-dessous de lui qu'un de ses membres associât sa grave dignité à une mission qui était loin d'exclure la gaîté de son but *humanitaire,* et devint même l'un des principaux officiers de la joyeuse Confrérie. Ces sociétés que le moyen-âge nous avait léguées, après en avoir hérité lui-même des temps antiques, possédaient leur côté moral et, suivant la formule retrouvée de nos jours, savaient faire

✿ SECRET^VS (1) IN SVPREMA DELPHINATVS CVRIA ET MATRINA DNA LVDOAICA (2) FLAVVANT VXOR DNI BENEDICTI BIETRIX (3) . CONDITA

⚜ FAI (4) ANNO BISSEXTILI M . D . C . LXXXVIII EPO GRAONOPOLI (5) EMINENT^MO CARD LE CAMVS (6) ET DNO (7) PRIORIQVE PARROCHIÆ STIM VRIC (8)

⚜ DE MIRIBEL REVERENDMO (9) PATRE INNOCENO (10) LEMASSON GENERALI TOTIVS ORDINIS CARTVSENSIS BENEDICTAQVE A DNO IOSEPH

✿ MELON HVIVS ECCLÆ (11) PARROCHO.

Au bas : N . HVARD FECIT.   Diam. 82 c.

202. — S^T-BUEIL.   1688.

☩ SANCTE BONDITI (12) ORA PRO NOBIS ✿ SANCTE ENNEMVNDE ORA PRO NOBIS ✿ 1688

de l'ordre avec du désordre, — *Discordia concors.* — Ses hautes fonctions n'empêchaient nullement, on le voit, le Secrétaire du Parlement et le Grand Lieutenant de l'abbaye de Bongouvert de devenir parrain de la cloche de son village. Je renvoie, du reste, pour de plus amples renseignements, aux notices citées plus haut, n'ayant l'intention de faire figurer ici que les deux curieux monuments sigillaires qui authentiquaient le diplôme conféré à François Perrin, diplôme si différent de celui que lui délivre notre cloche. François Perrin cumulait. . . . .

(1) *Secretarius.* — (2) *Domina Ludovica.* — (3) *Dame Louise Flauvant,* épouse de sieur Benoît Biétrix, était d'une très ancienne famille de la bourgeoisie de Grenoble, qui a donné, de 1660 jusqu'à nous, des membres au clergé, à l'armée, à la magistrature, à la médecine et au barreau. — (4) *Fui.* — (5) *Episcopo Gracianopolis.* — (6) *Le card. Le Camus,* évêque et prince de Grenoble. — (7) *Domino.* — (8) *Sancti Murici.* Le prieuré de St Maurice-de-Miribel, qui relevait de la Chaise-Dieu, fut acquis en 1641 par les Chartreux ; de là le titre de Prieur de St Maurice-de-Miribel donné à D. Le Masson sur l'inscription de cette cloche (V. le dernier chapitre de la *Num. du Parlement de Grenoble,* cité plus haut). — (9) *Reverendissimo.* — (10) *Innocentio.* — (11) *Ecclesiæ.*

(12) Au lieu de *Baudili. St Baudile,* patron du lieu.

✠ EGO MONITIO FIDELIVM CVRIS D.NI IOANNI [1] SCIVET HVIVS EC-
CLIÆ [2] PARROCHI DOCTRINA

✠ CLARI PIETATE QVE PERSPICVI CONDITA FVI ET AB EODEM BENE-
DICTA ANNO BISSEXTILI [3]

Au bas : N HVARD J.H.S FECIT

Note : *sol* ♯ discord.   Diam. 51 c.

203. — SATOLAS.   1688.

J.H.S MARIA IOSEPH SANTE PETRE [4] ORA PRO NO BIS ☩ Mᴱᴿ [5] IEAN
DE LAVDE Pᴱᴿ [6]

ET CVRE DE SATOLAS ⚜⚜ PARAIN PIERR DEVAVRE Sᴿ DE Sᵗ
FOVRYEV [7]

☩ MARAINE DAᴸᴸᴱ GILIBERTE DE RIGOT 1688 ⚜ ⚜ ⚜ ⚜ ⚜

Sur la panse : c. ☩ v.

Au-dessus, et sous la légende, les effigies de *Sᵗ Pierre* et de
Sᵗ Jacques répétées deux fois et alternées.

Note fêlée.   Diam. 65 c.

204. — VOIRON *(Hospice de la Trinité)*.   1690.

1690

Croix formée de petites palmes.

Note : *ré.*   Diam. 35 c.

205. — PONT-EN-ROYANS.   1692.

☩ FIAT PAX IN VIRTVTE TVA ET ABVNDANTIA . PSALME . 121 ✠
LAN 1692 ✠ ⚜ ⚜

---

(1) *Domini Johannis.* — (2) *Ecclesiæ* — (3) Traduction : *Je suis la voix qui
appelle les fidèles, par les soins de M. Jean Scivet, curé de cette église, renommé par ses lumières et connu par sa pieté. J'ai été fondue et bénite
par le même en cette année bissextile.*
(4) *Sancte Petre. Sᵗ Pierre*, patron du lieu. — (5) *Messire.* — (6) *Prieur.* —
(7) *Parrain Pierre de Vavre, seigneur de Saint-Forgeul*, fils de Louis de Vavre.

✠ IAY EV POVR PARRAIN *N* [1] *IOSEH ∴ LOVYS M* [2] : *DE SASSENAGE M^RE N : D :* [3] *IVSTINE PRUNIER DE St. ANDRE* [4]

IAY EST [5] *BENITE PAR M^RE ANT :* [6] *TRVCHET R ·* [7] *ET CVRE DV PONT EN ROY :* [8]

Les mots imprimés en italiques sont gravés en creux, sans doute parce qu'au moment de la fonte on ignorait encore quels noms on aurait à reproduire.

Note fêlée. Diam. 80 c.

C'est l'ancienne cloche de l'église que j'ai pu relever moi-même avant sa refonte pour la confection de la 2ᵉ cloche actuelle en 1861.

206. — Sᵀ-MICHEL-LÈS-PORTES. 1692.

♛ S MICHEL [9] S CRISTOFFLE [10] STE ANNE PRIES TOVS POVR NOVS ♛ *(Ligne complètement grattée).* [11]

PARRAIN

Croix fleuronnée, placée au-dessus de ANTOINE ♛ ROLLANDIN ♛ FONDVR [12]

Note : *ré.* Diam. 61 c.

207. — GRENOBLE *(Sᵗ André).* 1693.

✠ ⸸ NUPER FUSA FUI ANN [13] . M . D . C . XCII SED FRUSTRA . VOX ENIM MIHI DEFUIT, CUM UISCERUM NOTABILI DISPENDIO AT ☞

(1) *Noble.* — (2) *Marquis.* — (3) *Marraine, noble dame.* — (4) Fille de Nicolas Prunier, seigneur de Sᵗ André, créé marquis de Virieu en 1655, premier Président au Parlement de Dauphiné et ambassadeur à Venise, et de Marie du Faure, dame du Teil, elle fut mariée, en 1682, à Jʰ-Lˢ-Alphonse, marquis de Sassenage. — (5) *Esté.* — (6) *Messire Antoine.* — (7) *Recteur.* — (8) *Pont-en-Royans.*

(9) Patron du lieu. — (10) Sᵗ *Christophe.* — (11) Elle était sans doute occupée par le nom du parrain, dont on ne retrouve que le titre à la ligne suivante. — (12) *Fondeur.*

(13) *Anno.* V. les notes qui accompagnent les cloches de l'église Sᵗ André de Grenoble, dans le *Supplément* de ce recueil et sous la date de 1692.

✠ REFUSA FUI ET RENATA SUM IN DOMO CALESII . QUO ME TRAN-
TULIT PRIORIS CARTUSIÆ IN S [1] . ANDREÆ ET UEN˙ . CAPLI [2] ☞

EIUS CULTUM ET OBSERUANTIAM PROPENSIO ANDREAS MIHI NOMEN
EST, ET DEO DICATA SUM IN HONOREM B [3] . ANDREÆ ☞

✠ ANNO DNI [4] M . D . C . XCIII . SEDENTIBUS INNOCENTIO PP [5] .
XII . ET STEPH [6] S . R . E [7] . PRÆSBYTERO CARD [8] . LE CAMUS
EPISC . GRATIANOP . [9]

REGNANTE LUDOVICO MAGNO . ET DD . [10] FLODOARDO MORET DE
BOURCHENU PRÆPOSITO HUIUS ECCLÆ [11] . ✠ 1698

Au bas :

    ✠ IAY ESTÉ FAICTE PAR SIEVR ✠
    N. HVARD ASSITÉ [12] DE PIERRE
    ET IEAN HVARD SES FILS 1693. [13]

Note : *ut* ♯.   Diam. 157 c.

(1) *Sancti.* — (2) *Venerabilis Capituli.* — (3) *Beati.* — (4) *Domini.* — (5) *Papâ.*
— (6) *Stephano.* — (7) *Sacræ Romanæ Ecclesiæ.* — (8) *Cardinale.* — (9) *Episcopo gratianopolitano.* — (10) *Domino.* — (11) *Ecclesiæ.* — (12) *Assisté.* —
(13) Pour cette cloche et les suivantes, on trouvera les plus intéressants détails
dans une *Notice sur l'église de St André de Grenoble*, par J.-J.-A. Pilot. Je me
contenterai de reproduire leurs inscriptions d'après cet ouvrage, sauf la première que j'ai voulu relever moi-même pour lui donner plus d'exactitude que
l'auteur de cette notice ne l'a fait. Des quatre autres, deux ont été détruites lors
de la première Révolution ; deux se sont cassées en 1828 et 1832. J'aurais voulu
reproduire tout entier le chapitre que M. Pilot leur a consacré ; mais cela
était un peu long, et il me suffira de donner la traduction que j'ai voulu faire
de ces inscriptions. Voici celle de la première :

*J'ai été fondue récemment, l'an 1692, mais en vain : en effet, la voix me
manqua par un notable accident arrivé à ma panse : mais j'ai été refondue
et je suis ressuscitée dans la maison de Chalais, où m'a transportée l'inclination
du Prieur de la Chartreuse pour le respect et la déférence qu'il professe envers
Saint-André et son vénérable Chapître. Mon nom est André et j'ai été dédiée
à Dieu en l'honneur du bienheureux St André, l'an du Seigneur 1693, sous
le pontificat du pape Innocent III, l'épiscopat du Cardinal Etienne Le Camus,
prêtre de la sainte église romaine, évêque de Grenoble, le règne de Louis-le-
Grand, et M. Flodoard Moret de Bourchenu étant prévôt de cette église. 1693.*

En cette année 1693, le chapitre de St André fit fondre cinq cloches. L'inscription ci-dessus ornait la première. Elle a déjà — ainsi que je l'ai dit ci-dessus —
été reproduite par M. Pilot, dans sa *Notice sur l'Eglise St André de Grenoble*,
(p. 34). Seulement, pourquoi l'auteur de cette notice prend-il la peine de prévenir ses lecteurs qu'il a *suivi l'inscription telle qu'on la lit sur la cloche même,*

208. — GRENOBLE *(Saint-André).*   1693.

I. — In Domo Calesij nata sum, et tonus meus musice est La. At vocor Petra ; et, dum contra aereas tempestates pulsor, clamo in Coelum : Pater de Coelis Deus, miserere nobis. Fusa fui anno M. D. C. XCIII.

Je suis née dans la maison de Chalais et mon ton musical est LA. *Je me nomme Pierrette, et, lorsque je suis ébranlée contre*

puisqu'il ne l'a pas copiée textuellement ? Bien plus, il relève lui-même que, dans l'impression qui fut faite des inscriptions des cinq cloches susdites, lors de leur bénédiction, il existait une légère différence, *non point quant aux mots et au sens, mais seulement dans la position de quelques lettres.* Mon lecteur pourra s'édifier sur l'exactitude de sa leçon, en la comparant à celle que j'en donne d'après un estampage pris sur la cloche même.

Quant aux quatre autres cloches, je suis réduit, comme M. Pilot, à n'en reproduire les inscriptions que d'après le *Livre des Conclusions capitulaires* de St-André. On verra, par la comparaison, que, si M. Pilot les a copiées avec plus d'exactitude que la première, il y a bien encore quelque chose à dire. Je copie textuellement le susdit *Livre des Conclusions,* en y ajoutant toutefois quelques signes de ponctuation nécessaires.

Enfin, pour ce qui concerne l'*harmonie* de ces cloches, j'en suis bien fâché pour M. Pilot, mais je n'ai jamais vu — à moins que la *musique de l'avenir* n'ait déjà fait de lui un de ses adeptes les plus fervents, — que les notes *MI, FA, SOL* et *LA établissent une harmonie parfaite.* Qu'on remarque individuellement la justesse de leurs sons ; que ces notes servent à rendre certaines mélodies, je le veux bien.... mais réunissez-les, et, si vous êtes quelque peu musicien, vos oreilles vous en diront des nouvelles.... sans qu'il soit nécessaire d'y ajouter l'*UT* dièze de la 1re cloche.

Je veux faire encore cette remarque que le *Livre des Conclusions capitulaires,* dans son procès-verbal du 13 juillet 1693, en rendant compte de la bénédiction qui avait eu lieu le 11, intervertit l'ordre des cloches dont il avait reproduit les inscriptions dans le procès-verbal du 4 mai précédent. Il nous apprend, en effet, que la 1re cloche fut bénie sous le nom de St *André ;*

La 2e sous celui de St *Bruno ;*

La 3e sous celui de St *Loys ;*

La 4e sous celui de St *Jean ;*

La 5e sous celui de St *Pierre ;*

Je dois en conclure qu'elles sont ici rangées véritablement suivant leur importance, je veux dire dans leur ordre de grandeur relative, et que cet ordre été interverti dans le procès-verbal du 4 mai, où l'on s'est contenté d'arrêter la formule des légendes qu'on voulait leur imposer · celle de *Brunonia* en offre, du reste, une preuve sans réplique. Je rétablis donc ces inscriptions dans l'ordre qu'elles doivent occuper.

les tempêtes de l'air, je crie dans les cieux : Dieu le Père, qui
êtes aux cieux, ayez pitié de nous. J'ai été fondue l'an 1693.

209. — GRENOBLE *(Saint-André).*   1693.

**II. — Sol mihi sonus est et vocor Joanna. Dum autem
contra malignantes tempestates moveor, hœc sono :
<u>Fili redemptor mundi Deus, miserere nobis</u>. Fusa fui
simul cum sororibus in Domo Calesij, anno M.D.C.XCIII.**

Mon son est SOL *et je m'appelle Jeanne. Lorsque je suis agitée
contre les tempêtes malfaisantes, je chante : Dieu le fils, ré-
dempteur du monde, ayez pitié de nous. J'ai été fondue en même
temps que mes sœurs dans la maison de Chalais, l'an 1693.*

210. — GRENOBLE *(Saint-André).*   1693.

**III. — Fa musice pronuntio. Cum sororibus in Domo Ca-
lesii una fusione nata, vocor Ludovica. At, sonitu meo
aerem verberans, clamo in Coelum : <u>Spiritus sancte
Deus, miserere nobis</u>. Fusa sum anno. M. D. C. XCIII.**

J'émets le FA *en musique ; je suis née du même jet de métal
que mes sœurs, dans la maison de Chalais. Je m'appelle Louise.
Mais, frappant l'air de mes sons, je crie dans les cieux : Esprit
saint qui êtes Dieu, ayez pitié de nous. J'ai été fondue, l'an 1693.*

211. — GRENOBLE *(Saint-André).*   1693.

**IV. — Concentum trium sororum perficio per Mi. Bruno-
nia nomen mihi est. Media stans inter Andream et alias
sorores, illas excito, et, contra nubes agitatas pulsans,
clamo : <u>Sancta Trinitas unus Deus, miserere nobis</u>.
Fusa sum Calesij, anno M. D. C. XCIII.**

Je complète en MI *l'accord de mes trois sœurs. Mon nom est
Brunone. Placée entre André et mes autres sœurs, je les excite*

et m'élançant contre les nuées orageuses, je crie : Sainte Trinité en un seul Dieu, ayez pitié de nous. J'ai été fondue à Chalais, l'an 1693.

212. — PRESLES. 1693.

�֍ J H S MA MESSIRE GABRIEL DE PRVNIER [1] CHEVAILLIER SEIGNEVR DE Sᵗ

ANDRE EN ROYANS ET AVTRE PLASSE DAME ANNE DE CHEVRIERES DE Sᵗ VA

LLIER   1693. Deux mots cisaillés et indéchiffrables. Sous le crucifix : PIERRE ✱ TIBAVD

Note : *mi.* Diam. 54 c.

213. — Sᵀ-PIERRE-DE-MÉSAGE. 1693.
(Hameau des Traverses ; Chapelle de Sᵗ-Joseph.)

J H S ❧ M̄Ā 1693
Au bas : P TIBAVD
Note : *ut* ♯. Diam. 31 c.

214. — L'ENCHATRE. 1694.

• EX • DONO • NOBILS [2] • IOANNIS • DE • MARGALLIAN • GRINDE •

• DE • MIRIBEL • HAIVSCE • LOCI • DONI [3] • DEF • TI [4] • REFUSA

• FVI •

GRANOPOLITOTA [5] • BELLIGERANTE • AEVROPA [6] • FRANCA [7] VOCOR

• DONA [8] • LOCI • FRANCA [9] • DV • PILHON IN PACE MOVENTME

A [10] EIDEM

(1) Président au Parlement de Grenoble en 1658, mort en 1693. Il avait épousé, en 1665, Anne de La Croix de Chevrières, fille de Jean, seigneur de Chevrières, et de Marie de Sayve. Il était fils de Nicolas Prunier, que nous avons déjà vu sur l'inscription de la cloche de Quaix de 1685. (V. le nᵒ 194).

(2) *Nobilis.* — (3) *Domini.* — (4) *Defuncti.* — (5) *Gratianopoli totâ.* — (6) *Europa.* — (7) *Francisca.* — (8) *Domina.* — (9) *Francisca.* Ce nom se voit aussi sur la cloche de la chapelle du Sᵗ-Sauveur, à Vif, en 1658 (V. le *Supplément*). — (10) *Moveant me.* (L'A de *moveant* a été mal placé par le fondeur).

Traduction : *Présent de noble Jean de Margaillan-Grinde de Miribel, seigneur défunt de ce lieu. J'ai été refondue à Grenoble, toute l'Europe étant en guerre. Je m'appelle Françoise. Dame du lieu, Françoise du Pilhon. Que les susnommés me fassent tinter en paix.*

1re face : *Croix fleuronnée.* 2e face : Ecusson : parti au 1, 1er quartier : *de gueules, à 3 heaumes d'argent, aliàs d'or, posés de profil* (qui est *de Margaillan-Grinde*) ; 2e quartier : *d'azur, à la bande componnée d'or et d'argent, accompagnée de 3 croissants montants de même, les 2 de la pointe posés en bande* (qui est *de Grinde*) ; au 2 : *d'argent, au lion de sable, armé et lampassé de gueules* (qui est *du Pilhon*). 3e face : même écusson, et, dessous : ANTOINE (*Ecusson du fondeur*) [1] ROLLANDIN • MAFAIT • LAN • DE • GRACE (*la Croix*) 1694 ✱ • • •. 4e face : même écusson qu'aux 2e et 3e faces.

Note : *ré.*   Diam. 62 c.

215. — FONTAINE.   1694.

• REFVSA • FVI • SEDENTE • EMINEN [2] • CARD [3] • LECAMVS ✱ EP [4] ✱ ET PRIN [5] • ✱ • ✱

• GRATIANOP [6] • AN [7] • MDCXCIIII • ✱ • ✱ • ✱ • ✱ • (*Ecusson du fondeur*) [8] • ✱ • ○ ✱ • ✱

• ANTOINE • ROLLANDIN — MAFAIT • LANDEGRACE • (*6 fois*) ✱ • ✱ • 1694 •

Note : *ut.*   Diam. 70 c.

216. — GRENOBLE (*St-Joseph*).   1694.

PER ✱ CRVCEM ✱ ET ✱ PASSIONEM ✱ TVAM ✱ A ✱ FVLGVRE ✱ ET ✱ TEMPESTATE ✱ LIBERA ✱ NOS ✿ DOMINE ✱

Sur la panse : *Croix* au bas de laquelle on lit :

ANTOINE ✱ ROLLANDIN ✱ — MAFAIT ✱ LANDEGRACE ✱ 1694 ✱. —

---

(1) Ecusson entre 2 palmes, représentant 2 canons en sautoir sous une cloche.
(2) *Eminentissime.* — (3) *Cardinale.* — (4) *Episcopo.* — (5) *Principi.* —
6 *Gratianopolitano.* — (7) *Anno.* — (9) Le même que sur la cloche précédente.

Ecusson avec une rose [1]. — Ecusson, avec 3 fleurs de lis (France) [2]. — Ecusson avec 2 clefs en sautoir et une rose en chef. [3]

Note : *sol*.   Diam. 93 c.

Cette cloche s'est fendue en 1863, et la même année, le 20 décembre, on a baptisé les 3 nouvelles cloches, arrivées la veille. La cloche de 1694 a servi à la fusion de celles de 1863. (V. le *Supplément*).

217. — LA RIVIÈRE.   1694.

✱ J.HS ✱ MA SAINT IOSEPT [4] PATRON DV LIEV DE LA RIVIERE SIEVR PIERRE MERLE BOVRGEOIS PARRIN [5] ET DEMOISELLE MARIANNE BRENERE MARRAINE SIEVR IEAN RVE MILLIAT ✱ 1 ✱ 6 ✱ 9 ✱ 4 ✱

Sous le crucifix : PIERRE ✱ TIBAVD

Note : *fa* ♯.   Diam. 52 c.

218. — Sᵗ-JEAN-LE-VIEUX.   1694.

J.HS ✱ MA ✱ MESSIRE IOSEPH COVRNIER CVRE DE ST . IEAN PARRAIN ✱ FELISE FIAT

MARRAINE ✱ MESSIRE GVILLAVME EDME CVRE DE LA COMBE ✱ IEAN TORTANEIL GASPAR GIRAVD

1694

Sous le crucifix : PIERRE ✱ TIBAVD.

Note : *si*.   Diam. 78 c.

---

(1) Serait-ce celui de la famille Chalvet, dont un membre, Pierre Chalvet, était, alors conseiller au Parlement et aurait bien pu être parrain de cette cloche ? ou bien celui d'une femme de cette famille, comme marraine ?... — (2) Armes de France. — (3) Encore une supposition, vu le mutisme de la cloche. Ces armes seraient-elles celles d'une branche des Clermont qui aurait brisé d'une rose, et dont un membre figurerait ici comme parrain ou marraine de la cloche ?

(4) *Joseph.* — (5) *Parrain.*

219. — BEAUREPAIRE *(Horloge de)*   1695.

S . ELISA . FECTA . [1] ORA PRO NOBIS . A . D [2] . M . DCXCV .

Note (?)   Diam. (?)

220. — BILIEU.   1696.

IESVS MARIE IOSEPH IOACHIN [3] ANNE PRIE [4] POVR OVS/ [5] A FULGVRE ET TEMPESTATE LIBERA ANOS [6] D. [7] IAY ESTE BENITE PAR MRE . CLAVDE IOLIX P [8] . ET CVRE DE BILIEVX

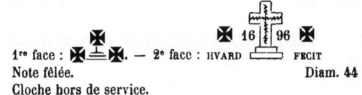

1ʳᵉ face : ⬩. — 2ᵉ face : HVARD   FECIT

Note fêlée.   Diam. 44 c.

Cloche hors de service.

221. — VOIRON *(Chapelle de N.-D. de Grâce).*   1696.

J.HS ✳ MA ✳ SANCTE BERNARDE ORA PRO NOBIS
1696

Au bas : PIERRE ✳ TIBAVD

Cette cloche vient probablement de l'ancien couvent des Bernardines.

Note : *sol* ♯.   Diam. 44 c.

222. — Sᵀ-JEAN-D'HÉRANS.   1697.

DIEV VEVILLE REPANDRE SES BENEDICTIONS SVR CETTE CLOCHE FONDVE A . S . IEANDHEARN [9]

---

(1) Il n'y a pas de sainte Elisa ; mais il faut lire S. ELISABETHA. C'est encore là une de ces mille fautes commises par des ouvriers illettrés. — (2) *Anno domini.*

(3) *Joachim.* — (4) *Priez.* — (5) *Nous.* — (6) Pour *nos.* — (7) *Domine.* — (8) *Prieur.*

(9) *A Sᵗ Jean d'Hérans.*

EN 1697 MONSIEVR DEAGEANT [1] ESTAN [2] POVR LORS SEIGNEVR
⬚⬚⬚ . I . V . [3]

Note : *ut.*   Diam. 74 c.

223. — SERRES-NERPOL.   Fin du XVIIe siècle.

PR   VA . . . BA . . . TVTOB \S3VQAI

Croix très ornée.

Légende rétrograde très barbare. On peut lire : IAQVES BOTVT...
AB . . . AV   RP.

Note : *sol* ♯.   Diam. 46 c.

224. — VILLARD-REYMOND. Fin du XVIIe siècle.

✠ IES MA P [4] IEAN BAPTISTE RICHARD

✠ M [5] CATHERINE GARDIEN SON EPOVSE

Médaillon avec le JHS radié.

Note : *ut* ♯.   Diam. 33 c.

225. — LES ANGONNES.   1700.

▪ IESVS ☆ MARIA ☆ IOSEPH ☆ LAVDATE DOMINVM IN CIMBALIS BENE
SONANTIBUS SANCTE

☆ HIPOLITE CHRISTI MARTIR ORA PRO NOBIS HOC CIMBALVM ITERVM
FVSVM DONO SEV

LEGATO [6] DOMINÆ ANNÆ GALLIARD

Sur la panse, *Croix* fleurdelisée aux extrémités et coupant
la date 17 †_00 : sur les degrés, les lettres I — P. Dessous : JHS

Note : *mi.*   Diam. 68 c.

---

(1) Clde Roux-*Déagent* de Ponthérieu, chevalier, comte de Morges, chevalier
d'honneur du Parlement de Grenoble, en faveur duquel la seigneurie de Morges
fut érigée en comté, en 1731. — (2) *Étant.* — (3) Les initiales du fondeur probablement.
(4) *Jésus. Marie. Parrain.* — (5) *Marraine.*
(6) *En don ou en legs.*

226. — SONNAY. 1700.

✝ ANNO DÑI 1700 SANCTE ROCHE ORA PRO NOBIS IACOBVS PATRI-

COT ⵣ FAIT PAR

BENEDIXIT ⵣ PATRINVS LVDOVICVS IVVENET NOBILITER VIVENS

MATRINA ⵣ IOSEPH

CLAVDIA DE LA BROSSE SPONSA IOSEPH DEBECTOZ VAVBONE [1]

NOBILIS   HVARD

Sur la panse, divers ornements, plus l'écusson du fondeur avec la devise ARIS ET ARMIS.

Note : *mi.* Diam. 63 c.

On dit que cette cloche vient d'Anjou (Isère). Elle se lit, comme les autres, ligne par ligne. Seulement, il faut faire faire bande à part aux mots FAIT PAR — IOSEPH — HVARD, qui doivent se lire de haut en bas et qui sont séparés du reste de l'inscription par une sorte de trait (*sic* : ⵣ). Cette dernière partie de la légende se lit donc ainsi :

FAIT PAR ✝ ANNO, etc.

IOSEPH ⵣ BENEDIXIT, etc.

HVARD ✝ CLAVDIA, etc.

227. — BARRAUX *(Chapelle du Fort).* 1701.

☞ IESVS . MARIA . IOSEPH . PATRINVS . IOSEPHVS . COMES .

DECASELLETTE [2] . EXERCITVVM . S . C . R . [3]

---

(1) De *Bectoz-Vaubonnais.*

(2) Ancien major au régiment des Gardes, avec grade de colonel. Le duc de Savoie Victor-Amédée le promut au grade de brigadier et lui donna en même temps la charge de gouverneur des ville et province de Mondovi (1697). En 1700, il fut choisi pour aller remplacer le cᵗᵉ de Villafaletto dans le gouvernement des château et ville de Montmélian et du fort de Charbonnières. Dès le 24 avril 1701, le cᵗᵉ de Caselette, ayant perdu la faveur de son souverain, fut obligé de remettre le commandement de cette place au cᵗᵉ de Santena, sous les ordres duquel, du reste, il continua à servir. Notre cloche portant la date de 1701, il est donc à présumer qu'elle a dû être fondue avant cet événement. — (3) Je n'ai pu trouver personne à Chambéry pour m'indiquer la valeur de ces trois sigles.

☞ DVCTOR . & . GVBERNATOR . MONTISMELIAN [1] . REGNANTE . VICTORE . AMEDEO . II . INVICTISSIMO .

REGE . NOSTRO . 1701 . IEAN NATTA . MA . FAIT . (en lettres gravées :) . D^{LE} EVGENIE . BALLY . MARRAINE .

Note : *ut.*   Diam. 72 c.

228. — CHALAIS.   1701.

J.HS MA SIT NOMEN DOMINI BENEDICTVM 1701

✳ ✳ ✳ ✳ ✳ ✳ ✳ ✳ ✳ ✳ ✳ ✳ ✳ ✳ ✳ ✳

✳ TIBAVD A GRENOBLE ✳

Note : *fa.*   Diam. 55 c.

229. — PROVEYSIEUX.   - 1701.

J.HS [2] EGO VT SONITV MEO FIDELES AD SACRORVM SOLEMNIA VE-NIANT CONDITA FVI SEDENTE IN ☜

EPISCOPATV GRATIANOP [3] . EMINENT . D . D . [4] CARDINALI LE CAMVS BENEDICTA QVE A D . [5] IOANNE SIBVET ☜

HVIVS ECCLESIÆ PAROCHO PATRINVS MEVS D . D . [6] IOANNES P . DE BAZEMONT IN SVPREMÆ DALPHINATVS ☜

CVRIA PRÆSES [7] ILLVSTRISSIMVS HVIVSQ . [8] LOCI DOMINVS̄ MATRI-NAQ . [9] MEA DOMINA CATHERINA [10] DEVIRIEV SPONSA

☜ ILLVSTRISSIMI DOMINI PRÆSIDIS DE DOLOMIEV

Au bas de la 1re face, grosse *croix* entourée de 3 marques

---

(1) *Montismeliani.*
(2) *Jesus.* — (3) *Gratianopolitano.* — (4) *Eminentissimo domino domino.* — (5) *Domino.* — (6) *Dominus.* — (7) Conseiller au Parlement de Grenoble en 1691, il devint Président en 1696 et résigna ses fonctions en 1736. — (8) *Hujus-que.* — (9) *Matrinaque.* — (10) L'auteur de l'*Armorial du Dauphiné* a ignoré le prénom de la femme du président de Dolomieu ; notre cloche nous apprend qu'elle se nommait *Catherine.*

semblables. Dessous : RAMB ? AVD A GRENOBLE. 2ᵉ face : *Croix* plus petite entourée des mêmes marques ; dessous, 1701.

Note : *si.*   Diam. 75 c.

230. — BIZONNES.   1702.

☩ SANCTE ⚜ FERREOLE [1] + ORA ⚜ PRO ⚜ NOBIS + SANCTA ⚜ ANNA + ORA ⚜ POR [2] + NOBIS ⚜ + + +

IOSEPH ⚜ BERGER + PARREIN ⚜ PETRONNLA [3] + CHATILLION ⚜ MARRINE [4] + 1 ⚜ 7 ⚜ 0 ⚜ 2 ⚜ +

Toutes ces petites croisettes sont cantonnées de quatre points.
Au bas de la cloche, *Crucifix* et divers ornements ; écusson dans lequel JHS au-dessus d'un ♡ surmonté des clous de la Passion, etc.

Note : *mi.*   Diam. (?)

231. — CLAVANS.   1702.

〰〰〰 1702 〰〰〰
IN NONOREM [5] SANCTE [6] DESIDERI [7] ORA P BIS [8] A FVLGVRE ET TEMPESTATE LIBERA NOS DOMINE

Au bas : C. ☩ VALLIER.

Note : *si.*   Diam. 75 c.

232. — THUELLIN.   1702.

JHS MARIA Sᵀᴱ IOANNES BAPTISTA ORA PRO NOBIS 1702
Note : *si.*   Diam. 42 c.

233. — AURIS.   1703.

☩ LAVDATE DEVM IN CYMBALIS BENE SONANTIBVS . S . MARIA MA-TER DEI . S . GIRALDE ORATE PRO NOBIS ☩ 1703

---

(1) *Sᵗ Ferréol*, patron du lieu. — (2) *Pro.* — (3) *Petronilla.* — (4) *Marraine.*
(5) *Honorem.* — (6) *Sancti.* — (7) *Sᵗ Didier*, patron du lieu. ⊤ (8) *Pro nobis.*

✠ S [1] . I . A . GASQVE CONSEVL [2] ✠ S . I . B . PIC CVREDAVRIS ✠ LOVIS FAVRE . P . [3] ✠ D . [4] ANNE MARGVERITE . T . BONNE . T . [5] M . [6]

Sur la panse :

✠
✠✠✠
✠
G . A . F.

Note : *ut*. Diam. 72 c.

234. – OZ. 1703.

✳ A FVLGVRE . TEMPESTATE . LIBERA . NOS . DOMINE . SANCTE . FE-REOLE [7] . ORA

✳ PRONOBIS . NOBLE . RAIMOND . DE . BAILE [8] . CVRE . DOZ . S . R [9] . IACQVES . MALLET

✳ CONSVL . S.R [10] . LAVRANS . DVRIF . PARRAIN . DLE [11] . THERE-NE [12] . CLARET . MARRAINE ■ I . P . M . F [13] 1703

Note : *si* ♭. Diam. 81 c.

235. – BOURGOIN. 1704.

❧ SIT . NOMEN . DOMINI . BENEDICTVM . IN . ÆTERNVM . SANCTA . MARIA . ORAPRONOBIS . SANCTE

❧ IOANNES [14] . INTERCEDE . PRONOBIS . A FVLGVRE . ET . TEM-PESTATE . LIBERA . NOS . DOMINE

Au bas : ✝ GLORIA . IN . EXCELSIS . DEO ❧ IACOBVS IVNY FECIT 1704 ✠

Note (?). Cloche fendue. Diam. 124 c.

---

(1) *Sieur*. — (2) *Consul*. — (3) *Parrain*. — (4) *Dame*. — (5) *Bonnet*. — (6) *Marraine*.

(7) St *Ferréol*, patron du lieu. — (8) Il est difficile de savoir à laquelle des nombreuses familles de *Baile, Bayle, Belle* ou *Beyle*, Raimond de Baile pourrait être rattaché.— (9) *SieuR, Sieur*.— (10) *Sieur*.— (11) *Demoiselle*.—(12) *Thérèze*. —(13) I. P. *me fecit*.

(14) St *Jean-Baptiste*, patron du lieu.

236. — S^T-BONNET DE CHAVAGNE.   1704.

✝ SIT NOMEN DOMINI BENEDICTVM SENTE [1] IOANNES ET BONET [2]
ORATE PRONOBIS

FETE [8] PAR IOSEPH HVARD 1704

Divers ornements, avec la marque à la devise ARIS ET ARMIS.
Note : *mi*.   Diam. 59 c.

237. — LA POSTELLE.   1705.

J.HS [4] ✳ M̄A 170b ✳ ✳ ✳

Au bas : P TIBAVD ✳

Note : *la*.   Diam. 43 c.

238. — VAUX-MILIEU.   1705.

🌲 MADAME AMIE FRANCOISE DE POVROI DE QVINSONAS [5] ESPOVSE
DE NOBLE FRANCOIS DE VEAVX [6]

CONSEILLIER DV ROI AV PARLEMENT DE GRENOBLE SEIGNEVR DE VAVX

BELMON 🌲 IVNI FECIT 1705 .

Sur la panse, *Croix* ornée sur 8 degrés, et, sur l'autre face,
Croix ornée carrée.

Note : *ré* ♯.   Diam. 60 c.

239. — LA VERPILLIÈRE.   1705.

EGO . DIONISIA [7] . FVSA . SVM . BELLORVM . TEMPORE . IN .
HONOREM . DEI . PACIS .

VENITE . VENITE . OMNES . POPVLI . ADORARE . CHRISTVM . DOMI-
NVM . ～～～～ IVNI . 🌲 FECIT . 🌲 AN 1705 ～～～～

Note : *si*.   Diam. 81 c.

---

(1) *Sancti*. — (2) *Bonete*. *St Bonnet*, patron du lieu. — (8) *Faite*.

(4) Le J manque sur la cloche.

(5) *Amie F^{ce} de Pourroy de Quinsonas*, fille de F^s Pourroy de Quinsonas,
président à la Chambre des Comptes et de Marie de Vallin.— (6) *Fois de Vaulx*,
seigneur de Vaulx, Palanin, la Molette, Planieu et Belmont.

(7) Ainsi nommée en l'honneur de *St Denys*, patron du lieu.

240. — LE CELLIER *(Hameau de Venosc.)*   1706.

✿ [1] S SEBASTIANES [2] ✿ S PETRE 〜〜〜〜 S ROCHE ✿ ✿ S MARIA ✿
ORA [3] ✿ PRO ✿ NOBIS ✿ 1706 11 IANVIER 〜〜〜〜

Sur la panse: *Crucifix* ; la *Vierge assise tenant l'enfant Jésus* ;
S¹ Pierre.

Note : *la* discord.   Diam. 37 c.

241. — ASSIEU.   1707.

A FVLGVRE ET TEMPESTATE LIBERA NOS DOMINE
SEIEANVIER [4] 1707)-(MARRENE [5]
DAMOISSELLE THEREISE LEIIER [6] DE BARAT PAREIN [7]
Mᴿ Mᴱ IEAN LECHIER DE BARAT AD [8]
V [9] DV ROVY 1 ✚ HVARD FECIT

Note : *mi.*   Diam. 57 c.

242. — AUBERIVES.   1707.

✚ Sᵀ [10] ROCHE GEORGI PAVLE SEBASTIANE O B A [11] PARRAIN DE
LATOVR CHEVALLIEᴿ [12]

MARRAINE DAME LOVISE EMILIE DE GOVSSE   ·

DE LAROCHALAR MERE DV DIT SESGNEVR MARQVIS DE GOUVERNET
(un os de mort) 1707

Sur la panse : belle *Croix* et JHS dans un écusson couronné.
Note (?).   Diam. 56 c.

Communiquée par M. Lombardini, sculpteur.

---

(1) Petite grappe de raisin. — (2) *S. Sebastiane.* — (3) Pour *orate.*
(4) *6 janvier* (?). — (5) *Marraine.* — (6) *Léchier* (?). — (7) *Parrain.* — (8) (?).
— (9) Initiale renversée du prénom, sans doute.
(10) *Sancti.*—(11) *Ora,* sans doute, pour *orate pro nobis.*—(12) *De la Tour de Gouvernet, chevalier.*

243. — CORBESSIEU *(Chapelle de.)* —   1707.
(Hameau de Frontonas.)

IESVS MARIA STE VIERGE SOYE [1] A MON SECOURS

✝

CLAVDE ANGLAVCIER [2] ET MARCIVERITE BERTON 1707

Sur la panse : *Croix fleurdelisée* ; — la *Vierge entourée de rayons et tenant l'enfant Jésus.* Au bas : MRA (*Maria*, en lettres conjuguées).

Note : *la.*   Diam. 62 c.

244. — GRENOBLE *(Horloge du Lycée).*   1707.

J.HS MA 1707 ✳ ✳ ✳ ✳

Sur la panse ; l'*Archange St Michel* et le *Christ entre la Vierge et St Jean ;* sous ce dernier : P TIBAVD.

Note : *ut.*   Diam. 36 c.

245. — BREZINS (BAS-).   1708.

☞ EXALTATE ET LAVDATE DOMINVM IN OMNI TEMPORE 1708

Note : *sol* ♯.   Diam. 88 c.

246. — MONTAUT.   1708.

J.HS MA SIT NOMEN DOMINI BENEDICTVM ✳ 1708 ✳ ✳

Au bas, sous le crucifix : ✳ TIBAVD A GRENOBLE.

---

(1) *Soyez.* — (2) La famille Anglancier, et non *Anglaucier*, appartenait à la bourgeoisie de Bourgoin et avait exercé le notariat pendant plusieurs générations, dans le village de Ruy. Un conseiller à la Chambre des Comptes de Grenoble porta, vers 1720, la noblesse dans cette maison qui prit alors le nom de la terre de Saint-Germain. Nous sommes en 1707, année de la fondation de la chapelle de Corbessieu par Claude Anglancier, qu'une note, communiquée par M. Edmond Maignien, conservateur de la Bibliothèque publique de Grenoble, nous apprend avoir été notaire audit lieu de Corbessieu, avoir eu pour femme *Marguerite Breton* ou *Berton*, — notre cloche dit *Berton* — également fondatrice de ladite chapelle, et être mort vers 1725.

Sur la seconde face : Ecusson de la famille de Chaulnes. [1]

Note : *ré.*   Diam. 61 c.

247. — SÉCHILLIENNE.   1708.

J.HS MA ✳ PVLCHRIOR EXVRGO MIHIQVE EST ANTONIA NOMEN SVMP-TIBVS ET CVRIS PRÆSVLIS [2] ANTONII ANNO 1708

Au bas, sous une *Croix* carrée et ornementée : ✳ TIBAVD A GRENOBLE ✳ . Sur la seconde face : Grande *Croix* à degrés.

Note : *ut.*   Diam. 76 c.

248. — LAVALDENS.   1709.

J.HS MA SANCTE CHRISTOPHORE [3] ORA PRO NOBIS 1709

Sous le crucifix : ✳ THIBAVD A GRENOBLE ✳

Note : *ré.*   Diam. 61 c.

249. — Sᵀ-BAUDILLE-ET-PIPET.   1710.

✠

SIT NOMEN DOMINI BENEDICTVM 1710 ✳

Au bas : PIERRE ✳ TIBAVD

Note : *fa* ♯.   Diam. 48 c.

---

(1) D'après l'*Armorial du Dauphiné*, d'Antoine de Chaulnes, seigneur de Veurey, et de Magdeleine de Benoît, vinrent : Claude, son fils, qui lui succéda comme Président du Bureau des finances, et Joseph, son petit-fils, qui occupait la même charge vers 1708. Ce fut en faveur de ce dernier que la terre de Noyarey (comprenant les paroisses de Noyarey, Veurey, Saint-Quentin, dont Montaut faisait partie, et la maison forte de la Marcousse), fut érigée en marquisat sous le nom de *Chaulnes*, en 1684.

Cette famille portait : *d'azur au chevron d'or, accompagnée de 3 clous de la passion de même.*

(2) Le *prieur*, sans doute.

(3) Sᵗ *Christophe*, patron du lieu.

250. — LA SALLETTE-FALLAVAUX   1710.
(Eglise de)

J.H.S MA SAINT MICHEL [1] PRIES POVR NOVS DOMINVS FRANCISCVS TOVRNIAIRE PARROCH

VS ANTOINE QVIQVES [2] LAFONT CONSVL PIERRE CONTE CONSVL 1710 *

Note : *si*.   Diam. 79 c.

251. — ST-BARTHÉLEMY-DE-GIVREY [3] 1711.
(Chapelle de)

. SANCTE BARTHOLOMEE ORA PRO NOBIS MR FRANCOIS

. MONNET DE GIVRAY MA FAIT FAIRE CE 20 MAI 1711

. Sur la panse : *Ste Magdeleine, les mains jointes, les cheveux tombant sur l'épaule gauche.*

Note : *sol*.   Diam. 50 c.

252. — ST-PIERRE DE COMMIERS.   1711.

J.H.S PARROISSE DE S·T PIERRE DE COMIERS * SIEVR BALTHEZARD [4]

* BONNET *

DELACHAL [5] CHATELAIN DE S·T GEORGE PARRAIN 1711 * * *

Sous le crucifix : P TIBAVD *

Note : *ut* ♯.   Diam. 65 c.

253. — LA VALETTE.   1711.

MARIE SAVVETERRE ON MAPELLE 1711 SAINT BARTHELEMI ⌇⌇ SANC-TA MARIA ORA PRO NOBIS

---

(1) Patron du lieu. — (2) Il est à présumer que le fondeur a voulu représenter le prénom de *Guigues* et qu'il n'avait pas avec lui le caractère *G*.

(3) Hameau de St-Maurice-l'Exil.

(4) *Balthazar*. — (5) Est-ce le nom de *Lachal*, hameau situé au-dessus de Saint-Pierre-de-Commiers ?

HELAS COMME PVIS IE LESTRE SEVLE [1] ⌇⌇ PATRON DE LA VALLETTE
PRIES POVR NOVS ⌇⌇

SI VOVS DONT LES CAMPAGNES SONT GRESLE [2] ⌇⌇ SR IAQVE DES-
MOVLINS MAGDELAINE RVELLE ⌇⌇ ✠

NE QVITTEZ LES CRIMES QVI LONT ATTIRE [3] ⌇⌇ PARRAINS [4] ⌇⌇

Au bas : ı ⊥ H.

Note : *si.* Diam. 75 c.

Il est aisé, à la vue de ces lignes, de rétablir la véritable
lecture de cette inscription, œuvre d'un fondeur inintelligent,
qui a voulu placer les quatre *vers,* si vers il y a, l'un au-dessus
de l'autre, sans s'embarrasser du reste de l'inscription. Pour
bien lire le tout, il faut donc commencer d'abord par les quatre
vers, puis lire ainsi le reste : *1711. Sancta Maria, ora pro nobis.
Saint Barthelemi, patron de la Vallette, pries povr novs. S*
Jaqve Desmovlins, Magdelaine Rvelle, ✠ *parrains.*

254. — BOUVESSE. 1712.

⊥ MONSIEVR GABRIEL MALEM [5] SR DE BOVVESSE . P [6] . DE MOI-
SELLE MARIE AGNES

☞ DE GERVESIE . M [7] . 1712 4 CENT IE PESE

Marque du fondeur ⌈s🔔v⌉ répétée 2 fois.

Note : *ut ♯.* Diam. 71 c.

255. — COGNET. 1712.

✠ SAINT IEAN PRIE POVR NOVS *(2 mots grattés)* 1712

(1) Seule quoi ?... Seule *sauvée,* sans doute ?... Comprenne qui pourra ?...
— (2) *Grêlées.* — (3) Attiré la grêle. — (4) Il y a, on en conviendra, un singulier
air de parenté entre la formule de cette inscription et celle que les cloches
modernes de N.-D. de la Salette ont *popularisée.*

(5) *Mallein* (?). — (6) *Parrain.* — (7) Fⁱ et Jⁿ de Gervesie frères acquirent, en
1578, la terre et seigneurie de Bouvesse. Voilà tout ce que je sais de cette famille, à laquelle appartenait certainement demoiselle Mⁱᵉ Agnès de Gervesie,
marraine de notre cloche.

Au bas : p TIBAVD ✱

Note : *sol.*   Diam. 45 c.

256. — MONTEYNARD *(Chapelle détruite, dans l'ha-*
bitation de M. Félix de Pélissière.)   1712.

En lettres gravées : SIEVR CHARLE POMIER DVVIVIER [1] 1712.

Note : *fa* ♯.   Diam. (?)

257. — BEAUFORT.   1714.

☩ LAVDABILE NOMEN DOMINI PARREIN Sᴿ PHILIPPE DV CONTANT ☞
MARREINE DAME CATHERINE DE CHABANE 1714

Sur la panse : le *Christ entre la Vierge et Sᵗ Jean*, la marque
d'Alexis Jolly, et un *chérubin* répété plusieurs fois.

Note : (?) *fêlée.*   Diam. 50 c.

258. — MENS.   1714.

☩ A FVLGVRE ⚜ ET ⚜ TEMPESTATE ⚜ SIT ⚜ NOMEN ⚜ DOMINI
BENEDICTVM

Au bas du *Crucifix* : 1714.

Note : *si* ♭.   Diam. 44 c.

259. — LE PÉRIER *(Chapelle de Sᵗ Roch)*.   1714.

☩ SANCTE ROCHE ORA PRO NOBIS 1714.

Note : *si.*   Diam. 40 c.

(1) D'après l'*Armorial du Dauphiné*, la branche de la famille Pomier du
Villard, fixée à Monteynard, portait aussi le même nom. Notre-cloche, eu l'ap-
pelant Pomier du Vivier, viendrait affirmer le contraire ; aussi ne pouvons-nous
y voir qu'une de ces erreurs si fréquentes dans l'œuvre des fondeurs : celui de
cette cloche aura certainement lu *du Vivier* pour *du Villard*.

260. — CHARÊTE. 1715.

☩ MESSIREIACQVESDEVACHON SEIGNEVR DE COTTIER [1] ET LA VER-
NOVZE ET DAME MARGVERITE

☞ DEMANSEDESARCENASSON [2] EPOVZE PARRAIN MARINE 1715

Sur la panse, marque du fondeur [s 🔔 v]

Note : *si*. Diam. 80 c.

261. — LAVALDENS *(Chapelle du Mazoir, ham. de)* 1715.

J.H.S MA 1715 ✳✳✳✳

Note : *ré*. Diam. 31 c.

262. — PLAN. 1715.

☩ IHS MARIA IOSEPH M.ᴱᴿ [3] FRANCOIS PAVTRIEV CVRE DE PLAN ☞

M.ᴿ GASPARD BON PARRAIN ET MARRAINE DAME FRANCOISE ☞

PAVTRIEV I [4] ORCEL CONSVL 1.7.1.5

Marque d'Alexis Jolly.

Note (?) *félée*. Diam. 50 c.

263. — TERNAY. 1715.

✠ SANCTE PETRE ORA POR [5] NOBIS 1715

✠ IEAN B. CHAVCHAVD M. F. [6]

Sur la panse : J.HS dans un écusson rayonnant, répété sur

3 faces. — Sur la 1ʳᵉ face : ᶠ ┴ ᶜ

Note : *ut*. Diam. (?)

---

(1) J'ignore la descendance de Jacques de Vachon, seigneur de Cottier (l'*Armorial* cite les *Ecotiers* parmi les seigneuries de cette maison). — (2) *De Manse
de Sarcenas*, son épouse. Je ne sais où prendre cette famille.
(3) *Messire*. — (4) *Jean* ou *Joseph*.
(5) *Pro*. — (6) *Maître fondeur* ou *me fecit*.

264. — LAVAL.   1716.

✠

✱ MESSIRE LOVIS LVCE DESCOTES CONSE R [1] AV PARLEMENT PAR-
RAINS ET DAME

✱ MARGVERITTE CONSTANCE DE CAMV DE LA MARTELLIERE MARRAINE
MESSIRE

IEAN DVCLOT CVRE SR [2] ESTIENNE DE PRESSIN [3] SR IAQVE MATHIEV
CHATELIN [4] 1716

Au bas, entre les 2 cordons inférieurs :

✱ SR CLAVDE DAVID SR REYMOND GIROVD SR CLAVDE MILLION SR
IEAN MONTEL SR FRANCOIS GERVASON

✱ SR FRANCOIS DERIVES SR NICOLAS DERIVES SR PIERRE BLANC SR
IACQVE FAGOT ✱ P TIBAVD [5] ✱

Sur la panse : le *Christ entre la Vierge et St Jean ; la Vierge ;
St Michel.*

Note : *mi.*   Diam. 58 c.

265. — CHAMPIER.   1718.

✱ SANCTI NICETI ET SEBASTIANE ORATE PRO NOBIS A FVLGVRE ET
TEMPES

TATE LIBERA NOS DOMINE M RE [6] IEAN BAZALGETTE CVRE DE CHAMPIER
1718

Sur la panse : le *Christ entre la Vierge et St Jean ; la Vierge ;
St Michel.*

Note : *mi.*   Diam. 57 c.

266. — CHEYSSIEU.   1718.

J.HS SANCTA MARIA ORA PRO NOBIS A FVLGVRE TEMPESTATE ☞

---

(1) Louis *de Leusse* ou *de Lusse*, seigneur des Côtes-d'Arey, conseiller au
Parlement, dont nous avons déjà vu le nom sur une cloche de 1684, celle de S^t-
Mamert (V. n° 193.) — (2) *Sieur.* — (3) *Etienne de Pressin*, suivant l'*Armorial*,
était avocat au Parlement en 1696. — (4) *Châtelain.* — (5) Tous ces noms, excepté le dernier, sont sans doute ceux des conseillers de la commune de Laval
ou des membres de la fabrique. P^{re} Tibaud est celui du fondeur de la cloche.

(6) *Messire.*

LIBERA NOS DOMINE 9BRE

Au bas : F VOVILLEMOT 🔔 1718. ; — ☩ I . E . IEANNY

Note : *ré*.   Diam. 61 c.

267. — CLONAS.   1718.

IHS SANCTE ANDREA ORA POR [1] NOBIS . A FVLGVRE ☞

TEMPESTATE LIBERA NOS DOMINE 9BRE

Au bas : . I . E . IEANNI . 🔔 . F 🔔 VOVILLEMOT 1718

Note : *ré*.   Diam. 67 c.

268. — LAFREY.   1718.

✠

NOBLE IACQVES DVFRENET DE BEAVMONT SINDIT [3] DE S.T EYNARD

PARRAIN

ET DEMOYSELLE ELIZABET SEIGNORET BARRIN MARRAINE ✱ 1718 ✱

Sur la panse : le *Christ*, la *Vierge* et *St Georges*. — Au bas :

✱ P TIBAVD ✱

Note : *mi*.   Diam. 56 c.

269. — LA MURE.   1718.

☩ IHS MARIA IE PVBLIE LA PIETE DE LEGLISE CATOLIQUE ET RO-

ROMAINE DE LA MVRE QVI MA FAIT PRESENTER A DIEV PAR ☞

TRES PVISSANTE ET TRES ILLVSTRE DAME MADAME MAG^NE DE RAGNY [4]

DVCHESSE DE LES DIGVIERES DE LAQVELLE IE PORTE LE ☞

NOM 1642. ACAVSE DVN ACCIDENT IAY ESTE REFONDVE EN 1718 PAR

LES SOING DE MR CLAVIER CVRE DE LA MVRE ☞

(1) *Pro*.
(2) Les Beaumont étaient seigneurs du *Frenay*. Jacques serait-il un membre de cette famille ? — (3) *Syndic*.
(4) Mme *Anne de la Magdelaine de Ragny*, ainsi que l'appelle l'*Armorial du Dauphiné*, épousa, en 1632, François de Créquy de Bonne, comte de Sault, veuf de Catherine de Bonne, lequel, en 1638, devint par la mort de son père, duc de Lesdiguières et gouverneur en chef du Dauphiné.

ET DE MR BENOIT CAP^{NE} CHATELAIN DVD ⁽¹⁾ LIEV ET DV S^R FRANCOIS GIROVD ET.I.D.ROY P^R DE LEGLISE ☞

1re face : ALEXIS IOLY ET FRANCOIS
IOLY FRERES DE BREVANNES
EN LORRAINE MES DERNIERES
MAITRES MONT REFONDV ET
REMIS EN CE MIEN ESTRE EN 1718

2e face : IE PESE 2100.

Sur la panse : une grande *Croix* ; — marque d'Alexis Jolly devant sa légende : — Ste *Marguerite* ; — la *Vierge et l'enfant Jésus* ; — St *Jean-Baptiste.*

270. — S^T-BONNET-DE-ROCHE.   1718.

1re face : 171 *(grande croix ornée)* 8 SANCTE BONETI ORA PRO NOBIS

NICOLAS [🔔] FABVRE

2e face : la *Vierge tenant un lis et l'enfant Jésus.*
Note fêlée.   Diam. 41 c.

271. — VILLEFONTAINE.   1718.

± IHS . MARIA IOSEPH M.^E GASP ⁽²⁾ . PERRIER . 1718 .

Dessous : 4 *chérubins.* — Sur la panse : *Crucifix* ; Ste *Catherine* ; la *Vierge et l'enfant Jésus* ; marque d'A. Jolly.
Note : *fa* ♯.   Diam. 52 c.

272. — GRENOBLE *(La Halle).*   1719.

✠ SIEVR CHARLES ROBVSTEL NATIF DE GRENOBLE HABITANT A PARIS ET MARGVERITE
GVIGNARD SON EPOVSE ONT DONNE CETTE CLOCHE AVX DAMES CARMELITES DE CETTE VILLE
EN 1719

(1) *Dudit.*
(2) *Gaspard.*

Au bas, écusson de l'ordre des Carmes, répété 3 fois. Dessous :

✳ TIBAVD ⚜ FECIT ✳

Note : *ré*.   Diam. 69 c.

273. — SALAISE.   1719.

✝ SANCTI CLAVDI ET IVSTE [1] ORATE PRO NOBIS LAVDATE DOMI-
NVM IN TIMPANO ET

. CHORO : LAVDATE EVM IN CIMBALIS IVBILATIONIS : OMNIS [2] LAV-
DET DOMINVM.

. BENED. [3] DNVS IOANNES BERTHET PARRAIN . 1719 .

1re face : *Croix* formée avec les
caractères de l'alphabet :

HIKLMN
FGHI
KLMN
FGHIKL
CDEFGHIK

2e face : FSL ꞇ IAIIMO ? *ma* ? FAIT.

Note : *ut*.   Diam. 77 c.

274. — Sᵀ-NICOLAS-DE-MACHERIN.   1721.

〰〰 AD LAVDEM ET GLORIAM OMNIPOTENTIS DEI IN HONOREN [4]
SANCTI NICOLAI A

MACHERINO [5] . MARCO FALQVE TVNC PARROCHO AN DV SALVT 1721
〰〰 NOBILE [6] ORONTIVS DE ROSSET DE LA MARTELLIERE [7]
〰〰 DD LVDOVICA DE CHAPPOLAY VIDVA DD DHAVTEFORT NOMEN
IMPOSVERE

Au bas : J ✝ H et divers ornements.

Note : *si* ♭.   Diam. 83 c.

---

(1) Sᵗ *Claude* et Sᵗ *Just*, patrons du lieu. — (2) On a omis le mot *spiritus*. —
(3) *Benedixit*. (Je suppose que le parrain était le curé du lieu).
(4) *Honorem*. — (5) Sᵗ *Nicolas*, patron du lieu. — (6) *Nobilis*. — (7) Le troisième
des fils de Hugues de Rosset, sieur de la Martellière et de Laval, conseiller au
Parlement en 1628, et de Drevonne Argoud.

8

Die décima eiusdem mensis et anni, duæ campanæ benedictæ seu baptisatæ fuerunt a d. antonio Gabert parrocho sancti
Stephani de Croussey. Earum nomina sunt nomina patronorum
in ipsis campanis inscripta. Eadem die in campanile positæ
fuerunt. Quas servet Dominus potens et earum sonitus excite-
tur devotio fidelium. Falque parrochus.. *(Rég. de la paroisse,
Juin 1722)*; (Cette cloche s'est fendue en 1843 et a été remplacée par la 1ʳᵉ cloche actuelle).

275. — Sᵀ-MICHEL-DE-PALADRU.   1722.

✝ LAVDATE DEVM IN CYMRALIS BENESONANTIBVS PER INTESCES-
SIONEM B M V & Sᵀᴱ (1) PETRI A

FVLGVRE & TEMPESTATE & PESTE LIBERA NOS DOMINE . PARROEHO
MD LVD (2) NEYROVD LAGAICRE

Au bas : I HVARD FECIT 1722.

2ᵉ face : JHS dans un cartouche et 4 bouquets de feuilles en
éventail.

Note : *mi.*   Diam. 64 c.

276. — CORDÉAC.   1723.

✝ SIT NOMEN ᴰOMINE (3) BENEDICTVM A FVLGVRE ET TEMPESTATE
LIBERA NOS DOMINE & ☞

SANCTA MARIA ESTO AVXILIATRIX NOSTRA ET SANCTE MARTINE (4)
ORA PRO NOBIS

Au bas : N ROYER I BILLIARD MONT FAIT LAN — 1723
Note : *ré.*   Diam. 61 c.

277. — CORNILLON.   1723.

✻ JHS MA MESSIRE CLAVDE DE SAINCT PIERRE CVRE DE CORNILLON
1723

(1) *Per intercessionem beatæ Mariæ Virginis et Sancti.* — (2) *Parrocho, M.
D. Ludovico,* à moins que MD soit une erreur (pour ME, *Messire*).
(3) Pour *Domini.* — (4) Sᵗ *Martin,* patron du lieu.

Sur la panse : le *Christ entre la Vierge et S' Jean ;* la *Vierge et l'enfant Jésus ; S' Michel.*

Note : *la.* Diam. 42 c.

278. — LA MURE. 1723.

✝ LA CONFRERIE DV CALVAIRE A ETE ETABLIE DANS LA ☞
VILLE DE LA MVRE EN LANNEE 1723 IAYEV [1] POVR ☞
PARREIN Mᴿ Mᴱ Pᴱ [2] BENOIT DVPIVOT [3] AVOCAT ET CHAIN [4]
ET Dᴱ CICILLE [5] ROME SON EPOVSE

Au bas : IEAN BILLIARD Mᴱ F [6] ✝

Sur la panse : *Crucifix à la Magdeleine ;* la *Vierge et l'enfant Jésus ;* grand *Crucifix* orné.

Note : *sol.* Diam. 48 c.

La Confrérie du Sanctuaire, établie dans la ville de la Mûre, en 1723, possédait une chapelle démolie pendant la Révolution et dont il ne reste, de nos jours, que cette cloche comme souvenir.

279. — RÉAUMONT. 1723.

✝ SANCTA MARIA IN TERCEDE [7] PRO FAMVLIS TVIS PARROCHICE [8]
REGALEMON

TIS [9] QVI LAVDANT DEVM IN SYMBALIS [10] BENE SONANTIBVS 1723

Note : *ré.* Diam. 63 c.

Voir au *Supplément,* la cloche nouvelle fondue en 1880.

---

(1) *J'ai eu.* — (2) *Monsieur Maître Pierre.* — (3) Il n'y avait pas, à la Mûre, de *Dupivot* ou *du Pivot* ; mais, par contre, les familles portant le nom de *Benoît* étaient nombreuses. Aussi, pour les distinguer entre elles, les appelait-on du nom du hameau ou du quartier de la commune qu'elles habitaient : il y avait les Benoît du Périer, les Benoît du Pivol, etc., et notre avocat appartenait évidemment à cette dernière. Seulement, le fondeur aurait dû inscrire son nom sous la forme : BENOIT, DV PIVOL. (Le *Pivol,* est un hameau de la commune de *Sous-Ville,* voisine de la Mûre). — (4) *Châtelain.* — (5) *Dame Cécile.* — (6) *Maître fondeur.*

(7) *Intercede.* — (8) *Parrochiæ.* — (9) *Regalemontis* pour *Regalis montis.* — (10) *Cymbalis.*

280.—St-HUGON (*Chapelle ruinée, près Châtonnay*).1723.

J.HS PRIMA SVMPOSTA [1] IN MEMORIA HVGONIS ÆTERNA (*un petit sceau*) [2]

(*Un petit sceau*) [3] PARRAIN NOBLE IACQVES DE GVISON MARRAINE DAME IEANNE DE FER DE GVISON SON EPOVSE

Au bas, 1re face : le petit sceau de la Vierge ci-dessus décrit.

Dessous : 1723 J.HS ; — 2e face : J.HS ; — 3e face : l'écusson de Guison ci-dessus décrit ; — 4e face : J.HS

Note : *mi*.   Diam. 32 c.

281.— VINAY (*Chapelle du Cimetière*).   1723.

† M^{RE} PIERRE LAMBERT ARCHEPRETRE ET CVRE
ALBENGA M [4] FONDEVRS DE LYON 1723

Sur la panse, 1re face : *Croix* ornée ; — 2e face : en caractères plus petits, entre les bustes de *St Joseph* et de la *Vierge*, à gauche, et ceux de *St Pierre* et *St Paul*, à droite :

PARRAIN NOBLE DAVID FRANCOIS OLLIVIER DE SENOSAN [5]

MARRAINE D^{LE} SABINE SA SOVER FIS ET FILLIE [6] DE

M^{RE} FR [7] OLLIVIER DE SENOSAN CHER D ELORDRE DV ROY [8]

SEG^{IR} DVDI [9] VINAY ET AVTRES LIEVX S^R LOVY [10] OGIER

FIS DV S^R CHAIN [11] DE VINAY ET D^{LE} ANTOINETTE BOVRDIS

SA MERE TENANT LA PLACE DV PARRAIN ET MARRAINE

Note : *la*.   Diam. 86 c.

---

(1) *Sum posita*. — (2) En légende : IN MVLIERIBVS BENEDICTA TV. ; la Vierge à mi-corps, de face, tenant un sceptre et l'enfant Jésus. Dessous, un écusson portant 3 arbres arrachés et sommé d'une mitre et d'une crosse. — (3) Celui de Jacques de Guison, sans doute : *d'azur, au lion rampant contre un arbre?* ou *tenant une croix* (?) *de* . . . ; *au chef cousu d'azur, à 3 molettes* ou *étoiles de* . . . sommé d'un heaume de face et de lambrequins.

(4) *Maître*. — (5) L'article de l'*Armorial* ne me permet pas d'établir la filiation de ce personnage qui ne s'y trouve point cité sous le prénom de David, et de sa sœur avec celui que notre inscription leur donne pour père. — (6) *Sœur, fils et fille*. — (7) *Messire François Olivier de Senozan*. — (8) *Chevalier de l'ordre du Roi*. — (9) *Seigneur dudit*. — (10) *Louis*. — (11) *Fils du sieur châtelain*.

282. — HUEZ. *(Dans le vieux clocher ruiné, au-dessous du village).* 1725.

SALUATOR MONEI [1] MISERERE NOBIS STE FERREOLE [2] ORA PRO NOBIS M MICHEL GIRARD CURE SR FERREOL

GIRAUD CAPNE [3] CHATELAIN DOYSANS DAMSL [4] MARIE ARGENTIE [5] ROBERT MARINE [6] S LAURANS [7] ROBERT NOTRE [8]

IEAN LOUIS ROMAIN DE CARPENTRAS MA FAIT 17Z5 ~~~~~~~

Sur la panse : la *Vierge et l'enfant Jésus ; St Michel ;* le *Christ entre la Vierge et St Jean* (Chacune de ces images est reproduite 2 fois sur la panse).

Note : *si.*   Diam. 87 c.

283. — HUEZ. *(Dans le vieux clocher ruiné, au-dessous du village).* 1725.

S MARIA MAGDALENA ORA PRO NOBIS SR GASPAR [9] ROBERT BOURGOIS PARAIN [10] DAMOISELE MAGDELEINE BARUEL MARIN [11]

E [12] IEAN LOUIS ROMAIN DE CARPENTRAS MA FAIT 17Z5

Sur la panse, les mêmes effigies que sur la cloche précédente, mais reproduites une fois seulement.

Note : *si.*   Diam. 45 c.

284. — TIGNIEU. 1725.

✚

MESSIRE AIMARD IOSEPH DAVPHIN DE VERNA SEIGNEVR BARON DE ST ROMAIN CHEVALIER CONSEIL

⚜ LER DV ROY EN SE CONSEILS PRESIDENT EN LA CHAMBRE DES COMPTES DE DAVPHINE A CONTRIBVE

⚜ DE SES SOINS A FAIRE AVOIR CETTE CLOCHE A LA COMMVNAVTE DE TIGNIEV DEPENDENTE DE LA

⚜ BARONNIE DE ST ROMAIN MESSIRE AIMARD GABRIEL DAVPHIN DE ST ESTIENNE [13] PARRAIN ET MARR

---

(1) *Salvator mundi.* — (2) *St Ferréol,* patron du lieu. — (3) *Capitaine.* — (4) *D'Oisans. Damoiselle.* — (5) *Argentier.* — (6) *Marraine* — (7) *Sieur Laurent.* — (8) *Notaire.*

(9) *Sieur Gaspard.* — (10) *Bourgeois, parrain.* — (11) *Marraine.* (12) *Et* (?). (13) Capitaine au régiment de Bretagne et 2ᵉ fils d'Aymard-Joseph.

AINE DAME CRISTINE DE FERRIERE [1] EPOVSE DV DIT SEIGNEVR
PRESIDENT DE VERNA NOMME [2] CRISTINE

Sur la panse : ☩ ornée, entre deux lis ; — *(deux oiseaux
en regard)* I IVNI FECIT 1795 ; — Ecussons conjugués de Verna :
*d'azur, à la bande d'or
chargée d'un dauphin
et d'une étoile de
gueules, l'étoile en
chef ;* et de Manissy :
*de gueules, à 2 clefs
d'argent passées en
sautoir, l'anneau tor-
tillé de quatre pièces*
(il n'y en a que deux
sur la cloche), *brisé
en chef d'une étoile
d'or.* ; — Buste voilé
de la *Vierge,* à gauche,
dans un encadrement
carré à pans coupés.
Note : *fa.*

Diam. 57 c.

285. — REVEL.   1726.

☩ DEO OPTIMO MAXIMO *(petit écusson)* [2] MESSIRE IOSEPH DE
FRANCON DE REVEL CONSEILLER [3] AV PARLEMENT

DE DAVPHINE SEIGNEVR DE REVEL ET AVTRES LIEVX PARRAIN
(petit écusson) [4] DEMOISELLE MARGVERITE DE

MONTIGNY EPOVSE DE SIEVR IEAN FIAT TRESORIER DE LA CHAN-
CELLERIE DE GRENOBLE MARRAINE

MAITRE CLAVDE PLAT CVRE S [5] LOVIS PERONNARD CHATELAIN
Sous le crucifix : ALBENGVE FONDEVR 1726
Note : *la.*   Diam. 86 c.

---

(1) Mère du parrain. — (2) Sous-entendu : *je suis nommée.*
(2) Aux armes de Francon : *d'azur, au chevron d'argent, accompagné de
3 gerbes de froment d'or.* — (3) En 1721. — (4) Même écusson que ci-dessus. —
(5) *Sieur.*

286. — St-ETIENNE DE St-GEOIRS. 1726.

✝ DEO OPTIMO MAXIMO AVSPICE DIVO PROTO MARTIRE STEHANO [1] STPHANIA [2] SIGNUM

BENEDICTIONIS [3] NOBILI DNO PETRO DE BOCSOZEL DE MONGONTIER ABUTE [4] PRIORE PATRINO

NOBILI DNA ANNA DE BLANUILLE DNA DE SAUASSE [5] MATRINA ANTO [6] TABARET SACERD [7]

PARROCHO AN [8] SALUTIS 1726

1re face : *Crucifix*. Dessous : ✝ F GOUSSEL I BAPTISTE CHRETIENOT FONDEUR. — 2e face : *Evêque*.

Note : *sol* ♯.   Diam. 87 c.

287. — CHARAVINES. 1727.

✝ D D ILLVSTRISSIMVS IOANNES FRANCISCVS DE BASEMOND [9] PRÆSES IN CVRIA ✳

SVPREMA DELPHINATVS PATRINVS ✳ 1727 ✳ TIBAVD FECIT ✳ ✳ ✳

Au bas, la *Vierge*, le *Christ entre la Vierge et St Jean ; St Michel*.

Note : *ré*.   Diam. 64 c.

288. — MORAS. 1727.

⚜ SIT NOMEN DOMINI BENEDICTVM IVNY FECIT, 1727

Croix ornée.

Note : *sol*.   Diam. 50 c.

289. — LA GARDE. 1728.

✝ MAIOR FACTA RESVRGO ET MARIA NOMINOR OPE ET BENEFICIIS INCOLARVM DE LA GARDE ˙ SED PRÆCIPVE

---

(1) *Stephano*. — (2) *Stephania*. — (3) Traduction : *Sous les auspices du saint protomartyr Etienne, Etiennette sera un symbole de bénédiction*. — (4) *Abbate* (†). — (5) Dame Anne de Blanc de Blanville, fille d'Aymar de Blanc de Blanville, seigneur de Bizonnes, etc. et de Marie de Prunier de Lemps, était femme de Scipion de Monts de Velheu, seigneur de Savasse. — (6) *Antonio*. — (7) *Sacerdote*. — (8) *Anno*.

(9) V. la note 6 de l'inscription n° 229.

D . (1) CLAVDII PVISSANT EIVSDEM LOCI PARROCHI D FERREOLI FAVRE TOTIVS MANDAMENTI SECRETARII PATRINI

MEI ET LAVRENTIÆ CHOVVIN MATRINÆ MEÆ D PETRI PELLISSIER CIVIS

Sous le *Crucifix* : ALBENGVE M (2) FONDEVRS A GRENOBLE 1728

Sur la panse, bustes d'un *évêque* et de St *Pierre*.

Note : *si* ♭.   Diam. 80 c.

290. — S^T-PIERRE-D'ENTREMONT.   1728.

✝ NOMEN MIHI EST MARIA NON MINOR QUAM AB AN . (3) 1573 . LIBE-RALITATE DD . (4) IN AUXILIUM PARROCHIÆ RESURGO AN . (5) 1728 ☞

DE PROFUNDIS (6) CLAMO AD TE DOMINE DOMINE EXAVDI UOCES EORUM QUOS AD TE LEUARE OCULOS MEO MAGNO SONITU INCITO ET ☞

A FULGURE GRANDINE ET TEMPESTATE ET AB OMNI MALO LIBERA NOS DOMINNE (7) P . D . N . I . C . ET P . B . M . S . V . A (8)

Crucifix sous lequel : ✝ D . GOUSSEL I . B . CHRETIENOT P . AV-BRY MON (9) FAITE ✝

Note : *fa* ♯.   Diam. 112 c.

291. — FONTANIL.   1730.

SANCTA MARIA ORA PRO NOBIS 1730

Dessous : Ecusson avec la légende : SOCIETAS CORNEALONIS (10).

Note : *la*.   Diam. 43 c.

292. — CHABONS.   1731.

✝ VIVE . IESVS . VIVE . MARIE ✶ MESSIRE ✶ CHARLE ✶ GVEDY ✶ ARCHIPRESTRE DVDIT CHABONS .

SIEVR . IAEN (11) . FAVRE . BOVRGEOIS . DE CHABONS ✶ 1731

Au bas : ✶ T (12) . FECIT ✶

---

(1) *Domini* — (2) *Maître*.

(3) *Anno*. — (4) *Dominorum*. — (5) *Anno*. — (6) Imitation du psaume 129 v. 1. — (7) *Domine*. — (8) *Per Dominum Nostrum Iesum Christum* ET *Per Beatissimam Mariam Semper Virginem. Amen*. — (9) *M'ont*.

(10) C'est l'ancienne cloche du Confalon de *Cornillon* (hameau voisin du Fontanil).

(11) *Jean*. — (12) *Tibaud*.

Sur la panse : *2 croix fleuronnées, 8 fleurs de lis* et *8 dauphins.*
Note : *ut* ♯.   Diam. 65 c.
Cette cloche vient de la chapelle de Millin.

293. — BARRAUX *(Chapelle du Fort).* Sans date. 1731 (?)

✳ AVE ✳ MARIA ✳ GRACIA ✳ PLENA ✳
Note : *ut.*   Diam. 39 c.
Cette cloche, qui sort bien des mains du fondeur Tibaud, mais qui ne porte pas de date, a été placée par moi immédiatement après la dernière que nous ayons au nom de ce fondeur.

294. — Sᵀ-ETIENNE-DE-Sᵀ-GEOIRS.   1731.

⊥ ⊥ XTO DNO [1] IESV SALVATORI SIGNVM HOC CATHARINAE NOMINE VOVET

⊥ CONSECRATO STI [2] STEPHANI CIVITAS PROCVRANTE DNO [3] FRANCISCO BVISSON

VICVSTELLANO DIE IVLII XXV AN SAL [4] MDCCXXXI

Très beau *crucifix* : dessous : ⊥ MICHEL GANSBERT ET IᴱAN IACOB MONT FAIT ⊥

Au sommet, sous les anses : ⊥ LAVRANT VEYRON LACROIX
Note fêlée.   Diam. 80 c.

295. — Sᵀ-MICHEL-EN-BEAUMONT.   1731.

VIVE IESVS S.TE [5] VIERGE PRIE POVR NOVS S.T [6] MICHEL INTERCEDE POVR NOVS
Une ligne d'étoiles.
1ʳᵉ face : *Croix fleurdelisée et carrée ;* — dessous : *1 lis entre 2 dauphins ;* dessous encore : ✳ TIBAVD ✳ FE [7]
2ᵉ face : Même *Croix* ; — dessous : *1 dauphin entre 2 lis* ; — dessous encore : ✳ 1731 ✳
Tous les lis ont été cisaillés.
Note : *ré* ♯.   Diam. 62 c.

(1) *Christo Domino.* — (2) *Sancti.* — (3) *Domino.* — (4) *Anno salutis.*
(5) *Sainte.* — (6) *Saint.* — (7) *Fecit.*

296. — COMMUNAY.   1732.

⊥ AV SON DE CETTE CLOCHE ETERNEL BIENFAICTEVR APPAISEZ LA TEMPETE ELOIGNEZ TOVT MALHEVR

CONSERVEZ TOVS LES FRVITS QVE LA TERRE NOVS DONNE EN ESTE EN HIVERS AV PRINTEMPS EN

AVTONNE (1) STE BLASI (2) ORA PRO NOBIS BENIE PAR Mᴿᴱ (3) MATHIEV BASSET ARCHIP . (4) ET CVRE DE COMMENEZ (5)

PARREIN Mᴿ PIERRE IOSEPH PONCET (6) ECVYER ET COMMISSAIRE DES GVERRES

Mᴺᴱ (7) *(en lettres gravées :)* DEMOISELLE ELISABETH COMBE

Au bas, en lettres moulées : ALBINGVE Mᴿᴱ (8) FONDEVR A LYON ET GRENOBLE 1732

Note *si* ♭.   Diam. 77 c.

297. — PACT.   1732.

⊥ LAUDATE DOMINVM IN CYMBALIS BENESONANTIBVS LE PARRAIN Mᴿᴱ (9)

⊥ GABRIEL IOACHIM DVPVYS DE MVRINAIS LA MARRAINE DAME FRANCOISE DE

CHATELARD Mᴿᴱ DE PELISSAC CVRE Mᴸᴱ LOVIS ALLEGRET CHATELAIN Sᴿˢ (10) I ET A

CHAPVIS ANNO DNI MDCCXXXII

Au bas : I IACOB ET ⊥ M GANSBER Mᵀᴿᴱ FONDEVR

Croix à la salamandre. Ornement courant, avec un vase entre deux sphinx femelles.

Note : *si*.   Diam. 70 c.

298. — Sᵀ-MICHEL.   1732.

✝ VOX DOMINI IN VIRTVTE 1732

PAT . D . D . I . L. (11) MARCHIO DE MARCIEV GVB . GRATIANOP . &.C . (12) MAT . D . D . F . ☞

---

(1) Les lignes précédentes forment quatre vers. — (2) *Sᵗ Blaise*, patron du lieu. — (3) *Messire*. — (4) *Archiprêtre*. — (5) *Communay*. — (6) L'auteur de *l'Armorial du Dauphiné* croit ce personnage originaire de Communay. — (7) *Marraine*. — (8) *Maître*.

(9) *Messire*. — (10) *Seigneurs*.

(11) *Patrinus dominus dominus Josephus Laurentius*. — (12) *Gubernator Gratianopolis, et cetera*.

GAB . DE MISTRAC . DE MOMMIRAL [1] I . BELVARD PAROCH . [2]

Note : *sol.*   Diam. 50 c.

299. — Sᵀ-JUST.   1733.

Fondue 1733. Bénie par Mʳ Honorat curé. Parrain haut et puissant seigneur Aimé comte du Bourg [3] chevalier de l'ordre royal et militaire de Sᵗ Louis, lieutenant des maréchaux de France, gouverneur de la ville de Crémieux, de Ternay, Bufflères et Milassière, Chaleyssin et autres ; Marraine haute et puissante dame Marguerite Dauphin épouse du dit comte Dubourg, je depends du public je suis faite et je sonnerai pour chacun tour à tour.

Fondeur Picaudiez.

Communication de M. Némoz, curé de Chaleyssin.

300. — VALJOUFFREY.   1733.

✝ SAINTE VIERGE MARIE [4] PRIES POUR NOVS DON Mᴱ [5] I ESCALLIER ANCIEN CVRE Mᴱ [6] L BERT ☉

�֍ CVRE MODERNE Mᴱ P BERNARD Pᴿ [7] DV ROY Pᵀ [8] ET M I ARIBERT Mᴺᴱ [9] Mᴿ GRAND CONSVL [10]

(1) *Matrina domina domina Francisca Gabriella de Mistral de Montmirail.*
— (2) *Parochus.*

(3) Marié en premières noces, suivant l'*Armorial du Dauphiné*, en 1760, à Mᵐᵉ de Vallin, veuve de Musy, marquise de Romanèche, il se remaria en 1770 avec Marguerite Priord Dauphin. Or, la cloche porte la date de 1783. Qui se trompe de la cloche ou de l'*Armorial* ? . . . .

(4) L'*Assomption* est la fête patronale du lieu. — (5) *Don* (de) *messire*. — (6) *Messire*. — (7) *Procureur* (?) — (8) *Parrain* ; je le suppose du moins, plusieurs de nos inscriptions portant ce mot écrit avec un T final. — (9) *Marraine*. — (10) Dans ma *Numismatique du Parlement de Grenoble*, j'ai donné le patronage de cette cloche à Messire Pʳᵉ Bernard de Joyon, substitut du Procureur-général au Parlement de Grenoble en 1704, qui avait résigné ses fonctions en 1715. Je n'ai pas voulu prendre à la lettre l'expression *Procureur du roy* inscrite par le fondeur . . . et pourtant je n'ai pu traduire autrement ces deux lettres Pᴿ. Mais le parrain est-il bien Pʳᵉ Bernard de Joyon, qui aurait ici reçu un titre erroné, titre que j'ai cru devoir remplacer par celui de *Procureur-général* ?...

Au bas : P ⊥ ET A ROYER FECIT 1733, et marque du fondeur P 🔔 R dans un cartouche fleuronné.

Note *si*.   Diam. 79 c.

301. — DIONAY.   1734.

✠ D O M [1] ET IN HONOREM ST ANTONI [2] MAGNI ABBATIS . HOC CAMPANVM MVNIFICENTIA

▬ RMI DNI D [3] NICOLAI GASPARINI [4] ABBATIS ORDS S . ANTII [5] HVIVS LOCI DE DIONAY DNI

FVSVM AB EO NOMEN ACCEPIT ANNO DNI 1734 DS [6] CLAVDIVS TRVPHEME RECTOR ECCLESIE

ST IVLLANI [7] DE DIONAY

Sur la panse : Sceau de l'abbé de Sᵗ-Antoine Nᵃˢ Gasparini, répété deux fois et malheureusement en très mauvais état : *d'azur, à la fasce d'argent chargée de 3 tourteaux de gueules, accompagnée d'une étoile d'or en chef et d'un croissant d'argent en pointe.*

Note : *ré*.   Diam. 64 c.

302. — ENTRAIGUES.   1734.

STA MARIA SANCTE BENEDICTE ORAPRONOBIS JEAN LOUIS ROMAIN DE CARPENTRAS MA FAIT

Au bas : 17 ⊥ 34 — Sur la panse : le *Christ entre la Vierge et Sᵗ Jean ; la Vierge ; Sᵗ Michel.*

Note : *la*.   Diam. 55 c.

303. — FLACHÈRE (LA).   1734.

SANCTA MARIA ORA PRO NOBIS.

Au bas : FAITE PAR VASTOIS Mᵀᴿᴱ FONDEUR A GRENOBLE EN 1734.

Note : *ut*.   Diam. 33 c.

(Venant de la Chapelle de N.-D. de Pitié à la Flachère.)

---

(1) *Deo optimo maximo.* — (2) *Sancti Antonii.* — (3) *Reverendissimi domini domini.* — (4) *Nicolas Gasparini*, 33ᵉ abbé de Sᵗ-Antoine de Viennois, de 1732 à 1747. — (5) *Ordinis sancti Antonii.* — (6) *Dominu*S. — (7) *Sancti Juliani.* Sᵗ *Julien*, patron du lieu.

304. — LALLEY. 1735.

J.HS AD MAIOREM DEI GLORIAM ✝✝✝ SANCTE NICIETORA (1) PRO NOBIS MRE (2) IOSEPH CARLIN

✝✝✝ PRIEVR DE LANS ET IE PORTE LE NOM DE MADELLE IEANNE CHRISTINE

✝✝✝ DE PONNAT MRE ANTOINE RUBI CVRE IVLIEN CHATELAIN

Sur la panse : *Croix* ornée ; — Marque du fondeur formée de 2 palmes en sautoir, surmòntées de 3 couronnes, dans laquelle on lit : VACHAT

FECIT

1735

Note : *ré*. Diam. 56 c.

Cloche très fruste. Au sujet des noms de la marraine et du curé, v. le n° 360.

305.—PONT-EN-ROYANS *(Horloge du bourg)*. 1735.

✠ VOX EJVS QVASI AERIS SONABIT IER (3) IAY ETE BENITE PAR MESSIRE *(nom en blanc)*.

PARRAIN MGR CHARLES FRANCOIS LOVIS ALPHONCE DE SASSENAGE, MARQVIS ET SEIGR DV PONT EN ROYANS BRIGADIER DES

ARMEES DV ROY (4) MARRAINE DAME MARIE FRANCOISE CAMILLE DE SASSENAGE . SON EPOVSE (5) MDCCXXXV

Au bas : LES ✝ MARCHAND . M . F . (6)

Note : *sol*. Diam. 97 c.

306. — PIERRE-CHATEL. 1736.

✠ LAUDATE DEUM IN CYMBALIS BENESONANTIBUS A FULGURE ET TEMPESTATE ☞

(1) *Niceti ora*. — (2) *Messire*.

(3) *Jérémie*. — (4) L'*Armorial* dit : Ch.-François, m^s de Sassenage, seigneur de Pont-en-Royans et d'Izeron, comte de Montélier, second baron et commissné des Etats de la province, etc., brigadier de cavalerie, lieutenant-général au gouvernement de Dauphiné en 1730, etc. Il avait épousé sa cousine germaine Marie-F^se-*Casimire* (la cloche dit *Camille*, et je crois que la cloche a raison), fille de Gab.-Alph., m^s de Sassenage et de Cath. Ferdinande d'Hostun, fille de Camille, comte de Tallard. — (5) V. le n° 440. — (6) *M'ont faite*.

LIBERA NOS DOMINE S^{TE} PETRE (1) DE FAY TENY (2) ORA P^{BIS} (3) ANNO
DOMINI 1736 ☜

PETRUS DE PETICHET PARROCHVS

Au bas : D . GOUSEL FECIT

Note : *ut.*   Diam. 76 c.

307. — CHAUMONT.   1738.

+ IN HONOREM BEATISSIMÆ VIRGINIS MARIÆ ET S^{TI} IOANNIS BAPTIS-
TÆ FUIT RESTAURATA ANNO 1738 ☜

NOBILIS IOANNE (4) A GARNIER DOMINUS S^{TI} EX BOURNAY (5) VILLÆ
NOVCE (6) ALIORUM Q.E (7) LOCORUM PATRINUS

ET NOBILIS ANNA DARMAND DE BIRON (8) DOMINA DE LAUARE (9) VXOR
EIUS MATRINA FUERUNT D. (10) ANTONIUS VIAUD ☜

PAROCHUS BENEDIXIT MENSE IULIO 1738 ✝

Au bas : ✝ I . B . ± CHRETIENOT F . ✝

Sur la panse : *évêque ;* — la *Vierge et l'enfant Jésus et 5 sé-
raphins ;* — *Croix* formée par 4 feuilles d'acanthe avec un *séraphin* en cœur.

Note : *sol.*   Diam. 92 c.

Cette cloche vient de St Jean-de-Bournay et fut cédée à Chaumont lors de la refonte de toutes les cloches de St Jean en 1858.

308. — MARENNES.   1738.

SANCTE JULLIANE (11) ORA PRO NOBIS A FULGURE & TEMPESTATE (12)

JAY ETE BENITE PAR M^{RE} JEAN MARIE PREMIER PRESTRE ET CURE DE
MARENNE 1738

Sur la panse : *Croix* et marque de Ducray : St *Jullien* : la
Vierge ; St *Jean-Baptiste.*

Note : *si.*   Diam. 84 c.

---

(1) St *Pierre,* patron du lieu. — (2) *Fétegny* est un hameau ou mas de Pierre-
Châtel. — (3) *Pro nobis.*
  (4) *Joannis à Garnier* (Jean de Garnier, conseiller en 1699, mort en 1762).—
(5) *Dominus sancti (Joannis,* omis) *ex Bournay* (seigneur de St Jean de Bournay). — (6) *Villæ novæ* (Villeneuve de Marc). — (7) *Que.* — (8) Pour *Brion.* —
(9) *Lavars.* — (10) *Dominus.*
  (11) St *Julien,* patron du lieu. — (12) La phrase n'a pas été achevée.

309. — Sᵀ-SYMPHORIEN-D'OZON.   1738.

☞ LAN 1738 IAY ETE BENITE PAR Mᴿᴱ ANTOINE FIALIN CURE PAR-
RAIN Mᴿᴱ BARTHELEMY IEAN CLAUDE PUPIL (1) CHᴿ SEIGᴿ (2) DE

☞ MIONS ET DE Sᵀ SIMPHORIEN CONᴱᴿ (3) DU ROY ENSES CONSEILS

PREMIER PRESIDENT EN LA COUR DES MONNOYES ET LIEUTENAN

☞ GENERAL EN LA SENECHAUSSEE ET PRESIDIAL DE LYON ET MAR-
RAINE DAME LOUISE DE MELAT DE CHATEAUVIEUX

☞ EPOUSE DE Mᴱᴿ (4) IEAN BAPTISTE DE LA PORTE SEIGᴿ DEYDOCHE
ET BOCSOZEL (5)

Au bas : DUCRAY MA FAIT.

Note : *si* ♭.   Diam. 83 c.

310. — TOURDAN.   1738.

PARRAIN Mᴿᴱ IOSEPH DE BRUNIER DE LARNAGE (6) PRIEUR DE TOURDAN

☞ MARRAINE HAUTE ET PUISSANTE ☞

DAME HENRIETTE DE BERGKOFFER DE WASSERBOURG (7) DE MURI-
NAIS (8) 1738.

Au bas : marque de Jacques Ducray.

Note : *ré.*   Diam. 65 c.

311. — TOUSSIEUX.   1738.

MESSIRE LOUIS ET JACQUES NICOLAS DEGUILLET DELAPLATTIERE (9)
CHEVALIERS SEIGᴿ (10) DUDIT TOUSSIEU PARAINS ☞

ET DAME MARIE BARET VEUVE DE Mᴿᴱ DOMINIQUE DUSAUZEYCHᴿ (11) AIDE
MAIOR DES VAISSEAU DU ROY MARAINE 1738

(1) L'article de l'*Armorial* qui concerne ce personnage a été copié littéralement
sur cette inscription que j'avais communiquée avec beaucoup d'autres à M. de
Labastie, ainsi que les deux lignes de renseignements sur sa femme, qui se
trouvent à la suite. — (2) *Seigneur.* — (8) *Conseiller.* — (4) *Messire.* — (5)' Jⁿ-
Baptiste-Angélique de la Porte, mari de Louise de Mélat de Châteauvieux, dame
du Châteauvieux, de Saint-Symphorien. (Art. Lᴀ Pᴏʀᴛᴇ de l'*Armorial.*)

(6) Membre de cette famille, absent de l'*Armorial du Dauphiné.* — (7) Fille
de Jⁿ-Hⁱ de Berckoffer-Wasserbourg, d'origine allemande, gouverneur d'Orange
et seigneur de la maison-forte de Buffières, et de Fᵒⁱˢᵉ fille de Ch. de Veilheu,
de Romans, Vᵛᵉ de Gasp. de Virieu. Elle avait épousé Gab. Joach. du Puy, comte
de Murinais, mort en 1757. (V. le *Bull. d'arch. de la Drôme*, 1885, p. 171). — (8)
Propriétaire du château de Revel-Tourdan.

(9) *De Guillet de la Platière.* — (10) *seigneurs.* — (11) *Chevalier.*

Note : *si*.   Diam. 78 c.

312. — LES AVENIÈRES.   1739.

✠ PIERRTE [1] IE MAPELLE SIX CENT CINQUANTE IE PESE LAN 1739 IE FUS REFAITE DE PETITE ☞

GROSSE IE VOULUS ESTRE BARBIER ALORS CURE FUT EN PARTIE A MON AIDE ✠ M . E [2] IEAN FRNACOIS [3] ☞

CHEVALIER DE MAISON BLANCHE AUOCAT FUT MON PARRAIN ET DAME CATHERINE ALERON [4] DANGELIN

MA MARRAINE ✠

1ʳᵉ face : A FULGURE ET TEMPESTATE
              LIBERA NOS ⊥ DOMINE

2° face :   SANCTE PETRE
          ORA PRO *(Effigie de Sᵗ Pierre)* NOBIS

Au bas : ✠ I . B ، CHRETIENOT F ✠
Note : *si* ♭.   Diam. 83 c.

313. — BILLIEU.   1739.

✠ POTESAST [5]—PATRIS—SAPIENTIA—FILII—ET—VIRTUS—SPIRITUS — STI [6]—☞

LIBERET [7]—NOS—AB—OMNI—ADVERSITTEA [8]—STO—ALBANO [9]—FUI —BENED—D—7 [10]—☞

BRIS—1739—A—NOD [11]—PAULO—LAP—PAROCHO—DE—BILLIEU— —PNOBLE—IACQ [12]—☞

IUSTIN—DECHARCONNE [13]—M—DELLE [14]—THERESE—DE—RAQNAUD [15] —M—IT [16]
Note : *fa* ♯   Diam. 50 c.

---

(1) *Pierrette*, sans doute à cause de *Sᵗ Pierre*, l'un des patrons du lieu. — (2) *Maître* (?). — (3) *François*. — (4) Femme d'André d'Angelin.

(5) *Potestas*. — (6) *Sancti*. — (7) Pour *liberent*. — (8) *Adversitate*. — (9) *Sᵗ Alban*, patron du lieu.— (10) *Die 7*, peut-être ; à moins que l'on ait voulu mettre seulement *(mensis) septembris* dont on voit la finale au commencement de la ligne suivante ; à moins encore qu'il ne faille y voir le simple oubli d'un 7 *(sic : Die 7 7 BRIS, le 7ᵉ jour de septembre*, ou d'un autre mois (?). — (11) Pour A DNO *(a domino)*. — (12) *Parrain, noble Jacques.* — (13) *De Charconne.* — (14) *Marraine Demoiselle.* — (15) Pour *Raynaud*, peut-être (?) — (16) Initiales du fondeur (?).

314. — COURTENAY.   1739.

☨ SAINT—MARTIN [1]—PRIES—POVR—NOVS — A — FVLGVRE — ET —
— TEMPESTATE—LIBERA—NOS -
DOMINE—D—ANDREAS—DONADEL— ☞

HVIVS—ECCLESIAE—RECTOR—MORETELLENSIS [2]—ARCHIPRESBITER
—ME—BENEDIXIT—ANNO—D [3]—1739—M—IACQVOT [4] ⚜

Marque de JACVOT MICHEL

Note : *la*.   Diam. 83 c.

315. — EPARRES (LES).   1739.

☨ STE PETRE [1] ORA PRO NOBIS IAY ESTE BENITE EN 1739 PAR
ME [2] IEAN ☞

MAHVSSIER ICY CVRE & ARCHIPREBTRE & POVR PARRAIN ME FRAN-
COIS ☞

COVTVRIE NOTER AVX EPAR [3] & POVR MARRAINE DAMOISELLE MA-
RIE ☞

MARGEVRITTE [4] GAILLARD DE MEYRIE [5] FAMME DE ME FRANCOIS
BELLET NO [6]

Sur la panse : *Crucifix* barbare ; — ☞ ML *(sa marque)*
IACQVOT ME FD [7] ; — le même *Crucifix* ; — la *Vierge tenant un
sceptre et l'enfant Jésus.*

Note : *mi* faux.   Diam. 33 c.

316. -- GRENAY.   1739.

☨ SIT NOMEN DOMINI BENEDICTVM 1739

---

(1) L'un des patrons du lieu. — (2) Pour *Morestellensis*. Cette cloche avait
évidemment appartenu à l'église de Morestel. — (3) *Domini*. — (4) Nom du fondeur.

(1) S¹ *Pierre*, l'un des patrons du lieu. — (2) *Messire*. — (3) *Notaire aux
Eparres*. — (4) *Marguerite*. — (5) Du village de *Meyrié* ou de Meyrieu, peut-
être ? Il y a eu aussi une famille de *la Meyrie* (?)... — (6) *Notaire*. — (7) M⁵ F⁰,
Maître fondeur.

9

Marque de Jacques Ducray.

Note : *sol.*   Diam. 49 c.

317. — SUCCIEU.   1739.

+ S^{TE} PETRE AD VINCULA [1] ORA PRO NOBIS IAV ETE BENITE 1739
PAR ☛

M^{RE} CLAUDE DREUON CURE DE SUCCIEU

Note : *fa.*   Diam. 53 c.

318. — COUBLEVIE.   1740.

Ceinture formée par des fleurs de lis et des chérubins alternés.

⚓ IAY EV POVR PARREIN [2] M^{RE} GASPABD PENON CHANOINE THEOLO-
GAL EN LEGLISE ☛

DE GRENOBLE CHEVALLEIER CON^{ER} [3] DV ROY TRESORIER DE FRANCE
ET POVR MARRAINNE [4] DAME ☛

MARIE DE GALBERT EPOVSE DE M^{TR} M^E [5] CHARLES RAGE DE VOIS-
SANT [6] AVOCAT AV PARLEMENT

Sur la panse : *Crucifix* entre 2 fleurs de lis ; *évêque* ; marque du
fondeur ; la *Vierge au sceptre et à l'enfant Jésus.* Un chérubin
au-dessus des images précédentes. — Au bas de la 1re face :
marque de IACOBO DVCRAY (?) entre 2 fleurs de lis, et, à côté,
1740.

Sur la 2e face : I CORNEVEIN

Note : *si* ♭.   Diam. 79 c.

319. — PERCY (LE).   1740.

+ MON PARRAIN EST M^{RE} FRAN . IOS . DE BALLY CH^{ER} SEIG^R DU PERCY
& AUTRES ☛

TERRES CON^{ER} DUROY EN TOUS SSE CONSEILS IER PRESID^T . EN LA
CHAMBRE DES ☛

---

(1) *St Pierre-aux-liens,* patron du lieu.
(2) *Parrain.*—(3) *Chevalier, conseiller.*—(4) *Marraine.*—(5) *Maître maître* (?).
— (6) *Voissanc.*

CONTES DUDAUPHINE [1] LA MARRAINE DAME FRAN . DE POURROY DE
LAUBERIVIERE ☞

EPOUSE DUDT . SEIG^R . PRESID^T [2] . M^R IAQ GIRAUD CURE . 1740
Crucifix à la Magdeleine : — la Vierge au sceptre.
Note : *ut* ♯   Diâm. 64 c.

320. — MORETTE.   1741.

X SIT NOMEN DOMINI BENEDICTVM A FVLGVRE ET TEMPESTATE LIBERA
NOS DOMINE ☞

MESSIRE JACQUES CVSIN CVHE IAY EV POVR PARRAIN MONSIEVR MAITRE
ALEXIS MICOVD

AVOCAT EN PARLEMEM [3] ET POVR MABRAINE MADEMOISELLE THERESE
CHARMEIL EPOVSE DE

MONSIEVR IACQVES CVSIN BOVRGEOIS ITIBOV MARCHAN [4] IONES COR-
NEVN [5] FECIT 1741
Note : *si.*   Diam. 73 c.

321. -- MONESTIER-D'AMBEL.   1742.

SIT NOMEN DOMINI . . . . LEVR BONHEVR
1742 (?)
Légende martelée en partie.
Note : *la.*   Diam. 44 c.

322. — MURINAIS.   1742.

† ARAIN [6] MESSIRE PIERRE IOSEPH DAVBERION [7] DE MVRINAIS
CHEVALLIER SEIG^R [8]

(1) *Messire François-Joseph de Bally, chevalier, seigneur du Percy et autres
terres, conseiller du roi en tous ses conseils, 1er président en la Chambre des
Comptes du Dauphiné,* fut nommé à cette charge en 1728 et décéda en 1758. —
(2) *La marraine, dame Françoise Pourroy de Lauberivière, épouse dudit seigneur président,* mariée en 1718.
(3) *Parlement.* — (4) *J. Tibou* (ou *Tibaud ?) Marchand.* — (5) *Joannes Cor-
nevin.*
(6) *Parrain.* — (7) *d'Auberjon.* — (8) *Seigneur.*

DV DIT LIEV ET AVTRES PLACE ANCIEN CAP^{NE} DE CAVALERIE CHEVALLIER DE

L ORDRE ROIAL ET MILITAIRE DE S^T LOVIS MARAINE DAME LOVISE GENEVIEVE

DE SAVARI DE BREVES SON EPOVSE ✠ CVR [1] EM^{RE} [2] FRANCOIS FOVRNIER NATIF DE

S^T PIERRE DIZERON ✠ PIERRE MOLLIER CHAT [8] I MOREL GREF [4]

Au bas : ✝ E MARCHAND M F 1742

Note : *ut* ♯.   Diam. 69 c.

323. — PELLAFOL (*Ancienne chapelle des Payas*). [5] 1742.

SIT NOMEN DOMINI BENEDICTUM 1742

Note (cloche fendue).   Diam. 42 c.

324. — OULLES.   1744.

✝ S^{TE} DESDERY [6] ORA PRO NOBIS MR PIERRE GIRARD CVRE PARRIN MR CLAVDE MAGNIM [7] F^R G^L [8] DE MGR LE DVC DE VILLEROY MARRAINE D^{LE} LVCE FIAT

Sur la panse : buste barbu dans un médaillon.

Au bas : ALBINGVE M^{RE} [9] FONDEVR A GRENOBLE 1744

Note : *ut.*   Diam. 70 c.

325. — PELLAFOL.   1744.

MARIA NOS A FULGURE ET TEMPESTATE LIBERA

IEAN LOVIS ROMAIN DE CARPENTRAS MA FEIT 1744

Note : *ré* ♯.   Diam. 59 c.

— (1) *Curé.* — (2) *Emile* (?) à moins pourtant que ce soit *messire.* — (3) *Châtelain.* — (4) *Greffier.*

(5) Hameau actuel de l'église.

(6) Pour *Desideri.* St *Didier*, patron du lieu. — (7) *Magnin.* — (8) *F... général*, (?) J'ignore quelle peut-être cette fonction. Serait-ce fournisseur, fourier, fermier général ou toute autre chose ?... Tout est possible. J'ai vu, sur une tombe, à Réaumont : M^R B**. *procureur fondé* de M^R T** receveur général de l'Yonne !...

326. — Sᵀ-BARTHÉLEMY-DE-SÉCHIL-LIENNE. 1745.

S BARTHELEMY ORA PRONBIS [1] PARAIN MESIRE [2] FRANCOIS DV MONTE [3]

Sᴿ DE Sᵀ BARTHELEMI MARAINE MADELEINE DV MONTE [4] 1745

Sur la panse : *Croix* ornée. Dessous : Iᴾᴴ VACHAT M [5] FON-DEVR. — *Croix* fleurdelisée. Dessous : Pᴿᴱ ALBINGVE Mᴿᴱ [6] FON-DEVR. — Entre les croix, 3 grosses fleurs de lis de chaque côté.

Note : *ré*.   Diam. 65 c.

327. — VERNA. 1745.

☞ Mᴿᴱ AYMARD IOSEPH DAUPHIN DE VERNA SGᴿ DVD [7] LIEU PARREIN ANNE MARIE

☞ CHOLIER DE VERNA EPOUSE DE Mᴿᴱ [8] FRANCOIS DE VERNA [9] MARREINE 1745

☩ I ET E DUCRAY FECERONT [10]

Images de Sᵗ *Vincent*, de la *Vierge* et d'un *évêque*.

Note : *si* ♭.   Diam. 47 c.

328. — VESSILIEU. 1745.

☩ AVE MARIA G [11] PLENA MDCCXXXXV ✱

Crucifix et plusieurs *saints* ou *martirs*.

Note *fa* ♯.   Diam. 55 c.

329. — Sᵀ-ETIENNE-DE-MONTAGNE. 1746.

MON PARRAIN NOBLE IOSEPH CLAVDE FRANCOIS DE LA PORTE [12]

MARQVIS DE LARTAVDIERE SEIGNEVR DE SAINT LATTIER

---

(1) *Pro nobis*. — (2) *Messire*. — (3) *Mottet* ou *Motet*. — (4) *Seigneur*. — (5) *Mottet* ou *Motet*.

(7) *Seigneur dudit*. — (8) *Messire*. — (9) Au sujet des obscurités qui règnent sur les prénoms et les dates des divers magistrats que cette famille a envoyés au Parlement, voir la notice dont j'ai accompagné la publication de cette inscription campanaire dans le *Bull. de la Soc. d'Arch. de la Drôme* (article sur la *Numismatique du Parlement de Grenoble*). — (10) *Fecerunt*.

(11) *Gratiâ*.

(12) Chevalier, etc., héritier, vers 1740, de sa tante Catherine Eyraud de Saint-

LE SENNOM [1] DE DIEV SOI [2] BENI   1746 ✝ et S⁺ *Christophe* (?)

Note : *fa* ♯.   Diam. 55 c.

330. — S^T-ANTOINE.   1747.

☞ BENEDIXIT ATONE [3] SACRAVIT DIVO LUDOVICO ILLUSTRISSI-
MUS AC REVERENDISSIMUS DD [4] STEPHANUS GALLAND ORDINIS S [5]
ANTONII ABBAS GENERALIS

☞ NOMEN DEDERUNT SERENISSIMUS PRINCEPS FRANCIÆ DELPHI-
NUS LUDOVICI XV FILIUS [6] ET AUGUSTISSIMA EJUS CONJUX MARIA
JOSEPHA POLONIÆ ET

☞ SAXONIÆ PRINCEPS ANNO DOMINI MDCCXLVII

Au bas : . . . . . . *(gratté)* ✝ ET F DUCRAY MON [7] FAIT

La place grattée était sans doute occupée par la marque de
J. Ducray que l'on voit sur la cloche suivante.

Sur la panse : le *tau* ; — la *Vierge* ; — S⁺ *Vincent* (?)

Note : *fa*.   Diam. 119 c.

331. — S^T-ANTOINE.   1747.

☞ SUBTITULO [8] SANCTISSIMÆ VIRGINIS MARIÆ DICAVIT ATQUE
BENEDIXIT ILLUSTRISSIMUS AC REVERENDISSIMUS DD STEPHANUS GAL-
LAND ORDINIS

☞ S ANTONII ABBAS GENERALIS NOMEN DEDIT PRÆNOBILIS DO-
MINUS D [9] PETRUS DE GUIFFREY DE MONTEYNARD COMES DE MARCIEU
&C REGIORUM

☞ EXERCITUUM GENERALIS LEGATUS [10] ET SECUNDARIUS DEL-
PHINATUS PROVINCIÆ PRÆFECTUS [11] ANNO DOMINI MDCCXLVII

Marcel, veuve de René de Bardonenche, vicomte de Trièves. — (1) *Saint nom.*
— (2) *Soit.*

(3) *Atque.* — (4) *Dominus dominus.* — (5) *Sancti.* — (6) Louis, dauphin de
France, 4ᵉ enfant de Louis XV, marié en premières noces à Marie-Thérèse-An-
toinette-Raphaëlle, infante d'Espagne, et, en secondes, à Mᵐᵉ-Josèphe de Saxe,
dont il eut huit enfants, parmi lesquels Louis XVI, Louis XVIII et Charles X,
et qu'il épousa en cette année 1747. — (7) *M'ont.*

(8) *Sub titulo.* — (9) *Dominus.* — (10) *Commandant général.* — (11) *Sous-gou-
verneur de la province de Dauphiné.*

Sur la panse : *Croix* et marque de Jacques Ducray avec : ET F DUCRAY MON FAIT

Sur les autres faces, mêmes figures que sur la cloche précédente.

Note : *si* ♭. Diam. 88 c.

332. — Sᴛ-ANTOINE. 1747.

☞ NOMEN DEDIT ILLUSTRISS AC REVENDISS DD [1] STEPHANUS GALLAND ABBAS GNLIS [2] CANON REGUL

☞ S AUGUST [3] ORD S ANTONI [4] VIENNENSIS ANNO DNI [5] MDCCXLVII

Sur la panse : *Croix* et marque de Ducray : la *Vierge* ; *S* *Antoine*.

Note : *mi* ♭. Diam. 65 c.

333. — Sᴛ-ANTOINE. 1748.

DIVO ⌣ ANTONIO ⌣ NOMEN ⌣ DEDERUNT ⌣ 1748 ⌣

A ⌣ B ⌣ C ⌣ D ⌣ D ⌣ G ⌣ G ⌣ H ⌣ L ⌣ P ⌣ R ⌣ S ⌣

F ⌣ G ⌣ H ⌣ M ⌣ N ⌣ B ⌣ D ⌣ I ⌣ L ⌣ F ⌣ K ⌣ A ⌣ [6]

---

(1) *Illustrissimus ac reverendissimus dominus dominus.* — (2) *Generalis.*— (3) *Canonicorum regularium sancti Augustini.* — (4) *Ordinis sancti Antonii.*— (5) *Domini.*

(6) Je ne crois pas pouvoir donner à la première ligne un autre sens que celui-ci : *A Saint-Antoine ont été parrains* [sous-entendu : *de cette cloche en*] *1748* ; mais mon interprétation ne va pas plus loin et s'arrête tout court devant cette interminable kyrielle de sigles affectant, jusqu'à un certain point, l'ordre alphabétique. Comme dans cette spirituelle plaisanterie reproduite dans un livre de Gab. Peignot, — plaisanterie qui consiste à retrouver, dans les 25 lettres de l'alphabet, tout le bréviaire imposé quotidiennement au prêtre, — j'ai cru découvrir que l'auteur de l'inscription aura voulu dire que tous les habitants de Saint-Antoine ou tout au moins les membres de la communauté ont été parrains de cette cloche. Après la cloche précédente portant le nom de l'Abbé, les chanoines auront-ils voulu, de leur côté, donner à leur église une marque d'intérêt que tout le monde comprendra, et le trop grand nombre de leurs noms aura-t-il été un motif de les inscrire sous cette forme *amusante* qui me rappelle, je l'ai déjà dit, la spirituelle plaisanterie publiée par l'auteur des *Amusements philo-*

☨ Marque de Ducray ; la *Vierge* : *St Antoine.*

Note : *fa.*   Diam. 59 c.

334. — St-MICHEL *(Ancienne chapelle de)*— Canton de Clelles.   1748.

M . F . D [1] . 1748 . VACHAT LACADE [2] . SAINT MICHEL. — PAR-RAIN D . S . — MARRAINE V. T [3] .

Note : (?)   Diam. 38 c.

Com^{on} de M. Blanc, instituteur au Monestier-de-Clermont.

335. — GRENOBLE *(La Halle).*   1749.

👑 IN GLORAIM [4] DEI IN HONOREM S MÆ [5] DEI GENIT [6] MARIÆ VT [7] S TÆ [8] CRISTINÆ STÆ [9] ANNÆ S TORVM [10] PETRI [11] LVDOVICI

Au bas : IOSEPH VACHAT MAFET [12] 1749

Sur la panse : la *Vierge* sur un croissant, avec deux anges au-dessus de sa tête, tenant une guirlande ; et, trois fois, une *fleur de lis* sous une *couronne.*

Note : *fa.*   Diam. 51 c.

---

logiques (p. 398) ? Dans tous les cas, cela valait mieux que l'excès contraire que nous verrons plus loin (cloche de Vif, de 1853, n° 1011), où l'on a eu, sans doute afin de ne blesser aucune susceptibilité, la magnifique idée d'inscrire 38 noms sur la panse de ce monument de vanité, dont la naissance aurait été sans doute, fort problématique sans ce moyen adroit et provocateur, bien fait pour exciter les amours-propres et réchauffer les âmes tièdes.

Ne serait-ce point pour tourner un écueil de ce genre, que, ne pouvant inscrire tous les noms des parrains ou donateurs, et ne voulant offenser personne par certaines préférences blessantes pour les exclus, l'abbé Galland aura tout bonnement fait contre fortune bon cœur et été le premier à rire avec les intéressés — tous gens d'esprit, paraît-il, — de la nécessité où il se trouvait, pour ne pas faire de jaloux, de ne citer personne, tout en nommant chacun par l'ingénieux procédé que nous savons !

(1) (?) . . . — (2) *Le cadet.* (V. le n° 341). — (3) Initiales du parrain et de la marraine.

(4) *Gloriam.* — (5) *Sanctissimæ.* — (6) *Genitricis.* — (7) *(ut,* comme). — (8) *Sanctæ.* — (9) *Id.* — (10) *Sanctorum.* — (11) Sous entendu *et.* — (12) *M'a faite.*

336. — VENON. 1749.

† SIT NOMEN DOMINI BENEDICTVM

† SANCTA MARIA ORA PRO NOBIS

Au bas : † FAITE PAR VASTOIS MRE FONDEUR A GRENOBLE 1749.

Note : *mi.* Diam. 57 c.

337. — VILLETTE. 1749.

♁ VOX EXULTATIONIS ET SALUTIS IN TABERNACULIS IUSTORUM ♣ PSALM . 117 ■ BRUNONIA NOMEN ☞

MIHI EST ■ PRIMUM FUSA FUI ANNO 1671 DEINDE CARTUSIAE REFUSA ANNO 1749 . SUB R . P . D . (1) MICHAELI ☞

SACELLO CŒMETERII DESTINATA ■ AT SONITU MEO AEREM VERBERANS CLAMO IN CŒLUM ∞∞∞ ☞

SANCTE PATER BRUNO ORA PRO FILIIS TUIS VIVIS ET DEFUNCTIS ■ ∞∞∞ ♁ ■

Sur la panse : *Croix* droite et perlée ; — médaillons ovales du *Christ au roseau* et de la *Vierge ;* — *St Bruno.*

Cette cloche est l'ancienne *Cloche des morts* de la Grande-Chartreuse.

Note : *si.* Diam. 77 c.

338. — LES CLAVAUX *(Hameau de Livet, Chapelle de St Jean Baptiste.)* 1750.

I H † S (2)

SANCTA MARIA ORA PRO NOBIS 1750

Au bas : VACHAT MAFET (3)

Note : *ut* ♯. Diam. 31 c.

Légende communiquée par M. Fiat.

339. — GRENOBLE *(La Sallette).* 1751.

✠ FRERE IAN (4) BAPTISTE LOVIS DE BOCSOZEL

(1) *Reverendissimo patre domino.*
(2) IHS, *Jésus.* — (3) *M'a faite.*
(4) *Frère Jean.*

DE MONGONTIR [1] COMANDEVR [2] DE CHANBERY [8]
1791
Au bas : GVIBER MT FONDVR [4]
C'est l'ancienne cloche des Pénitents de Grenoble.
Note : *ré*.   Diam. 36 c.

340. – HURTIÈRES.   1751.

J.HS SANCTA MARIA ORA PRO NOBIS ☆
☆ IN CINBALIS [5] BENE SONANTIBVS LAVDATE DEVM ☆
MARRAINE   PARRAIN   •

Au bas, sous le *Crucifix* : VACHAT MA FAIT ☆ 1791 PARR... [6]
DIDIER
BRETTE CHATELAIN DV LIEV MARRAINE MADELAI

NE MVRESA FAV
VME [7]
Note : *ré*.   Diam. 60 c.

341. – LA POSTELLE.   1751.

+ SANCTA MARIA ORA PRO NOBIS
☆ VACHAT LE CADET FECIT ☆ 1751 ☆
Note : *ut* ♯.   Diam. 36 c.

342. – MARNANS.   1752.

J.HS STE PETRE [8] ORA PRO NOBIS ☆ MRE ANDRAY [9] MATTHIEV
CVRE ☆
PARRAIN SR ANTOINE GROSIEAN [10] ☆ MARRAINE DEMOISELLE ME-
NIER ☆

---

(1) *Montgontier.* — (2) *Commandeur.* — (3) *Chambéry.* Il s'y trouvait une
commanderie de Saint-Antoine, et je suppose que J.-B.-L. de Bocsozel de
Montgontier était le parrain de cette cloche. — (4) *Maître-fondeur.*
(5) *Cymbalis.* — (6) *Parrain.* — (7) *Mure sa femme.*
(8) *St Pierre*, patron du lieu. — (9) *André.* — (10) *Grosjean.*

SON ESPVOZE [1] ☆ CLAVDE TARDY CONSVL ☆

Au bas : ☆ VACHT [2] MA FAIT AN 1792 ☆

Sur la panse : *Croix* ornée ; *St Michel* ; le *Christ entre la Vierge et St Jean* ; la *Vierge* ; le tout, entremêlé de lis couronnés.

Note : *ré.* Diam. 59 c.

343. — VOUREY. 1752.

J.H.S CHRISTVS VINCIT ✠ CHRISTVS REGNAT J.H.S CHRISTVS IMPE-RAT ✠ AB OMNI MALO

NOS DEFENDAT ANNE ELIZABETH [3] MON PARRAIN FVT MESSIRE PIERRE IEAN FRANCOIS

DE LA PORTE [4] MAITRE DES REQVETES INTENDANT DE DAVPHINE ET MARRAINE DAME ANNE

ELIZABETH LEFEVRE DE CANMARTIN DE LA PORTE [5] SON EPOVSE IEAN BERNARD CVRE

FRANCOIS CHOIN IOSEPH DEROMAN

Au bas : VACHAT MAFIT [6] 1752

Note *sol.* Diam. 94 c.

344. — CHEVRIÈRES. 1754.

✠ STE PETRE [7] PATRONE NOSTER ✠ ORA PRO NOBIS ✠ HAVT ET PVISSANT SAIGNEVR ✠ M^RE [8] NICOLAS DE LACROIX ✠ MARQVIS DE ✠

✠ CHEVRIERE ✠ ET DE CLERIEV COMTE DE S^T VALLIER ET VARLS ET OTRE [9] LIEVX M^RE LORANSIEVS [10] DANSON PARROCVS [11] ✠ LEPARIN

✠ AETTE M^RE [12] CLAVDE DE GARAGNOL ECVYER SAIGNEVR DE

---

(1) *Epouse.* — (2) *Vachat.*

(3) Nom de la cloche. — (4) P^re-F^ois-Jean de la Porte, seigneur de Meslay. Maître des Requêtes de l'Hôtel du Roi en 1734, fils unique de Pierre de la Porte, Fermier-Général et de Cath^ne de Soubeyran, fut nommé à l'intendance de la Généralité de Moulins en 1740, et, l'année suivante, à celle de Grenoble. Il fit en cette qualité l'intendance de l'armée du roi en Italie pendant les campagnes de 1745 et 1746. — (5) Anne-Elisabeth *Le Fèvre de Caumartin,* née en 1723, mariée en 1739. — (6) *m'a fait.*

(7) *St Pierre-ès-liens,* patron du lieu. — (8) *Seigneur* ✠ *Messire.* — (9) *Vals et autres.* — (10) *Messire Laurentius* (le curé fait presque toujours inscrire ses noms en latin). — (11) *Parochus.* — (12) *Le parrain a été messire.*

MONDVISAN [1] RESIDANT A S^T MARSELAIN [2] MAR [3] DAME MARIE LAMBER [4]

VEVVE DE ✠ NOBLE GVIGVE ANTOINE DE ROSTAING ✠ 1 ✠ 7 ✠ 5 ✠ 4 ✠ ⚓ ✠ E ✠

Sur la panse : *Croix fleurdelisée* et marque du fondeur C ⚲ P.

Note : *sol* ♯. Diam. 91 c.

345. — DIONAY. 1754.

✠ AFVLGVRE ET TEMPES TATE LIBERA NOS DOMINE ✠ SANCTE IVLLIANE PATRONE DE DIONAY ✠

╫ ORAPRO NOBIS ✠ C ✠ PETIGNOT ✠ FONDEVR ✠ D ✠ LYON ✠ 1 ✠ 7 ✠ 5 ✠ 4 ✠

Sur la panse : Marque du fondeur C ⚲ P.

Note : *mi*. Diam. 56 c.

346. — CHOLONGE. 1755.

☨ VOX MEA CVNCTORVM SIT TERROR DÆMONIORVM VOX MEA GRATA BONIS ☞

VOX METVENDA MALIS [5] MARIA CALMELONGÆ LIQVEFACTA ET BENEDICTA [6] ☞

ANNO D^NI . 1755 . PARROCHO PETRO F . IOLLY . PATRINO IOSEPHO RVELLE ☞

MATRINA ANNA BARET VXORE . CHALON RECTORIS ET CONSVLIS

Près du *Crucifix*, marque de Jolly entre A — I, et la *Vierge au sceptre*.

Note : *ut*. Diam. 77 c.

---

(1) *Seigneur de Montvisan*. Claude Garagnol, fils d'Ant. de Garagnol, gentilhomme de la chambre du duc de Soissons, fut reçu page dans la petite Écurie en 1705, puis exempt des gardes du corps du roi. Il mourut sans enfants. — (2) St *Marcellin*. — (3) *Marraine*. — (4) *Lambert*.

(5) Distique. — (6) *Marie fondue et bénie à Cholonge*. (V. la cloche de 1879).

347. -- VILLARD-Sᵀ-CHRISTOPHE. 1755.

+ IHS MARIA IOSEPH . Sᵀᴱ . CHRISTOPHORE [1] ORA PRO NOBIS . LAV-
DATE DOMINVM OMNES ☞

GENTES D [2] . CHRISTOPHORVS TVRC PARROCVS [3] VENERABILIS . D [4].
PETRVS POMIER NᴿᴵVS [5] ☞

REGIVS PATRINVS Dᴺᴬ [6] . MARIA . MAGᴺᴬ . IOVGVET [7] SPONSA
DOᴺⁱ [8] IACOBI SECOND MATRINA ☞

IACOBO SECOND CONSVLE . 1755 .

Marque de Jolly près du *crucifix* et la *Vierge au sceptre*.
Note : *si*.   Diam. 84 c.

348. — VILLARD-Sᵀ-CHRISTOPHE. 1755.

✝ Sᵀᴵ . ATONI [9] ET SEBASTIANE CANTATE DOMINO CANTICVM NO-
VVM ☞

D . CHRISTOPHORVS TVRC PARROCHVS VENERABILIS . D . LVDOVICVS
POMIER ☞

PATRINVS . Dᴺᴬ MARIANNA BASSET SPONSA D . LVDOVICI POMIER, LA
COMBE ☞

MATRINA IACOBO SECOND CONSVLE . 1755 .

Marque de Jolly près de la *Croix*, et la *Vierge au sceptre*.
Note : *si*.   Diam. 74 c.

349. -- MURIANETTE. 1756.

IHS P . DE GENTIL MISERICORDIAS ✿ IN . ETERNVM CANTABO ✿
A ⌁ FVLGVRE ET TEMPESTATE LIBERA NOS DOMINE

Sous le *Crucifix* : VACHAT MA FAIT 1756
Note : *si*.   Diam. 47 c.

350. — Sᵀ-GEOIRS. 1756.

✿ ✝ ASSVMPTA EST MARIA IN CŒLVM SANCTE GEORGI [10] ORAPRO-
NO BIS [11] Sᴿ IOSEPH BERLIOZ

(1) *Sᵗ Christophe*, patron du lieu. — (2) *Dominus*. — (3) *Parochus*. — (4) *Dominus*. — (5) *Notarius*. — (6) *Domina*. — (7) *Magdalena Jouguet*. — (8) *Domini*.
(9) *Sancti Antoni*.
(10) *Sᵗ George*, patron du lieu. — (11) *Ora pro nobis*.

✠ PARRAIN D^{ᴇʟʟᴇ} CATHERINE VALLET MARRAINE PAVL BERARD CVRE DE S^ᵀ GEOIRS 1756

Au bas : C PETIGNOT ☩ FONDEV ⁽¹⁾ DE LYON, et sa marque.

Note : *ré.*   Diam. 57 c.

351. — CORPS.   1757.

☩ SANCTE PETRE ⁽²⁾ ORA PRO NOBIS 1757
Marque de Ducray : cloche dans un cartouche ornementé.
Note : *si* ♭.   Diam. 87 c.

352. — CROIX-DE-LA-PIGNE.   1757.

✚ SANCTA MARIA ORA PRO NOBIS VLTIMA ⁽³⁾ TERRET 1757
Marque d'Antoine Champion et la *Vierge au sceptre.*
Cloche fort basse pour sa largeur.
Note : *fa.*   Diam. 61 c.

353. — VALBONNAIS.   1757.

〜〜 RESONATE MECVM MONTES LAVDATIONEM DOMINI ⁽⁴⁾ 〜〜 JESVS MARIA JOSEPH 〜〜

〜〜 LIBERA NOS JESV CHRISTE AB OMNI MALO AC TEMPESTATE 〜〜 OMNES S.TI AC S^Æ DEI INTERCEDITE PRO NOBIS

MESSIRE JEAN PIERRE DE BAILLY MARQVIS DE BOVRCHENV ⁽⁵⁾ CON^R ⁽⁶⁾ DV ROY AV PARLEMENT DE DAUPHINE PARRAIN ☞

(Cordon ornementé régnant tout autour).

---

(1) *Fondeur.*
(2) St *Pierre,* patron du lieu.
(3) Sous-entendu *hora.*
(4) Imitation d'*Isaïe,* ch. 44, v. 23. — (5) *Sancti ac sanctæ.* — (6) Hameau de Valbonnais. — Jean-Pierre de Bally de Bourchenu, né à Grenoble en 1721, fut nommé conseiller en 1743 et 1er Président de la Chambre des Comptes en 1758, ou remplacement de Fois J^h , son père, décédé. La marraine est, par conséquent, la mère du parrain.

DAME FRANÇOISE POURROY DELAUBERIVIERE EPOVSE DE M^R DE BAILLY
PREMIER PRESIDENT EN LA CHAMBRE DES COMPTES ☞
DE DAVPHINE MARRAINE

Sous le *Crucifix* : VAILLER — FECIT — *(Marque de Soyer)* 1757.
Note : *sol*.   Diam. 97 c.

354. — VALBONNAIS.   1757.

✝ SAINTE BARBE INTERCEDES POVR CETTE PARROISSE QVE DIEV
LA PRESERVE DE TOVS ACCIDENTS

〜〜〜〜 M . IACQVE CROS NO^RE (1) ROYAL ET CHATELAIN DV MARQVIZAT
DE VALBONNAIS PARRAIN

ET DEMOISELLE ELIZABET LOVIS EPOVSE DE S^R IEAN ANTOINE PON-
CET BOVRGEOIS DV DIT LIEV MARRAINE

Sous le *Crucifix* : VALLIER — FECIT — *(marque de Soyer)* 1757
Note : *la*.   Diam. 86 c.

355. — VILLARD-EYMOND.   1757.

✝ IESVS MARIA IOSEPH *(ornement fleurdelisé)* S^R GVILLAVME AR-
GENTIES (2) PARRAIN

ET D^LLE CATHERINE GARDENT MARRAINE 〜〜〜 1757 〜〜〜

Au bas : VALLIER ✝ FECIT et marque du fondeur.
Note : *ré* discord.   diam. 61 c.

356. — ANJOU *(Chapelle d')*   1758.

✝ IN . HONOREM . IMMACVLATÆ . V . M . (3) AC . SERAFICI . S . (4)
FRANCISCI

Panse ornée de riches guirlandes reliées entre elles par 8
têtes de lion et 8 chérubins ; dessous, et tenant aux guirlandes,
4 gros médaillons ronds représentant : Buste du *Christ* ; dessous :
EGO SUM VIA VERITAS ET VITA ; buste de *St François* ; buste de la
Vierge et l'enfant Jésus ; buste d'une *Sainte* à genoux.

(1) *Notaire.*
(2) *Argentier.*
(3) *Virginis Mariæ.* — (4) *Patris sancti.*

Entre ces médaillons, quatre autres plus petits; la *S⁺ᵉ famille* (octogone); — (?); — *S⁺ François* (ovale), avec la lég. : SANCTE FRANCISCE ORA.......; — *S⁺ Jacques* (ovale), avec la lég. : S JACOBVS.

Au bas, sur le cordon inférieur : ✠ A . R . P . FELIX . ANTONIVS . A . ROMA . [1] GVARDIANVS . ANNO . DOMINI . MDCCLVIII . SEDE . V . [2]

Cette cloche a appartenu à un couvent de l'Ordre de S⁺ François, ce qu'indique la dévotion à l'Immaculée Conception.

Note : *mi.*   Diam. 51 c.

357. — CHAPELLE-DE-LA-TOUR *(La)*.   1758.

☞ IAI ETE BENITE PAR Mᴿᴱ FRANCOIS VICTOR PRVNELLE CVRE DE LA CHAPELE

☞ SANCTA MARIA ORA PRONOBIS PARRAIN SIEVR IEAN DAVID BOVR-GOEIS [3] MARRAINE

☞ DEMOISELLE CLAVDINE DEGOV 1758

Au bas : F BARET.

Note : *ré.*   Diam. 62 c.

358. — CHAVAGNIEU.   1758.

IAY ETE BENITE PAR Mᴿᴱ F. RABACHON RECTOR

SIT NOMEN DOMINI BENEDICTVM SANCTE NICETI

ORA PRO NOBIS 1758 F BARET

Note : *sol.*   Diam. 49 c.

---

(1) *Le Révérend Père Félix Antoine de Rome gardien.* Le titre de Révérend est précédé, dans l'inscription, d'un A dont je ne pouvais me rendre compte, et je dois à une bienveillante communication de Mgr Barbier de Montault d'en connaître la valeur.

Il y a quatre sortes de *Révérends* :

Tout Père est *Reverendus.*

Le *Multum Reverendus* ne se donne qu'aux séculiers. Nous pourrions le traduire par *Moult Révérend.*

L'*Admodum Reverendus* s'emploie pour un dignitaire, — et c'est le cas ici; — mais il est plus difficile à faire passer dans le français : *Tout-à-fait Révérend.*

Enfin, le *evRerendissimus,* ou RR. se donnait aux dignitaires supérieurs.

(3) *Bourgeois.*

359. — VILLARD-REYMOND.   1758.

❧ HONOR ALTISSIMO VIRGINIQVE DEIPARÆ BRVN CVRE VOCOR
MARIA SALVATRIX MON [1]

IOSEPH FAVRE MA MARREINE BENOITE NICOLLET

❧ 1758 ❧

Au bas : VALLIER ‡ FECIT et marque du fondeur.

Note : *mi.*   Diam. 63 c.

360. — S^T-NIZIER.   1759.

STE NICETI [2] ORA PRO NOBIS SIT NOMEN DOMINI BENEDICT

VM A FVLGVRE ET TEMPESTATE LI BERANOS DOMINE A

ETE PARRAIN M^RE ANTOINE RVBYS CVRE DE ST NIZIER

ET MA MARRAINE MAGDALENA IANNE CHRISTINE DE PONNAT [3]

Au bas : VACHAT MAFAIT 1759

Note fêlée.   Diam. 52 c.

361. — CHATEAU-VILAIN.   1760.

☞ PARRAIN M^RE CLAVDE MARIE MARQVIS DE VALLIN ET MARRAINE
BAME

☞ GABRIELLE DE MVSI CNOTESSE [4] DE VALLIN [5] SIT NOMEN DOMINI
BENEDICTVM

☞ M^E CHARLE TOVRNIER CVRE DE CHATEAVVILLAIN 1760

Au bas : ‡ BARET MA FAITE SES FRISON [6]

Note : *mi.*   Diam. 61 c.

---

(1) Le mot *parrain* est omis sur la cloche.

(2) *St Nizier*, patron du lieu. — (3) La similitude des noms et prénoms sur
cette cloche comme sur celle de Lalley de l'année 1735 (n°304), est assez singulière,
à 24 ans d'intervalle, pour que je les rapproche l'une de l'autre, mais sans
pouvoir en donner l'explication. Je suis porté seulement à supposer que la
cloche de Lalley — le vocable du saint invoqué en serait l'indice, — a dû appartenir dans le principe à St-Nizier.

(4) *Comtesse.* — (5) Gabrielle de *Musy*, comtesse de Romanêche, dame de la
Tour-du-Pin, Pressins, le Pont-de-Beauvoisin, Diémoz, la Bâtie-Montgascon,
dernière représentante de cette famille, épousa Pierre de Vallin, seigneur de
Rosset et d'Hières. — (6) *Ses frison.... (Quid ?).*

362. — LA FERRIÈRE-DU-GUA. 1760.

✠ J.HS PARRAIN MESSIRE REYMOND PIERRE DE BERANGER [1] CHEVAL-
LIER

J.HS DE HONNEUR [2] DE MADAME LA DAUPHINE ✠ MARRAINE ANNE
MARIE

FRANCOISE CAMILLE DE SASSENAGE [3] EPOUSE DE MONSIEUR DE (*Un
dauphin*).

BERANGE [4]

Au bas : J.HS VACHAT MA FAIT LANE 1760 (*Un dauphin*).
Note : *ut*. Diam. 70 c.
Cette cloche a été détruite en 1876. (V. n° 1198).

363. — LONGECHENAL. 1760.

SIT NOMEN DOMINI BENEDICTVM SANCTE PETRE [5] ORA PRO NOBIS
REGNANTE DOMINO PARROCHO TROVLLIOVD PARRAIN IOSHP [6] THOMAS
ET MARREINE CLAVDINE GROS 1760
Au bas : F BARET FONDEVR

On dit que cette cloche a appartenu antérieurement à l'église
de Bevenais. Le nom du curé, si l'on retrouve les listes des
desservants de ces deux paroisses, pourra seul faire cesser le
doute.
Note : *fa* ♯. Diam. 53 c.

364. — Sᵀ-LAURENT-DU-PONT. 1760.

✝ XVS [7] VINCIT XVS REGNAT XVS IMPERAT XVS AB OMNI MALO [8]
DEFENDAT PRECIBVS BEATE

(1) Comte du Guâ, colonel au régiment de l'Ile-de-France-Infanterie, fils de
Pierre, comte de Bérenger, lieut. général des armées du roi. — (2) *D'honneur*.
— (3) *Sassenage*. Fille de Ch.-Fᵒⁱˢ, mⁱˢ de Sassenage, etc., que nous avons déjà
vu figurer sur une inscription (n° 304) et de Mⁱᵉ Fᵉ Camille de Sassenage :
elle avait épousé, en 1755, son parent Raymond-Pierre ci-dessus nommé. —
(4) *Bérenger*.
(5) Sᵗ *Pierre*, l'un des patrons du lieu. — (6) *Joseph*.
(7) *Christus*. — (8) *Nos* (oublié).

MAKIAE ET DIVI LAVRENTII A FVLGVRE ET TEMPESTATE NOS DEFEN-
DE (1) PARRAIN MR IOSEPH

FARCONET (2) CHATELAIN ET DLE MARIE COQ LAGRANGE SON EPOVSE
MARRAINE 1760

Au bas : N CHATELAIN V (?) I P † CHAMPION NOVS ONT F (3)

Note : *si* ♭.   Diam. 89 c.

365. - ST-PRIM.   1760.

J AI ESTE REFONDUE AUX FRAIS DE MARIE PAQUET VEUVE DU (4) NO-
BLE CLAUDE SAMBEIN (5) SEIGNEUR DE LA MAISON FORTE DE ST PRIME (6)
CONSEILLER DU ROY PRESIDANT DE LA CHAMBRE DES COMPTES ET
AUTRE (7) DU DAUPHINE.

PARRAIN PIERRE-ANNE DELORAS (8) DOYEN DE LEGLISE DE VIENNE ET
SEIGNEUR DE ST CLAIR . MARRAINE DEMOISELLE FRANCOISE DE SAMBEIN .
JEAN BAPTISTE ASTIER CVRE 1760.

Note : *ré*.   Diam. 64 c.
Communication de M. Alph. Amyot.

366. — VALLIN *(Chapelle du château de)*   1760.

☞ MRE CLAUDE MARIE MARQUIS DE VALLIN 1760

Au bas : ± F. BARET M'A FAITE

Note : *la* ♭.   Diam. 45 c.
Communication de M. le Mis dé Virieu.

---

(1) On peut juger, sans que j'appuie sur les détails, combien tous ces textes
sont mal conçus. Cette dernière intercession s'adresse évidemment à la cloche.—
(2) D'une ancienne famille de St-Laurent-du-Pont et des Echelles, que des lettres
patentes de Louis XVIII (1822) reconnaissent et maintiennent comme noble,
malgré la perte de ses titres. — (3) *Faite*.

(4) *De*. — (5) Claude Sambein de Saint-Prim (et non *Saint-Prix*, comme on
l'a imprimé dans l'*Inventaire-Annuaire des Archives dép. de l'Isère* (t. II, p.
84) fut nommé président de la Chambre des Comptes en 1735, *avec dispense de
service*. Il fut remplacé dans cette charge en 1748; mais on ne dit pas si ce fut
pour cause de santé ou de décès. Quoiqu'il en soit, on voit par notre cloche
que sa femme était veuve en 1760. — (6) *St Prim*. — (7) *Et autre*. Autre quoi ?
Les mots *et autres (lieux* sous-entendu) devaient sans doute être placés après
ceux de *seigneur de la maison forte de St Prim*. — (8) *De Loras*.

367. — BEAUVOIR.   1761.

± IAY ETE BENITE PAR IEAN   APTSTE ROBERT [1] PRIEUR ASSISTE
DU R P [2] BRENIER IAY EU POUT PARRAIN M.R F PIERRE LOUIS
DE BAUMONT [3] SGR DE ST QUENTIN MONTAU & C [4] POUR MARRAINE
DAME ANNE DE GARNIER DE BAUMONT [5]

Au bas : ✠ † *(un dauphin)* E MARCHAND M FR [6] 1761
Sur la 2ᵉ face : écusson des Carmes. [7]
Note : *ré.*   Diam. 61 c.

368. — CHATELUS.   1761.

✠ SANCTE MARTINE ORA PRONOBIS Mᴿ BRTHELEMY [8] CURE 1761
Note : *si.*   Diam. 43 c.

369. — VIENNE *(Sᵗ-André-le-Bas)*.   1761

± IACENTES EXCITO SOMNOLENTOS INCREPO PERVIGILES EXHILARO
NEGANTES ARGVO [9] DD [10] DE RACHAIS DEC [11]. BELLESCIZE CAMER [12].

☞ LATOVR SACR. [13] BATINES OP [14]. CHARCONNE REF [15] CHATEAV-
NEVF INF. [16] BIENASSIS ELEEM [17]. BONCE HOST [18]. NEYRIEV . DARCES
PP ᴵ SACER [19].

☞ VEYRIN . BARDONANCHE . DORIOL . Sᵀ PRIEST . LORAS . MICHALON .

---

(1) *Baptiste* Robert était sans doute prieur du couvent des Grands-Carmes
que le Dauphin Humbert II avait installé à Beauvoir en 1344. Plus tard, cet
établissement religieux, ayant été transféré à Sᵗ Marcellin, devint alors un
simple oratoire, qui ne fut plus desservi que par 3 religieux jusqu'en 1790. —
(2) *Révérend père.* — (3) *Beaumont.* — (4) *Seigneur de Sᵗ Quentin, Montaud
et cetera.* — (5) Femme sans doute du précédent. — (6) *M'a faite.* — (7) C'est
évidemment la cloche de l'ancien couvent des Carmes.
    (8) *Barthélemy.*
    (9) Imitation de l'hymne de *Laudes* du dimanche :
                Gallus jacentes excitat
                Et somnolentos increpat ;
                Gallus negantes arguit.
et d'autres lambeaux de prières.— (10) *Domini.*— (11) *Decanus.*— (12) *Camera-
rius.*— (13) *Sacrista.*— (14) *Operarius.*—(15) *Refectorarius.*— (16) *Infirmarius.*
— (17) Eleemosynarius.— (18) *Hostilarius.* — (19) *Primi* ou *principi sacerdotes.*

VALLIER (1) . CORDON . MORIAC . S^T OVRS . DELISLE . DOLOMIEV CAN^{CI} (2).
6 PREB . VAC ⁽³⁾.

Au bas : FVDERVNT IOAN ET NICOL CHATELAIN LINGONENSES NA
DOM ⁽⁴⁾ MDCCLXI

Note : *mi*.   Diam. 110 c.

Cette cloche a été publiée par M. Teste daus sa brochure sur
St Chef, je crois. Elle l'a été également, avec quelques inexactitudes de texte, par M. L^e Fochier *(Souvenirs hist. sur les environs de Bourgoin*, p. 50-51). Elle a encore été reproduite dans
l'*Histoire de St Theudère*, par un prêtre de St Chef. p. 67. — C'est,
en effet, l'ancienne grosse cloche de l'Abbaye de Saint-Chef.
En 1765, fut émise la bulle de suppression du Chapitre de S^t-
André-le-Bas et de son union à l'église collégiale de St-Chef, et
elle reçut son exécution en 1774. Les Chanoines de St-Chef
vinrent alors, au nombre de 18, prendre possession de l'Abbaye
de St-André-le-Bas. Ils apportèrent dans cette église leur plus
grosse cloche, qui est encore celle de la paroisse ; elle pèse environ 1000 kil. et elle est remarquable par sa sonorité.

370. — ÉCHIROLLES.   1762.

✝ IAY ETE BENITE EN 1762 PAR MONSEG DECAVLET ⁽⁵⁾ EVEQVE ET
ET PRCE ⁽⁶⁾ DE GRENOBLE ✠ MON

✠ PAR MRE ⁽⁷⁾ DE BERVLLE ⁽⁸⁾ PRESIDENT DV PARLEMENT   ✠ MA

MARRAINE ✠ MDE ⁽⁹⁾ MOREAV EPOVSE

✠ DE MR PAIOT DE MARCHEVAL ⁽¹⁰⁾ INTENDANT DE GRENOBLE ✠ E ✠

MARCHAND ✠ ET ✠ (*marque du fondeur :* ⬚C🔔P⬚ ✠ FECIT ⁽¹¹⁾ ✠

Note : *si*.   Diam. 59 c.

(1) *Vallier.* — (2) *Canonici.* — (3) *Prebendæ vacantes.* — (4) Pour ANno DOMini.
(5) *Monseigneur de Caulet*, évêque de Grenoble, de 1726 à 1771. — (6) *Prince.*
— (7) *Messire.* — (8) Amable-Pierre-Thomas, chevalier, marquis de Berulle,
conseiller du roi en ses conseils, maître des requêtes ord. de son hôtel, président
au Grand-Conseil, fut nommé 1er prés^t du Parlement de Grenoble en 1760. Remplacée en 1771 par Jⁿ Jacques Vidaud de la Tour, il fut rétabli sur son siège en
1775 et se retira en 1779 pour laisser sa charge à son fils. — (9) *Madame.* —
(10) Christophe *Pajot*, seigneur de Marcheval, conseiller au Grand-Conseil, avocat général, maître des requêtes, etc. intendant de la province de Dauphiné en
1761. Il avait épousé Hélène-Marie Moreau de Saint-Just. — (11) Pour *fecerunt.*

371. — PRUNIÈRE. 1762.

† JHS SAVUEVR DV MONDE MISERERE NOBIS
S (1) . P. LAFON P (2) . & DEM (3) . T . BERNARD EPOVSE
DE M . P . BONARD CONSVL (4)

☞ P. MARCHAND M'A FAITE EN 1762

Note (?).   Diam. (?)

372. — S^T-MURY-MONTÉMONT. 1762.

† S^{TE} MAVRICI (5) ORA PRO NOBIS ✠ PARIN (6) S^R IEAN GAVTIER ✠
D^{LLE} ANNE GERIN DAVID ✠ MAR (7)

✠ M^{RE} IEAN BAPTISTE SENAC CVRE ✠ E MARCHAND ✠ ET ✠ C ✠
PETIGNOT ME F (8) 1762.

Sur la panse : *Croix* formée de fleurs de lis ;—médaillon ovale
de la *Vierge et l'enfant Jésus entre 4 chérubins*, surmonté de
IESVS MARIA sur une bandelette ; le tout dans le médaillon.

Note : *ut.*   Diam. 66.

373. — S^T-ALBIN DE VAULSERRE. ·1764.

✚ S^T ALBIN (9) PRIE POUR NOUS MON PARRAIN EST MRE(10) FRANCOIS
MARQUIS DE CORBEAU

➤ SGR (11) DE VAULSERRE ET AUTRES PLACES CAPTNE(12) DE CAVALERIE
MA MARRAINE DAME MARIANE

ALLOIS MERE DUDIT SGR 1764

Marque de Joseph *Brevton* (V. sa notice).

Note : *ré.*   Diam. 64 c.

---

(1) *Sieur.* — (2) *Parrain.* — (3) *Demoiselle.* — (4) Sous-entendu : M, pour
marraine.

(5) St *Maurice*, patron du lieu. — (6) *Parrain.* — (7) *Marraine.* — (8) *Maître
fondeur*, ou *me fecerunt.*

(9) Patron du lieu.— (10) *Messire.*— (11) *Seigneur.*— (12) *Capitaine.* François,
m^{is} de Corbeau de Vaulserre, seigneur de St-Bueil, Voissanc, etc., chevalier de
St Louis, capitaine dans Royal-Pologne-cavalerie, mort en 1785. Il était fils
d'Antoine de Corbeau, marquis, seigneur et conseiller au Parlement de Dauphiné et de Marie-Anne Allois, fille de J^h Allois, prés^t en la Chambre des
Comptes de Dauphiné.

374. — LE TOUVET *(Cloche dite des Pénitents).* 1764.

SIT NOMEN DOMINI BENEDICTUM 1764

Au bas, marque de Ducray à Lyon.

Note : *si.* Diam. 42 c.

375. — BRIÉ. 1765.

⸸ PIERRE LOVIS DE CHALVET DE St ETIENNE [1]

FAIT PAR MOY VEVVE VACHAT ANNEE 1765

Note : *ré.* Diam. 30 c.

376. — COLOMBE. 1765.

1765

☞ STE BLASI [2] ORA PRONOBIS MRE IEAN BAPTISE DE PRVNIER SEIGRE MQIS DE LEMPS

☞ MAAL DES CAMPS & ARMEES DV ROY COMMDT DV VIVARES & LE VELAY [3]

☞ IEAN VALLET CVRE NOBLE BALTASARD MEYER IVGE MRS P IOS [4] BVISSON

☞ GREFFIER IO [5] BALLY FEL [6] BALLY ANT [7] BVISSON ANT LAVRENT

DO [8] . ROYBON

Au bas : NICOLAS BONVIE FECIT MDCCLXV

Note : *fa* ♯. Diam. 98 c.

377. — ESTRABLIN. 1765.

MRE PIERRE DE COURBEAU DE VAULCERE [9] CHANOINE CAPISCOL DE LEGLISE DE VIENNE PAREIN ☞

---

(1) Serait-ce un membre de la famille de Chalvet qui a fourni plusieurs magistrats au Parlement de Grenoble ?....

(2) S¹ *Blaise,* patron du lieu. — (3) *Messire Jean-Baptiste de Prunier, seigneur. marquis de Lemps, maréchal des camps et armées du roi, commandant du Vivarais et le Velay.* — (4) *Joseph.* — (5) *Jean.* — (6) *Félix* (?). — (7) *Antoine.* — (8) *Dominique* (?)

(9) *Messire Pʳᵉ de Corbeau de Vaulserre.*

DAME PIERERETTE DE CHABANNE [1] ABBESSE DE SAINT ANDRE LE HAUT [2]
MAREINE 1765.

Croix ; S Pierre ; la *Vierge et l'enfant Jésus.*
Marque de Ducray.
Note : *fa* ♯.   Diam. 56 c.

378. — PANISSAGE.   1765·

✝ 1765
ORA PRO NOBIS SANCTA MARIA PATRONA PANISSAGERII [3] ☞

HAVT ET PUISSANT SE^R [4] MESSIRE RENE IZMIDON NICOLAS DE ☞

PRVNIER [5] COMTE DE SAINT ANDRE MARQVIS DE VIRIEV LIEV ☞

TENANT GENERAL DES ARMEES DV ROI ET HAV PVISSANTE ☞

DAME ALEXANDRINE GVICHARDE DE CHAPONAY SON EPOVSSE [7]
Note : *fa* ♯.   Diam. 51 c.

379. — S^T-MARTIN-DE-VAULSERRE.   1765.

✝ SIT NOMEN DOMINI BENEDICTVM ∼ FESIT [8] VEVVE VACHAT ⚜
FONDEVSE ANNEE 1765 ⚜ ∼
Au bas : F (?) D (?)
Note : *ut.*   Diam. 73 c.

380. — LE CHAMP.   1766.

J.H.S PARRAIN LOVIS FRANCOIS DE MONTEYNARD LIEVTENANT GENERAL
DES

ARMEES DU ROY COMMANDEVR DE LORDRE ROYAL ET MILITAIRE DE S^T

---

(1) *Pierrette de Chabannes.* — (2) A Vienne.
(3) L'*Assomption* est la fête du pays. — (4) *Seigneur.* — (5) René-Ismidon-
Nicolas de Prunier, etc. fut gouverneur de Vienne, d'après l'*Armorial du Dauphiné ;* mais l'auteur, comme on le voit par la suite de cette inscription, se
trompe singulièrement en lui donnant pour femme Anne-Charlotte de Beauvais...
Aurait-il oublié de mentionner un second mariage ?... (V. les n°ˢ 381 et 393). —
6) Pour *haute et.*— (7) *Épouse.*
(8) *Fecit.*

✠ LOVIS INSPECTEVR GENERAL DINFANTERIE [1] ET MARRAINE FRAN-COIS [2] MARIE DE MONTEYNARD SON EPOVSE

Sous le *Crucifix* : VACHAT MA FAIT 1766

Sur la panse, 2 fois l'écusson d'alliance de la famille de Monteynard, sous une couronne de marquis : *de vair ; au chef de gueules, chargé d'un lion issant d'or.*

Note : *si.* Diam. 80 c.

381. — CHAPAREILLAN. 1766.

☛ LAVDATE D^NVM IN CYMBALIS BENESONANTIBVS LAVDATE EVM IN CYMBALIS IVBILATIONIS ; OMNIS SPIRITVS LAVDET D^NVM P^S 10 [3].

⚜ IE M'APELLE FRANCOISE-ANNE-MARIE-IOSEPH . I'AI POVR PARRAIN HAVT ET PVISSANT S^GR PIERRE EME MARQVIS DE MARCIEV, MARECHAL DES

⚜ CAMPS ET ARMÉES DV ROY GOVVERNEVR P^R SA MAI^TE [4] DES VILLE, CITADELLE DE GRENOBLE ET BAILLAGE DE GRAISIVODAN ; ET P^R MAR-RAINES ⚜ DAME FRANÇOISE DE PRVNIER DE S^T ANDRE SON EPOVSE, ET D^ELLE ANNE-MARIE-IOSEPH DE PRVNIER DE S^T ANDRE SA SOEUR, FILLES ET

⚜ COHERITIERES DE HAVT ET PVISSANT S^GR RENÉ-ISMIDON-NICOLAS DE PRVNIER COMTE DE S^T ANDRE LIEVT GNAL [5] DES ARMÉES DV ROY S^GR DEC. P. [6]

✝ ET IAI ÉTÉ BAPTISÉE PAR M^RE FRANÇOIS CRESPIN CVRÉ DE CETTE PAROISSE, ASSISTÉ DE M^RE ANDRÉ IACQVE [7] GIRARDIN P^TRE [8] CHA-PELAIN

⚜ ET M^E IOSEPH BRAVET TRES RESPECTABLE NO^RE SEC^RE GREF^R [9] ET M^E PIERRE ROYBON ANC.NO^RE [10] DÉPVTÉS.S^R IEAN BRAVET CONSVL ⚜

Au bas du *Crucifix* : ⚜ F . STEPHANVS — DVRAND FECIT DIE 24 ^A 8^BRIS ANNI — 1766 ⚜

(1) Ministre de la guerre vers 1774, mort en 1791. C'est lui qui avait fait rebâtir le château de Tencin. — (2) *Francoise-Marie*, sa cousine. (3) Erreur du fondeur : c'est le psaume 150. — (4) *Pour Sa Majesté.* — (5) *Lieutenant-général.* — (6) *Seigneur de ce pays.* — (7) *Jacques.* — (8) *Prêtre.* — (9) *Notaire secrétaire greffier.* — (10) *Ancien notaire.*

2e face, au dessus d'un 2d *Crucifix*: ⚜ O IESV . MARIA, IOSEPH ⚜
Note : *fa*. Diam. 57 c.

382. — MONT-DE-LENT. 1766.

SAINTE MARIE (1) PRIES (2) POUR NOVS MESSIRE LAVRENT BARRVEL CVRE SR ETIENNE PELLORCE

~~~ CONSVL ~~~ SR IEAN VEIRAT PARRAIN DLE MAGDELENE VIEVX MARRIANE (3) ~~~ 1766

Sous le crucifix : VALLIER FECIT
Note : *ut*. Diam. 60 c.

383. — TÈCHE ET BEAULIEU. 1766.

† PERIIT MEMORIA EORVM CVM SONITV & DOMINVS IN OETERNVM (4) PERMANET

☞ DIEV SOIT BENIE (5) IE LE SVIS ETE PAR MER CHARLE CHABER (6) ARCHI

☞ PRETRE & CVRE DE BAVLIEV (7) EN LAN 1766

ALRE GVIAMBAVX MAIRE

Au bas : NICOLAS BONVIE † MA FAITE LAN 1766
Note : *ut*. Diam. 75 c.

384. — BEVENAIS. 1767.

VOX MEA VOX VITA VOCO VOS AD SACRA VENITE H AC (8) DEVS AD CVLTVM VOS VOCAT ARTE ☞

SVVM (9) FONDVE POVR LVSAGE DE LEGLISE PROTESTANTE DE MANDEVR (10) SOVS LE MINISTERE DV SR II ☞

(1) *L'Assomption* est la fête du pays. — (2) *Priez*. — (3) *Marraine*.
(4) *Æternum*. — (5) *Béni*. — (6) *Messire Charles Chabert*. — (7) *Beaulieu*.
(8) *Hac*. — (9) Cette inscription est formée d'un distique. En voici la traduction : *Ma voix est la voix de la vie. Je vous convoque aux mystères sacrés. Dieu vous appelle par ce moyen.* — (10) *Mandeure* est une localité du dépt du Doubs, située dans le canton d'Audincourt (arrondissement de Montbéliard.) Pour con-
~~~

THIEBAVLD [1] ET PAR LENTREMISE DHO NET [2] SAMVEL VVRPILLOT MAIRE POVR SAS [3] ET DE 1 CVISENIE ☞

ECHEVIN LE 4 7BRE 1767 〰〰〰〰〰〰〰〰〰〰〰〰〰〰〰〰〰〰〰

Au bas : F. ATHANASE DVBOIS NOVS A FAITE. [4]

Note : *ut.*   Diam. 66 c.

385. — DORCIÈRES *(Ham. de la Sallette).*   1767.

IHS SANCTA MARIA ORA PRO NOBIS 1767

Au bas : VEVVE VACHAT.

Sur la panse : le *Christ entre la Vierge et St Jean.* — La *Vierge et l'enfant Jésus.*

Note : *ut* ♯   Diam. 31 c.

386. — S^T-PIERRE-DE-PALADRU.   1767.

✝ IAM CAMPANA FIDELES SANCTAM PELLIT IN AEDEM ☞

OMNES EUM SOCIA TEMPORE SOEPE VOCAT [5] FRANSICA [6] ☞

naître les motifs des pérégrinations de cette cloche, il faudrait avoir recours aux Archives ; mais, où les trouver ?... « Il est probable, m'écrit M. Duvernoy, conservateur de la bibliothèque de Montbéliard, que, pour une cause ou pour une autre, cette cloche n'ayant pas été acceptée, elle aura été placée par le fondeur dans la commune de Beverais. » Je ne puis admettre cette explication : une église catholique n'aurait pas acquis une cloche fondue pour un temple protestant. J'aime mieux faire remonter cette pérégrination à une autre cause. Je n'ignore pas que le culte protestant fut établi en Franche-Comté vers le milieu du XVIe siècle et qu'à travers les divers changements apportés par les révolutions, il y fut célébré jusqu'en 1793. Mais, je sais aussi qu'à cette époque, si les vases sacrés furent remis aux municipalités, les cloches servirent à fondre des canons. Quelques-unes pourtant échappèrent à la fournaise et, lors du rétablissement du culte par Napoléon Ier, furent envoyées un peu partout aux communautés qui en manquaient, sans qu'on se préoccupât autrement de leurs légendes. C'est ce qui est arrivé plus d'une fois en Dauphiné, et ce recueil en offre plus d'un exemple. Une paroisse était trop pauvre pour *acheter* une cloche ; on lui en *donnait* une, et... à cheval donné on ne regarde pas la dent. Une cloche est une cloche, et ceux qu'elle convoque ne vont pas en vérifier les inscriptions. — (1) *Jean-Jacques Thiébauld,* pasteur de l'Église Réformée. — (2) *D'honnête.* — (3) *Son Altesse Sérénissime* le duc de Wurtemberg, propriétaire du comté de Montbéliard. — (4) Pour *m'a faite.*

(5) Cette inscription est formée d'un distique.— (6) *Francisca.*

MARIA A POUR PARREIN MR FRACOIS [1] COMTE ET ☞

MARREINE D^LLE MARIE GLANDUT D^NO [2] GRAS PAROCHUS FECIT ☞

ANNO DOMINI 1767

Au bas : ☞ N . BONVIE-FONDEVR, et marque de IOSEPH BRETON.

Note : *mi*.Diam. 52 c.

387. – CHONAS.1768.

☞

✠ A FVLGVRE ET TEMPESTATE LIBERA NOS DOMINE ✠ A ETE BENITE PAR M.

✠ MARC DE NANTES PRETRE ET CHANOINE DE LEGLISE DE VIENE [3] LE PARREIN

✠ A ETE CHARLE FREDERIC DE LA TOVR DVP IN [4] DEBOVRLON MARQVIS DE GOVVER-

✠ NET SEIGNEVR DE CHONAS &C REPRESENTE PAR M. IOSEPH GINET DE MVRE AVO-

✠ CAT ET LA MARRAINE DAME FRANCOISE BERGERON DE NANTES [5] LAN 1768

M. MICHEL ETIENNE PVY CVRE DE CHONAS SANCTE LAVRNTI [6] ORA PRO NO BIS

Sur la panse : *Crucifix à la Magdeleine* et médaillon fruste ; — la *Vierge au sceptre tenant l'enfant Jésus*.

Note : *si*.Diam. 74 c.

388. – LAVARS.1768.

VACHAT MAFE LANE [7]

Sur la panse, au bas, en commençant sous Vachat : 1768 : puis, le *Christ entre la Vierge et St Jean ;* — *Deux anges ;* — *la Vierge au croissant.*

---

(1) *François.* — (2) Pour *dominus.*
(3) *Vienne.* — (4) *Du Pin.* — (5) V. le n° 608. — (6) *Laurenti.*
(7) *M'a faitte l'année.*

Note : *si.*   Diam. 36 c.

Communication de M. Blanc, curé de Lavars.

389. — Sᵀ-CHRISTOPHE-ENTRE-DEUX-GUIERS.   1768.

VOX MEA DULCISONA LAUDAT DEUM VOCAT VIVOS MORTUOS PLORAT TEMPESTATES REPELLIT A ETE

PARRAIN ONBLE [1] LOUIS DE BOVET OFFICIER DE DRAGONS ECUIER [2] DU ROY ET MARRAINE DAME MARGUERITE

DE LA VILLARDIERE EPOUSE DU SEIGᴿ [3] DE BOVET PAR LES SOINS DES Sᴿˢ [4] REGNIER CURE ET CLAUDE PONCET NOᴿᴱ [5]

Au bas : N. BONVIE ✝ *(Marque de Jʰ Breton)* FONDEUR 1768

Note : *fa ♯.*   Diam. 96 c.

390. — VERNIOZ.   1768.

✝ AFVLGVRE ET TEMPES TATE [6] LIBERA NOS DOMINE SANCTI PETRE [7] ET PAVLE ORA TE PRO NO BIS ISTI [8] CAMPANÆ

BENEDICTIONEM CONTVLIT D [9] ANTONIVS CATIN PAROCHVS DE VENIOS [10] ANNO DNI 1768

Sur la panse : *Crucifix à la Magdeleine,* entre N — B.

Note fêlée.   Diam. 51 c.

391. — CLELLES.   1769.

✝ ANNA ✖ EXVRGE CHRISTE ADIVVA NOS TE [11] LIRERA NOS PROPTER NOMEN TVVM [12] 1769.

PHILIPVS FRANCISCVS FERRIER [13] PAROCHVS ┣━━━━━━━━━┫

---

(1) *Noble.* — (2) *Écuyer.* — (3) *Seigneur.* — (4) *Sieurs.* — (5) *Notaire.*

(6) *Tempestate.* (7) *Sᵗ Pierre,* patron du lieu. — (8) *Istæ.* — (9) *Dominus.* — (10) *Vernioz.*

(11) *Et.* — (12) Ce texte est un composé de bribes de psaumes, entre autres des versets 25 du 43ᵉ psaume et 9 du 78ᵉ. — (13) *Parrain.*

❧❧❧❧❧❧❧❧❧❧❧❧❧❧❧❧❧❧❧❧❧❧❧❧❧❧❧❧❧❧❧

M. DE BOUFFIER P. Mᴱ S. EPOVSE Mᴺ [1]

Sur la panse : *Grande croix ornée ;* — *le Christ et la Magdeleine ;* — marque de Bonvie : — la *Vierge et 2 chérubins.*

Note : *ré* ♯.   Diam. 61 c.

392. — PAJAY.   1769.

✝ LAN 1769 IAY ETE BENIE PAH MRE [2] CHARLE VINCENDON CURE DE PAJAY [3]

MARGVERITE PAR MRE IOSEPH ARTUS LACROIX DE SEYVE DORNATIEVX PRESIDANT

AMORTIER [4] ET PAR MADEMOISELLE MVRGVERITE DE SEYVE SA FILLE

Sur la panse : *Croix à la Magdeleine* : — la *Vierge au sceptre;* — *un évêque.*

Note : *mi.*   Diam. 56 c.

393. — PIN (LE).   1769.

☞ A.L.P.G.G.D.D [5]. ✺✺✺ ET SOVS LA PROTEON [6] DE Sᵀ CHRISTOPHLE [7]. D'Hᵀ ET PVISᵀ [8]

SGᴿ MᴿE. P [9]. AIMÉ MARQVIS DE MARCIEV Mᴬᴸ [10] DES CAMPS ET ARMÉES DV ROY GOVVEꝛ [11]

DE LA VILLE ET SITᴸᴱ [12] DE GRENOBLE . PARAIN ET D Hᵀᴱ ET PVITᴱ [13] DAME. F. DE PVRNIE DE Sᵀ [14]

ANDRÉ MARQVISE DE VIRIEV SON EPOVSE FILLE DE FEV N Lᵀ Gᴿ [15] DES ARMÉES . D . R . MARENE [16]

(1) *Mᵐᵉ son épouse marraine.*
(2) *Messire.* — (3) Sous-entendu : *et nommée.* — (4) Jᵇ Arthus de La Croix de Sayve, marquis d'Ornacieux, président au Parlement en 1739. Suspendu par l'Edit de 1771 qui constitue le Parlement sur de nouvelles bases, il est réintégré par l'Ordonnance royale de 1775. Il émigra en 1790 et mourut à Vérone, en 1800.
(5) *A la plus grande gloire de Dieu.* — (6) *Protection.* — (7) *Sᵗ Christophe,* patron du lieu. — (8) *de haut et puissant.* — (9) *Seigneur, messire Pierre Emé* (mort en 1778) (V. les nᵒˢ 378, 381, 393, 401, 405 et 426). — (10) *Maréchal.* — (11) *Gouverneur.* — (12) *Citadelle.* — (13) *De haute et puissante.* — (14) *Françoise de Prunier de St-André.* — (15) *Nicolas* (pour René-Ismidon-Nicolas) *lieutenant-général.* — (16) *du roi, marraine.*

Sur la panse, 1ʳᵉ face : *Crucifix* suivi des sigles FPM.E.D.F PT
Bᵛ ; — 2ᵉ face : ⚜ 1769.C.P.F.D.L.G [1]. — 3ᵉ face : ⚜ ; — 4ᵉ
face : ⚜

Note : *ré.*   Diam. 58 c.

394. — VIRIVILLE.   1769.

✝ EN 1769 IAY ETE BENIE PAR Mᴿ TESSIER CVRE DE VIRIVILLE
ET NOMMEE CATHERINE PAR NOBLE PIERRE DE ☛

BLANC [2] ET DAME CATHERINE BON SON EPOVSE PAR LES SOINS ET
EN PRESENCE DE M Mᴵᴱ [3] CHARLES BERT CONᴱᴿ [4] ☛ ☛

DV ROY MAIRE ET NOᴿᴱ [5] DE VIRIVILLE&C ✝
Sur la panse : *Crucifix entre la Vierge et Sᵗ Jean.* Dessous :
☛ I B ENCELLE F NAVOISET ET I B PICAVDEZ FONDEVRS LORAINS ✝
Note : *fa* ♯.   Diam. 96 c.

395. — CHAMBALUD.   1770.

✝ SANCTE ENNEMONDE [6] ORA PRO NOBIS ELLE A ETE FAITE
☛ MONSIEVR TOVRNE ETANT CVRE
Au bas : I B ANCELLE & I B PICAVDEZ ✝ MONT FAITE EN 1770 ✝
Note : *mi.*   Diam. 60 c.

396. — CHASSELAY.   1770.

✝ Sᵀ PIERRE [7] PRIEZ POVR NOVS IAI ETE FAITE ET BENITE EN 1770
Mᴱ [8] A ✝

(1) Ces sigles représentent-ils les noms des fondeurs ? Une partie d'entre eux
offrent, en effet, des éléments pour cette lecture : *fondue par moi E. Durand
fondeur (du) Pont (de) Beauvoisin ?* et *C. Petignot fondeur de Lyon* (?) ; mais
j'avoue que devant mon interprétation, qui du reste n'est pas complète, je songe
involontairement au P. Hardouin..... Ne vaut-il pas mieux dire : *Je ne sais pas ?*
(2) D'après l'*Armorial*, Blanc de Blanville. — (3) *Marie.* — (4) *Conseiller.* —
(5) *Notaire.*
(6) Sᵗ *Ennemond*, patron du lieu ; pèlerinage encore fréquenté pour la gué-
rison des animaux *(Ennemond)* se dit *Annimond* en patois : de là, le rapprochement, qui fait invoquer ce saint en pareille occurence, comme Sᵗ Clair pour
les maux d'yeux, Sᵗ Genou pour la goutte, etc., etc.
(7) Patron de la paroisse. — (8) *Messire.*

☞ DVPLESSIS ETANT CVRE DE S^T PIERRE DE CHASSELAY IE MAP-
PELLE SOPHIE MON PARRAIN A

☞ ETE HAVT ET PVISSANT SEIGNEVR IEAN EMMANVEL DE GVIGNARD
VICOMTE DE S^T PRIEST (1)

☞ CONSEILLER DV ROI EN TOVS SES CONSEILS ETATS ET PRIVES (2)
SEIGNEUR DV D^T (3) CHASSELAY

☞ ET AUTRES PLACES ET MA MARRAINE A ETE HAVTE ET PVIS-
SANTE DAME DAME LOVISE

☞ IACQVELINE SOPHIE DE BARRAL (4) EPOVZE DV D^T SG^R (5)

Au bas : ‡ I B ANCELLE ET I B PICAVDEZ (évêque) M^E FONDEVR LOR-
RAIN (6) MONT (la Vierge) FAITE ☞

Note : *ré*.   Diam. 62 c.

397. — LA MOTTE-D'AVEILLANS.   1771.

S PIERRE (7) PRIE POUR NOUS M IEAN EYRAUD CU^RE P CHRISTOPHE (8)
MARET CHATELAIN

FAIT PAR MOY IEAN LOUIS ROMAIN DE CARPENTRAS 1771
Le *Christ entre la Vierge et St Jean* ; la *Vierge* ; *St Michel.*
Note : *mi*.   Diam. 60 c.

398. — TOLVON.   1771.

✤ ‡ SANCTA MARIA ORA PRO NOBIS NOBLE LOVIS CHARLES DE
BARRAL (9)

(1) Né à Paris en 1714, il devint maître des requêtes, prés^t du Grand-Conseil
du roi, conseiller au Parlement de Grenoble en 1733, puis intendant de Languedoc en 1751, conseiller d'Etat en 1764, et se signala par des actes nombreux de bienfaisance. — (2) *D'Etat et privé.* — (3) *Dudit.* — (4) Fille de J^h
de Barral, 2^d président à mortier au Parlement de Grenoble, mort en 1749. —
(5) *Dudit seigneur.* — (6) *Maîtres fondeurs lorrains.*
(7) *Patron du lieu.* — (8) *Curé P. Christophe.*
(9) Fils de J^h de Barral (V. le n° 396), né en 1717, mort en 1808 ; il s'appelait
Barral de la Ferrière, était capitaine dans le rég^t de Tallard en 1733, puis se
retira dans son château de St-Aupre. Il épousa d'abord Claire de Richard dont
il n'eut pas d'enfants ; puis, en 1795, Mlle Farconnet-Dumas, dont il eut un
fils et une fille. Nous retrouverons le nom de cette dernière sur la cloche de
St-Aupre, de 1844. (V. le n° 917.)

⚜ PARRAIN DAME ANNE CATHERINE CLAIRE DE RICHARD SON EPOVSE MARRAINE

⚜ MR DEVOISE CVRE . B . DVRAND FECIT 1771

Note : *mi.* Diam. 54 c.

399. — FONTAGNIEUX. 1772.

S^T MAVRICE PATRON DE LA PAROISSE PARREIN M^{RE} FRANCOIS PIERRE DE VAVX DEAGEVT [1] COMTE DE MORGES CHEVALLIR DE L ORDRE ROYAL

ET MILITAIRE DE SLOVIS [2] SEIGNEVR DE FONTAGNIEVX MARRIENE DAME

IANNE [3] FRANCOISE DE LA RIVIERE EPOVSE DV DIT SEIGNEVR COMTE DE

MORGE

Sur la panse : Belle *croix double* fleuronnée ; — Le *Christ entre la Vierge et St Jean ;* — *St Michel,* et, dans un cartouche rond formé par une couronne de laurier (en 4 lignes :)

IOSPEH [4] — VACHAT — FECIT — 1772

Note : *ut.* Diam. 65 c.

400. — S^T-AGNIN. 1772.

✝ IAY ETE FAITE & BENITE EN 1.7.7.2 . PAR M^R I . B . BOVCHOVSE IAY POVR P . M^{RE} [5] C . E . DE

✝ CHASTELLARD CH^{NE} DV CHAP [6] . NOBLE DE S^T PIERRE DE VIENNE ET POVR M [7] . DAME FR . MARG,

---

(1) Messire F^{ois} de Sales-Pierre de *Roux Déagent* (et non de *Vaux Deagevt,* comme on l'a inscrit sur la cloche), comte de Morges, né à Risset en 1734, chevalier d'honneur au Parlement de Grenoble en 1751, en remplacement de son père, fut président des Etats de Vizilles et député aux Etats généraux. Il émigra en 1792 et mourut à Paladru en 1801. — (2) *St Louis.* — (3) *Marraine : dame Jeanne.* — (4) *Joseph.*

(5) *Parrain messire.* — (6) *Chanoine du Chapitre.* — (7) *Marraine.* —

11

☞
+ LE TARNESIEV EP. DE Mᴿ HY EVG: DE MEFFRAY DE SEZARGE S.G.R COMTE DHAVTEFORT (1)

☞
+ LES Sᴿ (2) ROY & IEAN *chevalier* (?) (3) DEPVTEZ
Crucifix à la Magdeleine, avec . . . . . B PICAVDEZ MA FAIT

Note : *mi.*   Diam. 60 c.

401. — TOUVET (LE).   1772.

☞ A LA PLUS GRANDE GLOiRE DE DiEU Mᴿᶜ (4) PiERRE ÉMÉ DE MARCIEU 2ᴰ LNT GNL (5) GRAND CROIX

DE LORDRE DE Sᵀ LOUIS ANCIEN COMANDANT EN CHEF EN DAUPHINE PARREIN ☞ Dᴱ MARIE ELᴇONOR (6) DE

VAULX COMTESSE DE MRCIEU MARREINE (7) ☞ VINCO DULCEDINE ROBUR (8) ☞

Au bas : 1772. — 2ᵉ face : RICHARD.F.C.T (9)

Note : *la.*   Diam. 96 c.

402. — FRÉNEY (LE).   1773.

± CANTATE DOMINO CANTICVM NOVVM QVIA MIRABILIA FECIT ✧✦✧✦✧

Sᵀᴱ ARIGI (10) ORA PRO NOBIS VINCEN (11) PELLORCE CONSVL ✧✦ 1773 ✧✦

Sur la panse : Marque des Vallier.

Note : *ré.*   Diam. 66 c.

---

(1) *Françoise-Marguerite de Tarnésieu*, fille de Fᵒⁱˢ Vignon, seigneur d'Artas et de Tarnésieu, et *épouse de* Mʳ *Hyacinthe-Eugène de Meffray de Césarges, seigneur, comte d'Hautefort.* — (2) *Sieurs.* — (3) Les 3 premières lettres de ce nom sont douteuses.

(4) *Messire.* (V. les nᵒˢ 381, 393, 405 et 426. — (5) 2ᵈ *lieutenant-général Pierre Emé,* comte de Marcieu, fut, suivant l'*Armorial,* lieutenant-général des armées du roi, gouverneur de Valence, commandant en chef du Dauphiné, grand-croix de l'ordre de Sᵗ-Louis, etc., et mourut en 1778. C'est donc du marquis qu'il s'agit ici, puisqu'il n'est mort qu'en 1778. Mais alors de qui était femme Marie-Eléonore de Vaulx ?. . . . Il faudrait peut-être ne voir en elle que la veuve du comte Pierre-Guy-Balthazard ?. . . . — (6) *Dame* Mⁱᵉ *Eléonore de Vaulx, comtesse de Marcieu,* fille de Fᵒⁱˢ de Vaulx, conseiller au Parlement de Grenoble, et de Fᵐᵉ Pourroy de Quinsonnas-Lauberivière, femme d'autre Pierre Emé. — (7) *Marcieu, marraine.* — (8) Devise de la famille de Marcieu. — (9) *Fecit.*

(10) Sᵗ *Areys,* patron du lieu. — (11) *Vincent.*

403. — St-MARCELLIN *(Collège).*   1773.

☞ AD MAJ D G ET IN H·B M V PA D JO GLANDUT IN H JOA TRIBOULET

☞ PPAE JO M NAVARRE (1) ANNO 1773

(Ad majorem Dei gloriam et in honorem beatæ Mariæ Virginis; patrono domino Josepho ou Johanne Glandut; (IN H pour M D:) *matrina domina Joanna Triboulet ;* (PPAE :) *patrono parochiæ Joanne Mariâ Navarre).*

Note : *ut ♮.*   Diam. 37 c.

404. — CARISIEU.   1774.

☞   BENITE PAR Mᴿᴱ CCᴵN (2)

BLONDAN CVRE PARRAN MESIRE (3) LOVIS DE LA POIPE SERRIERES (4) MAREINE

DD (5) MARIE DE DIGOINE SON EPOVSE C MOREL Pᴿ D OFICE (6) 1774

Sur la panse : marque de Ducray à Lyon.

Note : *mi.*   Diam. 59 c.

405. — MARCIEU.   1774.

☩ Mᴿᴱ P (7). EME MARQVIS DE MARCIEV MARECHAL DE CAMP ET ARMEE DV ROY

☞ GOVVERNEVR POVR SA MAIESTE DE (8) VILLE ET CITADELLE DE GRENOBLE ET BAILLI

(1) Jean-Marie Navarre fut le 35ᵉ et dernier abbé de Saint-Antoine dont il occupa le siège de 1769 à 1775, époque à laquelle l'Ordre des Antonins fut incorporé à celui de Sᵗ-Jean-de-Jérusalem. L'ordre de Saint-Antoine était patron de la paroisse de Sᵗ Marcellin. Cette cloche proviendrait-elle de l'Abbaye ?

(2) *Messire (quid ?)* un prénom sans doute. — (3) *Parrain messire.* — (4) Quel est ce Louis de la Poype-Serriéres ? L'*Armorial du Dauphiné* nous montre encore toute son insuffisance pour les renseignements que l'on attend de lui. « Louis de la Poype, comte de Serriéres, dit-il, vivant en 1768, laissa de Marguerite-Gabrielle de Vallin » 6 enfants qu'il énumère, et pas un seul ne peut s'accorder avec celui de notre cloche. Louis de la Poype, seul, pourrait être regardé comme le parrain ; mais l'inscription lui donne pour femme Marie de Digoine, et l'*Armorial* veut que ce soit Marguerite-Gabrielle de Vallin. Louis aurait-il eu deux femmes ? De quel côté est l'erreur ?... Je ne crois pas que ce puisse être de celui de la cloche. — (5) *Marraine dame dame.* — (6) *Procureur d'office (?).*

(7) *Messire Pierre* (V. les nᵒˢ 381, 393, 401 et 426) mourut en 1778.—(8) *Des.—*

☛ AGE DE GRAISIVODAN ET DAME F^{se} (1) DE PRVNIER St ANDRE SON EPOVZE 1774

Sur la panse: *Crucifix à la Magdeleine ; —* la *Vierge tenant un sceptre et l'enfant Jésus.*

Note *mi.*   Diam. 58 c.

406. — MOULIN-VIEUX.   1774.

☩ SIT NOMEN DOMINI BENEDICTVM

Au bas : *Crucifix à la Magdeleine, avec :* ☩ LES S^R N.CHATE-LAIN & I.B.PICAVDEZ MONT FONDV EN *(la Vierge)* 1774

Note : *fa.*   Diam. 56 c.

407. -- MOULIN-VIEUX.   1774.

☩ SAINT ANTOINE PRIEZ POVR NOVS 1774.

Sur la panse : le *Christ à la Magdeleine* et la *Vierge au sceptre.*

Note : *si.*   Diam. 51 c.

408. — OSIER *(Eglise de Notre-Dame-de l').*   1774.

· LAUDATE DOMINUM IN CIMBALIS BENE SONANTIBUS PSAL ^{150} SANCTA MARIA SALUS INFIRMORUM IN ☛

ECCLESIA VIMINENTI (2) INTERCEDE PRO NOBIS GILBERT MONDARD PARREIN FRANCOISE MONDARD EPOUSE DE ☛

S^R ALEXIS BOURGET (3) 1774

Sur la panse : *Crucifix* et marque de Ducray ; — la *Vierge et l'enfant Jésus.*

Note : *mi.*   Diam. 59 c.

409. — SIÉVOZ.   1774.

☩ S^T IEAN BAPTISTE (4) PRIEZ POVR NOVS IAI ETE BENITE PAR M^R A . I. NARTVS ☛

PRIEVR CVRE DE SCIEVOL (5) 1774.

(1) *Françoise.* (V. les n°s 381 et 393.)
(2) Pour *Vimineti* sans doute (Nom latin de l'*Osier.*—(3) On a oublié le mot *marraine.*
(4) Patron du lieu. — (5) *Siévoz.*

Note : *mi.* Diam. 45 c.

410. — CHATEAU-BERNARD. 1775.

MARIE LAURENCE [1] MESIRE ANDRE   DE MIRBEL PARRAIEN [2]
MADAME DISE MARRAEINE [3] M MARTINE [4] CURE   1775

Croix ornée. Dessous : HOROIT FECIT

Note : *fa* ♯. Diam. 56 c.

411. — COMBE-DE-LANCEY (LA). 1775.

• SANCTA MARIA [5] ORA PRO NOBIS PARREIN [6] HAVT ET PVISSANT

SEIGNEVR ARMAND FRANC

OIS DE LA TOVR DV PIN GOVVERNET MONTAVBAN MAR9VIR DE

SOYAN [7] BARON DE LA

CHAV SEIGNEVR DE SAOV VILLEFRANCHE BALOR [8] ET AVTRES PLACES

GOVRERNEVR [9] DV

MONTELIMARD COLONEL DV REGIMENT PROVINCIAL DE VALENCE [10]

MARREINNE [11] DAME

MARGVERITE MAGDLEINE [12] DE MONTEYNARD ABBESSE DE LAB-

BEYE [13] ROYALE DE SAINT PIER

RE DE LYON

Sur la panse : le *Christ entre la Vierge et St Jean* dans un cartouche fleuri et ovale ; — la *Vierge et l'enfant Jésus ;* — même cartouche avec les mots : IOSEPH — VACHAT — MA — FONDV — 1775, en cinq lignes ; — la même *Vierge et l'enfant Jésus.*

Note : *sol.* Diam. 88 c.

(1) Noms de la cloche. — (2) *Messire André Copin* (nom qui a disparu de notre cloche) *de Miribel, parrain,* seigneur de Miribel-l'Enchâtre, Château-Bernard, etc.; conseiller au Parlement en 1743; marié, en 1744, avec Françoise d'Ize de Rozans, fille de Jacques d'Ize de Rozans, président à mortier au Parlement. — (3) *D'Ize, marraine.* — (4) *Martinet.*

(5) La fête patronale se fait à la *Nativité de la Ste Vierge.* — (6) *Parrain.* — (7) *Marquis de Soyans.* — (8) *Ballons* (?). — (9) *Gouverneur.* — (10) Etait maréchal de camp en 1789. — (11) *Marraine.* — (12) *Magdeleine.* — (13) *L'abbaye.*

412. — ROISSARD. 1775.

HAUT ET PUISSANT SEIGNEUR ANTOINE CESAR UICOMTE DE BARDO-
NENCHE PARRAEAN [1]

ET DAME MARIE MADELAIENE [2] DE UACHON DE BELMONT MARRAINNE
1775

Au bas : SEBASTIEN UIALE CURE HUGUE BONET CONSUL IEAN UILLE
BOURGOIS SECRETRE [8]

HORIOT FECIT.

Note : *ut* ♯. Diam. 71 c.

Tous les v de cette inscription sont remplacés par des u.

413. — Sᵀ-JEAN-DE-BOURNAY. 1775.
(*Ancienne chapelle*).

╪ IE SERS A LA CONFRERIE DV CONFALON ET AV TIMBRE DE
L'HORLOGE DE CE LIEU EN MAY 1.7.7.5. ☛

╪ MON PARREIN Mᴿᴱ L. [4] DE GARNIER CONSEILLIER AV PARLEMENT
DE DAVPHINE SEIGNᴿ DE Sᵀ IEAN DE BOVRNAY ☛

╪ VILLENEVVE DE MARCH . ET C . [5] MA MARR . [6] DAME ANNE
DARMAND [7] SA MERE VEVVE DE Mᴿᴱ IEAN DE GARNIER ☛

╪ AVSSI CONSEILLER . ╪ PARROCHVS DOMINVS ROBIN .

Au bas : *évêque* sur un cul de lampe orné, entre : LES S.ᴿ
I . B . PICAVDEZ & I . SOYER — MON [8] FONDV ⚱ ; — petit sceau

fruste, sous lequel la *Vierge au sceptre* sur le même cul de
lampe ; — *Sainte* ou *Abbesse*, (idem) ; — *Crucifix à la Magdeleine* (idem).

Note : *la*. Diam. 84 c.

---

(1) *Parrain*. Il était vicomte de Trièves, seigneur du Monestier, Thoranne,
Trésanne, Saint-Martin, etc. — (2) Mˡᵉ Magdeleine, fille de Nicolas et de Justine-
Angélique de la Porte l'Arthaudière, épouse du parrain en 1743. — (3) *Bourgeois-
secrétaire*.

(4) *Laurent* de Garnier, conseiller en 1713. — (5) *Villeneuve de Marc, et cetera*. — (6) *Marraine*. — (7) *D'Armand* (V. la cloche de 1738, n° 307). — (8)
M'ont.

414. — VILLENEUVE-DE-MARC. 1775.

☩ MON PARRAIN HAVT ET PVISSANT SEIGNEVR MESSIRE LAVRENT DE GARNIER CHEVALIER SEIGNEVR DE VILLENEVVE DE

☩ MARC DE ST IEAN [1] ET AVTRES PLACES . CONSEILLER DV ROY EN SON PARLEMENT [2] DAVPHINE . MA MARRAINE HAVTE

☩ ET PVISSANTE DAME ANNE DARMAND [3] SA MERE VEVVE DE MRE IEAN DE GARNIER AVSSI CONSEILLER . MTE [4] ANDRE

☩ GOVDARD CVRE

✚ LES SR [5] BLAIZE VIGNAT & BENOIT METRAL DE PVTE DE LA COMTE [6] MONT FAIT FONDRE

Sur la panse : *Crucifix à la Magdeleine* sur des degrés ornés ; à côté et au bas : LES SR PICAVDEZ & SOYER MONT FONDV AN [7]. — *Évêque* sur les mêmes degrés, et, à la suite : . 1 . 7 . 7 . 5 . — La *Vierge au sceptre et l'enfant Jésus* sur les mêmes degrés.— *Un saint* (id.)

Note : *sol* ♯.   Diam. 93 c.

415. — LA BUISSE. 2me moitié du XVIIIe siècle.

Anépigraphe.

Sur la panse, écusson de la famille de Galbert, mais erronné.

La branche aînée portait : *d'azur au chevron-pal d'argent, accompagné en chef de 2 croissants de même.* La branche cadette brisait : *d'azur au chevron d'or, accompagné de deux croissants de même* .

(1) *De Bournay.* — (2) *De.* — (3) *D'Armand* (pour les autres renseignements, voir la cloche précédente, n° 413). — (4) Pour *messire.* — (5) *Sieurs.* — (6) *Députés de la communauté.* — (7) *En.*

Note : *ré.*   Diam. 34 c.

416. — ARTAS.   1776.

☩ ANNA . MARG . DE TARNESIEV [1] HVIVCE [2] DOMINA LOCI D.D. [2]
COMITIS HVG . FRANC . DAVDIFRET STI. LVD . [4]EQVITIS 👉

☩ NECNON BRIGANTIA IN VRBE PRAEFECTI VXOR VNA [5] CVM D.D.
LVD . FRANC . DAVDIFRET [6] MILITARI LEGATO IPSO 👉

☩ RVM NATV MAIORE FILIO LVSTRALES ASTITERVNT PAROCHO BE-
NEDICENDI [7] MENSE IVNIO ANNO 1776

Traduction : *Anne-Marg. de Tarnésieu, dame de ce lieu, épouse
du seigneur comte Hug. F*ois *d'Audiffret, chevalier de S*t *Louis
et commandant dans la ville de Briançon, ensemble avec le seigneur L*s *F*ois *d'Audiffret, commandant en second, leur fils
ainé, assistèrent le prêtre célébrant le baptême, au mois de
Juin de l'année 1776.*

Sur la panse : Une *figure ;* — la *Vierge au sceptre* sur un
cul de lampe orné ; — un *évêque ;* — *Crucifix à la Magdeleine*
sur le même cul de lampe, entre PICAVDEZ ? ... — ... FONDEVRS.

Note : *si.*   Diam. 82 c.

417. — COTES-DE-SASSENAGE (LES). 1776.

DIVO ANTONIO PADVANO [8] NOVO THAVMATVRGO DICANT PP MIN CONV
GRATIAN [9]

DIE 8 IVLII

Sur la panse : *Le Christ entre la Vierge et S*t *Jean,* dans un
cartouche orné ; — *3 dauphins* (2-1) sous une couronne ; —
Même cartouche que ci-dessus, dans lequel on lit en 5 lignes :

(1) *Anne-Marguerite* Vignon de Tarnésieu, mariée, en 1753, à Jean-François
Hugues d'Audiffret, seigneur du Layet, commandant pour le roi à Briançon,
chevalier de St Louis. — (2) *Hujusce.* — (3) *Domini domini.* — (4) *Hugonis
Francisci d'Audiffret Sancti Ludovici.* — (5) *Uxor una,* ensemble, de compagnie. — (6) *Domino domino Ludovico Francisco d'Audiffret.* — (7) *Benedicenti.*

(8) *S*t *Antoine de Padoue,* patron de l'ordre. — (9) *Patres Minores Conventus
Gratianopolis.* — Sont-ce les *Frères mineurs* de Grenoble, ou les *Minimes* de
la Plaine, près Grenoble ? ... Dans le premier cas, il me semble qu'on aurait dû
mettre FF . MIN et non PP . MIN .

IOSEPH — VACHAT — MA — FONDV — 1776 ; — la *Vierge au sceptre tenant l'enfant Jésus.*

Note : *ut.* Diam. 76 c.

418. — IZEAUX. 1776.

☩ MON PARREIN TRES HAVT ET TRES PVISSANT SEIGNEVR CHARLES HENRY IVLES DE CLERMONT TONNERRE SEIGNEVR ☞

☩ DV THILLOT PONCET CHAVANNES ET AVTRES LIEV LIEVTENANT GENERAL DES ARMEES DV ROY ET SON LIEVTENANT ☞

☩ GENERAL EN SVRVIVANCE DE LA PROVINCE DE DAVPHINE Y COMMANDANT EN LADITE QVALITE EN LABSENCE ET SOVS ☞

☩ LES ORDRES DE MR LE MARECHAL DVC DE CLERMONT TONNERRE

MA MARRAINE TRES HAVTE ET TRES PVISSANTE DAME ☞

☩ FRANCOISE CAMILLE DE SASSENAGE BARONNE DVDIT LIEV MARQVISE DV PONT EN ROYANS COMTESSE DE MONTELLIER ET

☩ DE TALLARD MARQVISE DARZELLIER ET LARAGNE DAME DES DVCHES ET PAIRIE DHOSTVN LESDIGVIERES ET CHAMPSAVR DAME

☩ DE CE LIEV ST ETIENNE DE ST GEOIRS SILLANS ET AVTRES PLACES VEVVE DE TRES HAVT ET TRES PVISSANT SEIGNEVR CHAR

☩ LES FRANCOIS MARQVIS DE SASSENAGE CHEVALIER DES ORDRES DV ROY BRIGADIER DE SES ARMEES CHEVALIER D'HONNEVR DE

☩ MADAME LA DAVPHINE SECOND BARON COMMIS NE DES ETATS DE CETTE PROVINCE

Au bas : *(Crucifix)* LE SR I . B . PICACDEZ [1] MA FONDVE AN 1776

Note : *la.* Diam. 85 c.

419. — MASSIEU. 1776.

☩ IAI POUR PARRAIN HAUT ET PUISSANT SEIG EUR [2] MESSIRE CHARLES ARMAND AUGUSTIN PONS ☞

VICOMTE [3] DE PONS COMTE DE CLERMONT COLONEL DU REGIMENT DE DUAPHINE [4] ET POUR ☞

MARRAINE HAUTE ET PUISSANTE DAME MADAME PULCHERIE ELEONORE DE LANNION SA FEMME [5]

---

(1) *Picaudez.*
(2) *Seigneur.* — (3) Marquis et vicomte de Pons, suivant l'*Armorial.* comte de Clermont par sa femme. — (4) *Dauphiné.* — (5) L'*Armorial* dit *Pulchérie-Tran-*

1776

Au bas : N L GERDOLLE F et la marque de IOSEPH BRETON.

Note : *ut.*   Diam. 68 c.

420. — RENAGE.   1776.

✝ PARRAIN HAUT ET PUISSANT SEIG[R] MESSIRE MARIE IOSEPH EMA-
NUEL DE GUINARD [(1)] DE S[T] PRIEST ☞

CHEVALLIER SEIG[R] DALIVET [(2)] RENAGE RIVES BEAUCROISSANT ET
AUTRE [(3)] LIEUX CHEVALIER CONSEILLER DU ☞

ROY EN SES CONSEILS MAITRE DES REQUETES ORDINAIRE DE SON
HOTEL INTENDANT DE IUSTICE ☞

POLICE ET FINANCE EN LA PROVINCE DU LANGUEDOC [(4)] MARRAINE
DAME DAME   SON EPOUSE 1776

Au bas : N L GERDOLLE et la marque de IOSEPH BRETON ; — la
Vierge au sceptre.

Note : *ut.*   Diam. 72 c.

421. — S[T]-BLAISE-DE-BUIS.   1776.

✝ M[RE] TROVLLIOVD CVRE IE MAPELLE HELENE MON PARREIN S[R] THOMAS
IACCOLIN MA

✝ MARREINE DEMOISELLE HELENE PARIS [(5)] 1776

Au bas : PICAVDEZ & — SOYER FONDEVRS

Note : *fa* ♯.   Diam. 52 c.

---

quille, fille d'Hyacinthe-Cajétan, m[is] de Lannion, et de Charlotte-M[ie]-Félicité
de Clermont-Tonnerre, mariée au précédent en 1766.

(1) *Guignard.* — (2) *D'Alivet.* — (3) *Autres.* — (4) L'*Armorial du Dauphiné*
nous dit seulement que Marie-Joseph de Guignard, vicomte de Saint-Priest, fils
de J[a]-Em. de Guignard, conseiller au Parlement (dont nous avons déjà vu le
nom figurer sur la cloche de Chasselay, n° 396), fut maître des requêtes, puis
intendant de Languedoc en 1764, premier écuyer tranchant du roi et porte-cor-
nette blanche de la couronne. Il mourut en 1794, sur l'échafaud révolutionnaire,
laissant quatre filles de M[ie]-Julie de Manissy de Ferrières. Le nom de cette
dernière a été laissé en blanc sur la cloche.

(5) Fille de P[re] Paris de Treffonds, bourgeois de Réaumont et de Benoite
Cayer. C'est de cette famille Paris que sont venus les quatre frères Paris qui, en
1690, aidèrent leur père dans la fourniture et le transport des subsistances de
l'armée d'Italie, et parvinrent à un haut degré de fortune.

422. — VOIRON *(Eglise de St Pierre de Sermorens).*1776.

422. — VOIRON *(Eglise de St Pierre de Sermorens).1776.*

‡ PARRAIN M^{RE} FRANCOIS JOSEPH DE MEFFREY DE SEZARGES [1] CONSEILLER AU PARLEMENT DE GRENOBLE CHEVALIER SEIGNEUR

☞ DAUTEFORT ET AUTRES LIEUX MARRAINE DAME ANGELIQUE THERESE DE LEISSIN DAME DE MONTQUIN ET

☞ MALATRAIT [2] SON EPOUSE 1776

Au bas : *Crucifix* avec N L GERDOLLE F ; — la *Vierge et l'enfant Jésus* ; — St *Jean-Baptiste* ; Ecusson avec 🔔 JOSEPH BRETON

Note : *fa.*   Diam. 109 c.

D'après les archives de Voiron, il existait 4 cloches dans l'église de Sermorens, et leur refonte fut effectuée en 1655 par Bastien Grizard, fondeur de Lorraine. Puis, ces cloches étant toutes fendues ou cassées, les habitants des trois Ordres assemblés décidèrent leur refonte, par une délibération du 27 août 1775. A cet effet, le 27 avril 1776, un traité fut conclu avec J^h Breton, fondeur de cloches de *la ville de Lamarche, en Lorraine,* pour la refonte de ces 4 cloches, qui devaient être échelonnés, pour le ton musical, d'*ut à fa,* à partir de la plus grosse.

A la pesée tolale, ces 4 vieilles cloches étaient du poids de 3945 liv. et 14 onces. Après la refonte, les 4 neuves pesèrent, par suite de l'emploi de nouvelle matière, 6212 livres.

Trois d'entre elles furent fondues, en 1792, pour en faire des sols et des canons. On ne laissa que la présente cloche à la paroisse.

(Pour plus amples renseignements, voir un article fort intéressant de M. Camille Michallon, dans les n^{os} des 7 et 21 mars 1880 et du 4 nov. 1883 du *Petit Voironnais.*)

(1) F^{ois}-J^h de Meffrey de Césarges d'Hautefort, ancien officier de dragons, puis conseiller au Parlement de 1764 à 1770. — (2) J^{ne}-Thér^{se}-Angélique de Leyssin, fille de F^{ois} de Leyssin, baron de Domeyssin, en Savoie, capitaine au rég^t de Monaco, chevalier de St Louis, et de Suzanne de Montquin, sa première femme, dont il n'eut que cette fille. (V. le n° 489).

423. — FAVERGES.   1777.

✝ STA MARIA ORA PRO NOBIS MES PARRAINS MRE ANDRE LOUIS SILVION ☞

MARQUIS DE VIRIEU & MLLE MARIE LOUISE FRANCOISE DE VIRIEU 1777 ☞

AMBAS BENEDIXIT DNUS IOAN LUD [1] FERRE CURATUS

Au bas : ✝ VTRAMQUE FECIT I B DUPONT

Note : *ré.*   Diam. 63 c.

Comme on le voit par les mots *ambas* et *utramque,* cette cloche fut fondue, en 1777, avec une autre cloche, enlevée probablement à l'époque de la Révolution.

424. — LA MURETTE.   1777.

✝ PARRAIN ET MARRAINE LOUIS FRANCOIS DE VACHON [2] CHEVAL-LIER DHONNEUR AU ☞

PARLEMENT DU DAUPHINE SEIGNEUR DE REAUMONT ET MARIE VIO-LENTE GILBERTE

DE ROSTAING SON EPOUSE 1777.

Au bas : N L GERDOLLE F. [3]

Note : *sol* ♯   Diam. 83 c.

425. — ST-VINCENT-DE-MERCUSE.   1777.

✝ PARRAIN MRE PIERRE EME MARQUIS [4] DE MARCIEU MARECHAL DES CAMPS ET ARMEES DU ROY GOUVERNEUR DES

☞ VILLE ARSENAL DE GRENOBLE ET BAILLIAGE DE GRAISIVAUDAN MARQUIS DE BOUTIER [5] SEIGNEUR DE CREPOL CHANDIECE [6]

☞ LE TOUVET ST VINCENT DE MERCUSE GONCELIN ET AUTRES PLACES MARRAINE DAME DAME FRANCOISE

☞ DE PRUNIER DE SAINT ANDRE DAME DE LA BUISSIERE BELLECOMBE CHAPAREILLAN BARREAX [7] LE MONTALIEU

---

(1) *Dominus Joannes Ludovicus.*
(2) Seigneur de Réaumont et de la Murette, chevalier d'honneur de 1748 à 1790. — (3) *Fecit.*
(4) V. les inscriptions nos 378, 381, 393, 401, 405. — (5) *Boutières.* — (6) *Crespol. Chandieu* (?). — (7) *Barraux.*

☞ LA FLACHERE S^{TE} MARIE D'ALLOIS S^{TE} DUMONT (1) S^{TE} ANDRE EN ROYANS ET BARONE DE BAUCHENE 1777.

Au bas : *Crucifix* et N L GERDOLLE F (2)

Note : *sol.* Diam. 105 c.

426. — S^T-VINCENT-DE-MERCUSE. 1777.

☨ PARRAIN M^{RE} NICOLAS GABRIEL EME COMTE DE MARCIEU OFFICIER AU REGIMENT DE MONSIEUR

☞ DRAGONS REPRESENTE PAR M^{RE} PIERRE ELEONOR EME DE MARCIEU CHEVALIER DE L ORDRE

☞ DE S^T IEAN DE IERUSALEM SON FRERE DE MLLE MARIE IOSEPHINE GABRIEL VICTOIRE

☞ EME DE MARCIEU LEUR SOEUR ENFANTS DES SEIG^R ET DAME DE MARCIEU 1777. (3)

Au bas, *Crucifix* et N L GERDOLLE F

Note : *si.* Diam. 79 c.

427. — CORENC. 1778.

○ A ETE PARRAIN LE SEIGNEVR PIERRE DVBOVRCET COMMANDANT EN SECOND

○ DE LA PROVINCE DE DAVFINNE (4) ○ LA MARRAIEN MADAME ANTOINETTE PRVNIER

DE LEMPS PRIEVRE DE MONFLEVRY ○ M ROVLET CVRE DE CORAN (5)

Sur la panse : *Crucifix* ; — cartouche occupé par une couronne, *2 fleurs de lis* et *6 dauphins* ; — cartouche occupé par les cinq lignes suivantes, au-dessus desquelles il y a *3 dauphins couronnés* et *une fleur de lis* : IOSEPH — VACHAT — MA — FAITE — 1778 ; — une *couronne, 2 dauphins* et *2 médaillons*.

(1) *Sta-Marie-du-Mont.* — (2) *Fecit.*

(3) Ces trois frères et sœur seraient donc les enfants de Pierre Emé, m^{is} de de Marcieu et de F^{ss} de Prunier de Saint-André.

(4) *P^{re}-J^{h} du Bourcet*, fils de l'auteur du ms. sur la *Guerre des montagnes*, fut ingénieur, écrivain et militaire distingué. On lui doit la *Carte des frontières des Alpes et du Comté de Nice*. Il mourut, en 1780, lieutenant au gouvernement du Dauphiné. — (5) *Corenc.*

Note : *si*.   Diam. 71 c.

J'ai déjà publié cette inscription dans la *Rev. du Dauphiné et du Vivarais, (Souvenirs d'une course de montagne en Dauphiné : le Mont Saint-Eynard.)*

428. — Sᵀ-AUPRE.   1779.

‡ SANCTA AGATHA ORA PRO NOBIS ✠ L'AN DE LA MISSION ✠ 1779 ☞

Mᴿᴱ HVGVES RVCHIER PRETRE ET CVRE D'ORNON PARRAIN MARIE CHABERT

MARRAINE ✠ Sᴿ PIERRE COL CONSVL

Au bas du *Crucifix* : VALLIER ✠ FECIT.

Note : *ut*.   Diam. 80 c.

Cette cloche est un exemple des changements de domicile opérés par la première Révolution. Apportée à la préfecture avec les autres, lorsque le calme se rétablit un peu, on écrivit au curé de Sᵗ Aupre de venir reprendre sa cloche. Mais comme on ne la trouvait pas, et que celle d'Ornon était de la dimension voulue, on la lui envoya à la place de la sienne. Le curé de Moulin-Vieux m'a raconté que cette cloche fut précipitée avec sa compagne du haut de la montagne et roula jusqu'à la Lignare sans se briser. Il n'en fut pas de même de l'autre.

429. — Sᵀ-ETIENNE-DE-Sᵀ-GEOIRS.   1779.

◄ AUETORI (1) VITÆ 1779

Note : *fa* ♯.   Diam. 52 c.

On dit que cette cloche vient du château de Bressieux.

430. — VÉNISSIEUX.   1779.

☞ IAY ETE FAITE AUX DEPENDS DE LA COMMUNAUTE DE VENISSIEU EN L'ANNEE 1779

Note : *ré*.   Diam. 67 c.

Sur la panse : marque de Ducray.

(1) *Auctori*.

431. — CHARVIEUX. 1780.

PARRAIN MR ANTOINE LAURENZ [1] NUGUE BACHELIER EZ DROITS
MARAINE DEMOISELLE MARIE ANNE NUGUE 1780

Au bas : FECIT COMZ ☩ A LYON ; — *St Jean-Baptiste ;* — la
Vierge et l'enfant Jésus : — *St Christophe.*

Note : *fa.*   Diam. 54 c.

432. — FONTANIL (LE). 1780.

JE ME NOMME DENIS JULIENNE ELIZABETH ⚜ J AI EU POUR PARRAIN

MESSIRE DENIS DU PRE CHEVALIER SEIGNEUR DE FONTANIL CORNIL

LON CONSEILLER DU ROY EN SES CONSEILS PRESIDENT A LA CHAMBRE

DES COMPTES DE DAUPHINE [2] ET POUR MARRAINE DAME JULIENNE
ELIZA

BETH DE BOLLIOUD QUI MONT NOMME [3] ⚜

FAITE PAR ANDRE BONNEVIE [4] FONDEUR A GRENOBLE LAN 1780 ⚜

Note : *mi.*   Diam. 56 c.

433. — St-DIDIER-DES-CHAMPAGNES. 1780.

☩ ☞ SANCTE DIDIES [5] ORA PRO NOBIS ⌇⌇⌇ ADOLPHE GVY
FRANCOIS DE GRETET [6] COMTE DE ⌇⌇⌇

DOLOMIEV PARRIN [7] ET MARIE FANCOISE DE BERENGE [8] MARQVISE
DE DOLOMIEV MAREINE [9]

MR DVRAND CVRE 1780 ⌇⌇⌇⌇⌇ ⚜ ⚜

Sur la panse, *Crucifix* et ETIENNE DVRAND FECIT ⚜

Note : *la.*   Diam. 85 c.

---

(1) *Laurent.*
(2) En 1760. Il occupait encore la même charge en 1790. — (3) *Nommée.* —
(4) C'est la première fois que, depuis la cloche de 1769, nous voyons le nom
de *Bonvie* transformé en celui de *Bonnevie.*
(5) Pour *Desideri* : *St Didier*, patron du lieu. — (6) *Gratet.* — (7) *Parrain.* —
8) *Mse-Françoise de Bérenger.* — (9) *Marraine.*

434. — BOUGÉ. 1781.

☞ PARREIN Mʳᴱ [1] IOSEPH COMTE DE REVOL [2] MAREINE D D [3] HELENE DE RIVERIEVLX [4] COMTESSE DE REVOL 1781

Croix ornée et marque de Ducray à Lyon.

Note : *ré.*   Diam. 59 c.

435. — CHATEAU-BERNARD. 1781.

MARIE BREGIDE [5] M DE MIRREBEL [6] PARRAEIN [7] MADAME DE BEAUREGAED MAARREIN [8]

M MARTINET CURE M EIMARD CAIN [9] VALIER GREFIE [10] BEC CRNSVL [11] 1781

Croix ornée. Dessous : HORIOT FECIT

Note : *ut.*   Diam. 67 c.

436. — LA PIERRE. 1781.

MON PARRAIN ET [12] LE FONDATEUR DE CETTE EGLISE LOUIS FRAN-COIS DE MONTEY ☞

NARD LIEUTENANT GENERAL DES ARMEES DU ROY GOUVERNEUR DU ROYAUME ☞

DE CORSE ET MA MARRAINE MADAME MARIE [13] FRANCOISE DE MON-TEYNARD ☞

SON EPOUSE QUI MONT NOMME [14] LOUISE

Au bas : . . . .

```
ANDRE
BONNEVIE
MA FAITE
```
LAN 1781

(1) *Messire.* — (2) Chevalier de Sᵗ Louis. — (3) *Dame dame.* — (4) *De Varax.*
(5) *Brigitte.* — (6) *Jacq.-Fᵒⁱˢ Copin* de Miribel, seignenr de Miribel-l'Enchâ-tre, Château-Bernard, etc., capitaine à la suite du régᵗ de Bourbonnais, fut ma-rié, en 1779, à Mᵉˡ-Louise Baudet de Beauregard. Il était fils d'André, que nous avons vu figurer comme parrain sur une cloche de la même église, en 1775 (nᵒ 410 de ce recueil). — (7) *Parrain.* — (8) *Beauregard, marraine.* — (9) *Châte-lain.* — (10) *Vallier Greffier.* — (11) *Consul.*
(12) *Est.* — (V. pour le parrain et la marraine de cette cloche l'inscription de 1756, nᵒ 390).—(13) Les quatre premiéres lettres de ce prénom ont été gravées en creux au burin, après coup, sans doute par ce qu'elles avaient manqué à la fonte. — (14) *Nommée.*

Croix faite avec le même ornement. Sous la lég. circulaire, ornement courant de vigne et de raisin.

Sur la panse : écusson du parrain, sous une couronne de marquis, dans le ruban de l'ordre de S¹ Louis ; — nom du fondeur ; — *Croix* : — la *Vierge*, avec un ange agenouillé devant elle.

Note : *ut* ♯. Diam. 67 c.

437. — SEYSSINET. 1781.

✝ MON PARRAIN MESSIRE ENNEMOND FRANCOIS DE LA COSTE ANCIEN PRÉSIDENT [1] A

☞ MORTIER DU PARLEMENT DE GRENOBLE CONSEIGNEUR PATRIMONIAL DU MANDEMENT

DE PARISET ET MA MARRNE ANTOINETTE PATRAS DE LANGE [2] ÉPOUSE DE MESSIRE

☞ JOSEPH DE CHATELARD DE GARCIN CONSEILLER AU DIT PARLEMENT ❀

Au bas : ANDRE BONNEVIE MA FAITE LAN 1781 ❀

Note : *si*. Diam. 72 c.

438. — SINARD. 1781.

MARIA SUSANNA NOMEN ET ANTEA SOCIAM DEDERE NOBILSSIMUS [3] POTENTISSIMUS VIR

IAC FARN [4] DE CHEUALLIER SINARDI DOMINOS IN SUP [5] CURIA DELPH [6] SENATOR ET DE [7]

SUSANNE [8] DE PLAN DES SIEGE [9] IEUS [10] UXOR OLLOGNE CURE 1781.

(1) Conseiller au Parlement en 1734, président de 1750 à 1777. — (2) Antᵗᵉ de Patras de Lange, fille de Fᵒⁱˢ de Patras, maître ordinaire en la Chambre de-Comptes et de Mᵉ Emilie de Linage, et mariée en 1758 à Jⁿ de Garcin de Châstelard.

(3) *Nobilissimus et.* — (4) *Jacobus Franciscus.* Jacq.-Fᵒⁱˢ de Chevalier Distras de Sinard, conseiller au Parlement en 1766. — (5) *Supremâ.* — (6) *Delphinatûs.* — (7) Mot qui est de trop. — (8) L'*Armorial* la nomme *Victoire*, par erreur sans doute. — (9) *De Sieyès.* — (10) *Ejus.*

12

Au bas : FAVCHERAND B I GIRAVD [1]   DECHEMIN CHAIN [2] ⸶
HORIOT FECIT

Avant le baptême de cette cloche, les parrain et marraine en avaient déjà donné une autre, ainsi que le constate l'inscription: *Nomen et antea sociam dedere.*

Note : *si.*   Diam. 77 c.

439. — COLOMBIER.   1782.

DAME AVOYE COMTESSE DE REVOL EPOUSE DE MESSIRE LOUIS JEAN BAPTISTE MARQUIS DE VAVRE ☜

DE BONCE [3] SEIGNEUR DE COLOMBIER ET AUTRES LIEUX PARRIAN [4] ET MARRAINE 1782 DUCRAY FECIT

Sur la panse : *Crucifix* et la *Vierge.*

Note : *ut ♯.*   Diam. 67 c.

440. — GRENOBLE *(L'Hôpital)*.   1782.

✚ SANCTA MARIA ORA PRO NODIS ✸ MON PARRAIN EST J ✸ C ✸ H [5] ✸ DUC DE

☜ CLERMONT TONNERRE PAIR DE FRANCE LIEUTENANT GENERAL COMMANDANT EN

☜ DAUPHINE & ✸ MA MARRAINE EST ✸ DAME M ✸ F ✸ C [6] ✸ MARQUISE DE SASSENAGE DAME

☜ DES DUCHES DE LESDIGUIERES ET HOSTUN & ✸

Au bas : A — BONNEVIE FECIT LAN 1782 ✸

Note : *ut ♯.*   Diam. 71 c.

441. — MONTFALCON.   1783.

Au bas : CLO [7] DE MONTFALCON 1783

Note : *sol ♯* discord   Diam. 45 c.

---

(1) Ces deux noms sont imprimés en caractères rétrogrades. — (2) *Châtelain.*
(3) *Bonces.* — (4) *Parrain.*
(5) *Jules-Charles-Henry.* — (6) *Marie-Françoise-Camille*, que nous avons déjà vue figurer dans l'inscription campanaire de 1785. (n° 305).
(7) Ces trois premières lettres seraient-elles les initiales du mot *Cloche* ?...

442. — NOTRE-DAME-DE-VAULX. 1784.

CONCEPTIONI ☆ B ✧ V [1] ☆ MARIAE ☆ IMMACVLATAE
✧ 1784 DICATVM ✧

Au bas : POTIE FECIT ± A GRENOBLE

Note : *fa* ♯. Diam. 49 c.

443. — NOTRE-DAME-DE-VAULX 1784.
(Chapelle de)

PARRANT [2] IEAN BAPTISTE [3] MARRAINE MARIE MAGDELAINE

Au bas : POTIE FECIT ± A GRENOBLE 1784

Note : *fa* ♯. Diam. 41 c.

(Com^{on} de M. Lt Peyrin).

444. — S^T-NIZIER-D'URIAGE. 1784.

✝ JE ME NOMME MARIE JOSEPHINE MON PARRAIN MESSIRE NICOLAS FRANCOIS

DE LANGON [4] CHEVALLIER SEIG^{RS} DU DIT LIEUX S^T JUILLIEN [5] MONT RIGAUD BARON

DURIAGE BRIGADIERS [6] DES ARMEES DU ROY LIEUTENANT DES GARDES DU ROY MA MAR

RAINE DAME ANNE MARIE JOSEPHINE DE PRUNIER DE S^T ANDRE MARQUISE DE VIRIEUX

Au bas : A BONNEVIE ± MA FAITE LAN 1784 ; — de l'autre côté, *S^e Magdeleine* debout, les mains jointes.

Note : *si*. Diam. 76 c.

---

(1) *Beatæ Virginis.*

(2) *Parrain.* — (3) *Baptiste.* — Ces patrons de la cloche me font bien l'effet d'être tout simplement les saint et sainte qui portent ces noms.

(4) Fils de Hugues de Langon et de Magdeleine de Gallien de Châbons, Nicolas-François, marquis de Langon, seigneur dudit lieu, de Saint-Julien et de Montrigaud, baron d'Uriage, brigadier des armées du roi, était né en 1742. En 1788, il fut député de la noblesse aux Etats de Romans et aux Etats généraux, émigra pendant la Révolution et mourut à Grenoble en 1816. Il avait épousé Anne-M^{ie}-Jos^{ne} de Prunier de Saint-André, marquise deVirieu, fille de René-Ismidon-Nic^{as} de Prunier, etc. gouverneur de Vienne, lieutenant-général, etc.

(5) *Seigneur dudit lieu St Julien.* — (6) *Brigadier.*

445. — ARZAY. 1785.

Deo juvante, auspice [1] **Dei parâ et sanctis Levitis Laurentio et Stephano, sumptibus publicis, Renovata sum, anno Dni 1785**[.], **et ammente** [2] **altissimo et potentissimo Dno Bartholomeo Artus a Souaevo** [3] **cum altissimâ et potentissimâ Dnâ Adlaidâ-Rosâ-Victoriâ,** [4] **nomen accepi Adlaide Laurence. Sedente parrocho magistro Joan. Bapt. Fouillu, multum juvante Dno Andr. Chuzel.**

Je dois la communication de cette légende de l'ancienne cloche d'Arzai à M. G. Bouchardon, maire d'Arzai, qui a bien voulu me la montrer dans les vieux registres de sa commune. Transportée à Balbin, je ne sais à quelle époque, et placée dans le clocher, elle fut, un jour, prise pour cible par un chasseur et brisée d'un coup de fusil.

446. — MALLEVAL. 1785.

FRANÇOIS ET NICOLAS ROSIER MONT FAIT EN 178b

Note ! *ré.*　　　　　　　　　　　　　　　　Diam. 63 c.

447. — RUY. 1785.

ILLVSTRISSIME ET REVÉRENDISSIME SEIGNEVR MONSEIGNEVR MARIE CHARLES ISIDORE DE MERCY [5] FVEQVE ET BARON DE LVÇON CONER [6] 👉

DV ROY EN TOVS SES CONSEILS CHANOINE COMTE DE ST PIERRE DE

---

(1) *Auspicibus.* — (2) *Eminente* (?). — (3) Barthélemy-Artus de La Croix de Sayve, né à Grenoble en 1756, était fils de Jh-Artus de la Croix de Chevrières de Sayve, mᵉ d'Ornacieux, président au Parlement de Grenoble. Il fut avocat-général au dit Parlement, en 1767, et président, en 1779. Il émigra à la Révolution et mourut à Paris en 1821. — (4) Sa femme, sans doute.

(5) Les trois dernières lettres de ce nom ont été grattées ; mais on les reconnaît encore. Né au château de Maubec en 1736, sacré évêque de Luçon en 1776, archevêque de Bourges en 1802, officier de la Légion d'honneur et comte de l'Empire, Mgr de Mercy mourut en 1811. — (6) *Conseiller.*

VIENNE Dᴸᴸᴱ Dᴸᴸᴱ MARIE ERNESTINE DE MERCY SA NIECE MESSIRE ☞
IOSEPH DVC CVRE 1785

Au bas : C GAGET Nᴿᴱ (1) ☩ *(marque de Ducray)*. MICHEL BERGER CONSVL

2ᵉ face : *La Vierge et l'enfant Jésus.*

Note : *sol.*   Diam. 97 c.

(Publiée déjà en 1865 dans ses *Recherches hist. sur les environs de Bourgoin* par M. Lᵉ Fochier, sur la communication que j'en avais faite à l'auteur, mais avec quelques infidélités de reproduction de sa part).

448. — ARCISSES (LES). 1786.

☞ QVI PRO NOBIS PASVS (2) MISERERE NOBIS 1786
Marque de Ducray.

Note : *mi.*   Diam. 56 c.

449. — COMMIERS. 1786.

✝ SANCTA MARIA ORA PRO NOBIS
A BONNEVIE MA FAITE LAN 1786

Note : *sol.*   Diam. 45 c.

450. — FRETTE (LA). 1786.

✝ Mᴿᴱ ETIENNE RAVAREIN CVRÉ QVI MABENIE (3) MON PAREIN S (4)
CLAVDE PARIS

✝ ET CECIL (5) FORNIER SON ÉPOVSE MAREINE (6)

☩ N ROSIER MA FAITE 1786

Croix formée par une combinaison de chérubins et d'étoiles.

Note : *ut.*   Diam. 71 c.

(1) *Notaire.*
(2) *Passus.*
(3) *M'a bénie.* — (4) *Parrain, sieur.* — (5) *Cécile.* — (6) *Marraine.*

451. — GRENOBLE *(Œuvre de St-Joseph)*.   1786.

✚ SANTE [1] ANTONI ORA PRO NOBIS . SAINT

☞ MARTIN . A . BONNEVIE FECIT 1786

Au bas : le *Christ entre la Vierge et St Jean.*

Note : *ut* ♯.   Diam. 36 c.

452. — OPTEVOZ.   1786.

CETTE CLOCHE A ETE BENITE A LHONNEUR DE ST SIMPHORIEN ☞

PATRON DE CETTE PARROISSE SOUS LE NOM DE CATHERINE PAR ☞

MESSIRE ANTOINE MOLLARD PRETRE ET CURE DOPTEVOZ VINCENT

DEPUTE

Au bas : FAITE PAR BERTHIER A LYON 1786

Note : *la*.   Diam. 86 c.

453. — SALAGNON.   1786.

☞ MR I IPH PECOVD MME MTE MOREL SON EPOVSE 1786

Sur la panse : *Crucifix* et marque de Ducray de Lyon.

Note : *sol*.   Diam. 49 c.

Cette cloche existe toujours, malgré la fusion de la nouvelle cloche de 1866 ; mais on ne s'en sert plus.

454. — THEYS.   1786.

✚ J . M . J . [2] STE PAULE MON PARRAIN NOBLE PIERRE L . E .

☞ PASCALIS DE LONGPRA [3] . MARRAINE DEMOISELLE LAURENCE PLANELLI

✚ DE LA VALETTE [4] ENFANS DE MESSI

---

(1) *Sancte.*

(2) *Jesus, Maria, Joseph.* — (3) Pierre-Louis-Emilien Paschalis de Longpra, fils de Pre-Antne Paschalis de Longpra, consr au parlement et de Mlle Me-Elisabeth de Beaumont, était destiné à la magistrature ; mais la Révolution mit fin au Parlement, et son avenir fut brisé. — (4) Laure (ou Laurence) Planelli de la Valette était fille de Jh Planelli de la Valette et de Mlle du Bouchage. Elle avait épousé son cousin, Gab. Planelli, me de Maubec, maréchal de camp, mort sans enfant en 1832. Elle-même décéda, en 1842, au château de St-Robert.

EURS LES DIRECTEURS DE LA MAISON.

Au bas : A BONNEVIE MA FAITE LAN 1786

Cette cloche, suivant une note précieuse de Mlle A. de Franclieu, vient de la maison de la Propagation de la Foi et de la Magdeleine, fondée à Grenoble par Jeanne de la Croix-Chevrières, veuve de Félicien Boffin, baron d'Uriage et avocat-général au Parlement de Dauphiné. Ainsi que nous l'apprend Millet dans sa *Vénérable Abbaye de Bongourert*, etc. par ces deux vers expressifs :

> *Charreyri de Saint-Jacques, où l'on tire du poi*
> *L'Eyguenau reviria du costié de la croi...*

on élevait dans cette maison, située rue St-Jacques, les enfants des deux sexes, nés de parents protestants ou nouvellement convertis. Les religieuses de St-Joseph étaient chargées de l'enseignement. Les directeurs, en 1789, étaient : Mgr l'évêque de Grenoble, MM. Pison, de Châbons, Rey, Michon et de Barjac, chanoines de St-André, M. Planelli de la Valette, M. Paschalis de Longpra, M. Prié.

Note : *sol.*   Diam. 46 c.

455. — CLELLES.   1787.

✝ SIT NOMEN DOMINI BENEDICTVM EX HOC NVNC ET VSQVE IN SECV-LVM AVE MARIA

LE PARRAIN A ETE NOBLE PIERRE FELICIEN DE NOVEL SEIGNEVR DE CLELLES [1] 1787.

Au bas : BVARD *(Ecusson au* JHS*)* FECIT.

Note : *si.*   Diam. 78 c.

456. — GRESSE.   1787.

✝ SIT NOMEN DOMINI BENEDICTVM S^{TE} BARTHOLOMAEE [2] ORA PRO NOBIS ⩰⩰

---

(1) Et de La Bâtie des Abrets. Il était né en 1732, et mourut sans alliance en 1791. Par lui finit la branche aînée de la famille Novel.

(2) St-*Barthélemy*, patron du lieu.

NOBLE JEAN ANTOINE DE PONNAT BARON DE GRESSE [1] PARRAIN ET NOBLE DAME CATHERINE GABRIELLE DE VIDOC [2]

LA TOVR SON EPOVSE MARRAINE *(deux chérubins).*

M^RE JEAN JOSEPH ALLEMAND PRIEVR ET CVRE ⚜ S^H JOSEPH RONIN BOVRGEOIS *(un dauphin)* S^R B^MI [3] MARTIN C^SVL [4]

Sur la panse : *Crucifix* sur une base ; — *Évêque* de face ; — *La Vierge tenant l'enfant Jésus,* entre 2 chérubins ; — VALLIER *(marque du fondeur)* BARBE FECERVNT 1787

Note (?)   Diam. 88 c.

457. — MOTTIER (LE).   1787.

☩ MON PARRAIN EST TRES HAUT ET TRES PUISSANT SEIGNEUR MESSIRE JOSEPH ☜

MARIE DE BUFFEVENT [5] LIEUTENANT DE MESSIEURS LES MARECHAUX DE FRANCE SEI ☜

GNEUR DE VATILIEU MIREBOIS [6] FLEVIN [7] LE PETIT LIER ET AUTRES LIEUX MA ☜.

MARRAINE EST TRES HAUTE EST TRES PUISSANTE DAME MADAME ESPRIT JUSTINE

DE BEAURECUEIL SON EPOUSE

Au bas : A . BONNEVIE MA FAITE L AN 1787 .

Note : *si.*   Diam. 76 c.

458. — S^T-VICTOR-DE-MORESTEL.   1787.

☩ LAN 1787 IAI ETE BENITE PAR MR IOSEPH BUISSON CURE DE S^T VICTOR MON PARRAIN ☜

A ETE S^R FRANCOIS MEYSSIN BOURGEOIS DE S^T VICTOR ET MA MARRAINE D^ELLE ELISABETH ☜

HELENE PRAVAZ EPOUSE DE S^R CLAUDE MICHOUD BOURGEOIS A GOUVOUX

(1) L'*Armorial* en fait à tort un président du Parlement en 1770. — (2) *Vidaud.* — (3) *Sieur Barthélemy.* — (4) *Consul.*

(5) L'*Armorial* lui donne le titre de *marquis.* — (6) *Mirebourg,* d'après l'Armorial (?). — (7) *Flévins.*

Au bas : DUPONT ET DUBOIS FONDEURS

Note : *ut.* Diam. 69 c.

459. — DEMPTÉZIEU. 1788.

PARRAIN M^RE LOUI [1] HENRI COMTE DE VIENNE MESTRE DE CAMP CH^ER [2] DE LORDRE DE S^T LOUIS MAREINE D URSLE [3] HENRIETE DE VIENNE SA FILLE DERNIERE ☞

DE SON NOM ISSUE EN LIGNE DIRECTE DE GUI DE VIENNE A QUI HUMBERT [4] DAUPHIN SON PARENT DONNA LA TERRE DE DEMPTEZIEU EN 1343 EPOUSE DE M^RE LAURENT ☞

COMTE DE VALLIN SEIGNEUR DE DEMPTEZIEU VALLIN ET AUTRES PLACES M^RE G^ME PERNOD CURE DE DEMPTEZIEU F^OIS CHARVET CH^N [5] B^OT GUICHARD G^ER [6]

Au bas : *Crucifix* (marque de Ducray) C VECILLIE AL^DRE PRIE J^ES CONTAMIN CONSULS C G 1788

Cette cloche a été publiée avec une erreur de date dans les *Recherches sur les environs de Bourgoin*, par M. L^e Fochier à qui je l'avais communiquée en 1865.

Note : *sol* ♯. Diam. 100 c.

460. — VAULNAVEYS. 1788.

MON PARRAIN EST MESSIRE CLAUDE PERRIER [7] SEIGNEUR [8] DU MARQUISAT DE VIZILLE . OISAN . LAMUR [9] SERRE :

(1) *Louis.* — (2) *Mestre de camp* d'un rég^t de cavalerie, *chevalier.* (Il était fils de L^s de Vienne, baron de Châteauneuf, chevalier d'honneur au Parlement de Bourgogne. — (3) *Marraine, dame Ursule.* — (4) *Humbert* II, — (5) *Châtelain.* — (6) *Greffier.*

(7) Claude Périer, négociant, fut nommé nommé Notaire-clerc des Comptes et Secrétaire des Comptes le 30 décembre 1778, et reçu le 21 janvier suivant. Il venait d'établir une fabrique de toiles peintes dans le château de Vizille qu'il avait acheté des héritiers du duc de Villeroy, avec la terre de ce nom, celle de la Mûre, etc., dont il était devenu seigneur engagiste. Il fut régent de la Banque de France et envoyé comme député au Corps législatif par le département de l'Isère en 1799. Il mourut en 1801, à l'âge de 59 ans. Cinq de ses fils ont été portés à la députation, soit par le dép^t de l'Isère, soit par d'autres départements. L'un d'eux, Augustin, devint membre de la Chambre des Pairs, après 1830 ; un autre, Casimir, fut ministre de l'intérieur et président du Conseil, à la même époque.— (8) Mot enlevé au ciseau.— (9) *Oizans, la Mûre.*

MA MARRAINE DAME   ARIE [1] CHARLOTTE PASCAL SON EPOUSE F . JAT LAFAURY FILS I . B . BOUJARD

DEPUTTES DE LA COMMUNAUTE DE VAULNAVEYS , MR FLORY CURE 1788

Marque de Bonnevie fondeur.

Note : *la*.   Diam. 90 c.

461. — VEUREY.   1768.

✝ MON PARRAIN EST MESSIRE LOUIS CHARLES [2] DE S[T] OURS SEIGNEUR DE L'ENCHAILLON [3] ET MA 🖝

MARRAINE DAME JEANNE ELIZABETH PELLISSIER DE RIVIERE. 🖝

. . . . GILLET . . . . DE LA COMMUNAUTE DE VEUREY

. . . .

Au bas : marque de Bonnevie, sous laquelle 1788.

Note : *si*.   Diam. 79 c.

Cette cloche a été martelée. Néanmoins, dans les parties lésées, on peut encore reconnaître la petite croix initiale, la particule *de* placée devant le nom de St Ours, les mots *seigneur de ;* le nom de *Gillet,* placés plus bas. L'époque de cet acte de vandalisme se devine aisément.

462. — VIF *(Ancienne cloche des Pénitents).*   1788.

✝ 🖝 MON PARRAIN MESSIRE LAURENT CESAR DE CHALEON DE CHAMBRIER [4]

BARON DE CHATEAUNEUF ET DE LALBENC [5] CONSEILLIER AU PARLEMENT

🖝 MA MARRAINE DEMOISELLE JUSTINE DE LA GACHE DAME DU FIEF DE ROUSSIERES

(1) *Marie.*

(2) *Charles.* — (3) *L'Eschaillon.*

(4) Né à Grenoble en 1729, conseiller au Parlement en 1750. Il était fils de Laurent de Chaléon, aussi conseiller au même parlement. Laurent-César fut député de la noblesse aux Etats-généraux, en 1788. — (5) *L'Albenc.*

Sur la panse : La *Vierge tenant un sceptre et l'enfant Jésus ;* —Marque de Bonnevie, sous laquelle 1788 ; —*Crucifix à la Magdeleine ; — Évêque.*

Note : *sol.*   Diam. 47 c.

463. – ALLEVARD.   1789.

☩ ☞ Mᴿ NICOLAS GAUTIER NOᴿᴱ (1) VICE CHATELAIN ☩ ☞ ☩ Mᴿ MELCHIOR BOUVIER CURÉ

☩ Mᴿ LAURENT DUFRENE NOᴿᴱ ET SECRETAIRE GREFFIER DEPUTE ☩ ☞ Sᴿ NICOLAS

☩ ☞ BILLAZ CONSUL

Au bas : ☩ IE SUIS ETE FAITE A GRENOBLE PAR A BONNEVIE LAN DE LA LIBERTE FRANCOISE 1789.

Note *sol.*   Diam. 100 c.

464. — BEAUFIN.   1789.

☩ SIT NOMEN DOMINI BENEDICTUM Sᵀᴱ MARGUERITE (2) PRIE POUR NOUS

CLAUDE GAUTIER PARRAIN MARIE CHASTEL MARRAINE FAITE PAR LE SOIN DE Sᴿ JEAN PIERRE BARBE CONSVL 1789.

Au bas : ☩ VALLIER ET BARBE *(leur marque)* FVDERVNT
Note : *sol.*   Diam. 51 c.

465. — BIOL.   1789.

MA MARRAINE DAME THEREZE OTTIN EPOUSE DU SIEUR VALLET . SIEURS F . VALLET ET BERNARD DEPUTE DE LA COMMUNAUTE DE BIOL.

Au bas : Marque de Bonnevie, sous laquelle 1789.

Sur la panse : *Crucifix à la Magdeleine :* — la *Vierge et l'en-*

(1) *Notaire.*
(2) Patronne du lieu.

fant Jésus; — Marque de Bonnevie : — *S¹ Jean* (?) tenant une croix et bénissant un mouton.

Note : *si*.   Diam. 78 c.

466. — CRÉMIEU *(Eglise des Augustins)*.   1789.

☨ IE MAPPELLE IOSEPHINE ANTOINETTE HAUT ET PUISSANT M^{RE}
FRANÇOIS

☨ IOSEPH DE RENARD [1] DE GOUTEFREY LUN DES QUATRE PREMIERS
BARONS DU

☨ DAUPHINE BARON DE   SGR DE BERZIN GOUTTEFRY ET
AUTRE [2]

☨ PLACES DAME MADAME MARGUERITTE ANTOINETTE DERVIEUX [3] DE
VILLIEU

EPOUSE DUDIT SEIGNEUR BARON DE   1789

Plus bas, en lettres gravées : BENIE LE 24 MARS 1805 MM PO-
LOSSON, CURÉ, PLANTIER, MAIRE, GUICHARD, ADJOINT ET ALBICY JUGE
DE PAIX.

Au bas de la panse : IES.

Note : *mi*.   Diam. 61 c.

Cette cloche provient de l'église de Bressieux, et je suppose qu'à l'exemple de quelques autres, elle a dû changer de résidence à l'époque de la Révolution.

467. — EYBENS.   1789.

☩ MON PARRAIN EST TRES HAUT ET PUISSANT SEIGNEUR CHARLES
ETIENNE LE CLET [4] CHEVALIER

☞ SEIGNEUR D'EYBENS CONSEIGNEUR DE SEYSSINS . SEYSSINET .
PARIZET . S^T NIZIER ET AUTRES

___

(1) Pour *Berard*. — (2) *Seigneur de Brezins, Goutefrey et autres.* — (3) *Dervieu.*

(4) Ch^{es}-Et^{ne} Leclet, conseiller au Parlement de Grenoble en 1777. Il était né

☞ PLACES CONSEILLER AU PARLEMENT DE DAUPHINE MA MARRAINE HAUTE ET PUISSANTE DAME

☞ MARGUERITE JULIE DE JOANNIE SON EPOUSE QUI MONT NOMMEE CHARLOTTE JULIE ☞ MR ROBERTIERRE

SIEURS ANTOINE RAVANNAT ET IOSEPH MURAILLAT DEPUTES DE LA COM^{TE} (1) DEYBENS . . . .

Note : *sol.*   Diam. 94 c.

Cette cloche ayant été mutilée ou cisaillée entièrement à l'époque de la Révolution, c'est avec beaucoup de peine que j'ai réussi à faire revivre la légende. Je ne puis en dire autant pour les sujets qui lui servaient d'ornements. J'y ai échoué complètement.

468. — HEYRIEU.   1789.

FAITE EN CETT EAROISSE DEYRIEV (2) DONT M^{RE} DE LA TOURRETTE DE FLERIEV (3) EST SEIGNEVR AY ETE BENITTE PAR M^{RE} ☞

TEISSIER VICAIRE PARRAIN M^{RE} MICHEL VENERE CVRE MARREINE D^{LLE} IEANNE BRION DVVENET NOS OFFICIERS SONT M^E BIED ☞

CHATELAIN (4) M^E OGER N^{RE} (5) ET GREFFIER M^E BRION N^{RE} ET R^{EVR} (6) DES PAVVRES S^R ANTOINE VACHER R^{EVR} FISCAL PIERRE TRVCHET ☞

CONSVL FRANCOIS PIOT FABRICIEN 1789 A LA GLORIEVSE TENVE ET REVNION DES ETATS GENERAVX SOVS LE REGNE DE L XVI (7)

Note : *la.*   Diam. 93 c.

en 1754 et avait remplacé son père, P^{re}-Ch^{es} Leclet, aussi conseiller. — (1) *Communauté.*

(2) *Cette paroisse d'Heyrieux.* — (3) Marc-Antoine-Louis Claret de la Tourrette et de Fleurieux, fils de Jacq.-Annibal, président à la Cour des Monnaies, lieut. gén. criminel à la sénéchaussée de Lyon, prévôt des marchands en 1740, membre des Etats-généraux du Lyonnais en 1789, était né en 1729 et mourut en 1793. Secrétaire perpétuel de l'Académie de Lyon, homme de lettres et naturaliste, il fut lié avec J.-J. Rousseau. Suivant l'*Armorial du Dauphiné,* il était seigneur des Avenières et de Gerbais en Viennois. L'*Armorial général du Lyonnais, Forez et Beaujolais* d'André Steyert mentionne, de son côté, les Claret comme seigneurs de la Tourrette, de Fleurieux et de Sommoi (Sourcieux-sur-St-Bel) en Lyonnais. Je trouvais singulier que la cloche seule d'Heyrieux le reconnût comme seigneur de cette paroisse : mais une note de M. Steyert, postérieure à son *Armorial,* m'apprend qu'il était chevalier, baron d'Heyrieux, seigneur de la Tourrette, Fleurieux, Eveux et du Colombier. — (4) *Mesire Bied, châtelain.* —(5) *Notaire.*—(6)*Notaire et receveur.*—(7) *Louis* XVI.

469. — LIVET.   1789.

✠ PATRON DE LA PAROISSE S^T ANTOINE . MON PARRAIN EST MR ETIENNE SONNIER . ☞

ET MA MARRAINE HONNETE MARIE FIAT EPOUSE DE SIEUR CLAUDE JAIME DEPUTE ☞

DU DIT LIEU . MR SIVET CURE J. JACQUES FILS DEPUTE ▭▭

Sur la panse : la *Vierge au sceptre ;* — Marque de Bonnevie sous laquelle : 1789 : — *Crucifix à la Magdeleine ;* — *St Nicolas,* avec les trois enfants dans un baquet.

Note : *la.*   Diam. 82 c.

470. — S^{TE}-LUCE-EN-BEAUMONT. Fin du XVIIIe siècle.

F. A. BONNEVIE *(Pas de date).*

En creux : EX DONO VID^{EE} (1) VALLENTIN

Note : *ut ♯.*   Diam. 33 c.

471. — MIZOËN.   Fin du XVIIIe siècle.

Anépigraphe. Marque de Bonnevie. (sans date).

Note : *sol.*   Diam. 44 c.

472. — ABLANDINS (LES) — *Hameau de la Sallette.* Fin du XVIIIe siècle.

Sans légende et sans date. — A la place de la légende : BONNEVIE FONDEUR.

Note : *ré ♯.*   Diam. 34 c.

473. — ANNOYSIN-CHATELANS. Fin du XVIIIe siècle.

✠ SIT ✠ NOMEN ✠ DOMINI ✠ BENEDICTVM ✠ P ✠ P (2)

_____

(1) *Quid ?* ... Serait-ce *viduæ ?* ...

(2) Peut-être les initiales du curé : P. *Parochus,* ou plutôt celles du fondeur (?)

Sur la panse : *Croix* ornée et fleurdelisée, et J.H.S dans une couronne.

Note : *fa*.   Diam. 52 c.

Cette cloche a été fondue, en 1882, lors de la naissance de celle qui l'a remplacée. (V. le n° 1204.)

474. — GRENOBLE *(Gd Séminaire)*. Fin du XVIIIᵉ siècle.

Cette cloche n'a pas de légende, mais il y a, sur le cerveau, un écusson rond répété 4 fois. Il offre une légende circulaire qu'il m'est impossible de déchiffrer, vu son mauvais état de conservation : dans le champ, deux triangles entrelacés, formant une étoile à 6 pointes ; au centre, une cloche. Nous sommes probablement devant une *marque de fondeur* (?)

Note : *fa* ♯.   Diam. 67 c.

C'est l'ancienne cloche des Minimes.

475. — PELLAFOL *(Ancienne chapelle de)*. Fin du XVIIIᵉ siècle.

A FULGURE ET TEMPESTATE LIBERA NOS DOMINE.

Note : *ut*.   Diam. 39 c.

476. — VILLARD-EYMOND. Fin du XVIIIᵉ siècle.

Anépigraphe et sans date.

Note : *ut* ♯.   Diam. 35 c.

C'est la cloche des Pénitents.

477. — SASSENAGE.   1800.

✝ AD MAJOREM DEI GLORIAM . L . LA CROIX . ET M A . MORIN LA CROIX. HONORABILIS . (1)

☞ ET VIRTUTIS CONJUGES (2) SUIS IMPENSIS FECERE ME SUSCIPIENDO MARIAMANNAM .

☞ VOLAVERE . (3) ET BEATO PETRO PATRONO DICAVERE . M.D.C.CC Mᴿ GIROUD CURE.

(1) *Honorabiles.* — (2) *Epoux de vertu*, comme on dit : *gens de bien ; honorables et vertueux époux.* — (3) *Mariam Annam vocavere.*

☞ Mʀ HEBERT MAIRE . A FULGURE ET TEMPESTATE LIBERA NOS
DOMINE .

Au bas, marque de A. BONNEVIE FONDEUR; et, au-dessous, LAN 12.
Note : *ut.*   Diam. 70 c.

478. — ARANDON.   1802.

LAUDATE PUERI DOMINUM 1802
(En lettres gravées :) Mʀ CLAUDE ALEXANDRE GENTIL PARRAIN
ET Dᴸᴸᴱ HENRIETTE BOUQUIN SON EPOUSE MARRAINE
Au bas *(en lettres en relief :* BURDIN — FONDEUR; et, sur l'autre
face : A—LYON.
Note (?).   Diam. 48 c.

479. — CORPS.   1802.

☨ A FULGURE ET TEMPESTATE LIBERA NOS DOMINE
Marque de Bonnevie, sous laquelle : LAN 10.
Note : *sol.*   Diam. 49 c.

480. — NOTRE-DAME-DE-MÉSAGE.   1802.
(Hameau de Sᵗ-Sauveur.)

VACHAT DE GRENOBLE MA FAIT LAN 10.
C'est une toute petite cloche.
Note (?).   Diam. (?)

481. — THODURE.   1802.

☨ MON PARRAIN MICHEL THIEVIN MA MARRAINE MARIE LA BALLME
EPOUSE DE Sᴿ ☞
LOUIS BOUCHARD MAIRE . . . . . A FULGURE ET TEMPESTATE LIBERA NOS
DOMINE
Au bas : A BONNEVIE PERE ET FILS FECERUNT LAN 10
Dans le champ, marque du fondeur.
Note : *si.*   Diam. 75 c.

482. — CHAPONAY. 1803.

☩ ANNO 1803 MISERICORDIAM & IUDITIUM DOMINI CANTABO P^{ME} 100

Sur la panse : *Crucifix ;* — la *Vierge immaculée ;* — *St Nicolas et les enfants au baquet.*

Au bas, entre les cordons, et en lettres gravées :

PR^E CHAPUI · MI^{CEL} BOURGEI D^{EPT} (1)

🖙 M^R DES PORTE (2) MAIRE DE CHAPONAI P^{RE} BERTRAND . . . .

PARIN (3) LAU^{CE} (4) DEBOLO F^{EM} (5) ADENEIS BULION MARAINE J^N NICOLAS

P^{ER} CON^{SEIL} MUNICIPAL (6) 🙰

Note : *fa* ♯. Diam. 102 c.

483. — RENCUREL. 1803.

☩ MON PARRAIN MR MICHEL ARNAUD. MA MARRAINE THERESE RO-CHAR SA MERE.

🖙 MR GOUY MAIRE MARIE REPELIN SON EPOUSE. A FULGURE ET TEMPESTATE LIBERA

🖙 NOS DOMINE

Au bas, un *crucifix.*

A. BONNEVIE MA FAITE A GRENOBLE LAN 12

Note : *sol.* Diam. 97 c.

484. — RENCUREL. 1803.

☩ A FULGURE ET TEMPESTATE LIBERA NOS DOMINE MON PARRAIN MR MICHEL

🖙 ARNAUD MA MARRAINE THERESE ROCHAR SA MERE. M GOUY MAIRE MARIE

🖙 REPELIN SON EPOUSE.

Au bas, un *crucifix.*

A. BONNEVIE MA FAITE A GRENOBLE LAN 12.

Note : *la.* Diam. 87 c.

---

(1) *P^{re} Chapuis, Michel Bourget, députés* (?) — (2) Il y a eu plusieurs familles de ce nom, et j'ignore à laquelle le maire de Chaponay appartenait. — (8) Mot illisible avant *parrain.* — (4) *Laurence.*— (5) *Femme* (pour *épouse*).— (6) *Premier conseiller municipal* (maire ?).

13

485. — Sᵀ-CHRISTOPHE.　　1803.

✝ Sᵀ CRISTOPHE. [1] A FULGURE ET TEMPESTATE LIBERA NOS
☞ DOMINE. L AN 12.
Marque de Bonnevie.
Note : *fa*.　　　　　　　　　　　　　　　　　　Diam. 56 c.

486. — VIENNE (*Sᵗ André-le-Haut*).　　1803.

☜ SONITU MEO CONOVO [2] FIDELES PLORO MORTUOS ☞
(*En caractères gravés*) : ✝ PATRON Sᵀ ANDRE PARAIN FELIX DE
PRUNELLE MARRAINE JEANNE BERGERON Vᵛᴱ PEROUSE DUVIVIER [3]
Au bas, et en relief : A LION [4] 1803
Note : *la*.　　　　　　　　　　　　　　　　　　Diam. 91 c.

487. — VIENNE (*Sᵗ-Maurice*).　　1803.

✝ SIT NOMEN DOMINI BENEDICTUM GABRIEL PEYRONNET BEAUPRE
PARRAIN ANTOINETTE
☞ CLAIRE IOSEPHINE ROGNAT NEE BOISSAT MARRAINE DE LA
COMMUNE DE VIENNE LAN 1803
(*En lettres gravées :*) Mᴿ HILAIRE SOUS-PREFET
Au bas, marque [5] de FREREJEAN A LYON.
Note : *la*.　　　　　　　　　　　　　　　　　　Diam. 80 c.
Cette cloche n'existe plus : elle a été refondue en 1863 et
remplacée la même année par une autre (V. le n° 1131).

(1) *Sᵗ Christophe*, patron du lieu.
(2) *Convoco*. — (3) L'*Armorial du Dauphiné* cite seulement deux membres de
cette famille : Pʳᵉ-Annet de Pérouse, conseiller-clerc au Parlement de Grenoble,
puis évêque de Gap en 1754 ; et Jˢ de Pérouse du Vivier conseiller au Parlement en 1748. Le mari de Jeanne Bergeron appartenait certainement à cette
famille.— (4) *Lyon*.
(5) Un 𝔉 et un 𝔍 entrelacés, au-dessus de la légende semi-circulaire : FRERE-
JEAN A LYON.

488. — BRANGUES. 1804.

SIT NOMEN DOMINI BENEDICTUM SAINT PIERRE PATRON DE BRANGUE
⚹ 1804 V ST (1) MR ANGE ◥

IEAN FRANCOIS HUMBERT GRATEL (2) DU BOUCHAGE PARRAIN ⚹ DAME
CATHERINE BONNE ◥

DE REGNAULD (3) DU BOUCHAGE MARRAINE ⚹ MR IOSEPH TROLLIET DE
TOURS MAIRE ◥

DE BRANGUE & MR LUC MICHOUD IUGE DE PAIX DU CANTON DE MORES-
TEL . LAN 13 D. L. R. F (4) ◥

— LAN — PREMIER — DE LEM — PIRE

Au bas : CLAUDE ⛊ GIRAUD

Note : *si* ♭.   Diam. 85 c.

489. — CHÈZENEUVE. 1804.

SIT NOMEN DOMINI BENEDICTUM . SAINT MAURICE PATRON DE CHESE-
NEUVE .

MR FRANCOIS JOSEPH DE MEFFRAY DE SEZARGE D HAUTEFOR (5) PAR-
RAIN .

MD ENGELIQUE JEANNE THERESE DE LESSIN (6) MARRAINE . 1804 . V .
ST (7)

& SOUS LA MAIRIE DE JAQUES JAIQUIER . LAN 12 . D . L . R . F . (8)

Sur la panse : *Croix* ornée ; — *lézard* ; — CLAUDE ⛊ GIRAUD ;
— *Sainte tenant une couronne et une palme.* (Ste Apollonie,
sans doute, patronne de la paroisse.)

Note ; *mi*.   Diam. 57 c.

490. — ECHIROLLES. 1804.

✝ MON PARRAIN MR CLAUDE DUSSERT . MA MARRAINE MAGDELENE
☞ ACHARD SON EPOUSE.

Au bas : Marque de Bonnevie ; dessous, LAN 13.

Sur la panse : *Crucifix à la Magdeleine ; — Ste Magdeleine
debout.*

Note : *mi*.   Diam. 58 c.

(1) Vieux style.— (2) *Gratet.*— (3) *Reynaud.*— (4) *De la République française.*
(5) et (6) V. le n° 422. — (7) *Vieux style.* — (8) *De la République française.*

491. — VAULNAVEYS.   1804.

☩ IAPPARTIENS A LA SOCIETE DES PENITENTS DE VAVLNAVEY. MON PARRAIN Mᴿ IEAN BAPTISTE

☞ BOVIARD. MA MARRAINE Mᴰ ANNE BOVLLOVD EPOVSE A MICHEL HVRARD . ETIENNE DVLIN PRETRE

IE SVIS ETE FAITE PAR LES SOINS DES SIEVR I . B . BOVIARD ET MICHEL HVRARD DEPVTE RECTEVR

Sur la panse, les insignes ordinaires avec la marque de Bonnevie, sous laquelle : LAN 13

Note : *si*.   Diam. 78 c.

492. — CRÉMIEU *(Église des Augustins)*.   1805.

☞ ☩ CETTE CLOCHE A ETE BENITE PAR Mᴿ POLOSSON CVRE DE CREMIEV EN 8BRE 1805

☞ LE PARRAIN A ETE Mᴱ GVICHARD NOᴿᴱ (1) ET ADIOINT A M PLANTIER MAIRE DE

☩ CREMIEV ET LA MARRAINE A ETE DLLE LOVISE ANNE GVICHARD FILLE DV PARRAIN (2)

☩ ELLE A ETE NOMMEE LOVISE

Note : *si*.   Diam. 78 c.

493. — MEYSSIEZ.   1805.

NON MORIAR SED VIVAM ET NARABIS (3) OPERA DOMINI

Au bas, PRIVAT *(crucifix)* A LYON 1805, et la *Vierge et l'enfant Jésus.*

Note : *ut*.   Diam. 75 c.

494. — MIRIBEL.   1805.

◯ Mᴿ FALATIECE (4) RECTEUR ◯ Mᴿ CLAUDE COTTIN ADIOINT DE LA COMMUNE DE

(1) *Notaire*. — (2) Tous ces noms, moins celui de la marraine, sont déjà sur la cloche de 1789 (V. le n° 466). Il y a là un rapprochement assez curieux à faire, vu les temps.

(3) Il y a *Narrabo* dans le texte extrait du *Ps. 117, v. 17*. La légende, ici, s'adresse à la cloche.

(4) *Falatieu*.

◯ MIRIBEL PARRAIN ◯ MADEMOISELLE ANNE GUEI RON (1) SON EPOUSE MARRAINE ◯

Au bas : Mᴿ MEUNIER FONDEUR A CHAMBERY PRE (2) DE LEMFIRE FRANCAIS 1805 *(avec le 5 rétrograde)*.

Sur la panse : *Crucifix à la Magdeleine ;* — la *Vierge et l'enfant Jésus*.

Note : *fa* ♯.   Diam. 100 c.

495. — Sᵀ-MARTIN-D'URIAGE.   1805.

✝ ĪHS MARIA SANCTE MARTINE (3) ORA PRO NOBIS IBOƷ (4)

Note : *ut*.   Diam. 72 c.

496. — BIZONNES.   1806.

AD MAJOREM DIE (5) GLORIAM.

Note : *ré*.   Diam. 60 c.

497. — CHATONNAY.   1806.

✠ D. O. M. B. (6) MARIÆ VIRGINI AC GENTIUM APOSTOLO DICATUM A. D. (7) MDCCCVI

✠ R. (8) MARIA AGNETE LAZZARINI PRIORA ET MARIA ERRICA ROMANI SINDACA

Sur la panse : Médaillon orné représentant la *Vierge assise de face, tenant l'enfant Jésus*. Dessous, une carte ouverte sur laquelle, en 4 lignes : OPVS — ALOYSI - BELLI — VITERBI (9) ; —

(1) *Queiron*. — (2) 1ʳᵉ *année*.

(3) Sᵗ *Martin*, patron du lieu. — (4) *Sic* : IBO et un 2 renversé, ce qui pourrait faire supposer que la cloche est de 1802 ; mais j'ai préféré la laisser à 1805, vu la pénurie dans laquelle paraît s'être trouvé le fondeur, qui a formé sa date comme il l'a pu avec des lettres et des chiffres.

(5) *Dei*.

(6) *Deo optimo maximo, beatæ*. — (7) *Anno Domini*. — (8) *Reverenda*. — (9) Cette cloche me semble venir de quelque couvent d'Italie. Comment se trouvait-elle à Châtonnay ? C'est ce que je n'ai pu élucider. J'apprends qu'elle a été fondue, en 1869, avec les deux autres, lors de la confection des nouvelles cloches de 1869 et 1880 (V. le *Supplément*).

Un *saint de face, dans le même médaillon ; — Jésus à mi-corps portant la croix ;* dessous, un *lézard* ; — *St Paul.*

Ces 4 médaillons sont reliés entre eux par des guirlandes de branches de poirier soutenues par des anges.

Note : *ut.*   Diam. 71 c.

498. — CORENÇON.   1806.

☩ DONNE PAR M.J. GABRIEL JULLIEN NOTAIRE [1] AU VILLARD DE LANS EN ☜

MEMOIRE DE MR JEAN GABRIEL JULLIEN SON PERE NOTAIRE DECEDE ☜ LE 6 MARS 1805...........[2] MR COQUAND CURE DE CORREN ☜ CON [3]

Sur la panse : *Crucifix à la Magdeleine.* Dessous : LA COMMUNE A FOURNI DE MATIERE 167 [4];—la *Vierge* debout sur un cul de lampe très orné, les bras croisés sur la poitrine ; au-dessus, le *St Esprit* ; — marque de Bonnevie sous laquelle : LAN 1806

Note : *ut* ♮.   Diam. 67 c.

499. — LA COTE-S^T-ANDRÉ.   1806.

☩ PARRAIN MR LOUIS MARIE IOSEPH DE BUFFEVENT MRAINE D ME [5] LOUISE

☩ ELIZABETH VAULSERRE [6] DES ADRETS VEUVE DARGOUD DE VESSILIEUX [7] 1806

Au bas, F *(crucifix)* ROSIER : un *chérubin* sur chacune des autres faces.

Note : *fa.*   Diam. 55 c.

500. — FONTAINE.   1806.

☩ JE SUIS FOURNIE A CETTE EGLISE PAR MR JEAN PAUL LIOTIER MON PARRAIN ET DAME MARIE CATHERINE ROUX SON EPOUSE MA MARRAINE

---

(1) Ces mots, à part le premier, quoique grattés très fortement, se reconnaissent encore. — (2) Mots grattés complètement. — (3) *Corençon.* — (4) *Livres* (?).
(5) *Marraine, dame.* — (6) *De* Vaulserre. — (7) Veuve d'Et^{ne}-Maurice, comte d'*Argout* de Veyssilieu, mort dans l'émigration, père d'Ant.-Maurice-Apollinaire, comte d'*Argout*, qui fut ministre, etc., sous le roi Louis-Philippe.

Au bas, sous la marque de BONNEVIE FONDEUR : LAN 1806

Note : *ré.*   Diam. (?)

501. — LE FRÉNEY.   1806.

OMNIS TERRA ADORET TE ET PSALLAT TIBI

Au bas : PRIVAT A *(crucifix)* LYON 1806

Sur la panse, et en lettres gravées : ETNE ET VINT [1] PELLORCE
FRERES DU FRENEY 1807

Note ; *mi.*   Diam. 55 c.

502. — JALLIEU.   1806.

± CONVERTISTI PLANCTUM MEUM IN GAUDIUM CIRCUMDEDISTI ME
LETITIA [2]

Au bas : GELLY A *(crucifix)* LYON 1806.

Sur la panse, pampre fort élégant.

Note : *ut.*   Diam. 78 c.

503. — MEYLAN.   1806.

± MON PARRAIN MR IOSEPH VINCENT FERRIER DE MONTAL [3] MA
MARRAINE DAME THECLE SALLICON

☞ DE MONTAL SON EPOVSE.

☞ MR MICHEL GEBARD MAIRE

Au bas, marque de BONNEVIE FONDEUR ; au dessous, LAN 1806 ;
Crucifix à la Magdeleine ; — l'ange *Gabriel ;* — la *Vierge au
prie-dieu.*

Sous le crucifix : M^{RE} IEAN BAPTISTE BELLVARD CVRE.

Note : *sol.*   Diam. 88 c.

---

(1) *Etienne et Vincent.* Vincent peut bien être le même personnage nommé
déjà sur la cloche du Fréney de 1773 ; mais Etienne est-il bien le même que
celui de la cloche du Mont-de-Lent de 1766 ?... (V. les n°s 382 et 402).

(2) *Lætitia.*

(3) Colonel de la garde nationale en 1830.

504. — ROCHES (LES).   1806.

☞ PARRAIN PAUL REYMOND DE GERBAY [1] MARRAIN [2] MARIE PA-
VIAN FEMME RAMAY

☞ ETIENNE RAMAY MAIRE DES ROCHES CE 21 AVRIL 1806

Au bas : F ET *(crucifix)* C ROSIER FONDEURS

Note : *sol ♯.*   Diam. 86 c.

505. — TENCIN.   1806.

○ IONNES [8] NOMEN EIUS MR IACQUES GUIION [4] RECTEUR DE LA COM-
MUNE DE TENCIN. MR IOSEPH DALBAN

● MAIRE

Au bas : MR EUSTACHE MÉUNIER ET MR CLAUDE PERNET FONDEUR A
CHAMBERY MA FAIT [5] EN 1806.

Note : *la.*   Diam. 87 c.

506. — LAVAL.   1807.

MR IEAN BAPTISTE CHAMOUX CURE PARRAIN MR AUGUSTIN PERIER [6]
MARAINE MADME CHARLOTTE PASCAL SA MEER [7]

FRANCOIS MATHIEU DESCOMBES MAIRE BRUNO BLANC ADIOINT MR IO-
SEPH LAPLAIGNE MUNICIPAL ANTOINE CONSTANT MUNICIPAL

VICENT [8] MANQUAT IDEM FAIT PAR CLAUDE PERNET ET DUTRUC 1807

Sur la panse : marque de Bonnevie ; la *Croix à la Magdeleine ; l'ange Gabriel ; les guirlandes, etc.*

Note : *mi.*   Diam. 116 c.

507. — Ste-MARIE-DU-MONT.   1807.

•• SR IEAN ANTOINE MOREL CURÉ DESSERVANT DE LA COMMUNE DE
SAINT [9] MARIE DU MONT

---

(1) *De Gerbais* (?). — (2) *Marraine.*

(8) *Joannes.* — (4) *Guyon* (?). — (5) Pour *m'ont faite.*

(6) Plus tard député, puis pair de France. Il était le frère aîné de Casimir
Périer, le grand ministre du roi Louis-Philippe.— (7) *Marraine, madame* Ch^{le}
Pascal sa mère, femme de Cl^de Périer. — (8) *Vincent.*

(9) *Sainte.*

DAME DE [1] SEPT DOULEURS SR NICOLAS GABRIEL ÉMÉ DE MARCIEU [2]

PARRAIN ADELAIDE CHARLOTTE DE BROGLIE [3] MARRAINE

Au bas : EUSTACHE MEUNIER FONDEUR MA FAIT EN 1807 A CHAMBERY

Note : *ut.*   Diam. 70 c.

508. — St-MARTIN-D'HÈRES.   1807.

+ JE SUIS FOURNIE A CETTE EGLISE PAR MR JEAN BAPTISTE

ALLOUARD DOCTEUR EN MEMOIRE DE SA FAMILLE PARRAIN

☞ MA MARRAINE MME GABRIEL PILOQUE L'AN 1807

☞ JOSEPH ALLOUARD CURE

Au bas, marque de BONNEVIE FONDEUR,

Note : *fa.*   Diam. 55 c.

509. — LES ABRETS.   1808.

☞ NOMEN DOMINI ANNUNCIABO

SS [4] MARIA [5] ET JOHANNES BAPTISTA ORATE PRO NOBIS ☞ MR PRE

FELICIEN NOVEL [6] MON PARRAIN ☞

☞ DAME JAQUELINE VINGTRINIER [7] VVE NOVEL MA MARRAINE

☞ DAME JEANNE DE BIENVENU [8] FUT UNE DE MES BIENFAITRICES

REQUIESCAT IN PACE

☞ MR LOUIS GUICHARD CURE DES ABRETS 1808

JACQUELINE

Au bas, marque de FREREJEAN A LYON.

Note : *fa*♯.   Diam. 102 c.

(1) *Des.* — (2) Le même que le parrain de la cloche de 1777 (V. le n° 426). — (3) Sa femme.

(4) *Sancta et Sancte.* — (5) L'*Assomption* est la fête du pays. — (6) Ancien garde du corps de Louis XVI. — (7) De Lyon, veuve de M. Jh Novel et mère du parrain de la cloche. — (8) Cette dame, qui figure ici comme bienfaitrice, était religieuse et sœur de la grand'mère paternelle du parrain, Mme de Bienvenu, mme de Mondragon, d'une vieille famille de St-Genis-d'Aoste (Savoie). Elle était morte peu de temps avant la grande Révolution, après avoir fait des libéralités importantes à l'église des Abrets.

510. — AUTRANS.   1808.

☞ SANTA (1) MARIA ORA PRO NOBIS LUCEM CANO NOCTEM EDICO VIVOS VOCO MORTUOS PIANGO (2)

☞ FRUGESQUE AB HOSTE PRO PUGNO JH BERTRAND PARRAIN DME CLAUDINE BLANC EPOUSE DE MR

☞ BERTRAND MARRAINE L. RONIN MAIRE L BRUNET ADIOINT CLAUDE CHARAVEL CURE ✤

Sur la panse : ☞ VALLIER ET GAUTIER ✝ MON FAIT (3) LAN 1808

Note : *la*.   Diam. 85 c.

511. — CHATONNAY.   1808.

PARRAIN M JEAN BAPTISTE JOCTEUR (4) MARRAIN DENISE JOCTEUR (5)
M OGIER CURE
A CHATONNAY

Sur la panse, 1re face : BAN *(Crucifix)* DIER. (*La dernière lettre est gravée.*) ; — 2e face : A LYON *(Crucifix)* 1808.

Note : *fa* ♯.   Diam. 52 c.

Cette cloche a été mise au creuset, lors de la fusion des nouvelles cloches de 1869 et 1880 (V. le *Supplément*).

512. — GILLONAY.   1808.
Chapelle de Notre-Dame-du-Mont.

En lettres gravées : JAI • ETE • BAPTISEE • PAR • MR • CLAUDE • DURAND • CURE • DE • LA • COTE (6) • ST • ANDRE (7) • LAN • 1808 •

MON • PARRAIN • A • ETE • MR • PIERRE • ANT • DELESTRA • MAIRE • DE • LA • CO (8) • DE • GILLONAY • MA • MARRAINE • DAME (9) •

LOUISE • DAVAU • SON • EPOUSE •

---

(1) *Sancta.* — (2) *Plango.* — (3) *M'ont faite.*

(4) *Jean-Baptiste* Jocteur, né en 1744, décédé en 1809 ; notaire à Châtonnay, puis avocat à Vienne. Il était fils de Clde Jocteur, maire, conseiller du roi et notaire à Châtonnay ; il a été le premier qui ait été distingué de ses frères et sœurs par l'adjonction à son nom de celui de *Monrozier*. — (5) Sœur du parrain, décédée religieuse de la Visitation, au couvent de la Côte-St-André, en 1829.

(6) *Côte* (T et E conjugués). — (7) *André* (N et D conjugués). — (8) *Commune*. — (9) *Dame* (M et E conjugués).

Sur la panse : la *Vierge* (*gravée*), avec la légende : NOTRE DAME DU MONT. De l'autre côté, et en 4 lignes : GRAVÉE — PAR — DANDELLE — J . C

Note : *sol.*   Diam. 49 c.

513. — GRENOBLE (*L'Hôpital*).   1808.

Anépigraphe.

Cette cloche n'est, à proprement parler, qu'une clochette : cependant elle porte l'écusson de Bonnevie et la date 1808.

Note (?).   Diam. (?).

514. — St-CHRISTOPHE (*de Châtonnay*).   1808.

— MON PARAIN A ETE M CLAVDE AVGVSTE LVCIEN JOCTEVR [1]

— ET MA MARAINE MARIE VICTOIRE BERGER [2] SON EPOVSE

M OGIER CVRE FAITE PAR MOREAVX ET BANDIER A LYON AN 1808

Note : *ré.*   Diam. 61 c.

Communication de M. Léop. Monrozier.

515. — St-EGRÈVE.   1808.

☦ AD MAIOREM DEI GLORIAM · MON PARRAIN MR LOUIS PIERRE ALEXIS DARBON MAIRE DE ST EGREVE ☞

MA MARRAINE MADE FRANCOISE PRUNIER DE SAINT ANDRE VEUVE DE MSRE [3] PIERRE EME DE MARCIEU

ANCIEN LIEUTENANT GENERAL DES ARMEES FRANCOISES [4] REPRESENTEE PAR DAME MAGDELEINE MARGUERITE

☞ PISON EPOUSE DE MR DARBON MAIRE DE ST EGREVE.

MR DESIRAT RECTEUR

---

(1) *Cl.-Lucien-Augte Jocteur-Monrozier*, fils du parrain de la cloche de Châtonnay de la même année 1808 (V. le n° 511) et d'Antte-Françse Papet. Il était notaire à Châtonnay, maire et suppléant de la Justice de paix du canton de St Jean-de-Bournay. Né en 1782, il est décédé en 1862. — (2) Mie-Victe Berger *de St-Didier*, fille d'un conseiller de préfecture de Grenoble.

(3) *Messire.* — (4) V. les cloches nos 381, 393, 401, 405, 425, 426 et 515.

Au bas, marque de Bonnevie, avec A. BONNEVIE PERE ET FILS
FECERUNT — EN AOUST 1808, en deux lignes.

Note : *sol.*   Diam. 93 c.

516. — Sᵀ-EGRÈVE.   1808.

✝ GLORIA IN EXCELSIS DEO MON PARRAIN Mᴿ ANTOINE MODESTE
DUVERT MAIRE DE

☞ CORNILLON MA MARRAINE MADᴸᴸᴱ MARIE EMERANTIANE DE
CROY CHANEL

Mᴿ DESIRAT RECTEUR

Au bas, marque de A. BONNEVIE FONDEUR, avec : A. BONNEVIE
PERE ET FILS FECERUNT — EN AOUST 1808, en deux lignes.

Note : *si* ♭.   Diam. 75 c.

517. — Sᵀ-GEOIRE.   1808.

+ VENITE AD SANCTUARIUM 2. PARAL. C. 30. V. 8. [1] JAI ETE BENITE
PAR Nᴿ [2] TOURNUS CURE

☞ Mᴿ PIERRE-LOUIS-EMILIEN DE LONGPRA ET Mᴰᴱ [3] ANGELIQUE-
SOPHIE DE CRABRIERE [4] SON

☞ EPOUSE M ONT NOMMES [5]-GEORGE PATRON DE LA PAROISSE
SOUS L ADMINISTRATION DE Mᴿ RUELLE MAIRE EN JANVIER 1808.

Au bas, marque de Bonnevie.

Il y avait autrefois sept cloches dans le clocher de l'église
de Sᵗ-Geoire ; c'était un carillon, à peu près complet, qu'un
homme suffisait à jouer, — au moyen de cordes attachées aux
genoux, aux pieds, aux coudes et aux mains, — lors des baptêmes et des mariages. Il n'en reste plus que trois, sur lesquelles
on exécute tant bien que mal, lors des baptêmes, le vieux air
de : *Dupont, mon ami.*

Note : *fa.*   Diam. 120 c.

Cette cloche a été brisée et remplacée en 1884.

---

(1) *Paralipomenon, Liv. II, Chap. 30*, verset 8. — (2) Pour *Mʳ*. — (3) *Mᵐᵉ.*—
(4) Sœur du chevalier de Peyrins. — (5) *Nommée.*

518. — CHIRENS. 1809.

☨ DEM^{LLE} ADELAYDE IOSEPHINE EMILIE TROVLLIOVD DOVEE DE TOVTES LES VERTVS RELIGIEVSES : MORALE ET

☞ CIVILES : DECEDE A CHIRENS LE 28 IVIN 1809 ; A FAIT VN DON A CETTE COMMVNE POVR MON ACHAT ⁽¹⁾

☞ MON PARRAIN M^R GVY DVINAS ⁽²⁾ DE CHARCONNE CIDEVANT CHANOINE ET COMTE DV CHAPITRE DE S^T CHEF

☞ ET DE S^T PIERRE DE VIENNE : MA MARRAINE DAME MARIE LOVISE VICTOIRE LAVRENT EPOVSE DE M^R

☞ FRANCOIS ALEXIS TROVLLIOVD RECEVEVR DES CONTRIBVTIONS DIRECTES DE LA VILLE DE VIENNE : SVPPLEEE

☞ PAR DEM^{LLE} MARIE MAGDELEINE IVLIE TROVLLIOVD SOVS LAD^{ON} ⁽³⁾ DE MM IOSEPH IOVRNEL NOTAIRE ET MAIRE ☞

ET PIERRE HILAIRE ADIOINT :

Au bas, 1re face : MR ANDRE BOISSAC RECTEUR : — 2^e face : — A. BONNEVIE PERE ET FILS FECERVNT — EN X^{BRE} 1809, en deux lignes.

Sur la panse : Marque de Bonnevie.

Note : *sol.*   Diam. 94 c.

519. — CORBAS. 1809.

LAVDATE PUERI DOMINUM

Au bas, 1re face : BURDIN *(St-Joseph)* FONDEUR ; — 2e face : A LYON *(Crucifix)* 1809

Note : *la.*   Diam. 41 c.

520. — VILLARD-DE-LANS. 1809.

✝ VIVOS VOCO MORTUOS PLORO FULGURA PELLO.

---

(1) C'est bien pompeux pour une pareille rédaction !... — (2) *Guy du Mas* de Charconne, vicaire-général d'Auch, frère de Jacques-Justin, conseiller au Parlement, et de Hugues, ancien officier au régiment Dauphin. — (3) *L'Administration.*

☞ MON PARREIN Mᴿ RAYMOND JSMIDON CHARLES DE BÉRENGER ··
MA MARREINE DAME

☞ MARI FRANCOISE CAMILLE DE SASSENAGE VEUVE DE BEREN-
GER : (1)

☞ Mᴿ JEAN BAPTISTE AIMARD MAIRE ET NOTAIRE :

Sur la panse ; 1ʳᵉ face, sous la croix : Mᴿ DANIEL CURE ET AR-
CHIPRETRE ꞉꞉· — 2ᵉ face : Marque de Bonnevie ; — 3ᵉ face :
la *Vierge au prie-Dieu.* Dessous, en deux lignes : A BONNEVIE
PERE ET FILS FECERUNT ꞉ — EN 7 Bᴿᴱ 1809 :; — 4ᵉ face : l'*Ange
Gabriel.*

Note : *sol.*   Diam. 99 c.

Cette cloche a été fondue en 1881 (V. le Supplément.)

521. — VILLARD-DE-LANS.   1809.

☩ AVE MARIS STELLA ..

☞ MON PARREIN Mᴿ JEAN BAPTISTE AIMARD MAIRE ET NOTAIRE :
MA MARREINE DAME

☞ MARGUERITE BLOT SON EPOUSE :

Sur la panse, 1ʳᵉ face : Comme pour la cloche précédente,
moins le mot DANIEL qui a été gratté ; — 2ᵉ face : Marque de
Bonnevie ; — 3ᵉ face : la *Vierge au prie-Dieu.* Dessous, en
deux lignes : A BONNEVIE PERE ET FILS FECERUNT ꞉ — 7 Bᴿᴱ
1809 ⬚⬚⬚⬚⬚⬚⬚⬚

Note : *ut.*   Diam. 77 c.

Cette cloche a été fondue en 1881 (V. le Supplément).

522. — GIÈRES.   1810.

☩ S MARCEL PATRON ... MON PARRAIN Mᴿᴱ ANTᴺᴱ (2) CHRETIEN
FAURE COLᴱᴸ Bᴼᴺ (3) DE LEMPIRE OFFᴿ (4) DE LA

(1) Mˡˢ-Fˢˢ-Camˡˢ de Sassenage, 4ᵉ fille de Ch.-Fᵒⁱˢ, mˢ de Sassenage, etc., lieutᵗ
général en Dauphiné, et de Mⁱˢ-Fˢˢ-Casimire de Sassenage, épousa, en 1775,
Raymond-Pierre, mⁱˢ de Bérenger, cᵗᵉ du Guá, chevʳ d'honneur de Mᵐᵉ la Dauphine, col. au régᵗ de l'Ile-de-France-infanterie, fils de Pierre, cᵗᵉ de Bérenger,
lieutᵗ gén. des armées du roi. Ils eurent un fils, Ismidon. Serait-ce le parrain
de cette cloche ?

(2) *Messire Antoine.* — (3) *Colonel, baron.* — (4) *Officier.*

☞ LEGION DH^{EUR} (1) ⫶ MA MARRAINE DAME MARIE DUBOIS (2) EPOUSE DE MR S^T MAURICE . . . (3)

☞ MR AUGUSTE DE LEMPS MAIRE ANCIEN CHEF DE B^{LLON} (4).⫶....

☞ MR SIMON PIERRE PEYRONNET RECTEUR

☞ EN 8BRE 1810 ⫶·

Au bas, marque de Bonnevie.

Note : *sol*.   Diam. 93 c.

523. — JARRIE (*Haute*).   1810.

☩ S^{TVS} STEPHANVS (5) PLENVS GRATIA ▦ FACIEBAT ▦ SIGNA MAGNA IN POPVLO ▦

☞ MON PARREIN MR M^{IN} REAL MAIRE DE IARRIE MA MARREINE DAME MOLARD ▦

☞ NEE ARNAVD

Au bas : A. BONNEVIE PERE ET FILS — FECERVNT AN 1810

Sur la panse, marque du fondeur et les insignes ordinaires.

Note : *si* ♭.   Diam. 82 c.

524. — MONTAGNIEU.   1810.

✠ ☞ SANCTE PETRE (6) ORA PRO NOBIS

✠ ☞ PARRAIN MR LOUIS ANTOINE VICTOR DE MURINAIS (7) ✠

☞ MARRAINE MADAME PIERETTE ANTOINETTE LUCIE DE LA FORET (8)

✠ ☞ MR MICHEL VEYRET MAIRE DE LA COMMUNE DE MONTA-GNIEUX (9)

AN DE J C H (10) ✠ 1810

---

(1) *D'honneur*. — (2) L'*Armorial* l'appelle, par erreur sans doute, *Adèle du Boys*. — (3) *De St-Maurice*. — (4) *Bataillon*. L'*Armorial* dit : ancien *capitaine*, chev. de la légion d'honneur.

(5) St *Etienne*, patron du lieu.

(6) St *Pierre*, patron du lieu. — (7) Mis de Murinais, fils de Louis-P^{re}, m^{is} de Murinais, grand Bailly d'épée du Graisivaudan, Vienne et St Marcellin. Mort sans enfants en 1815. Il appartenait à la branche directe résidant à Murinais.— (8) De *la Forest-Divonne*, femme du parrain. — (9) *Montagnieu*. — (10) *Jésus-Christ*.

Au bas, marque de Giraud fondeur : — buste de la *Vierge ;*
Crucifix.

Note : *mi.*   Diam. 65 c.

525. — MONT-DE-LENT (LE).   1810.

☩ S^{TE} MARIE MAJEURE PRIES POUR NOUS FAITE PAR DON DE M^R
MICHEL MARTIN :

☞ MON PARRAIN MR GREGOIRE ANSELME PERRIN ENTREPRENEU^R
DES TRAVAUX DE LA NOUVELLE

☞ ROUTE : MA MARRAINE DAME EUPHROISINE BERTRAND NEE
GONDRAND MR JACQUES ROUX MAIRE :

☞ MR A. BOUVIER RECTEUR
EN AOUST 1810
Marque de Bonnevie.
Note : *la.*   Diam. 87 c.

526. — MOZAS.   1810.

SIT NOMEN DOMINI BENEDICTOM. (1)

Sur la panse, 1re face : · S | MGVP ⎫ (2)
                                      | CDFILS ⎬
                                      | GELLY ⎭
2^e face :   · DE ☩ LYON . 1810
Note : *si* faux.   Diam. 40 c.

527. — S^T-SYMPHORIEN-D'OZON.   1810.

◀ SIT NOMEN DOMINI BENEDICTUM ▶

◀ JE MAPPELLE SYMPHORIEN CLAUDE ROSALIE JAI ETE BENIE EN
1810

◀ PAR MR ROMAIN DORZAT ARCHIPRETRE JAI EU POUR PARREIN

◀ MR CLAUDE LOMBARD ET POUR MARREINE M^{DE} ROSALIE DULAU-
RENS (3) ▶

NEE DEMELAT (4) MR GUEIDAN MAIRE

Au bas : CHEAALIER (5) A LYON

(1) *Benedictum.* — (2) Lettres gravées dont j'ignore la signification.
(3) *Du Laurens.* — (4) *De Mélat* (branche de *Châteauvieux).* — (5) *Chevalier.*

Note : *fa.* Diam. 101 c.

528. — S^T-SYMPHORIEN-D'OZON. 1810.

◀ SOLI DEO HONOR ET GLORIA ▶

◀ JE SUIS LE FRUIT DES BIENFAITS DES FIDELES ▶

◀ ET SURTOUT DE M^{SR} (1) LES FABRICIENS ▶

◀ JE M APPELLE HELEINE ACHILLE JAI ETE BENIE EN 1810 ▶

◀ PAR MR ROMAIN DORZAT C^{RE} ARCHIPRETERE (2) JAI EU POUR PARREIN M^R ▶

◀ ACH DULAURENS (3) ET POUR MARREINE M^{DE} (4) HELENE DE LA PORTE

Au bas : CHEVALIER A LYON.

Note : *sol.* Diam. 84 c.

529. — LA TERRASSE. 1810.

+ DEUM LAUDO POPULOS VOCO MORTUOS PLORO ☞

MON PARREIN MR CATHRIN (5) VICTOR CHOSSAT DE MONTESSUY MA MARREINE DAME ☞

ARMAND GABRIELLE MARIE MAGDELEINE DE SAUTEREAU (6) EPOUSE DE ☞

MONTESSUY. REPRESENTEE PAR DAME MARGUERITE CHENAVIER EPOUSE DE M^R ☞

PISON S^T HILAIRE NOTAIRE MR FELICIEN PISON MAIRE DE LA TER-RASSE ☞

---

(1) *M^{rs}.* — (2) *Archiprêtre.* — (3) *Achille du Laurens*, le mari sans doute de la marraine de la précédente cloche. — (4) *Mademoiselle*, si j'en crois l'*Armorial*, qui nous apprend en même temps que le père de la marraine, Jⁿ-Bapt^e-Angélique de la Porte, avait épousé Louise de Mélat de Châteauvieux, dame du Châteauvieux de Saint-Symphorien.

(5) *Catherin*-Victor Chossat de Montessuy, descendant de Jean Chossat, second président en l'élection de Bourg (en Bresse) en 1636, prit le surnom de Montessuy-Sautereau, comme héritier, par sa femme, de cette noble et ancienne maison dauphinoise (V. le n° 617). — (6) Armande-Gab^{le}-M^{ie}-Magd^{ne} de Sautereau, née à Grenoble en 1771, avait épousé : 1° en 1795, M. Hubert de Saint-Didier ; 2° en 1809, le parrain de cette cloche. Elle est morte à Chasse en 1829.

14

Au bas, 1ʳᵉ face : Mᴿ MICHEL PISON RECTEUR DE LA SUCURSALE ;
— 2ᵉ face : A. BONNEVIE PÈRE ET FILS FECERUNT AN 1810.

Note *sol.*   Diam. (?).

530. — BEAUVOIR-DE-MARC.   1811·

☩ MON PARREINM ᴮFRANCOIS DERBEL (1) MARREINE MADAME MARIE
BENOITE CLESABEL (2) THAURE DEBAUGE VEUVE CHABROND (3)

☩ Mᴿ VIETOR (4) ALEXANDRE CHABROUD MAIRE MADAME EMERA-
NEIENE (5) CHABROUD NEE DERBEL (6) Mᴿ CLAUDE

☩ GINEL (7) ADIOINT Mᴿ CLAUDE VASSEROL (8) MERLE RECTEUR 1811

Sur la panse : Un *saint ;* — *crucifix* avec ɪ ʙ ROSIER FONDEUR ;
— la *Vierge et l'enfant Jésus ;* — une *sainte.*

Note : *sol.*   Diam. 103 c.

531. — CHALEYSSIN.   1811.

✝ MON PARRAIN Mᴿ FRANCOIS VERNAY NOTAIRE IMPERIAL A LUY-
RIEUX (9) TE (10) MA MARAINE

✝ MA DEMOISELLE MARIE ROUSSILLON 1811 IEAN BPTISTE (11) ROSIER
FONDEUR CELECIN (12)

Note (?).   Diam. (?).

532. — CROLLES.   1811.

☩ SOUS LE REGNE DE LEMPEREUR NAPOLEON Iᴿ LE VOCABLE DE Sᵀ
PIERRE (13) A CROLLES ET LA

☞ MAIRIE DE M. BOUVRET ROCOUR ON MA NOMME MARIE ⁚ MON
PARRAIN A ETE Mᴿ LAURENT CESAR

☞ DE CHALEON DOYEN DES MAGISTRATS DE LANCIEN PARLEMENT
DE GRENOBLE (14)·· ET MA MARRAINE

☞ MADAME CHARLES JOSEPHE DE BARRAL NEE BARNAVE DE BOU-
DRA (15)·· JAI ETE BENITE PAR

---

(1) *Dherbey,* docteur en médecine. — (2) *Elisabeth* ou *Isabelle* (?). — (3) *Chabroud.* — (4) *Victor.* — (5) *Emerancienne.* — (6) *Dherbey.* — (7) *Ginet.* —
(8) *Vasserot.*

(9) Pour *Heyrieux.* — (10) *Et.* — (11) *Baptiste.* — (12) *Chaleyssin.*

(13) L'un des patrons du lieu. — (14) V. l'inscription n° 482. — (15) *Boudrat.*
Boudrat était une famille de Grenoble qui a donné un trésorier-général de
Dauphiné en 1770.

☞ Mᴇ JACQUES CATHIARD RECTEUR DE LA SUCCURSALE EN 8ᴮᴿᴱ 1811 ⁛

Sur la panse : Marque de Bonnevie ; — *Crucifix* ; — la *Vierge au prie-Dieu* ; — l'ange Gabriel.

Note : *mi*.   Diam. 114 c.

533. — CULIN.   1811.

☞ Sᵀᴱ MARIE Sᵀ DIDIER PRIEZ POUR NOUS.

☞ ANTOINE LAGIER CURE. HYACINTE REVOLAT PARRAIN. ROSE ANNE PETREQUIN SON ☞

☞ EPOUSE [1] MARRAINE.

☞ L'AN DU SEIGNEUR 1811 ET LE 25 DU MOIS DAVRIL.

Sur la panse : marque du fondeur FREREJEAN A LYON.

Note : *mi*.   Diam. 62 c.

534. — MOIDIEU.   1811.

☦ MON PARRAIN IEAN ROUSSEL MAIRE DE LA COMMUNE DE MOYDIEU MA MARRAINE MARIE VILLARD

☦ SIMON MARTIN CURE I FERRAND ADIOINT I VILLARD P BARROUX F BROCHUD [2] I NARDIN I DURAND

☦ P IEANNIN L OLLIER B GINIOT M DU CONSEI [3] 1811

Au bas : I B ROSIER *(crucifix)* FONDEUR.

Note : *sol* ♯.   Diam. 90 c.

535. — Sᵀ-MAURICE-L'EXIL.   1811.

☦ IAI ETE BENIE PAR M R [4] GERMAIN ARCHIPRETRE DU CANTON DE ROUSSILLON ASSISTE DE M R [5] LOUIS

☦ GRUBIS RECTEUR DE CETTE COMMUNE LES NOMS DE MES PARREIN ET MARRAINE SONT INSCRITS

☦ DANS LES REGISTRES DE LA COMMUNE DE SAINT MAURICE IAI ETE FONDUE CHEZ MR

(1) *Epouse*.
(2) *Brochud*. — (3) *Membres* du *Conseil*.
(4) et (5) *Monsieur*.

GOUAT GRANDPRE MAIRE A COLOMBIER PAR IEANBPTISTE [1] ROSIER
FONDEUR LE 25 AVRIL 1811

Note : *sol* ♯.   Diam. 91 c.

536. — VOREPPE.   1811.

✝ IE CHANTERAI LES LOVANGES DV SEIGNEVR IE MAPPELLE CLAIRE
MON PRAIN [2] EST

✝ MR HES EBE DELINAGE MA MRAINE [3] MDE INE MAGNE DE CALVIERE DE
BOVCOIRAN DE BLACONS

✝ IAI ETE BAPTISEE PAR MR CLAVDE SIMON EVQUE [4] DE GRENOBLE LE
24 9BRE 1811

Au bas : IEAN BAPTISTE ROSIER FONDEVR G R [5]

Note : *sol*.   Diam. 101 c.

537. — BEAUCROISSANT.   1812.

✝ NASCENTES CLAMO VIVOS APPELLO MORTUOS PLANGO TEMPESTATES
PELLO ✝ IN NOMINE DOMINI

✝ SIT BENEDICTUM IN SOECULA ✝

✝ IE M APPPELLE ROSALIE DU NOM DE MA MARRAINE IAI POUR PAR-
REINS MR ALEAE MORTELLIER [6]

D ALLIVET [7] ET MA [8] BARATIER SON EPOUSE CELUI QUI MA BENIE MR
BRAVET CURE DE MOIRANS IE DOIS

MON EACISTANCE AUAE VIEVAE [9] DE BEAUCROISSANT IE SUIS NEE LE
3 AVRIL 1812 MR CAIRE RECTEUR

MR IOSPHES [10] MOIRANT MAIRE I. B. ROSIER FONDEUR.

Sur la panse ; St *Georges à cheval.*

Note : *ut*.   Diam. 80 c.

(1) *Jean-Baptiste.*
(2) *Parrain.* — (8) *Marraine.* — (4) *Evêque.* — (5) (?).
(6) *Parrains Mr Alexandre Mortillet*, député de l'Isère lors de la *Chambre
introuvable*, acheta la noblesse en 1826. — (7) *D'Alivet.* — (8) *Mme Rosalie*
Baratier.— (9) *Existence aux vieux* (c'est bien *aux Vieux*, car le fondeur, faute
du caractère X, a mis partout AE à la place de cette lettre, excepté au mot
EXISTENCE dans lequel elle est représentée par AC). — (10) *Joseph.*

538. — BRÉZINS (BAS). 1812.

☦ OMNIS SPIRITUS LAUDET DOMINUM 1812 PARRAIN MR FRANÇOIS LUCIEN

☦ ROUILLON PBETRE MRAINE [1] D^{ME}. MARIE COLLET CATEL

MR VINCENDON RECTEUR

Au bas : I . B . ROSIER FILS FONDEUR

Note : *ut* ♯. Diam. 72 c.

539.—MILLIN (*Chapelle de*).— *Hameau de Blandin.* 1813.

En lettres gravées : L AN 1813 M JOSEP^h PAUL LOMBARD CURE DE

A
CHBON [2]

Note : *si.* Diam. 36 c.

540. — S^T-SIMÉON. 1813.

☦ VENITE ET VIDETE OPERA DOMINI P^S 45 1813 P^{RAIN} [3] M^R I^N PRE GINET L ONCLE

☦ M^{RAINE} DAME MADELAINE BIESSI GINET MR MOUSSET RECTEUR

Au bas : IEAN BAPTISTE ROSIER FILS FONDEUR

Note : *si.* Diam. 83 c.

541. — CESSIEU. 1815.

☦ IAI POUR PARRAIN MR ENNEMOND GUEDY N^{RE} ET ADIT [4] IAI POUR MARAINE M^{DE} MARIE FELICITE GUEDY

☦ EPSE [5] DE MR SORNIN MAIRE MR SORNIN NO^{RE} [6] ET MAIRE M^{DE} SUZANNE MOLLARD SPOUSE [7] DE MR GUEDY AD^{IT} [8]

☦ MR CHARLE MERMET CURE ANE^E [9] 1815

Sous le *crucifix* : I B ROSIER FILS FONDEUR

Note : *sol.* Diam. 96 c.

(1) *Marraine.*
(2) *Châbons.*
(3) *Parrain Mr Jean-Pierre Ginet l'oncle.*
(4) *Notaire et adjoint.* — (5) *Epouse.* — (6) *Notaire.* — (7) *Epouse.* — (8) *Adjoint.* — (9) *Année.*

542. — CORBELIN.   1815.

✚ IAI POVR PARAIN ᴹᴿ ETᴺᴱ ⁽¹⁾ GIRERD BOLAND IVGE DE PAIX POVR MARAINE ᴹᴰᴱ ⁽²⁾ LOVISE

✚ CLAVDINE PECOVD SON EPOVES ⁽³⁾ ᴹᴿ Bᴱ PATRICOT MAIRE DE CORBELIN ANEE ⁽⁴⁾ 1815

Au bas : I.B ROSIER FILS FONDEVR

Sur la panse : *St Pierre ; — St Paul ; —* la *Vierge ; — St Georges à cheval terrassant le dragon.*

Note : *fa* ♯.   Diam. 104 c.

543. — MEYRIÉ.   1815.

SIT NOMEN DOMINI BENEDICTOM ⁽⁵⁾ LAN 1815

En lettres gravées : ᴹᴰ LOUISE VICTOIRE DE NÉRYRIEU VEVE ⁽⁶⁾ DE MR DE MIRABEL

MR GASPARD GONIN MER ⁽⁷⁾ MR JOSEPH DE NEYRIEU ⁽⁸⁾

Note : *fa* ♯.   Diam. 53 c.

544. — NOTRE-DAME-DE-L'ISLE.   1815.

• BENEDICAMUS DOMINO AN 1815.

Sur la panse : *Croix* carrée fleurdelisée : — la *Vierge et l'enfant Jésus.*

Note : *fa* ♯.   Diam. 52 c.

545. — Sᵀ-DIDIER-DE-LA-TOUR.   1815.

SANCTE DESIDERI ⁽⁹⁾ ORA PRO NOBIS LAN 1815

ᴹᴿ JOSEPH CESAR DU COLONBIE ⁽¹⁰⁾ ☞

---

(1) *Etienne.* — (2) *Mᵐᵉ.* — (3) *Epouse.* — (4) *Année.*

(5) *Benedictum.* — (6) *Mᵐᵉ Lᵉᵉ. Vᵉᵉ. de Neyrieu veuve de Mʳ de Mirabel* (du Vivarais), était fille de M. de Neyrieu, seigʳ de Domarin, etc. qui parut sous le titre de mⁱˢ de Neyrieu de Domarin dans la protestation faite en 1788 par plusieurs membres de la noblesse contre les Etats de Vizille. Elle était sœur de Jᵇ de Neyrieu, qui suit, ancien capitaine de dragons avant la Révolution. — (7) *Maire.* — (8) *V.* le n° 692).

(9) *Sᵗ Didier*, patron du lieu.— (10) Fils de Paul du Colombier et de Mˡˡᵉ Anne de Barin, avait épousé *Marguerite-Aimée*, fille de François de Corbeau de Vaulserre et d'Urbine de Rachais.

M^D MARGUERITE AIME DU COLONBIE NEE DE CORBEAU

Note : *mi.*   Diam. 64 c.

546. — S^T-PRIEST.   1815.

LE PARRAIN A ETE M. F. [1] EMMANUEL DE GUIGNARD C. [2] DE ST.
PRIEST PAIR DE F. [3] AN. MINISTRE [4] ET S. D ETAT [5] ET ☞

AN. AMBASSADEUR EN PLUS. COURS [6] L. G. [7] DES ARMEES DU ROI
CH. R. ET MI. [8] DE ST. LOUIS DE L ORDRE IMP. [9] ☞

DE ST. ANDREE DE RUSI [10] ET HORE [11] DE CELUI DE S^T JEAN DE
JER. [12] ET LA MARRAINE MDM [13] MARIE ☞

THERESE ALEXANDRINE AMELIE [14] DE VIENNOIS COMTESSE DAL-
BONS ☞

FAIT PAR ODRE [15] ET DILIGENCE DE MMRE [16] PIERRE JOLY CURE
ET PIERRE REYMOND MAIRE

Au bas : CHEVALIER ☨ A LYON 1815

Note : *fa* ♯.   Diam. 93 c.

547. — S^T-PRIEST.   1815.

LE PARRAIN A ETE LOUIS ANT. EMMANUEL DE GUIGNARD VICOMTE DE
ST. PRIEST PER [17] TRANCHANT DE SA M. [18] PORTE ☞

CORNETTE BLANCHE DE SA COUR M^{AL} DE CAMP ET AR^M [19] DU ROI
GENTILHOM DHNNEUR DE S. ALT. M. G^R LE DUC ☞

DANG. [20] CHE. DE L ORDRE R^{AL} ET MIL. DE ST L. ET DE DIV. ORD. DE
CHEVIE [21] LA MARRAINE MDME [22] ☞

PULCHERIE EMILIE DE GUIGNARD DE ST. PRIEST MARQUISE DE CAL-
VIRE [23] ☞

(1) *François.* — (2) *Comte.* — (3) *France.* — (4) *Ancien ministre* de l'intérieur
sous Louis XVI, en 1790. — (5) *Secrétaire d'État.* — (6) *Ancien* ambassadeur
en *plusieurs* cours (à Constantinople, en Hollande, etc.) — (7) *Lieutenant-général.* — (8) *Chevalier* (on a omis : *de l'ordre*) *royal et militaire.* — (9) *Impérial.*
— (10) *St André de Russie.* — (11) *Honoré* (?). — (12) *Jérusalem.* — (13) *Madame.* —(14) L'*Armorial* dit *Émilie.* Elle était fille de Jⁿ-Jacques, m^{is} de Viennois,
et femme, en 1803, du m^{is} d'Albon, pair de France.—(15) *Ordre.*—(16) *Messieurs.*
(17) *Premier* (omis : *écuyer*).— (18) *Majesté.*— (19) *Maréchal des camps et armées.* — (20) *Gentilhomme d'honneur de S. A. Monseigneur* le duc d'Angou-
lême. — (21) *Chevalier* de l'ordre *royal et militaire de St Louis* et de *divers
ordres de chevalerie.* — (22) *Madame.* — (23) Ne serait-ce pas *Calvière* ?

FAIT PAR ORDRE ET DILIGENCE DE M.ᴹᴿˢ PIERRE JOLY CURE ET
PIERRE REYMOND MAIRE

Au bas : ☞ CHEVALIER ☦ A LYON AN MDCCCXV.

Note : *si* ♭.   Diam. 81·c.

548. — AVAUX.   1716.

☦ IAI POUR PARRAIN Mᴿ IACQUES CIRILE (1) DUPRAT ET POUR MA
MARRAINE

☦ MARIE AGNES BOLLAND VEUVE BLANCHARD ANNEᴱ 1816

Note : *mi.*   Diam. 60 c.

549. — BOURG-D'OIZANS (LE).   1816.

☦ A LA GLOIRE DE DIEU ET SOUS LES HOSPICE (2) DE S. LAURENT
PATRON DE

CETTE PAROISSE J AI PRIS L EXISTENCE EN 1816 PAR LA GENEROSITE
DES HABITANTS

☞ DE CETTE PARROISSE (3) ET PARTICULIEREMENT DE PIERRE ROUS-
SILLON FILS DE DEFFUNT (4)

☞ ANTOINE QUI A ETE MON PARRAIN ET DE CATHERINE RATAUS
MA MARRAINE

☞ Mᴿ NOEL COL CVRE ET ARCHIPRETRE

Marque de Bonnevie.

Note : *si.*   Diam. 70 c.

550. — GRANDE-CHARTREUSE.   1816.
(Cloche de famille)

☞ QUI DISPERSIT ISRAEL CONGREGABIT EUM JEREMIE 1816

Note : *ut* ♯.   Diam. 68 c.

551. — GRENOBLE (Notre-Dame).   1816.

✚ AD MAJOREM DEI GLORIAM • DONO DEDIT CLAUDIUS SIMON • PRI-
MUS AB INSTAURATO CULTU EPISCOPUS

(1) *Cyrille.*
(2) *Auspices.* — (3) *Paroisse.* — (4) *Défunt.*

☞ GRATIANOPOLITANUS • ANNO 1816 • PARRAIN MR LOUIS GABRIEL PLANELLI MARQUIS DE MAUBEC (1) •

☞ CHEVALIER DE LORDRE ROYAL ET MILITAIRE DE S^T LOUIS MARECHAL DE CAMP • MARRAINE M^{DE}

☞ LOUISE MORETON DE CHABRILLANT VEUVE DE M^R LE COMTE FLODOARD DE BALLY MARECHAL DE

☞ CAMP •

Au bas, et en deux lignes : • A • BONNEVIE PERE ET FILS • — FECERUNT EN MAY 1816 •

Sur la panse : écusson de Claude Simon ; — la *Vierge au prie-Dieu ;* — le *crucifix à la Magdeleine ;* — l'*Ange Gabriel.*

Note : *mi.* Diam. 116 c.

552. — LE MOUTARET. 1816.

☜ S^T JEAN B^{TE} (2) PRIEZ POUR NOUS FRANCOIS PORTE MAIRE PRE COUTURIER FONTAINE ADJ^T F^{OIS} VIZIOZ

☜ HENRY PORTE PARRAIN MARIE ORTOLAND VEUVE PORTE MARRAINE SEON (3) MONTMAYEUR

☜ CLAUDIUS ROSSET EX LINGUAE LATINAE PRO^{FRE} (4) F^{OIS} FASSIOZ I^N PORTE A^{NE} (5) ROSSET FASSIOZ

☜ I^{PH} VISIOZ F^{OIS} CHARROT I^{QE} (6) COUTET TOUS CONSEILIERS

Au bas, sous la croix, et en 2 lignes : ☞ GAUTIER ET VALLIER — FONDEURS DE BRIANCON MONT FAITE EN JUILLIET 1816.

A côté de la croix, écusson armorié et sommé d'un heaume à droite et de lambrequins : *de gueules, à la fasce de... chargée de 3 étoiles de.... accompagnée en chef et en pointe d'un lion passant de...* Cet écusson se retrouve sur plusieurs cloches fondues par Gautier et Vallier. Seraient-ce les armes de l'un

---

(1) Par sa femme, Laurence Planelli de la Valette, dernière marquise de Maubec.

(2) Patron du lieu. -- (3) *Siméon.* — (4) N'est-ce pas une perle que cette phrase *latine* au milieu de cette inscription, et les mots *ex linguæ latinæ professore* ne valent-ils pas leur pesant d'or ?... — (5) *Antoine.* — (6) *Jacques.*

d'eux ?... (J'ai remarqué qu'elles sont toujours placées au-dessus du nom de Gautier.) Sont-elles seulement dauphinoises ?... Elles ne sont ni figurées ni décrites dans l'*Armorial* de M. G. de La Bâtie.

Note : *si* ♭.   Diam. 84 c.

553. — LE PÉRIER.   1816.

✝ SANCTA AGATA ORA PRO NOBIS ✝ M.ᴿ HOSTACHE CURE ET M.ᴿ COSTE ✝ MAIRE IAI POUR PARRAIN M.ᴿ BLANC ET POUR MARRAINE M.ᴸᴸᴱ BOULAUD

Sur la panse : *(crucifix)* AN 1816 ; dessous, I.B. ROSIER FONDEVR
Note : *ré.*   Diam. 68 c.

554. — ROVON.   1816.

✝ IAI POUR PARRAIN M.ᴿ.I.H.P.ᴿᴱ.L.S.F.COIS.R.ᴵˢ. (1) POCHIN LA BRUYERE ✝ MAIRE DE ROVON ET POUR MARRAINE Dᴬᴹᴱ SOPHIE RÉPITON EPOUSE ✝ DE M.ᴿ SILVᴿᴱ (2) RUBICHON ADIOINT Aᴺ 1816

Au bas : I. B. ROSIER FONDEVR
Note : *mi.*   Diam. 57 c.

555. — Sᵀ-PIERRE-DE-CHÉRENNES.   1816.

✝ IAI POUR PARRAIN Mᴿ ADOLFE (3) GASPARD BRENIER DE MONIERE DE TS (4) MARCELLIN TE (5) ✝ POUR MARRAINE M.ᴸᴸᴱ MARIE ZENADE ROBERT DE CHATE (6) ET M.ᴿ.I.Bᵀᴼᴺ (8) MAIRE DE TS PIERRE

Au bas : *(crucifix)* AN 1816 — I. B. ROSIER FONDEVR
Note : *ut.*   Diam. 73 c.

556. — GRANDE-CHARTREUSE.   1817.
(Ancien horloge.)

✝ LAUDATE NOMEN DOMINI Pˢ 112 BONNEVIE FECERUNT EN 1817
Note : *si.*   Diam. 42 c.

(1) *Mᵉ Joseph-Pierre-Louis-Sᵗ-François-Regis.* — (2) *Silvestre.*
(3) *Adolphe.* — (4) *Saint.* — (5) *Et.* — (6) *Zénaïde* Robert, de *Chatte.* — (7) *Sᵗ.* — (8) *Jean Bonneton,* maire de *Sᵗ*-Pierre depuis 1808.

557. — HEYRIEUX. 1817.

UN — DIEU — UNE — LOI — UN — ROI

☞ CETTE CLOCHE A L USAGE DE L EGLISE D HEYRIEUX A ETE FONDUE EN

☞ NOVEMBRE 1817 ELLE A ETE BAPTISEE PAR Mᵁᴿ TEISSIER (1) CURE DE LA PARROISSE

☞ SES PARRAINS ONT ETE TOUS LES BIENFAICTEURS ET NOTEMMENT Mᴱᵁᴿˢ LES

☞ FABRICIENS....... ET SA MARRAINE Dᴸᴸᴱ...... PUISSE TELLE (2) SONNER LONPTEMPS

☞ DES JOURS HEUREUX POUR TOUS LES PARROISSIENS

Au bas, 1ʳᵉ face : BURDIN ✝ FONDEUR ; — 2ᵉ face : A *(la Vierge)* LYON

Sur la panse : 2 fois un grand écusson aux armes de France. La partie ponctuée de la 5ᵉ ligne a été complètement grattée.

Note : *si.*   Diam. 70 c.

558. — MONESTIER-DE-CLERMONT. 1817.

✝ J. G. PARRAIN L. P. MARRAINE COMMUNE DU MONNETIER (3) DE CLERMONT

Sur la panse : marque de Bonnevie : — sous le *crucifix* : BONNEVIE FECIT 1817

Note : *si.*   Diam. 78 c.

559. — PASSINS. 1817.

SIT NOMEN DOMINI BENEDICTUMIN SECULA 1817

En lettres gravées : CURÉ ✝ Fˢ VÉTTARD ✝ PARRAIN ✝ Lˢ D'AUDIFFRET (4) ✝ MAIRE ✝ MARRAINE ✝ Mᴰᴹᴱ DE ✝ QUINSONAS.

Note : *ut* ♯.   Diam. 69 c.

---

(1) *Mʳ Teissier.* Ce nom paraît encore, quoiqu'il ait été gratté. — (2) *Tᵉelle.*
(3) *Monestier.*
(4) La maison d'Audiffret possédait encore au commencement de ce siècle la terre de Passins. Elle est devenue la maison d'Audiffret-Pasquier et habite Paris.

560. — PINSOT. 1817.

⚑ SOUS LA MAIRIE DE MONSIEUR GRASSET FILS AINE ✠ MONSIEUR BARGINET CURE ✠

⚑ URSULE ✠ JULIE ✠ DEDIEE A S^T MAURICE (1) ✠ M^R ✠ I ✠ GRASSET ✠ FILS PARRAIN ✠ DAME URSULE

⚑ JULIE FRANCOISE SON EPOUSE MARRAINE ✠ SIEUR DENIS RAFFIN ADJOINT ✠ *(un mot gratté.)*

Pas de croix sur la panse. — Sur le cordon inférieur, une feuille d'acanthe répétée 3 fois. — Au bas : VALLIER FECIT 1817.

Note : *ut.*   Diam. 81 c.

561. — PUSIGNAN *(Vieille église).* 1817.

☞ COMMUNE DE PUZIGNAN VOCABLE A L ASSOMPTION DE LA S^{TE} VIERGE

☞ JOSEPH QUINON MAIRE ET NOTAIRE

Sur la panse : BURDIN FONDEUR ☩ A LYON 1817 ; — écusson de France ovale entre 2 branches de laurier ; — la *Vierge entre des Chérubins ;* dessous : ASSUMPTA EST MARIA IN CŒLUM ; le même écusson de France.

Note : *si.*   Diam. 76 c.

562. — S^T-NAZAIRE. 1817.

✝ MON NOM EST SANCTA ROSALIA MON PARRAIN EST MR F^{OIS} AMAT ROLLAND CONSEILLER A

✝ LA COUR ROYALE MA MARRAINE MLLE MARIE ROSALIE GABRIELLE ROLLAND MR MARIE

✝ I.^H BIGILLION CURE MR P.^{RE} BOURGEAT MAIRE AN 1817

Sur la panse : ROSIER FONDEUR ; — *crucifix* entre St *Pierre et* St *Paul ;* — S^t (?) ; — St *Laurent.*

Note : *la.*   Diam. 84 c.

(1) Patron du lieu.

563. — St-PIERRE-D'ALLEVARD. 1817.

☩ I'AI POUR PARRAIN Mʀ NICOLAS BILLAZ MAIRE ET POUR MARRAINE DAME ROZE

☩ SAPPEY EPOUSE DE IUACHIEN (1) DUTRAIT ANCIEN NOTAIRE DE Sᵀ PIERRE D ALLEVARD AN 1817.

Au bas : ROZIER FECIT.

Note : *si*. Diam. 79 c.

564. — St-PRIEST. 1817.

En lettres gravées : JE ☩ FUS ☩ DETRUIT ☩ PAR ☩ LA ☩ RE-VOLUTION ☩ & ☩ RETABLI ☩ EN ☩ 1817

PAR ☩ LES ☩ ORDRES ☩ DE ☩ M ☩ DE ☩ S ☩ PRIEST ☩ PAIR ☩ DE ☩ FRANCE (2)

Note : *mi*. Diam. 57 c.

Cette cloche provient de l'horloge du château.

565. — StVÉRAN. 1817.

☩ SIT NOMEN DOMINI BENEDICTUM ☩ IE MAPPELLE MARIE ANNE BAP-TISEE PAR Mʀ Iᴮ (3) SIMOND

☩ CURE MON PARREIN M.ʀ F.ᴼᴵˢ ROCH DE QUINSON ET MA MARRAINE Mˣ MARIE ANNE DE LA

☩ MERLIERE SON EPOUSE IAI ETE FAITE SOUS LA MAIRIE DE Mʀ L.ᴵˢ F.ᴼᴵˢ RUBICHON

Au bas : ☩ Sᵀ AERAN (4) MARS 1817 ☩ I.B ROSIER FILS FONDEVR

Note : *si*. Diam. 75 c.

566. — SERRES-NERPOL. 1817.

☩ PARAIN M.R LAURENT PAUL DE LA MEYRIE ANCIEN CH.NE (5) DE S.T PIERRE DE

---

(1) *Joachim.*

(2) Le cᵗᵉ de Saint-Priest, ambassadeur à la Haye en 1787, ministre de la maison du roi en 1790, pair de France en 1815, mort en 1821. (V. l'inscription nº 546).

(3) *Jean-Baptiste.* — (4) Sᵗ *Véran.*

(5) *Chanoine.*

☨ VIENNE MARAINE M.LLE SOPHIE NIE [1] DE AACHON [2] ALLEGRET MAIRE P.D [3] CURE 1817

Sur la panse : *crucifix* avec : I.B ROSIER FILS FONDEUR ; — la *Vierge au sceptre.*

Note : *ré.*   Diam. 64 c.

C'était la cloche de Serres.

567. — VILLARD-BONNOT.   1817.

Sur la panse, 1re face, et en grandes lettres :

D ✠ O ✠ M

Les lettres suivantes n'ont qu'un centimètre de haut, et tous les S et les J sont gravés à rebours.

MARIA GASPARDA ADRIANA

ORANDI AC BENEDICENDI CAUSA DELEGAVIT DOMINUS Uˢ [4]

CLAUDIUS SIMO M [5] EPISCOPUS [6]   CLAUDIUM MONDET [7]

CURE

ARCHIPRETRE IN HOC CANTON DOMENE

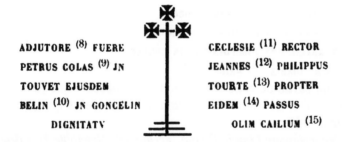

ADJUTORE [8] FUERE   CECLESIE [11] RECTOR
PETRUS COLAS [9] JN   JEANNES [12] PHILIPPUS
TOUVET EJUSDEM   TOURTE [13] PROPTER
BELIN [10] JN GONCELIN   EIDEM [14] PASSUS
    DIGNITATV   OLIM CAILIUM [15]

(1) (?). — (2) Pour *Vachon*. — (3) Etⁿᵉ *Perraud* ; le fondeur a sans doute inscrit sur sa cloche la 1ʳᵉ et la dernière lettre de ce nom.
(4) *Dominus*. — (5) *SimoN*.— (6) Le mot *Gratianopolitanus* sans doute oublié. —(7) Claude Mondet, curé-archiprêtre de Domène, remplacé pour infirmités le 8 février 1818. — (8) *Adjutores*. — (9) Pʳᵉ Colas, curé-archiprêtre de Touvet, auparavant curé de Goncelin. — (10) Ant. Bellin, curé-archiprêtre de Goncelin.—(11) *Ecclesiæ*.—(12) *Joannes*.—(13) Jⁿ Phᵖᵉ Tourte, curé à Villard-Bonnot depuis le 4 janvʳ 1804, ancien chapelain à Grenoble.— (14) *Fidem*.—(15) Pour *Cayenne*,

ANNO GRATIAS [1]

DOMINI JESU [2] CHRISTI

ROSIER FECIT   1817 NOVEMBRIS DIE

Deuxième face :

D ✠ O ✠ M

MARIA GASPARDA ADRIANA

.... *(la Vierge au sceptre)* OBTULEZUNT [3] HUMILLIME

.... *(9 lignes effacées)* ....

Sous la *Vierge*, image de St *Laurent*.

Note : *la*.   Diam. 86 c.

Cette inscription, effacée maintenant, était, à ce qu'il paraît, fort élogieuse pour M. de Vallory. Elle fut, dit-on, grattée par le curé qui était en mésintelligence avec lui ; et celui-ci fut condamné à faire graver une plaque en cuivre relatant cette inscription, et à la faire clouer sur le joug de la cloche où j'ai pu la copier moi-même. Mais évidemment cette inscription n'est pas la reproduction de l'ancienne, car il n'y est nullement question de M. de Vallory. La voici :

BENIE LE 3 X^{BRE} 1817

PARRAIN MR GASPAR MARIE DUBOYS

PRESIDENT EN LA COUR DE GRENOBLE

MARRAINE MME JOSEPHINE GIRIN EPOUSE

DE MR DIARIAC [4] MAIRE

Une partie de cette inscription est si obscure que je me crois obligé d'en donner la traduction, telle du moins que j'ai cru la comprendre :

Monseigneur Claude Simon, évêque [de Grenoble ?] a délégué pour faire les prières et la bénédiction [de cette cloche], M. Claude Mondet, archiprêtre du canton de Domène. Il eut pour aides [en cette circonstance] Pierre Colas et [Antoine] Belin, [revêtus] de la même dignité [dans les cantons] du Tou-

latinisé (?). — (1) *Graciæ* ; le rédacteur de l'inscription *songeait* sans doute à *Deo gratias*. — (2) *Jesu*. — (3) *Obtulerunt*. — (4) *Darzac*.

vet et de Goncelin. Le recteur de l'église était Jean-Philippe Tourte, persécuté jadis pour sa foi en France *(Galliam) ? ou à* Cayenne *(serait-ce ce dernier nom* latinisé ?)

568. — BEAUREPAIRE.   1818.

☧ IEAN BAPTISTE PERRIER CURE ☧ ANNO DOMINI 1818 MENSE AU-GUSTI IE MAPPELLE ADELAIDE AUGUSTINE

☧ MON PARRAIN AUGUSTIN FIGUET DUFEILLANT MAIRE. MA MARRAINE ADELAIDE TROUILLET EMERY

Au bas : F VALETTE *(marque de Rosier, fondeur)* PECIT

Crucifix entre SAINT PIERRE et Sᵀ MICHEL, avec ces 2 légendes figurées à gauche, pour le premier et à droite, pour le second.

Note : *fa* ♯.   Diam. 99 c.

569. — BEAUREPAIRE.   1818.

☧ DEDIEE A LA. Sᵀᴱ VIERGE MARIE EN SEPTEMBRE 1818 PARRAIN JACQUES PIERRE DE

☧ BARRIN CHAMPRON CONSEILLER [1] MARRAINE JOSEPHINE EUGENIE DE BARRIN CHAMBONAS DE PERAU

Au bas, comme la cloche précédente.

Note : *si.*   Diam. 82 c.

570. — COMMELLES.   1818.

☞ SIT NOMEN DOMINI BENEDICTUM ——

☞ VIRGO DEI GENITRIX ORA PRO NOBIS ——

☞ PARRAIN LA CONFRÉRIE DU SAINT SACREMENT ——

☞ MARRAINE LA CONFRÉRIE DU ROSAIRE —— AN 1818 ——

---

(1) Jacques-Pre de Barrin de Champrond, fut nommé conseiller au Parlement de Grenoble en 1784. Le Parlement ayant été supprimé en 1790, il fit partie plus tard de la Cour impériale puis de la Cour royale de Grenoble, où il mourut en 1834.

Crucifix ; — écu de FREREJEAN — A — LYON ; — la *Vierge et l'enfant Jésus* ;—écusson couronné de France entre 2 branches de laurier.

Note : *si.*   Diam. 81 c.

571. — JALLIEU.   1818.

‡ CLOCHE FONDUE EN 1812 PARRAIN M.ᴿ IOSEPH MIEGE MARRAINE DAME MARIE ROUX DE BOULARDIER SON EPOUSE REFONDUE EN 1818

‡ PARRAIN M.ᴿ CAMILE [1] DE ROSIERE MAIRE DE BOURGOIN ET MARRAINE MADAME SA MERE M.ᴿ I. H. FOURNIER ADIOINT

Au bas : *crucifix* entre deux cloches. M.ᴿ HILLAIRE ENCELVIN CURE ; — 2ᵉ face : écu de Rosier, et, dessous : F. VALLETTE FECIT

Note : *fa.*   Diam. 109 c.

572. — LANS.   1818.

✝ VENITE EXULTIMUS [2] DOMINO JUBILEMUS DEO SALUTARI NOSTRO

☞ MON PARRAIN M.ᴿ ANDRE ANTOINE GERBOUD MA MARRAINE DAME MARIE ANNE

☞ ANGELIQUE LIZIER 1818

☞ M.ᴿ J. C. MICHON CURE M.ᴿ JEAN JASSERAND MAIRE. M.ᴿ PIERRE BLANC GONNET ADIOINT

Sur la panse, marque de Bonnevie.

Note : *la.*   Diam. 89 c.

573. — MEYSSIEZ.   1818.

‡ IAI POUR PARRAIN M.ᴿ LOUIS PION DORNACIEUX [8] ET POUR MARRAINE DEMOISELLE THERESE

(1) *Camille* Donin de Rosière, était fils de ce Lᵉ-Jˢ-Baptᵉ-Mériadec de Rosière, qui, en 1768, avec M. Donin-Champagneux, son cousin, fut témoin, à Bourgoin, du *mariage* de J.-J. Rousseau et de Thérèse Levasseur. Sa mère s'appelait Jeanne Basset.

(2) *Exultemus.*

(8) Pion, d'Ornaçieux.   15

✝ AZELIE DE CHANROND FUTUR EPOUX DE MEPIN [1] REUNIE A MESSIES
AN 1818 Mᴿ IEAN BOULON CURE

Au bas, *Crucifix* entre deux *saints* et F. VALLETTE (*marque de Rosier fondeur*) FECIT

Note : *si* ♭.   Diam. 81 c.

574. — Sᴛ-JEAN-DE-SOUDAIN.   1818.

✝ IAI ETE FONDVE SOVS LA MAIRIE DE M.R GVERRY EN 1818 ✝

Note : *mi*.   Diam. 60 c.

575. — TULLINS.   1818.

✝ FIDELES VOCO ▭▭▭ MORTUOS PLORO ▭▭▭ FULCURA [2]
PELLO ▭▭

☞ ALEXIS FRANCISCUS II DE GAUTERON [3] DONAVIT ▭▭ MAG-
DALENA JOANNA DE

☞ LANGON UXOR EJUS NOMINAVIT ANNO 1815 ▭

Au bas, marque de Bonnevie et écusson d'alliance des parrain et marraine : parti, au 1 : *Ecartelé aux 1 et 4 de gueules au lion d'or ; aux 2 et 3, d'azur à 3 fasces d'or, et, sur le tout, l'écusson est chargé en cœur d'une coquille de même*, qui est de Gauteron ; au 2 : *de gueules, à la tour d'argent, crénelée de 4 pièces, maçonnée, fenestrée et portillée de sable*, qui est de Langon. Le tout sous une couronne de marquis sommée d'un lion, et soutenu par 2 autres lions.

Note : *si*.   Diam. 78 c.

Cette cloche, qui était la 2ᵉ, a été vendue au fondeur en 1869, avec celle de 1824, et remplacée, la même année, par une cloche nouvelle. Je me félicite d'avoir pu relever ces deux inscriptions en temps utile. (V. le n° 667).

_____

(1) *Quid ?..*, La fiancée était sans doute de Mépin, et les futurs époux étaient probablement *réunis* pour la circonstance.

(2) *Fulgura*. — (3) Ancien président en la Chambre des Comptes du Dauphiné, en 1781, et qui mourut sans enfants de sa femme Magdᵉ-Jeanne de Langon. (V. les nᵒˢ 611, 619 et 653).

576. — VAULNAVEYS. 1818.

✠ MON PARRAIN Mᴿ ALPHONSE PERIER [1] MA MARRAINE DAME MARIE BONNE ANTOINETTE

☞ PERIER [2] NEE TOURNADRE : Mᴿ ALEXIUS MATHIEU DESCOMBES PAROCHUS .....

☞ FLORENTIN DE LARNAGE MAIRE... *(en lettres gravées :)* ET Mᴿ BESSET MAIRE DU BAS [3]

1818

Sur la panse : Insignes et marque de Bonnevie.

Note : *fa.*   Diam. 109 c.

577. — VAULNAVEYS. 1818.

☦ MON PARRAIN Mᴿ JOSEPH BRUN..... MA MARRAINE JULIE FAURE EPOUSE

BRUN...MARGUERITE FERRAFIAT EPOUSE DE Sᴿ JEAN CHAPAND ☞ ☞

☞ MRECTRICE [4] DU Sᵀ ROSAIRE.....

☞ ARIE [5] BOUJET EPOUSE DE Sᴿ JEAN JEANNON MEMBRE DU CONSEIL... ☞

Sous le crucifix : 1818 et la marque de Bonnevie.

Note : *ut* ♮.   Diam. 69 c.

578. — VOISSAN. 1818.

Anépigraphe. Au bas : CHEVALLIER *(crucifix)* A LYON 1818

Note : *ut.*   Diam. 73 c.

579. — AURIS. 1819.

☞ VENITE ADOREMUS DEUM Sᵀᴬ MARIA ET Sᵀᴱ JULIANE [6] ORATE PRO NOBIS LAN 1793 LIMPIETE ME FIT

---

(1) Député de l'Isère et frère de Casimir Périer, ministre en 1832. — (2) Sa femme. — (3) Sous-entendu : *Vaulnaveys.*

(4) La lettre M, qui précède le mot RECTRICE, est celle qui a glissé de la ligne inférieure et manque au nom de *Marie.* — (5) V. la note précédente.

(6) Sᵗ *Julien,* patron du lieu.

☞ DISPARAITRE LAN 1819 LA RELIGION MA FAIT RENAITRE SOUS MR ANDRE OUGIER CVRE C PIERRE M^RE (1)

☞ E HOSTACHE A^JT (2) MR A^NE HOSTACHE CURE DU PERIER PARRAIN JEANNE PIERRE (3) FEU LOUIS MARRAINE

Au bas : FRATRES VALLIER FECERUNT

Note : *si* ♭.   Diam. 87 c.

580. — AURIS.   1819.

☞ SIT NOMEN DOMINI BENEDICTVM SANCTA MARIA ET OMNES SANCTI ANGELI

☞ DEI ORATE PRO NOBIS ✿✿✿✿

Au bas : ☞ FRATRES VALLIER FECERVNT 1819

Note : *fa* ♯.   Diam. 53 c.

581. — BESSES.   1819.

☞ SIT NOMEN DOMINI BENEDICTUM SANCTE ANDREA (4) ORA PRO NOBIS A FULGURE ET TEMPESTATE

☞ LIBERA NOS DOMINE MR PIERRE OUGIER CURE DE VILLARD RECULA (5) PARRAIN DAME MARIE MAGDELAINE

☞ ROBERT FEMME BERARD MARRAINE MR CLAUDE ANTOINE MORAUD CURÈ F^OIS OUGIER MAIRE F^OIS FAURE AD^JNT (6)

Au bas : FRATRES VALLIER FECERUNT 1819

Note : *si.*   Diam. 88 c.

582. — BESSES.   1819.

☞ SIT NOMEN DOMINI BENEDICTUM SANCTA ANNA ORA PRO NOBIS LE FEU DE LA REVOLUTION

☞ MA FAIT DISPARAITRE L'AMOUR DE LA RELIGION MA FAIT RE-NAITRE ✿✿✿✿

---

(1) *Maire.*— (2) *Adjoint.* — (3) Sous-entendu : *femme à.*
(4) St *André*, patron du lieu. — (5) *Villard-Reculas.* — (6) *Adjoint.*

☞ SEBASTIEN OUGIER FEU [1] FRANCOIS PARRAIN ANNE JOSSERAND FEMME HUSTACHE MARRAINE

Au bas : FRATRES VALLIER FECERUNT 1819

Note : *ut ♯*. Diam. 70 c.

583. — BONNE-FAMILLE. 1819.

MR LAURENT MARIE OTHON DE GUILLIET DE MOIDIER [2] MAIRE DE LA COMMUNE PARRAIN ☞

MADEMOISELLE PIERRETTE DELGLAT MARRAINE ☞

MONSIEUR ANTOINE PIOT CURE

Au bas : CHEVALIER (*crucifix*) A LYON 1819.

Note : *sol*. Diam. 85 c.

584. — IZEAUX. 1819.

SIT NOMEN DOMINI BENEDICTUM

Au bas : BURDIN FONDEUR — Ecusson de France couronné — A LYON 1819.

Note : *si*. Diam. 70 c.

585. — PRÉLANFREY. 1819.

+ MON PARRAIN MR PIERRE BOUCHIER MA MARRAINE MARIE ROZE EPOUSE DU S^R CLAUDE GIRARD QUI MA DONNEE A CETTE EGLISE EN 1819

Marque de Bonnevie, etc.

Note : *fa*. Diam. 56 c.

586. — PRIMARETTE. 1819.

‡ IE MAPPELLE CLAUDINE IAI ETE DONNE A LA PAROISSE DE S^T PIERRE DE

(1) Sous-entendu : *fils à*.
(2) *Guillet de Moidières*.

✝ PRIMARETTE PAR MR CLAUDE PERRONCET [1] NE A LA TOUR DUPIN LE 29

✝ MAI 1738 CURE DE PRIMARETTE LE 8 MAI 1764 FONDU EN 1819

Au bas, marque de J.-B. Rosier.

Note : *ré.*   Diam. 66 c.

587. — ROUSSILLON.   1819.

✝ VIVE MARIE ✝ 1819 LES PAROISSIENS DE ROUSSILLON MONT OFFERTE A LA TRES S^TE V.M [2]

✝ M^.R PEROUSE MONCLOS MAIRE ET DAME ANNUEL CHASSAGNE NEE MANUEL EPOUSE DE M^.R LE IUGE

✝ DE PAIX ONT ETE MES PARAIN ET MARRAINE S^.TE V.M. PRIEZ POUR ROUSSILLON

Marque de Rosier.

Note : *la.*   Diam. 80 c.

588. — S^T-ALBAN-DU-RHONE.   1819.

✝ IAI ETE BENITE ASAINT ALBAN DU RHONE LE 13 MAY 1819

✝ MON PARRAIN M^.R IACQUES PEROUSE ET MA MARRAINE MADAME IEANNE

✝ MARIE COURBON DE FAUBERT SON EPOUSE M^.R PIERRE PELOUX ADIOINT DE LACOMMUNE

Au bas : LES FRERES (*crucifix*) ROSIER FECIT

Note : *ut ♯.*   Diam. 66 c.

589. — S^T-BAUDILLE.   1819.

✝ LAN 1819 DOM [3] SIT NOMEN DOMINI BENEDICTUM EGO SUM CA-THARINA CLAUDIA IESU

(1) *Perroncel.*
(2) *Ste Vierge Marie.*
(3) *Deo optimo maximo.*

✝ REDEMPTORI NOSTRO DICATA JAI ETE BENIE PAR MR F^{RO} VIALLET CURE DE S^T BAUDILLE

✝ MON PARRAIN MR CLAUDE ABEL BERGER DE S^T BAUDILLE [1] ☞ MA MARREINE D^E CATHERINE

✝ C^E DE CHAPONAY V^E DE M^R DE QUINSONNAS [2] ☞ MR GABRIEL BERGER MAIRE

☞ MR A^{TE} GOUMAND ADJOINT MR LOUIS ROSE BERT MR PIERRE HENRY GRIOT MR LAURENT MARQUE

☞ MR PIERRE FAVIE [3]

Au bas : JOSEPH JEAN B^{TE} LES ROSIER FRERE MON FAIT et leur marque.

Note : *la*.   Diam. 88 c.

590. — S^T-LAURENT-DU-PONT.   1819.

✝ L AN 1819 IAI ETE BENIE PAR MR LOUIS GALLIARD CURE ARCHI PRETRE DE S^T LAURENT DU PONT IE MAPELLE

✝ LAURENT ANGELIQUE PARRAIN MR PIERRE RIGOLET MAIRE MAREINE D^{LLE} ANGELIQUE FEAURE [4]

▮ ROSIER J B FECIT ▮, et sa marque.

Note : *fa* ♯.   Diam. 111 c.

591. — S^T-LAURENT-DU-PONT.   1819.
(*Vieille église*).

✝ IE MAPELLE MARIE THERESE IAI ETE BENIE AVEC MA SOEUR LAURENT ANGELIQUE AN 1819 [5]

✝ PARAIN MR IEAN GANDIT ADIOINT MAREINE D^{LLE} THERESE CHARVET.

Note : *mi*.   Diam. 61 c.

---

(1) Ce nom de famille ne se trouve pas dans l'*Armorial*. — (2) *Catherine-Claudine de Chaponay, veuve de M*^r Gabriel Pourroy de l'Aubérivière, m^{is} de Quinsonnas, président au Parlement de Dauphiné en 1757, démissionnaire en 1771, mort en 1786. — (3) Favier (?).

(4) *Faure*.

(5) V. l'inscription précédente.

592. — VARCES.   1819.

◀ DONNEE A L EGLISE DE VARCES PAR MONSIEUR D HAUTE RIVE CHEVALIER DE

◀ S^T LOUIS PROPRIETAIRE DE [1] LA DITTE PAROISSE

◀ J M^E LAMBERT FONDEUR 1819

Ecusson d'armoiries représentant un St Jean-Baptiste, et surmonté de la croix et d'un chapeau de cardinal.

Note : *ut.*   Diam. 74 c.

593. — VILLARD-RECULAS.   1819.

☞ QUE LES LOUANGES DU SEIGNEUR RETENTISSENT JUSQUAUX EXTREMITES DE LA TERRE CEST POUR

☞ LA GLOIRE ET A LHONNEUR DE LA TRES S·^{TE} VIERGE ET DE S·^T J·^N B·^{TE} [2] QUE JAI RECU LEXITENCES [3]

☞ PAR LA GENEROSITE DE PIERRE CHALVIN CHEVALLIER DE LA LEGION DHONNEUR DE ROSE CUINAT ET

☞ DES PRINCIPAUX HABITANS DE CETTE PAROISSE LANNEE 1819 SOUS LE PONTIFICAT DE PIE VII ET LE

☞ REGNE DE LOUIS XVIII

Au bas : BURDIN FONDEUR *(crucifix)* A LYON ; écusson de France couronné entre 2 branches d'olivier ; SBASTIEN [4] *(la Vierge)* RICHARD ADJOINT : une croix de St Louis.

Note : *ré.*   Diam. 62 c.

594. — VOISSAN.   1819.

+ BENOIT PATRICOT MAIRE DE LA COMMUNE DE VAISSENT [5] ☞ ET MARGUERITE ANTOINETTE DULOU SON EPOUSE PARRAIN ET MARRAINE

(1) Pour *dans.*
(2) *St Jean-Baptiste.* — (3) *L'existence.* — (4) *Sébastien.*
(5) *Voissan.*

Au bas : CHEVALLIER *(crucifix)* A LYON 1819.

Note : *sol.* Diam. 90 c.

595. — BERNIN. 1820.

☩ D. O. M. [1] PROPITIUS ESTO. PARCE NOBIS. DOMINE. VT. FIDEM. SPEM. ET. CARITATEM NOBIS DONES.

☩ TE ROGAMUS. AUDI NOS. IESU EXAUDI NOS. SANCTA MARIA. ORA PRO NOBIS.

Au bas, sous le crucifix : ANNO D. N. I. C. [2] 1820

Note : *sol.* Diam. 95 c.

596. — COLOMBE. 1820.

☩ A SOLIS ORTU USQUE AD OCCASUM LAUDABILE NOMEN DOMINI. SANCTA MARIA ORA PRO NOBIS

☩ PARRAIN Mᴿ IOSEPH HYPOLITE MEYER [3] MARRAINE Dᴱ MARIE SABINE MEYER VEUVE BALLY M.R FRANCOIS

☩ MICHEL MAIRE IOSEPH BONNARDON ADIOINT D. [4] CLAUDIUS DU-TRUC PAROCHUS COLOMBE LE 15 IUIN 1820.

Marque de Rosier.

Note : *sol* ♯. Diam. 87 c.

Fondue le même jour et par le même fondeur que la cloche de Tullins (V. le n° 607).

597. - CROLLES. 1820.

✝ REGINA SACRATISSIMI ROSARII ORA PRO NOBIS ANNO D.N.J.C. [5] EN 1820

✝ JOANNE FRANCISCO DYE RECTORE

Marque de J. B. Rosier.

Note : *mi.* Diam. 53 c.

[1] *Deo optimo maximo.* — [2] *Domini nostri Jesu-Christi.*
[3] Un des principaux propriétaires de Colombe et possesseur d'une riche galerie de tableaux. — [4] *Dominus.*
[5] *Domini nostri Jesu-Christi.*

598. — ENGINS. 1820.

✝ D. M. O. [1] PROPITIUS ESTO. PARCE NOBIS DOMINE UT FIDEM SPEM ET CARITATEM NOBIS DONES

✝ TE ROGAMUS AUDI NOS IESU EXAUDI NOS SANCTE IOANNES ORA PRO NOBIS MON PARRAIN

✝ IEAN IASSERAND EPOUS [2] DE MARIE DAVID ET MA MARRAINE MARIE FRANC EPOUSE

✝ DE BARTHELEMI DAVID ETIENE FRANC MAIRE PAUL FRANCOIS AUDRA CURE DANGIN [3]

Au bas : ANNO D. N. ✝ I. C. [4] EN 1820, et marque de J. B. Rosier.

Note : *si* ♭. Diam. 77 c.

599. — EYDOCHE. 1820.

Pas de légende circulaire. Autour du crucifix, en lettres gravées :

SIT NOMEN DOMINI		BENEDICTUM
CETTE CLOCHE VIENT	✝	DE LA CATHEDRALE
C. BERNARD MAIRE DE		LYON + J^N LAURENCIN ADJOINT
COMMUNE		D'EYDOCHE 1820

En haut, et dans l'un des anneaux de la couronne de feuillage, au-dessus du crucifix, les lettres FD. gravées.

Note : *ré* ♯. Diam. 61 c.

Il y avait, dit-on, une petite cloche qui portait les mots : *Gloire à Dieu et guerre à l'impie Sarrazin.* On la disait dans le clocher de St Jean de Lyon, avec qui on l'aurait échangée contre la précédente ; mais je l'y ai vainement cherchée.

C'est un *on-dit* que je recueille comme légende, mais que je ne garantis nullement.

600. — FAVERGES. 1820.

OMNIS SPIRITUS LAUDET DOMINUM STUPETE GENTES FIT DEUS HOSTIA

[1] *Deo optimo maximo.* — [2] *Epoux.* — [3] *D'Engins.* — [4] *Domini nostri Jesu-Christi.*

MES PARRAIN Mᴿ ANDRE MARION AVOCAT Gᴺᴸ ET Mˡˡᴱ ALBINE MA-
RION

Dans le champ : PRIES POUR *(crucifix)* JEAN LOUIS CURE

Au bas : CHEVALIER A LYON 1820.

Note : *si* ♭.   Diam. 78 c.

601. — LA FORTERESSE.   1820.

✝ EXALTARE SUPER COELOS DEUS ET SUPER OMNEM TERRAM GLO-
RIA TUA Pˢ 56 CETTE CLOCHE

✝ AETE FAITE PAR LES SOIN DE Mᴿ I PAYSAN MAIRE DE LA FORTE-
RESSE LE 15 IUIN 1820

Marque de J.-B. Rosier.

Note : *ut*.   Diam. 70 c.

Cassée en 1864.

602. — GRANDE-CHARTREUSE.   1820.

(Cloche de la Communauté.)

◄● JUBILATE MONTES LAUDEM QUIA CONSOLATUS EST DOMINUS
POPULUM SUUM ET PAUPERUM SUORUM

◄● MISERABITUR ISAIX [1] 146 CURA R P D [2] GREGORII SOREL PRIORIS
CARTUSLÆ ANNO 1820

◄● LIBERALITATE D FRANCISCI DEFERRUS [3] AC DONO Dᴺᴱ [4] FRAN-
CISCÆ DE LA BARMONDIERE

Au bas, marque de Lˢ. FREREJEAN A LYON, et les armes d'un
cardinal, [5] ainsi que celles de France.

Note : *sol*.   Diam. 97 c.

---

(1) *Isaïe.* — (2) *Reverendissimi Patris Domini.* — (3) *Domini Francisci de Ferrus.*
C'était le dernier descendant, dit l'*Armorial du Dauphiné*, d'une branche de
la famille de Ferrus, fixée à Grenoble, et il mourut à la Grande-Chartreuse où
il s'était retiré comme pensionnaire. « La plupart des paroisses du diocèse de
Grenoble doivent à sa libéralité des autels de bois points des couleurs les plus
éclatantes et les plus variées, imitant des marbres impossibles, que cet excel-
lent homme faisait fabriquer et fabriquait lui-même dans sa retraite. » —
(4) *Dominæ.* — (5) Grand écusson ovale représentant un écu portant un Sᵗ
Jean-Baptiste, posé sur la croix pontificale et timbré d'un chapeau de cardinal.
C'est le même qui a déjà servi pour la cloche de Varces (nᵒ 592).

603. — ISLE-D'ABEAU. 1820.

☩ IAI POUR PARRAIN MR IOSEPH CHEMIN ET POUR MARRAINE DAME MARIE ANNE CLERE (1) EPOUSE DE M^R

☩ IOSEPH ADRIEN BISSON MR BARTHELEMY PETIT CURE MR ANTOINE CHARREL MAIRE MR IOSEPH BISSON N^{ORE} (2)

MR LOUIS MOREL A^{DT} (3) EN 1820

Note fêlée.   Diam. 88 c.

604. — LONGECHENAL. 1820.

† DON DE MR IOSEPH FRANCOIS GROZ DECEDE LE 28 AOUT 1812

† IEAN B^{TE} GUILLOND EX LEGISTEUR SON NEVEU MARRAINE DEM^{LLE} ANNE PILOT

Au bas : ☩ EN 1820. Au-dessus de la date, marque de Rosier.
Note : *si*.   Diam. 72 c.

605. — MONESTIER-DU-PERCY. 1820.

✚ MON PARRAIN MR PIERRE MAZET LIEUTENANT EN RETRAITE . .

MA MARRAINE MME ALEXANDRINE BAILLE NEE FERRIER . .

Crucifix sous lequel : EN 1820, et marque de Bonnevie.
Note : *ut*.   Diam. 70 c.

606. — S^T-PANCRACE. 1820.

✚ A LA GLOIRE DE DIEU. SOUS LA PROTECTION DE MARIE CONCUE SANS PECHE

O CŒUR SACRE DE JESUS QUI NOUS APPELEZ A VOUS, ECOUTEZ NOUS, EXAUCEZ

NOUS. JE ME NOMME MARGUERITE JULIE : MON PARRAIN MR J^N F^{OIS} ALEXIS

EYRAUD ; MA MARRAINE MARG^{TE} JULIE EYRAUD NEE PELLOUX DE S^T PANCRACE.

---

(1) *Clère* est-il un nom de famille ou le prénom *Claire* ? — (2) *Notaire.* — (3) *Adjoint.*

Au bas : F. A. BONNEVIE AN 1820 ; et emblêmes ordinaires.
Note : *ut* ♯. Diam. 71 c.

607. — TULLINS. 1820.

✝ SANCTA MARIA SUCCURE MISERIS IUVA PUSILLANIMES REFAVE
FLEBILES ORA

✝ PRO POPULO OF EC[1] LE 15 IUIN 1820
Marque de Rosier.
Note : *ut*. Diam. 70 c.
Fondue le même jour et par le même fondeur que la
cloche de Colombe (V. l'inscription n° 595). Cette cloche, qui
était la 3e de l'église de Tullins, a été transportée, en 1869, à
l'Hôpital et remplacée par une cloche nouvelle (V. 1869).

608. — VIENNE *(St-André-le-Haut)*. 1820.

🕭 PARRAIN Mᴿ MARC AANTOINE DENANTES
🕭 MARRAINE MADAME FRANCOISE BERGERON Vᴱ DENANTES [2]
🕭 AN 1820
Au bas : Ecusson de France et marque de Lᵉ Frèrejean.
Note : *fa*. Diam. 107 c.

609. — VIENNE *(St-Martin)*. 1820.

🕭 SOLI DEO PAROISSE DE SALNT MARTIN
🕭 AN 1820
Marque de Lᵉ Frèrejean à Lyon.
Note : *mi* ♭. Diam. 67 c.

610. — VILLELONGE *(Hameau de St-Michel-en-Beaumont.* 1820.

✝ AD HONOREM ET MAJOREM DEI GLORIAM

(1) *Office ecclésiastique.*
(2) V. le n° 387.

Au bas : F. A. BONNEVIE MAFAIT AN 1820

Note : *ut.*   Diam. 37 c.

611. — VIRIEU.   1820.

    ☩ SONUS CAMPANAE. VOX DEI SIT NOMEN DOMINI BENEDICTUM. CETTE CLOCHE A ETE AUGMENTEE ET REFNODUE [1]

    ☩ PAR LES SOINS DE Mᴿ BARBIER, MAIRE DE VIRIEU, 15 JUILLET 1820 LE PARRAIN A ETE Mᴿ LE MARQUIS DE GAUTERON

    ☩ ET LA MARRAINE MADAME LA MARQUISE DE GAUTERON NEE DE LANGON [2]

Au bas, marque de Rosier fondeur.

Note : *fa* ♯   Diam. 99 c.

612. — VIRIEU.   1820.

    ☦ SONUS CAMPANOE [3] VOX DEI. SIT NOMEN DOMINI BENEDICTUM. FRUIT DE LA BONNE ADMINISTRATION

    ☦ DE Mᴿ BARBIER, MAIRE DE VIRIEU, PARRAIN, ET LA MARRAINE DAME CONSTENCE [4] PIERRETTE

    ☦ MAGNIN SON EPOUSE 15 JUILLET 1820

Au bas, marque de Rosier fondeur.

Note : *sol* ♯   Diam. 89 c.

613. — ADRETS (LES).   1821.

    ☩ ANNE. MARIE. IE. MAPPELLE ☩ IAI. EU. POUR. PARRAIN. Mᴱ. Iᴺ. CARTIER. MILLON. AVᴱ. [5] ET. POUR. MARRAINE.

    ☩ DAME. ANNE. MARIE. BILLAZ. Vᴠᴱ. BRUNET. Mᴿ. FR. L. EYNARD. ETANT. CURE. DES ADRETS. Mᴿ. L. MANQUAT. MAIRE.

    ☩ AN. 1821.

Sur la panse, à côté du ☩, marque de Rosier.

Au bas : LA. COMMUNE. DES. ADRETS. ET. DAME. Vᴠᴱ *(évêque)*

---

(1) *Refondue.* — (2) V. les nᵒˢ 575, 619 et 653.

(3) *Campanæ.* — (4) *Constance.*

(5) *Avoué* à Grenoble.

MARIE FRANCOISE DE SALLES PARRAIN. ET. MARRAINE. DE. LA. PETITE. CLOCHE. (la *Vierge)* LOUISE +

Note : *sol.* Diam. 90 c.

614. — ADRETS (LES). 1821.

+ CREEE. [1] PAR. LES. SOINS. DE Mᴿ. LOUIS. EYNARD. CURE. DES. ADRETS. LOUISE. IE. M APPELLE + AN. 1821 + Iᴱᴿ. MILᴹᴱ [2] DE. + LA CLOCHE. MARIE. 1047 [3] + Mᴿ L. MANQUAT MAIRE +

Sur la panse, à côté du ±, marque de Rosier.

Note (?) fêlée. Diam. 62 c.

615. — BASTIE-MONTGASCON (LA). 1821.

1ʳᵉ face : QUE LA LOUANGE DU SEIGNEUR RETENTISSE [4] DANS LASSEMBLEE DES Sᵀ [5] Pˢᴹ 149

MON PARRAIN Mᴿ

MA MARRAIN D

Dans le champ, au-dessus et autour de la croix, mais en lettres gravées et ornées :

2ᵉ face : MISERICORDIAS DOMINI IN AETERNUM CANTABO ✿ CURIS DOMINI NESIONZ LOCI VULGO LA BATIE MONT CURIS ✿ DOMINI NESINOZ [6] LOCI VULGO LA BATIE MONTGASCON PRAEFECTI ALIAS VOLONTARIIS OMNIUM DONIS

CONFLATAE Aᴺᴼ 1818 AC | FRACTAE CASU Aᴺᴼ 1820
LOACUM TENEO MIHIQUE | NOVAE SYMPHORIANI [7]
✿ NOMEN IMPOSUERE D. ——— | ——— J.VERGEET.D.M.A.L.NESMOZ
BENEDIXITQUE J. S. ROUSSET | PASTOR PAROCHIAE ✿

En lettres moulées : CHEVALIER A LYON 1821

(1) *Créée.* — (2) *Premier millésime.* — (3) On s'est évidemmemt trompé en inscrivant la date de 1047 : c'est 1647 qu'il aurait fallu lire. J'ai très souvent rencontré, sur les cloches de cette époque, un 6 dont la queue était si courte et si couchée, qu'il ressemblait singulièrement à un 0. Et c'est, selon toute probabilité, ce que les auteurs de la cloche de 1821 n'ont pas su remarquer.

(4) Les lettres LOU du mot LOUANGE et le dernier E de celui de RETENTISSE n'étant pas sortis à la fonte, on a dû les graver après coup. — (5) *Saints.* — (6) La deuxième ligne étant cousue d'erreurs, le fondeur ne s'est pas donné la peine de les faire disparaître. Il a recommencé à la troisième ligne l'œuvre manquée de la 2ᵉ, et encore a-t-il mis NESINOZ au lieu de NESMOZ ! Je laisse à mon lecteur le soin de corriger le reste.—(7) Sᵗ *Symphorien,* patron du lieu

Note : *fa* ♯. Diam. 102 c.

616. — BESSE. 1821.

☞ CHRISTO ET SACRAE HOSTIAE SERVIO SANCTA [1] MARIA ET AN-
GELE ORATE PRO NOBIS

☞ ANNO 1792 IMPIETATE EVANUI ET ANNO 1821 AMORE DEI
COMPARUI [2] A DIVO

☞ PETRO OUGIE SACERDOTE COMPARATA FACIT [3] ANDRE OUGIER
SACERDOS ET ANNA RETOURNA

☞ PATRONI [4] MORAND CURE FRANCOIS OUGIER MAIRE

Note : *fa* ♯. Diam. 51 c.

617. — CHASSE. 1821.

◀ PARRAIN MONSIEUR VICTOR CHAUSSAT MONTESSUY SAUTEREAU [5]

◀ MARRAINE DAME MARIE CHOL VEUVE DU SIEUR PELISSON DE
PREVILLE [6]

◀ Mᴿ LAURENT DE LA LOY CURE Mᴿ Pᴿᴱ J MERCIER MAIRE

Au bas, en lettres gravées : PRIMÂ ✦ DIE ✦ MAII ✦ EÂDEM ✦ AC ✦
DUC ✦ BURDIGALŒ ✦ BAPTIZATA *(Ecusson couronné de France)*
SUM ✦ 1821

2ᵉ face, au bas : marque de Lˢ Frèrejean à Lyon.

Note : *sol* ♯. Diam. 95 c.

618. ᐧ GRENOBLE *(Cloche de l'Arsenal).* 1821.

◀ ARTILLERIE

◀ ARSENAL DE GRENOBLE

Sur la panse, 2 fois l'écusson couronné de France.

Au bas : LOUIS FRERREJEAN A LYON *(sa marque)* 1821

Note : *sol.* Diam. 44 c.

---

(1) Pour *Sanctœ*. — (2) En 1792, j'ai été détruite par l'impiété, et, en 1821, je
suis ressucitée par l'amour de Dieu. — (3) J'ai été acquise *(comparata fui,*
au lieu de *facit* (?) par le pieux Pʳᵉ Ougier. — (4) André Ougier, prêtre et Anne
Retourna parrain et marraine *(patroni).*
(5) V. l'inscription n° 529. — (6) N. Pélisson de Préville, lieutenant royal au
bailliage de Vienne, vivant en 1788, dont le fils, Antᵐᵉ-Sébastien était officier dans
l'armée de Condé.

619. — GRENOBLE (St-*Louis*). 1821.

◄ LUDOVICO DECIMO OCTAVO REGE NOSTRO ET OMNIBUS PRINCIPI-
BUS FAMILIÆ [1] EJUS AMOR ET FIDELITAS 1821

◄ PARRAIN MR CHARLES ETIENNE LE CLET ANCIEN MAGISTRAT AU
PARLEMENT DU DAUPHINE [2] MARRAINE M^E MAGDELEINE
JEANNE DE LAUZON [3] V^E DE GAUTERON

Au bas, marque de L^s. FREREJEAN — A LYON, et écusson couronné de France.

Note : *ré.*   Diam. 145 c.

620. — MEYLAN. 1821.

✝ IN HONOREM BEATISSIMÆ MARIÆ [4] SEMPER VIRGINIS MR PIERRE
MELCHIOR GIRARD MAIRE

✝ M GABRIEL MARCHAND CURE DE LA PARROISSE [5] DE MEYLAN FAITE
EN 1821

Au bas, marque de Rosier.

Note : *fa* ♯.   Diam. 57 c.

621. — LA MOTTE-D'AVEILLANS. 1821.

✝ S^T PIERRE [6] PRIEZ POUR NOUS
MON PARRAIN MR JOSEPH BERTHIER MA MARRAINE DAME CATHERINE
BERTHIER MR MAXIMIN CURE MR REGNIER POETE MAIRE

Au bas : 1821 et marque de Bonnevie.

Note : *ut* ♯.   Diam. 71 c.

622. — PÉAGE-DE-ROUSSILLON (LE). 1821.

✝ CETTE CLOCHE A ETE FONDUE D APRES UNE SOUSCRIPTION VOLON-
TAIRE PENDANT LA MAIRIE DE M·RE [7] FABRE

(1) Pour *familiæ*. — (2) V. la note de l'inscription n°s 575, ainsi que les n^{os}
611 et 658. — (3) Au lieu de *Langon*.
(4) Pour *beatissimæ Mariæ*. — (5) *Paroisse*.
(6) Patron du lieu.
(7) *Messire*.

☦ TERRENEUVE DANS LE MOIS D AOUT 1821 ELLE SE NOMME CARO-
LINE MAGDELAINE LE PARRAIN A ETE Mʳᴱ IACQUES

☦ CHARLES PERRET CURE DE LA PAROISES TE [1] LA MARRAINE
MELLE MAGDELEINE FAUCHER DE PUISSANTOUR

Marque de Rosier, et Sᴛᴛ [2] *(la Vierge)* MARIE

Note : *sol ♯.*   Diam. 91 c.

623. — PÉAGE-DE-ROUSSILLON (LE). 1821.

✝ IAY ETE FONDUE D APRES UNE SOUSCRIPTION VOLONTAIRE DES
CONFRERES PENITENTS DITS CONFALONS DE CETTE PAROISSES DANS

✝ LE MOIS D AOUT 1821 SOUS LE RECTORAT DE Sʳ MICHEL GOUY IE
ME NOMME IOSEPHINE IEANNE MARIE IAY US [3] POUR PARRAIN Sʳ IOSEPH

✝ ANDRE ET POUR MARRAINE DEMOISELLE IEANNE MARIE OLLION
FAMME [4] MALAUD

☦ et marque de Rosier. — Ecusson de la confrérie [5] répété
2 fois.

Note : *ut ♯*   Diam. 71 c.

624. — Sᵀ-GEORGES-D'ESPÉRANCHE. 1821.

. CANITE TUBA SIT NOMEN DOMINI BENEDICTUM ORA PRO NOBIS
SANCTE CLARE PARRAIN

ANTE CLERET MARRAINE MARIE ANNE FOURNIER BAPTISEE PAR Mᴿ
ALLOUARD CURE DE

Sᴛ GEORGE LE Iᴿ Xᴮᴿᴱ 1821

Sur la panse : *Crucifix ;* — écu couronné de France entre 2
branches de laurier ; — la *Vierge et l'enfant Jésus ;* — marque
de Frèrejean à Lyon.

Note : *la.*   Diam. 88 c.

625. — VILLETTE-D'ANTHON.   1821.

☞ SIT NOMEN DOMINI BENEDICTUM

---

(1) *Paroisse, et.* — (2) *Sᵗᵉ.*

(3) *J'ai eu.* — (4) *Femme.* — (5) Sceau ovale, portant en légende les mots :
SOCIETAS CONFALONIS. Dans le champ ; *d'azur, à la croix pattée d'or, la
traverse d'argent et le montant de gueules.*

Au bas : BURDIN ± FONDEUR — A *(la Vierge)* LYON 1821

Note : *la.*   Diam. environ 80 c. (?)

626. — AUBERIVES-EN-ROYANS.   1822.

+ IE MAPPELLE MARIE IE SUIS DONNEE PAR MᴿR I. B. CLOT CURE A LA PAROISSE DAUBERIVE (1)

+ IAI POUR PARRAIN Mᴿ ....I....CLOT......ET POUR MARRAINE THERESE PHILIPINE CARA DU BECHAT

+ EPOUSE DE Mᴿ CLOT IE SUIS BENITE PAR Mᴿ IELINOT CURE DU PONT EN ROYANT (2) EN 1822

Au bas, marque de J B ROSIER FONDEUR.

Note : *mi.*   Diam. 55 c.

627. — BRIÉ.   1822.

+ GLOIRE A DIEU DEVOUEMENT AUX BOURBON

MON PARRAIN A ETE Mᴿ PIERRE ANTOINE DE CHALVET CONSEILLER DE PRÉFECTURE DPT DE

LIZERE (3) MA MARRAINE A ETE Mᴹᴱ MARIE MAGDELEINE DESVIGNE EPOUSE DE Mᴿ DE CHALVET

JEAN FERRUS CURE DE LA SURCURSALE (4) DE LA COMMUNE DE BRIE (5) ET ANGONNES Mᴿ CLAUDE

TROUILLON MAIRE

Sous le crucifix, AN 1822, marque de Bonnevie et les insignes ordinaires.

Note : *fa* ♮.   Diam. (?).

628. — CHAMPIER.   1822.

± IAI POUR PARRAIN M·ᴿ PIERRE JOSEPH FRANCOIS GERBOLLET MAIRE DE LA COMMUNE DE CHAMPIE (6)

± ET POUR MARRAINE MADEMOISELLE FELICIE HENRIETTE JULIE BADIN L ANNEE 1822

(1) *D'Auberives.* — (2) *Royans.*
(3) *Département de l'Isère.* — (4) *Succursale.* – (5) *Brié.*
(6) *Champier.*

Au bas, ☩ F. VALLETTE FONDEUR et sa marque : — SᴇT [1] *(la Vierge)* MARIE et 3 fleurs de lis posées 2-1.

629. — CHATONNAY.   1822.

☩ CANTATE DOMINUM IN CYMBALIS IUDITH CONSACREE SOUS L'INVOCATION DE MARIE CHRISTOPHE [2] IAI EU POUR

☩ PARRAIN Mᴿ LUCIEN IOCTEUR MONROSIER [3] MAIRE ET POUR MARRAINE Mᴰᴱ MARIE DURIF-PICHAT [4] ANNEE 1822

M·ᴿ Hᴿᴵ IACQUIER CURE

Sur la panse, marque de Rosier et ☩ F. VALLETTE FONDEUR ; — un petit lézard en relief ; — la *Vierge et l'enfant Jésus ;* — 3 fleurs de lis posées 2-1.

Note : *sol.*   Diam. 97 c.

Cette cloche a été mise au creuset lors de la fusion de la cloche de 1869.

630. — CHATTE.   1822.

IE MAPPELLE ANNE MARIE VINCENT IAI POUR PARRAIN Mᴿ IOSEPH IEAN BAPTISTE

☩ ROBERT ET POUR MARRAINE DAME ANNE LUCRESSE LAURE DE BROAL PROPRIETAIRE

☩ A CHATTE M·ᴿ PIERRE CHARPENAY CURE [5] . . . . EN 1822

Marque de Rosier.

Note : *ut.*   Diam. 70 c.

631. — GRENOBLE *(Sᵗᵉ-Ursule).*   1822.

F A BONNEVIE FILS AN 1822

Sur la panse, marque de Bonnevie.

Note : *fa ♯.*   Diam. 50 c.

---

(1) Sᵗᵉ.

(2) *Sᵗ Christophe,* patron du lieu. — (3) Déjà parrain de la cloche de Sᵗ-Christophe (V. le n° 514). — (4) Mᵐᵉ Margᵗᵉ Durif, femme de M. Ch.-Adrien-Siméon Pichat, notaire à Châtonnay.

(5) La suite a été grattée.

632. — HUEZ. 1822.

+ MES FONDATEURS M^{RS} LAURENT ROBERT LAURENT EMIEUX MAIRE
ET JEAN ROBERT ADJOINT MON PARRAIN JEAN GIRAUD
MA MARRAINE ANNE ROBERT EPOUSE DE JEAN GIRAUD

Sous le *Crucifix* : 1822. — Marque de Bonnevie.

Note : (?). Diam. 63 c.

633. — MENS. 1822.

± IE MAPELLE MARIE DESIREE MON PARRAIN A ETE MR PIERRE FRAN-
COIS ACCARIAS IUGE DE PAIX

± MA MARRAINE DAME MARIE SOPHIE DESIREE ABRARD MR HENRY
CURE DE MENS 1822 SURSUM CORDA

A côté du *Crucifix*, marque de Rosier ; — au bas : F VALLETTE
FONDEUR.

Note : *sol.* Diam. 101 c.

634. — MIZOËN. 1822.

+ LA FUREUR MAVAIT FAIT DESCENDRE LA CHARITE VIENT DE ME
RENDRE [1]

JE M APELLE MARIE JOSEPHINE MON PARRAIN MR JOSEPH TURE CURE
MA MARRAINE DAME MARIE JOUFFREY

Sous le *Crucifix*, AN 1822, et marque de Bonnevie.

Note : *si.* Diam. 78 c.

635. — MONTFERRA. 1822.

BENEDICAT DOMINUS 1822 MR TEYSSIER CURE MR BOVIER LAPIERRE [2]
MAIRE

Sous la légende, marque de LOUIS DECHARME.

Note : *ut* ♯. Diam. 73 c.

---

(1) Deux vers ! . . . .
(2) P^{rre}-J^h Bovier-Lapierre, notaire.

636. — Sᵀ-GEOIRS. 1822.

☩ EN 1822 IAI EU POUR PARRAIN Mᴿ IOSEPH MARC ANTOINE MARRON ET POUR MARRAINE MADAME

☩ MARIE MARRON SON EPOUSE NEE GRUBIS ET Mᴿ IEAN VEYRON CURE DE Sᵀ GEOIRS ET Mᴿ Eᵀ DOMBEY MAIRE

Sur la panse : *Crucifix*, et marque de J.-B. Rosier ; — la *Vierge* ; — *Sᵗ Georges à cheval terrassant Satan* ; — *Evêque*.

Note : *sol*. Diam. 95 c.

637. — Sᵀ-JUST-DE-CLAIX. 1822.

☩ MON NOM EST MARIE MON PARRAIN EST Mᴿ Iᴴ ROMAIN FEUGIER MA MARRAINE

☩ EST Dᴹᴱ MARIE ANNE MARTINAIS EPOUSE DE Mᴿ PIERRE BABOI [1] MAIRE IAI ETE

☩ BENITE PAR Mᴿ I. B. CLOT CURE EN 1822 SANCTA MARIA ET SANCTE IUSTE [2] ORATE PRONOBIS

Crucifix et marque de Rosier.

Note : *si*. Diam. 77 c.

638. — SONE (LA). 1822.

✠ CONGREGATE DOMINO SANCTOS EIUS

✠ MARIA CONSTANTIA FUIT MIHI NOMEN PATRINUS Dⁿᵁˢ IOSEPHUS DUCOLOMBIER MATRINA Dᴺᴬ

✠ CONSTANTIA PONCET CONIUX Dᴺᴵ ANDREÆ VICTORIS MALLEIN MAGISTRATUS Sᵀᴵ PETRI DE LA SONE

ANNO DOMINI EN 1822.

Au bas, marque de J.-B. Rosier.

Note : *sol* ♯. Diam. 83 c.

639. — TRÉMINIS. 1822.

☩ MON PARRAIN EST Mᴿ IOSEPH FRANCOIS PRAYES [3] MAIRE DE TREMINIS

(1) *Babois* (?). — (2) *Sᵗ Just*, patron du lieu.
(3) Propriétaire, fils de M. Prayes, notaire de père en fils depuis le 17ᵉ siècle.

✝ MA MARRAINE MARIE HENRIETE FAUCHERAND EPOUSE EN 1822

Au bas, marque de Rosier.

Note : *si*.   Diam. 71 c.

640. — TRÉMINIS *(Temple protestant).*   1822.

CLOCHE DU CULTE PROTESTANT DE LA COMMUNE DE TREMINIS EN 1822

M̲R̲ I. F. PRAYES MAIRE

Note : *fa* ♯.   Diam. 48 c.

641. — VALENCOGNE.   1822.

L'AN 1822 CHARLES PLANELLI COMTE DE LAVALETTE [1] D̲ME̲ CHARO-LINE [2] SA FILLE EPOUSE

DE M̲R̲ GABRIEL DU BOUCHAGE [3]   HOTELARD CURE

Sur la panse : *Crucifix à la Magdeleine ;* — *St Joseph tenant l'enfant Jésus ;* — marque de Louis Decharme.

Au bas, en caractères barbares : ST̲E̲· JOANNES. ORA. PRO. NOBIS *(les s à rebours).*

Note : *fa* ♯.   Diam. 101 c.

642. — VAUJANY.   1822.

✝ S̲T̲. ETIENNE [4] ET S̲T̲. FELIX PRIEZ POUR NOUS. JE M'APPELLE MARIE MARGUERITE JULIE SAUVE TERRE

✝ M̲R̲ ETIENNE DURIF PARRAIN ET MEMBRE DU CONSEIL DAME MARGUERITE ANTOINETTE DUSSERT

✝ EPOUSE DE M̲R̲ ANDRE LOUIS MARTIN DURIF GEOMETRE MARRAINE.

Dessous, guirlandes élégantes soutenues par des anges. Sous le ✝ et l'écusson de Vallier : M̲R̲ FERREOL NOIREY MAIRIE F. Long ADJ̲T̲ J. L. JAQUEMET E.H. E.B. E.R. E.D. A.G. J.P. P.J. TOUS MEMBRES DU CONSEIL M̲olin̲ D.S̲RE̲ [5]

(1) Ch.-L̲t̲-J̲h̲-M̲ie̲ Planelli de la Valette, maire de la ville de Grenoble, dont le nom a été donné à l'une de ses places. — (2) *Caroline.* — (3) Fils de J̲h̲-Marc de Gratet du Bouchage, chevalier de Malte, officier du génie, procureur syndic de la noblesse aux Assemblées de Vizille et de Romans en 1788, préfet sous la Restauration, Gabriel du Bouchage était chevalier de Malte, député de l'Isère, et fut nommé pair de France en 1823. (V. le n° 660.)

(4) Patron du lieu. — (5) D̲ ? *Secrétaire.*

F J ✝ J'AI ETE FONDUE PAR VALLIER PERE ET FILS EN L'ANNEE 1822

Note : *la.*   Diam. 77 c.

643. — CHAPELLE-DU-BARD (LA).   1823.

☞ CONVOQUES LASSEMBLEE APPELES LE PEUPLE JOEL 2. 16 PARRAIN MR LOUIS SOUQUET DIRECTEUR DES FORGES

☞ DALLEVARD MARRAINE LUCIE BOUFFIER EPOUSE DE SOUQUET FILS NOTAIRE MAIRE MR CLAUDE TISSOT FONDEUR [1]

Sur la panse, guirlandes tenues par des anges ; le *Christ entre la Vierge et St Jean.* Dessous : MR EXCOFFIER [2] DESSERVANT ; — la *Vierge au sceptre tenant l'enfant Jésus.* Dessous : ☞ GAUTIER ET FRERES VALLIER MONT FAITE LAN 1823.

Note : *sol.*   Diam. 101 c.

644. — GRENOBLE *(Ste-Ursule).*   1823.

JESUS MARIA SANIT PHEF [3] AN 1823
Au bas : F BONNEVIE FILS

Note : *si.*   Diam. 39 c.

645. — RIVIÈRE (LA).   1823.

✝ IAI POUR PARRAIN MR IEAN LAUREN [4] MILLIAS MAIRE ET POUR MARRAINE VICTOIRE PHILIPPE DAME

✝ CHAPOTON NE [5] SORREL ET MR PHILIPPE DURAND LE CURE DE LA RIVIERE FAITE EN MARS 1823

Sur la panse : *Crucifix ;* — marque de Rosier ; — *évêque,* et S^et [6] (la *Vierge*) MARIE.

Note : *la.*   Diam. 84 c.

(1) Surnom de M. Tissot. — (2) *Escoffier.*
(3) *Saint Joseph.*
(4) *Laurent.* — (5) *Née.* — (6) *S^te.*

646. — S^T-CHEF. 1823.

✝ IAI ETE FONDUE EN AVRIL 1823 IAI EU POUR PARRAIN M ^R IEAN MARIE PECOUD [1] DE SALAGNON MEMBRE DU CONSEIL GENERAL DU D.P^T DE

✝ LIZERE [2] ET POUR MARRAINE DAME LOUISE NUGUE VEUVE DUCROS IAI ETE BENITE PAR M ^R ROUX CURE DE LA PAROISSE DE S ^T CHEF

Au bas : EX MUNIFICENTIA PAROCHIÆ ✝ SIT NOMEN DOMINI BENE-DICTUM

Marque de Rosier.

Note : *fa* ♯. Diam. 109 c.

647. — S^T-CHEF. 1823.

✝ MR ANDRE VALENTIN RICHARD MAIRE DE S^T CHEF A ETE PAR-RAIN ET DAME MARGUERITE MICHOUD

✝ EPOUSE DE MR ROION [3] NOTAIRE ET ADIOINT A ETE MARRAINE IAI ETE BENITE PAR MR ROUX CURE DE LA PAROISSE

Au bas : ✝ HODIE *(évêque)* SI VOCEM EIUS AUDIERITIS NOLITE OBDURARE CORDA VESTRA ✝ POST TEMPESTATEM TRANQUILLITAS (la *Vierge)* EN 1823

Marque de Rosier.

Note : *si.* Diam. 83 c.

648. — S^T-MARCELLIN. 1823.

✝ CUM EXALTATUS FUERO A TERRA OMNIA TRAHAM AD ME IPSUM [4] = CETTE CLOCHE A ETE COULEE AU MOIS DE MARS 1823

✝ BENITE PAR MR F^{OIS} SIGNAIRE TRES DIGNE CURE DE LA VILLE LE PARRAIN MR PIERRE MELCHIOR DELABATIE SOUS PREFET

✝ DE LARRONDISSEMENT DE S^T MARCELLIN LA MARRAINE DAME HENRIETTE ROBIN VALLIER EPOUSE DE M^R LE MAIRE DE LA VILLE [5]

(1) Pecoud, de Salagnon. — (2) *Département de l'Isère.*
(3) *Rojon.*
(4) Le texte vrai de St Jean est : *Ego si exaltatus fuero à terrâ,* etc. — (5) V. l'inscription de la cloche suivante.

☩ EX MUNIFICENTIA URBIS S^TI MARCELLINI VIVE LE ROI

Au bas, *crucifix* entre Set [1] (la *Vierge)* MARIE et les instruments de la passion.

Marque de J.-B. Rosier fondeur.

Note : *mi.*   Poids : 700 kilog.   Diam. 111 c.

649. — S^T-MARCELLIN.   1823.

☩ EGO VOX CLAMANTIS PARATE VIAM DOMINI CETTE CLOCHE A ETE COULEE AU MOIS DE MARS 1823.

☩ BENITE PAR MR FRANCOIS SIGNAIRE TRES DIGNE CURE DE LA VILLE LE PARRAIN MR PIERRE AUGUSTIN

☩ VALLIER MEMBRE DU CONSEIL GENERAL DU DEP^T MAIRE DE LA VILLE LA MARRAINE DAME FRANCOISE COUPAT

☩ EPOUSE DE MR PICAT 1^R ADIOINT DE LA MAIRIE EX MUNIFICENTIA URBIS S^TI MARCELLINI VIVE LE ROI

Au bas, *Crucifix,* etc. comme sur la cloche précédente.

Note : *sol.*   Diam. 90 c.

650. — TORCHEFELON.   1823.

☩ A FULGURE [2] TEMPESTATE LIBERA NOS DOMINE SANCTE GEORGI [3] ORA PRO NOBIS

☩ TORCHEFELLONENSIS [4] ANNO DOMINI 1823 ☞ ☞ ☞

☩ MON PARRAIN A ETE MR IOSEPH GUILLAUD MAIRE MA MARRAINE ROSALIE MILLON

☩ SON EPOUSE IOANNES FRANCISCUS MURYS P [5] ☞ ☞ ☞ ☞

Marque de Rosier.

Note : *ut ♯.*   Diam. 69 c.

---

(1) *S^te.*
(2) *Et.* — (3) *St Georges,* patron du lieu.- (4) Il faudrait *Torchefelonensibus,* si ce nom s'accorde avec NOBIS, ou *Torchefelonensi,* s'il a la signification de *à Torchefelon,* l'an du Seigneur 1823. — (5) *Parochus* (?).

651. — VIGNIEU. 1823.

☨ EN 1823 IAI ETE BENITE PAR M.ʳ I. P. MENTHAZ BERTHON CURE
DE VIGNEUX IAI EU POUR PARRAIN M.ʳ MICHEL LUC ANDRE

☨ BARGE DE CERTEAU (1) CONSEILLER HONORAIRE A LA COUR
ROYALE DE LYON ET POUR MARRAINE M.ᴱ CATHERINE VICTOIRE

(Une ligne de draperies relevées par des nœuds.)

☨ PALERNE DE SAVY SON EPOUSE (2) GABRIEL PEY MAIRE

Sur la panse, *Crucifix* entre les marques de Vallette et Rosier.
Dessous : ECCE ANCILLA DOMINI FIAT MIHI SECUNDUM VERBUM TUUM ;
évêque ; — SET (3) (la *Vierge*) MARIE.

Note : *sol.* Diam. 97 c.

652. — VILLEFONTAINE. 1823.

JE SUIS NEE EN 7ᴮᴿᴱ 1823 JAI ETE BENIE PAR MM L LIOTHAUD
CURE ☞

MON PARRAIN EST ANTOINE J B CHOLLIER ☞

MA MARRAINE EST ANNE M CHOLLIER ENFANT DU MAIRE SECOND
PARRAIN E J VELLEIN ☞

SECONDE MARRAINE F VELLEIN ENFANT DE L'ADJOINT PRESANTS
MM (4) E CHOLLIER MAIRE ☞

VELLEIN ADJOINT ET MM P MASSOT J VELLEIN P REYNAUD V CRASSARD
C LAVIGNE ☞

J CHATAIN F MASSOT J BOSSY TOUS MEMBRES DU CONSEIL MUNICIPL (5)
Sᵀ MARTIN (6) ET Sᵀ J B (7) PRIEZ POUR NOUS

Au bas : CHEVALIER (*Crucifix*) A LYON et la *Vierge assise tenant
l'enfant Jésus sur ses genoux.*

Note : *si* ♭. Diam. 83 c.

653. — CHEYLIEU. 1824.

✝ IAI EU POUR PARRAIN M.ʳ IEAN IACQUE DE GALIEN DE CHABON (8)

(1) A été avocat-général à la Chambre des Comptes du Dauphiné, de 1784 à
1790, puis conseiller honoraire à la Cour royale de Lyon. Il était fils unique et
décéda en octobre 1824. — (2) Sᵗᵉ.

(4) *Présents : MM*ⁿ. — (5) *Municipal.* — (6) *Patron du lieu.* — (7) Sᵗ *Jean-
Baptiste.*

(8) Jⁿ*-Jacques de Gallien de Châbons* (V. l'inscription n° 666).

✝ ET POUR MARRAINE DAME MAGDELEINE JEANNE (1) DE LANGON Vᵉ GAUTERON Mᴿ VEYRET CURE EN 1824

Marque de Rosier, Sᴇᴛ (2) (la *Vierge)* MARIE, et un *évêque.*

Note : *si* ♭. Diam. 85 c.

654. — GENAS. 1824.

SIT NOMEN DOMINI BENEDICTUM Mᴿ FRANCISCUS GIRARD PAROCHUS PAROCHA (3) GENAS ☞

PARRAIN Mᴿ

MARRAINE Mᴰ

Sur la panse, et en lettres gravées :

PARRAIN ⚘ Mᴿ ⚘ LAURENT ⚘ QUANTIN ⚘ NOTAIRE ↩

ET ⚘ MAIRE ⚘ DE GENAS ⚘ ET MARRINE (4) ⚘ Mᴹᴱ ↩

MAGDELAINE ⚘ RANVIER ⚘ NÉE ⚘ SAUNIER ↩

CLÉMENT ⚘ BOUVARD ⚘ ADJOINT ↩

Au bas (en relief) : CHEVALIER ✝ A LYON 1824 : — la *Vierge et l'enfant Jésus* dans un entourage octogone.

Note : *la.* Diam. 88 c.

655. — MONT-Sᵀ-MARTIN. 1824.

✝ SIT MOMEN DOMINI BENEDICTUM HŒC VITAE (5)

✝ J AI POUR PARRAIN Mᴿ ETIENNE DAVID BOUDET & POUR MARRAINE DAME ANNE JACQUEMET 1824

Sur la panse : *Crucifix ;* — marque de Rosier ; — *évêque ;* — la *Vierge debout.*

Note : *mi.* Diam. 58 c.

656. — ORNON. 1824.

☞ EXURGAT DEUS ET DISSIPENTUR INIMICI EJUS. JESU SALVATOR MUNDI MISERERE NOBIS ⚜ SANCTA ☞

(1) *Magdeleine-Jeanne-Françoise, veuve du marquis de Gautheron* (V. les nᵒˢ 575, 611, 619). — (2) *Sᵗᵉ.*

(3) *Parochia.* — (4) *Marraine.*

(5) *Hœc vitæ ! ! !* Qu'a-t-on bien voulu mettre là ?

MARIA ORA PRO NOBIS SANCTE MARTINE [1] ET OMNES SANCTI INTER-
CEDITE PRO NOBIS 🖒 ECCE CRUCEM 🖒

DOMINI FUGITE PARTES ADVERSÆ [2] ✠ Mʀ NOEL C OL ARCHIFRETRE
ET CURE DU BOURDOISANS PARRAIN

🖒 Mᴹᴱ SUZANNE COL FILLE A LOUIS ET EPOUSE DE JEAN GUINARD
MARRAINE ✱ LES SIEURS LOUIS COL

🖒 MAIRE ET LAURENT PERRET ADJOINT Mʀ JOSEPHA NTOINE RAUD
CURE ✱

Au bas, un écusson armorié que j'ai déjà décrit pour la
cloche du Moutaret (nº 552), et 🖒 A GAUTIER ET VALLIER
FUSA SUM ANNO ☆ 1824 ☆, avec la marque de ces fondeurs.

Note : *la*. Diam. 96 c.

657. — ORNON. 1824.

🖒 VENEZ LOUEZ LE SEIGNEUR QUE SES ENNEMIS SOIENT MIS EN
FUITE SAINTE MERE DE DIEU PRIEZ POUR

🖒 NOUS SAINTE AGATHE PRIEZ POUR NOUS Mʀ NOEL BERLIOUX
PRETRE ET DIRECTEUR DU SEMINAIRE

🖒 DU BOURGDOISANS PARRAIN Dᴸᴸᴱ MARIE PERRET FILLE A LAU-
RENT MARRAINE

Au bas, l'écusson armorié dont j'ai parlé dans l'inscription
précédente ; puis : ⊥ GAUTIER ET VALLIER ME FECERUNT ANNO
☆ 1824 ☆, avec la marque des fondeurs.

Note : *si*. Diam. 79 c.

658. — ORNON. 1824.

🖒 SAINTE MARIE MERE DE DIEU PRIEZ POUR NOUS 🖒 UNE RE-
VOLUTION 🖒

MAVAIT FAIT DISPARAITRE MAIS LA VRAIE RELIGION MA BIENTOT
FAIT RENAITRE [3]

🖒 Mʀ JOSEPH ANTOINE BAUD CURE PARRAIN SUZANNE COL FILLE
A MARTIN MARRAINE

(1) Sᵗ *Martin*, patron du lieu. -- (2) V. l'inscription nº 89.
(3) Deux vers !...

Au bas, avec la marque de ces fondeurs, VALLIER PÈRE ET FILS FONDEURS A BRIANÇON 1824.

Note : *mi.*   Diam. 64 c.

659. — OULLES.   1824.

☞ SAINT DIDIER (1) PRIEZ POUR NOUS ∿∿∿ Mᴿ JEAN PERRET CURE PARRAIN ☜

Mᴰᴸᴸᴱ THERESE GIRARD MARRAINE ∿∿∿ LAURENT VIEUX MAIRE LAURENT PERRET ADJOINT

Au bas, même marque que sur la cloche précédente.

Note : *ut.*   Diam. 83 c.

660. — PIN (LE).   1824.

✝ A LA PLUS GRANDE GLOIRE DE DIEU ET SOUS LA PROTECTION DE LA TRES Sᵀᴱ VIERGE MARIE ET DE Sᵀᴱ (2) CHRISTOPHE (3)

✝ L'AN 1824 IAI ETE BENITE ET NOMMEE MAGDELEINE ☞ ☞

✝ IAI EU POUR PARRAIN Mᴿ CHARLES PLANELLI MARQUIS DE LA VALETTE (4) DEPUTE DU DEPARTEMENT DE L ISERE A LA CHAMBRE LEGISLATIVE

✝ ET PREFET DU DEPARTEMENT DU GARD ET POUR MARRAINE DAME MAGDELEINE IEANNE DE LANGON Vᴱ GAUTERON M. B. MERMET MAIRE

Marque de Rosier et de Vallette.

Note : *fa.*   Diam. 114 c.

661. — ROYBON.   1824.

✝ AD MAIOREM DEI GLORIAM ET SUE (5) PATROCINIO B.M.V. (6)

✝ SIGNUM ISTUD IN HONOREM BEATI IOHANNIS BAPTISTÆ PARŒCIŒ (7) VULGO ROYBON PATRONIE X (8) AUCTORITATE D.D.

✝ CLAUDII SIMON EPISC. CRATIANOP. (9) SACRO RITU INITIAVIT PETRUS FLORIUS (10) BOUCHERANT SUPRADICTŒ PARAECIAE (11) RECTOR

(1) Patron du lieu.
(2) Pour *Sᵗ*. — (3) Patron du lieu. — (4) V. le n° 641.
(5) *Sub.* — (6) *Beatæ Mariæ Virginis.* — (7) *Parochiæ.* — (8) *Patroni ex.* —
(9) *Episcopi Gratianopolitani.* — (10) *Fleury* (?). — (11) *Parochiæ.*

✝ ET ARCHIPRESBYTER NOMEN DEDERUNT INCLYTI CONIUGES D^{US} CHRISTOPHORUS DE BEAUMONT ET D^A BLANCA DE BELLEGAR^{DE}

✝ DE BEAUMONT (1) HUIUS OPPIDUII PRÆFECTO (2) PETRO RAMBERT ET CELESTINO ALLIBE IPSI ADIUNCTO AN D (3) 1824

✝ entre les marques de Vallette et de Rosier.

Note : *sol.*   Diam. 99 c.

662. — ROYBON.   1824.

A. M. D. G. (4)

✝ SIGNUM ISTUD MINUS IN HONOREM S.^{TI} LUDOVICI EX EADEM AUCTORITATE IDEM P^{CHUS} (5) AC

✝ IN MAIORI SCRIPTUS (6) BENEDIXIT HUIC NOMEN DEDIT D^{NUS} LUDOVICUS MENUEL

✝ PRESBYTER VIRIIVILLÆ BENEFICUS (7) EODEM AN (8) 1824

✝ entre les marques de Vallette et Rosier.

Note : *la,*   Diam. 84 c.

663. — SARDIEU.   1824.

✝ EN 1824 MON PARRAIN A ETE MR F.S. PION ADIOINT DE LA COMMUNE ✝ ET MA MARRAINE D^{LLE} MARGUERITE DESCHAMPS

Marque de J.-B. Rosier.

Note : *ut* ♯.   Diam. 71 c.

664. — SARDIEU.   1824.

✝ EN 1824 MON PARRAIN A ETE MR CHARLES VICTOR SALOMON ET MA

✝ MARRAINE DAME ANNE NOEL EPOUSE DE MR F^s PION A^T (9)

Marque de J. Vallette.

Note : *fa* ♯.   Diam. 55 c.

---

(1) Le m^{is} de Beaumont-d'Anty avait épousé Blanche Perrotin de Bellegarde. — (2) *Oppidi*, à moins que l'auteur de l'inscription n'ait eu l'intention de mettre *oppiduli : maire de ce bourg.* — (3) *Anno domini.*

(4) *Ad majorem Dei gloriam.* — (5) *Parochus.* — (6) *Le même curé que* (celui qui est) *inscrit sur la plus grande* (cloche) — (7) *Prêtre de Viriville, bienfaiteur.* — (8) *Eodem anno.*

(9) *Adjoint.*

665. — SUCCIEU.   1824.

✝ HODIE SI VOCEM EIUS AUDIERITIS NOLITE OBDURARE CORDA
VESTRA

✝ M.ᴿ REMI BOUVIER CHALON CURE DE SUCCIEU FAITE EN 1824☞

✝ PARRAIN M.ᴿ LAURENT BRISSAUD NOTAIRE ET MAIRE ☞ ☞

✝ MARRAINE DAME THERESE RATZ EPOUSE DE M.ᴿ LOMBARD CHEVA-
LIER DE LA LEGION D'HONNEUR

Au bas, ✝ entre les marques de Rosier et de Vallette.
Note : *la.*   Diam. 84 c.

666. — TOUR-DU-PIN (LA).   1824.

✝ IN CONVENIENDO POPULOS IN UNUM ET REGES UT SERVIANT
DOMINO ☞ ☞ ☞ ☞ ☞ ☞

✝ M.ᴿ IACQUE LAURENT CURE ARCHIPRETRE DE LA TOUR DU PIN
CHANOINE HONORAIRE DE GRENOBLE ☞ ☞ ☞

✝ PARRAIN M.ᴿ IEAN IACQUE GALLIEN COMTE DE CHABON MAIRE DE
LA VILLE DE LA TOUR DU PIN ☞ ☞ ☞

✝ MARRAINE DAME HENRIETTE VICTOIRE AIME DE CHATEAU THIERRI
COMTESSE DE LHUILIER DORCIERE FAITE EN 1824

Marque de Vallette et de Rosier.
Note : *mi.*   Diam. 119 c.
V. l'inscription n° 653.

667. — TULLINS.   1824.

✝ VOX D.ᴺᴵ IN VIRTUTE VOX D.ᴺᴵ IN MAGNIFICENTIA P. 5. 2. 8 :
10 (1) ☞

✝ SOUS L'INVOCATION DE S.ᵀ LAURENT PATRON DE CETTE PAROISSE,
CETTE CLOCHE A ETE RETABLIE PAR LA PIETE DES FIDELES ☞

✝ PARRAIN M.ᴿ IACQUES ANTOINE CHARMEIL MAIRE DE CETTE COM-

_____

(1) Indication fautive. Il fallait : *Ps.* 28, *v.* 4.

MUNE MARRAINE DAME DE GLASSON NÉE LOUISE CHARLOTE DE BRUCHER
M.ᴿ I.B. CAILLET CURE EN 1824

Au bas, marque de Vallette et de Rosier.

Note : *ré.*   Diam. 133 c.

Cette cloche a été vendue au fondeur en 1869, avec celle de
1818, et remplacée, la même année, par une cloche nouvelle.
(V. le n° 575.)

668. — VIGNIEUX.   1824.

☩ HODIE SI VOCEM EIUS AUDIERITIS NOLITE OBDURARE CORDA
VESTRA ☞ ☞ ☞ ☞

☩ M.ᴿ MENTHAZ PIERRE BERTON CURE FAITE EN 1824 ☞ ☞

☩ PARRAIN M.ᴿ GABRIEL PEY NOTAIRE ET MAIRE DE VIGNEUX MAR-
RAINE DAME MARCEL SON EPOUSE

Sur la panse, *Crucifix* entre les marques de Vallette et de
Rosier ; — *évêque ;* — Sᴛᴇ [1] (la *Vierge)* MARIE.

Note : *la.*   Diam. 89 c.

669. — VOREPPE.   1824.

☩ IAI POUR PARRAIN M.ᴿ LE COMTE PHILIPPE HECTOR DAGOUT [2]
AMBASSADEUR DE FRANCE ET POUR MARRAINE MADAME LA COMTESSE MARIE

☩ SOPHIE AVGᴺᴱ HENRY DE VALLIER NEE DU VIVIER [8] M.ᴿ MAR-
CHAND CURE A VOREPPE ÉT M.ᴿ SIBILLAT VICAIRE M.ᴿ GAGNON MAIRE

☩ AD MAIOREM DEI GLORIAM IN HONOREM BEATÆ MARIÆ VIRGINIS
ET Sᵀᴵ DESIDERII PAROCHIÆ PATRONI ANNO Dᴺᴵ 1824

☩ A FULGURE ET TEMPESTATE LIBERA NOS DOMINE

Marque de Vallette et de Rosier.

Note : *ré.*   Diam. 126 c.

_____

(1) Sᵗᵉ.
(2) *D'Agoult.* — (3) De Veaune, femme d'Alexis-Henri-Lucretius de Vallier,
chevalier de Malte, chevalier de la Légion d'honneur, garde du corps du roi
Charles X, et mort à Voreppe en 1862.

670. — MARENNES. 1825.

L AN 1825 J AI ETE BENITE PAR M JEAN DUTRIAC CURE DE MARENNES ☞

LE PARRAIN EST M ANIBAL MARIE NICOLAS ANGLE [1] SOUS PREFET DE LARRONDISSEMENT DE VIENNE ☞

LA MARRAINE D^LLE MARIE MICHEL MAIRIE DE MARENNES [2]

M JEAN BAPTISTE DEBOLO MAIRE CLAUDE BRET ADJOINT ☞

OFFICIERS MUNICIPAUX P CHRISTOFLE F BULLION F BARIOZ P VERON G DARCIEUX A PITIOT J NIVEL ☞

D BERNARD J MICHEL B BARIOZ

Au bas : CHEVALLIER ☩ A LYON

Note : *sol.* Diam. 95 c.

671. — MONTEYNARD. 1825.

✝ SIT NOM D^NI BEN [3] EN 1825 BONNEVIE FILS.

Marque et emblémes ordinaires.

Note (?). Diam. (?).

Communiquée par M. le curé de Monteynard.

672. — S^T-CLAIR-SUR-GALAURE. 1825.

☩ IE MAPPELLE LOUISE IAI ETE BENITE PAR MR IOSEPH NIVOLLET CURE EN 1825

☩ MON PARRAIN EST MR ESPRIT BRIZARD MAIRE ET MA MARRAINE DEMOISELLE LOUISE BRIZARD

☩ entre les marques de Vallette et Rosier.

Note : *si* ♭. Diam. 81 c.

673. — SAPPEY (LE). 1825.

☩ AB ORTU SOLIS USQUE AD OCCASUM MAGNUM EST NOMEN DOMINI [4] ☞ ☞ ☞

---

(1) *Annibal....... Anglès*, sous-préfet de Vienne du 2 août 1815 au 30 juillet 1832. Il était fils du Cte Jules-J^n-B^te, ministre et préfet de police sous Napoléon Ier et Louis XVIII. — (2) *Michel.* Mairie de Marennes :

(3) *Sit nomen domini benedictum.*

(4) Au lieu de : *A solis ortu usque ad occasum laudabile nomen domini.*

✝ EN 1825 IAI EU POUR PARRAIN MR IOSEPH IAY AVOUE A GRENOBLE ET POUR MARRAINE DAME

✝ MARIE IAIL EPOUSE DE MR IOSEPH IAY LATOUR MAIRE MR MAZOU-DIES CURE ☞ ☞ ☞ ☞ ☞

Marques de Vallette et de Rosier.

Note : *la.* Diam. 87 c.

674. — SEMONS. 1825.

✝ SINE DEI LUMINE NIHIL EST IN HOMINE DA SALUTIS ADITUM DA PERENNE GAUDIUM (1)

✝ BENEDICAM DOMINUM IN OMNI TEMPORE. SEMPER LAUS EIUS IN ORE MEO

✝ MES PARRAINSONT ETE IOSEPH PLANTIER ET PIERRE POULALLON ET MES MARRAINE LEUR EPOUSE (2)

✝ IAI ETE BENITE PAR M·^R ANTOINE BOVIER RECTEUR EN 1825 ☞

Crucifix entre les marques de Rosier et de Vallette ; — *évêque* ; — la *Vierge et l'enfant Jésus.*

Note : *si.* Diam. 76 c.

675. — THODURE. 1825.

✝ LAUDO DEUM PLEBEM VOCO DEFUNCTOS PLORO TEMPESTATEM FUGO FESTA DECORO

✝ SUB NOMINE SANCTI ANDREÆ (3) ANNO DOMINI 1825 ☞ ☞

✝ MON PARRAIN EST M·^R MICHEL THOMAS BROCHIER AINE ☞ ☞

✝ MA MARRAINE MADAME BROCHIER NEE COTTIN REPRESNTEE (4) PAR D^ELLE MARIE JOSEPHINE BROCHIER ☞

---

(1) Paraphrase du texte de la Prose de la Pentecôte :

> *Sine tuo numine*
> *Nihil est in homine . . .*
> *Da salutis exitum . . . .*
> *Da perenne gaudium . . . .*

paraphrase que l'on peut interpréter ainsi : *[ô cloche,] sans la lumière de Dieu, il n'y a pas d'homme parfait . . ., Annonce-lui l'entrée du salut* (le baptème) . . . . *Annonce-lui le bonheur éternel* (la mort, le repos). — (2) *Leur épouse,* au singulier ! . . . Quelle jolie coquille ! . . . .

(3) St *André,* patron du lieu. — (4) *Représentée.*

☩ entre les marques de Vallette et de Rosier.

Note : *la*.   Diam. 97 c.

676. — TRONCHE (LA).   1825.

☩ SUMPTIBUS PAROCHIAE S^{TI} FERIEOLI [1] ANNO 1825.

☩ IAI EU POUR PARRAIN MR IEAN POMPONE BUSCO [2] ET POUR MARRAINE DAME ELIZABETTH IOSEPHINE PERRIER ROLLIN. [3]

Marques de Vallette et de Rosier. Dessous : CHRISTUM REGEM ☩ VENITE ADOREMUS.

Note : *sol* ♯.   Diam. 93 c.

677. — TRONCHE (LA).   1825.

☦ SUMPTIBUS PAROCHIAE S^{TI} FERIEOLI ANNO 1825.

☦ IAI EU POUR PARRAIN MR IEAN POMPONE BUSCO ET POUR MARRAINE DAME ELIZABETTH IOSEPHINE

☦ PERRIER ROLLIN. [4]

Marques de Vallette et de Rosier.

Note : *ut* ♯.   Diam. 70 c.

678. — VERSOUD (LE).   1825.

☩ S.^T LAURENT [5] EN 1825 IAI EU POUR PARRAIN MR CHEMINADE MAIRE ☛ ☛

☩ ET POUR MARRAINE MADAME MOURET NEE ZOE MOULEZIN ☛

Crucifix entre les marques de Vallette et de Rosier ; — la *Vierge et l'enfant Jésus* ; — *St Laurent*.

Note : *sol* ♯.   Diam. 93 c.

679. — VERSOUD (LE).   1825.

☩ S.^T CHARLES DONNE [6] PAR MR DUMAS CURE EN 1825 ☛ ☛

☩ IAI EU POUR PARRAIN MR REAL ANDRE ANCIENS MAGISTRAL [7] ☛

(1) *Sancti Ferjeoli* (St *Ferjus*, patron du lieu). — (2) Nég^t, puis banquier à Grenoble. — (3) Sœur de Casimir Périer et veuve de M. Savoye-Rollin, député de Grenoble, mort en 1823.

(4) Mêmes notes que pour la précédente inscription.

(5) Patron du lieu.

(6) *Donnée*. — (7) Ancien magistrat. André Réal, après avoir été membre de

☩ & POUR MARRAINE MADAME BLANCHET NÉE MARIE PONCET ☞
Crucifix avec la marque de Rosier ; — la *Vierge et l'enfant Jésus.*

Note : *mi.*   Diam. 59 c.

680. — ARZAY.   1826.

☩ L AN 1826 IAI ETE BENITE PAR M.ᴿ ARGENCE CURE D ORNACIEUX

☩ IAI EU POUR PARRAIN M.ᴿ LE CONTE ADOLPHE DE MONT DE SA-
VASSE [1]

☩ ET POUR MARRAINE MADAME LA COMTESTE [2] FELLICIE DE REVOL
SON EPOUSE

Au bas : SIT NOMEN ☩ *(marque de Rosier)* DOMINI BENEDICTUM
P.S 112 ; — un *évêque* et la *Vierge et l'enfant Jésus.*

Note : *mi.*   Diam. 63 c.

C'est la cloche de l'ancienne église de Balbin.

681. — COTES-D'AREY (LES).   1826.

☩ EN 1826 IAI POUR PARRAIN M.ᴿ FRANCOIS ALPHONSE DE SEYON ☞
ET POUR MARRAINE

☩ DAME MARIE SUZANNE DELPHINE FORNIER VEUVE ARNAUD ☞
M.ᴿ GARDES CURE ☞

☞ ☞ ☞ ☞

☩ et marque de Rosier ; — SET [3] (la *Vierge*) MARIE.

Note : *si* ♭.   Diam. 85 c.

682. — COTES-D'AREY (LES).   1826.

☩ AN 1826 IAI POUR PARRAIN M.ᴿ IEAN Fᶜᴼᴵˢ PHILIBERT BOVIER FILS
A M.ᴿ BOVIER MAIRE

☩ TE [4] POUR MARRAINE DAME SECILE [5] BOUTHIER EPOUSE DE M.ᴿ
THEVENIN ☞

la Convention, puis membre du Conseil des Cinq-Cents, mourut en 1832, prést
honoraire de la Cour royale de Grenoble.

(1) Adolphe-Lᴬ-Fᴼᴮ. comte de Monts de Savasse, de l'ordre de Malte, marié
en 1821 à Félicie de Revol de Porte. — (2) *La comtesse.*

(3) Sᵗᵉ.

(4) *Et.* — (5) *Cécile.*

Mêmes insignes que sur la précédente cloche.

Note : *ut* ♯.   Diam. 70 c.

683. — PONT-DE-BEAUVOISIN.   1826.

LAUDATE EUM IN CYMBALIS BENE SONANTIBUS LAVDATE EUM IN CYM-
BALIS ☞

JUBILATIONIS. P⁸ CL ☞

CLAUDE DURET ARCHIPRETRE LOUIS PERMEZEL PARRAIN ☞

ADELE PILLION BERLIOZ [1] MARRAINE ☞

AUGUSTIN BERLIOZ MAIRE 1826

Au bas : CHEVALIER A LYON.

Note : *mi*.   Diam. 131 c.

684. — REVENTIN.   1826.

✝ EN 1826 IAI POUR PARRAIN M·ᴿ AUGUSTE AINE [2] FORNIER
MAIRE ET POUR MARRAINE

✝ DEMᴼᴵˢᴱᴸᴸᴱ FRANCOISE THUILLIER M·ᴿ HENRI CHILLIAT ADIᴼᴵNT [3]
M·ᴿ LARDIERE IEAN CURÉ

Au bas, *crucifix* avec la marque de Rosier et Sᴱᴛ [4] (la *Vierge)*
MARIE.

Note : *la*.   Diam. 79 c.

685. — SAINT-CASSIEN.   1826.

✝ EN 1826 IAI EUE [5] POUR PARRAIN Mᴿ IOSEPH BERTEL MAIRE
DE LA COMMUNE DE Sᴛ CASSIENS [6] ☞

✝ ET POUR MARRAINE DAME MARIE COINT EPOUSE DE Mᴿ Fᶜᴼᴵˢ
BONNIEL VERRON ADIOINT ☞

✝ ET Mᴱˢᵁˢ [7] I. NEROUD LAGAYERE ET I. COLLOMB ET I. GONDRAN ☞

Marque de J.-B. Rosier.

Note : *la*.   Diam. 86 c.

(1) Mᵐᵉ Berlioz, née Adèle Pillion, femme de M. Aug. Berlioz, maire du Pont-
de-Beauvoisin et membre du Conseil général de l'Isère.
(2) *Aimé* (?). — (3) *Adjoint.* — (4) S⁺ᵉ.
(5) *Eu.* — (6) *Cassien.* — (7) *Messieurs.*

686. — ST-GERVAIS. 1826.

+ POPULOS VOCO MORTUOS PLORO TEMPESTATEM REPELLO

MON PARRAIN MR PIERRE HIPPOLITE CESAR DARMIEUX [1] MA MAR-RAINE DE MARTE

ANTOINETTE HIPPOLITE DARMIEUX FRERE ET SŒUR

Au bas : MR FRANCOIS OLLIER CURE avec la marque de BONNE-VIE FONDEUR A GRENOBLE

Au bas : F A BONNEVIE — AN JANVIER 1826

Note : *la.* Diam. 87 c.

687. — VIGNIEU. 1826.

+ IAI ETE FAIT EN 1826 POUR LA PARROISSE DE VIGNEUX

Sur la panse : *Évêque ;* — *3 fleurs de lis* (2 et 1) ; — marque de Rosier.

Note : *mi.* Diam. 57 c.

688. — VILLARD-DE-LANS. 1826.

+ VENITE ADORAMUS DOMINUM IN ATRIO SANCTO EJUS

PAR LA MUNIFICENGE DE MR JULLIEN NOTAIRE ET MAIRE DU VIL-LARD [2] QUI A ETE

PARRAIN ET DE DAME VE LAVALLONNE [3] QUI A ETE MARRAINE ET PAR LA LIBERALITE

DES HABITANS DU DIT LIEU FONDUE EN MARS 1826

Sous le crucifix : MR BEYLE CURE. Puis, marque de Bonnevie ; — la *Vierge au prie-Dieu ;* — *l'ange Gabriel.*

Note : *la.* Diam. 92 c.

Cette cloche a été fondue en 1881 (V. le *Supplément).*

(1) P. H. C. Heurard d'Armieux, garde du corps de Louis XVIII, ancien maire de St-Gervais, mort en 1862.
(2) Puis membre du Conseil général. — (3) Veuve de M. Antoine Hébrard de la Valonne.

689. — VOIRON *(Hospice de la Trinité)*.   1826.

☩ CANITE TUBA IN SION CONGREGATE POPULUM. S. L. V. [1] DE LA
S^TE TRINITE

☩ EN 1826 MON PARRAIN EST MR IACQUES MORAIN ☞ ☞ ☞

☩ ET MA MARRAINE DE M^OISELLE VERONIQUE GUIMET ☞ ☞ ☞

Au bas, marque de Rosier.

Note : *ut* ♯.   Diam. 70 c.

690. — BARRAUX.   1827.

✛ ORA PRO NOBIS COR SACRATISIMUM ♡ MISERERE NOBIS DONNE

PAR LA CONFRERIE DU SS ♡ [2] MON PARRAIN MR LOUIS SIXTE DE

MAXIMY CHEVALIER

DE S^T LOUIS LIEUTENANT COLONEL D'ARTILLERIE MA MARRAINE

DAME ELIZABETZ

BELLUARD VEUVE AMAR CHATELARD

Au bas de la croix : MR GABERT CURE ; puis, marque de Bonnevie, sous laquelle : EN 1827.

Note : *mi.*   Diam. 55 c.

691. — COMMUNAY.   1827.

SIT NOMEN DOMINI BENEDICTUM

En lettres gravées : DONT. [3] DE . JEAN . PERRIN . ET . DE . ANNE .
BRON .

Au bas, en lettres moulées : BURDIN AINE FONDEUR A LYON 1827

Note : *mi.*   Diam. 61 c.

692. — DOMARIN.   1827.

✝ EN 1827 IAI EU POUR PARRAIN M·^R JOSEPH DE NEYRIEU [4] MAIRE
DE DOMARIN

---

(1) *Sous le vocable.*
(2) *Très-sacré cœur.*
(3) *Don.*
(4) Ancien capitaine de dragons, avant la Révolution. Sa femme, Mlle Palerne

✝ ET POUR MARRAINE MADAME ALPHONSINE DE BELLIGNY EPOUSE
DE M.ᴿ ALFRED

✝ DE MIRABEL DE NEYRIEU ☞ BENITE PAR M.ᴿ BERNARD PRETRE
☞ ☞ ☞

Marque de Rosier.

Note : *ré.* Diam. 68 c.

693. — ÉPARRES (LES). 1827.

OMNIS SPIRITUS LAUDET DOMINUM PSAUME 150

Au bas : CHEVALIER ✝ A LYON 1827, et la *Vierge et l'enfant
Jésus* dans un médaillon octogone.

Note : *ré.* Diam. 64 c.

694. — EYDOCHE. 1827.

A FULGURE ET MPESTATE [1] LIBERA NOS DOMINE

FRANCOIS BERNARD PARRAIN ET ROSE BERIER MARRAINE ORA PRO
NOBIS

Au bas : CHEVALIER — A LYON 1827

Note : *ut.* Diam. 78 c.

695. — MOUTARET (LE). 1827.

✛ SANCTA MARIA ORA PRO NOBIS

MON PARRAIN M.ᴿ JOSEPH PORTE ABBE MA MARRAINE DAME JULIE
PORTE NEE DUTRAIT

Au bas : M. PORTE CURE AN 1827 — BONNEVIE FONDEUR A GRE-
NOBLE.

Note : *ré.* Diam. 67 c.

696. — PONT-DE-BEAUVOISIN (LE). 1827.

Au bas : CHEVALIER A LYON 1827.

Note : *sol.* Diam. 47 c.

de Savy, ne lui ayant point donné d'enfants, Jʰ de Neyrieu laissa son nom et sa
fortune à son neveu Alfred de Mirabel, marié à Mˡˡᵉ Alphonsine Croque de Belligny (V. le n° 543).

(1) *Tempestate.*

697. — POUSSIEUX.   1827.

✝ EN 1827 IAI EU POUR PARRAIN M.ᴿ IEAN MARIE CRAPONNE ET POUR

✝ MARRAINE MADAME LAURE CHARLES EPOUSE DE M.ᴿ CHASTE IUGE DE PAIX

✝ M.ᴿ VICTOR GIROUD CURE M.ᴿ I.ᴾᴴ VICTORIN CHASTE MAIRE ☞

Marque de Vallette.

Note : *ut* ♯.   Diam. 68 c.

698. — RECOING.   1827.

✝ EN 1827 IAI ETE BENITE PAR Mᴿ MERLIN RECTEUR DE LA PAROISSE DE RECOING ET Mᴿ P. BAIAT (1) MAIRE

✝ IAI EU POUR PARRAIN Mᴿ FRANCOIS XAVIER DODE DENANT (2) ☞

✝ ET POUR MARRAINE DAME MARIE THEREZE DODE (3) SON EPOUZE PROPRIETAIRES DEMEURANT A Sᵀ GEOIRE

Au bas, les marques de Rosier et de Vallette.

Note : *la* ♯.   Diam. 84 c.

699. — Sᵀ-GEOIRE.   1827.

✝ A DIEU SEUL HONNEUR ET GLOIRE ═ CETTE CLOCHE A ETE BENIE SOUS L INVOCATION DE Sᵀᴱ ADELAIDE SON PARRAIN

✝ A ETE NOBLE ARMAND MARIE JOACHIM DE REVEL DUPERON (4) ET SA MARRAINE NOBLE DAME ADELE COMTESSE DE VALLIER

✝ NEE GELLY DE MONCLA (5) MEMBRES DE LA FABRIQUE AUX DEPENS DE LAQUELLE ELLE A ETE FAITᵉ (6) Mᴿ IEAN Cᴹᴱ (7) BONNET CURE

✝ GASPARD CHABOUD MAIRE LOUIS EMILIEN PASCALIS DE LONGPRA (8) MELCHIOR ROCHE Fᴼᴵˢ CHARMEIL Fᴼᴵˢ XAVIER DODE DEYNANT ANNEE 1827

(1) *Bajat*. — (2) Dode *d'Eynant*, frère du maréchal Dode de la Brunerie. — (3) Sa cousine germaine, fille de M. Dode, de Nantes, oncle paternel du parrain.

(4) Le même que nous retrouverons, en 1858, mentionné dans l'inscription de la cloche des Rivoires (n° 1056). — (5) Mⁱᵉ-Fˢᵉ-Cathᵉˢ-Adèle Gély de Montcla, femme de Chˡᵉˢ-Scipion, cᵗᵉ de Vallier de By. — (6) *Faite*. — (7) *Guillaume* ? — (8) Fils de Pʳᵉ-Antᵉ Pascalis de Longpra, conseiller au Parlement de Grenoble.

Au bas, marques de Rosier et de Vallette.

Cette cloche a été cassée en 1872 et remplacée par une autre, l'année suivante.

Note : *sol.* Diam. 108 c.

700. — S^T-GEOIRE. 1827.

‡ A DIEU SEUL CETTE CLOCHE BENIE PAR M. BONNET CURE SOUS L INVOCATION DE S^{TE} ROSALIE

‡ A EU POUR PARRAIN MR GASPARD CHABOUD MAIRE ET POUR MAR-RAINE MADAME

‡ ROSALIE MAG^{NE} THIBAUD EPOUSE DE MR IACQUES F^{OIS} DULAC IUGE DE PAIX MAY 1827

Au bas, marques de Rosier et de Vallette.

Note : *la.* Diam. 98 c.

701. — S^T-JEAN-D'HÉRANS *(Temple protestant).* 1827.

FAITE EN 1654 POUR LEGLISE REFORMEE DE S^T IEAN DHERANS REFONDUE

EN 1827 SOUS LE REGNE DE CHARLES X PAR SOUSCRIPTIONS DES FEMMES DU

LIEU BLANC & DUMONT PASTEURS CHERCHEZ LETERNEL PENDANT QU'IL SE TROUVE INVOQUEZ LE TANDIS QUIL EST PRES [1] ISAIE LV 6

Marque de Bonnevie.

Note : *fa* ♯. Diam. 52 c.

702. — SATOLAS. 1827.

☞ PARRAIN MR FRANCOIS CHEVALLIER PROP^{RE} ET MAIRE ☞

MARRAINE M^{ELLE} GENEVIEVE SARRAZIN VEUVE DE MR PIERRE RO-QUE ☞

RENTIERE A SATOLAS LAN DU JUBILE 1827

---

[1] *Quœrite Dominum dùm inveniri potest, invocate eum dùm proprè est.* (Isaïe, 55, v. 6.)

Au bas : BURDIN AINÉ ☨ FONDEUR A LYON

Note : *si*.   Diam. 83 c.

703. — TERRASSE (LA).   1827.

☦ EN 1827 IAI EU POUR PARRAIN Mᴿ GABRIEL GASPARD CHEVRIER
MAIRE DE LA TERRASSE

☦ ET POUR MARRAINE MADAME ANTOINETTE BRUN SON EPOUSE
Mᴿ BUISSON CURE DE LA TERRASSE

Au bas, une grande *Croix* entre la marque de J-B. ROSSET
FONDEUR et celle de Vallette.

Note : *si*.   Diam. (?).

704. — ECLOSE.   1828.

☞ SIT NOMEN DOMINI BENEDICTUM

Au bas : BURDIN AINÉ ☨ FONDEUR A LYON 1828

Note : *sol* ♯.   Diam. 44 c.

705. — GRENOBLE *(Horloge du Lycée)*.   1828.

✛ S FRANCISCUS XAVERIUS [1] INDIARUM APOSTOLUS ANNO 1828

Au bas : A. F. BONNEVIE

Note : *si* ♭.   Diam. 80 c.

706. -- GRENOBLE *(Sᵗ-André)*.   1828.

✛ ANNO MDCCCXXVIII, CAROLO X FECICITER REGNANTE, RR. DD.
PHILIBERTUS DE BRUILLARD,

☞ EPISCOPUS GRATIANOPOLITANUS, BENEDIXIT DEDITQUE MIHI
NOMEN APPOLLONIA. PATRINUS D.

☞ JULIUS, BARO DE CALVIERE [2] ISARÆ PRÆFECTUS, MATRINA Dᴬ
APPOLLONIA GIROUD, [3] NATA BOREL,

_____

(1) *Xavierus.* — Le Lycée est l'ancien collège des Jésuites.
(2) *Le baron de Calvière.* — (3) Mᵐᵉ A. Giroud, était femme du Receveur général des Finances, à Grenoble.

☞ PAROCHUS VERO S^{TI} ANDREÆ D. N. J. GIRAUD. SIT NOMEN DO-MINI BENEDICTUM. JUBILATE DOMINO.

CANTATE DOMINO. RESONATE MONTES LAUDATIONEM.

Au bas, sous sa marque : F. A. BONNEVIE ME FECIT ANNO 1828
Sur la panse, les emblêmes ordinaires.

Note : *sol.* Diam. 112 c.

707. — ROCHE-THOIRIN. 1828.

⚲ CLOCHE DE ROCHETOIRIN [1] PARRAIN MR GEORGES GENIN MAIRE MARRAINE DAME ANNE

⚲ JEANNE MARIE RABATEL FEMME CHEVALLIER FAITE A LYON PAR JOSEPH FREREJEAN 1828

Autour, guirlandes de feuilles retenues par un nœud de ru-ban avec un gland.

Crucifix et médaillon de la *Vierge et l'enfant Jésus* ayant au-dessus de la tête, sur une bandelette, les mots IESVS MARIA, avec deux chérubins de chaque côté.

Note : *ut* ♯. Diam. 73 c.

708. — S^T-HONORÉ. 1828.

✝ SANCTA MARIA SANCTE HONORATE [2] ORATE PRO NOBIS A FULGURE ET TEMPESTATE

LIBERA NOS DOMINE MON PARRAIN MR FRANCOIS GUINIER MA MA-RAINE D^{LE}

CECILE MAITRE

Sur la panse : *Crucifix ;* — dessous : MR ANDRE SIBILLAT CURE ; — marque de F. A BONNEVIE AN 1828 ; — la *Vierge ;* — un *évêque.*

Note : *fa* ♯. Diam. 90 c.

_____

(1) *Roche et Thoirin.*
(2) *St Honoré,* patron du lieu.

709. — Sᵀ-LAURENT-DE-MURE.   1828.

☩ SIT NOMEN DOMINI BENEDICTUM A GRANDINE ET TEMPESTATE LIBERA NOS DOMINE ☞ ☞

☩ EN 1828 IAI EU POUR PARRAIN Mᴿ ALPHONSE ANTOINE COCHE MAIRE ET POUR MARRAINE DAME

☩ SOPHIE REYRE SON EPOUSE Mᴿ. ANTOINE AUGUSTE OLAGNIER CURE ☞ ☞ ☞

Au bas, marque de Rosier.

Note : *sol*.   Diam. 99 c.

710. — TENCIN.   1828.

✠ MON PARRAIN Mᴿ. FRDERIC [1] AUGUSTE JULLIEN PROPRIETERE [2] HABITANT A TENCIN. MA MARRAINE Mᴹᴱ PAULINE DALBAN EPOUSE DU DIT JULLIEN

Au bas, marque de Bonnevie ; dessous : F. A. BONNEVIE AN 1828

Note : *ré*.   Diam. 63 c.

711. — AUBERIVES-EN-ROYANS.   1829.

✠ MON NOM EST MARIE MELANIE MON PARRAIN A ETE Mᴿ CHARLE JOSEPH TESIER

✠ MA MARRAINE A ETE DEMOISELLE LAURENCE MELANIE TESIER IAI ETE BENITE

✠ PAR Mᴿ I. B. CLOT CURE DE LA PAROISSE ET FAITE SOUS LADMINISTRATION DE

✠ Mᴿ IOSEPH CLOT MAIRE ET DE Mᴿ IEROME FROMAND ADIOIN [3] EN 1829

Au bas, marques de J. B. ROSIER FONDEURS et de VALLETTE FONDEUR.

Note : *ut*.   Diam. 68 c.

---

(1) *Frédéric.* — (2) *Propriétaire.*
(3) *Adjoint.*

712. — CHANAS. 1829.

✝ REFONDUE A CHANAS LE XV AOUT MDCCCXXIX PAR SOUSCRIPTION
DES HAB.ˢ (1) ☞ ☞

✝ M.ᴿ ROSTAING MARCEL MAIRE M.ᴿ CROCHAT C.ᴰᴱ (2) CURE ET
BENITE ☞ ☞

✝ M.ᴿ TERNAUD I.ᴺ ANT.ᴱ (3) PARRAIN M.ᴱ (4) ROSTAING SOUBEIRAND
BEAUVOIR MARRAINE

Marques de Rosier et de Vallette.

Note : *la*.   Diam. 87 c.

713. — CHORANCHE. 1829.

✝ SIT NOMEN DOMINI BENEDICTUM EN 1829 IAI EU POUR PARRAIN
M.ᴿ FRANCOIS AUDIER ET POUR

✝ MARRAINE DAME VICTOIRE GACHET EPOUSE DE M.ᴿ C GACHET DE
LA PARROISSE DE CHORANCHE

Crucifix entre les marques de Vallette et de Rosier.

Note : *si* ♭.   Diam. 79 c.

714. — DOLOMIEU. 1829.

SIT NOMEN DOMINI BENEDICTUM

Au bas : CHEVALIER ✝ A LYON 1829

Note : *fa* ♯.   Diam. 104 c.

715. — DOLOMIEU. 1829.

La même inscription que sur la cloche précédente.

Note : *si*.   Diam. 61 c.

716. — FITILIEU. 1829.

SANCTE PETRE (5) VOCA CRETUM (6) CONGREGA POPULUM PATRINUS D
A HUMBERS (7)

---

(1) *Habitants.* — (2) *Claude* (?). — (3) *Joseph-Antoine.* — (4) *Mᵐᵉ.*
(5) *Sᵗ Pierre*, patron du lieu. — (6) Au lieu de *cœtum.* — (7) *Dominus A.
Humbert.*

MATRINA DNA [1]

Au bas : CHEVALIER A LYON 1829

Note : *si*.   Diam. 100 c.

717. — FITILIEU.   1829.

CONGREGABITUR TURBA AD OSTIUM TABERNAEUSI FREDFBIS [2] CUM
INCREPUERIS TABIS [3]

PATRINUS D C [4] VAROUD MATRINA DNA [5]

Au bas : CHEVALIER À LYON 1829

Note : *fa*.   Diam. 75 c.

718. — GRAND-LEMPS (LE).   1829.

⫶ MAGNUS ES TU ET FACIENS MIRABILIA TU ES DEUS SOLUS

⫶ D. [6] P. MARTIN PAROCHO ☞ ☞ D. I. F. TERCINET PRÆ-
FECTI [7] 1829 ☞ ☞ ☞

Marques de Vallette et de Rosier.

Note : *si*.   Diam. 80 c.

719. — LIVET.   1829.

✝ MON PARRAIN Mᴿ JOSEPH CUYNAT CURE MA MARRAINE Mᴹᴱ
EUPHROSINE GRAND FEMME JALLIFIER

Au bas : F. A. BONNEVIE AN 1829

Note : *ré*.   Diam. 64 c.

720. — LUZINAY.   1829.

☞ SOUS LINVOCATION DE Sᵀ LOUIS [8]

---

(1) Le nom de la marraine n'existe pas.

(2) *Tabernaculi fœderis.* — (8) *Tubis.* (Citation entièrement dénaturée ; voir *Numer. X, 3 : Cumque increpueris*, etc.) — (4) *Dominus C.* — (5) Pas plus de marraine que pour la précédente cloche.

(6) *Dominus.* — (7) Pour *præfecto*, maire.

(8) Patron du lieu.

☞ PARRAIN MR C^{DE} P^{RE} ANNUEL CHASSAGNE JUGE DE PAIX DU CANTON DE ROUSSILLON

☞ MARRAINE MME M^{RIE}, A^{NE}, AVIGNON TERRAT

☞ SOUS L ADMINISTRATION DE M^R, P^{RE}, JOURDAN MAIRE ET DE M^R, COTTE DESSERVANT

Au bas : BURDIN AINE ± FONDEUR A LYON 1829 ; — écusson de France entre 2 branches de laurier ; — la *Vierge* rayonnante avec 2 anges au-dessus.

Note : *fa* ♯.   Diam. 102 c.

721. — LUZINAY.   1829.

☞ SOUS L'INVOCATION DE S^T. LOUIS, [1] PARRAIN MR BONNARD ROMAIN PROPRIETAIRE RENTIER

☞ MARRAINE MME ANNE MARIE DURAND EPOUSE DE M^R. COUTURIER AVOCAT ☞

SOUS LA DIRECTION DE M^R. P^{RE} JOURDAN FILS ET DE M^R. COTTE DE-SERVANT. [2]

Au bas, comme sur la cloche précédente, moins la *Vierge* qui n'a pas de rayons autour d'elle.

Note : *si.*   Diam. 78 c.

722. — PANOSSAS.   1829.

◀ FAITE A LYON PAR JOSEPH FREREJEAN 1829

Sur la panse, 1re face, et en lettres gravées :

M^R_* CHARLES VICOMTE DE [3] DOUGLAS PARRAIN

M^R_* JOSEPHINE DUMOLLARD COMTESSE

DE [4] DOUGLAS MARRAINE

M^R_* JOSEPH AMABLE GONIN RECTEUR

M^R_* JOSEPH ROMAIN DOUARE MAIRE

PESE 416 * L * [5]

---

(1) Patron du lieu. — (2) *Desservant.*
(3) Vte *Douglas.* — (4) C^{sse} *Douglas.* — (5) *Livres.*

2ᵉ face, et en relief : la *Vierge tenant l'enfant Jésus*, au-dessous de 4 *chérubins*.

Note : *si*.   Diam. 72 c.

723. — REVEL *(de Beaurepaire)*.   1829.

PARRAIN Mᴿ VICTOR SALOMON MARRAINE Mᴰᴹᴱ OLYMPE DELUZY NEE DUPELOUD ☞

POUR SECOND [1] Mᴿ AIME DELUZY MAIRE DE REVEL POUR SECONDE [2] ☞.

Mᴰᴹᴱ SOPHIE CHAURIER NEE SEGUIN Mᴿ HONORE ROLLAND CURE DE REVEL

Au bas : CHEVALIER A LYON 1829

Note : *fa* ♯.   Diam. 98 c.

724. — Sᵀ-PAUL-D'IZEAUX.   1829.

✝ Mᴿ GILLIN IEAN BAPTISTE ADIOINT DE LA COMMUNE DE Sᵀ PAULE DIZEAUX [3] ☞ 1829 ☞

Crucifix entre les marques de Rosier et de Vallette.

Note : *si*.   Diam. 78 c.

725. — Sᵀ-PHILIBERT.   1829.

◀ SAINT PHILIBERT PATRON DE LA CHAPELLE M DONZEL CURE D ENTREMONT PARRAIN Mᴿ

◀ CHARLES ARRAGON [4] MARRAINE MDE CLAUDINE ARRAGON NEE FEROUILLET [5] FRANCOIS SEVIGNOLE

◀ FRANCOISE VASSAT VOX CLAMANTIS IN DESERTO FAITE A LYON PAR JOSEPH FREREJEAN 1829

Médaillon rond de la *Vierge assise tenant l'enfant Jésus* avec JESVS MARIA dans le champ.

---

(1) Pour second *(parrain)*. — (2) Pour seconde *(marrain)*.
(3) Sᵗ *Paul d'Izeaux*.
(4) Maître de poste aux Echelles. — (5) *Ferolliet*, femme du parrain.

Je trouve curieux de reproduire ici le procès-verbal extrait des Registres paroissiaux de St-Philibert-d'Entremont qu'a bien voulu relever pour moi M. J^h Arragon, du Pont-de-Beauvoisin, neveu du parrain de cette cloche.

« L'an 1829, et le 25 du mois d'Août, sur les deux heures après midi, a eu lieu aux villages des Meuniers et Arragons la cérémonie de la bénédiction de la cloche sous le vocable de St Philibert. Cette cérémonie a été faite par M. Payerne, archiprêtre, curé de St-Laurent-du-Pont. Charles Arragon, des Echelles, en est le parrain ; Claudine Arragon, née Férolliet, son épouse, en est la marraine.

« A cette cérémonie, un concours prodigieux de personnes, soit de cette paroisse, soit des environnantes, s'y est rendu. Après la cérémonie, le parrain a fêté tous les ecclésiastiques, au nombre de dix, ainsi que tous ses parents qui sont très-nombreux dans cette paroisse.

« M. Arragon (chose inouïe jusqu'à ce jour,) est arrivé ici avec sa nombreuse suite avec deux voitures, après avoir franchi tous les obstacles qui se sont trouvés sur son passage.

« Dans le verger contigu à la chapelle, a été préparée une table de 80 pieds de long où ont été placées 150 personnes qui se rappelleront toujours cet heureux jour.

« Ont signé, Ch. Arragon, Cl^ne Arragon née Ferrolliet, Cl^de Arragon née Gex, J^r Arragon, du Pont-de-Beauvoisin, etc. etc. (une centaine de signatures). »

« Ma mère, ajoute M. J^r Arragon, dans un char de côté, n'a pas mis pied à terre une seule fois. A travers prés et forêts, la voiture était soutenue par quatre postillons. A l'arrivée à St-Philibert, les vieillards et les enfants se mettaient à genoux devant ces mauvaises carrioles.

« Au repas, les Chartreux occupaient la tête de la table qui était complètement servie au maigre !...

« En 1882, quand nous sommes allés à St-Philibert assister à une splendide cérémonie, nous avons vu des habitants qui n'avaient pas oublié un seul des détails de celle de 1829. »

Aujourd'hui, une magnifique route carrossable dessert tous les villages de la montagne.

Note : si.   Diam. 75 c.

726. — VALJOUFFREY.   1829.

+ MADELAINE ELISABETTE [1]

[1] Elisabeth.

MON PARRAIN MR JEAN BERNARD BRUNEL MAIRE MARRAINE D^ME

MARGUERITE ROBERT NEE GRAND DE LACHALP [1]

Sous le *Crucifix* : F. A. BONNEVIE AN 1829, et, sur l'autre face, sa marque.

Note : *ut* ♯.   Diam. 71 c.

727. — ALLIÈRES.   1830.

+ MON PARRAIN MR JOSEPH REGNIER MA MARRAINE DAME JANNE [2]

MARIE ARNAUD NE [3] JALIFIER MONSIEUR DARDARE CURE

Crucifix à la Magdeleine. Au-dessous : F. A. BONNEVIE AN 1830 ; puis, la *Vierge au prie-Dieu*.

Note : *la*.   Diam. 44 c.

Communiquée par M. Demenjon, curé de Claix.

728. — CHABONS.   1830.

GLORIA IN ALTISSIMIS DEO ET IN TERRA PAS [4] HOMINIBUS BONOE

VOLONTATIS [5] LUC 2. 14 ☞ ☞

LAUDATE DOMINUM IN CYMBALIS BENE SONANTIBUS P^SAL. 150 ☞

PARRAIN M^R. GABRIEL HENRY AYMON COMTE DE VIRIEUX. [6] MARRAINE

M^DE VICTOIRE JOACHIME EMMA COMTESSE DE ☞

VIRIEUX NÉE MEALLET DE FARGUES. CURIS MARTIN PAROCHI CHABONS

ET EX MUNIFICENTIA PAROCHIANORUM EJUS ☞

CONFLATA SUM ANNO CHRISTI 1830

Grand écu de France fleurdelisé et couronné. — Au bas :

BURDIN AINE — FONDEUR A LYON

Note : *mi*.   Diam. 119 c.

---

(1) Grand, de la Chalp (hameau de Valjouffrey).
(2) *Jeanne*. — (3) *Née*.
(4) *Pax*. — (5) *Bonæ voluntatis*. — (6) Né à Paris en 1788, servit en 1816 dans les Gardes du corps, fit partie de l'ambassade du duc de Luxembourg au Brésil, fut ensuite secrétaire d'ambassade à Turin et enfin chargé d'affaires à Munich. Il avait épousé, en 1822, V.-J.-E. de Méallet de Fargues et mourut en 1841.

729. — CHASSELAY. 1830.

☧ FACTA SUM ANNO 1830 ☞ NOMINOR MARIA SOPHIA CANTATE MECUM LAUDATE DOMINUM

☧ OMNES GENTES LAUDATE EUM OMNES POPULI ☞ ☞ ☞

Crucifix entre *St Pierre* [1] *et St Paul*, et placé entre les marques de Rosier et de Vallette.

Note : *fa.*   Diam. 112 c.

730. — CHATENAY. 1830.

☧ BENEDICAM DOMINUM IN OMNI TEMPORE SEMPER LAUS EIUS IN ORE MEO P.S 33 ☞ ☞

☧ EN 1830 IAI EU POUR PARRAIN M.R L ABBE COMBALOT [2] MISSIONNAIRE PREDICATEUR DU ROI

☧ ET POUR MARRAINE MADAME VEUVE VACHON NEE CHARRETON M.R SILVENT PAROCHO M.R L DREVET MAIRE

Croix entre les marques de Vallette et de Rosier : — la *Vierge au sceptre;* — un *évêque.*

Note : *la.*   Diam. 84 c.

731. — COGNIN. 1830.

☧ EN 1830 IAI EU POUR PARRAIN M.R EUGENE REGIS MARCHAND MAIRE ☞ ☞ ☞

☧ ET POUR MARRAINE ALEXANDRINE ROSALIE OLYMPE DE MORTILLET RUBICHON ☞ ☞ ☞

Sur la panse, marques de Vallette et de Rosier.

Note : *sol.*   Diam. 93 c.

732. — COGNIN. 1830.

☩ EN 1830 IAI EU POUR PARRAIN M.R XAVIER RUBICHON ☞ ☞

(1) *St Pierre*, patron du lieu.
(2) C'est le célèbre prédicateur que notre génération a connu. Il était né dans le village de Châtenay.

✝ ET POUR MARRAINE MARIE ZOE BRISARD [1] DEBEZIEUX ☞ ☞

Sur la panse, marques de Vallette et de Rosier.

Note : *ré.*   Diam. 65 c.

733. — MURINAIS.   1830.

⊥ VENITE FILII AUDITE ME IE ME NOMME LOUISE ROSALIE ☞ M·R

BUISSON CURE DE MURINAIS

⊥ IAI POUR PARRAIN M·R GUI IOSEPH FRANCOIS LOUIS TIMOLEON

D.AUBERION [2] MARQUIS DE MURINAIS

⊥ ET POUR MARRAINE MADAME LOUISE ROSALIE DE LORAS MARQUISE

DE MURINAIS 1830

Sur la panse, marques de Rosier et de Vallette.

Note : *si* ♭.   Diam. 82 c.

734. — VILLARD-EYMOND.   1830.

☞ PAR MON NOM DE MARIE EGALANT LE TONNERRE IAPPELE LES

CHRÊTIENS QUI CULTIVENT LA TERRE

☞ REPARAISSANT ICI POUR LA SECONDE FOIS MES ANCIENS BIEN-

FAITEUR [3] PARAISSEZ AVEC MOI GARDENT ET ARGENTIER ME

☞ DONNERENT LE NOM DEUX [4] ET DE GARDENT IEUS LA VALEUR

DE MON SON [5] EN 1777 MON PARRAIN ET [6] FRANCOIS GARDENT

☞ ET MA MARRAINE ELISABETH GARDENT NEE TURC SON EPOUSE

IBALMET [7] DIT TOINON ET C BALMET ONT ELEVE MON SON [8]

Sous la légende, guirlande élégante relevée aux coins par
des anges. — Sous le *Crucifix* : F VALLIER FECIT 1830, et marque
de ce fondeur.

Note : *si.*   Diam. 90 c.

---

(1) Première femme de M. Pre-Jh-Le-Magdae de Bézieux.

(2) Guy-Jh-Fois-Le-T. d'Auberjon de Murinais, frère du parrain de la cloche
de Montagnieu (V. le n° 524, 1759). Il fut député de la Noblesse à l'Assemblée
Constituante, et épousa, en 1802, Mlle Lee-Rosalie de Loras, dont il eut 4
enfants et qui fut la marraine de cette cloche. Mort en 1831.

(3) *Bienfaiteurs.* — (4) *D'eux.* — (5) Inscription en 6 *vers* !... — (6) *Est.* —
(7) *J. Balmet.* — (8) *Élevé mon son* !... Je n'ai pu me rendre compte de la

735. — MONTALIEU. Vers 1830.

Anépigraphe. Marque de Frèrejean ; — écusson de France.
Note *si*. Diam. 76 c.

736. — BOURG-D'OIZANS (LE). 1832.

☨ LAUDATE DOMINUM IN CYMBALIS BENESONANTIBUS IN HONOREM
B. (1) MARIÆ VIRGINIS ET S. LAURENTII (2) MARTYRIS 🖝 🖝

☨ Mᴿ JEAN Bᵀᴱ JULIEN NATIF DE BRIANCON ANCIEN CURE DE VE-
NOSC PARRAIN M. (3) MADELEINE BERARD Vᴱ (4) BALME MARRAINE 🖝

☨ Mᴿ COL CURE ET ARCHIPRETRE Mᴿ I D FAURE MAIRE Mᴿ NICOLAS
ORCEL PRINCIPAL BIENFAITEUR 1832.

Marques de Rosier et de Vallette. Au bas, un *évêque* avec la
légende : sᵀ FRANCOIS DE SALES

Note : *mi*. Diam. 119 c.

737. — CORPS. 1832.

☨ SIT NOMEN DOMINI BENEDICTUM SANCTA MARIA ORA PRO NOBIS

☨ MON PARRAIN M·ᴿ JEAN CHARLES GAYMARD MAIRE MA MARRAINE
DAME VIRGINIE MELANIE

☨ MAIGRE VEUVE GONSSOLIN Mᴿ VIOLLET CURE 1832 🖝 🖝 🖝

Marque de Rosier.
Note : *ut*. Diam. 74 c.

738. — GRENOBLE *(Sᵗ-André).* 1832.

✛ VOX DOMINI IN VIRTUTE. VOX DOMINI IN MAGNIFICENTIA PS 28
R.R.D.D. (5) 🖝

PHILIBERTUS DE BRUILLARD EPISCOPUS GRATIANOPOLITANUS ME
BAPTISAVIT SUB 🖝

valeur de cette expression, à moins de la trouver dans cette pensée que les
descendants des parrain et marraine de 1777 ont ajouté du métal à la cloche, lors
de la fusion de 1830.

(1) *Beatæ.* - (2) *Sᵗ Laurent,* patron du lieu. — (3) *Mᵐᵉ.* — (4) *Veuve.*
(5) *Reverendissimus dominus dominus.*

NOMINE MARIÆ JOSEPHINÆ D. [1] JOSEPHUS NOEL GIRAUD ECCLESIÆ
STI ANDREÆ PAROCHUS

Au bas, marque du fondeur, sous laquelle : A. F. BONNEVIE
AN 1832. — Sur la panse, les emblèmes ordinaires.

Note : *sol* ♯.   Diam. 102 c.

Cette cloche a été brisée le 25 juin 1865 et remplacée la
même année (V. le n° 1149).

739. — LALLEY.   1832.

✠ VOX DOMINI IN VIRTUTE VOX DOMINI IN MAGNIFICENTIA PS 28.
MON PARRAIN M JEAN BORNE MARRAINE DME MARIE BORNE
MR FRANCOIS CARRON CURE DE LALLEY.

Au bas, les figurines ordinaires et la marque de Bonnevie,
sous laquelle : AN 1832.

Note : *fa* ♯.   Diam. 106 c.

740. — PONTCHARRA *(section de Villard-Benoît).* 1832.

✠ MON PARRAIN MR MARIE JOSEPH GABRIEL APOLLINAIRE COMTE
DE MORARD DARCES [2] MARECHAL ☞

DE [3] CAMP ET ARMEES DU ROI MA MARRAINE DAME MARTE MAR-
GUERITE BERARD DE ☞

GOUTEFREY EPOUSE DE NOBLE JOSEPH GARDON DE CALAMAND. [4]

Au bas : F A BONNEVIE AN 1832.

Note : *sol.*   Diam. 90 c.

741. — QUET-EN-BEAUMONT.   1832.
(Eglise communale du bas-Quet.)

✠ AD MAIOREM DEI GLORIAM SANCTE IOANNES [5] EVANGELISTA
ORA PRO NOBIS A FULGURE ET TEMPESTATE

(1) *Dominus.*
(2) *D'Arces.* Il fut, sous l'Empire, Directeur des Haras. L'*Armorial du Dauphiné* le fait mourir en 1830. — (3) *Des.* — (4) Famille venue de Savoie et qui a
hérité d'une partie de la terre de Bressieu par suite de l'alliance de Jⁿ de Calamand avec Mˡˡᵉ-Margᵗᵉ Bérard de Goutefrey.
(5) *St Jean,* patron du lieu.

+ LIBERA NOS DOMINE ☞ Mᴿ PIERRE BOUFFARD ADIOINT MA MARRAINE DAME

+ MARIE VICTOIRE GRAND NEE RIPERT Mᴿ MAURICE GRAND MAIRE DE QUET Mᴿ MICHEL DAY CURE 1832

Crucifix et marque de Rosier.

Note : *ré.* Diam. 64 c.

742. — ROMAGNIEU. 1832.

+ ZELUS PASTORIS ET PIETA [1] POPULI ROMAGNIENSIS. [2]

MON PARRAIN Mᴿ JOSEPH PATRICOT MAIRE MA MARRAINE CAROLINE PATRICOT DAME MARON.

Mᴿ JOSEPH PATRICOT MAIRE

Mᴿ ENNEMOND SIBILLAT CURE.

Marque de Bonnevie, sous laquelle : AN 1832

Note : *sol* ♯. Diam. 93 cᵉ

743. — ROMAGNIEU. 1832.

+ ZELUS PASTORIS ET PIETA POPULI ROMAGNIENSIS. [3]

MON PARRAIN Mᴿ MICHEL GICLAT CHEVALIER DE LA LEGION DHONNEUR MA

MARRAINE Dᴹᴱ LOUISE MARTIN SIBILLAT Mᴿ JOSEPH PATRICOT MAIRE

Mᴿ ENNEMOND SIBILLAT CURE.

Marque de Bonnevie, sous laquelle : AN 1832

Note : *ut.* Diam. 75 c.

744. — Sᵀ-BERNARD. 1832.

DEO OPTIMO MAXIMO

✝ COEURS SACRES DE IESUS DE MARIE [4] DE IOSEPH Sᵀ BERNARD Sᵀ MICHEL ANGES ET SAINTS ☞

☜ NOS PROTECTEURS ECOUTEZ NOUS EXAUCEZ NOUS ☞ ☞

(1) *Pietas.* — (2) L'expression latine aurait dù être *Romagniacensis.*
(3) V. les notes du nº précédent.
(4) *Et.*

☦ PARRAIN M·ᴿ IOSEPH FREDERIC CHAVAND AVOCAT MARRAINE DAME MADELAINE GRAND THORANE NEE IMBERT

☦ B·ᵀᴱᵁᴿˢ (1) M.M. EYRAUD CURE BERNARD GAUDES LOUIS PELLOUX A·ᴺᴱ MOLLARET PIERRE CHATAIN I·ᴴ GRAND I·ᴴ PELLOUX

☞ LE MARQUIS DE MARCIEU (2) ☞ I. B. CHAVAND XEIUGE (3) ☞ 1832

☩ entre les marques de Rosier et de Vallette.

Note : *sol.*   Diam. 91 c.

745. — Sᵀ-HILAIRE-DU-TOUVET.   1832.

☩ EN 1832 IAI EU POUR PARRAIN M·ᴿ VICTOR PISON NOTAIRE ET POUR MARRAINE DAME POLINE (4)

☩ PISON Sᵀ HILAIRE ☞ M·ᴿ IEAN PERIER CURE ☞ M·ᴿ Fᶜᴼᴵˢ CHATIN MAIRE ☞ ☞ ☞ ☞

☩ entre les marques de Rosier et de Vallette.

Note : *si* ♭.   Diam. 86 c.

746. — Sᵀ-HILAIRE-DU-TOUVET.   1832.

✚ EN 1832 IAI EU POUR PARRAINS FRANCOIS CHATIN FILS A LOUIS TE (5) IOSEPH ETIENNE GONTHIER

✚ INSTITUTEUR ET POUR MARRAINES LES DEMOISELLES VIRGINIE TOURNOUD ET RAINE (6) EYRAUD

✚ M·ᴿ IEAN PERIER CURE. M·ᴿ FRANCOIS CHATIN MAIRE

Marque de Vallette.

Note : *ré.*   Diam. 61 c.

747. — Sᵀ-JEAN-DE-MOIRANS.   1832.

Sᵀᴱ VIERGE MARIE ET Sᵀ VICTOR PRIEZ POUR NOUS ☞

A FULGURE ET TEMPESTATE LIBERA NOS DOMINE ☞

---

(1) *Bienfaiteurs.* — (2) Albéric, fils du parrain des nᵒˢ 426 et 507. (V. aussi les nᵒˢ 778, 786 et 908). — (3) *Ex-juge.*
(4) *Pauline.*
(5) *Et.* — (6) *Reine.*

LAN DE GRACE 1832 MR VICTOR DE FONTGALLAND (1) PARRAIN☞
MME MARIE DE LA ROCHETTE N^{EE} DE LONGPRA (2) MARRAINE ☞
MR JEAN JOURDAN CURE MR JOSEPH BILLOUD MAIRE.

Au bas : CHEVALIER FONDEUR A LYON.

Note : *ut.*   Diam. 75 c.

748. — S^T-JULIEN-DE-RAZ.   1832.

✝ DOMINUS DISSIPAT CONSILIA GENTIUM P. 32 V. 10
MON PARRAIN M^E FELIX COTTAVOZ MA MARRAINE M^E JOSEPHINE NOIR
JEAN COTTAVOZ MAIRE

Au bas : LAURENT A^{TE} MAZOUDIER CURE — 2e face : A F BONNEVIE
AN 1832

Note : *ut* ♯.   Diam. 70 c.

749. — S^T-JULIEN-DE-RAZ.   1832.

✝ TIMEAT DOMINUM OMNIS TERRA P. 32 V. 8
MON PARRAIN MR COTTAVOZ JOSEPH ADJOINT MA
MARRAINE MME JEANNE PERRET FEMME GAUTHIER
COTTAVOZ MAIRE

Au bas, comme sur la précédente cloche.

Note : *fa.*   Diam. 54 c.

750. — VINAY.   1832.

✠ MR GARCIN CURE ET MR BOUVIER MAIRE SIT NOMEN DOMINI BE-
NEDICTUM

✠ IAI EU POUR PARRAIN MR THEODORE CORREARD AVOUE A LA
COUR ROYALE DE GRENOBLE

✠ ET POUR MARREINE (3) DAME MARIE FRANCOISE DE FONTANILLE
DEGRANDMAISON 1ER AVRIL 1832

Crucifix entre les marques de Vallette et de Rosier.

Note : *ré.*   Diam. 135 c.

(1) Jⁿ-Bap^{te}-V^{or} Heurard de Fontgalland, garde du corps sous Louis XVI,
chev. de St Louis, marié en 1808 avec Mlle de Barathier et mort en 1845. —
(2) Fille de P^{re}-Ant^{ne} Pascalis de Longpra, conseiller au Parlement de Grenoble.
(3) *Marraine.*

751. — AUTRANS. 1833.

☩ LAUDATE DOMINUM IN CYMBALIS BENE SONANTIBUS LAUDATE EUM IN CYMBALIS IUBILATIONIS ☞ ☞

☩ M·R CLAUDE BELLE PARRAIN ET MAIRE MADAME ANNE MARIE RO-MAGNIER NEE REPELLIN MARRAINE ☞

☩ D. FAYOLLAT PARROCHUS M·R I. I. BRUNEL ADIOINT M·R A. E. BES-SON BIENFAITEUR ☞ ☞ A. M. 1833 D. G. (1)

Sur la panse : ☩ entre les marques de Rosier et de Vallette : dessous : BRUNEL ADIOINT ; — la *Vierge* entre : O MARIA — SIS MIHI PATRONA ; — *St Nicolas* bénissant.

Note : *mi.*   Diam. 116 c.

752. — BUISSE (LA). 1833.

☩ EN 1833 IAI EU POUR PARRAIN MR ALEXANDRE DE LONGPRA (2) ☞

☩ ET POUR MARRAINE MADAME EUDOXIE DE MICHALLON SON EPOU-SE ☞

☩ M^R IH DEPELAY (3) CURE MR M^L DELPHIN ADIOINT DE LA COMMUNE DE LA BUISSE

Marque de Rosier.

Note : *si.*   Diam. 94 c.

753. — BUISSIÈRE (LA). 1833.

☩ CANITE TUBÆ IN SION CONVOCATE POPULUM ☩ MON PARRAIN MR IEAN CAMAN MAIRE MA MARRAINE

☩ DAME ADELAIDE SOPHIE CHABERT SON EPOUSE ☞ EGO NOMINOR MARIA SOPHIA ☩ ☞ ☞

BENEDICTA SUB DOMINO ALOYSIO PETRO ORCEL PARROCHO BUISSERE (4) 1833 ☞ ☞

Marques de Rosier et de Vallette.

Note : *si* ♭.   Diam. 82 c.

---

(1) *Ad majorem 1833 Dei gloriam.*
(2) Fils de P^{re}-Ant^e Pascalis de Longpra, conseiller au Parlement de Gre-noble. — (3) *Joseph Dépeley.*
(4) Pour être logique, il fallait au moins mettre BUISSIERÆ (ou *Buisseriæ*).

754. — COLOMBIER. 1833.

☞ SIT NOMEN DOMINI BENEDICTUM. DONNÉE PAR Mᴹᴱ LA Cᵀˢˢᴱ BEAUSEMBLANT (1) ☞

DE LEUSSE J AI ÉTÉ BENITE PAR Mᴿ GILLOS CURÉ ☞

PARRAIN Mᴿ LE Vᵀᴱ ANDRÉ HYPOLITE DE LEUSSE ☞

MARRAINE Mᴹᴱ LA Vᵀˢˢᴱ MARIE EMMANUELLE DE LEUSSE

Au bas : BURDIN AINÉ ☩ FONDEUR A LYON 1833

Note : *sol* ♯. Diam. 94 c.

755. — ENGINS. 1833.

☩ LAUDATE EUM IN TYMPANO ET CHORO LAUDATE EUM IN CHORDIS ET ORGANO IOANNES PETRUS

☩ DOULAT PAROCHUS ENGINS Mᴿ PIERRE FRANCOS MAIRE ANTOINE MAYOUSSE PARRAIN VIERGE DAVID

☩ MARRAINE IEAN OGIER IOSEPH RAVIX IOSEPH FRANCOS IOSEPH DAVID BIENFAITEURS 1833

Au bas, marques de Rosier et de Vallette.

Note : *ré* ♭. Diam. 72 c.

756. — GRENOBLE *(La prison).* 1833.

VACHAT FONDEUR LE 3 7ᴮᴿᴱ 1833.

Note : *la.* Diam. 29 c.

757. — LANS. 1833.

☩ IUBILATE DEO OMNIS TERRA SERVITE DOMINO IN LÆTITIA INTROITE IN CONSPECTU EIUS IN EXULTATIONE P. S. 99

☩ MM GERMAIN PHILIBERT LEANDRE MAIRE DE LANS GUICHARD IOSEPH ADIOINT Mᴿ CLAUDE BROSSE CURE ☞ ☞

☩ PARRAIN Mᴿ BOURNE CLAUDE DE SASSENAGE MARRAINE Mᴱᴸᴸᴱ LISIER DUMONET ANGELIQUE (2) LAN 1833 ☞

(1) Joséphine-Henriette de Sibeud de Beausemblant, mariée à Mⁱᵉ-Fᵒⁱˢ de Leusse, mort en 1811, et dont la fille, Marie-Emmanuelle de Leusse, devint la femme du vicᵗᵉ André-Hipᵗᵉ de Leusse.

(2) Une fille, je suppose, de la marraine de la cloche de 1818 (V. le nº 572).

Sur la panse, ☨ entre les marques de Rosier et de Vallette.

Note : *fa.* Diam. 118 c.

758. — LAVAL. 1833.

☨ EN 1833 J AI EU POUR PARRAIN M·ᴿ FRANCOIS DAVID NOTAIRE ET MAIRE DE LAVAL ☞

☨ ET POUR MARRAINE DAME CONTE NEE NICOLLET ☞ ☞ ☞ M·ᴿ CAPON CURE ☞ ☞ ☞

☨ M·ᴿ JULE BLANC ADJOINT M·ᴿ J·ᴴ MANQUAT TRESORIES [1] DE LA FABRIQUE ☞ ☞ ☞

Au bas, ☨ les marques de Rosier et de Vallette.

Note : *sol.* Diam. 104 c.

759. — LIVET. 1833.

BUCCINATIE [2] IN INSIGNI DIE SOLEMNITATIS VESTRE [3] IN TRIBULATIONE INVOCASTE [4] ME ET LIBERAVIT [5]

MON PARRAIN Mᴿ J CUYNAT PRETRE MA MARRAINE Dᴸᴸᴱ ANGELE SOEUR ROYBON

Sur la panse, *Crucifix* sous lequel la date 1833 ; — marque de Bonnevie.

Note : *mi.* Diam. 56 c.

760. — LUMBIN. 1833.

☨ VOX Dᴺᴵ [6] IN VIRTUTE VOX Dᴺᴵ IN MAGNIFICENTIA Pˢ 28 BENEFACTOR Dᵁˢ [7] CASALTA PAROCHUS LUMBIN

☨ PATRINUS Dᵁˢ NOEL ANTONIUS BRISON IUDEX REGIONIS TOUVET

☨ MATRINA DOMINA FRANCISCA VICTORIA BERRIAT UXOR EIUS ☨ EGO NOMINOR VICTORIA

Au bas : BENEDICTA LUMBIN ANNO Dᴺᴵ 1833

Marques de J.-B Rosier et de Fˢ Vallente (pour *Vallette*).

Note (?). Diam. (?).

(1) *Trésorier.*
(2) *Buccinate.* — (3) *Vestræ.* — (4) *Invocasti.* — (5) *Liberavi te.*
(6) *Domini.* — (7) *Dominus.*

761. — LUMBIN. 1833.

☦ BENE CANE FREQUENTA CANTICUM UT MEMORIA TUI SIT 15 GUT 23. (1)

☦ BENEFACTORES DNI (2) GIROUD BRISON DUFAY ☞ PATRINUS DUS ANTONIUS BOURGEAT

.MAGISTRATUS LOCI.MATRINA DOMINA MARGARITA BLANC UXOR BOINEAU MR LOUIS (3) REMOND

☦ BENEDICTA LUMBIN D.NO CASALTA PAROCHO ANNO DNI 1833 ☞ EGO NOMINOR MARIA MARGARITA

Mêmes marques que sur la cloche précédente.

Note (?). Diam. (?).

762. — NANTES-EN-RATIER. 1833.

☦ IE MAPPELLE MARIE ANNE MON PARRAIN A ETE MR GREGOIRE ANSELME PERRIN

☦ MA MARRAINE MADAME ANNE CAMILLE OCTAVIE NICOLET EPOUSE DE M.R AUGUSTE PERRIN NO.RE (4)

☦ M.R MAURICE MAITRE CURE M.R VICTOR AMEDEE PERRIN MAIRE ☞ SIT NOMEN DOMINI BENEDICTUM 1833

Marques de Rosier et de Vallette.

Note (?). Diam. 92 c.

763. — POMMIERS. 1833.

☦ A FULGURE ET TEMPESTATE LIBERA NOS DOMINE ☞ ☦ EN 1833 IAI EU POUR PARRAIN MR. IACQUES

☦ ANDRE PERRIN MAIRE DE LA COMMUNE DE POMMIER ☞ ET POUR MARRAINE HENRIETTE BOVVIER DAME PERRIN SA MERE

☦ MR IH QUINQUET CURE MR LOUIS BARNOUD ADIOINT MR IN. FC BARNIER ET ANTOINE SERPOLET BIENFAITEUR ☞

Au bas, marque de Rosier.

Note : *si*. Diam. 82 c.

---

(1) Pour ISaias, CapUT 28. — (2) *Domini*. — (3) LOUIS, avec un S retourné. (4) *Notaire*.

764. — POMMIERS. 1833.

+ SANCTA MARIA [1] ORA PRO NOBIS A L'HONNEUR DE LA MÈRE DE DIEU ☞ ☞ ☞

+ PAR ANNE [2] ET IOSEPH QUINQUET [3] FRERES DE CHIMILIN + EN 1833 IAI EU POUR PARRAIN Mᴿ IEAN FREDERIC BARNIER

& POUR MARRAINE DEMOISELLE MARIE IOSEPHINE FAVEL BIENFAI-TEURS ☞ ☞ ☞

Du même fondeur que la cloche précédente, mais sans sa marque.

Ces 2 cloches furent fondues à la Buisse, en même temps que la 2ᵉ de cette dernière paroisse.

Note : *mi.* Diam. 61 c.

765. — PRÉLANFREY. 1833.

+ MON PARRAIN MONSIEUR JEAN PARIAT MA MARRAINE MAGDELEINE VALLIER

Marque de Bonnevie et les emblèmes ordinaires ; — sous le *Crucifix à la Magdeleine* : 1833.

Note : *ré.* Diam. 65 c.

766. — REVENTIN. 1833.

☞ GLORIA IN EXCELSIS DEO ET IN TERRA PAX HOMINIBUS BONÆ [4] VOLUNTATIS. ☞

MON PARRAIN Mᴿ CASIMIR FAURE [5] MARRAINE Mᴰᴱ CAROLINE FOR-NIER ☞

Mᴿ J. B. GUICHARD CURÉ.

Mᴿ HENRY CHULLIAT MAIRE. Mᴿ MICHEL CHULLIAT ADJOINT.

Au bas : BURDIN AINÉ ✝ FONDEUR A LYON 1833

Note : *mi.* Diam. 114 c.

(1) *La Vierge Marie*, patrone du lieu. — (2) Sœur du curé.— (3) Curé du lieu. (4) *Bonæ.* — (5) Avocat à Vienne et propᵉ à Reventin (V. le nᵒ 943).

767. — S^T-ALBAN-DE-VARAIZE. 1833.

SIT NOMEN DOMINI BENEDICTUM
Au bas : CHEVALIER ⊥ FONDEUR A LYON 1833
Note : *ut ♮.* Diam. 72 c.

768. — S^T-JEAN-DE-BOURNAY *(Couvent des Ursulines).* 1833.

⊥ MONSIEUR POINT CURÉ FONDATEUR ET SUPÉRIEUR DE LA MAI-SON. SUPÉRIEURE S^R (1) STE AMBROISE.
⊥ // // MON PARRAIN J. B^{TE} GUICHARD CURÉ DE REVANTIN. (2)
⊥ ET MA MARRAINE DAME LOUISE SOPHIE TESTE DUBAILLER (3) NÉE DELESTRA 1833
Crucifix et marque de Rosier.
Note (?). Diam. (?).
Communiquée par M. Thevenin, curé de St-Jean-de-Bournay.

769. — S^T-NIZIER. 1833.

✝ IUBILATE DEO OMNIS TERRA SERVITE DOMINO IN LÆTITIA IN-TROITE IN CONSPECTU EIUS IN EXULTATIONE P.S 99
✝ MON PARRAIN MR FRANCOIS REY CONSEILLIER MUNICIPAL DE S·T NIZIER
✝ ET MA MARRAINE DAME EMMELIE DURAND EPOUSE DE M^R LE BRUN M·^R IOSEPH MURE DALEXIS PRETRE 1833
Sur la panse, marques de Vallette et de Rosier.
Note : *la.* Diam. 87 c.

770. — VIENNE *(St-Maurice).* 1833.

EXALTA IN FORTITUDINE VOCEM TUAM CELEBRA FESTIVITATES
L'AN 1833 DE L'INCARNATION DE N.S. ET LE 12 FEVRIER CETTE CLOCHE A ÉTÉ FONDUE SOUS L'ADMINISTRATION ET PAR

(1) *Sœur.* — (2) *Reventin.* — (3) *Du Bailler.*

19

LES SOINS DE M. CHATROUSSE CURÉ DE S^T MAURICE [1] AVEC LES
DONS DES PAROISSIENS. LE PARRAIN M. RONIN ☞

ANCIEN CURÉ DE S. MAURICE CHAN^E HON^{RE} [2] ET LA MARRAINE
MLLE MARIE THERESE FORNIER DE COLLONGE

SIT NOMEN DOMINI BENEDICTUM. XP. [3]

Au bas : BURDIN AINE FONDEUR A LYON.

Note : *ut*.   Diam. 148 c.

Cette cloche a péri dans l'incendie du clocher, le 11 avril 1869.

771. — VIENNE *(St-Maurice)*.   1833.

☞ IN HORA QUA AUDIERITIS SONITUM CADENTES ADORATE. DAN.
35 ☞

L'AN 1833 DE L'INCARNATION DE N.S. ET LE 28 DÉCEMBRE J'AI ÉTÉ
COULÉE SOUS L'ADMINISTRATION ☞

ET PAR LES SOINS DE MR GUTTIN, CHAN. H^{RE} [4] DE GRENOBLE, CURÉ
DE S^T MAURICE, AU MOYEN DES DONS ☞

DES PAROISSIENS. J'AI EU POUR PARRAIN M^R LE CHEVALIER PHI-
LIPPE-PAUL DE TEISSIÈRES DE VIREMONT [5] ☞

ET POUR MARRAINE MME JEANNE-MARIE DE MIOL FLAVARD NÉE
(en lettres gravées : DE *(en relief* : PÉLISSON PRÉVILLE [6]

Au bas : BURDIN AINE FONDEUR A LYON

Note : *ut* ♯.   Diam. 135 c.

Cette cloche a été détruite avec la précédente.

772. — VILLARD-RECULAS.   1833.

✝ EN 1792 LA REVOLUTION ME FIT DISPARAITRE EN 1833
LA GENEROSITE DANTOINE CHALVIN ME FIT REPARAITRE
JEAN BAPTISTE PIERRE MARGUERITE ANTOINE

Marque de Bonnevie.

Note : *ut*.   Diam. 39 c.

---

[1] Évêque de Valence en 1840. — [2] *Chanoine honoraire.* — [3] *Quid ?*
[4] *Chanoine honoraire.* — [5] Pour *Miremont.* — [6] D'après l'*Armorial*,
Jeanne-M^{ie} Flavard de Miol est fille d'Ant^e-Sébⁿ Pélisson de Préville, officier
dans l'armée de Condé, et de Mlle Sadin, fille du vi-bailli du Graisivaudan.

773. — BATIE-MONTGASCON (LA). 1834.

LAUDO DEUM PLEBEM VOCO DEFUNCTOS PLORORO [1] PESTEMFUGO FESTA DECORO ☞

CONFLATA ANNO 1634 ANNO 1820 RESTAURATA ITERUM FRACTA RESTAURATA ET AUCTA FUIT ☞

SUB PASTORE J ROUSSET ANNO 1834 ILLIQUE MARICE [2] NOMEN IMPOSUERE ANDREAS ROUSSET ☞

ET Mᴬ AMAT V [3] DAME PRUNELLE

Au bas : CHEVALIER — FONDEUR A LYON 1834

Note : *la.* Diam. 83 c.

774. — BEAUFORT. 1834.

☨ IAI ETE FAITE EN 1834 POUR LA PAROISSE DE BEAUFORT Mˢᴿ DREVON CURE NIVOLLET MAIRE

☨ CURNIL ANCIEN MAIRE MON BIENFAITEUR Iᴴ CURNIL NEVEU PARRAIN ANT.ᴺᴱᵀᵀᴱ CURNIL SA SŒUR [4] MARRAINE

☨ et marque de Rosier.

Note : *sol.* Diam. 90 c.

775. — BELMONT. 1834.

☨ EN 1834 IAI EU POUR PARRAIN Mᴿ IEAN PAILLET ET POUR MAR-

RAINE DAME MARGUERITE TERRAUD SON EPOUSE

☨ Mᴿ I.H FUIEIR [5] MAIRE ET Mᴿ CLAVEL ADIOUINT [6] ET Mᴿ IEAN SEPENAS [7] CURE ☞ ☞ ☞ ☞

Au bas, ☨ et marque de Rosier.

Note : *la.* Diam. 87 c.

776. — CHEVALON (LE). 1834.

+ JESUS MARIE JOSEPH COUVENT DU TOUVET

(1) *Ploro.* — (2) *Maria.* — (3) *Veuve* (?).
(4) *Sœur.*
(5) *Fugier* (?). — (6) *Adjoint.* — (7) *Semanas.*

Au bas : BONNEVIE FONDEUR — AN 1834

Note : *la*.   Diam. 44 c.

777. — COTE-Sᵀ-ANDRÉ (LA).   1834.

± SIT NOMEN DOMINI BENEDICTUM EN 1834 IAI EU POUR PARRAIN
Mᴿ LE COMTE Aᴰ DE MONTS (1)

± ET POUR MARRAINE Mᴰ LA COMTESSE DE MONTS NEE DE REVOL
Au bas, marque de Rosier.

Note : *fa* ♯.   Diam. 102 c.

778. — Sᵀ-BONNET-DE-CHAVAGNE.   1834.

± MON PARRAIN Mᴿ ALBERIC IEAN EUGᴱ EME MARQUIS DE MAR-
CIEU (2) ☞ ☞ ☞

± MA MARRAINE DAME MARIE JOSᴱ GABᴸᴱ VICTᴱ EME DE MARCIEU
MARQᴱ DE LA PORTE (3)

± Mᴿ Iᴴ MARCHAND ADIOINT ☞ Mᴿ MARC ANTᴱ CHRETINON
CURE ☞ 1834 ☞ ☞

Marque de Rosier.

Note : *la*.   Diam. 90 c.

779. — Sᵀ-CLAIR-DE-LA-TOUR.   1834.

◄ LAVDATE DOMINVM IN CYMBALIS BENE SONANTIBVS LAVDATE
EVM IN CYMBALIS JUBILATIONIS

◄ PARRAIN M *(en lettres gravées :)* Gᴹᴱ SAPPEY ANCIEN SOUS-
PREFET •

◄ MARRAINE M *(en lettres gravées :)* Mᴱ SOPHIE LOSTHE NEE
OLIVIER •

◄ CURE M *(en lettres gravées :)* J • B • RHODET • MAIRE M
Mᴸᴵᴺ PASCAL •

(1) *Adolphe*-Lᴬ-Fᵒⁿ de Monts de Savasse, marié en 1821 à Félicie de Revol de
Porte.

(2) Ancien premier secrétaire d'ambassade et chargé d'affaires auprès des
cours de Turin, de Rome et des Deux-Siciles, chev. de plusieurs ordres, mort
en 1862. — (3) Tante du parrain. V. les nᵒˢ 744, 786 et 908.

La *Vierge* aux mains croisées sur la poitrine : — le chiffre de *Marie ;* — *Ecce homo ;* — monogramme de G. Morel.

Au bas : ◄ GEDEON MOREL FONDEVR DE CLOCHES A LYON ☆ MDCCCXXXIV ►

Note : *mi* ♭.   Diam. 65 c.

780. — Sᵀ-JOSEPH-DE-RIVIÈRE.   1834.

± 1834 PAR MESSIEUR (1) BUSSIERE PERE ET FILS ☞ SIT NOMEN DOMINI BENEDICTUM ☞ ☞

Marque de J.-B. Rosier.

Note : *la.*   Diam. 81 c.

781. — Sᵀ-JOSEPH-DE-RIVIÈRE.   1834.

+ 1834 Mᴿ ANTOINNE (2) RULLY ET MARIE SAVAS PONPERON (3) SONNEPOUSE (4) & Mᴿ SILVIN (5) RULLY FILS D. S. B.

☞ ☞ ☞ ☞

Marque de J.-B. Rosier.

Note : *ré.*   Diam. 58 c.

782. — Sᵀ-SIMÉON.   1834.

‡ 1834. ROSAIRE PS 112 SIT NOMEN DOMINI BENEDICTUM ☞ ☞
En lettres gravées : P.. (6) M.. V.. DE GOUTEFFREY C... ∾ M... (7) D.. J... DE GOUTEFFREY N.. DE MIREBEL (8)

Au bas, marque de J.-B. Rosier ; — Sᴇᴛ (9) (la *Vierge)* MARIE.

Note : *ut.*   Diam. 72 c.

783. — SEYSSUEL.   1834.

☞ MARIE PAULINE ACQUISE PAR LES PROPRIETAIRES DE NOTRE DAME DE SEYSSUEL

---

(1) *Messieurs.*
(2) *Antoine.* — (3) *Pomperon.* — (4) *Son épouse.* — (5) *Silvain.*
(6) *Parrain.* — (7) *Marraine.* — (8) *Née de Miribel.* — (9) *Sᵗᵉ.*

☞ LE Iᴱᴿ 7ᴮᴿᴱ 1834 PARRAIN Mᴿ PESSONNEAVX, (1) MAITRE EZ-ARTS MARRAINE Dᴸᴸᴱ

☞ MARIE PAULINE MORO EPOUSE DE Mᴿ SICARD LICENCIE EN DROIT A VIENNE, ISERE

☞ Mᴿ G (2) KNIFLER CURE

Au bas : BURDIN AINÉ FONDEUR A LYON

Note : *sol.*   Diam. 96 c.

784. — VINAY.   1834.

✝ Mᴿ GARCIN CURE Mᴿ BOUVIER MAIRE ☞ IAI ETE DONNEᴱ PAR DAME IVLIE BREYNAT VEUVE PICON ☞ ☞

✝ EN 1834 IAI EU POUR PARRAIN LUC ANT ALEX MEYNIER ET POUR MARRAINE Dᴸᴸᴱ HYPOLITE DE MENON

Crucifix entre les marques de Vallette et de Rosier.

Note : *fa* ♯.   Diam. 100 c.

785. — BUISSE (LA).   1835.

± EN 1835 IAI EU POUR PARRAIN Mᴿ IEAN PIERRE DE BOUFFIER ☞

± ET POUR MARRAINE MADAME HENRIETTE DE GALBERT NEE DE LA BATIE (3) ☞

± Mᴿ GASPARD MOREL MAIRE Mᴿ IOSEPH DEPELEY CURE ☞

Au bas, marque de Rosier.

Note : *fa.*   Diam. 110 c.

786. — CHEYLAS (LE).   1835.

✝ SANCTA MARIA & SANCTE MARTINE (4) ORATE PRO NOBIS

MON PARRAIN Mᴿ ALBERIC Mᴵˢ DE MARCIEU (5) CHEVALIER Cᴼᴱᵁᴿ DES ORDRES DE LA LEGION DHONNEUR DE Sᵀ MAURICE

(1) C'est l'auteur du dernier couplet de la Marseillaise : *Nous entrerons dans la carrière.* Né à Lyon, le 31 janvier 1761, il est mort à Seyssuel le 9 mars 1835. (V. la *Revue du Dauphiné et du Vivarais* de 1877, pp. 401 à 405). — (2) *Gaspard.*

(3) Anne-Henriette de Rivoire de la Bâtie. femme de M. Alexᵈʳᵉ-Mˡ-Pʳᵉ-Jᵃ de Galbert, conseiller à la Cour royale de Grenoble.

(4) Sᵗ *Martin*, patron du lieu. — (5) V. l'inscription n° 778.

DE LEPEE DE Sᵀ FERDINAND ET DE MALTE MA MARRAINE Mᴹᴱ MARIE PAULINE LOUISE DE MORGAN Mᴵˢᴱ DE

MARCIEU (1) — JAI ETE REFONDUE AUX FRAIS DE LA COMMUNE AN 1835

Au bas, marque de Bonnevie, et les autres symboles.

Note : *sol.* Diam. 103 c.

787. — DIÉMOZ. 1835.

☞ SIT NOMEN DOMIN (2) BENEDICTUM VENITE IN CONSPECTU DOMINI ET ADORATE EUM ☞ ☞ ☞

☞ MM. E. J. B. TRUCHET MAIRE A. BELOUD ADᴶ (3) FRANCOIS XAVIER CHALEYSSIN PARRAIN ☞ ☞

☞ Mᴱ MARIE ANGELIQUE JOUDANR (4) MARRAINE Mᴿ B. M. RICHE CURE DIEMOZ (5) 15 AOUT 1835 ☞ ☞ ☞ ☞ ☞

Au bas, *Crucifix* entre les marques de Vallette et de Rosier ; — *Evêque ;* — la *Vierge au sceptre.*

Note : *sol.* Diam. 101 c.

788. — DOISSIN. 1835.

Sᵀ MARTIN PATRON DE LA PARROISSE

PARRAIN Mᴿ HENRI GABRIEL AYMON COMTE DE VIRIEU (6)

MARRAINE Mᴹᴱ CLAUDINE ANTOINETTE DE LA FOREST Mᴵˢᴱ DE MURINAIS

Mᴿ BARRAL CURE

Au bas : BURDIN AINÉ ✝ FONDEUR A LYON 1835

Note : *ut.* Diam. 90 c.

789. — EYZIN. 1835.

☞ OMNIS SPIRITUS LAUDET DOMINUM P : SAL : 150 JE MAPPELLE OLYMPE ☞ ET BENITE PAR Mᴿ Jᴴ BOUVAT CURE

☞ MON PARRAIN EST Mᴿ LE COMTE GEOFFROY MARIE DE SALLMARD (7) LA MARRAINE MADAME OLYMPE

(1) Sa femme (V. les nᵒˢ 744, 778, 786 et 908).
(2) *Domini.* — (3) *Adjoint.* — (4) *Jourdan.* — (5) *De* Diémoz.
(6) V. l'inscription nᵒ 728.
(7) Ancien page du duc d'Orléans ; servit dans la marine et épousa, en 1818, Lⁱᵉ-Fᵐᵉ-Alexᵉᵉ-Vᵗᵉ Dupuy de Saint-Vincent, fille d'un ancien conseiller au Parlement de Grenoble.

☞ GIVORD ÉPOUSE DE M.ʀ J.F RICHET MAIRE DE LA COMMUNE D'EYZIN PINET ☞ MON PETIT PARRAIN

☞ EST M.ʀ MARCEL BOVIER MA PETITE MARRAINE MADAME JULIE PICHET ÉPOUSE DE M.ʀ J. Jᴴ BOVIER NOTAIRE 1835

Crucifix entre les marques de Rosier et de Vallette.

Note : *si.* Diam. 86 c.

790. — LAVALDENS. 1835.

POUR LA PLUS GRANDE GLOIRE DE DIEU SOUS LE PONTIFICAT DE GRÉ-GOIRE XVI PAPE & DE MGᴿ

PHILIBERT DE BRUILLARD EVEQUE DE GRENOBLE & BENITE PAR Mᴿ MONTMAYEUR CURE

DE LAVALDEANS [1] & PAR LES SOINS DE Mᴿ DOMQᵁᴱ FREYNET MAIRE

MES PARRAINS ET MARRAINES PRESENTS SOUS L'INVOCATION DE Sᵀ CHRISTOPHE [2] 1835

Sur la panse, 1ʳᵉ face, et en 3 lignes : Mᴿ MATHIEU FRAUX — & MADAME VEUVE PERRET, ELISABETH — NEE RUCHIER, MES BIENFAITEURS

L'inscription de la deuxième face a été grattée.

Au bas : J'AI ETE FONDUE PAR Mᴿˢ ROSIER FRERES A CHAUMONT LA VILLE, Hᵀᴱ MARNE

Note : *la.* Diam. 94 c.

791. — MEYPIN. 1835.

☞ SANCTE MAMERTE ORA PRO NOBIS. AD DOMINUM, CUM TRIBULA-RER, CLAMAVI. ☞

ET EXAUDIVIT ME. PS. 119. PARRAIN Mᴿ ANTOINE DE PELLISSON DE PREVILLE [3] ☞

MARRAINE Mᴹᴱ GABRIELLE DE VAUJANY [4] Vᵛᴱ DE Mᴿ JOSEPH SADIN ☞ CHEVALIER DE Sᵀ LOUIS. RECTORE MERMOND

Au bas : BURDIN AINE † FONDEUR A LYON 1835. — La *Vierge et l'enfant Jésus.*

Note : *si.* Diam. 78 c.

(1) *Lavaldens.* — (2) Patron du lieu.
(3) V. l'inscription nᵒ 771. — (4) Veuve en premières noces de M. Patras, et en secondes de M. Sadin, ancien officier de l'armée de Condé et frère de Mᵐᵉ Pélisson de Préville.

792. — MOIDIEU. 1835.

CONGREGA OMNES TRIBUS JACOB....ET ENNARRENT MAGNALIA TUA...

L'AN 1835 DE L'INCARNATION DE N. S. J. C. [1] ET DANS LE MOI [2] DE FEVRIER J'AI ÉTÉ ☞

COULÉE A LYON PAR LES SOINS DE Mᴿ DEFLACIEUX CURÉ DE MOIDIEU, ☞

MON PARRAIN A ÉTÉ Mᴿ J. P. MERLE NEGᵀ A VIENNE ☞

ET MA MARRAINE Mᵛᴱ MARIE CHARLOTE HENRIETTE DE MONTAUBAN, NÉE COËT DE LORRY [3]

Au bas : BURDIN AINE ☩ FONDEUR A LYON

Note : *si*.   Diam. 83 c.

793. — MOIDIEU. 1835.

IN HORA QUA AUDIERITIS SONITUM CADENTES ADORATE Dᴿᴺ [4] 3. 5.

L'AN 1835 DE L'INCARNATION DE N. S. J. C. ET DANS LE MOI [5] DE FEVRIER J'AI ÉTÉ COULÉE A LYON ☞

PAR LES SOINS DE Mᴿ DEFLACIEUX CURÉ DE MOIDIEU. MON PARRAIN A ETE Mᴿ LEOPOLD MERLE ☞

ET MA MARRAINE MARCELLINE MERLE NEGᵀ A VIENNE

Au bas, comme dans l'inscription précédente.

Note : *ut* ♯.   Diam. 75 c.

794. — MONTSEVEROUX. 1835.

☩ LAN 1835 JAI ETE BENITE PAR Mᴿ Cᴰ AMABLE MAYET CURE DE MONTSEVEROUX

☩ MON PARRAIN M·ᴿ Jᴺ Pᴿᴱ CAMILLE JUANNIN MAIRE DE MONTSEVE-ROUX ET MA MARRAINE ☞

☩ MADAME VICTOIRE BENOIT EPOUSE DE M·ᴿ SILVAIN SERVONAT TOUS DEUX HABITANT EN CETTE COMMUNE

---

(1) *Notre-Seigneur Jésus-Christ.* — (2) *Mois.* — (3) Belle-sœur de M. Berger de Moidieu, veuve d'Alexandre-Louis de Montauban-Bellegarde et morte en 1841.
(4) *Daniel.* — (5) *Mois.*

Au bas : ROSIER PERE ± ET FILS FECERONT,[1] et insignes ordinaires.
Note : *la*.   Diam. 91 c.

795. — PONT-DE-BEAUVOISIN (LE).   1835.

LAUDATE DOMINUM IN CYMBALIS BENE SONANTIBUS Ps 150 ☞
Mᴿ Jᴴ ANTHᴹᴱ DULAC [2] PARRAIN ☞
Mᴹᴱ CLOTILDE GEX EPOUSE DE Mᴿ JEAN MARIE ARAGON[3] MARRAINE ☞
Mᴿ J F CATHIARD CURE ARCHIPRETRE
Au bas : CHEVALIER FONDEUR A LYON 1835
Note : *fa*.   Diam: 109 c.

796. — PONT-DE-BEAUVOISIN (LE).   1835.

BUCCINATE IN NEOMENIA TUBA Ps 80 ☞
Mᴿ JOSEPH CHUTAN VICAIRE DU PONT DE BEAUVOISIN PARRAIN ☞
Mᴰᴱ AGNES PRAVAS [4] MARRAINE
Au bas : CHEVALIER FONDEUR A LYON 1835
Note : *ré*.   Diam. 67 c.

797. — ROCHE.   1835.

☞ POPULI AUDITE CHRISTIANI AURIBUS ACCIPITE EN 1835 ☞
☞ IAI EU POUR PARRAIN Mᴿ I B PIERRE DUPLESSIS MAIRE ☞
☞ ET POUR MARRAINE Mᴹᴱ GIRARD IULIE EPOUSE DE Mᴿ VEYRON
LACROIX Mᴿ RABATEL CURE ☞

Crucifix entre les marques de Rosier et de Vallette : — la
Vierge au sceptre ; — Évêque.
Note : *fa* ♯.   Diam. 110 c.

798. — ROCHE.   1835.

☞ SIT NOMEN DOMINI BENEDICTUM EN 1835
☞ J AI EU POUR PARRAIN Mᴿ VEYRON LACROIX JEAN LOUIS MAIRE
POUR MARRAINE Dᴹᴱ SUZANNE

(1) Pour *fecerunt*.
(2) Marchand drapier au Pont-de-Beauvoisin. — (3) Commissionnaire en
douanes au même lieu.
(4) Pour *Pravaz* ; tante de M. Pravaz, fondateur de l'Institut orthopédique de
Lyon.

☞ DUPLESSIS EPOUSE DE Mᴿ VACER PIERRE Mᴿ RABATEL CURE

Crucifix comme sur la précédente cloche ; — la *Vierge* ; —
Sᵗ *Pierre*.

Note : *la*.   Diam. 92 c.

799. — ROUSSILLON.   1835.

☩ UNI ET TRINO DEO ET IMMACULATÆ MARIÆ GLORIA. ROUSSILLON
1835. VIVANT PATRINI MEI DD. [1] J. C. I. REYNAUD [2] ET J. J. U. FABRE ET
MATRINÆ

☩ MEÆ DD. J. M. C. DE MONCLOS ET J. CHAMPIN-LECERF ET HUJUS
PAROCHIÆ PII OMNES INCOLÆ Sᵀᴱ JACOBE [3] ORA PRO NOBIS ☞ ☞

Au bas : LES ROSIER PERE ET FILS FECERUNT

Note : *mi*.   Diam. 122 c.

800. — Sᵀ-MARCEL-DE-BEL-ACCUEIL. 1835.

☞ J AI EU POUR PARRAIN Mᴿ FRANCOIS MARIE MONIQUE DE LORAS [4]
REPRESENTE EN ☞

SON ABSENCE PAR M·ᴿ BENOIT GENIN, ET POUR MARRAINE Mᴰᴹᴱ GA-
BRIELLE ROYBIN ☞

Fᴱ DE Mᴿ JACQ. [5] JAS MAIRE DE Sᵀ MARCEL : MARIE CLAUDE BONNE-
TON CURÉ

Au bas : BURDIN AINÉ ☩ FONDEUR A LYON 1835

Note : *sol* ♯.   Diam. 90 c.

---

(1) *Domini*.—(2) *Jean-Charles-Louis* Reynaud, né à Vienne le 16 mai 1821, fils
de Jean-Baptiste Reynaud, juge de paix à Vienne et d'Antᵗᵉ-Betzi Guillermin ;
mort le 22 août 1853. Poëte français, ami de J. Janin, F. Ponsard, E. Augier. Auteur de : *Epîtres, Contes et Pastorales*, Paris, 1853; Vienne, 1877 (Portrait); *D'A-
thènes à Baalbeck*, Paris, 1846 ; *Un hiver en Corse*, Paris, 1853 *(Revue des Deux-
Mondes)*; *Œuvres inédites*, Vienne 1854. Membre du Conseil d'arrondissement
du canton de Roussillon (Isère), en 1848. Chevalier de la Légion d'honneur
(15 août 1853). Omis par Rochas dans sa *Biographie du Dauphiné*. Meissonier
a fait un très beau portrait du poëte, qui se trouve aujourd'hui dans le cabinet
de M. Chˡᵉˢ Lambert, à Fragnières (Marne). (Note communiquée par M. Humbert de Terrebasse). — (3) *Sᵗ Jacques*, patron du lieu.

(4) Le mˡˢ de Loras, dernier représentant de cette maison, épousa, dans la
première moitié de ce siècle, Mˡˡᵉ Rigaud de Serezin. — (5) *Femme de M.
Jacques*, etc.

801. — S^T-SAVIN.   1835.

JE M'APPELLE AMÉLIE AUGUSTINE MON P. [1] MR LOUIS AUGUSTIN COMTE DE MENON, [2] MAIRE

MA M. [3] DAME AMÉLIE DE SUFFREN, COMTESSE DE MENON,

MR J^N LOUIS BURGAREL, CURÉ DE S^T SAVIN EN 1835

Au bas, le *Crucifix.* — JAI ETE FONDUE PAR J^H, & JEAN B^{TE} ROSIER A CHAUMONT LA VILLE, H^{TE} MARNE. — La *Vierge et l'enfant au sceptre.*

Note : *ré.*   Diam. 121 c.

802. — VARACIEUX.   1835.

☞ LAUDATE DOMINUM IN CYMBALIS BENE SONANTIBUS LAUDATE EUM IN CYMBALIS JUBILATIONIS

☞ PS. 150 MARIA PHILOMENA VOCOR MENSE JUNII 1835 CURIS D^{NI} BOISSIEUX SACERDOTIS FUSA

☞ D^{NUM} AUGUSTINUM BUISSON PATRINUM ET D^{NAM} ROSAM BOISSIEUX MATRINAM HABUI

Marque de Rosier.

Note : *mi.*   Diam. 67 c.

803. — VIGNIEU.   1835.

◀ LAVDATE DOMINVM IN CYMBALIS BENE SONANTIBVS LAVDATE EVM IN CYMBALIS JVBILATIONIS ✦

◀ *(en blanc.)*

◀ PARRAIN M^R *(en lettres gravées :* I PECHET OFFICIER EN RE-TRAITE ✦

◀ MARRAINE M^E *(en lettres gravées :* CL.^{CE} GUYON SON EPOUSE ✦

◀ CURE *(en lettres gravées :* DE VIGNIEU [4] M MENTHAZ BER-THON ✦

Sur la panse : Médaillon du *Christ au Roseau*, mi-corps, sur-

(1) *Parrain.* — (2) Le comte de Menon. fils du *marquis* de Menon de Ville et de Mlle de Pingon, épousa Mlle Elth-Olympe-Amélie de Suffren de Saint-Tropez, petite nièce de l'illustre bailli de Suffren. — (3) *Marraine.*

(4) *Curé de Vignieu.*

monté de trois *chérubins ;* — monogramme de Marie (M et A entrelacés) dans une couronne ; — médaillon de la *Vierge,* mi-corps, surmonté de 3 *chérubins ;* — monogramme de Morel (G et M entrelacés) dans un cartouche. Au bas : GEDEON MOREL FONDEVR DE CLOCHES A LYON ● MDCCCXXXV ►

Note : *ut.*   Diam. 71 c.

804. — BELLEGARDE *(Chapelle de).*   1836.

SIT NOMEN DOMINI BENEDICTUM
Au bas : BURDIN AINE ✝ FONDEUR A LYON 1836
Note : *fa* ♯.   Diam. 47 c.

805. — CHARANCIEUX.   1836.

☞ JE MAPPELLE SOPHIE MON PARRAIN EST MR PIERRE COTTIN DE VILLETTE (1) ☞
CURÉ DE CHARANCIEUX. MA MARRAINE DELLE SOPHIE TERCINET. DONNÉE A LA PARROISSE ☞
DE CHARANCIEUX PAR MR FRANCOIS BLANC ET DAME MARGUERITE REYNAUD SON ÉPOUSE ☞
MR BIZOLON MAIRE. BAPTISÉE PAR MR MERLIN ARCHIPRETRE.
Au bas : CHEVALIER ET ✝ BURDIN AINÉ FONDEUR (2) A LYON 1836
Note : *si* ♭.   Diam. 87 c.

806. — CHARANCIEUX.   1836.

☞ SIT NOMEN DOMINI BENEDICTUM
Au bas : BURDIN AINÉ ✝ FONDEUR A LYON 1836
Note : *fa.*   Diam. 57 c.

807. — ESPARON *(Hermitage d').*   1836.

✝ MA MARRAINE MME MARIE JOSEPHINE DE RAVEL NEE DESIR MON PARRAIN MR

(1) *Cottin, de Villette.* — (2) *Fondeurs.*

PIERRE GABRIEL PHILIBERT DE RAVEL SON FILS SURSUM CORDA LAUS DEO

VIRGINIQUE MATRI J M J [1] J AI ETE PLACEE PAR LES SOINS DE JEAN BAPTISTE

FRANCOIS FRERE [2] D ESPARON

Crucifix à la Magdeleine et les autres insignes, avec la marque de Bonnevie, sous laquelle : AN 1836.

Note : *mi.* Diam. 57 c.

808. — MEYRIEU. 1836.

LA GLOIRE DU SEIGNEUR JE PUBLIE D AGE EN AGE ET LES NOBLES VERTUS DE MON BEAU

PATRONAGE [3] ANNE MARIE JOSEPHINE PHILOMENE JE M APPELLE

Guirlande de draperies séparées par des glands.

J'AI POUR PARRAINS : MGR PH [4] DE BRUILLARD, EVEQUE DE GRE-NOBLE : L DUTRUC : JH VILLON, ADJT. [5]

POUR MARRAINES : MADAME MARIE CHARLOTE HENRIETTE DE COUEI DE LORRI, [6] V VE [7] DE MONTAUBAN :

MNE [8] HYPTE MOLARD. V VE [9] FABRE : MARIE MONNET. J'AI ETE BENITE PAR MR M F MONNET,

CURE DE MEYRIEU. MR J BERGER, MAIRE 1836

LES ROSIER, FRERES, FONDEURS.

Crucifix à la Magdeleine.

Note : *sol.* Diam. 96 c.

809. — MEYRIEU. 1836.

JE PORTE SUR MON SON. HABITANS DE MEYRIEU, VOS VŒUX ET VOS PRIERES AUX PIEDS DU ROI DES CIEUX. [10]

JE M'APPELLE MARTINE NOEMI REINE SUZANNE.

---

(1) *Jesus, Maria, Joseph.* — (2) Jn-Bapte-Fois, frère (*hermite*) d'Esparon.
(3) Deux vers ! . . . — (4) *Philibert.* — (5) *Adjoint.* — (6) V. pour Mme *Coët de Lorry*, la note 3 de l'inscription n° 792. — (7) *Veuve.* — (8) *Magdeleine* ou *Marianne* (?). — (9) *Veuve.*
(10) Deux vers ! . . .

Guirlande de draperies séparées par des glands.

J'AI POUR PARRAINS : M^R ANT^{NE} EUG^{NE} BERGER ; JEAN B^{TE} DREVON : J RIGOLIER.

ET POUR MARRAINES : DAME MARIE RONGEAT, EPOUSE DE MR BERGER ; MARIE REINE VILLON ;

SUZANNE PELLET, F^{ME} (1) RIGOLIER. J'AI ETE BENITE PAR M^R M F MONNET, CURE DE MEYRIEU.

M^R J BERGER, MAIRE, 1836   LES FRERES ROSIER, FONDEURS

Crucifix à la Magdeleine ; — la *Vierge au sceptre.*

Note : *la.*   Diam. 86 c.

810. — NOYAREY.   1836.

☞ LAUDO DEUM, PLEBEM APPELLO, NATALIA CANTO,

☞ DEFUNCTOS PLORO, PESTEM FUGO, FESTA DECORO.

☞ J'AI ÉTÉ COULÉE SOUS L'ADMINISTRATION DE MR THIOLIER, MAIRE, ET DE MR BOYOUD ☞

CURÉ ; ET PAR LES DONS DES HABITANS DE NOYAREY. PARRAIN MR VICTOR MICHAL, ☞

PETIT FILS GERBOUD : MARRAINE MLLE CONSTANCE DUPUIS DE BORDES, (2)

Au bas : BURDIN AINÉ — FONDEUR A LYON.

Note : *la.*   Diam. 87 c.

811. — S^{TE}-ANNE-D'ESTRABLIN.   1836.

Cinq épis de blé.

S^{TE} ANNE D'ESTRABLIN. PAR MES SONS HARMONIQUES TOUS LES JOURS AU SG^R (3) OFFRIRA SES CANTIQUES,

☞ J'AI ETE BENITE PAR MR BECK CURE. D'ESTRABLIN, ANNE MARIE MARTHE, JE M'APPELLE,

(1) *Femme.*
(2) Fille de M. Séb^a-H^t Dupuis de Bordes, ancien professeur de mathématiques au corps royal d'artillerie de Valence et qui compta parmi ses élèves le jeune Napoléon Bonaparte qui, devenu empereur, le nomma officier de la Légion d'honneur.
(3) Deux vers ! . . .

✠ J'AI EU POUR PARRAINS. MRS JEAN FS ARMANET, ETNE RAJON, JEAN CHAPOTAT,

& POUR MARRAINES. MARTHE RAJON, MARIE ARMONET, (1) ANNE BARE. VVE GALLIFET. 1836

Sous le *Crucifix à la Magdeleine* : LES ROSIER FONDEURS ; — la *Vierge au sceptre.*

Note fêlée.   Diam. 72 c.

812. — ST-BERNARD.   1836.

☞ QUE LE NOM DU SEIGNEUR SOIT A JAMAIS BENI VIVE JESUS ·MARIE JOSEPH S·T BERNARD (2)

☞ JAI ETE FAITE ET BENITE EN 1836 JE MAPPELLE MARIE ELEONORE PHILOMENE

☞ JAI EU POUR PARRAIN M·R LOUIS REMI BIENFAITEUR DE CETTE EGLISE ET POUR MARRAINE

☞ MADAME ELEONORE ARVERS SON EPOUSE ☞ M·R EYRAUD CURE M·R L·S VIAL MAIRE

✝ entre les marques de Rosier et de Vallette ; — s·T (un *évêque)* BERNARD.

Note : _si._   Diam. 77 c.

813. — ST-MARTIN-LE-VINOUX.   1836.

✠ LAUDO DEUM MON PARRAIN MR VICTORIN PRIMARD MAIRE DE LA COMMUNE

MA MARRAINE DME ANNA BOLLAND (3)

MR ANTOINE MONEYROT CURE

Au bas, marque de BONNEVIE FONDEUR A GRENOBLE ; dessous, AN 1836.

Note : *sol.*   Diam. 99 c.

(1) *Armanet.*
(2) Patron du lieu.
(3) Femme de M. Bolland, professeur à la Faculté de droit de Grenoble.

814. — St-MARTIN-LE-VINOUX. 1836.

✠ VOX DEI MON PARRAIN MR CHARLES FROUSSARD CHEF D'INSTI-
TUTION (1)

MA MARRAINE D^ME VICTORINE EMILIE FROUSSARD

MR ANTOINE MONEYROT CURE

Au bas, marque de BONNEVIE FONDEUR A GRENOBLE ; dessous :
AN 1836.

Note : *si*.   Diam. 78 c.

815. — TOUVET (LE). 1836.

✠ SIT NOMEN DOMINI BENEDICTUM EX HOC NUNC ET USQUE IN
SECULUM

MON NOM EST MARIE PHILOMENE LE NOM DE LA BIENFAITRICE DAME
ROSE TALON NEE BUISSARD

Marque de Bonnevie, sous laquelle AN 1836.

Note : *ut*.   Diam. 82 c.

816. — VIRIVILLE. 1836.

SIT NOMEN DOMINI BENEDICTUM

☞ EN 1836 JAI ÉTÉ BÉNITE A VIRIVILLE MA PAROISSE MON NOM
EST LOUISE MARIE ☞

MOM PARRAIN MR L. MENUEL PRETRE TRES RECOMMANDABLE PAR
SES VERTUS SACERDOTALES ET ☞

SES BIENFAITS SANS NOMBRE. S.^T ROBERT, ABBÉ, EST MON PATRON.
MR J. P. CUSSIER CURÉ MR GARAMBAUD MAIRE.

☞ AUTOUR DES SAINTS AUTELS RASSEMBLES A TA VOIX,

☞ PORTES NOS VŒUX ARDENS AUX PIEDS DU ROI DES ROIS (2)

Au bas : BURDIN AINÉ ✝ FONDEUR A LYON

Note : *mi*.   Diam. 120 c.

(1) Frère de Baptiste Froussard; député de Grenoble à l'Assemblée législative
de 1848.

(2) Deux vers !...

817. — BARRAUX. 1837.

✠ MON NOM EST MARIE JE PESE 600 K.

LAUDATE DOMINUM OMNES GENTES LAUDATE EUM OMNES POPULI PS
116 VI *(en lettres gravées :)* MAIRIE DE BARRAUX

Au bas, marque de Bonnevie, sous laquelle AN 1837.

Note : *fa ♯.* Diam. 108 c.

818. — PARMÉNIE *(Chapelle de).* 1837.

✠ ME PHILIBERTAM NOMINE DONAVIT ATQUE SACRAVIT
PARMENIÆ RR DD [1] PHILIBERTUS DE BRUILLARD EPISCOPUS
GRATIANOPOLITANUS ANNO 1837.

Marque de Bonnevie ; — la *Vierge au prie-Dieu ;* — un
Évêque debout ; — un *Crucifix.*

Note : *mi.* Diam. 55 c.

819. — QUET-EN-BEAUMONT. 1837.

Chapelle particulière du Haut-Quet.

✠ MON PARRAIN MR JEAN ANTOINE DAVIN CURE MA MARRAINE DME
ANNE MARIE GRAND

✠ IAPPARTIEN [2] A MR MAURICE GRAND MAIRE DE QUET 1837

Note : *sol.* Diam. 42 c.

820. — SALLE-EN-BEAUMONT (LA). 1837.

✠ CHRISTUS VINCIT CHRISTUS REGNAT CHRISTUS IMPERAT CHRISTUS
AB OMNI MALO NOS

DEFENDAT MON PARRAIN MR PIERRE DUTROYAT MA MARRAINE DLLE
CATHERINE

BERNARD MR JACQUES DAVIN MAIRE MR MICHEL DAY CURE

Marque de Bonnevie, sous laquelle AN 1837, et les symboles
ordinaires.

Note : *si.* Diam. 79 c.

(1) *Reverendissimus dominus dominus.*
(2) *J'appartiens.*

821. — SALLE-EN-BEAUMONT (LA). 1837.

☩ LAUDATE DOMINUM IN CYMBALIS BENE SONANTIBUS A FULGURE
ET TEMPESTATE LIBERA NOS DOMINE SANCTA MARIA [1] ORA PRO
NOBIS MON PARRAIN Mᴿ FRANÇOIS TOURNU MA MARRAINE Dᴹᴱ MARIE
DAVIN NÉE ANDRIEU MᴿDAY CURE

Marque de Bonnevie, sous laquelle AN 1837, et les symboles
ordinaires.

Note : *mi.* Diam. 59 c.

822. — VIENNE *(St-Martin).* 1837.

VOX DEI

ANNE JEANNE FRANÇOIS BAPTISÉE L'AN 1837

PARRAIN M·ᴿ PIERRE JEAN FRANÇOIS DE BOUCHAUD, CHEVALIER DE
Sᵀ LOUIS

MARRAINE Mᴹᴱ LARDIERE NÉE ANNE BONNET

CURÉ DE Sᵀ MARTIN M·ᴿ J. B. RIGAT

Au bas : BURDIN AINÉ ☩ FONDEUR A LYON

Note : *fa.* Diam. 111 c.

823. — VILLETTE-SERPAIZE. 1837.

◀☩LAUDATE DOMINUM IN CYMBALIS BENE SONANTIBUS Pꜱ 150 v 5▶
◀ ☩ PARRAIN Mᴿ Jᴺ ENNᴰ Cᴰᴱ CHASEL ▶
◀ ☩ MARRAINE Mᴹᴱ MARGᵀᴱ DE MONTEVAL NÉE   D HAUCOURT ▶
◀ ☩ MAIRE DE VILLETTE SERPAISE Mᴿ LOMBARD DE QUINCIEUX ▶
◀ RECTEUR Mᴿ ANTᴺᴱ GERIN ✳ MDCCCXXXVII ▶

Sur la panse : buste de *Jésus-Christ* ; — cartouche orné
renfermant le nom de GEDEON MOREL — A LYON ; — la *Vierge à
la Chaise ;* — une *Croix de Malte* dans laquelle on voit le J.H.S.
La panse est en outre semée de petites croisettes de Sᵗ Maurice.

Note : *fa ♯.* Diam. 104 c.

[1] L'*Assomption* est la fête patronale du lieu.

824. — BATIE-DE-GRESSE (LA).   1838.

✝ MON PARRAIN MONSIEUR JOSEPH TERRIER MAIRE DE GRESSE MA MARRAINE MADAME ROSE MARIE

GRIMOUD FEMME PATURE [1]

Crucifix à la Magdeleine. Dessous : F. A BONNEVIE FONDEUR — AN 1838

Note : *mi.*   Diam. 56 c.

825. — CHARNÈCLES.   1838.

✝ VOX DOMINI IN VIRTUTE VOX DOMINI IN MAGNIFICENTIA VOX DOMINI INTERCIDENTIS FLAMMAM IGNIS

✝ PARRAIN MR LE COMTE DE MEFFREY [2] 🌼 MARRAINE MME LA COMTESSE DE MEFFREY [3] 🌼

✝ 2ME PARRAIN MR ANT BOIS ADJOINT 🌼 2ME MARRAINE MME MTE MARTEL NEE MASSIT 🌼

✝ CURE MR JH GAUTHIER 🌼 MAIRE MR FLN DOURON 🌼

✝ PRODUIT D UNE CUEILLETTE DES HABITANS DE CHARNECLES 🌼 🌼 MDCCCXXXVIII 🌼

Au bas, dans un cartouche, GEDEON MOREL A LYON.

Note : *sol* ♭.   Diam. 100 c.

826. — CHARNÈCLES.   1838.

✝ JUBILATE DEO OMNIS TERRA SERVITE DOMINO IN LAETITIA 🌼

✝ PARRAIN MR FL DOURON MAIRE 🌼 MARRAINE MLLE PNE CARLIN 🌼

✝ 2ME PARRAIN MR JH BRIZARD PERE 🌼 2ME MARRAINE MME MARIE CARON VE DECHAUX 🌼

✝ EX DONO J B MALLEIN VICAIRE 🌼 🌼 MDCCCXXXVIII 🌼

Au bas, dans un cartouche, GEDEON MOREL A LYON.

Note : *si* ♭.   Diam. 80 c.

---

(1) *Paturel.*

(2) Achᵉ-Lˢ, cᵗᵉ de Meffray de Césarges, ancien député de l'Isère. — (3) Née de la Tour en Voivre, ancienne dame d'honneur de la duchesse de Berry.

827. — CHOZEAU. 1838.

MARIE ANATOLE BAPTISEE EN 1838 PARRAIN MR ANATOLE [1] MAR-
RAINE

M^{LE} MARIE [2] DE CHAMBOST ASSISTES DE M^{RS} HIPPOLYTE ET
CHARLES DE

RIVERIEULX C^{TES} DE CHAMBOST LEUR PERE [3] BIENFAITEURS DE
CETTE PAROISSE

CORNOLLIER MAIRE GLAS CURE DE CHOZEAU

Sur la panse : buste nimbé de face de la *Vierge*, sous 5 étoiles
et entre F MONET-BRUNET ; — A LYON ; — buste nimbé de face
de *Jésus*, sous 5 étoiles.

Note : *si* ♭.   Diam. 76 c.

828. — GARDÉ (LA). 1838.

✝ LA VOIX DU SEIGNEUR EST ACCOMPAGNEE DE FORCE LA VOIX DU
SEIGNEUR EST PLEINE DE MAGNIFICENCE ET DECLAT [4] PS 28 [5] JE
MAPPELE [6] MARGUERITE AGATHE

MON PARRAIN EST M FRANCOIS VIEUX PERNON ROCHAS ET MA MAR-
RAINE MARGUERITE PELLISSIER SON EPOUSE J AI PRIS NAISSANCE EN
7BRE 1838 JE SUIS LA PROPRIETE DE

CEUX QUI PAR LEURS PIEUSES LIBERALITES M ONT DONNE LE JOUR
MES PRINCIPAUX BIENFAITEURS SONT MON PARRAIN ET MA MARRAINE
POUR 800 F, M LP BRUN CURE DE LA

PAROISSE P 100 F, [7] F VIEUX PERNON ONCLE AU PARRAIN P 100 F,
MAGDELEINE COULET P 100 F, GEORGE CHALVIN DE GRENOBLE P 100 F,
PIERRE SONNIER FEU PIERRE P 45 F

JEAN VIEUX MAIRE P 40 F FERREOL ARNOL P 40 F JEAN PELLISSIER

---

(1) J^a-Cl^{de}-Anatole de Rivérieulx de Chambost, fils de Ch.-Cl^{de}-Dieudonné,
ancien garde du corps du roi, et de Mlle L'Habitant, marié depuis à Mlle Hed-
wige-M^{ie}-F^{ee} Ranvier de Bellegarde. — (2) Marie de Rivérieulx de Chambost,
fille d'Hippolyte et de Mlle de Cluse, et mariée depuis à M. Edouard Barge de
Certeau. — (3) *Leurs pères.*

(4) *D'éclat.* — (5) Paraphrase du Ps. XXVIII. — (6) *M'appelle.* — (7) *Pour
100 francs.*

ADJOINT P 40 F ANDRE PELLISSIER PERE RIBOT P 40 F LOUIS VIEUX CHOUVIN MAISON NEUVE P 40 F

PHILIPPE VIEUX PERNON ONCLE AU PARRAIN P 40 F LES NOMS DES AUTRES HABITANS QUI ONT DONNE DE MOINDRES SOMMES SONT CONSERVES DANS LES REGISTRES DE LA MAIRIE ET DE LA FABRIQUE DE LA GARDE

Marque de Bonnevie.

Note : *la*.   Diam. 98 c.

829. — MIONS.   1838.

☞ MARIE MAGDELEINE JE MAPPELLE JAI ETE BAPTISEE LAN 1830 PAR MR DORZA CURE DE S^T SIMPHORIEN ☞

. MON PARRAIN ET MON DONATEUR A ETE MR J^N BRET POULET GEORGE PROPRIETAIRE ☞

MA MARRAINE MME MARIE BRET MOREL SON EPOUSE ☞

MR PIERRE QUINON CURE ☞

MR BARTHELEMY PERRET MAIRE DE MIONS JE PESE 588 KILOGRAMMES

Au bas : BURDIN AINE ± FONDEUR A LYON

Note : *sol*.   Diam. 99 c.

830. — VASSELIN.   1838.

☞ JUBILETUR DEO OMNIS TERRA. PARRAIN M VINCENT COTTIN

. MARRAINE M^E THEVENET NEE D^ELLE PATRICOT MARIE-ANGE-ROSE EST MON NOM. ☞

PERRIER JOSEPH ADJOINT DE VASSELIN, VARNET ALEXIS , COTTIN VINCENT, THEVENET JOSEPH ☞

PAGE PIERRE, GUINET ANTOINE, VARNET LOUIS, VARNET BENOIT, BLANC VINCENT. VEYRON CURE.

Au bas : BURDIN AINÉ ± FONDEUR A LYON 1838.

2e face : la *Vierge et l'enfant Jésus*.

Note : *ut*.   Diam. 77 c.

* (1) *Jubilate Deo omnis terra*.

Le maire, seul du conseil municipal, s'était opposé à la confection de cette cloche payée par la commune. Le curé, par vengeance, fit inscrire tous les noms des membres dudit conseil, sauf celui du maire.

831. — AOSTE. 1839.

∞∞∞ ✝ LAVDATE DOMINVM IN CYMBALIS BENE SONANTIBVS PS. 150, V. 5 ● ∞∞ MDCCCXXXIX

∞∞ S^T CLAIR PATRON D AOSTE PRIEZ POUR NOUS

∞∞ PARRAIN M^R F^S CH L^S MARQUIS DE LEYSSIN CHEF DE BATAILLON EN RATRAITE CHEV DE S^T LOUIS ● [1]

∞∞ MARRAINE MME MERAUD NEE MARG^{TE} AD^{DE} B^{TE} CATTIN ∞∞

∞∞ CURE D AOSTE MR J^H F^S MOLLE ∞∞

∞∞ MR MERAUD MAIRE ET NOTAIRE ∞∞

Sur la panse, semée de *croisettes recroisetées,* le buste du *Christ :* — la *Vierge à la chaise,* au-dessous de laquelle : GEDEON MOREL A LYON.

Note : *mi.* Diam. 112 c.

832. — BALBIN. 1839.

☞ PARRAIN MR ALBERT DESPLAGNES.

☞ MARRAINE D^{LLE} CLEMENCE MARIE DESPLAGNES.

☞ M^E NIVOLLET CURÉ A ORNACIEUX.

Au bas : BURDIN AINE ✝ FONDEUR A LYON 1839

Note : *fa* ♯. Diam. 51 c.

833. — CHAPELLE (LA). 1839.

✝ UNI ET TRINO DEO ET IMMACULATÆ BEATÆ VIRGINI MARIÆ GLORIA VIVANT PATRINI MEI

(1) F^{ois} de Leyssin, baron de Domeyssin, en Savoie, chevalier de St Louis, n'eut, de ses trois mariages, qu'un fils qui laissa tomber sa famille en quenouille, et deux filles. L'*Armorial* en fait un simple capitaine au rég^t de Monaco.

✝ M·ᴿ IEAN-BAPTISTE REYNAUD CLAUDE MOUCHEROUD ET MATRINÆ·
MEÆ PETRONILLE MURAT ROSALIE

✝ CHEVALIEZ ☞ SANCTA MARIA ORA PRO NOBIS ☞ ☞ ☞

☞ BENITE LL [1] 1ᴱᴿ MAI 1839 PAI M·ᴿ FERROUILLAT CURE AR-
CHIPRETRE ☞ MARC FINAND MAIRE DE LA CHAPELLE

Croix et marque de Rosier.

Note : *la.*					Diam. 85 c.

## 834. — CHUZELLES.					1839.

☞ DEUS MAJESTAS IN TONUIT... [2]

VOX DOMINI IN MAGNIFICENTIA... ET IN TEMPLO EJUS OMNES ☞

DI ENET GLORIAM [3] P.S. 28. LE PARRAIN A ETE Mᴿ Jᴴ GABRIEL
ALMERAS LATOUR AVOCAT, [4] LA MARRAINE ☞

Mᴹᴱ SOPHIE LOMBARD DE QUINCIEUX NÉE CHOMEL. Mᴿ B. GRISEL
CURÉ, Mᴿ F. DE VAUGELET MAIRE ☞

FONDUE EN 1540 JE PESAIS 3 QUINTAUX REFONDUE EN 1839 JEN [5]
PESE 15.

Au bas : BURDIN AINE ✝ FONDEUR A LYON.

Note : *fa* ♯.					Diam. 110 c.

## 835. — ESTRABLIN.					1839.

✝ QUE LE NOM DE DIEU CREATEUR DE TOUTES CHOSES ET SOURCE
DE TOUS BIENS SOIT BENI

LE DON DE CETTE CLOCHE A ETE FAIT PAR VICTOR FREREJEAN A LA
COMMUNE D ESTRABLIN.

Mᴿ DENIS CRAPON ETANT MAIRE. ET Mᴿ PICHAT CURE.	JUILLET
1839

(1) Pour *le.*
(2) Pour *majestatis intonuit.* — (3) Pour *dicent gloriam.* — (4) Actuellement
conseiller à la Cour de Cassation. — (5) *J'en.*

PARRAIN MR CLAUDE THIBAUDIER. MARRAINE D^LLE MARIE OCTAVIE
BONNARD

Au bas, dans une couronne, une *Croix* avec les instruments
de la passion, et ✝ DECHARME BREVIGNON F^R [1] ; — *St Sacrement
entre un cep de vigne et une gerbe.*

Note : *sol* ♯. Diam. 88 c.

836. — MASSIEU. 1839.

☞ HIC STO MUNIFICENTIA CIVIUM. PARRAIN MR GABRIEL-ALBERT-
MARIE CHANROND [2] ☞

MARRAINE D^LLE OLYMPE-NATHALIE-VICTORINE CHANROND, [3] FRERE
ET SOEUR, ENFANS DE ☞

MR J^H AUGUSTE CHANROND, [4] ET DE DAME ELISA MICHAL [5] ET PE-
TITS ENFANS DE MR VICTOR ☞

MICHAL [6] AVOCAT ET DE DAME OLYMPE DEJEAN. MR J^H GUETAT
CURE.

Au bas : BURDIN AINÉ FONDEUR A LYON 1839.

Note : *sol.* Diam. 100 c.

837. — MONTBONNOT. 1839.

✝ ANNE MARIE P [7] LA PAROISSE DE MONTBONNOT ET DE S^T MARTIN
P [8] M^R A C L ARTHUS COMTE

DE MIRIBEL [9] M [10] MME M T J A ADRIENNE DE VALORY DE CHAS-
TELARD SON EPOUSE

MR JOSEPH ROLLAND CURE

---

(1) *Fondeur.*
(2) Mort substitut à Alger. — (3) Actuellement sœur de St Vincent-de-Paul.—
(4) Géomètre et marchand de domaines. — (5) Olympe-Victorine-Alex^se-Emilie-
Elisa Chanrond, fille de V^or Michal, notaire à Massieu, morte en 1866. —
(6) *Notaire* à Massieu.
(7) *Pour.* — (8) *Parrain.* — (9) A. C. Arthus-Loup Copin de Miribel, ancien
maire de la Ville de Grenoble. — (10) *Marraine.*

Au bas, marque de BONNEVIE FONDEUR A GRENOBLE sous laquelle AN 1839.

Sur la panse : la *Magdeleine au pied de la croix* ; — l'*ange Gabriel* ; — la *Vierge au prie-Dieu*.

Note : *sol.* Diam. 92 c.

838. — OZIER (L). *(Chapelle de Notre-Dame de Bon-Rencontre).* 1839.

JEAN PIERRE AILLOUD AGATHE VILLARS 1839

Note : *sol.* Diam. 47 c.

839. — PRIMARETTE. 1839.

✝ ☞ ☞ SANCTE PETRE [1] ORA PRO NOBIS ☜ ☜ ☜

✝ PARRAIN Mᴿ ALPHONSE DE LOMBARD Vᶜᵀᴱ DE MONT-CHALIN [2] CAPITAINE DE CAVALERIE CHEVALIER

✝ DE LORDRE ROYAL DE LA LEGION DHONNEUR ☞ ET MARRAINE DAME CAROLINE DUTEIL SON EPOUSE L'AN 1839

Sous le *Crucifix*, LES ROSIERS PERE & FILS FONDEURS.

Sur la panse : un *évéque* sous lequel : R.D.Pᴴ DE BRUILLARD ; — Sᴱᵀᵀ [3] *(la Vierge)* MARIE.

Note : *fa* ♯. Diam. 105 c.

840. — Sᵀ-BARTHÉLEMY *(de Vif).* 1839.

✝ J M J [4] BIENFAIT DU ROSAIRE VENANT DES DAMES DE GRENOBLE ET PRODUIT

DU ZELE DEVOUE DES HABITANTS DE Sᵀ BARTHELEMY JEAN PIERRE ALLIOUD

JEANNE ALEXANDRINE ALLIOUD NEE SALAMAND [5]

---

(1) *Sᵗ Pierre*, l'un des patrons du lieu. — (2) Alphᵉ-Chᵉˢ-César de Lombard, cᵗᵉ de Montchalin, né en 1793, marié en 1826 à Mᵉˡᵉ-Josᵉ-Carᵉ du Teil.— (3) Sᵗᵉ. (4) *Jésus, Marie, Joseph.* — (5) Les parrain et marraine sans doute ?

Marque de Bonnevie, sous laquelle : AN 1839.

Note : *ut*. Diam. environ 60 c. (?).

841. — S^T-BARTHÉLEMY *(de Beaurepaire)*. 1839.

‡ S^{TA} MARIA S^{TE} JOSEPHE S^{TE} BARTHOLOMOE [1] S^{TE} GENESI ORATE PRO NOBIS ☞ ☞ ☞

‡ PARRAINS M JACQUES F^{OIS} AVIT DE CHARVAT RECEVEUR PRINCIPAL M^{DE} AUGUSTINE DE BEAU DE PLOVIER SON EPOUSE

‡ 1° MR CHORIER FILS H FERDINAND 2° CHRISTINE RAYMOND V^E BOURDE 3° MARGUERITE PELLAT DEMOISELLE V BAJAT S ARGOUD DE-MOISELLE F PERRIER

☞ BLANCIOUSE

Sur la panse : ± ☞ LES ROSIERS PERE ET FILS FONDEURS 1839 ; dessous : R.D.PH. DE BRUILLARD ; — *évêque ;* — la *Vierge*.

Note : *la*. Diam. 105 c.

Communiquée par M. Hugues Vital Berthin.

842. — S^T-PIERRE-DE-MÉSAGE. 1839.

+ JE MAPPELE MARIE PHILOMENE MON PARRAIN MR JEAN BONNARD MAIRE MA

MARRAINE D^{ME} ANNE SIBILLAT SON EPOUSE JAI ETE FONDUE EN L HONNEUR DE S^T

PIERRE PATRON DE CETTE PAROISSE

Au bas : MR JEAN COCQUAND CURE.

Plus loin, marque de Bonnevie, sous laquelle : AN 1829.

Note : *si*. Diam. 78 c.

843. — S^T-PIERRE-DE-MÉSAGE. 1839.

+ JE MAPPELLE PIERRETTE ANTOINETTE MON PARRAIN MR HENRY TOLENTIN MA MARRAINE MME FLORINDE ELISABETH TOLENTIN

_____

(1) St *Barthélemy*, patron du lieu.

MR JEAN BONNARD MAIRE

Au bas : MR JEAN COCQUAND CURE.

Plus loin, marque de Bonnevie, sous laquelle : EN X^{BRE} 1839.

Note : *ut* ♯.   Diam. 70 c.

844. — SERPAIZE.   1839.

☞ PARRAIN MR BOISSAT ALEXANDRE CHEVALIER DE LA LEGION D'HONNEUR ☞

MR LUDOVICQUE DELAFORET, [1] COMTE DE DIVONNE. MARRAINE MME FRANÇOISE ☞

PERNETTE JUSTINE DELAFORET DE DIVONNE MME ABELINE BOISSAT FEMME ☞

CHABORD, M^R DE VAUGELET, MAIRE MR DIDIER, CURE.

Au bas : BURDIN AINÉ ✝ FONDEUR A LYON 1839.

Note : *sol*.   Diam. 95 c.

845. — SERPAIZE.   1839.

☞ PARRAIN MR LUDOVICQUE DELAFORET, COMTE DE DIVONNE MR BOISSAT ALEXANDRE ☞

CHEVALIER DE LA LEGION D'HONNEUR, MARRAINE MME ABELINE BOIS-SAT FEMME CHABORD, ☞

MME FRANCOISE, PERNETTE, JUSTINE DELAFORET DE DIVONNE M^R DE VAUGELET, MAIRE ☞

MR DIDIER CURÉ

Note : *ut*.   Diam. 72 c.

Cette cloche est du même fondeur et de la même date que la précédente, quoiqu'elle n'en porte pas l'indication; elle fut fondue en même temps que l'autre.

---

[1] *Ludovic de la Forêt.*

846. — SEYSSUEL. 1839.

☞ INTENDE MIHI ET EXAUDI ME Pᵘ 54. MARIE CLAIRE ACQUISE PAR LES BIENFAITEURS DE N.D. (1)

☞ DE SEYSSUEL ISERE LE 1ᴱᴿ MAI 1839 PARRAIN JACQUES DAVID VEUF DE MARIE ANNE EYMIN

MARRAINE MARIE CLAIRE DAVID Fᴱ (2) DE G SYBILLIOT ☞

FABRICIENS : M. SICARD, P. BERQVET, J.P. BERGER, G. KNIFLER CURE LE 1ᴱᴿ 7ᴮᴿᴱ 1829 ☞

F.P. DE VALANCISE MAIRE EN 1826

Au bas : BURDIN AÎNÉ FONDEUR A LYON.

Note : *si*. Diam. 80 c.

847. — SEYSSUEL. 1839.

☞ SIT NOMEN DOMINI BENEDICTUM

En caractères gravés : DONUM Dᴺᴵ G. KNIFLER CURÉ DE SEYSSUEL PARRAIN PIERRE KNIFLER NEVEU

MARRAINE AGATHE VALIN A. FORNIER Cᴱᴿ (3) MUNICIPAL

Au bas, et en relief : BURDIN AÎNÉ FONDEUR A LYON 1839.

Note : *ré*. Diam. 63 c.

848. — SEYSSUEL. 1839.

CLOCHE COMMUNALE N.D. (4) DE SEYSSUEL 1839. PARRAIN CLAUDE BERGER AÎNÉ

☞ RENTIE, (5) MARRAINE CATHERINE GUY Fᴱ (6) BERGER. G. KNIFLER CURÉ.

Au bas : BURDIN AÎNÉ FONDEUR A LYON.

Note : *sol*. Diam. 50 c.

---

(1) *Notre-Dame.* — (2) *Femme.*
(3) *Conseiller.*
(4) *De Notre-Dame.* — (5) *Rentier.* — (6) *Femme.*

849. — VEYRINS.   1839.

ᴐᴄ ᴐᴄ ☩ MOESTORVM LACRYMAS LAETORVM GAVDIA DICO [1] ᴐᴄ

ᴐᴄ PARRAIN Mᴿ Jᴷ MONAVON [2] ᴐᴄ

ᴐᴄ MARRAINE Mᴱᴸᴸᴱ EMᴸᴸᴱ MUSY [3] ᴐᴄ ᴐᴄ MAIRE DE VEYRIN

Mᴿ SOUVRAS ✹ ᴐᴄ

ᴐᴄ CURE Mᴿ CHAUTAN MDCCCXXXIX

Au bas : ✹ GEDEON MOREL A LYON ✹

Note : *si*.   Diam. 83 c.

850. — VIZILLE.   1839.

☩ LAUS VIRGINI DEIPARÆ IMMACULATÆ ET ASSUMPTÆ. [4] FONDUE LAN 1839 PENDANT LADMINISTRATION DE Mᴿ COLLIN MAIRE

DE VIZILLE MON PARRAIN EST Mᴿ CHARLES SAPPEY COMMANDEUR DE LORDRE ROYAL DE LA LEGION DHONNEUR DEPUTE DE L'ISERE

ET CONSEILLER A LA COUR DES COMPTES ET MA MARRAINE Mᴹᴱ AMELIE FLORE MARIE DE LA TOUANNE VICOMTESSE GUSTAVE

DU BOUCHAGE.

Au bas : Mᴿ LOUIS GUSTAVE DUPUY CURE ARCHIPRETRE. [5]

Sur la panse, marque de Bonnevie.

Note : *mi*.   Diam. 117 c.

Cette cloche, s'étant fendue, a été remplacée en 1871 par une autre. (V. le n° 1181).

851. — VIZILLE.   1839.

☩ SANCTE SEBASTIANE ET SANCTE ANTONI ORATE PRO NOBIS FONDUE LAN 1839 PENDANT

---

(1) Cet hexamètre est de M. le curé Chautan. — (2) Joseph Monavon, ancien notaire, et, plus tard, successeur de M. Souvras à la mairie de Veyrins. — (3) Fille de M. Gabᴵ Musy, ancien juge de paix à Morestel.

(4) L'Assomption est la fête patronale du lieu. — (5) Depuis, chanoine de la cathédrale de Grenoble.

LADMINISTRATION DE MR COLLIN MAIRE DE VIZILLE MON PARRAIN
EST MR ADOLPHE JOSEPH

SCIPION PERIER [1] MEMBRE DU CONSEIL GENERAL DU DEPARTEMENT
DE LISERE MA MARRAINE

MME EUGENIE VILLARS EPOUSE DE MR HONORE PEYRON NOTAIRE A
VIZILLE

Au bas : M. LOUIS GUSTAVE DUPUY CURE ARCHIPRETRE.

Note : *si*. Diam. 80 c.

852. — AGNIN. 1840.

☆ + SANCTE MARTINE [2] ORA PRO NOBIS ☆

☆ ACHETEE DU PRODUIT D UNE SOUSCRIPTION VOLONTAIRE DES HA-
BITANS D AGNIN ☆

☆ PARRAIN M^R ANT JOURDAN MAIRE ET MEMBRE DU CONSEIL GEN [3]
DE L ISERE ☆

☆ MARRAINE MME CEL^TINE [4] ROBERT DES CAUX EPOUSE DE M^R L^S
PELISSIER MAIRE DE CHANAS ☆

☆ CURE M^R CH AD CHAPUIS DELILLE ☆   ☆ MDCCCXXXX ☆

Au bas : ⬛ GEDEON MOREL A LYON ⬛

Note : *la*. Diam. 84 c.

853. — BIVIERS. 1840.

+ MARIE CONCUE SANS PECHE PRIEZ POUR NOUS QUI AVONS RECOUR [5]
A VOUS

JE MAPPELLE ROSE MARIE THERESE PHILOMENE MADAME JACQUEMET [6]
DE MONTBIVE NEE ROSE DENISE

CAROLINE DE CHICHILLIANNE [7] MR GUILLERME ANTOINE DE PARIGGI
DIT PARIS [8] L^NT COLONEL OFFICIER DE

---

(1) Fils d'Aug^a Périer, l'un des frères de Casimir Périer.
(2) St *Martin*, patron du lieu. — (3) *Général.* — (4) *Célestine.*
(5) *Recours.* — (6) M. Jacquemet était propriétaire du château de Montbive.—
(7) Sœur de M. de Chichilianne, receveur-général à Valence. — (8) Venu d'Italie
dans les armées de Napoléon, et resté dans le parti du roi après 1815. Il s'était
fixé à Grenoble, où il est mort.

LA LEGION DHONNEUR CHEVALIER DE S^T LOUIS MR JACQUE LOUIS FAYOLLAT CURE.

Au bas, marqne de Bonnevie, fondeur à Grenoble ; dessous : AN 1840 ; — la *Mugdeleine au pied du Crucifix ;* — l'*ange Gabriel ;* — la *Vierge au prie-Dieu.*

Note : *sol.*   Diam. 105 c.

854. — CHARAVINES.   1840.

☩ HIC STANS MUNIFICA PIETATE SONABO PER AEVUM CIVIBUS ET DOMINO, GLORIA LAUS ET HONOR [1]

☩ PARRAIN MR GUILLAUME PAGET ADJOINT DE LA COMMUNE

☩ MARRAINE D^{LLE} EMERANCE ANNE CRET

☩ MR CONTAMIN CURÉ DE CHARAVINES.

Au bas : BURDIN AINÉ FONDEUR A LYON 1840.

Note : *fa.*   Diam. 107 c.

855. — DOMÊNE.   1840.

✝ CELEBRA IUDA FESTIVITATES TUAS ET REDDE VOTA TUA.

☩ SANCTE GEORGI. [2] SANCTE PETRE.

✝ SANCTE FRANCISCE SALESI, ORATE PRO NOBIS, EX SUMPTIBUS PAROCHIANORUM DOMENE. MR FRANCOIS ODRU PARRAIN.

✝ M^{ADA} [3] PAULINE BELON NEE CATHIER MARRAINE. M.M.C. ROLLAND CURE. A. ARTHAUD MAIRE. I. BOURIAT [4] ADIOINT   P. BRUN.

Au bas : LES ROSIERS PERE ET FILS FONDEURS *(Crucifix entre les S^{tes} femmes)* ANNO DOMINI 1840.

De l'autre côté : MARIA SINE LABE CONCEPTA *(la Vierge)* ORA PRO NOBIS.

Note : *mi.*   Diam. 119 c.

---

(1) Distique qui peut se traduire de cette façon : *Placée ici, grâce à une pieuse libéralité, je chanterai éternellement : gloire, louange et honneur aux habitants* (de Charavines) *et au Seigneur.*

(2) *St Georges,* patron du lieu. — (3) *Madame.* — (4) *Bourjat.*

856. — ENTRAIGUES. 1840.

+ VOX DOMINI IN VIRTUTE VOX DOMINI CONFUNGENTIS [1] CEDROS PS
28 V 45 [2] BEATA VIRGO MARIA ET STA

SCOLASTICA ORATE PRO NOBIS LES HABITANTS DENTRAIGUES MONU-
MENT DE LEUR FOI ET DE LEURS

LARGESSES BIENFAITEURS PRINCIPAUX MMRS ORCEL PIERRE CURE
BERNARD BRUNEL FRCOIS MAIRE COSTE J B

PARRAIN MARIE BRUNÉL MARRAINE BUISSON HYPOLITE PARRAIN
ASSISTANT MARIE BRUNEL EPOUSE DE PRRE

CHAMPOLLION CROS J BLANTACO PIERRE BUISSON JEAN AN 1840

Les emblêmes ordinaires et la marque de Bonnevie.

Note : *sol.* Diam. 102 c.

857. — GRENOBLE *(St-Laurent).* 1840.

‡ MARIA SINE LABE CONCEPTA CELEBBA IUDA FESTIVITATES TAUS [3]
ET REDDE VOTA TUA

‡ EX SUMPTIBUS PAROCHIANORUM SANCTI LAURENTII ☞ CURE
M.R IULES KEISSER VICAIRE M.R FELIX KEISSER

‡ PARRAIN ET MARRAINE M.R ET MME ROIULLON [4] — FABRICIENS
M. M. COTTON. BAIOU. QVINSON. PILOT. [5] ROUILLON. ANNO DOMINI 1840.

Au bas, devant le *Crucifix* : LES ROSIERS PERE ET FILS FONDEURS

Note : *fa* ♯. Diam. 112 c.

858. — GRENOBLE *(St-Laurent).* 1840.

‡ SANCTE LAURENTI ORA PRO NOBIS ═ LAUDATE DOMINUM OMNES
GENTES LAUDATE EUM OMNES

‡ POPULI ☞ CURE M.R IULES KEISSER VICAIRE M.R FELIX KEISSER
☞ PARRAIN M.R FERNAND ROUILLON [6]

‡ MARRAINE M.LLE OCTAVIE MORIQUAND ☞ ANNO DOMINI 1840 ☞

Au bas, devant le *Crucifix* : LES ROSIERS PERE ET FILS FONDEURS

Note : *ut.* Diam. 76 c.

---

(1) *Confringentis.* — (2) 5, et non 45.
(3) Pour TUAS. — (4) *Rouillon.* M. Rouillon est le chef de l'une des plus
importantes maisons de ganterie de Grenoble. — (5) Archiviste dép. de l'Isère.
(6) Fils des parrain et marraine de la cloche précédente.

859. — JARRIE (Basse).   1840.

◄ REGINA SINE LABE CONCEPTA (1) ORA PRO NOBIS ►

◄ JE M APPELLE MARIE SABINE ►

◄ PARRAIN Mᴿ Lˢ Jᴴ CORREARD ►   ◄ MARRAINE Mᴹᴱ SBINE (2)
PENET ►

◄ CURE Mᴿ (3) F REYNIER ►

◄ LES HABITANS DE NOTRE DAME DE JARRIE A LA MERE DE DIEU
LEUR AUGUSTE PATRONNE ► MDCCCXL

Au bas : ■ GEDEON MOREL A LYON ■

Note : *la*.   Poids : 400 k.   Diam. 88 c.

860. — OYEU.   1840.

✝ MISERICORDIAS DOMINI IN ÆTERNUM CANTABO Pˢ 88 ☞ E MO-
NASTERIO SILVÆ BENEDICTÆ ME ABSTULIT IMPIETAS DEIN

✝ QUATER CASU PERII TANDEM Dᴼ PETRO PONCET PAROCHO ET DO
FRANCISCO BARDIN LOCI MAGISTRATIS PROPÆ (4) ECCLESIAM

⊥ DOYEU (5) CONFLATA FUI Dᵁˢ PETRUSAL (6) REPITON PRENEUF AC
DOMINA STEPHANIA VALLET PETRI ET MARIÆ MIHI NOMEN IMPOSUERE

✝ ANNO 1840 ☞ ☞ ☞ ☞ ☞ ☞ ☞ ☞

Au bas : ROSIER PERE ET FILS ⊥ FONDEUR

Note : *fa* ♯.   Diam. 95 c.

861. — Sᵀ-LAURENT-DE-MURE.   1840.

◄ ✝ LAVDATE DOMINVM IN CYMBALIS BENE SONANTIBVS Pˢ 150 V 5 ■

◄ JE M APPELLE JOSEPHINE ■

◄ PARRAIN Mᴿ CL Vᴼᴿ DULAQUAIS PROPRE (7) ■ ◄ MARRAINE Mᴹᴱ
Lˢᴱ Mᴵᴱ ROYBIN SON EPOUSE ■

◄ MAIRE DE Sᵀ LAURENT DE MURE Mᴿ ALPH COCHE ■

◄ CURE Mᴿ GUEFFIER ■ MDCCCXL ►

Au bas : GEDEON MOREL A LYON ; — buste du *Christ ;* — la
Vierge à la chaise.

Note : *fa*.   Diam. 109 c.

---

(1) La *Nativité de la* Sᵗᵉ *Vierge* est la fête patronale du lieu. — (2) *Sabine.* —
3) *François.*

(4) *Magistrato. Propè.* — (5) *D'Oyeu.* — (6) *Dominus Petrus Alphonsus.*

(7) *Propriétaire.*

862. — ALLEMONT. 1841.

☩ MARIE LOUISE ON MAPPELLE O TENDRESSE, O BONTE DE DIEU, A SES ENFANTS, FIDELE EN RETENTIT ☚

DACCENS PRECIEUX. A LUNIQUE ET A LA VRAI FOI, ALLEMOND MOFFRE EN PIEUX MONUMENT, A LUI TOUJOURS ☚

UN SON DE JOIE A LA MORT MEME ETERNELLEMENT. (1) PARRAIN Mᵐ LOUIS GUINARD CURÉ A ALLEMOND, MARRAINE ☚

DAME LOUISE VICTOIRE BETTOU EPOUSE DE Mᵐ Cᵈᵉ Fᴡᴡᴡ JACQUEMET MAIRE DE LA COMMUNE D ALLEMOND, 1841.

Au bas : BURDIN AINÉ ☩ FONDEUR A LYON

Cloche très ornée.

Note : *fa*. Diam. 109 c.

863. — CHONAS. 1841.

☩ SIT NOMEN DOMINI BENEDICTUM.

☩ JE SUIS DÉDIÉE A LA MERE DE DIEU. JE M'APPELLE MARIE.

☩ MON PARRAIN Mᵐ JULLIEN FABRICIEN DE L'ÉGLISE DE CHONAS. ET MA MARRAINE Mᴱᴱᵉ F. JULLIEN.

☩ Mᵐ J. L. TROUILLET CURÉ DE CHONAS 1841.

Au bas : BURDIN AINÉ ☩ FONDEUR A LYON.

Note : *fa* ♯. Diam. 107 c.

864. — DÉCINES-CHARPIEUX. 1841.

☩ SI VOCEM EJUS AUDIERITIS, NOLITE OBDURARE CORDA VESTRA. Pᴡ 94.

☩ PARRAIN, M.ᵐ HIPPOLYTE DE VONNE ; MARRAINE Mᴱᴱᵉ CATHERINE ADÉLAÏDE DE BOVET.

☩ M.ᵐ LOUIS-MICHEL DAVID, MAIRE ;

☩ M.ᵐ VICTOR-ALEXANDRE PAYEN, CURÉ DE DESSINES-CHARPIEUX.1841·

---

(1) Assurément, l'auteur de ces huit *vers* a cru faire un chef-d'œuvre ; et si, de son temps, un autre *poète* eût eu la hardiesse de s'en emparer, très certainement il les eût revendiqués comme siens. *Hos ego versiculos feci*, disait Virgile en pareille circonstance... Mais il était *Virgile !*... Et dire qu'il y a pourtant des gens capables de regarder *cela* comme de la *poésie !*... Ce n'est pas même de la prose.

Au bas : BURDIN AINÉ ☩ FONDEUR A LYON

Note : *la.*   Diam. 99 c.

865. — GENAS.   1841.

☩ LAUDATE DOMINUM OMNES GENTES, LAUDATE EUM OMNES POPULI.

☩ LAN DE N.S.J.C. (1) 1841 Mᴿ ROUX PIERRE VICTOR ÉTANT CURÉ DE LA PAROISSE DE GENAS ☜

M.ᴿ QUANTIN LAURENT ÉTANT MAIRE ; CETTE CLOCHE A EU POUR PARRAIN, Mᴿ GIRIER JACQUES HENRI ☜

ET POUR MARRAINE Mᴹᴱ ROYBET JOSEPHINE NÉE OGIER.

Au bas : BURDIN AINÉ ☩ FONDEUR A LYON ; — la *Vierge.*

Note : *fa* ♯.   Diam. 101 c.

866. — PACT.   1841.

◀ CANITE TVBA IN SION CONGREGATE POPVLVM ∾ DON DES PAROISSIENS DE PACT ∾

◀ SANCTE CEORGI (2) SANCTE FRANCISCE A REGIS ET SANCTA MARGARITA ORATE PRO NOBIS ∾

◀ Mᴳᴿ PHILIBERT DE BRUILLARD EVEQUE DE GRENOBLE ∾

◀ PARRAINS Jᴴ URBAIN PONCET ✸ CLᴰᴱ TORGUE ✸ Bᴰ GIRARD ✸ JQUES REVOL ∾

◀ MARRAINES ADⁿᴺᴱ REBATEL FEMME DE Mᶜᴿ COUCHOUD ✸ CLINE MIACHON FEMME DE SEBⁿ COUCHOUD ✸ PELAGIE

◀ DAUCHER ✸ Mᴵᴱ Aⁿⁿᴱ REYNAUD FEMME SERVOZ ∾ CURE Mᴿ PHILIBERT ∾ MAIRE Mᴿ GIRAUD ∾ MDCCCXXXXI ✸

Au bas : ✸ GEDEON MOREL A LYON ✸

Note : *fa* ♯.   Poids : 614 kilog.   Diam. 101 c.

Cette cloche, cassée le 20 juin 1875, a été remplacée par une nouvelle, la même année (V. le *Supplément).*

867. — POLIÉNAS.   1841.

◀ ☩ LAVDATE DOMINVM IN CYMBALIS BENE SONANTIBVS PS 150 V 5 ∾

(1) *Notre-Seigneur Jésus-Christ.*
(2) S* *Georges,* patron du lieu.

◄ PARRAIN Mᴿ Pᴿᴿᴱ TRIOLLE ANCIEN MAIRE DE POLIENAS ∾

◄ MARRAINE Mᴹᴱ Mᴵᴱ LUCILE RAILLET EPOUSE DE Mᴿ Pᴿᴿᴱ MAR-
CELLIN TRIOLLE FILS MAIRE ACTUEL ►

◄ CURE Mᴿ Cᴸᴰᴱ PELET ✺ MDCCCXLI ✺

Sur la panse : buste du *Christ ;* — un *chrisme ;* — buste de
la *Vierge ;* le baptême de *Jésus-Christ.*

Au bas : ◄ GEDEON MOREL A LYON ►

Note : *fa* ♯.   Diam. 100 c.

868. — Sᵀ-APOLLINARD.   1841.

☨ QUE LE NOM DU SEIGNEUR SOIT BENI. SAINT APPOLINARD PRIEZ
POUR NOUS.

☨ M. JOSEPH SERAPHIN AGERON CURÉ DE LA PAROISSE

☨ M. COTTE HYPOLITE MAIRE ANNÉE 1841

Au bas : BURDIN AINE ☨ FONDEUR A LYON

Note : *si.*   Diam. 84 c.

869. — Sᵀᴱ-LUCE-EN-BEAUMONT.   1841.

✠ SIT NOMEN DOMINI BENEDICTUM SOPHIE EST MON

NOM MON PARRAIN Mᴿ JEAN BOREL MA MARRAINE

Dᴹᴱ SOPHIE JOANNAIS Mᴿ CHARLES JOANNAIS MAIRE

Sous le *Crucifix :* Mᴿ GIRIN CURE. De l'autre côté, la *Vierge ;*
dessous : F A BONNEVIE PERE ET FILS — AN 1841

Note : *fa* ♯.   Diam. 56 c.

870. — Sᵀ-MARTIN-D'URIAGE.   1841.

☞ LAUDATE DOMINUM OMNES GENTES PS. 116. JE M'APPELE [1]
JEANNE MARIE, EN L'AN DU SEIGNEUR 1841. PAR LE ZELE DE ☞

Mᴿ FREYNET CURÉ, ET PAR LES PIEUSES LIBÉRALITÉS DES PAROIS-
SIENS, J'AI ÉTÉ ACQUISE A L'EGLISE DE Sᵀ MARTIN D'URIAGE ☞

Mᴿ GIRARD ETANT MAIRE, ET Mᴿ VEYRAT, RECTEUR DES PENITENS.
MES PARRAINS ONT ÉTÉ MM. LOUIS STAᴺᴸᴬˢ XAV. DE SIBEUD ☞

COMTE DE Sᵀ FERREOL, [2] PIERRE PRINCE, PERE, CLAUDE VASSENAT,

---

(1) *M'appelle.* — (2) *L'Armorial du Dauphiné* le nomme Jacques-Louis-Xavier.

JEAN VIVARAT, PERE, JEAN BOUJARD CAP^(NE) (1) ET MES MARRAINES ONT ☞

ÉTÉ DAMES JEANNE MARIE BOUJARD, NÉE DISDIER, DES RELATIERS ; FRANÇOISE DAUPHIN, FEMME PRINCE, MARIE BOUJARD, V^E DE C^(DE) ☞

BOUJARD, DE CHENAVEU, MARIE COLOMBE. F^(ME) BEUIL, ET MARIE BOUJARD NÉE PERROUX : MES PRINCIPAUX BIENFAITEURS.

Au bas : BURDIN AINÉ ☩ FONDEUR A LYON.

Un peu plus bas, effigie équestre de *St Martin* partageant son manteau : dessous : SANCTE MARTINE (2) ORA PRO NOBIS.

De l'autre côté, effigie de *St Antoine* avec son cochon ; dessous : SANCTE ANTONI ORA PRO NOBIS.

Note : *fa.*   Diam. 113 c.

871. - SEYSSINS.   1841.

☙ † LAVDATE DOMINVM IN CYMBALIS BENE SONANTIBVS PS 150 v 5 ▣

☙ PARRAIN M^R CL CUNIT INGEN^R (3) AU CORPS ROYAL DES PONTS ET CHAUSSEES ▣

☙ MARRAINE M^(ME) CUNIT NEE EL (4) MOULEZIN ▣ MDCCCXLI ▣

☙ DONNEE A LEGLISE DE SEYSSINS PAR M^R ANT (5) DURAND PROPRE DONT LES D^(RES) (6) VOLONTES ONT ETE EXECUTEES PAR M^R

☙ MOULEZIN SON GENDRE MAIRE DE SEYSSINS ET PAR M^(LLE) EL MOULEZIN SA PETITE FILLE ☙

Au bas : GEDEON MOREL A LYON.

Dans le champ, semis de petites croix de différentes natures, au milieu desquelles on remarque, sur les 4 faces et dans des encadremeuts particuliers : le buste du *Christ*, le monogramme de *Marie* (м et л entrelacés), le buste de la *Vierge* et le *chrisme*. En tête des cinq lignes de la légende et sur toute leur hauteur, une

---

Héritier de la m** de Gautheron, née de Langon, de la baronnie d'Uriage et du marquisat de Virieu, il avait épousé M^(lle) de Montboissier-Beaûfort-Canillac. Il est mort en 1876. C'est à son intelligence que sont dus tous les développements de l'établissement thermal d'Uriage. — (1) *Capitaine.* — (2) *St Martin,* patron du lieu.

(3) *Claudius* Cunit, *ingénieur.* — (4) *Elisa.* — (5) *Antoine.* — (6) *Dernières.*

image de *St Antoine* en pied, entre les mots :

```
S      A
A      N
N      T
C  —   O
T      N
V      I
S      V
       S
```

Note : *fa*.   Diam. 103 c.

Cette cloche, fendue en 1883, a été remplacée, la même année, par une nouvelle (V. le *Supplément*).

872. — SEYSSINS.   1841.

✠ DONNÉE A LA PAROISSE DE SEYSSINS PAR D^{LLE} TH^{SE} EYNARD 1841

PARRAIN M^R I TOUSSAINT POLICAND

MARRAINE MLLE TH^{SE} EYNARD

Au bas : GEDEON MOREL A LYON.

Note : *fa* ♯.   Diam. 51 c.

873. — AOSTE.   1842.

✠ SANCTE CLARE (1) ORA PRO NOBIS INCASSUM MITO PULSATA PER ŒTHERA (2) VOCEM AD CŒLUM NISI

VOTA BEATA FERANT HUC ERGO PROPERATE DIU PSALMISQUE FAVETE SIC ERIS (3) GRATI SIC ERO

GRATA DEO (4) M^R C MERAUD MAIRE MON PARRAIN MR CHEVALLIER ADJOINT MA MARRAINE MME FAVIER NÉE ROSE MARIE THERESE PICAT M^R J F MOLLE CURE

Au bas : F A BONNEVIE PERE ET FILS AN 1842

Note : *sol*.   Diam. 96 c.

(1) *St Clair*, patron du lieu. — (2) Pour ÆTHERA. — (3) Contraction poétique pour *eritis*. — (4) Deux distiques, dont voici la traduction : *Vainement j'envoie dans les airs ébranlés ma voix vers le ciel, si de saintes prières ne l'accompagnent jusque là. Hâtez-vous donc* (de prier) *longuement et secondez* (vos prières) *par vos chants. Ainsi nous serons tous agréables à Dieu.*

874. — BILLIEU. 1842.

✝ D.O.M. (1) CIVIBUS PIOQUE F. GROS FLANDRE (2) GLORIA, LAUS, ET HONOR. ✝ PARRAIN MONSIEUR J. B. CHARAVEL. ☞

PRESIDENT AU TRIBUNAL DE S¹ MARCELLIN. MARRAINE MADAME MARGUERITE DE CORBEAU DU COLOMBIER. ☞

P. (3) SECONDAIRES M. JOSEPH TROUILLOUD Mᴹᴱ ROSE BUDILLON Vᵛᴱ DESCHAUD.

MONSIEUR Fˢ VINAY CURÉ DE BILLIEU.

M. ESSARD MAIRE.

Au bas : BURDIN AINÉ FONDEUR A LYON 1842

Note : *fa*. Diam. 116.

875. — BRION. 1842.

1ʳᵉ face, dans un écusson formé par des fleurs :

QUICONQUE AIME LA VÉRITÉ
ENTEND MA VOIX S¹ JEAN
18 5. 37 (4) L'AN 1842 J'AI ÉTÉ
BÉNITE A BRION SOUS
LE VOCABLE DE
MARIE ANNE

2ᵉ face, même écusson :

J'AI EU POUR PARRAIN Mᴿ Jⁿ Jᴴ
ARNAUD ET POUR MARRAINE
MADᴹᴱ ARNAUD BOTUT ET
LEURS PETITS FILS ANTᴱ
ROSTAIN AUGᵀᴱ ROLIN
Mᴿ MOULIN CURÉ
Mᴿ CHAMPON
MAIRE

Au bas : ✝ Mᴿˢ ROSIER PERE ET FILS FONDEURS

Note : *fa* ♯. Diam. 106 c.

876. — FERRIÈRE-DU-GUA (LA). 1842.

(*Petite chapelle*).

✠ A LA CHAPELLE DU SAILLANT JESUS MARIE JOSEPH
EX DONO CLAUDE NICOLAS PAUCHER ET JEANNE MARTIN

Au bas : F A BONNEVIE PERE ET FILS AN 1842

Note : *si*. Diam. 38 c.

---

(1) *Deo optimo maximo.* — (2) Le donateur, sans doute. — (3) *Parrains.*
(4) Pour *Chapitre* 18, *Verset* 37. (Le 5 est une *coquille*).

877. — MERLAS. 1842.

Sur la panse, 3 écussons formés avec des fleurs.

Dans le premier :

VOX DOMINI IN
MAGNIFICENTIA VOX
D.NI CONCUTIENTES (1)
DESERTUM
PSALM XXVIII
4 ET 7

Dans le deuxième :

FAITE PAR LES DONS
DE LA PAROISSE
M.ME BONNET 100
F.SE MOLLIER 100
J.H FAGOT 600
JUIN 1842
MERLAS

Dans le troisième :

J AI EU POUR PARRAIN M.R
GASPARD BONNET ET POUR
MARRAINE D.ELLE MARIE
GROS BALTHAZARD
M.R J.N PIERRE JOURDAN
CURE M.R LOUIS
CARON
MAIRE

Au bas, entre les 2 premiers écussons : ✝ M.RS ROSIER PERE ET FILS FONDEURS

Note : *fa* ♯.   Diam. 113 c.

878. — MONESTIER-D'AMBEL (LE). 1842.

✝ SIT NOMEN DOMINI BENEDICTUM EX HOC NUNC ET USQUE IN SECULUM JESUS MARIA JOSEPH

(Le reste de la 2e ligne et la 3e toute entière ont été cisaillés).

Au bas : A BONNEVIE PERE ET FILS — AN 1842

Note : *ré*.   Diam. 64 c.

879. — PINSOT. 1842.

✝ MON PARRAIN M.R J.BTE (2) AUGUSTE SALVAIN MAIRE DE LA COMMUNE DE PINSOT MA MARRAINE MAD.ME

(1) *Domini concutientis.*
(2) *Jean-Baptiste.*

MARGUERIT [1] GAVET NÉE BLANC-FREINOZ Mᴿ JANNET FRANÇOIS CURÉ DE LA PARROISSE DE

PINSOT

Sur la panse : l'*Ange Gabriel.* Dessous : F A BONNEVIE PÈRE ET FILS AN 1842 ; — *Crucifix à la Magdeleine ;* — S¹ *Pierre ;* — la *Vierge au prie-Dieu.*

Note : *sol.*   Diam. 102 c.

880. — PRESSINS.   1842.

☩ EXHORTANTE PAROCO [2] SAVOYEN ISTUD CYMBALUM, COLLECTA FACTA, CONFLATUM EST ☞

ANNO 1842. PATRINUS DOMINUS UAGUSTINUS ROCHE, [3] MATRINA DOMINA MARIA ANNA BIZET. [4]

Au bas : BURDIN AÎNÉ FONDEUR A LYON.

Note : *la* ♭.   Diam. 93 c.

881. — PRESSINS.   1842.

☩ EXHORTANTE PAROCO [5] SAVOYEN ISTUD CYMBALUM, COLLECTA FACTA, CONFLATUM EST ANNO ☞

☩ 1842. PATRINUS DOMINUS STEPHANUS PEGOUD ABBAS [6] : MATRINA DOMINA PAULINA MARIA ROCHE. [7]

Au bas : BURDIN AÎNÉ FONDEUR A LYON.

Note : *ut.*   Diam. 75 c.

882. — Sᵀᴱ-BLANDINE.   1842.

☩ BÉNITE L'AN 1842. JE M HONORE D'AVOIR POUR PARRAIN Mᴿ LE MARQUIS CHARLES DE MURINAIS, [8] ET POUR MARRAINE Mᴹᴱ LA ☞

---

(1) *Marguerite.*
(2) *Parocho.* — (3) *Augustinus* Roche, maire en 1846. — (4) Propriétaire.
(5) *Parocho.* — (6) Supérieur du collège communal du Pont-de-Beauvoisin. — (7) Mère du parrain de la cloche précédente.
(8) Antoine-Charles-François d'Auberjon, mⁱˢ de Murinais, né en 1804, mort en 1872, était fils du parrain de la cloche de Murinais de 1830 (V. le n° 733) et fut le dernier du nom, étant mort sans postérité. Il avait épousé, en 1832, Mˡˡᵉ Henriette de Loras et, en secondes noces (1853), Mˡˡᵉ Adèle du Parc de Locmaria.

☩ MARQUISE CLAUDINE ANTOINETTE PERNETTE DE MURINAIS NÉE DE LAFOREST. (1)

☩ PARMI MES BIENFAITEURS JE RECONNAIS SURTOUT MON NOBLE PARRAIN, MA NOBLE MARRAINE,

☩ MME LA COMTESSE PIERRETTE, FRANCOISE, DE DIVONNE, P.D. (2)

Au bas : BURDIN AINÉ ☩ FONDEUR A LYON

Note : *sol* ♯. Diam. 95 c.

883. — S^T-GEORGES-D'ESPÉRANCHE. 1842.

☩ PARRAIN MR JOSEPH NICOLAS JARS CONSEILLER MUNICIPAL

☩ MARRAINE ANTOINETTE SERVANIN EPOUSE DE MR BALLY ADJOINT DE S^T GEORGES DESPERANCHE ISERE

☩ MR ANTOINE DOMAINJON CURÉ JE PESE *(en chiffres gravés :* 757 *(en caractères moulés :* KILOGRAMMES 1842

Au bas : BURDIN AINÉ ☩ FONDEUR A LYON, et la *Vierge et l'enfant Jésus.*

Note : *fa.* Diam. 108 c.

884. — S^T-MICHEL *(de St-Geoirs).* 1842.

✚ PIETAS POPULI SANCTI MICHAELIS. MARIE BRIGIDE.

✚ MR BRISSAUD CURE M^{RS} J. TANCHOT MAIRE. ET FILS GREFFIER

✚ PARRAIN MR J.^H BARTHELON ET TOUS LES PAROISSIENS

✚ MARRAINES D^{ELLE} M^{IE} COSTE, M^{IE} MABILLY, R^{LIE} DURAND

Au bas : BURDIN AINE ☩ FONDEUR A LYON 1842

Note : *sol.* Diam. 95 c.

885. — TERNAY. 1842.

✚ LAUDATE DOMINUM IN CYMBALIS BENESONANTIBUS OMNIS SPIRITUS LAUDET DOMINUM P^S 150 ☞

JEANNE MARIE EST MON NOM IL MA ETE DONNE PAR MR J^N B^{STE} VERNE ECUYER NOTAIRE A TERNAY ☞

---

(1) Propriétaire du château de Marlieu, sur la commune de Ste-Blandine, et veuve de M. de Murinais de la branche cadette, héritière des domaines de Bourgoin. — (2) *Quid ?*

ET PAR MME M^{RIE} CLEMENT V^{VE} DE MR BONY NOTAIRE JAI ETE CONSA-
CREE PAR MONSEIGNEUR PHILIBERT ☞

DE BRUILLARD EVEQUE DE GRENOBLE EN MAI 1842 PAR LA CHARITE
DE MME V^{VE} BONY ET LE ☞

ZELE DE MR LABBE F^{OIS} ARGOUD CURE DE TERNAY

Au bas : BURDIN AINE FONDEUR A LYON

·Note : *fa ♯.*   Diam. 108 c.

886. — ALLEVARD.   1843.

✝ MON PARRAIN MR JOSEPH S^T CYR EUGENE CHARRIERE (1) MA MAR-
RAINE

MME VICTORINE MARTE JOSEPHINE ELISABETH CHARRIERE NEE

ETIENNE M^R J RAMBAUD RECTEUR DE LA CONFRERIE M^R H BARBAS (2)

MAIRE VICE RECTEUR MR JEAN MARION (3) VICAIRE A ALLEVARD

Sur la panse, *Crucifix à la Magdeleine.* Dessous : F A BONNE-
VIE PERE ET FILS — 7BRE 1843

Note : *ré.*   Diam. 73 c.

887. — BOUCHAGE (LE).   1843.

1re face, dans un écusson fleuronné :

SIT NOMEN DOMIN (4) BENE-
DICTUM = MON PARRAIN
MR AUGUSTIN ENNEMOND
TEYSSIER (5) ET MA MAR-
RAINE DAME DE
CERTEAU (6) SON
EPOUSE

2e face, dans un écusson semblable :

L'AN 1843 J AI ETE FON-
DUE SOUS L AD^{TION} (7) DE
MR J^{QUES} SEMANAZ CU-
RE ET DE M^T J. F. SUBIT
MAIRE DE LA
COMMUNE DU
BOUCHAGE

Au bas : LES ROSIERS PERE ✝ ET FILS FONDEURS

Note : *sol.*   Diam. 102 c.

---

(1) Directeur des hauts fourneaux d'Allevard, membre du Conseil général de l'Isère, mort en 1885. — (2) Banquier au même lieu. — (3) *Marrion.*

(4) *Domini.* — (5) Prop^{re} à Jarrie. — (6) Fille des parrain et marraine de la cloche de Vignieu (V. le n° 651). — (7) *Administration.*

888. — BOUGÉ. 1843.

∾ † LAVDATE DOMINVM OMNES GENTES LAVDATE EVM OMNES POPVLI ∾

∾ AD MAJOREM DEI GLORIAM ET IN HONOREM B V (1) MARIAE DEI GENITRICIS HVJVS ECCLESIAE POTENTIS

∾ PATRONAE EX PIIS MVNERIBVS DOMINAE ESTHER DE REVOL HODIE IN DOMINO QVIESCENTIS PAROCHIA VVLGO

∾ BOUGE ME HABET ✱ FVIT MEVS PATRINVS D (2) COMES DE REVOL (3)

✱ MATRINA DA (4) HENRICA D URRE (5) DE REVOL ✱

∾ ANNO DOMINI MDCCCXLIII ∾

Sur la panse : buste de la *Vierge ;* dessous : ✱ GEDEO MOREL LVGDVNI ✱ ; — la *Vierge reçue au ciel par Dieu le père et Jésus-Christ ;* — buste du *Christ ;* — l'*Assomption.*

Note : *fa.* Diam. 103 c.

889. — BRESSIEUX. 1843.

† GLORIA IN EXCELSIS DEO ET BENEDICTUM NOMEN MAGESTATIS (6) EJUS IN ÆTERNUM. (7)

† NOMINOR : VOX DOMINI CONCUTIENTIS DESERTUM. PS. 28.

1re face, dans un écusson fleuronné :

PARRAIN MR PIERRE JOUD CHEF DE BATAILLON RETRAITÉ (8) OFFICIER DE L ORDRE ROYAL DE LA LEGION D HONNEUR ✱ ET CHEVALIER DE ST LOUIS. MARRAINE MELLE DELPHINE JOUD

2e face, dans un écusson semblable :

MR HYACINTHE JOUD MAIRE DE LA COMMUNE DE BRESSIEUX MR JACQUEMET CURE DE LA PAROISSE

Au bas : SIEUR PROSPER SOIER (9) FILS † FONDEUR AN 1843.

Note : *si.* Diam. 78 c.

(1) *Beatæ Virginis.* — (2) *Dominus.* — (3) Claude, cte de Revol de Portes, fils de Joseph, cte de Revol, et d'Hélène de Riverieulx de Varax, épousa Henriette d'Urre, marraine de cette cloche. — (4) *Domina.* — (5) *D'Urre.*

(6) *Majestatis.* — (7) Légende hybride empruntée à deux textes différents. — (8) *Retraite.* — (9) Pour ROSIER.

890. — BRESSIEUX.   1843.

+ ECCE DABIT VOCI SUÆ VOCEM VIRTUTIS. PS. LXVII CH. 35. (1)

+ DONNEE PAR M.R PELLET IACQUES EN 1843 MR VALLIN CURE DE ST SIXTE

+PARRAIN M.R PELLET ANTOINE FILS MARRAINE MELLE MARIE NIGOND.

Au bas : LE SR PROSPER ROSIER ✝ FILS FONDEUR

Note : *mi.*   Diam. 57 c.

Cette cloche, qui provient de St-Sixte, près St-Geoire, a été acquise par la commune de Bressieux. J'ignore le motif de ce changement de résidence, et j'ai été fort étonné, en passant dans cette dernière commune, de retrouver une cloche dont j'avais relevé l'inscription à St-Sixte même, quelques années auparavant. Elle était alors la plus grosse des deux, possédées par sa petite église.

891. — LENTIOL.   1843.

✝ PARRAIN J. FRANDON, MARRAINE REINE CURNY.

✝ M. PONCET CURÉ DE LENTIOL.

✝ CANTABO DILECTO MEO CANTICUM.

Au bas : BURDIN AINÉ ✝ FONDEUR A LYON 1843

Note : *la.*   Diam. 88 c.

892. — MEYZIEUX.   1843.

◀ + LAVDATE DOMINVM IN CYMBALIS BENE SONANTIBVS PS 45 V 5 ▶

◀ MGR PHBERT DE BRUILLARD EVEQUE DE GRENOBLE ▶

◀ PARRAIN MR MIE JH ANDRE CHENEVAZ ▶

◀ MARRAINE MME JNNE MIE ANTETTE QUINON NEE GODARD ▶

◀ MAIRE DE MEYZIEUX MR ETNNE BT QUINON ∞

◀ CURE MR MIE FELIX DELEON ▶ ∞ MDCCCXLIII ∞

Buste de face de *Jésus.* Dessous : ▣ GEDEON MOREL A LYON ▣ ;

_____

(1) *V. 34* et non *ch. 35.*

— *St Jean et Jésus-Christ ;* — buste de la *Vierge* à gauche ; — *St Sébastien.* Dessous : ◄ ST SEBASTIEN [1] PRIEZ POUR NOUS ►

Note : *mi.* Diam. 109 c.

893. — MEYZIEUX. 1843.

∾ OMNIS SPIRITVS LAVDET DOMINVM ALLELVIA PS 150 V 6 ∾

∾ PARRAIN MR PRRE VACHON ∾

∾ MARRAINE MLLE LSE AGATHE SERRASSAINT ∾

∾ MEYZIEUX ▮ MDCCCXLIII ∾

Buste de la *Vierge* de face ; dessous : ▮ GEDEON MOREL A LYON ▮ ; — chiffre entrelacé des initiales de la *Vierge Marie ;* — buste du *Christ* de face ; — *Chrisme* entre A et Ω.

Note : *sol ♯.* Diam. 86 c.

894. — PONT-EN-ROYANS (LE). 1843.

MISERICORDIAS DOMINI IN AETERNUM CANTABO=JUBILARI MONUMENTUM ANNI 1843.

1re face, dans un écusson :	3e face, dans un écusson :
RAYMUNDUS ISMIDO MARIA	A JOANNE MATHOEO [2] JVVENET
MARCHIO DE BERENGER ET	E PONT-EN-ROYANS PARO-
GABRIELLIS MARIA RA DE	CHO SOLEMNITER BENE-
BERENGER COMITISSA DE	DICTA FUI XAVRRIO
RABELIS ST SAUVEUR	SEGUIN LOCI PROEFECTO [3]
PATRINI MIHI PETRI	ANNO DOMINI
MARIAE'ISMIDONIS	1843
NOMINA IM-	
POSUERE.	

2e face : LES ROSIERS PERE ✝ ET FILS FONDEURS

4e face : effigie de *St Ismidon.*

Note : *mi.* Diam. 117 c.

[1] Patron du lieu.
[2] Pour *Mathœo.* — [3] Pour *præfecto.*

895. — Sᵗ-ANDRÉ-LE-GUA. 1843.

‡ D. O. M. (1) 1843.

‡ DICARE CUM D. D. (2) J. RAISON PAROCHO. ET F. CHAMARD ŒDILE (3)

‡ D. (4) PROSPER DE CHARENS PATRINUS, ET FRANCISCA BOLAND BEL MATRINA

‡ AUSPICIBUS MARIA FOURNIER GENTIL, ANNA DEMEURE C. R. J. J. (5)

Au bas du *Crucifix* : BURDIN AINÉ FONDEUR A LYON

Sur le bord inférieur : ‡ JOANNA MARIA FRANCISCA. VOX EXULTATIONIS ET SALUTIS VOX DOMINI CONFRENGENTIS (6) CEDROS

Note : *sol.*   Diam. 99 c.

896. — Sᵗ-DIDIER-DE-LA-TOUR. 1843.

1ʳᵉ face, dans un écuson fleuronné :

VOX DOMINI IN VIRTUTE

VOX DOMINI

IM MAGNIFICENTIA

Mᴿ LOUIS VALLET CURE

M.ᴿ THOMAS MONIN MAIRE

M.ᴿ PIOT ANCIEN

CURE DE LA

PAROISSE

2ᵉ face, (même écusson) :

JAI EU POUR PARRAIN

M.ᴿ PIERRE GABRIEL HENRI

DU COLOMBIER

POUR MARRAINE M.ᴹᴱ

MARGUERITE AIMEE

DE CORBEAU

DU

COLOM

BIER

Au bas, entre les deux écussons : LES ROSIERS PERE ‡ ET FILS FONDEURS. Sur la face opposée : FONDUE A Sᵗ DIDIER *(un évêque)* LAN 1843

Note : *fa.*   Diam. 115 c.

897. — Sᵗ-NICOLAS-DE-MACHERIN. 1843.

Dans un écusson fleuronné :

VENITE EXULTEMUS Dᴺᴼ (7)

Dans un écusson semblable :

Dᴺᵁˢ J. A ALFRED CONS-

---

(1) *Deo optimo maximo.* — (2) *Dominis dominis.* — (3) *Ædile.* — (4) *Domino.* — (5) (?). — (6) *Confringentis.*
(7) *Domino.*

JUBILEMUS DEO
ADOREMUS
PLOREMUS CORAM
Dᴺᴼ PS 94.

TANTIN DE CHANAY [1] ET
Dᴺᴬ A.C MATHILDIS DE
CHANAY [2] NOMEN
IMPOSUERUNT
M·ᴿ CROLLARD
CURE DE Sᵀ
NICOLAS

Au bas : LES ROSIERS PERE ± ET FILS FONDEURS L AN 1843.

Note : *sol.*   Diam. 102 c.

898. — Sᵀ-PIERRE-DE-CHANDIEU.   1843.

TV ES PETRVS

SI ORAT ORATE SI GEMIT GEMITE SI GRATVLATVR GAVDETE SI TIMET TIMETE

PARRAIN Mᴿ ETIENNE GUIGNARD MAIRE DE Sᵀ PIERRE DE CHAN-DIEU

MARRAINE Mᴹᴱ TOUSSAINT Fꜱᴱ JAQUELINE GAILLARD Vᵛᴱ GA-VINET

CURE Mᴿ C MILLOT

MDCCCXLIII

Au bas : GEDEON MOREL A LYON ; — Sᵀ PIERRE PRIEZ POUR NOUS

Note : *fa.*   Diam. 109 c.

899. — ALLEVARD.   1844.

✝ PARRAIN Mᴿ HUGUES BARBAS, [3] MAIRE DE LA COMMUNE D'AL-LEVARD.

✝ MARRAINE M·ᴱ ADELE BARBAS, [4] NÉE ACHARD.

✝ Mᴿ LOUIS MARRION, ARCHIPRÊTRE. Mᴿ JEAN MARRION VICAIRE.

✝ ACHILE BARBAS, ADRIENNE BARBAS. [5]

---

(1) Ancien officier de cavalerie. — (2) Née de Predlitz, femme du parrain.
(3) Banquier. — (4) Sa femme. — (5) Fils et fille des précédents.

Au bas : BURDIN AINE FONDEUR A LYON 1844.

Note : *mi* ♭.   Diam. 128 c.

900. — CLUZE-ET-PAQUIER (LA).   1844.

✝ MON PARRAIN M PIERRE ALLARD MAIRE DE LA COMMUNE DE LA CLUZE ET

PAQUIER MA MARRAINE D^E JULIE GAIMARD FEMME MILLET

Au bas : F A BONNEVIE PERE ET FILS — AN 1844, et les emblèmes ordinaires.

Note : *si*.   Diam. 78 c.

901. — FLACHÈRES.   1844.

✝ PSALLITE DEO NOSTRO PSALLITE PSALLITE PSALLITE REGI NOSTRO P.S. 46.

✝ PARRAIN M^R P^{RE} M^{IE} AUG^{TE} BOVIER LA PIERRE AVOCAT A GRENOBLE. [1] MARRAINE D^E MARG^{TE} VIC^{RE} HE^{NE} BERTRAND D AUBAGNE.

✝ MONSEIGNEUR PHILIBERT DE BROUILLARD [2] EVEQUE DE GRENOBLE. MR J^N B^{TE} BARBIER CURE ARCHIPRETRE DE CREMIEUX.

Au bas : PROSPER ROSIER FILS ✝ FONDEUR L AN 1844

Pour des motifs indépendants de la volonté du curé, et quoique cette cloche porte la date de 1844, la bénédiction religieuse ne put en avoir lieu qu'au mois de janvier de l'année suivante.

Note : *la*.   Diam. 91 c.

902. — FLACHÈRES.   1844.

✝ MISERICORDIAM ET JUDICIUM CANTABO TIBI DOMINE P.S 100.

✝ M·^R FRANCOIS BARBIER CURE DE FLACHERE. M·^R J·^H GANEL MAIRE. M·^R JEAN GARNIER REVILLON

---

(1) Fils de P^{re}·J^h Bovier-Lapierre, notaire à Montferra et de M^{ie}-Anna Comte, né à Montferra, avocat, membre du Conseil municipal de Grenoble, marié en 1834 à Marg^{te}-Vict^{re}-Hél^{ne} Bertrand d'Aubagne, fille de Jⁿ-Ennem^d-Améd. Bertrand d'Aubagne, conseiller à la Cour royale de Grenoble et de M^{ie} Marg^{te}-Hél^{ne} Teste, née à Montélimar. Député en 1848. — (2) Pour *Bruillard*.

✝ M.M. Gᴱ GARNIER NOTAIRE. Jᴴ COCHARD THEODORE MATHIAN. Bᵀ GANET. Gᴱ COCHARD. J. GARNIER. A. GANET. S. URSULE.

Au bas : PROSPER ROSIER FILS ± FONDEUR L AN 1844

Note : *ré.*   Diam. 67 c.

903. — GENEVREY (LE).   1844.

✝ JE MAPPELE (1) MARIE JOSEPHINE J'AI POUR PARRAINS ET MAR- RAINES MM

ET MM (2) BUCQUIN ET GUICHAIRD MES DONATEURS SONT M PAUCHER F M

ROCHAS M VERGNE M MARTIN F L F CALAT FADIDIERE M ROCHAS BALLY CURE DU GEN VREY (3) AN 1844.

Sur la panse : *Crucifix à la Magdeleine* ; — la *Vierge au prie-Dieu ;* — l'*ange Gabriel.* (Quoique fort séparés l'un de l'autre, on voit que ces deux derniers sujets ne doivent figurer qu'une seule scène, celle de l'*Annonciation*).

Au bas : F A BONNEVIE PERE ET FILS.

Note : *ut* ♯.   Diam. 77 c.

904. — MANICIEU.   1844.

En lettres gravées : PARRAIN Pᴿᴱ CUSIN FOUILLOUD MARRAINE Mᴱ GRANDVAL Vᴱ GERMANET AINÉ.

M. FAVARD MAIRE M. REVOL CURÉ.

Au bas, *en lettres moulées :* BURDIN AINÉ ± FONDEUR A LYON 1844.

Note : *mi.*   Diam. 56 c.

905. — MARCILLOLE.   1844.

✝ ET ERIT IN DIE ILLA CLANGETUR IN TUBA MAGNA ET VENIENT QUI PERDITI FUERANT ET QUI EJECTI ERANT ET ADORABUNT DOMINUM ISAIE C. 13 V. 27

---

(1) *Je m'appelle.* — (2) *MMᵉˢ.* — (3) L'E qui manque à GENEVREY est tom- bé plus bas sur la panse de la cloche.

✝ J AI ETE FAITE LE 25 AVRIL 1844 M.ᴿ Jᴺ ANDRE BARBIER QUI A FAIT CONSTRUIRE L EGLISE DE MARCILLOLE ET LE CLOCHER EST MON CURE ☞

✝ MES PARRAINS SONT M.M. Jᴴ HENRY MOGNIAT PROPᴿᴱ A MARCIL-LOLE ET DAME MAᴺᴱ OLYMPE SUFFET NEE MOGNIAT ☞ ☞ ☞

Au bas : PROSPER ROSIER ✝ FILS FONDEUR

Note : *fa* ♯.   Diam. 120 c.

906. — MARCILLOLE.   1844.

✝ QUI ME AUDIERIT ABSQUE TERRORE REQUIESCET ET ABUNDANTIA PERFRUETUR. PROVERB. C. 1. V. 33

✝ J AI ETE FAITE LE 25 AVRIL 1844 Mᴿ Jᴺ ANDRE BARBIER QUI A FAIT CONSTRUIRE L EGLISE DE MARCILLOLE ET LE CLOCHER EST MON CURE ☞

✝ MES PARRAINS SONT M M Pᴿᴱ Jᴴ MOGNIAT PROPᴿᴱ A MARCILLOLE ET HENᵀᴱ ROUX SON EPOUSE.

Au bas : PSOSPER ROSIER ✝ FILS FONDEUR

Note : *la* ♯.   Diam. 88 c.

907. — MARCILLOLE.   1844.

✝ OMNIS QUI EX VERITATE AUDIT VOCEM MEAM Sᵀ JEAN C. 18 V. 31.

✝ JE M APPELLE MARIE ZOE. Mᴿ Jᴺ ANDRE BARBIER EST MON CURE

✝ MES PARRAINS SONT M.M Pᴿᴱ REGIS PONCET ET DAME MARIE ZOE PONCET NEE DUNIERES

Au bas : PROSPER ROSIER FILS ✝ FONDEUR L AN 1844

Note : *ré*.   Diam. 67 c.

908. — MORÊTEL.   1844.

✝ MON PARRAIN M ALBERIC J E E MARQUIS DE MARCIEUX [1] AN-CIEN CHARGE DES AFFAIRES DE

_____

(1) *Jean-Eugène Emé*, mᵗˢ de *Marcieu*.

FRANCE PRES LA COUR DES DEUX SICILES GENTILHOMME DE LA
CHAMBRE DU ROI CHEVALIER DES

ORDRES DE MALTE DE LA LEGION DHONNEUR DE LEPEE DE SUEDE
DE S^T FERDINAND DE NAPLES

COMMANDEUR DE LORDRE DE S MAURICE ET LAZARE DE PIEMONT
MA MARRAINE D [1] PAULINE

LOUISE DE MORGAN MARQUISE DE MARCIEUX [2] FRANCOIS LACTET
CURE

Sous le ✝ : F. A. BONNEVIE PERE ET FILS — AN 1844, et les
symboles ordinaires.

Note : *sol.* Diam. 100 c.

909. — MOTTIER (LE). 1844.

✝ VENITE FILII AUDITE ME. RACHEL PLORANS FILIOS SUOS. M^E L^{SE}
MIOUX A DONNE 1000 F. MR MURYS CURE MR F^S MOYROUD MAIRE

✝ PARRAIN MR A^{DRE} BADIN D^R [3] EN MEDECINE MARRAINE M^D [4]
BADIN NEE BARBIER

Au bas : PROSPER ROSIER FILS ✝ FONDEUR L AN 1844

Note : *sol.* Diam. 100 c.

910. — ORNACIEUX. 1844.

✝ PATRONA VIRGO IMMACULATA CANTABILES MIHI ERANT JUSTIFI-
CATIONES TUŒ. PS. JE M APPELLE H^{TE} CHARLOTTE.

✝ MON PARRAIN EST MR C^{LES} DESPLAGNES DE BALBINS [5] ET MA
MARRAINE D^E H^{TE} CHARLOTTE BERLIOZ SON EPOUSE.

✝ M^{RS} CARCEL MAIRE ET P^{RE} FONTENEL ADJ^T ORNACIEUX M^{RS} J^N
P^{RE} PION GAUD MAIRE ET EN^{OND} J^N DESPLAGNES MONCHARDON ADJ^T
BALBINS. [6]

---

(1) *Dame.* — (2) *Marcieu.* (V. les n°s 744, 778, 786 et 908).

(3) *Docteur.* — (4) *Mme.*

(5) *Charles* Desplagnes, *de Balbin.* — (6) La commune voisine de Balbin
n'ayant pas d'église et se servant de celle d'Ornacieux, les maires et adjoints
des deux localités sont nommés sur cette cloche et sur la suivante.

Au bas : PROSPER ROSIER FILS ☥ FONDEUR L AN 1844.

Note : *fa* ♯.   Diam. 101 c.

911. — ORNACIEUX.   1844.

✝ PATRONI SECUNDI ORDINIS SANCTIS [1] DESIDERATUS ET PETRUS. VOX DOMINI IN MAGNIFICENTIA. JE M APPELLE LOUISE

✝ MA MARRAINE EST D^E LOUISE PION EPOUSE DE MR J^H GALLET ET MON PARRAIN MR LOUIS PION D ORNACIEUX

✝ M^{RS} CARCEL MAIRE ET P^{RE} FONTENEL ADJ^T ORNACIEUX M^{RS} J^N P^{RE} PION GAUD MAIRE ET ENNEMOND J^H DESPLAGNES MONCHARDON ADJ^T BALBINS. [2]

Au bas : PROSPER ROSIER FILS ☥ FONDEUR L AN 1844.

Note : *ut* ♯.   Diam. 72 c.

912. — PAJAY.   1844.

✝ VOCE MEA AD DOMINUM CLAMAVI AD TE DOMINE DIXI TU ES SPES MEA ✝ JE M'APPELLE MARIE LOUISE VICTORINE

✝ MON PARRAIN EST MR A.^{DRE} [3] HECTOR PERIER DU PALAIS, MA MARRAINE EST MA^{ME} [4] MARIE LOUISE VICTORINE PERIER DU PALAIS NÉE DE CHAMPOS. [5]

✝ MR J^H NIVOLLET MON CURE. MR J^N MEYNIER MON MAIRE. ET MR J^{ES} GABILLON MON ADJOINT. C EST PAR LEUR SOINS QUE JE VOIS LE JOUR.

Au bas : PROSPER ROSIER FILS ☥ FONDEUR L AN 1844

Note : *sol* ♯.   Diam. 97 c.

913. — PARMILIEU.   1844.

∞ LAVDATE DOMINVM IN CYMBALIS BENE SONANTIBVS

∞ PARRAIN MR JACQUES DUPRE ∞ MARRAINE MLLE ZELIE LABRUINE ∞

---

(1) Pour *Sancti*. — (2) V. la note 2 de l'inscription précédente.

(3) *André*. — (4) *Mme*. — (5) *Ithier de Champos*, fille unique du b^{on} Ithier de Champos.

MAIRE DE PARMILIEU MR GIROUD CURÉ MR SEYMAT MDCCCXLIV

Sur la panse : buste de la *Vierge*, avec : GEDEON MOREL A LYON ; — buste de *St Pierre*, avec : S^T^ PIERRE PRIEZ POUR NOUS : — *Chrisme* entre A et Ω : — buste du *Christ*.

Note : *sol* ♯. Diam. 88 c.

914. — S^T^-AGNÈS. 1844.

1re face, dans un écusson fleuronné :

CLEMENTINE
PHILIPPINE
HENRIETTE
A ETE BENITE
PAR MR MICHEL COYNEL
CURÉ
DE S^TE^ AGNES
LAN 1844

Dessous, *Crucifix à la Magdeleine*.

2e face, (même écusson) :

JAI EU POUR MARRAINE
MADAME LA MARQUISE
DE MONTEYNARD
CLEMENTINE
PHILIPPINE
HENRIETTE
DE DREUX-BRÉZÉ (1)

3e face (même écusson, et, dedans, un autre petit écusson contenant une cloche, autour de laquelle on lit : ARTIFEX EQUES MALNUIT. Sous ce dernier écusson, la *Vierge et l'enfant Jésus*).

LE CHEVALIER MALNUIT
ET C F BAUDOUIN
FONDEURS

4e face (dans un écusson semblable : Petit écu rond aux armes de Monteynard).

JAI EU POUR PARRAIN
MONSIEUR
HENRI-RAYMOND
COMTE
DE MONTEYNARD (2)

Dessous, le même écu que ci-dessus, répété trois fois.

Note : *fa*. Diam. (?)

(1) L'*Armorial du Dauph.* dit : *Clém^ne^-Hipp^te^-Philippine*. Elle était veuve de H^or^-J^h^-M^ie^ de Monteynard, maréchal de camp en 1817, gentilhomme ordinaire de la chambre du roi en 1820, pair de France en 1827. — (2) Fils aîné des précédents.

915. — Sᵀ-AGNÈS.   1844.

1ʳᵉ face, dans un écusson fleuronné :

MARIE-LAURETTE

A ETE

BENITE

PAR Mᴿ MICHEL-COYNEL

CURÉ

DE Sᵀᴱ AGNES

Dessous, *Crucifix à la Mag-deleine.*

2ᵉ face, (même écusson) :

JAI EU POUR PARRAIN

MONSIEUR

VINCENT-ALEXANDRE

BRUNET-MANQUAT

NOTAIRE

Note : *sol.*

3ᵉ face (dans un écusson semblable : un petit écusson dans lequel une cloche autour de laquelle on lit : ARTIFEX EQUES MALNUIT. Dessous, la *Vierge et l'enfant Jésus*).

LE CHEVALIER MALNUIT

ET C F BAUDOIN

FONDEURS

4ᵉ face (dans un écusson semblable) :

JAI EU POUR MARRAINE

MADAME MANQUAT

NEE

MARIE-LAURETTE

ROUILLON

Diam. 94 c.

916. — Sᵀ-AUPRE.   1844.

1ʳᵉ face, dans un cartouche :

JE M APPELLE MARIE EMILIE :

MON PARRAIN Mᴿ IEAN Fᶜᴼᴵˢ

BOURDARIAT MAIRE DE Sᵀ

AVPRE. MA MARRAINE

Dᴹ EMILIE DE BARRAL (1)

SON EPOUSE

2ᵉ face, dans un cartouche :

Mᴿ MARTIN CURÉ. VENITE ADO

REMUS ET PROCIDAMUS ANTE

DEUM : PLOREMUS CORAM DO

MINO QUI FECIT NOS QUIA

IPSE EST DOMINUS

DEUS NOSTER

Entre les 2 cartouches, au bas : PROSPER ROSIER FILS — FONDEUR L'AN 1844

Note : *mi.*   Diam. 116 c.

---

(1) *Joséphine-Pierrette-Emilie-Désirée* de Barral se maria en 1823 avec M. Bourdariat, alors notaire à Miribel (V. le n° 398).

917. — Sᵀ-PIERRE-DE-CHANDIEU. 1844.

◄ MÆSTORVM [1] LAGRIMAS LAETENTIVM [2] GAVDIA PSALLENTIVM CÆTVS [3] GRANDIS VOX INSONAT AVRAS ►

◄ PARRAIN Mᴿ L CH H R DIEUDONNE M ROE [4] ►

◄ MARRAINE Mᴹᴱ B H LAURE [5] GAVINET DAME M ROE ►

◄ MAIRE DE Sᵀ PIERRE CHANDIEU Mᴿ [6] GUIGNARD ►

◄ CURE Mᴿ C [7] MILLOT ✠ 15 AVRIL 1844 ►

Sur la panse : *Sᵗ Pierre ;* — une *Sainte* avec : SAINTE HEN-RIETTE PRIEZ POUR NOUS : — la *Vierge et l'enfant Jésus.* Au-dessous : GEDEON MOREL A LYON ; — écusson aux armes de la famille M'Roë : *De sinople, à la ruche d'or, avec une abeille de même en pointe. L'écusson, timbré d'un casque d'argent de face, ouvert et grillé, et sommé de lambrequins et d'un chevreuil issant d'argent, tenant, de sa patte senestre, une bannière de gueules à la croix d'argent. Le tout surmonté de la devise :* Nil sine labore.

Note : *la.*   Diam. 84 c.

918. — SOLEYMIEU. 1844.

✠ CETTE CLOCHE EST UN DON DE Mᴿ ANDRÉ TAVEL, MAIRE DE SOLEYMIEU PARRAIN

✠ MARRAINE, Mᴱ DAVID DE MONTAGNEU [8] NÉE ADELAIDE PASQUET

Au bas : BURDIN AINE ✠ FONDEUR A LYON 1844

Note : *la.*   Diam. 86 c.

919. — VERNA. 1844.

✠ MARIA ALEXANDRA [9] MIHI NOMEN D. MARIA ROSA LAURA DAU-

---

(1) *Mœstorum.* — (2) *Lœtantium.* — (3) *Cœtus.* — (4) *Louis-Charles-Henry-Robert-Dieudonné* M'Roe, alors avocat à la Cour royale de Lyon et, depuis, 1ᵉʳ président à la Cour d'appel de Chambéry. — (5) *Benoîte-Henriette-Laure,* femme du parrain. — (6) *Etienne,* propriétaire à Chandieu. — (7) *Claude.*

(8) *David, de Montagneu.*

(9) *Alexandra,* nom donné à la cloche en souvenir de Mᵐᵉ Alexandrine de Gayardon de Gresolle, veuve d'Eug. Dauphin de Verna, fils d'Aymar-Joseph

PHIN DE VERNA [1] ET.

⊥ D. FELICIANUS MARIA BARTHOLOMOEUS DAUPHIN DE VERNA [2]
S. [3] PRIMATIALIS ECCLESIOE [4] LUGDUNENSIS CANONICUS.

⊥ DARUNT. IPSE DE SUO CONFLANDAM CURAVIT AD USUM ECCL.
PAROCH. [5] DE VERNA D. PETRUS FREDERIC HUJUS ECCL. RECTOR.

⊥ D. O. M. [6] SACRAVIT ET B. [7] MARTINO TURONENSI EPISCOPO
GUSDEM [8] ECCLESIOE PATRONO DICAVIT.

⊥ AN. S. R. [9] MDCCCXLIV IN OMNEM TERRAM EXIVIT SONUS EORUM
PS. 18.

Crucifix entre BURDIN AINÉ — FONDEUR A LYON : — la *Vierge
et l'enfant Jésus.*

Note : *sol.*   Diam. 103 c.

920. — CLAVANS.   1845.

IN HONOREM STE ANNÆ DEIPARÆ QUE VIRGINIS MARIÆ STE MAGDA-
LENÆ LAVDATE

DOMINUM IN SONO TUBÆ A VOCE DOMINI FUGIANT IGNIS GRANDO
SPIRITUS PROCELLARUM MNE

ARNOL MTE DUSSERT BIENFAITRICES JEAN DUSSERT PARRAIN ANNE
EYMARD MARRAINE

MR COLLOMB CURE MR CLAUDE EYMARD MACRE [10]

Note : *ut ♯.*   Diam. 74 c.

Marque de Bonnevie, sous laquelle : AN 1845.

921. — GRENAY.   1845.

∽ LAVDATE DOMINVM IN CYMBALIS BENE SONANTIBVS PS 150 V 5 ∽

---

et de Marie Fournillon de Butery, qui avait porté sa tête sur l'échaffaud révolutionnaire. — (1) Religieuse au Sacré-Cœur. — (2) Chanoine de l'église prima-
tiale de Lyon (L'*Armorial* dit par erreur : religieux mariste). Le parrain et la
marraine étaient enfants de M. Jᵃ-Mᵉ de Verna, député du Rhône en 1824,
adjoint du maire de Lyon vers 1830, et de Mᵐᵉ-Lucie de Ferrus de Vendranges.
— (3) *Sanctæ.* — (4) *Ecclesiæ.* — (5) *Ecclesiæ parochialis.* — (6) *Deo optimo
maximo.* — (7) *Beato.* — (8) Pour *ejusdem.* — (9) *Anno salutis reparatæ.*
(10) *Maire.*

∞ MARRAINE MME M^{IE} F^{ISE} SAUNIER VEUVE MORELLON [1] DE GRE-
NAY ∞

∞ CURE MR J^N MERLE ✠ MDCCCXLV ∞ ∞ DON DE LA COMMUNE DE
GRENAY ∞

Sur la panse : SM en monogramme [2]; — médaillon avec : S
PIERRE [3]. Au bas : ◄ GEDEON MOREL A LYON ►

Note : (?)   Diam. 90 c.

922. — GRENOBLE *(Notre-Dame).*   1845.

⟶ TU ERIS SUPER DOMUM MEAM ET AD TUI ORIS IMPERIUM CUNCTUS
POPULUS OBEDIET. (GEN. 41)

⟶ COECO CASU FRACTA, EX DONIS D.D. PHILIBERTI DE BRUILLARD,
EP.P. [4] GRAT. DUPLICATA SUM ET ITERUM CONFLATA *(en caractères
gravés :* ANNO MDCCCXLV

⟶ MR PIERRE JACQUES BARTHELEMY DE NOAILLE, PRÉSIDENT A LA
COUR ROYALE DE GRENOBLE ET MEMBRE DE LA FABRIQUE DE LA CA-
THÉDRALE, PARRAIN.

⟶ MAD^E LA M^{ISE} LAURENCE DE MAUBEC, MARRAINE.

⟶ AN 1845. JE PÈSE *(en caractères gravés :* 4573 *(en lettres
moulées :* KILOGRAMMES.

Au bas : BURDIN AINÉ — FONDEUR A LYON.

Note : *sol.*   Diam. 192 c.

923. — GRENOBLE *(Notre-Dame).*   1845.

⟶ EXALTARE SUPER COELOS, DEUS, ET SUPER OMNEM TERRAM GLO-
RIA TUA. P^S 107.6.

⟶ MG^R PHILIBERT DE BRUILLARD. EVÊQUE DE GRENOBLE, PARRAIN.

⟶ MAD^E LA MARQ^{SE} JOSÉPHINE SABINE DE PISANÇON, [5] MARRAINE.

---

(1) Morellon, de Grenay. — (2) *Sancta Maria.* — (3) Patron du lieu.
(4) Pour *episcopi*, sans doute.
(5) Fille du c^{te} Laurent de Vallin, seigneur de Demptezieu, Vallin, etc. et
d'Ursule-Henriette de Vienne.

⌒ AN 1845. JE PÈSE *(en caractères gravés : 2118 (en lettres moulées :* KILOGRAMMES.

Au bas : BURDIN AINÉ — FONDEUR A LYON.

Note : *ut*   Diam. 149 c.

924. — GRENOBLE *(Notre-Dame).*   1845.

⌒ CONGREGABITUR AD TE OMNIS TURBA. NUM. 10.3.

⌒ M.ᴿ LE Vᵀᴱ AMÉDÉE ATHENUF [1] DE MONTEYNARD, PARRAIN.

⌒ MAD.ᴱ LA COMTESSE MARIE JULIE DU BOUCHAGE, MARRAINE.

⌒ AN 1845. JE PÈSE *(en caractères gravés :* 1642 *(en lettres moulées :* KILOGRAMMES.

Au bas : BURDIN AINÉ — FONDEUR A LYON.

Note : *ré.*   Diam. 136 c.

925. — JARDIN.   1845.

✝ A FULGURE ET TEMPESTATE LIBERA NOS DOMINE

✝ M.ᴿ JOANNO BRUYERE PARRAIN ET DONNATEUR [2] DE LA CLOCHE

✝ MARRAINE D.ᴹᴱ FRANÇOISE BERQUET EPOUSE DE M.ᴿ VELLAY MAIRE DE JARDIN

✝ M.ᴿ JOSEPH GIRARDON CURÉ

Au bas : BURDIN AINÉ ✝ FONDEUR A LYON 1845 : — la *Vierge et l'enfant Jésus.*

Note : *si.*   Diam. 82 c.

926. — MEYLAN.   1845.

✝ NOMINOR MAGDALENA EX DONO J B RIGAT PATRINI UXORIS QUE EJUS MATRINÆ AD MEMORIAM DILECTÆ

EORUM FILIÆ DEFUNCTÆ MARIÆ MAGDALENÆ RIGAT QUONDAM UXORIS MAIGNE

---

(1) *Athénulphe.*
(2) *Donateur.*

MR LEON ROMAN MAIRE MR ANTOINE ALLARD CURE

Au bas, écusson de BONNEVIE FONDEUR A GRENOBLE ; dessous : AN 1845.

Sur la panse : le *Crucifix à la Magdeleine :* — l'*ange Gabriel* : — la *Vierge au prie-Dieu.*

Note : *fa* ♯.   Diam. 113 c.

927. — PÉRIER (LE).   1845.

✝ SALVATOR MUNDI SALVA NOS DOMINE NON SECUNDUM PECCATA NOSTRA FACTAS [1] NOBIS A FULGURE

ET TEMPESTATE LIBERA NOS DOMINE SANCTE VINCENTI [2] ORA PRO NOBIS . MON PARRAIN MR PIERRE

GIRIN PERON MA MARRAINE MME MAGDELEINE SIAUD FEMME JEAN JOURDAN PONAT DES DORENS [3]

MR ANTOINE BOSSE MAIRE *(en lettres gravées :* M^R AN^E [4] NICOLET CHATELAIN ET N^{RE} [5] ET MME JEA^E [6] ODDE DE BONIOT [7] ANCIENS PARR^N & MARR^E EN 1684

Sous le *Crucifix,* en lettres moulées : MR LOUIS GIRAUD CURÉ, et, sur l'autre face de la cloche, marque de Bonnevie sous laquelle : AN 1845.

Note : *fa* ♯.   Diam. 107 c.

928. — PÉRIER (LE).   1845.

✝ QUI CREAVIT ME REQUIEVIT IN TABERNACULO MEO SANCTA MARIA D [8] MONTE CARMELO

ORA PRO NOBIS . MON PARRAIN MR FRANCOIS JOUBERT DES DORENS [9] MA MARRAINE

MME MAGDELEINE JOURDAN FEMME FRANCOIS CROS MR ANTOINE BOSSE MAIRE

---

(1) Pour *facias.* — (2) St *Vincent*, patron du lieu. — (3) Ou *Daurands*, hameau du Périer. — (4) *Antoine* ? — (5) *Notaire.* — (6) *Jeanne.* — (7) Fille de César Odde de Boniot et de Geneviève de Bardonenche.

(8) *De.* — (9) Ou *Daurands*, hameau du Périer.

Sur la panse, comme la cloche précédente.

Note : *sol* ♮.   Diam. 94 c.

929. — S^T-GEOIRS.   1845.

+ SIT NOMEN DOMINI BENEDICTUM. JAI EU POUR PARRAIN M^{.R} JO-SEPH COUTURIER MAIRE *(trois Chérubins).*

+ ET POUR MARRAINE MME JOSEPHINE COUTURIER NEE MARRON. M^R. JEAN VEYRON CURE DE S^T GEOIRS *(un Chérubin).*

Au bas : PROSPER ROSIER FILS ✝ FONDEUR LAN 1845.

Note : *la.*   Diam. 90 c.

930. — AMBEL.   1845.

✝ IN HONOREM BEATÆ MARIÆ VIRGINIS DEIPARÆ SIT NOMEN DOMINI BENEDICTUM MON PARRAIN MR JOSEPH BOGNIOT NÉGOCIANT MA MARRAINE MME JOSÉPHINE BROT SON ÉPOUSE DE TOULON

Sur la panse : *Crucifix à la Magdeleine ;* — la *Vierge tenant une palme et l'enfant Jésus au globe crucigère.* — Entre ces deux effigies, la marque de BONNEVIE FONDEUR A GRENOBLE, et à sa droite : AN 1845.

Note : *mi.*   Diam. 57 c.

Communiquée par M. Magnat, curé d'Ambel.

931.—S^T-QUENTIN-DE-LA-VERPILLIÈRE.
1845.

∞ + LAVDATE DOMINVM IN CYMBALIS BENE SONANTIBVS PS 150 V 5 ∞ ▮▮▮▮▮▮▮▮▮▮▮▮▮▮▮▮▮▮

∞ PARRAIN M^R CL J^H M^{IE} V^{OR} CHARRETON MEMBRE DU CONSEIL GE-NERAL DE L ISERE MAIRE DE S^T QUENTIN ∞

∞ CURE MR M^{EL} FINET ∞

∞ MARRAINE MME BALTHAZARDE FRANCOISE COMTESSE DE LORAS NEE MARQUISE DE RIGAUD ⁽¹⁾ ∞

(1) *De Rigaud de Serezin.*

∾ MDCCCXLV ∾

Au bas : ◀ GEDEON MOREL A LYON ▶

Note : *mi.*   Diam. 120 c.

932. — HIÈRE.   1846.

1re face : PROPER ROSIER *(Cru-cifix* sous 9 *Chérubins)* FON-DEUR LAN 1846

2e face, dans un écusson fleuronné :

MR ETIENNE GENIS

VIDON PARRAIN ET

ADJOINT

MME ENTELEMETTE [1]

MARIE POMMET

VEUVE BILLIEZ

MARRAINE

Note : *ré.*

3e face : la *Vierge et l'enfant Jésus* sous 7 *Chérubins.*

4e face, dans un écusson fleuronné :

M^{GNEUR} PHILIBERT DE BRUIL LARD EVEQUE DE GRENOBLE

MR CLAUDE LEON PERRET

CURE D HIERE.

MR BENOIT SORNIN

MAIRE D HIERE

(un chérubin).

Diam. 122 c.

933. — NANTES-EN-RATIER.   1846.

✚ ORTUM LOETA CANO MOERENS NUNC FUNERA PLANGO NUNC ALACRES POPULOS AD SACRA FESTA VOCO [2] MON PARRAIN M^R F GARNIER ONCLE MA MARRAINE M^{IE} A^{NE} DESMOULINS VEUVE GUILLOT M^R J F GARNIER MAIRE

Sous le *Crucifix :* MR BOISSONET CURE : — marque de Bonnevie sous laquelle : AN 1846.

Note : *ut* ♯.   Diam. 70 c.

934. — S^T-ANDÉOL.   1846.

✚ AU NOM DE J B GARNIER DONATEUR ET PARRAIN MARTE FRANCOISE

___

(1) Pour *Anthelmette.* Le 3e E a été gratté.
(2) Distique.

GARNIER EPOUSE DU DONNATEUR ET MARRAINE MR F^S MARTIN MAIRE M^R C TIERRIER ADJOINT

Sur la panse : l'*ange Gabriel ;* — *Crucifix à la Magdeleine,* et dessous : MR BALME CURE ; — marque de Bonnevie sous laquelle : AN 1846 ; — la *Vierge au prie-Dieu.*

Note : *la* (un peu haut).   Diam. 82 c.

935. — S^T-ÉTIENNE-DE-VELANNE.   1846:

(Chérubin) HODIE SI VOCEM EJUS AUDIERITIS NOLITE OBDURARE CORDA VESTRA

JAI EU POUR PARRAIN M·^R LE MARQUIS [3] FRANCOIS CHARLES DE CORBEAU DE VAULSERRE. ET POUR MARRAINE M^{KLLE} THEODORINE ANNE MARIE [2] *(un chérubin incliné vers la ligne suivante.)*

DE CORBEAU DE VAULSERRE SA SOEUR. M·^R J. B. TRILLAT CURE DE S·^T ETIENNE DE VELANNE.

Au bas : PROSPER ROSIER FILS ✝ FONDEUR LAN 1846

Note : *fa.*   Diam. 106 c.

936. — S^T-JEAN-DE-VAULX.   1846.

✝ MARIA IHS [3] IMMACULATA SANCTE JOANNES BAPTISTA [4] ORA PRO NOBIS VOX DOMINI IN MAGNIFICENTIA

PS 28 MON IER PARRAIN MR ANTOINE ARNAUD RIBAUD MA I^{RE} MARRAINE MME ROSALIE VIALLET NEE

ARNAUD RIBAUD MON 2ME PARRAIN MR ANTOINE VIALLET MA 2ME MARRAINE MME LAURENCE ARNAUD

RIBAUD NEE VIALLET M PIERRE POUPON BARET

Au bas : MR CALIXTE KOTTERER CURE. Plus loin, marque de Bonnevie, sous laquelle : AN 1846

Note : *sol.*   Diam. 97 c.

(1) *Marie-F^{on}-Ch^{es},* d'après l'*Armorial,* chef actuel de la maison de *Corbel, Corbeau* ou *Courbeau* de Vaulserre (V. l'*Armorial du Dauphiné).* — (2) *Théo-d^{ne}-M^{ie}-Anna* (idem).

(3) *Jesus hominum salvator* devrait être placé avant le mot MARIA. — (4) St *Jean-Baptiste,* patron du lieu.

937. — VILLE-SOUS-ANJOU. 1846.
(Château de Terrebasse. — Cloche du tocsin).

SIT NOMEN DOMINI BENEDICTUM

Au bas : BURDIN AÎNÉ ✝ FONDEUR A LYON 1846 : — la *Vierge et l'enfant Jésus.*

Note : *fa.* Diam. 55 c.

938. — APPRIEU. 1847.

(Chérubin) VENITE EXULTEMUS JUBILEMUS ADOREMUS CORAM DOMINO

(Id.) PARRAIN MR J. B. BALLY PRO^RE [1] A APPRIEUX MENBRE [2] DU CONSEIL GENERAL. MARRAINE M^E HENRIETTE TREILLARD SON EPOUSE

(Id.) MR L. T. RAMEL CURE N P^RE PERRIN [3] MAIRE MR F^S BREILLER ADJOINT

Au bas : PROSPER ROSIER FILS — FONDEUR LAN 1847

Note : *mi.* Diam. 122 c.

939. — CHAPELLE-DU-BARD (LA). 1847.

✝ MON PARRAIN MR DUFRESNE ALPHONSE MAIBE MA MARRAINE MLLE DUFRESNE ROSE MARIE

SA FILLE MR ROSSIN LOUIS DESSERVANT

Sur la panse, *Crucifix à la Magdeleine* ; dessous : AN 1847.— Marque de Bonnevie. — La *Vierge au prie-Dieu.* — L'*ange Gabriel*, et, entre les deux, le *Saint Esprit.* (Ces 3 derniers sujets ne devraient former qu'un seul groupe.)

Note : *sol.* Diam. 100 c.

940. — MERLAS. 1847.

✝ CRISTUS [4] VINCIT. CRISTUS REGNAT. CRISTUS IMPERAT. CRISTUS ABOMNI [5] MALO NOS DEFENDAT.

(1) *Propriétaire.* — (2) *Membre.* — (3) V. le n° 977.
(4) *Christus.* — (5) *Ab omni.*

✝ PARRAIN M·ᴿ MARIE [1] ANTOINE GROS DELPHIN, MARRAINE M·ᴸᴱ MARGUERITE BURLET PARENDEL

✝ DONNATEURS [2] M.M. ANTOINE PERRIN 300 F. DAME FRANCOISE PERRIN 200 F. Jᴴ CHRISTOLOME 100 F.

Au bas : PROSPER ROSIER FILS ✝ FONDEUR L AN 1847

Note : *la.* Diam. 94 c.

941. — OYTIER. 1847.

✝ HOSANNA IN ALTISIMIS [3] ALLELUIA. GRACIA VOBIS ET PAX ALLELUIA.

✝ PARRAIN Mᴿ TERMET JEAN CAMILLE NOTAIRE A Sᵀ GEORGES DESPERANCHE [4]

✝ MARRAINE Mᴹᴱ COLOMBIER ANTOINETTE EPOUSE DE Mᴿ TERMAT [5]

✝ Mᴿ EMERARD MAIRE Mᴿ CHAPUIS JEAN BAPTISTE CURÉ

Au bas : BURDIN AINÉ ✝ FONDEUR A LYON 1847, et la *Vierge et l'enfant Jésus.*

Note : *sol.* Diam. 97 c.

942. — RIVES. 1847.

(Chérubin) LAUDATE DOMINUM IN CYMBALIS BENE SONANTIBUS. FAITE LE 10 SEPᵇᴿᴱ 1847.

(Chérubin) AUX FRAIS DE LA FABRIQUE. SOUS LADMINISTRATION DE MM. VICTOR BLANCHET PRESIDENT. GROS CURE. Eᴰ PRIMARD. [6] LACOLONGE. [7]

(Chérubin) GOURJU. [8] MARTINON. [9] Mᴿ VICTOR BLANCHET. [10]

---

(1) Pour *Marc.* — (2) *Donateurs.*
(3) *Altissimis.* — (4) *D'Espéranche.* — (5) La marraine est, sans doute, la femme du parrain ; mais s'appelle-t-il *Termet* ou *Termat* ? . . .
(6) Propriétaire. — (7) *Idem.* — (8) Père, fabᵗ d'aciers. — (9) Banquier. —
(10) Le même que le président de la fabrique. M. Vᵒʳ-Jʰ-Daniel Blanchet, fils de Clᵈᵉ Blanchet, négᵗ, et de Mⁱᵉ-Claudine Jouannin, était né en 1782. Il était membre du Conseil général de l'Isère. Son frère, Augustin, a laissé quelques poésies, et ses deux autres frères furent tués à Wagram et à Eylau. De ses 4 sœurs, l'une a épousé Mʳ Veyron-Lacroix, propᵉ à Gillonay ; une autre, M.

ET M^{DE} MÉLANIE ^{(1)} SON EPOUSE M ONT DONNE LES NOMS DE VICTOIRE MÉLANIE.

Au bas : PROSPER ROSIER FILS FONDEUR.

Note : *fa* ♯. Diam. 108 c.

943. — S^T-PIERRE-DE-BRESSIEUX. 1847.

(Un Chérubin) JE ME NOMME MARIE JOSEPH. PARRAIN M. JOSEPH FAURE ^{(2)} REPRESENTE PAR M. CASIMIR FAURE ^{(3)} SON PERE ET PAR M. EUGENE FAURE

(Un Chérubin) SON ONCLE. MARRAINE D. EMILIE ROLLAND ^{(4)} V. DE JOSEPH FAURE ANCIEN CONSEILLER A LA COUR DE GRENOBLE.

(Un Chérubin) M. ANTOINE VACHON CURE. M. PIERRE VACHON VICAIRE. M. PIERRE FRANCE MAIRE. M. VICTOR PONCET ADJOINT.

Au bas : ROSIER PROSPER FILS ☩ FONDEUR, L AN 1847.

Note : *sol* ♯ discord. Diam. 88 c.

944. — TRAMOLÉ. 1847.

◄ ☩ LAVDATE DOMINVM IN CYMBALIS BENE SONANTIBVS PS 150 V 5 ► ◄ MDCCCXLVII ►

· ◄ MGR PHILIBERT DE BRUILLARD ETANT EVEQUE DE GRENOBLE ⚜ MR L^S FAURE CURE DE TRAMOLE ►

Gourju, fab^t d'aciers à Rives ; la 3e, M. Guillot, prop^e à la Mûre ; la dernière, Pauline, fut mariée en premières noces au Dr Apollinaire Eymery, médecin de l'empereur Napoléon Ier, et en secondes, au commandant Frensdorff. — (1) Pauline-Mélanie, née le 10 déc. 1794 et mariée en 1814. Elle était fille de J^a-Bapt^e Blanc, nég^t à Grenoble, et d'Anne Jayet. Sa sœur aînée, Adèle, avait été mariée à H^i-Bernard Vallier, nég^t à Grenoble, père de l'auteur de ce recueil ; l'un de ses frères, Alphonse, fut député à l'Assemblée Constituante de 1848 ; et l'autre, Ferdinand, est décédé vice-président du tribunal civil de Grenoble. Elle est morte en 1857. Ces notes sont des souvenirs de famille que l'auteur a voulu fixer ici : on les lui pardonnera, quoiqu'elles soient étrangères, pour la plus grande partie, à l'inscription de cette cloche.

(2) *Joseph* Faure, petit-fils d'autre *Joseph* Faure, ancien conseiller à la Cour. — (3) Avocat à Vienne et prop^e à Reventin (V. le n° 766). — (4) Mère de Casimir et d'Eugène Faure.

◄ ᴍᴿ CLᴰᴱ PACCALIN ᴍᴀɪʀᴇ ✠ ᴍᴿ ᴀɴᴅʀᴇ ɢᴀʀᴄᴏɴ (1) ᴀɴᴄɪᴇɴ ᴄᴜʀᴇ ᴀ ᴇᴛᴇ ᴘʀɪɴᴄɪᴘᴀʟ ᴅᴏɴᴀᴛᴇᴜʀ ►

◄ ᴘᴀʀʀᴀɪɴ ᴍᴿ

◄ ᴍᴀʀʀᴀɪɴᴇ ᴍᴹᴱ

Sur la panse : buste de la *Vierge* sous lequel : ◄ ɢᴇᴅᴇᴏɴ ᴍᴏʀᴇʟ ᴀ ʟʏᴏɴ ► : — le *Chrisme* entre ᴀ et Ω ; — buste du *Christ* ; — Sᵗ *Maurice* (mi-corps) ; dessous ; ◄ ꜱᴀɴᴄᴛᴜꜱ ᴍᴀᴜʀɪᴛɪᴜꜱ ᴘᴀᴛʀᴏɴᴜꜱ ►

Note : *sol.*   Diam. 99 c.

945. — VERTRIEU.   1847.

☞ ꜰᴏɴᴅᴜᴇ ᴇɴ 1847. ᴍᴏɴꜱᴇɪɢɴᴇᴜʀ ᴘʜɪʟɪʙᴇʀᴛ ᴇᴛᴀɴᴛ ᴇᴠᴇ̂ǫᴜᴇ, ᴅᴇ ɢʀᴇɴᴏʙʟᴇ, ᴍᴿ ʙᴇʀɢᴇʀ ᴇᴛᴀɴᴛ ᴄᴜʀᴇ́ ᴀ ᴠᴇʀᴛʀɪᴇᴜ ᴇᴛ ᴍᴿ ☞

ꜰʀᴀɴᴄ̧ᴏɪꜱ ʙᴇᴀᴜꜰʀᴇʀᴇ ᴇᴛᴀɴᴛ ᴍᴀɪʀᴇ, ᴍᴀʀʀᴀɪɴᴇꜱ, ᴍᴱ ᴍᴀʀɪᴀ ᴅᴇ ᴠᴇʀ-ᴛʀɪᴇᴜ ᴠᴇᴜᴠᴇ ᴅᴇ ʟᴀ ʀᴏᴜʟʟɪᴇʀᴇ, (2) ᴍᴇʟʟᴇ ᴍᴀʀɢᴜᴇʀɪᴛᴇ ᴅᴇ ☞

ʟᴀ ʀᴏᴜʟʟɪᴇʀᴇ, ᴘᴀʀʀᴀɪɴꜱ, ᴍᴿ ꜱᴛᴇᴘʜᴀɴᴇ ᴅᴇ ʟᴀ ʀᴏᴜʟʟɪᴇʀᴇ ᴅᴇ ᴠᴇʀ-ᴛʀɪᴇᴜ, (3) ᴍᴿ ꜰᴇʀᴅɪɴᴀɴᴅ ᴅᴇ ʟᴀ ʀᴏᴜʟʟɪᴇʀᴇ. (4)

☞ ᴠᴇʀᴜᴍ ᴅᴇᴜᴍ ʟᴀᴜᴅᴏ, ᴄʟᴇʀᴜᴍ ᴠᴏᴄᴏ, ᴘʟᴇʙᴇᴍ ᴄᴏɴɢʀᴇɢᴏ, ᴛᴇᴍᴘᴇꜱᴛᴀᴛᴇꜱ ꜰᴜɢᴏ, ᴅᴇꜰᴜɴᴄᴛᴏꜱ ᴘʟᴏʀᴏ, ʀᴇɢᴇɴᴇʀᴀᴛᴏꜱ ᴄᴀɴᴏ.

Au bas : ʙᴜʀᴅɪɴ ᴀɪɴᴇ́ ✝ ꜰᴏɴᴅᴇᴜʀ ᴀ ʟʏᴏɴ

Note : *fa* ♯.   Diam. 101 c.

946. — FEYZIN.   1848.

✝ ꜱɪᴛ ɴᴏᴍᴇɴ ᴅᴏᴍɪɴɪ ʙᴇɴᴇᴅɪᴄᴛᴜᴍ. . . . .

(*Le reste de la légende a été entièrement effacé à cause des rivalités entre Feyzin et la Bégude*).

Au bas : ʙᴜʀᴅɪɴ ᴀɪɴᴇ́ ✝ ꜰᴏɴᴅᴇᴜʀ ᴀ ʟʏᴏɴ 1848

Note : *ut* ♯.   Diam. 141 c.

---

(1) *Garçon.*
(2) Cette famille est tombée en quenouille par deux filles dont l'une, Mⁿᵉ Maria de Bathéon de Vertrieu, avait épousé M. Brossier de la Rouillère. — (3) Fils de la marraine de cette cloche. — (4) Enfant du précédent, ainsi que Mˡˡᵉ Marguerite de la Rouillère.

947. — FEYZIN.   1848.

± SIT NOMEN DOMINI BENEDICTUM........ ....

(Même observation qu'au précédent n°.)

Au bas : BURDIN AINÉ ± FONDEUR A LYON. 1848

Note : *fa* ♯.   Diam. 111 c.

948. — LA FLACHÈRE.   1848.

Sur la panse : RÉPUBLIQUE FRANÇAISE

LIBERTÉ ÉGALITÉ, FRATERNITÉ

Au bas : BONNEVIE FONDEUR A GRENOBLE

1848

Note : *sol*.   Diam. (?).

949. — FOUR.   1848.

∞ † LAVDATE DOMINVM IN CYMBALIS BENE SONANTIBVS PS 150 V 5 ∞

∞ JE M APPELLE MARGUERITE ∞

∞ PARRAIN MR ZACHARIE FONTANEL RENTIER ∞

∞ MARRAINE MME MARGUERITE FONTANEL NEE MICHON SON EPOUSE ∞

∞ CURE DE FOUR MR J^LES J^CHIM ABEL * MAIRE MR G^ME H^Y REVENTIN

* MDCCCXLVIII ∞

Sur la panse : ◄ GEDEON MOREL A LYON ► : — buste du *Christ* ; — buste d'un *saint* avec : ◄ S NAZAIRE ► ; — buste de la *Vierge* : — buste d'un *saint* avec : ◄ S VINCENT ►

Note : *fa* ♭♯.   Diam. 101 c.

950. — S^T-PIERRE-DE-CHARTREUSE. 1848.

± FESTINAINTES (1) VENITE AD TEMPLUM DOMINI. L AN 1848 ▨▨▨▨

± PARRAIN M^h FRANCOIS MILANTAT (2) MEMBRE DE LA LEGION D HON-NEUR ✝ MARRAINE MLLE MARTHE JOSEPHINE MARCHAND ▮

Au bas : PROSPER ROSIER — FILS FONDEUR

Note : *mi*.   Diam. 121 c.

(1) Pour *festinantes*. — (2) *Milanta*, ancien officier.

951. — Sᵀ-PIERRE-DE-CHARTREUSE. 1848.

☦ LAUDATE DOMINUM IN CYMBALIS JUBILATIONIS LAUDET EUM OMNIS SPIRITUS.

☦ PARRAIN Mᴿ FRANCOIS DE FERRUS. [1] ✝ MARRAINE Mˡˡᴱ EDVIGE MARIE SESTIER.

☦ SUMPTIBUS MAGORIS [2] CARTUSIÆ. L AN 1848 ▩ ▩ ▩ ▩ ▩ ▩ ▩ ▩

Au bas : PROSPER ROSIER — FILS FONDEUR

Note : *sol.*   Diam. 100 c.

952. — VÉNÉRIEU.   1848.

☦ Mᴹᴱ ROSALIE LOUISE DE LORAS Vᵛᴱ DE Mᴿ LE MARQUIS D'AUBER-JON DE MURINAIS [3]

☦ Mᴿ FRANCOIS GALLAD PARRAIN

☦ Mᴿ MONLOUVIER MAIRE

☦ Mᴿ GUINET CURÉ. 1848

Crucifix entre BURDIN AINÉ — FONDEUR A LYON ; — la *Vierge et l'enfant Jésus.*

Note : *si.*   Diam. 75 c.

953. — ANJOU.   1849.

☦ LAUDATE DOMINUM OMNES GENTES.

☦ JOSEPHA NOMINOR, DONO DATA ECCLESIÆ Sᵀᴵ SALVATORIS, DECORATA AB HONORABILIBUS ANT ? HOURS ET ILLIUS SPONSA ☞

JOSEPHA ROBERT. BENEDICTA A PAROCHO Dᴱ GIRARD. [4] M. 1849.

Au bas : BURDIN AINE ✝ FONDEUR A LYON

Note : *fa* ♯.   Poids : 800 kilog.   Diam. 108 c.

954. — BELLECOMBE.   1849.

✝ MANE MERIDIE ET VESPERE ANNUNTIABO QUE LE NOM DU SEIGNEUR

---

(1) Dont nous avons déjà vu le nom dans l'inscription nº 602. — (2) Pour *majoris.*

(3) V. le nº 733.

(4) Fᵒⁱˢ Girard, curé d'Anjou. J'ignore ce que le fondeur a voulu dire par le Dᴱ qui précède ce nom (*Diodore* peut-être), et le M qui le suit (V. le nº 1076).

SOIT BENIT ; JE M'APPELLE ROSE MON PARRAIN MR ABRAHAM UCHET
PROPRIETAIRE A BELLECOMBE MA MARRAINE MME ROSE ROGAT SON
ÉPOUSE. S^T BLAIZE, PATRON DE LA PARROISSE

Au bas : BONNEVIE FONDEUR A GRENOBLE — AN 1849.

Note : *sol.*   Diam. (?)

955. — GRAND-LEMPS.   1849.

⁺ VOX DOMINI IN VIRTUTE VOX DOMINI IN MAGNIFICENTIA.

⁺ PARRAIN, MR ALPHONSE DE VIRIEU, (1) M^{ELLE} STEPHANIE DE VI-
RIEU. (2)

⁺ DÉDIÉE A LA S^{TE} VIERGE ET A S^T JEAN BAPTISTE. (3) CETTE CLOCHE
A ETE FAITE PAR LES SOINS DU ☞

CONSEIL DE FABRIQUE. MR M. A. BALLET, CURÉ. MR A. GALLIEN, MAIRE.

Au bas : BURDIN FILS AINE — FONDEUR A LYON 1849.

Note : *ré.*   ⸌   Poids : 1560 kilog.   Diam. 130 c.

956. — JARRIE *(Haute).*   1849.

☞ LAVDATE DOMINVM IN CYMBALIS BENE SONANTIBVS PS 150 ☜

☞ LES PENITENS DE S^T ETIENNE DE JARRIE ONT FAIT FAIRE CETTE
CLOCHE QUI A EU POUR

☞ PARRAIN M^R LE PRESIDENT DE NOAILLES (4) ET POUR MARRAINE
MME CLAIRE TEYSSIER (5) ☜

☞ CURE MR COLLONEL ✸ MR BESSIRON RECTEUR DES PENITENS ✸
MDCCCXLIX ☜

Au bas : ☞ G MOREL A LYON ☜

Note : *ut* ♮.   Diam. 66 c.

957. — LE PINET-D'URIAGE.   1849.

+ LAUDATE DOMINUM OMNES GENTES PS 116 MES PARRAINS ET MES

(1) Jean-Alph^{se}-Aymon, m^{is} de Virieu, secrétaire d'ambassade de 1850 à 1860.
— (2) Mlle-Emilie-Nicole-Stéphanie, tante du parrain. Elle avait un talent de
sculpteur fort remarquable. — (3) Patron du lieu.

(4) V. l'inscription n° 922. — (5) Femme de M. Jules Teissier-Palerne de Savy
(V. la cloche de St-Théoffrey de 1873 *(Supplément).*

MARRAINES SONT IER M F ARVET TOUVET [1] ET MARIE ARVET TOUVET SA SŒUR

2 ARNAUD CHENAVAS ET ELISE CHENAVAS SA SŒUR 3 J^N FALCOZ ET EMILIE GIRAUD SON EPOUSE 4 J^H PERONARD PERROT ET ANNE GIRAUD SON EPOUSE 5 J^N VIANEY LIAUD I ADJOINT ET MARIE CHABERT SON EPOUSE 6 J^N ARVET TOUVET 2 [2] ADJOINT ET ANNE GIRAUD SON EPOUSE

7 PIERRE FALCOZ MEMBRE DU CONSEIL MUNICIPAL ET ANNE PLANET SON EPOUSE TOUS DE LA PAROISSE MR PERRICHAUD CURE

Au bas, marque de Bonnevie, sous laquelle : AN 1849. Insignes ordinaires.

Note : *sol.*   Diam. 100 c.

958. — LE PINET-D'URIAGE.   1849.

+ SIT NOMEN DOMINI BENEDICTUM JOB 21 REFONDUE AUX FRAIS DE MR PERRICHAUD CURE [3] DE D^{ME} MARIE

CHENEVAS V^{VE} FRANCOIS ODRU DE DEMOISELLE ALEXANDRINE CHENEVAS SA SŒUR ET DE MR ETIENNE

NOE ANTOINE ODRU LEUR NEVEU QUI EN SONT LES PARRAINS ET LES MARRAINES

Au bas, marque de Bonnevie sous laquelle : AN 1849. Insignes ordinaires.

Note : *ut.*   Diam. 73 c.

959. — S^T-AGNIN.   1849.

PARRAIN, MR LOUIS ACHILLE COMTE DE MEFFRAY, DE SEZARGE, [4] MARRAINE MME LA COMTESSE *(en lettres gravées :* DE MEFFRAY NÉE *(en relief :* DE LA TOUR *(en lettres gravées :* EN VOIVRE

SECOND PARRAIN, M. CHARLES *(en lettres gravées :* MARQUIS *(en relief :* DE SEZARGE [5] DE MEFFRAY, SECONDE MARRAINE, MME LA COMTESSE *(en lettres gravées :* HENRY DE MEFFRAY NÉE [6] DE DRÉE.

(en relief : M. MORESTIN CURÉ

(1) Marchand de domaines. — (2) Pour 2e.
(3) *Curé, de dame,* etc.
(4) V. les notes de l'inscription n° 825. — (5) *Césarges.* — (6) Alexandrine-Léontine.

Guirlande de fleurs retenue par des chérubins.

Sous le *Crucifix* : BURDIN FILS AINÉ — FONDEUR A LYON 1849 ; — la *Vierge et l'enfant Jésus.*

Note : *sol.*   Poids : 620 kilog.   Diam. 99 c.

960. — Sᵀ-CLAIR-DU-RHONE.   1849.

HOSTEM REPELLAS LONGIUS, SANCTA MARIA ORA PRO NOBIS. LE PARRAIN A ETE Mᴿ EMILE FAURE. LA MARRAINE MADEMOISELLE VICTOIRE FAURE.

Mᴿ NICOUD CURE DE Sᵀ CLAIR. Mᴿ GRUBIS MAIRE DE LA COMMUNE.

Au bas : FONDUE PAR ✝ PROSPER ROSIER 1849.

Note : *mi.*   Diam. 114 c.

961. — Sᵀ-CLAIR-DU-RHONE.   1849.

A FULGURE ET TEMPESTATE LIBERA NOS DOMINE. SANCTE CLARE [1] ORA PRO NOBIS. LE PARRAIN A ETE M. CHARLES FAURE. LA MARRAINE Mᴱ FAURE SON EPOUSE *(un chérubin incliné vers la ligne suiv.)*

M. NICOUD CURE DE S. CLAIR. GRUBIS MAIRE DE LA COMMUNE.

Au bas : FONDUE PAR ✝ PROSPER ROSIER 1849.

Note : *sol.*   Diam. 92 c.

962. -- LA SONE.   1849.

✝ LAVDATE DOMINVM IN CYMBALIS BENE SONANTIBVS PS. 150

MDCCCXLIX — PARRAIN Mᴿ

MARRAINE Mᴰᴱ

CVRE Mᴿ

Au bas : G MOREL A LYON

Note : *si.*   Diam. 80 c.

963. — TREPT.   1849.

✝ MARIE BENOITE EST MON NOM. J'AI POUR PARRAIN Mᴿ JOSEPH PHE-LIPEAUX ET POUR MARRAINE Dᴵˑᴸᴱ MARIE BENOITE ☞

_____

(1) *Sᵗ Clair*, patron du lieu.

CAQUET D'AVAISE EPOUSE DE MR JEAN MARIE LOUIS. J'AI ETE FAITE EN 1849 SOUS LE MINISTÈRE DE MR PIERRE ☞

FALQUE CURÉ DE TREPT ET SOUS L'ADMINISTRATION DE MR FRANÇOIS GIROUD MAIRE DE LA COMMUNE MM. AMÉDÉE ☞

COLET NOTAIRE ET ANTOINE DALPHINET ÉTANT ADJOINTS.

Au bas : BURDIN FILS AINÉ FONDEUR A LYON

Note : *fa* ♯.   Poids : 700 kilog.   Diam. 101 c.

964. — VOREPPE.   1849.

✝ LAUDATE DOMINUM OMNES GENTES PS 110 MARIE CONCUE SANS PECHE PRIEZ POUR NOUS

JAPPARTIENS A LA CONFRERIE DU ROSAIRE DE VOREPPE SOUS LES NOMS DE MARIE PHILOMENE

MON PARRAIN EST MR HENRI THEODORE D AGOULT [1] MA MARRAINE M[LLE] MARIE ELISABETH PHILOMENE

D AGOULT [2] M[R] MARCHAND CURE M[R] FAYOLLE VICAIRE

Sur la panse, marque de Bonnevie sous laquelle : AN 1849.

Note : *ut* ♯.   Diam. 70 c.

965. — ABRETS (LES).   1850.

✝ SANCTA MARIA ORA PRO NOBIS.

PARRAIN M[R] P[RE] LOUIS EMILIEN NOVEL. [3] MARRAINE D[E] UR[E] DE MI-CHALON NEE NOVEL. [4]

✝ M[R] CL[E] REPELLIN CURE. M[R] JA[ES] NOVEL [5] MAIRE DES ABRETS. LAN 1850 ✝ ✝

Au bas : PROSPER ROSIER FONDEUR

Note : *ut* ♯.   Diam. 70 c.

966. — BURCIN.   1850.

✝ DONNEE EN 1843 PAR M[ELLE] STE[E] [6] VALLET QUI FUT MARRAINE

(1) Mort pendant un voyage d'exploration dans l'Afrique centrale, en 1881. — (2) Sœur du parrain et religieuse de la Visitation.

(3) Actuellement conseiller à la cour d'appel de Grenoble, — (4) Dame Ursule de Michallon, sœur du parrain. — (5) Jacques Novel, maire des Abrets de 1815 à 1862, était le père des parrain et marraine.

(6) *Stéphanie.*

M^R AUG^TE PERRIN FUT PARRAIN. MG^R PHILIBERT DE BRUILLARD ETANT EVEQUE.

✝ MR RABATEL MAIRE. MR BERGER CURE. PARRAIN MR E. MAGNIN DUFAYET VE^UR DE LEN^NT (1) ET DES DOMAINES. ET MARRAINE M^E SOPHIE MAGNIN

✝ DUT (2) NEE MARIGNY. DEUM VERUM LAUDO PLEBEM VOCO CLERUM CONGREGO REGENERATOS CANTO DEFUNCTOS PLORO TEMPESTATES FUGO FESTA DECORO.

Au bas : PROSPER ROSIER — FONDEUR. LAN 1850

Note : *fa* ♯.   Diam. 99 c.

967. — BURCIN.   1850.

+ PARRAIN MR AMEDE VITTOZ. MARRAINE M^ELLE EUGINIE (3) MARIGNY. L AN 1850

+ MARIA VOCOR MEA VOX PLEBS BURCENSIS (4) TUAS LAUDES CRISTO (5) MARIÆ VIRGINI OMNIBUS QUE SANCTIS REFERAT.

Au bas : PROSPER ROSIER — FONDEUR

Note : *ré.*   Diam. 68 c.

968. — CHATTE.   1850.

✝ REPUBLIQUE FARNCAISE (6) LIBERTE EGALITE FRATERNITE. M.M. J^H BUISSON CURE. ALLYRE BOUBON MARIE (7) PARRAIN DAME LAURE BROAL (8) VEUVE ROBERT MARRAINE

L AN 1850

Au bas : PROSPER ✝ ROSIER FONDEUR

Note : *fa.*   Diam. 113 c.

969. — FERRIÈRE (LA).   1850.

+ MON PARRAIN MR PIERRE RAMUS MAIRE DE LA FERRIERE

MA MARRAINE MME ANTOINETTE RAFFIN EPOUSE DE MR RAMUS

MR JEAN BAPTISTE CLOT CURE DE LA FERRIERE

---

(1) *Vérificateur de l'enregistrement.* — (2) Pour *Dufayet.*
(3) *Eugénie.* — (4) On aurait dû dire *burcinensis.* — (5) *Christo.*
(6) *Française.* — (7) *Maire.* — (8) V. le n° 630.

Crucifix à la Magdeleine. Dessous : AN 1850 ; — écu de Bon-nevie ; — la *Vierge au prie-Dieu* ; — l'*ange Gabriel*, et, entre les deux, le *S¹ Esprit.* (Ces 3 images réunies offrent la scène de l'Annonciation).

Note : *ut.*   Diam. 75 c.

970. — JONAGE.   1850.

‡ SIT NOMEN DOMINI BENEDICTUM

(En lettres gravées :) PARRAIN M·ᴿ LE VICOMTE ANDRÉ YON DE JONAGE [1]

MARRAINE Mᴱ MARIE LEBEUF [2] SON EPOUSE

P. 588 K 8 [3] Mᴿ ROMAIN MATHAIS CURÉ

Au bas, en relief : BURDIN FILS AINÉ ‡ FONDEUR A LYON 1850

Note : *sol.*   Poids : 560 kilog.   Diam. 97 c.

971. — MIRIBEL.   1850.

✠ QUASI TUBA EXALTA VOCEM TUAM OS ENIM DOMINI ISAEI 58. 7. ET 14. L AN 1850.

✠ PARRAIN Mᴿ DESIRE FRANCOIS GONDRAND NOTAIRE. MARRAINE Mᴱ MARIE BURLET PARENDEL EPOUSE DE Mᴿ COTTIN. Mᴿ ETIENNE COTTAVE CURE DE LA Pˢᴱ. [4] Mᴿ CLAUDE COTTIN MAIRE DE LA COMMUNE.

Sur la panse et en caractères gravés : 1648 Kⁱˡ [5].

Au bas : FONDUE PAR ✠ LES ROSIER PERE TE [6] FILS.

Dans un médaillon carré : *S¹ Pierre* agenouillé, près de son coq.

Note : *ré.*   Diam. 142 c.

Cette cloche a été cassée en 1866 et remplacée, la même année, par une nouvelle (V. le n° 1161).

972. — MOIRANS.   1850.

✠ ANNEE 1850-HODIE SI VOCEM EJUS AUDIERITIS NOLITE OBDURARE CORDIA [7] VESTRA

---

(1) Fils de César Yon, dit le *Comte* de Jonage (*Armorial du Dauphiné*), mort en 1865, étant député de l'Ain et membre de la Légion d'honneur. — (2) Fille de M. Lebeuf, sénateur, régent de la Banque de France, ancien député. — (3) Poids : 558 kilog. et 8 hectog.

(4) *Paroisse.* — (5) *Kilogrammes.* — (6) *Et.*

(7) Pour *corda.*

1re face : effigie de *saint ;* dessous : ST PIERRE.

2e face, dans un écusson ornementé :

✝ PARRAIN Mͬ CLAIR PERIER VICAIRE GENERAL DU DIOCESE DE GRENOBLE. ET MARRAINE Dͭᴸᴸᴱ *(un mot enlevé)* ROSALIE PERRIER *(une ligne enlevée).* A MOIRANS =

Note : *ré.*

3e face : LES ROSIER ✝ PERE ET FILS FONDEURS.

4e face, dans le même écusson :

✝ SOUS LARCHIPRETRE DE Mͬ JOSEPH BON CURE DE MOIRANS = ET LA MAIRIE DE Mͬ JOSEPH MORICAUD =

Diam. 138 c.

973. — MOIRANS. 1850.

✝ ANNEE 1850 - ET QUIDEM IN OMNEM TERRAM EXIVIT SONUS EORUM -

1re face : comme sur la cloche précédente.

2e face, dans le même écusson :

✝ PARRAIN Mͬ JOSEPH BON CURE ARCHIPRETRE DE MOIRANS ET MARRAINE Mᴸᴸᴱ MARIE DOUARE DE MOIRANS

3e face : comme sur la cloche précédente.

4e face, dans le même écusson :

✝ SOUS LARCHIPRETRE DU DIT Mͬ BON. ET LA MAIRIE DE Mͬ JOSEPH MORICAUD 1850.

Sur le battant, on lit en lettres gravées : DURAND — DE MOIRANS.

Note : *fa* ♯. Diam. 111 c.

974. — Sᵀ-HUGUES-DE-CHARTREUSE. 1850.

✝ SIT NOMEN DOMINI BENEDICTUM. ET [1] HOC NUNC ETUSQUE [2] IN SECULUM.

✝ Sᵀᴱ HUGO [3] ORA PRO NOBIS. M. S. R. [4] PHILIBERT EVEQUE DE

(1) *Ex.* — (2) *Et usque.* — (3) Sᵗ *Hugues,* patron du lieu. — (4) Pour *Mgr.*

GRENOBLE PARRAINS M.M. J^H GERENTE BRAVAD. E^NE MOLLARET. FL^ENS BOURRON MAIRE

MARRAINES M.MDAMES [1] S^E COTTAVE MOLLARET. M^E JOURDAN GAUDE. ✝ L AN 1850

Au bas : PROSPER ROSIER — FONDEUR

Note : *mi.*   Diam. 110 c.

975. — S^T-MICHEL-EN-BEAUMONT.   1850.

✝ MR J^H GAUTHIER DE PROVEYSIEUX, [2] CURÉ, MR L^S CALVAT DE VILLELONGE, [3] MAIRE. MR THÉOPHILE PONSARD, ADJOINT.

✝ MR JÉRÉMIE DAVIN, PARRAIN. M^ELLE MARIE PELLISSIER ROUDON, MARRAINE. SOUPSCRIPTION VOLONTAIRE DES HABITANTS ☞

DE S^T MICHEL EN BEAUMONT, DONT LES NOMS SONT INSCRITS SUR LES REGISTRES DE LA PAROISSE. . NOMINA ME [4] SUNT ☞

MARIA JEREMIAS JOSEPH. VOX D^NI. IN VIRTUTE VOX D^NI. IN MAGNIFICENTIA D^NUS. BENEDICET POPULO SUO IN PACE. P.S. 28.

Sous le *Crucifix* : BURDIN FILS AINÉ FONDEUR A LYON 1850. — De l'autre côté, la *Vierge et l'enfant Jésus.*

Note : *la.*   Poids : 400 kilog.   Diam. 89 c.

976. — VALENCIN.   . 1850.

SIT NOMEN DOMINI BENEDICTUM. AUDITE QUID LOQUATUR IN VOS DOMINUS, [5] QUONIAM LOQUETUR PACEM IN PLEBEM SUAM ET ☞

AB OMNI MALO VOS LIBERABIT. JOANNA MARIA VOCOR. CURE MR MOUSSIER

PARRAIN MR FRANCOIS PIOT

En caractères gravés, dans l'interligne : P. 605 K 5

MARRAINE MME JEANNE MARIE MERLIN NÉE MOREL

Au bas : BURDIN FILS AINÉ ✝ FONDEUR A LYON 1850

Note : *fa* ♯.   Diam. 101 c.

Cette cloche a été refondue en 1882 pour la confection des deux cloches de cette année (V. le *Supplément*).

---

(1) *Mesdames.*
(2) Gauthier, de Proveysieux. — (3) Calvat, de Villelonge. — (4) *Mea.*
(5) La légende latine est tirée, en partie et avec quelques changements, du ps. LXXXIV, v. 9.

977. — APPRIEU. 1851.

☩ LAUDATE DOMINUM IN CYMBALIS BENE SONANTIBUS.

☩ PARRAIN, MR PERRIN PIERRE (1)

☩ MARRAINE, MME CELINIE GUILLERMIN, NÉE COGNEL.

☩ CURÉ, MR RAMEL. MAIRE, MR JAQUIN SEUGUES

Au bas : BURDIN FILS AÎNÉ — FONDEUR A LYON 1851

Note : *sol* ♯.   Poids : 450 kilog.   Diam. 89 c.

978. — JARCIEU. 1851.

☩ CONGREGA OMNES TRIBUS JACOB ET ENARRENT MAGNALIA TUA. ECCLE. 36.

☩ JE M'APPELLE MARIE LOUISE.

☩ PARRAIN MR LOUIS PÉLISSIER. MARRAINE MME MARIE ANNE EMINIE MONCHAUVET (2) EPOUSE DE MR VICTOR DE ROSTAING DE LAVALUZE. (3)

☩ MAIRE, MR SUFFET AÎNÉ CURÉ, MR LOUIS ROUX

Sous le *Crucifix* : BURDIN FILS AINE FONDEUR A LYON 1851

2e face, sous la *Vierge et l'enfant Jésus* : SANCTA MARIA ORA PRO NOBIS

Note : *sol*.   Poids : 710 kilog.   Diam. 101 c.

979. — MONESTIER-DU-PERCY (LE). 1851.

✝ MARIE CLEMENCE LA DESIREE FRUIT DUNE SOUSCRIPTION VOLONTAIRE OUVERTE ET DIRIGEE PAR M.M. VICTOR MOUTIN CURE

✝ ET VICTOR CHAIX MAIRE DU MONESTIER DU PERCY JUIN 1851 - PARRAIN MR DECHALEON CESAR RENTIER DU MONESTIER. MARRAINE

✝ M^{ELLE} HENRIETTE SERAPHINE MOUTIN DE NAUTIZON. (4) LAUDATE DOMINUM IN SONO TUBÆ. LAUDATE EUM IN TYMPANO ET CYMBALIS

✝ BENE SONANTIBUS. SP (5) 115.

Au bas : ROSIER FONDEUR ☩ DE VRECOURT. VOSGES.

Note : *sol*.   Diam. 97 c.

---

(1) V. le n° 988.

(2) *Montchovet.* — (3) V^{or} *Rostaing de la Valuse*, marié en 1849.

(4) *Nantizon.* — (5) PSaume.

980. — MONESTIER-DU-PERCY (LE). 1851.

✝ LAN 1851. Mᴱ SEᴱ (1) HENRIETTE ERIGEE PAR LES SOINS DE Mᴿ Vᴿ MOUTIN CURE DU

✝ MONESTIER-DU-PERCY. PARRAIN Mᴿ AUᵀᴱ CALIXTE BERTHON DU MONESTIER.

✝ MARRAINE M. SERᴱ (2) HENRIETTE MOUTIN DE NANTIZON. LAUS DEO VIRGINIQUE MATRI.

✝ PROSPER ROSIER FONDEUR DE VRECOURT. J VOSGES. I

Note : *fa* ♯.   Diam. 47 c.

981. — MONTREVEL.   1851.

⸶ SONET VOX TUA IN AURIBUS MEIS. CANT. 2. 14.

⸶ MARRAINE, MADEMOISELLE MARIE-EMILIE-NICOLE-STÉPHANIE DE VIRIEU. (3)

⸶ PARRAIN, MONSIEUR ANTOINE-CHARLES-FRANCOIS D'AUBERGEON DE MURINAIS. (4)

⸶ MAIRE, Mᴿ PIERRE-ANTOINE FUZIER CURÉ, Mᴿ BENOIT VALLIN. 1851.

Au bas : BURDIN FILS AINÉ ⸶ FONDEUR A LYON

Note : *la.*   Poids : 400 kilog.   Diam. 85 c.

982. — Sᵀ-ANDRÉ-EN-ROYANS.   1851.

✝ REPUBLIQUE FRANCAISE. 1851. LIBERTE. EGALITE. FRATERNITE.

✝ PARRAIN M·ᴿ L. ATUYER. MARRAINE Mᴱᴸᴸᴱ JULIE VIAL M·ᴿ J. P. BONNETON MAIRE. M·ᴿ L. CLERC JACQUIER (5) PASTEUR.

✝ DEUM LAUDO. PLEBEM VOCO. DEFUNCTOS PLORO. ORTUM CANTO. FESTA DECORO. COMMUNE DE Sᵀ ANDRE-EN-ROYANS.

Au bas : ROSIER FONDEUR ⸶ DE VRECOURT. VOSGES

Note : *sol.*   Diam. 90 c.

983. — Sᵀ-LAURENT-DE-MURE.   1851.

◄— ✝ LAVDATE DOMINVM IN CYMBALIS BENE SONANTIBVS —►

---

(1) *Marie-Séraphine* (noms de la cloche). — (2) Mᵐᵉ *Séraphine.*
(3) V. la note 2 du n° 955. — (4) V. la note 1 du n° 882.
(5) Auteur de divers écrits historiques.

◄ PARRAIN Mᴿ FREDᶜ GUEYFIER (1) RENTIER A LYON ►

◄ MARRAINE Mᴸᴸᴱ ADᴺᴱ OLLYVIER RENTIERE A Sᵀ LAURENT DE MURE ►

◄ MAIRE DE Sᵀ LAURENT DE MURE Mᴿ COCHE ►

◄ CURE Mᴿ GUEYFIER ✠ MDCCCLI ►

Sur la panse : buste de la *Vierge ;* — buste de *Sᵗ Laurent* avec : ✠ Sᵀ LAURENT PRIEZ POUR NOUS ✠ ; buste du *Christ.*

Au bas : ✠ GEDEON MOREL A LYON ✠

Note : *la.*   Diam. 83 c.

984. — Sᵀ-PANCRACE.   1851.

A. M. D. G. (2) MARIE. JOSEPH. BIENFAITEUR : DOM JEAN BAPTISTE GÉNÉRAL DES CHARTREUX. (3)

PARRAIN : JOSEPH LOUIS EYRAUD. MARRAINE : MARIE EYRAUD NÉE BRUN.

JEAN NEYROUD. MARGUERITE PELLOUX.

FRANÇOIS AMBLARD MAIRE. ALEXIS CHATAIN. 1851.

Au bas : CLᴰᴱ GULLIET ✠ FONDEUR A LYON.

Note : *fa* ♯.   Diam. 99 c.

985. — Sᵀ-ROMAIN-DE-SURRIEU.   1851.

✠ PARRAIN, Mᴿ JOSEPH PÉGERON AINÉ. MARRAINE, SOPHIE JOANNIN FEMME DE CLAUDE PIRONARD

✠ PARRAIN, CLAUDE PIRONARD. MARRAINE, MARIE MAGDELEINE PÉGERON FILLE DU Iᴱᴿ PARRAIN

✠ CETTE CLOCHE A ÉTÉ FONDUE SOUS L'ADMINISTRATION DE Jᴺ, Bᵀᴱ GLÉNAT MAIRE

Au bas : BURDIN FILS AINÉ ✠ FONDEUR A LYON 1851 ; — la *Vierge et l'enfant Jésus ;* dessous : SAINTE MARIE PRIEZ POUR NOUS.

Note : *ré.*   Poids : 165 kilog.   Diam. 64 c.

---

(1) Fréd. *Gueyffier,* frère de *François Gueyffier,* curé dudit lieu, et cousin germain de Félicie *Gueyffier,* citée sur la cloche de Sillans (V. le nᵒ 1180).

(2) *Ad majorem Dei gloriam.* — (3) Il se démit de ses fonctions en 1863.

986. — SICIEU. 1851.

⚹ SIT NOMEN DOMINI BENEDICTUM EX HOC NUNC ET USQUE IN SE-CULUM.

⚹ PARRAIN, Mᴿ LE COMTE ANDRÉ, HYPOLITE DE LEUSSE. (1)

⚹ MARRAINE, Mᴹᴱ MARIE JULIE FLORIMONDE AMICIE DE CHAPO-NAY, (2) EPOUSE DE Mᴿ LE COMTE AMÉDÉE ATHENULFE DE MONTEYNARD.

⚹ CURÉ, Mᴿ RICHARD, MAIRE, Mᴿ VIEUX GASPARD.

Au bas : BURDIN FILS AINÉ FONDEUR A LYON 1851

Note : *sol* ♯. Poids : 565 kilog. Diam. 96 c.

987. — SURRIEU. 1851.

⚹ PARRAIN, JEAN FRANCOIS BERGER, MARRAINE, CLAUDINE VILLARD, FEMME DE PIERRE RAYNAUD

⚹ PARRAIN, PIERRE RAYNAUD, MARRAINE, MARIE CLÉMENTINE BERGER

⚹ CETTE CLOCHE A ÉTÉ FONDUE SOUS L'ADMINISTRATION DE JEAN BAPTISTE GLENAT MAIRE

Au bas : BURDIN FILS AINÉ † FONDEUR A LYON 1851 ; — la *Vierge dans le croissant;* dessous : NOTRE DAME DE L'ASSOMPTION DELI-VREZ NOUS

Note : *sol.* Poids : 65 kilog. Diam. 48 c.

988. — CHEVALON (LE). 1852.

⚹ SIT NOMEN DOMINI BENEDICTUM, EX HOC NUNC ET USQUE IN SE-CULUM.

⚹ DON FAIT PAR LES HABITANTS DE Sᵀ VINCENT-DU-CHEVALON. JE M'APPELLE MARIE EUGÉNIE

⚹ MON PARRAIN EST Mᴿ HUGUES MOURRAL ET MA MARRAINE Mᴹᴱ EUGÉNIE MOURRAL. FONDATEURS (3) ☞

DE CETTE EGLISE. 1852. Mᴿ ANSELME CURÉ.

Au bas : BURDIN FILS AINÉ FONDEUR A LYON

Note : *fa* ♯. Poids : 730 kilog. Diam. 104 c.

(1) Né en 1804. Fils de Jᵇ-Augⁱⁿ-Clᵈᵉ-Gabriel de Leusse, chevʳ de Malte, et de Laurence du Colombier. — (2) Chaponay-Saint-Bonnet-Disimieu, première femme du parrain.

(3) Avec le concours de plusieurs personnes et du gouvernement.

989. — COUR. 1852.

☩ SIT NOMEN DOMINI BENEDICTUM. DON DE Mᴿ BOVIER PRÊTRE AUQUEL LA FABRIQUE ET PLUSIEURS BIENFAITEURS ONT AJOUTE UN ☞

SUPPLÉMENT. CETTE CLOCHE FONDUE EN 1847 EUT POUR PARRAIN Mᴿ LE COMTE DE REYNAUD CHEVALIER DE LA LEGION D'HONNEUR ET ☞

POUR MARRAINE Mᴹᴱ. LA COMTESSE SON EPOUSE NÉE DUBOUCHAGE. (1) REFONDUE EN 1852 PAR LES SOINS DE Mᴿ GENEVOIS CURÉ SOUS LE ☞

VOCABLE DE MARIE MAGDELAINE, A EU POUR PARRAIN Mᴿ PIERRE PRAS, ET POUR MARRAINE MAGDELEINE ROSTAING SON EPOUSE.

Sous le *Crucifix* : BURDIN FILS AINE FONDEUR A LYON. — 2ᵉ face, la *Vierge et l'enfant Jésus.*

Note : *la.*   Poids : 367 kilog.   Diam. 86 c.

Cette cloche a été refondue en 1873 (V. au *Supplément*). — Détail curieux, m'écrit le fondeur : cette cloche a été vendue neuve en 1852 à raison de 3 fr. le kilog., et, achetée fêlée en 1873 à 3 fr. 20 c. le kilog.

990. — COUR. 1852.

☩ PHILIBERTO DE BRUILLARD EPISCOPO. L. GENEVOIS PAROCHO, ANNO Dᴺᴵ 1852. J AI EU ☞

POUR PARRAIN Mᴿ JEAN CARCEL, ET POUR MARRAINE Dᴹᴱ JEANNE COCHE Fᴹᴱ MONIN.

MA VOIX EST POUR ASSEMBLER LE PEUPLE EN REPOUSSANT LES TEMPÊTES.

Au bas : BURDIN FILS AINÉ ☩ FONDEUR A LYON ; — 2ᵉ face : la *Vierge et l'enfant Jésus.*

Note : *mi.*   Diam. 57 c.

991. — GRENOBLE *(Maison de N.-D. de la Sallette).* 1852.

SIT NOMEN DOMINI BENEDICTUM

Au bas : BURDIN FILS AINÉ ☩ FONDEUR A LYON 1852

Note : *fa ♯.*   Diam. 53 c.

(1) *Mᵐᵉ Julie de Grattet du Bouchage,* veuve de M. de Wittgenstein.

Cette cloche appartenait d'abord à la Maison-Mère de la Montagne ; elle a été transportée à Grenoble, lors de la construction de la Maison de Grenoble.

992. — QUAIX. 1852.

✝ SANCTA MARIA ORA PRO NOBIS F H FAGOT CURE L FAURE PRETRE [1] MON PARRAIN Mʀ J. A. PERIER MAIRE [2]

MA MARRAINE DAME LINA PERIER NEE TIVOLLIER [3] Mʀ GEORGES PERIER [4] Dᴹᴱ A PERIER NEE BRUN [5]

DON DES HABITANS DE QUAIX NOTAMMENT MM JH FAURE [6] JA GONTIER [7] F REYGIRAUD [8] ANT GALLE [9] JHM GONTIER [10]

JHL FAURE [11] JH DESIRAT [12] MPA MARSALAT

Au bas du *Crucifx* : BENITE LE 17 AOUT 1852. — Marque de Bonnevie.

Note : *ut*.   Diam. 76 c.

993. — CHARANTONAY. 1853.

✝ SIT NOMEN DOMINI BENEDICTUM.

✝ PARRAIN Mʀ PIERRE GLASSON MARRAINE Mᴱˡˡᴱ EUGENIE BAYET.

✝ Mʀ JOSEPH RAJON CURÉ DE CHARANTONNAY. SŒUR MADELEINE REYBET.

Sous la *Croix* : BURDIN FILS AÎNÉ FONDEUR A LYON 1853. — 2ᵉ face : la *Vierge et l'enfant Jésus.*

Note : *ré*.   Poids : 195 kilog.   Diam. 67 c.

(1) Curé de Biviers, fils de Jⁿ Faure, nommé plus bas, et frère de Jˢ-Antᵉ, sous-caissier de la Caisse d'épargnes de Grenoble. — (2) Jˢ-Antᵉ Périer, propriétaire à Quaix et neveu du général Brun, né aussi d'une famille du pays citée sur la cloche de 1685 (V. nᵒ 194). — (3) *Lina* n'est qu'un surnom : Mˡˡᵉ Tivollier portait les prénoms d'Anne-Mⁱᵉ-Julie. Elle était sœur de M. Tivollier percepteur à Tullins. — (4) Fils du parrain et de la marraine, actuellement banquier à Grenoble. — (5) Anne Périer, née Brun, sœur du général et mère du parrain. — (6) Propriétaire et cultivateur. — (7) Jean-Antᵉ Gontier, neveu du général par sa mère. — (8) Fᵒⁱˢ Rey-Giraud, propᵉ. — (9) Propᵉ aussi ; autre neveu du général, celui-ci ayant cinq sœurs. — (10) Jⁿ-Melchior Gontier, propᵉ. — (11) Jⁿ-Louis Faure, propᵉ. — (12) Jⁿ Désirat, propᵉ.

994. — CLAIX. 1853.

CONFITEMINI DOMINO ET INVOCATE NOMEN EJUS   SÉRAPHINE LOUISE.

PARRAIN MR C. [1] ROYER IER. P[DT]. [2] DE LA COUR IMP[LE]. [3] DE GRENOBLE OFFICIER DE LA LÉGION D'HONNEUR.

MARRAINE MME. L[ISE]. RÉAL V[E] DU G[L] [4] BARON DURAND OFFICIER DE LA LÉGION D'HONNEUR.

MR HENRY CURÉ. MR LIOTARD MAIRE. MR A. MURE S[RE]. [5] 1853.

Au bas : BURDIN FILS AINÉ FONDEUR A LYON.

Note : *mi*.   Poids : 1140 kilog.   Diam. 119 c.

995. — CLAIX. 1853.

☩ LAUDATE DOMINUM IN CYMBALIS BENESONANTIBUS.

☩ PARRAIN, MR FÉLIX BOUGAULT CAPITAINE D'ARTILLERIE. [6]

☩ MARRAINE, MME. C. [7] ROYER NÉE DEGROS.

☩ MR HENRY CURÉ. MR LIOTARD MAIRE. MR A. MURE S[RE]. 1853.

Au bas : BURDIN FILS AINÉ FONDEUR A LYON.

Note : *sol* ♯.   Poids : 550 kilog.   Diam. 94 c.

996. — COMMELLES. 1853.

MM. PONCET CURÉ, ROUX MAIRE.

PARRAIN, MR RIBEZ ADJOINT.

MARRAINE, D[ELLE] MARGUERITE BECT.

MR BECT, EX MAIRE. D[ELLE] LUCIE CATTIN.

Ornement courant à feuilles de houx (?). Sur la panse :

JE BÉNIS L'ARRIVÉE DE L'HOMME SUR LA TERRE,

JE SÈME DANS SON CŒUR DES SENTIMENTS PIEUX,

JE CALME LE COURROUX DU CIEL ET DU TONNERRE,

---

(1) *Casimir.* — (2) *Premier président.* — (3) *Impériale.* — (4) *Louise Réal, veuve du général* Durand, baron de l'Empire. Elle était la sœur de M. F[s] Réal, député de l'Isère, et, comme lui, enfant du conventionnel André Réal. — (5) *Secrétaire.*

(6) Mort colonel d'artillerie en 1879. Il était neveu de la marraine de la cloche précédente par sa mère, fille aussi d'André Réal. — (7) *Casimir* Royer, née *Degros*, femme du parrain de la cloche précédente.

JE SONNE LE RAPPEL DE L'AME VERS LES CIEUX. (1)

Sous le *Crucifix :* BURDIN FILS AINE FONDEUR A LYON 1853 ; —
2ᵉ face : la *Vierge et l'enfant Jésus.*

Note : *fa* ♯.   Poids : 890 kilog.   Diam. 109 c.

997. — ENTRE-DEUX-GUIERS.   1853.

AD DIVINÆ DULCEDINIS SONITUM PROPERATE OMNES AD TEMPLUM
SANCTUM DOMINI.

HODIE SI VOCEM EJUS AUDIERITIS, NOLITE OBDURARE CORDA VESTRA.

PARRAIN : Mᴿ HIPPOLYTE DUCLOT. (2)

MARRAINE. Mᴹᴱ LOUISE ESTELLE DE LUMANE (3)

Au bas : C. GULLIET FONDEUR † A LYON 1853

Note : *fa.*   Diam. 111 c.

Cette cloche n'existe plus depuis 1871.

998. — FARAMANS.   1853.

† BENEDICAM DOMINUM IN OMNI TEMPORE. SEMPER LAUS EJUS IN
ORE MEO PS. 33.

† L'AN 1853 Mᴿˢ PIERRE CARCEL ETANT MAIRE ET Jᴴ MIOUX
ADJOINT.

† J'AI ETE BENITE PAR Mᴿ Fᶜᴼᴵˢ BERTON DE LA COTE (4) CURE A
FARAMANS. J'AI EU POUR PARRAIN Mᴿ AUGUSTE ☞
CHUZEL ANCIEN NOTAIRE A FARAMANS ET POUR MARRAINE Mᴹᴱ FE-
LICIENNE BADIN SON EPOUSE. JE M'APPELLE MARIE JOSEPH

Au bas : BURDIN FILS AINE FONDEUR A LYON

Note : *fa* ♯.   Poids : 865 kilog.   Diam. 112 c.

999. — HIÈRE.   1853.

1ʳᵉ face : † entre 4 *chérubins.*

(1) Ces vers sont de M. Poncet, curé du lieu.
(2) Du Clot, fils de Benoît-Bruno du Clot, conseiller-maitre en la Cour des
Comptes de Dauphiné, pourvu en 1778 et exerçant encore en 1790, et de Mˡˡᵉ d'Abon
de Montfort. Marié en premières noces à Mˡˡᵉ de Châtillon, il avait épousé en
secondes Mˡˡᵉ Lᵉᵉ Estelle Dijon de Cumane, sa cousine. — (3) *Cumane.*
(4) *De la Côte-Sᵗ-André.*

2° face :　*FONDUE LAN 1853 PAR ROSIER A VRECOURT VOSGES*　　　Au milieu, la *Vierge et l'enfant Jésus.*

3° face : *Evêque* entre 3 *chérubins.*

JAI POUR PARRAIN MR JEREMIE SPARVIER

4° face :　　　la *Vierge et l'enfant Jésus.*

ET POUR MARRAINE MME JEANNE MARIE CLERC

Note : *si.*　　　　　　　　　　　Diam. 72 c.

1000. — MAYRES.　　　　1853.

✝ PETRUS-MARIA, JOANNES, VICTORIA. VESPERE, ET MANE, ET MERIDIE NARRABO, ANNUNTIABO (1) ET NARROBO (2) ET LAUDABO NOMEN ☞

TUUM (3) PS^ME LIV. J'AI EU POUR PARRAINS M^R. PIERRE HONORÉ GRIMAUD ET MR JEAN FRANÇOIS ROUSSET, ET POUR MARRAINE (4) ☞

MME MARIE ROSE NIER NÉE SOUILLET ET MME VICTOIRE ARNAUD V^E SOUCHON. MR J^N M^CE NIER MAIRE. ET MR J^N BETHOUX ADJOINT. ☞

M^R ET^NE VANNARD CURE 1853.

Sous le *Crucifix* : BURDIN FILS AINE FONDEUR A LYON.

2° face, sous la *Vierge* : SANCTA MARIA REFUGIUM PECCATORUM ORA PRO NOBIS

Note : *sol.*　　　Poids : 480 kilog.　　　Diam. 91 c.

---

(1) *Psal.* LIV, 19. — (2) *Narrabo.* — (3) La seconde partie de ce texte ne se trouve pas dans dans le psaume sus-indiqué. — (4) *Marraines,*

1001. — MONTALIEU.   1853.

LAUDO DEUM VERUM, PLEBEM VOCO, CONGREGO CLERIUM : [1]

DEFUNCTOS PLORO, PESTEM FUGO, FESTA DE CARO. [2]

   MARRAINE : MADAME MAGDELAINE ANTOINETTE BADIN NÉE GROS.

PARRAIN : M^R LE COMTE CHARLES SCIPION DE VALIER DE BY. [3] MAIRE :

M^R LUC IVERT. CURE : MR BENOIT RAIMOND AUGUSTIN BERT.

   Au bas : G GULLIET FONDEUR A LYON 1853

   Note : *mi.*   Diam. 124 c.

1002. — NANTOIN.   1853.

   ✝ MON NOM EST MARIE ENNEMONDE. J'AI EU POUR PARRAIN, M^R.

MARC ANTOINE BADIN MAIRE ☞

   ✝ ET POUR MARRAINE, MME MARIE ENNEMONDE BADIN NÉE LAU-

RENCIN.

   ✝ MR JOSEPH VALLET ÉTANT CURÉ DE NANTOIN 1853.

   Au bas, sous le *Crucifix :* BURDIN FILS AINE FONDEUR A LYON.

— 2e face : la *Vierge et l'enfant Jésus.*

   Note : *sol.*   Poids : 500 kilog.   Diam. 95 c.

1003. — NANTOIN.   1853.

   ✝ SIT NOMEN DOMINI BENEDICTUM

   ✝ MON NOM EST MARIE LOUISE MARGUERITE J'AI EU POUR PARRAIN

MR LOUIS RENEVIER ET POUR ☞

   MARRAINE MME MARGUERITE VINCENDON MR JOSEPH VALLET ETANT

CURÉ 1853

   Au bas, comme sur la cloche précédente.

   Note : *ré.*   Poids : 150 kilog.   Diam. 64 c.

1004. — RUCHÈRE (LA).   1853.

   AD TEMPLUM SANCTUM SUUM VOCAT NOS OMNIPOTENS OMNIUM DEUS

VENITE ADOREMUS DOMINUM.

---

   (1) *Clerum.* — (2) *Decoro.* — (3) Ch^er-Scipion, comte de Vallier de By, chev^r
de la Légion d'honneur, né en 1781, et marié en 1810 avec Mlle-F^se-Cath^e-Adèle
Gély de Montcla.

PARRAIN : MR JOSEPH BIRON MAIRE.

MARRAINE : MME EMELIE (1) BIRON NEE LACOMBE.

Sur la panse, au bas : C. GULLIET † FONDEUR A LYON 1853 ; — S^T BRUNO au-dessus de l'effigie de ce saint ; — la *Vierge et l'enfant Jésus* entre 2 chérubins ; — *St Michel terrassant le démon ;* le tout dans un beau médaillon rond formé par le collier de l'ordre de St Michel ; autour, la légende, entre deux traits : LO . XI . R . DE . FR . INST . (2) DE . L'ORDRE . DE . S . MICHEL . 1469 . LO . XIV . R . DE . FR . ET . DE . NAV . (3) RESTAURATEUR 1664.

Note : *si.* Diam. 83 c.

1005. — S^TE-ANNE-D'ESTRABLIN. 1853.

⊥ PARRAINS : MESSIEURS JEAN ARMANET, RIGAT, JEAN CHAPOTAT.

⊥ MARRAINES : DAMES MARIE ARMANET, RIGAT, MARTHE RAJON.

⊥ DÉDIÉE A S^TE. ANNE PATRONNE DE CETTE PAROISSE.

Sous le *Crucifix :* BURDIN FILS AINE FONDEUR A LYON 1853. — 2e face : la *Vierge et l'enfant Jésus.*

Note : *sol.* Diam. 95 c.

1006. — S^T-ETIENNE-DE-CROSSEY. 1853.

+ LAUDATE DOMINUM OMNES GENTES, LAUDATE EUM OMNES PO-PULI. PS. 116.

+ JE ME NOMME MARIE THÉRÈSE

+ J'AI POUR PARRAIN MR FRANCOIS FAGOT PRETRE

+ MR MICHEL PASCAL CURÉ. ET MR JOSEPH MARTIN MAIRE

Au bas : BURDIN FILS AINE FONDEUR A LYON 1853.

Note : *la.* Poids : 1370 kilog. Diam. 85 c.

1007.—S^T-GEORGES-D'ESPÉRANCHE. 1853.
(Couvent de la Providence).

SIT NOMEN DOMINI BENEDICTUM

---

(1) *Emilie* sans doute, car ce nom prend cette dernière forme sur une cloche de 1867 (n° 1166). — (2) *Louis XI, roi de France, instituteur* [de l'Ordre]. — (3) *Louis XIV, roi de France et de Navarre.*

Au bas : BURDIN AINÉ ✝ FONDEUR A LYON 1853

Note : *la.*   Diam. 45 c.

1008. — S^T-LAURENT-DU-PONT.   1853.
(Chapelle de Notre-Dame-du-Château).

J'AIME A CHANTER LES LOUANGES DE MARIE ET A CONJURER LES
MAUX QUI MENACENT SES ENFANTS.

A ÉTÉ PARRAIN : MR SYLVAIN MARGOT EX-JUGE.

ET MARRAINE : MLLE HIPPOLYTE MICHALLET.

VENITE EXULTEMUS DOMINO JUBILEMUS DEO SALUTARI NOSTRO.

Au bas, un grand nombre d'ornements : J ✝ C ; — S^T (effigie
du *saint)* BRUNO ; — AVE (la *Vierge)* MARIA ; — S^T (*le saint)* LAURENT

Dans le cordon inférieur : C. GULLIET FONDEUR A LYON. ANNO
DOMINI 1853.

Dans le cordon placé au-dessous : PASTORALEM CURAM GE-
RENTIBUS D.D. [1] ANTONIO ET JOSEPHO RICHEMONT FRATRIBUS S^{TI}
LAURENTII PAROCHAM [2] ET ME ET B. V. MARIÆ SACELLO DITAVIT
MAGNA EX PARTE DOMUS MAJORIS CARTUSIÆ.

Il faut lire ainsi cette dernière inscription : Sous la gestion
pastorale de Mrs Ant. et J^h Richemont frères, la maison de la
Grande-Chartreuse enrichit, en grande partie à ses frais, la
paroisse de moi (c'est la cloche qui parle) et de la chapelle de
la bien-heureuse Vierge Marie.

Note : *la.*   Diam. 89 c.

1009. — S^T-MICHEL-EN-BEAUMONT.   1853.

✝ MARIE LOUISE EST MON NOM. BIENFAITEURS, POUR UN SERVICE
ANNUEL, AUX FRAIS DE LA FABRIQUE, A PERPÉTUITE :

✝ M^{GR}NEUR M. ACHILLE GINOULHIAC EVEQUE DE GRENOBLE, MM. P^{RE}
MELIN, CH. HON. CURE ARCH. [3] A CORPS, J^H A^E GAUTIER DE PROVEY-
SIEUX CURE ☞

---

(1) *Dominis.* — (2) *Parochiam.*
(8) *Chanoine honoraire, curé archiprêtre.*

L^E CALVAT DE VILLELONGE MAIRE PARRAIN, MME M^{IE} CHARLES FEMME AUG^E HIPP^E PELLISSIER MARRAINE, M^{LES} GROS CATH^E, CALVAT A^{NE}, ☞

M^{RS} PONSARD TH^{LE} ADJOINT, VIALLON AN^E VILLELONGE, BERNARD ROY CL^E, BERNARD VOUROU CL^E PERE, BONTHOUX MAR^N, CALVAT L^S D^E, CHARLES ☞

GER^N, GRAND CH^S, GUIGUES L^S, GUIGUES MAR^N PERE, GUIGUES REY P^{RE}, HUSTACHE P^{RE}, JACQUET FRE^C, LAURENT AN^E, MIARD BADIER R^{MI}, MIARD BEAUME P^{RE} ☞

PERE, MUNIER JAC^S PERE, MUNIER LAU^T, OLLIVIER P^{RE} AN^É, PEL-LISSIER L^S PERE, ROUSSIN P^{RE} FILS AV^R, M^{ELS} (1) FRANCOU FR^{SE}, MUNIER J^{IE}, ROUGIER C^{LE}, PROVEYSIEUX.

BENEDICAT NOS DEUS. P^E 66

Sous le *Crucifix :* BURDIN FILS AINE FONDEUR A LYON 1853. — De l'autre côté, la *Vierge et l'enfant Jésus.*

Note : *si.* Poids : 275 kilog. Diam. 80 c.

1010. — S^T-QUENTIN-DE-LA-VERPILLIÈRE. 1853.

✝ BENEDICTUS DOMINUS DEUS ISRAEL QUI FACIT MIRABILIA SOLUS

Sur la panse :

✝ MON NOM EST MARIE LOUISE. MON PARRAIN M^R. LOUIS CESAR GUERIN

(la *Vierge et l'enfant Jésus*).

MA MARRAINE MME MARIE LOUISE RENEE GUERIN NEE DESVERNAY (2)

(1) Mlles.

(2) Les lettres ayant manqué à la fonte, on a dû graver à la pointe le nom de DESVERNAY, moins les deux dernières lettres qui avaient résisté.

Seconde face :

☩ MR CHARLES REVERAND MAIRE. MR FRANÇOIS ETIENNE RABATEL CURE.

(la *Vierge et l'enfant Jésus*).

S^T QUENTIN LE 25 AOUT 1853
PROSPER ROSIER FONDEUR A VRECOURT : VOSGES.

Note : *la*.   Diam. 85 c.

1011. — VIF.   1853.

☩ DE CŒLO IN CŒUM (1) VOCAT
☩ EUGÉNIE, MARIE, PAULINE
☩ PARRAIN : LE C^{TE}. EUGÈNE DE TARDY DE MONTRAVEL. (2)
☩ MARRAINE : MLLE. MARIE JOSEPH. PAULINE DE PÉLISSIÈRES. (3)

Au-dessous, une croix sous laquelle on lit : BURDIN FILS AÎNÉ FONDEUR A LYON 1853

MEMBRES DE LA FABRIQUE.
M.M. DE PÉLISSIÈRES, (4)
    DE MONTRAVEL, (5)
    ROBERT, (6)
    DUPUY, LÉON, (7)
    RECOLIN BLARDON, (8)
    BOREL, MAIRE (9)

---

(1) *Cœlum.* — (2) Le c^{te} Eug. Tardy de Montravel, que nous retrouverons encore nommé parmi les membres de la fabrique et parmi les donateurs — (3) Mlle de *Pélissière*, fille de M. Justin de Pélissière. — (4) Justin de Pélissière, marié avec Mlle Legentil, et père de la marraine. — (5) Déjà nommé. — (6) Cl^{de}. Jacq. Robert, ex-principal de collège. — (7) Anc. manufacturier à Vizilles. — (8) Propriétaire à Crozet (ham. de Vif). — (9) Notaire et maire de Vif sous l'Empire.

OLLIER, CURÉ ARCHIPRÊTRE. [1]
FAITES PAR LES DONS [2] D'UN GRAND NOMBRE D'HABITANS
ET NOTAMMENT DE M.M.

LE R.P. GÉNÉRAL DES CHARTREUX ;
LE COMTE TARDY DE MONTRAVEL, [3]
DE PELISSIERE, [4]
OLLIER, CURÉ, [5]
C. J. ROBERT, EX. PAL. DE COLLÈGE. [6]
EUGENE ROBERT, FILS AVOCAT. [7]
PIERRE EYMARD. [8]
BLANCHOT, CURÉ. [9]
AUG. DALMAS. [10]
PIERRE BOIS. [11]
JACQUES GUISON. [12]
NICOLAS NOTRE [13]
LEON BERRIAT, [14]
VICTOR MARTIN. [15]
LEON DUPUY. [16]

DOMINIQUE BLANCHEL. [17]
PIERRE BLANCHEL. [18]
PICAUD CURÉ. [19]
LE MARQUIS DE LAVALETTE. [20]
HIPPTE JULLIEN. [21]
MARTIN CURE. [22]
BOREL NOTAIRE. [23]
MES.
VVE BUQUIN. [24]
VVE DUPUY [25]
VVE DESLOGES. [26]
ROBERT NEE LSE CLET [27]
MELLE LAURE ROBERT [28]
MME BERRIAT (HUGUES) [29]

Note : *mi.*   Poids : 1300 kilog.   Diam. 121 c.

(1) De Vif. — (2) *Faite par les dons.* — (3) Déjà nommé. — (4) *Id.* — (5) *Id.* — (6) *Id.* — (7) Depuis, bibliothécaire-adjoint à la bibliothèque de Grenoble. — (8) Prop°. — (9) *Blanchet*, curé à Château-Bernard (?). — (10) Augustin Dalmas, ancien nég¹, adjoint au maire de Vif et prés¹ de la Société d'agriculture. — (11) Propriétaire à Reymure (ham. de Vif). -- (12) Prop°. — (13) Célⁱᵉ-Nicolas, maire de Vif en 1848, notaire. — (14) Anc. notaire, filateur de soie. — (15) Prop°. — (16) Déjà nommé. — (17) *Blanchet*, frère du curé Blanchet, de Château-Bernard, prop° à la Rivoire (ham. de Vif). — (18) *Blanchet*, autre frère du même, prop° à Vif. — (19) De Prélanfrey. — (20) Ancien maire de Grenoble sous la Restauration. — (21) Banquier à Grenoble. — (22) A Champ (?). — (23) Déjà nommé. — (24) Née Lestelley, dont le mari était notaire à Vif, et le père directeur des Haras à Grenoble. — (25) Née Rosset, mère de M. Léon Dupuy. — (26) Née Clappier-Delille et veuve d'un officier en retraite. — (27) Femme de Clᵈᵉ-Jacq. Robert, déjà nommé. — (28) Sa petite-fille. — (29) Née Petit, femme, en premières noces, du Dʳ Bilon, de Grenoble, et, en secondes, de M. Hugues Berriat, maire de cette ville.

(*Il y a cela de particulier, pour cette cloche, que les donations étant fixées au minimum de 50 f., les donateurs avaient droit de voir figurer leur nom dans l'inscription autant de fois qu'ils donneraient un multiple de cette somme. C'est ainsi, par exemple, que M. Robert ayant donné 200 f., son nom est reproduit quatre fois, y compris ceux de sa femme et de sa petite-fille*).

1012. — AVENIÈRES (LES).   1854.

SIT NOMEN DOMINI BENEDICTUM

Sur la panse, mais sur le même côté et séparées seulement par un *Crucifix*, les deux inscriptions suivantes :

JE	J'AI
PESE 1592 (1)	ETE DONNEE
KILOGRAMMES	A L'EGLISE DE
JE M'APPELLE	ST PIERRE DES
MARIE LOUISE PETRONILLE	AVENIERES PAR MADAME
MON PARRAIN A ETE MR PIERRE	VEUVE MIGNOT, NÉE LOUISE SEIGLE
SEIGLE ET MA MARRAINE	EN L'AN 1854, SOUS
DAME LOUISE SEIGLE	MESSIRE FRANÇOIS
VEUVE DE MR	POLLARD, CURE
JACQUES	DE LA
MIGNOT	PAROISSE

Au bas : BURDIN FILS AINE FONDEUR A LYON

Note : *ré.*   Poids : 1640 kilog.   Diam. 136 c.

1013. — FERRIÈRE-D'ALLEVARD (LA). 1854.

☩ LYON EN JUILLET 1854 PESANT *(en chiffres gravés :* 715, 6 *(en lettres moulées :* COMPRIS LE BATTANT.

☩ PARRAIN, MR RAMUS FRANÇOIS MAXIME, GÉOMÈTRE A LA FER-RIÈRE. MARRAINE, MME RAFFIN FÉLICITÉ, DE VILLARD-NOIR, SON ÉPOUSE.

☩ BIENFAITEURS, M.M. RAMUS, PIERRE, MAIRE, DUSSERT CURÉ, GIBERGY CLAUDE ADJOINT, GIBERGY ANTOINE, BAROZ PIERRE, BAROZ CLAUDE ☞

J. JOURDAN, PIERRE BONNET, P. GUERRE, JH GARCIN INSTR (2) F. GIBERGY, MME TAVEL. (3)

Sur la panse, ☩ ; dessous, BURDIN FILS AINÉ FONDEUR A LYON. — 2° face : la *Vierge et l'enfant Jésus.*

Note : *fa* ♯.   Poids : 715 kilog.   Diam. 103 c.

(1) Chiffres gravés.
(2) *Instituteur.* — (3) *Françoise Gibergy, épouse Tavel.*

1014. — FERRIÈRE-DU-GUA (LA). 1854.

☨ MARIE MAGDELEINE ADRIENNE Sᵀ FRANCOIS DE SALES PATRON

☨ PARRAIN Mᴿ LOUIS ARNAUD PROPᴿᴱ MARRAINE Mᴱ (1) ADRIENNE LOUISE LEONIDE FERARY

☨ CURE Mᴿ ANTOINE BONNIER. MAIRE Mᴿ CLAUDE JOSEPH PAPOUX

☨ BIENFAITEURS : MARIE MAGDELEINE ET MARIANNE PAPOUX, VICTOR RAVAT, JACQUES CHARVET, PIERRE ANTOINE BRUN, LES FRERES MAZET, (2) VICTOR NOTAIRE SA Fᴱ (3) HYPOLYTE BONAIME

☨ PAUL PROPᴿᴱ SA FEMME LOUISE CLET, ANDRE FERARY, MARIE GUERIN Fᴱ (4) ARNAUD, ROSE FAUCHERAND, JULIE MARTIN Fᴱ (5) PAPOUX, CLAUDE BERNARD, JOSEPH EYMARD, FRANCOIS MARTEL

☨ JOSEPH FAUCHERAND, JEAN BLANC, JEAN PIERRE GAUTIER, PIERRE Jᴴ ARDOIN DUPONT ET SA FEMME ANGELE CLET, MARIE RIONDEL Vᴱ BONNIER.

Au bas : BURDIN FILS AINE FONDEUR A LYON 1854

Note : *fa* ♯.　　　Poids : 670 kilog.　　　Diam. 99 c.

1015. — IZEAUX. 1854.

☨ VOX DOMINI IN MAGNIFICENTIA JAC ACHIL (6) GINOUILLAC EPISCOPUS GRATIANO POLITANUS. (7)

☨ JE M'APPELLE JEANNE MARIE J AI POUR MARRAINE JEANNE MARIE GIGARD, Vᴱ DE PIERRE ANDRE GODUEL D'IZEAUX QUI A ☞

☨ FAIT CADEAU DE CETTE CLOCHE A L'EGLISE ET A LA COMMUNE D'IZEAUX EN 1854. J'AI EU POUR PARRAIN Mᴿ ALPHONSE REPITON☞

PRÉNEUF PERE D'IZEAUX ASSISTÉ DE Mᴿˢ JOSEPH REPITON PRÉNEUF JUGE DE PAIX DU CANTON DE RIVES HYPOLYTHE REPITON ☞

PRÉNEUF (8) MAIRE D'IZEAUX SES DEUX FILS ET DE Mᴿ ALPHONSE REPITON PRÉNEUF SON PETIT FILS AVOCAT A GRENOBLE (9) ☞

Bande ornée et, au-dessous, sur la panse :

☞ Mᴿ LOUIS MICHEL GAGNIERE ETANT CURE D'IZEAUX ET Mᴿ.

---

(1) *Mᵐᵉ.* — (2) MAZET : (suivent les prénoms des deux frères. — (3, 4 et 5) *Femme.*
(6) *Jacques-Achille.* — (7) *Gratianopolitanus.* — (8) Notaire et maire. —
(9) Actuellement notaire à Izeaux.

FRANCOIS, BRUN BUISSON ADJOINT. MR PIERRE BRUN ET PIERRE VA-CHON ☞

D'IZEAUX ONT ASSISTÉ M^R. LE CURE ET M^R LE MAIRE POUR M'ACHE-TER A LYON.

Au bas : BURDIN FILS AINE FONDEUR A LYON.

Note : *mi.*   Poids : 1270 kilog.   Diam. 123 c.

1016. — S^T-HILAIRE-DU-ROSIER.   1854.

✝ SIT NOMEN DOMINI BENEDICTUM   *(En lettres gravées :* DON DE M. VERNEIN.

✝ PARRAIN MR AUGUSTE GALLAND.

✝ MARRAINE M^{ELLE} AUGUSTINE GALLAND.

✝ CURÉ M^R. GELAS.

Au bas : BURDIN FILS AINÉ ✝ FONDEUR A LYON 1854

Note : *sol.*   Poids : 600 kilog.   Diam. 95 c.

1017. — ARZAY.   1855.

✝ L'AN 1855 ET LE 20 MAI, CLAUDE PLANTIER ÉTANT MAIRE, J'AI ÉTÉ BÉNITE PAR M^R. JOSEPH MATHAIS DESSERVANT.

✝ J'AI EU POUR PARRAIN M^R. NICOLAS TRAINAR, PROP^{RE} ET ANCIEN MAIRE D'ARZAY, ET POUR MARRAINE ☞

MME MARIE DELPHINE VASSEROT-MERLE, SA BELLE FILLE, ÉPOUSE DE M^R. EUGÈNE TRAINAR, GREFFIER EN CHEF DU ☞

TRIBUNAL CIVIL DE VIENNE (ISÈRE) C'EST LA MUNIFICENCE ET LA PIÉTÉ DE LA FAMILLE TRAINAR QUI A GRATIFIÉ ☞

DE CE DON LA NOUVELLE ÉGLISE D'ARZAY.

Sous la *Croix :* BURDIN FILS AINÉ FONDEUR A LYON

Note : *si.*   Poids : 340 kilog.   Diam. 81 c.

1018. — COTE-S^T-ANDRÉ *(Séminaire de la).* 1855.

✝ SIT NOMEN DOMINI BENEDICTUM

(En lettres gravées: SÉMINAIRE DE LA CÔTE SAINT ANDRÉ.

Au bas, *en lettres moulées, sous la croix :* BURDIN FILS AINE FONDEUR A LYON 1855

Note : *mi.*   Poids : 130 kilog.   Diam. 59 c.

1019. — MURE *(Couvent de la Nativité de la).*   1855.

✠ SIT NOMEN DOMINI BENEDICTUM

En lettres gravées : DON DE MARIE ANNE G.... AU COUVENT DE LA NATIVITE DE N. S. [1] DE LA MURE

PARRAIN Mᴿ VICTOR GIRIN DE PARIS. MARRAINE Mᴹᴱ ELISA GARAL Vᵛᴱ ANTHOARD DE LA MURE.

Au bas, *en lettres moulées :* BURDIN FILS AINE FONDEUR A LYON 1855.

Note : *mi.*   Poids : 130 kilog.   Diam. 59 c.

1020. — PASSAGE (LE).   1855.

∾ ✠ VESPERE ET MANE ET MERIDIE NARRABO ET ANNVNCIABO ET EXAVDIET VOCEM MEAM PS LIV [2] ∾

∾ JE M APPELLE MARIE JOSEPHINE ∾

∾ PARRAIN Mᴿ ANTⁿᴱ Lᴰ Mᴵᴱ THEODᴿᴱ NADAUD ∾

∾ MARBAINE Mᴹᴱ Nᴵᴱ Jʰᴵⁿᴱ DERIEUX ∾

∾ MAIRE DU PASSAGE Mᴿ Pᴿᴿᴱ ANTⁿᴱ RAVIX ✸ CUBE Mᴿ Pᴿᴿᴱ MOI-ROUD ∾ MDCCCLV ∾

Sur la panse : médaillon du *Christ ;* — médaillon de *Saint,* avec : ✸ S ETIENNE PRIEZ POUR NOUS ✸ ; — médaillon de la *Vierge,* et, plus au-dessous : ✸ G MOREL A LYON ✸ ; — médaillon de 2 *saints,* avec : ✸ SS PIERRE ET PAUL PRIEZ POUR NOUS ✸

Entre les médaillons, mais un peu plus bas, les symboles

(1) *Notre-Seigneur.*
(2) V. 19.

évangéliques, avec : ✠ S MARCVS ✠ — ✠ S MATTHAEVS ✠ — ✠ S IOHANNES ✠ — ✠ S LVCAS ✠

Note : *fa*.   Diam. 112 c.

Cette cloche a été remplacée en 1872 par celle qui porte le nº 1185 de ce recueil.

1021. — PONT-EVÊQUE.   1855.

AFFERTE DOMINO GLORIAM ET HONOREM : AFFERTE DOMINO GLORIAM NOMINI EJUS :

ADORATE DOMINUM IN ATRIO SANCTO EJUS.

HUIC CAMPANÆ SOLEMNITER MARIÆ AMELIÆ COGNOMEN IMPOSUERE D FRANCISCUS ET AMELIA GONNET, DIE 4 OCTOBRIS 1855.

Au bas, sous le *crucifix* : EX MUNIFICENTIA D JOANNIS GONNET ECCLESIÆ PAROCHIALI PONT EVEQUE IN MEMORIAM CARISSIMÆ FILIÆ DIE, QUINTA SEPTEMBRIS DEFUNCTÆ ANNO 1855

GULLIET FONDEUR A LYON

Sur la panse : *Crucifix ; — évêque ; —* la *Vierge ; — Sᵗ Pierre.*
Note : *sol* ♯.   Diam. 94 c.

1022. — Sᵀ-LAURENT-EN-BEAUMONT. 1855.

✝ CHANGORE [1] MEO DOMINUS BENEDICET POPULO SUO IN PACE Pˢ 28. FILLE DE LA CHARITE DES HABITANTS DE Sᵀ LAURENT MON DE-VOIR ☞

EST D'ATTIRER SUR EUX LES BENEDICTIONS DU CIEL EN LES INVI-TANT A LA PRIERE. JE M'APPELLE MARIE EUGENIE ZOE, MES PARRAINS☞

SONT Mᴿˢ AUGᵀᴱ AGLOT PERᴿ [2] SERAPHIN DUMOLARD Mᴿᴱ [3] HIP-POLYTE DE GALVIN ADᵀ [4] MES MARRAINES Mᴹᴱˢ EUGENIE FREYNET Fᴱ DUMOLARD ☞

(1) Pour *clangore meo*, deux mots ajoutés au verset 11 du ps. 28. — (2) *Per-cepteur.* — (3) *Maire.* — (4) *Adjoint.*

ZOE NIER F^E DE GALVIN. MARIANNE DUCLOT V^E TURC. MES PRINCI-
PAUX BIENFAITEURS SONT M^{RS} BARET CURE DE S^T LAURENT, MELIN🖘
ARCH^{ARE} (1) DE CORPS, FUZAT AUMONIER, VICTOR DESMOULINS,
FRANCOIS BONNARD, LOUIS FREYNET, MARIANNE TAGNARD V^E DURAND.

Au bas : BURDIN FILS AINE FONDEUR A LYON 1855

Note : *sol.*   Poids : 680 kilog.   Diam. 105 c.

1023. — S^T-MAURICE-LALLEY.   1855.

∽ ± A. N. (2) DAME. DE. LA. SALETTE ∽ MAGNIFICAT. ANIMA.
MEA. DOMINVM. LVC CI (3) ∽

∽ JE M APPELLE MARIE ROSE LEONIE

∽ PARRAIN MR LEON PONCET ∽

∽ MARRAINE MLLE ROSE DRILLON ∽

∽ CURE DE S^T MAURICE LALLEY M^R E BADIER ✸ MAIRE M^R. H^{RI}
DUNIERES ✸ MDCCCLV ∽

Sur la panse : le couronnement de la *Vierge ;* dessous :
✸ COURONNEMENT DE N D (4) ✸ ; — buste de *Jésus-Christ ;* — S^t
Maurice ; dessous : ✸ S^T MAURICE PRIEZ POUR NOUS ✸ ; — la
Vierge entourée de rayons ; dessous : ✸ O MARIE CONCUE SANS
PECHE PRIEZ POUR NOUS ✸

Un peu plus bas, et entre ces 4 médaillons : le *lion* avec :
✸ S MARCVS ✸ ; — l'*aigle* avec : ✸ S IOHANNES ✸ ; — le *taureau*
avec : ✸ S LVCAS ✸ ; — l'*ange* avec : ✸ S MATTHAEVS ✸

Au bas : ✸ G MOREL A LYON ✸

Note : *fa* ♯.   Diam. 105 c.

1024. — FRÉNEY (LE).   1856.

1re face : *Evêque.*

---

(1) Pour *curé-archiprêtre.*
(2) *Notre.* — (3) *Ch. 1,* et non *CI.* — (4) *Notre-Dame.*

VOX CLAMANTIS IN DESERTO PARATE VIAM DOMINI IS 403 DON DE LA FAMILLE FLEUR SOUS L'EGLISE (1)

2e face : *la Vierge.*

FONDUE L'AN 1856 SOUS L'ADMINISTRATION DE M (2) CURE ET MR REYMOND DES CHAZAUX MAIRE

3e face : *Crucifix* sous lequel on lit : ROSIER FONDEUR — A VRECOURT VOSGES

J'AI POUR PARRAIN MR ALEXANDRE PELLORCE DE LA COMBE (3) ET POUR MARRAINE

4^e face :

un Evêque.

MME CATHERINE CHALVIN SON EPOUSE QUI ONT DONNE 600 FRANCS

Note : *fa.*   Diam. 105 c.

1025. — S^T-ETIENNE-DE-CROSSEY.   1856.

+ VOX DOMINI IN VIRTUTE VOX DOMINI IN MAGNIFICENTIA P^S 28. LAUDATE DOMINUM OMNES GENTES, LAUDATE
EUM OMNES POPULI P^S 116. MARIE FRANCOISE STEPHANIE PARRAIN MR GARON PIERRE CHEV^{IER} (4) DE LA LEGION D'HONNEUR.

(1) Lisez : *Isaïe,* 40, 3. — (2) Le nom du curé est absent, *sede vacante* peut-être. — (3) C'est l'usage, dans ces montagnes où ces noms de Fleur, Reymond, Pellorce, etc. sont fort communs, de distinguer ces familles par les noms des hameaux qu'elles habitent.
(4) *Chevalier.*

MARRAINE DAME DU MANOIR NEE MARIE FRANCOISE DEVOISE. [1] MAIRE
MR MARTIN JOSEPH ☞

CURE MR PASCAL MICHEL

Au bas : BURDIN FILS AINE FONDEUR A LYON 1856

Note : *mi.*   Poids : 900 kilog.   Diam. 110 c.

1026. — S^T-SAUVEUR (*St-Marcellin*).   1856.

◄ ✝ SALVATOR MVNDI SALVA NOS ✸ SANCTA MARIA SINE LABE CON-
CEPTA ORA PRO NOBIS

◄ JE M APPELLE MARIE ► PARRAIN M^R A^ME DE SERESIN [2] MAIRE
DE S^T SAUVEUR ► MARRAINE MME

◄ EM^LIE MARTIN EPOUSE DE M^R A BON ►

◄ BIENFAITEURS NN SS [3] M^IE ACH^LE GINOULHIAC

◄ EVEQUE DE GRENOBLE ✸ PH. DE BRUILLARD ANCIEN EVEQUE [4]
ET MM PHILIBERT CURE DE S^T SAUVEUR ✸ ET^NE

◄ BOUCHER ✸ BLAN ✸ BUISSON ✸ ROSE COTTE ✸ TH BOSSAN ✸ HIP
ESPILLY ✸ H BUISSON ✸ MDCCCLVI ►

Sur la panse : la *Vierge immaculée ;* dessous, au bas de la
cloche : ✸ G MOREL A LYON ✸ : — la *Résurrection ;* — St Jean ;
— *St François Régis,* mi-corps, avec : ✸ S^T J F REGIS PRIEZ POUR
NOUS ✸

Note : *la.*   Diam. 93 c.

1027. — S^T-VICTOR-DE-CESSIEU.   1856.

LA GLOIRE DU SEIGNEUR JE CHANTE D'AGE EN AGE
ET LES NOBLES VERTUS DE MON BEAU PATRONAGE. [5]

MR FRANÇOIS MONNET CURE, M^R LE COMTE LEO^D DE VALLIN A
ETE PARRAIN ET MME MARIE BERNADINE [6] CLOTILDE DE LA GUICHE
COMTESSE DE VALLIN MARRAINE ☞

---

(1) *Dumanoir,* fille de M. Devoise, consul à Tunis sous Napoléon Ier.
(2) *Aimé* de Sérésin. — (3) *Nos seigneurs.* — (4) Alors retiré à Montfleury.
(5) Deux vers. — (6) *Bernardine.*

BIENFAITEURS M^RS ET M^MES : LECOMTE DE MONCHENU. [1] LA MARQUISE DE PISANCON. [2] LE COMTE DE VALLIER. JEANNE GRAND. E. RUBY ☞

LAURENT BADIN, MAIRE. J^H COCHARD, ADJOINT. LAURENT DURANT. LEONARD BILLARD. J^H GUILLAUD. H^TE GUILLAUD PIERRE GARNIER. J^H BOURDILLON. MICHEL GUILLARD ☞

J^H RABILLOUD. CH BONNARD. J^CHIN BADIN. CONSTAN COUTAVOZ, TOUS LES HABITANTS DE S^T VICTOR.

OUI ! MA VOIX VOUS PROMET, A VOUS AU COEUR DOCILE, AUPRES DU ROI DES CIEUX UN ETERNEL ASILE. [3]

Au bas : GULLIET ✝ FONDEUR A LYON. 1856. — *St Pierre ;* — effigie de la *Vierge ;* autour : NOTRE DAME DE FOURVIERES. — Effigie de *St Victor* ; autour : S^T VICTOR.

Note : *fa ♯*.   Diam. 111 c.

1028. — VEUREY.   1856.

✝ CETTE CLOCHE, DONNEÉ PAR MR FELIX ESCOFFIER, [4] DE S^T ETIENNE, (LOIRE) A REÇU AU BAPTEME LE NOM DE ☞

VALANTINE, QUI PERPETURA [5] CELUI D'UN HOMME DE BIEN, LOUIS VALANTIN, DE VEUREY, MR FELIX ESCOFFIER ☞

CHEVALIER DE LA LEGION D'HONNEUR, ✳ PARRAIN. MME ANAIS, ADELE, VICTORINE, [6] BERARD, F^ME DU PREFET DE ☞

L'ISERE, CHEVALIER DE LA LEGION D'HONNEUR, ✳ MARRAINE. 1856. Au bas : BURDIN FILS AINE FONDEUR A LYON

Note : *fa ♯*.   Poids : 830 kilog.   Diam. 107 c.

1029. — VILLARD-BONNOT.   1856.

VIERGE CONCUE SANS PECHE

PRIEZ POUR NOUS

---

(1) *Montchenu.* — (2) V. l'inscription n° 924. — (3) Encore deux vers. (4) Entrepreneur de la manufacture d'armes de Saint-Etienne. — (5) *Perpétuera.* — (6) Fille de M. Charles et de Mlle Lentemenn.

1856

Au bas : GULLIET ☩ FONDEUR A LYON

Note : *ut.*   Diam. 78 c.

1030. — BLANDIN.   1857.

☩ JOSEPHINE

☩ MARRAINE, MME JOSEPHINE ALIX DE VALLIN MARQUISE DE VIRIEU [1]

☩ PARRAIN MR JEAN ALPHONSE AYMON MARQUIS DE VIRIEU

☩ MR JOSEPH TRILLAT CURÉ, MR LUCIEN VALLET MAIRE

Au bas, sous le *Crucifix*: BURDIN FILS AINE FONDEUR A LYON 1857

Sur la panse, écussons accolés de Virieu et Vallin sous une couronne de marquis : 1° *de gueules, à 3 vires d'argent.* 2° *de gueules, à la bande componné d'argent et d'azur, de 6 pièces.* (Le graveur de cet écusson a mis, sur la cloche, des compons de fantaisie que j'ai dû reproduire en *fac-simile.*

Note : *sol ♯.*   Poids : 560 kilog.   Diam. 95 c.

(1) V. l'inscription de la cloche de Sablons de 1865. au *Supplément.*

1031. – CHASSIEU.   1857.

◄ ✝ VESPERE ET MANE ET MERIDIE NARRABO ET ANNVNTIABO ET
EXAVDIET VOCEM MEAM PS LIV ►

◄ JE M APPELLE FRANCOISE ROSALIE ►

◄ PARRAIN MR FRANCOIS OGIER PROPRIETAIRE RENTIER ►

◄ MARRAINE MME ROSALIE CARRE SON EPOUSE ►

◄ MAIRE DE CHASSIEUX MR J^N OGIER FILS DU PARRAIN ✦ CURE
MR SERMET ✦ MDCCCLVII ►

Sur la panse : buste de la *Vierge* ; dessous : ✦ G MOREL A
LYON ✦ : — *Adoration des Mages* ; — buste de *Jésus-Christ* ; —
buste mi-corps d'un *martyr* ; dessous : ✦ S GALMIER PRIEZ POUR
NOUS ✦

Note : *sol.*   Diam. 96 c.

1032. – CHASSIEU.   1857.

◄ ✝ MAGNIFICAT ANIMA MEA DOMINVM LVC CI [1] ►

◄ JE M APPELLE PIERRETTE MARIE ►

◄ PARRAIN MR PIERRE ROYER PROPRIETAIRE ►

◄ MARRAINE MME MARIE BOLEAU SON EPOUSE ►

◄ CHASSIEUX ✦ MDCCCLVII ►

Sur la panse : buste mi-corps de *Jésus-Christ* ; — l'*Annonciation* ; — buste mi-corps de la *Vierge* ; dessous : ✦ G MOREL
A LYON ✦ ; — la *Ste Famille.*

Note : *si.*   Diam. 75 c.

1033. – ECLOSE.   1857.

Sur la panse, les quatre cartouches suivants :

(1) Ch. 1.

1re face.	2e face.	3e face.	4e face.
PARRAIN JEAN FRANCOIS MAURICE. MARRAINE CAMILLE MAURICE NEE CARLET. BIENFAITEURS DE L'EGLISE	JE M'APPELE MARIE AINSI NOMMEE PAR MGR ACHILLE GINOULHIAC LE 29 MAI 1847	CURE AUGUSTE HIPPOLYTE BOUVIER	MAIRE JEAN RABILLOUD

Entre ces 4 cartouches, au bas de la panse : 1° † — GULLIET FONDEUR A LYON. — A la suite : PAROISSE D'ECLOSES.

2° *Evêque* avec l'inscription au-dessus de la tête : ST HIPPOLYTE.

3° La *Vierge écrasant le serpent.* Dessous : VIRGO, IMMACULATA IN CONCEPTIONE TUA, ORA PRO NOBIS.

4° *St Joseph* tenant un lis et l'*enfant Jésus.*

Note : *sol.* Diam. 95 c.

1034. — ECLOSE. 1857.

Sur la panse, les quatre cartouches suivants :

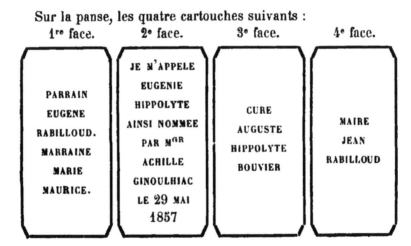

1re face.	2e face.	3e face.	4e face.
PARRAIN EUGENE RABILLOUD. MARRAINE MARIE MAURICE.	JE M'APPELE EUGENIE HIPPOLYTE AINSI NOMMEE PAR MGR ACHILLE GINOULHIAC LE 29 MAI 1857	CURE AUGUSTE HIPPOLYTE BOUVIER	MAIRE JEAN RABILLOUD

Entre ces 4 cartouches, au bas de la panse : 1° ⊥ — GULLIET
FONDEUR A LYON. — A la suite : PAROISSE D'ECLOSES.

2° St *Hippolyte (ut supra).*

3° La *Vierge (ut supra),* mais sans l'inscription.

4° St *Joseph (ut supra).*

Note : *si.* Diam. 76 c.

1035. — GONCELIN. 1857.

+ A DIEU SEUL HONNEUR ET GLOIRE S^T DIDIER ARCHEVÊQUE DE
VIENNE, MARTYR, PATRON DE CETTE PAROISSE 1857.

+ MR SERAPHIN SABATIER, MAIRE DE GONCELIN, MR JOSEPH REYNAUD
CURÉ, ARCHIPRÊTRE DU CANTON DE GONCELIN

+ MR HENRI REYMOND, MARQUIS DE MONTEYNARD, [1] PARRAIN.

+ M^{DE} LOUISE GABRIELLE DE ROSIERES DE SORRANS, [2] MARQUISE
DE MONTEYNARD, MARRAINE.

Au bas : BURDIN FILS AINE FONDEUR A LYON.

Note : *mi.*   Poids : 1050 kilog.   Diam. 118 c.

1036. — GONCELIN. 1857.

+ A L'IMMACULEE VIERGE MARIE MÈRE DE DIEU, PATRONNE DU DIO-
CESE DE GRENOBLE ET DE TOUTE LA FRANCE.

+ MR JOSEPH REYNAUD CURÉ ARCHIPRÊTRE DU CANTON DE GONCELIN
DONATEUR DE LA SOMME DE 300 F. PARRAIN.

+ M^{GNEUR} JACQUES MARIE ACHILLE GINOULHAC, EVÊQUE DE GRENOBLE,
DONATEUR DE CELLE DE 200. BIENFAITEUR.

+ MR SERAPHIN SABATIER MAIRE DE LA COMMUNE DE GONCELIN.

Au bas : BURDIN FILS AINE FONDEUR A LYON. 1857.

Note : *la.*   Poids : 450 kilog.   Diam. 89 c.

---

(1) Fils ainé de H^{or}-J^h, m^{is} de Monteynard, maréchal de camp en 1817, gentilhomme ordinaire de la chambre du roi en 1820, pair de France en 1827, et
de Clém^{ce}-Hip^{te}-Phil^{no} de Dreux-Brézé. — (2) Seconde femme du parrain et
veuve elle-même du m^{is} d'Evry.

1037 A 1039. — GRANDE-CHARTREUSE
(Nouvel horloge de la). 1857.

Ces trois cloches sont sans légende et portent simplement les mots : GULLIET FONDEUR A LYON 1857.

Elles donnent les notes : *mi, sol* et *si*. Leur diamètre est de 56, 45 et 40 c.

1040. — LAFFREY. 1857.

☩ CHRISTUS VINCIT, CHRISTUS REGNAT, CHRISTUS IMPERAT, CHRISTUS AB OMNI MALO [1] DEFENDAT. O MARIA, SINE LABE CONCEPTA, ORA PRO NOBIS

☩ MR GUICHARD MICHEL MAIRE, MR SEMONAZ [2] FRANÇOIS, CURE. 1ER. PARRAIN ET MARRAINE MR JULIEN BONARD [3] CONSEILLER A LA COUR DE ☞

GRENOBLE MME. CAMILLE TEISSEIRE [4] 2ME. PARRAIN ET MARRAINE MR EMMANUEL TEISSEIRE MME EUGENIE BONNARD, [5] M^R. ET MME BARET ☞

POUR 500 F. MR JEAN CHARLAIX ADJOINT

Au bas : BURDIN FILS AINE FONDEUR A LYON 1857

Note : *fa* ♯. Poids : 660 kilog. Diam. 102 c.

1041. — LONGECHENAL. 1857.

✝ HODIE SI VOCEM EIVS AVDIERITIS NOLITE OBDVRARE CORDA VESTRA ▶

◀ JE MAPPELLE HECTORINE LEONCIE ✽ DON DE CLXXX SOUSCRIPTEURS ▶

◀ PREMIER PARRAIN MR LEONCE BLANCHET [6] DE RIVES ✳ PREMIERE MARRAINE MME HTORINE BLANCHET SON EPOUSE [7]

(1) *Nos* a été omis. — (2) *Semanaz.* — (3) *Bonnard.* — (4) Née *Camille* Bonnard, fille des précédents ; veuve de M. Durand, fils du général baron Durand et de Mlle Louise Réal, elle s'était remariée à M. Em^l Teissère, fils de M. Camille Teisseire, ancien député de Grenoble et beau-frère de Casimir Périer. — (5) Femme du 1er parrain.

(6) Manufacturier à Rives, fils d'Aug^{in} Blanchet et d'Adélaïde Sorrel, et neveu du 2e parrain. —(7) Hectorine, fille d'Hector Blanchet, auteur de divers écrits

◀ DEUXIEME PARRAIN MR V^{OR} BLANCHET [1] CHEV DE LA LEG [2]
D HONNEUR ✳ DEUXIEME MARRAINE M^{ELLE} L^{NIE} [3] BLANCHET

◀ SA PETITE NIECE ✳ CURE DE LONGECHENAL MR REMY CHALON ✳
MDCCCLVII ▶

Au bas : ✳ C MOREL A LYON ✳

Sur la panse : le *Christ ;* — *St Pierre* et *St Paul,* avec : ✳ S^T
PIERRE ET S^T PAUL PRIEZ POUR NOUS ✳ : — la *Vierge,* sous laquelle
le nom du fondeur transcrit ci-dessus : — l'*Assomption,* avec :
✳ ASSOMPTION DE N D ✳

Note : *sol.*   Diam. 95 c.

1042. — MOISSIEU.   1857.

A JESUS ET A MARIE IMMACULEE DANS SA CONCEPTION LES HABITANS
DE MOISSIEU ☞

MR PHILIBERT DE BRUILLARD EVEQUE DE GRENOBLE. SUSANNE JOSE-
PHINE JE MAPPELLE ☞

PARRAI NM^R [4] JEAN CLAUDE JOSEPH LAGARD. MARRAINE MME ANNE
SUSANNE PIERRETTE DE LUSY NEE DUPELOUX [5] ☞

MR FRANCOIS BALTHAZARD ALEXANDRE DE LUSY MR FRANCOIS AIME
DE LUSY, MME ANNE OLIMPE DE LUSY NEE DUPELOUX ☞

MME MARIE GABRIEL JOSEPHINE BLAIN, EPOUSE DE MR LAGARD. M^R
JEAN BAPTISTE PELLET CURÉ ☞

.... DE MOISSIEU. M. JEAN BAPTISTE..... FILS [6]

Au bas : BURDIN AINE ☩ FONDEUR A LYON 1857

Note : *sol* ♯.   Diam. 95 c.

1043. — PENOL.   1857.

☩ COMMUNE DE PENOL   ☩ A MARIE IMMACULÉE
☩ PARRAIN, ANDRE GARIN MAIRE
☩ MARRAINE, MARIE VIRGINIE CARCEL
☩ JOSEPH SAVIGNON CURE

Au bas : BURDIN FILS AINÉ FONDEUR A LYON 1857

Note : *la.*   Diam. 90 c.

sur l'histoire du Voironnais. — (1) V. l'inscription n° 942. — (2) *Chevalier de
la Légion.* — (3) *Léoncie,* fille des premiers parrain et marraine.
(4) *Parrain M^r.* — (5) *Du Peloux.* — (6) Cette ligne est en partie grattée....

1044. — PUSIGNAN *(Eglise neuve).* 1857.

± 4 médaillons dans lesquels :

1re face.	2e face.	3e face	4e face
PARRAIN J^H CREPT MARRAINE ELIE DATIGNY EPOUSE DE CREPT	MAIRE J^H CREPT CURE CLAUDE BERLIAT	VIRGO IMMACULATA IN CONCEPTIONE TUA ORA PRO NOBIS	SEIGNEUR JE VOUS EXALTERAI PAR MES CANTIQUES EN PRESENCE DES ANGES

Au bas : GULLIET FONDEUR A LYON 1857

Note : *fa.* Diam. 112 c.

1045. — S^T-CHRISTOPHE-EN-OISANS. 1857.

± SANCTE CHRISTOPHORE (1) ORA PRO NOBIS A FULGURE ET TEMPES-
TATE LIBERA NOS DOMINE.

± PAROISSE S^T CHRISTOPHE EN OISAN (2) ISERE. JE PESE *(en chiffres
gravés :* 665 *(en relief :* KILOG.

± M^R L'ABBÉ GIRAUD DE VANOSC (3) CURÉ. MR PIERRE PAQUET MAIRE
PARRAIN.

± MME. CLAUDINE FRANCOISE PAQUET NEE TURC MARRAINE.

Sous le *Crucifix :* BURDIN FILS AINE FONDEUR A LYON 1857.

2e face : la *Vierge.* Dessous : MARIA IMMACULATA ORA PRO NOBIS.

Note : *fa* ♯. Diam. 101 c.

1046. — S^T-CHRISTOPHE-EN-OISANS. 1857.

± SANCTE CHRISTOPHORE ORA PRO NOBIS. PAROISSE DE S^T CHRIS-
TOPHE EN OISANS (ISERE) JE PESE *(en chiffres gravés :* 144 *(en relief :* K

± M^R L'ABBÉ GIRAUD CURÉ. MR PIERRE PAQUET MAIRE. MR CLAUDE
TURC ADJOINT ET PARRAIN.

± MME MARIE TURC NEE RAMEL MARRAINE.

Sous le *Crucifix :* BURDIN FILS AINE FONDEUR A LYON 1857

(1) *St Christophe,* patron du lieu. — (2) *Oisans.* — (3) Giraud, de *Venosc.*

2ᵉ face : la *Vierge*, mais sans légende.

Note : *ré*.   Diam. 63 c.

1047. — Sᵀ-MARTIN-D'HÈRES.   1857.

+ SIT NOMEN DOMINI BENEDICTUM. MATRINA D. [1] MARIA HENRIETTA CHAPER. [2] PATRINUS D. [3] STEPHANUS ☞

CHARPE PAROCHUS SANCTI MARTINI D'HÈRE. 1857.

Au bas, écusson avec : BURDIN FILS AINE FONDEUR A LYON.

Cette cloche a été fondue avec le bronze de l'ancienne.

Note : *fa* ♯.   Poids : 770 kilog.   Diam. 107 c.

1048. — Sᵀ-MARTIN-D'HÈRES.   1857.

+ A FULGURE ET TEMPESTATE LIBERA NOS DOMINE

+ PATRINUS D. [4] HONORATUS VICTOR PERRIN. [5]

+ MATRINCE Dᴬᴱ. [6] MARIA CELINA PILOQUE, MARIA ADELAIDA BONNIEʀ

+ D. STEPHANUS CHARPE PAROCHUS Sᵀᴵ MARTINI D'HERE ET POISAT.

Au bas : BURDIN FILS AINE FONDEUR A LYON 1857.

Note ; *ut*.   Poids : 280 kilog.   Diam. 76 c.

1049. — Sᵀ-MICHEL-DE-Sᵀ-GEOIRS.   1857.

⊥ LAUDATE DOMINUM OMNES GENTES. SALVUM FAC POPULUM TUUM DOMINE.

⊥ PARRAIN PIERRE GUILLOT, MARRAINE MARIE COSTE NÉE MABILLY.[7]

† OLLIER CURÉ, JACQUEMET MAIRE. DYE TRESORIER DE LA FABRIQUE. 1857.

Sous la *Croix* : BURDIN FILS AINE FONDEUR A LYON 1857

Note : *si*.   Poids : 260 kilog.   Diam. 76 c.

---

(1) *Domina*. — (2) Fille de M. Camille Teisseire, ancien député et de Mˡˡᵉ Marine Périer, et femme de M. Achille Chaper, ancien préfet de la Côte-d'Or, de la Loire-Inférieure et, en dernier lieu, du Rhône. — (3) *Dominus*. (4) *Dominus*. – (5) Propᵉ et maire du lieu. — (6) *Matrinœ dominœ*. (7) V. le n° 884.

1050. — VARACIEU. ·1857.

☩ LAUDATE DEUM OMNES GENTES

☩ V. I. D. P. SACRUM R. A. A. F. C. M. M. J. B. B. G. P. C. C. P. F. [1]
ANNO 1857

Au bas : BURDIN FILS AINE FONDEUR A LYON

Note : *mi.*   Poids : 1140 kilog.   Diam. 120 c.

1051. — BOUVESSE. 1858.

☩ LAUDO DEUM, [2] VERUM, POPULUM VOCO, CONGREGO CLERUM, DE-
FUNCTOS PLORO, FUGO FULMINA, FESTA DECORO.

☩ Mᴿ JULES MERIADEC DRIER DE LA FORTE [3] PARRAIN

☩ Mᴱ FRANÇOISE CATHERINE ADELE DE MONTCLAR Cᵀᴱˢˢᴱ DE VALLIER
DE BY. [4]

☩ Mᴿ LE Cᵀᴱ CHARLES SCIPION DE VALLIER DE BY MAIRE. Mᴿ JEAN
GEORGES JULIEN CURÉ.

Au bas : BURDIN FILS AINE FONDEUR A LYON 1858

Note : *mi.*   Poids : 850 kilog.   Diam. 109 c.

1052. — CHICHILIANNE. 1858.

∞ ☩ MAGNIFICATE DOMINVM MECVM ET EXALTEMVS NOMEN EJVS ᴘꜱ
XXXIII ∞

(1) Les sigles de cette cloche doivent se lire ainsi : *Virgini Immaculatæ Dei
Paræ* SACRUM. *Rosalie* (mère de M. de Murinais). *Adélaïde-Lⁱᵉ-Mélanie,* (sœur
du même et fondatrice des *Sœurs de la Croix,* dont est sorti le couvent de Varacieu). *Adèle,* (née du Parc de Locmaria, seconde femme du même). *Francine
ou Françoise,* (son autre sœur (*). *Charles, Marquis de Murinais. Jean Baptiste Boissieux* (l'ancien curé auteur de la cloche refondue pour la confection de
celle-ci et prédécesseur de *Gaspard Perrial,* alors curé de Varacieu et, depuis,
de la cathédrale de Grenoble, de qui je tiens la clef de ces sigles dont il était
l'auteur. C.C. (pour CURÉS). *Populus Fidelis* (le peuple fidèle de Varacieu).

(2) Virgule parasite. — (3) Fils de M. Drier de Laforte et de Mˡˡᵉ Donin de
Rosière, marié en premières noces à Mˡˡᵉ Edwige Audras de Beost, et en se-
condes à Mˡˡᵉ N. Chosson du Colombier. Mort en 1861. — (4) Mⁱᵉ-Fˢᵉ-Cathᵉ-Adˡᵉ
Gély de *Montcla,* mariée en 1810 à Ch.-Scipion, cᵗᵉ de Vallier de By, nommé

(*) Le nom de la 2ᵉ de ses sœurs, Aglaé-Mélanie, ne se trouve pas sur cette
cloche. Elle n'habitait plus Murinais, ayant épousé, en Savoie, le bᵒⁿ Aldʳᵉ de
Viry.

∾ JE M APPELLE MARIE ∾

∾ PARRAIN MR ANDRE P^{RRE} AIME CAIRE DE CHICHILIANNE [1] ∾

∾ MARRAINE MME AZULINE DE CHICHILIANNE NEE JARS EPOUSE DE M^R DE CHICHILIANNE ∾

∾ CURE MR DURAND ✷ MDCCCLVIII ∾

Sur la panse : *Jésus* de face, mi-corps, bénissant et tenant une *croix* à bannière ; dessous : ✷ IHESVS XRISTVS D N ✷ ; — *Naissance de la Vierge* ; dessous : ✷ NATIVITAS MARIAE D N ✷ : — la *Vierge* de face, mi-corps ; dessous : ✷ MARIA SINE LABE CONCEPTA ORA PRO NOBIS ✷ ; plus bas encore : ✷ G MOREL A LYON ✷ ; — l' *Assomption* ; dessous : ✷ MARIA D N ASSVMPTA ✷

Plus, entre ces médaillons, les 4 symboles évangéliques.

Note : *sol.*   Diam. 99 c.

1053. — COTE-S^T-ANDRÉ (LA).   1858.

✚ MAGNIFICAT ANIMA MEA DOMINUM

✚ J'AI ETE BAPTISEE EN JUILLET 1858 MR JOSEPH BOUVIER CURE, SOUS LA MAIRIE DE M^R LE COMMANDANT BERT OFFICIER DE LA ☞

✚ LEGION D'HONNEUR.

✚ PARRAIN MR ADOLPHE BERT, [2] ANCIEN DEPUTE, CHEVALIER DE LA LEGION D'HONNEUR.

✚ MARRAINE M^E CAMILLE ROCHER [3] NEE OCTAVIE DOREL.

Au bas : BURDIN FILS AINE FONDEUR A LYON.

Note : *ré.*   Poids : 1270 kilog.   Diam. 125 c.

1054. — MARCOLLIN.   1858.

✝ N. DAME DE LA SALETTE PRIEZ POUR CETTE PAROISSE.

✝ UT DEUS [4] ABEA [5] MERCENARIOS REPELLAT, ET IN EA BONOS PASTORES DIU CONSERVET.

---

plus bas, et fils du c^{te} de Vallier, qui figura en 1788 aux Etats généraux, parmi les membres de la noblesse de l'élection de Vienne, et de Mlle d'Armand de Forest de Blacons.

(1) Receveur particulier des finances à Grenoble.

(2) Frère du maire. — (3) Camille Rocher, fabricant de liqueurs, que nous retrouverons sur la cloche de 1869. (V. le *Supplément*).

(4) L'E ayant coulé a été gravé à la pointe. — (5) *Ab ea.*

☩ PARRAIN MR SEVERIN PONCET MAIRE, DE MARCOLLIN,

☩ MARRAINE DAME FÉLICITÉ BOURDE SON EPOUSE. J^H GABERT PAROC.[1]

Au bas : BURDIN FILS AINE FONDEUR A LYON 1858

2e face : La *Vierge* écrasant le serpent sur le globe.

Note : *si*.   Poids : 290 kilog.   Diam. 76 c.

1055. — RECOIN.   1858.

☩ LAUDATE DOMINUM IN CYMBALIS BENE SONANTIBUS SALVUM FAC POPULUM TUUM DOMINE.

☩ PAROISSE DE RECOIN.

☩ PARRAIN JOSEPH DESCHAUX-BEAUME, MARRAINE MARIE ROSE DARRAJON [2]

☩ CURÉ JOSEPH DURET

Au bas : BURDIN FILS AINE FONDATEUR A LYON 1858

Note : *mi*.   Poids : 1040 kilog.   Diam. 116 c.

1056. — RIVOIRES (LES).   1858.

☩ PARRAIN M^R. HUGUES MARIE JOSEPH ARMAND VALENTIN DU PERRON DE REVEL, FILS [3] DE M^R. ARMAND FRANCOIS MARIE ☞

JOACHIM DU PERRON COMTE DE REVEL SECRETAIRE GÉNÉRAL DE SEINE-ET-OISE [4] SOUS PREFET DE VERSAILLES [5] ET DE MME. ☞

MARIE CLÉMENCE DE CHASTENEY DE PUYSEGUR. [6] MARRAINE MARIE JOSÉPHINE CHABAUD, [7] FILLE DE M^R. AUGUSTE CHABAUD [8] ET ☞

DAME CLOTILDE MARION FEMME CHABAUD [9] M^{RS}. BENOIT BOISSIER, JOSEPH RECOURA, CLAUDE LOUVAT, LOUIS BARDIN.

☩ FAITE AUX FRAIS DES HABITANTS DE S^T SULPICE DES RIVOIRES.

Au bas : BURDIN FILS AINE FONDEUR A LYON 1858.

Note : *sol*.   Poids : 580 kilog.   Diam. 96 c.

(1) *Parochus*.

(2) *Darragon*.

(3) Aîné. — (4) Et, plus tard, de la Somme. — (5) Et, plus tard, d'Arles et de Dieppe, puis préfet de la Haute-Loire, officier de la Légion d'honneur et de l'Instruction publique, etc (V. le n° 699). — (6) De *Chastenet de Puységur*. — (7 8, et (9) *Chaboud*.

1057. — S^T ALBIN-DE-VAULSERRE.   1858.

✠ MAGNIFICATE DOMINVM ME CVM [1] PS XXXIII

JE M APPELLE CHARLOTTE ROSALIE

PARRAIN MR M^{IE} F^S CHARLES MARQUIS DE CORBEAU DE VAUL-SERRE

MARRAINE MME ROSALIE THIBAUD [2] VEUVE DULAC

CURE DE S^T ALBIN DE VAULSERRE MR FERREOL MERMET ▨ MAIRE MR GROBON ▨ MDCCCLVIII

Sur la panse : le *Christ*, mi-corps ; — la *Nativité*, avec : ▨ NATIVITE DE N S ▨ ; — la *Vierge* à mi-corps ; — *évêque* à mi-corps, avec : ▨ S^T AUBIN [3] PRIEZ POUR NOUS ▨

Plus bas, les symboles évangéliques, avec : ▨ S LVCAS ▨ — ▨ S MATTHAEVS ▨ — ▨ S MARCVS ▨ — ▨ S IOHANNES ▨. Plus bas encore : ▨ G MOREL A LYON ▨

Note : *fa*.   Diam. 113.

1058. — S^T-BLAISE-DE-BUIS.   1858.

☩ NOTRE DAME DE LA SALETTE PRIEZ POUR CETTE PAROISSE *(en lettres gravées :* DE S^T BLAIZE DE BUIS. P. 211 K. [4]

☩ UT DEUS AB EA MERCENARIOS SEMPER REPELLAT, ET IN EA BONOS PASTORES [5]

☩ PARRAIN S^R ROMAIN GABERT. MARRAINE D^{ELLE} MARIE ANNE GA-BERT DONNÉE SOUS *(en lettres gravées :* MR OLLIER CURÉ. ☞

PAR MR GABERT CURÉ DE MARCOLLIN A LA CONFRÉRIE DU S^T RO-SAIRE 1858 ET M. DAMIEUX MAIRE.

Au bas : BURDIN FILS AINE FONDEUR A LYON.

Note : *ut* ♯.   Poids : 220 kilog.   Diam. 70 c.

---

(1) *Mecum*. — (2) Fille de M. Thibaud, fab^t de gants à Grenoble, sœur de M. Thibaud, ingénieur des mines à Alais, et femme de M. Dulac, prop^e à Saint-Albin. — (3) *St Albin*, patron du lieu.

(4) *Poids : 211 kilog.* — (5) *Diù conservet*. Le fondeur a oublié ces mots, existant du reste, dans l'inscription n° 1054 de la cloche de Marcollin, que le curé de cette localité a fournie évidemment à son confrère de St-Blaise-de-Buis.

1059. — St-HILAIRE-DE-BRENS. 1858.

FRANÇOISE LA BONNE.

PARRAIN : MONSIEUR LE MARQUIS CHARLES DE MURINAIS. (1)

MARRAINE : MADEMOISELLE LA MARQUISE FRANÇOISE (2) DE MURINAIS.

CURÉ : GRANDJEAN.   MAIRE : JN JOUES GIRAUD.

Sous la *croix* : GULLIET FONDEUR A LYON 1858 : 2° face : la *Vierge* aux bras croisés sur la poitrine.

Note : *sol* ♯.   Diam. 96 c.

1060. — St-JEAN-DE-MOIRANS. 1858.

✝ VESPERE ET MANE, ET MERIDIE, NARRABO, ANNUNCIABO, ET LAUDABO, NOMEN TUUM.

✝ ANNO 1858. EMILIA BLANCHET VIDNA (3) MURGE SIMULQUE FIDELES PAROCHIAE STI JOANNIS DE MOIRANS AUXERUNT ME IN ☞

✝ HONOREM BEATAE MARIAE VIRGINIS IMMACULATA(4) CONCEPTIONIS. MR CLAUDE VERNAY MAIRE DE ST JEAN DE MOIRANS

✝ PARRAIN. ME HONORINE ARNAUD NEE JANON MARRAINE. MR LOUIS MOULIN CURE DE LA PAROISSE.

Au bas : BURDIN FILS AINE FONDEUR A LYON.

Note : *fa*.   Poids : 900 kilog.   Diam. 109 c.

1061. — St-SIMÉON-DE-BRESSIEU. 1858.

✝ 1R PARRAIN, MR LE BARON NICOLAS JOSEPH DE CALAMAN

1E MARRAINE, ME LA BARONNE MARIE ELISABETH DE CALAMAN (5)

✝ 2E PARRAIN, MR LOUIS AUGUSTE GINET (6) 2E MARRAINE, MME MARIE EUGENIE GINET

✝ 3E PARRAIN, MR JEAN PIERRE GINET MAIRE. 3E MARRAINE, MELLE CESARINE GINET

✝ MR TARDI CURE

(1) (V. les nos 882 et 981). — (2) La même que *Francine* du n° 1050. Elle était le 4e des enfants de Guy-Jh-Fois, parrain de la cloche de Murinais, n° 733.

(3) Pour *vidua*. — (4) Pour *immaculatæ*.

(5) Fille de M. le bon Chovet de la Chance et de Mlle Patras, mariée à M. Gardon de Calaman. — (6) Propriétaire.

Au bas : BURDIN FILS AINE FONDEUR A LYON 1858

Note : *mi.*   Poids : 1080 kilog.   Diam. 118 c.

1062. — SARCENAS.   1858.

    ∾ ℒ MAGNIFICATE DOMINVM ME CVM (1) PS XXXIII ∾

    ∾ JE M APPELLE MARIE ∾

    ∾ PARRAIN Mᴿ *(en lettres gravées :* Pᵉ ETᴺᴺᴱ· GUILLET···

    ∾ MARRAINE M *(en lettres gravées :* LLE· JHINE· GUILLET···

    ∾ CURE Mᴿ *(en lettres gravées :* FRENE··· *(en relief :* ▮MDCCCLVIII

∾ *(en lettres gravées :* Lᴮ· GASᵗ·· PIE· ETᵗ GENEVIEVE· PUISSANT···

Au bas, sous le médᵒⁿ de la *Vierge à la Chaise :* ▮ G MOREL A
LYON ▮ ; — *baptême de Jésus-Christ* ; — buste du *Christ* en
profil ; — *Croix* ancrée accostée de la lune et du soleil.

Note : *ré.*   Diam. 69 c.

1063. — VAULX-MILIEU.   1858.

    NOS SURGENTE DIE, NOS DESCENDENTE MONEBIT.

    COMMUNES LUCTUS, GAUDIA SPESQUE CANET. (2)

    ANNO MDCCCLVIII CONFLATA SUM, SOLEMNEMQUE ACCIPIENS BENE-
DICTIONEM MARIA MAGDALENA NOMINATA SUM.

    PATRONUM HABUI Dᵁᴹ JOSEPHUM SACHET SUPPLEANT DU JUGE DE PAIX :
MATRONAM Dᴬᴹ MARIAM MELANIAM DELORME-ALLARD.

    ADMINISTORE (3) D. JOSEPHO SACHET. PAROCHO D. ALEXI MARION.

Une ligne de médaillons carrés, représentant un *ange* assis
tenant un livre et reliés entre eux par des guirlandes.

Sur la panse : *Crucifix* sous lequel : GULLIET FONDEUR A LYON ;
— la *Religion* ; — la *Vierge immaculée* ; — Sᵗ *Joseph portant
un lis et l'enfant Jésus.*

Le tout, relié par des ciboires surmontés d'une hostie, des
chérubins, etc.

Note : *fa* ♯.   Diam. 108 c.

---

(1) *Mecum.*

(2) Distique, dans le second vers duquel l'auteur ne s'est pas aperçu qu'il avait
commis une faute de prosodie en faisant bref l'*a* de *gaudia.* Quant au premier
vers, c'est une imitation du 466ᵉ de la 4ᵉ *Géorgique* de Virgile. — (3) *Administratore.*

1064. — BREZINS (HAUT).   1859.

ACIERIES D UNIEUX JACOB HOLTZER 1859
Sur la panse : PARRAIN MR HENRY BRETON (1)
                    MARRAINE MELLE (2) ELIZA BRETON
                    CURE MR ROMAIN RABATET (3)
Note : *fa* ♯.   Diam : 116.

1065. — CHANTESSE.   1859.

PARRAIN : MR MARTIAL SORREL (4)
MARRAINE : ME MARIE PIERRETTE LUCILE TOURNUS NEE DE LINAGE (5)
MAIRE : HONORE PHILIPPE RIVAL
Au bas : GULLIET ‡ FONDEUR A LYON 1859
Note : *si.*   Diam. 81.

1066. — FURES.   1859.

Sur la panse : CANTEMUS DOMINO GLORIOSÈ.
PARRAIN : MARIE LUCIEN LEOPOLD JOCTEUR-MONROZIER. (6)
MARRAINE: LOUISE ANNE OLYMPE DREVON VVE BAILLY. (7)
CURE MR J. TAULIER MISS. APOST. CHAN. HON. (8) DE NANCY ET
TOUL.
1859
    Cloche en acier fondu sans nom de fabricant, mais sortant
de la fabrique de Jacob Holtzer et Cⁱᵉ. (Aciéries d'Unieux.)
Note : *fa* ♯.   Diam. 123.

(1) Pharmacien à Grenoble. — (2) Erreur du fondeur: c'est *Mᵐᵉ* qu'il fallait
dire, et cette faute a été réparée depuis au moyen du ciseau. Mᵐᵉ Eliza Breton,
fille de M. Gatel, avoué à Grenoble, est la femme du parrain. — (3) *Rabatel.*
    (4) Né à Chantesse et grand propriétaire à la Louisiane. — (5) Sœur du colonel
d'état-major, tué à Sedan, et du colonel d'infanterie de ce nom.
    (6) *Lucien Léopold*, mais non *Marie.* Il est fils de M. Jᵃ Bᵗᵉ Alphonse Jocteur-
Monrozier, ancien notaire à Grenoble, anc. député à l'Assemblée Nationale de
1871, anc. maire de Châtonnay et suppléant de la Justice de paix du canton de
Sᵗ Jean-de-Bournay, qui lui-même est fils du parrain des cloches de Sᵗ Christophe (n° 514) et de Châtonnay (n° 629). — (7) Grand-mère marternelle du
parrain. — (8) *Jules* Taulier, *missionnaire apostolique, chanoine-honoraire.*

1067. — Sᵀ-JEAN-DE-BOURNAY.   1859.

DEUS MAJESTATIS INTONUIT : VOX DOMINI IN VIRTUTE VOX DOMINI IN MAGNIFICENTIA p 28

JE DOIS MON EXISTENCE ET MON RANG D'HONNEUR DANS CE CLOCHER A LA SAGE ADMINISTRATION DES MEMBRES DE LA FABRIQUE DE ☞

Sᵀ JEAN DE BOURNAY

ILS ME DONNERENT POUR PATRONNE MARIE LA VIERGE IMMACULÉE

Sur la panse : dans un encadrement gothique, le *Christ entre Sᵗᵉ Marie et Sᵗ Jean.* Dessous : GULLIET FONDEUR A LYON 1859 ; — la *Vierge immaculée ;* — la *Résurrection,* dans l'encadrement gothique ci-dessus ; — *Sᵗ Jean-Baptiste.*

(Il n'y a pas eu de parrains, à cause des jalousies à ménager).

Note : *ré.*   Diam. 130 c.

1068. — Sᵀ-JEAN-DE-BOURNAY.   1859.

EGO VOX CLAMANTIS IN DESERTO : PARATE VIAM DOMINI. s MATHIEU CH. 3

Sᵀ JEAN BAPTISTE EST MON PATRON.

J'AI AINSI QUE MA SŒUR CADETTE, POUR PARRAIN ET POUR MARRAINE : LE DEVOUEMENT ET LA GENEROSITE DES FIDELES DE ☞

Sᵀ JEAN DE BOURNAY. (1)

Sous la croix : GULLIET FONDEUR A LYON 1859

Note : *fa ♯.*   Diam. 104.

1069. — Sᵀ-JEAN-DE-BOURNAY.   1859.

HODIE, SI VOCEM EJUS AUDIERITIS ; NOLITE OBDURARE CORDA VESTRA. PS. 94.

J'AI POUR PATRON, Sᵀ PIERRE, LE PRINCE DES APOTRES.

Au bas : *Crucifix* sous lequel : GULLIET FONDEUR A LYON 1859. — 2ᵉ face : *Sᵗ Pierre.*

Note : *si.*   Diam. 86.

Même observation que pour les deux précédentes cloches.

___

(1) V. l'inscription précédente pour les motifs d'absence des parrain et marraine.

1070. — St-ROMANS. 1859.

☩ J. M. J. (1)

☩ ADVENIAT REGNUM DEI.

☩ PARRAIN. Mʀ ANTOINE DURAND.

☩ MARRAINE. Mᴹᴱ. NATALIE JORDAN NÉE BRENIER DE MONTMORANT. 1859.

Sous le *Crucifix :* BURDIN FILS AINE FONDEUR A LYON. — 2ᵉ face : la *Vierge,* avec : MARIE CONCUE SANS PECHE

Note : *la.*   Poids : 400 kilog.   Diam. 87 c.

Cette cloche a remplacé une cloche de 1829.

1071. — CURTIN. 1860.

☩ TU ERIS SUPER DOMUM, (2) ET AD TUI ORIS IMPERIUM CUNCTUS POPULUS OBEDIET. GEN. 41

☩ MARIE IMMACULÉE EST MON NOM, ET MA VOIX EN BÉNIT LE SEIGNEUR

☩ Mʀ EUG. PRAS, CURÉ, Mʀ J. B. COTTIN FILS AINÉ MAIRE. Mʀ J. B. COTTIN PÈRE EST MON PARRAIN. Mᴹᴱ—Jᴺᴱ— MARIE VARNET SON ☞ ÉPOUSE MA MARRAINE. JE PÈSE *(chiffres gravés :* 383 K. CURTIN 1860.

Au bas : BURDIN FILS AINE FONDEUR A LYON

Note : *si.*   Diam. 83 c.

1072. — FEYZIN. 1860.

∞ MAGNIFICAT. ANIMA. MEA. DOMINVM. LVC C ∞

∞ PARRAIN Mʀ

∞ MARRAINE Mᴹᴱ

∞ CURÉ Mʀ

∞ MDCCCLX ∞

Au bas : ⬛ G MOREL A LYON ⬛

Note : *ut* ♯.   Diam. 69 c.

(1) *Jésus, Maria. Joseph.*

(2) Il y a dans le texte de la Genèse : *domum meam.*

1073. — GRENOBLE *(Grand-Séminaire)*.   1860.

Anépigraphe.

Au bas : BURDIN FILS AINE FONDEUR A LYON 1860.

Note : *la.*   Diam. 32 c.

1074. — GRENOBLE *(Petit-Séminaire)*.   1860.

1re face : BURDIN FILS AINE FONDEUR A LYON 1860

Sous le *Crucifix* : GLORIA IN EXCELSIS DEO

2e face : la *Vierge immaculée.*

Au bas : BENEDICTA SIT ET LAUDATA SANCTA
                ET IMMACULATA VIRGO MARIA

Note : *fa* ♯.   Diam. 54 c.

1075. — POMMIER.   1860.

En lettres gravées : COMMUNE DE POMMIER — PER PARRAIN :
JOSEPH BOURGARIT. MARRAINE : OLYMPE PION.

DUPUIS MAIRE. — 2^E PARRAIN : JEAN-MICHEL ROUX. MARRAINE :
ADELE PION. GUINET CURE.

Au bas, en relief : GULLIET FONDEUR A LYON 1860.

Cette cloche, dont l'inscription était gravée au burin, était
fort belle. Tout autour régnait un bas-relief circulaire divisé
en quatre parties par des rinceaux très élégants, et représentant la *Naissance*, la 1re *Communion*, le *Mariage* et la *Mort ;*
ces divers sujets étaient séparés par 4 méd^{ons} représentant la
Résurrection, le *Mariage de la Vierge*, l'*Adoration des Mages*,
le *Crucifix entre la Vierge et St Jean.* Elle a été cassée en 1865
et remplacée la même année (V. n° 1149).

Note : *fa* ♯.   Diam. 102 c.

1076. — ANJOU.   1861.

☩ SALVATOR MUNDI, MISERERE NOBIS D^{US} GIRARD (1) PAROCHUS.
PAT^{US} D^{US} (2) CLEMENS JOURDAN, CONSILIARIUS. (3)

(1) F^{ois} Girard, déjà nommé sur la cloche de 1849 (V, le n° 958). — (2) *Patrinus dominus.* — (3) Membre du Conseil général de l'Isère.

✝ MATA [1] NOBILIS SABINA DE MONTCHENU [2] COMETISSA DEBECTOZ. [3]

Au bas : BURDIN FILS AINE FONDEUR A LYON 1861

Note : *la.*   Poids : 522 kilog.   Diam. 90 c.

1077.—BAUDIÈRE(LA). *(hameau de St Lattier).* 1861.

AD BAPTISMUM INFANTES AD SPONSALIO [4] JUVENES ET OMNES AD DEI LAUDEM VOCO

PARRAIN : TABARET MAURICE

MARRAINE : LARRA JOSEPHINE EPOUSE GERIN MARS 1861

Au bas : GULLIET FONDEUR A LYON

Note : *la.*   Diam. 89 c.

1078. — BRANGUES.   1861.

∞ ✝ DOMINE ELEVAVERVNT FLVMINA FLVCTVS SVOS A VOCIBVS AQVARVM MVLTARVM PS XCIII [5] ∞

∞ COMME TEMOIGNAGE DE SA FOI LE CONSEIL MUNICIPAL A FAIT DON DE CETTE CLOCHE A L EGLISE DE BRANGUES MDCCCLXI ∞

∞ SOUS L ADMINISTRATION DE MR H^RI FINAT MAIRE ∞

∞ AB INCREPATIONE TVA FVGIENT A VOCE TONITRVI TVI FORMIDA-BVNT PS CIII ∞ JE M APPELLE MARIE LAURENCE GABRIELLE ∞

∞ PARRAIN MR GODEFROY XAVIER [6] COMTE DE VIRIEU ∞ MARRAINE MME MARIE LAURENCE FRANCOISE DE DURFORT CIVRAC [7] ∞

(1) *Matrina.* — (2) M^ie-J^ie-Sabine, fille de Falques-J^h de Montchenu de la Molette, ancien officier de cavalerie, et de Mlle Gab^le-Sophie Janon du Contant de la Molette, mariée au c^te Camille de Bectoz-Vaubonnais. — (8) *Comitissa de Bectoz.*

(4) *Sponsalia.*

(5) Ps. XCII. — Le 5e verset de ce psaume est là comme un souvenir de la terrible inondation du Rhône, arrivée le 1er novembre 1859, et de celles qui envahirent de nouveau la plaine de Brangues en 1860. C'est le désastre signalé et comme le cri de la plainte. ... Le 8e verset du ps. 103, placé un peu plus bas, est, au contraire, comme un cri d'espérance, comme l'expression de la confiance dans la bénédiction que la cloche allait recevoir... — (6) Frère de Jean-Alph^se-Aymon, m^is de Virieu, officier de dragons, marié en 1856 avec M^ie-Gab^le Pourroy de Lauberivière de Quinsonnas, fille du c^te Em. de Quinsonnas, général de division. — (7) M^ie-F^se-Laurence, fille d'Emeric de Durfort, m^is de Civrac et de M^ie-Charlotte-Similienne de Sesmaisons, femme d'Em^l-V^or, c^te de Quinsonnas, lieut^t-col. sur les galères de Malte en 1796, col. au service de Russie

∽ COMTESSE DE QUINSONAS ∽ CURE DE BRANGUES Mᴿ M J PRA ∽

Sur la panse, les 4 médaillons suivants : la *Vierge*, avec :
✠ MARIA IMMACVLATA ✠ : — *Visite de Sᵗᵉ Anne à la Sᵗᵉ Vierge,*
avec : ✠ VOX EXVLTATIONIS IN TABERNACVLIS IVSTORVM PS XCVII ✠ ;
— le *Christ*, avec : ✠ IHESVS XRISTVS D N ✠ ; — *Sᵗ Pierre en
prison,* avec : ✠ TONABIT DEVS IN VOCE SVA MIRABILITER IOB XXXVII ✠

Et les 4 symboles évangéliques, avec : ✠ S IOANNES ✠ — ✠ S
LVCAS ✠ — ✠ S MATTHAEVS ✠ — ✠ S MARCVS ✠

Au bas : ✠ G MOREL A LYON ✠

Note : *ré* ♭.   Diam. 128 c.

1079. — FURES.   1861.

JACOB HOLTZER & Cᴵᴱ L'AN 1861 ☆ ☆ ☆ ACIERIES D'UNIEUX ☆ ☆ ☆

Sur la panse :   2ᵉ face :

MᴿBOUVIER HYPPOLITE
ETANT
CURE DE LA PAROISSE

☆
JE M'APPELLE
☆ MARIE LEONTINE ☆
MON PARRAIN A ÉTÉ
Mᴿ ARTHUR ᴅᴇ BRESSIEU
MA MARRAINE
Mᴹᴱ LA BARONNE ᴅᴇ BRESSIEU

Note : *si.*   Diam. 90 c.
(Cloche en acier fondu).

1080. — GRANDE-CHARTREUSE. *(La Correrie).*

Anépigraphe.   1861.
Au bas : GULLIET FONDEUR A LYON 1861
Note : *mi.*   Diam. 55 c.

1081. — GRENOBLE *(La Salette).*   1861.

† JE M'APPELE MARIE DE LA SALETTE.

contre les Turcs, général major en 1807, maréchal de camp honoraire sous
Louis XVIII, inspecteur d'infanterie en 1821, député de l'Isère de 1824 à 1837.
Elle était belle-mère du parrain.

✝ J'AI ETE BAPTISÉE LE 19 7ᴮᴿᴱ 1861 PAR Mᴳᴿ MARIE ACHILLE GINOULHIAC ÉVÊQUE DE GRENOBLE

Sur la panse, l'*Apparition de la Sᵗᵉ Vierge*, coupant en deux portions la légende suivante :

L'INSUBORDINATION ENVERS TOUTE AUTORITÉ, — LA PROFANTION [1] DU DIMANCHE,

LE BLASPHEME, LA NÉGLIGENCE DE LA PRIÈRE, — LA VIOLATION DU JEUNE,

VOILA SURTOUT LES CHOSES QUI — APPESANTISSENT TANT LE BRAS DE MON FILS.

ET BIEN, MES ENFANTS, VOUS LE FEREZ — PASSER A TOUT MON PEUPLE.

Au bas : PAROLES DE N. D. DE LA SALETTE LE 19 7ᴮᴿᴱ 1846.

NOTRE DAME DE LA SALETTE, RECONCILIATRICE DES PECHEURS,

PRIEZ SANS CESSE POUR NOUS QUI AVONS RECOURS A VOUS.

Sur l'autre face, un *Crucifix* sous lequel : BURDIN FILS AINE FONDEUR A LYON

Note : *ré.*   Diam. 63 c.

1082. — MÉPIEU.   1861.

✝ SIT NOMEN DOMINI BENEDICTUM

En lettres gravées: PARRAIN Mᴿ FLOCARD DE MEPIEU EMMANUEL,[2] MARRAINE Mᴹᴱ LA BARONNE NOEMIE DE LA SERVE,[3] CURE Mᴿ PERRIN ANDRE

Au bas, *en lettres moulées :* BURDIN FILS AINE FONDEUR A LYON 1861

Note : *ut* ♯.   Poids : 240 kilog.   Diam. 71 c.

---

(1) *Profanation.*

(2) Jᵇ-Mᵉ-Emˡ de Flocard de Mépieu, fils d'Abel-Christᵉ de Flocard de Mépieu et de Mélanie de Monthoux du Barrion, ancien officier au service du roi de Sardaigne. — (3) Noémie de la Servette, fille de Vᵉʳ Compagnon de la Servette et de Louise de Drujon, femme d'Alfred-Jᵉˢ Boutillon de la Serve, son cousin germain, dont le père avait été anobli en 1819.

1083. — MONTFALCON.   1861.

IMMACULAE (1) VIRGINI MARIAE QUAE   MONTFALCON
DEFENDAT NOS IN PERICULIS   1861
PROESERTIM IN HORA MORTIS   Effigie de St *Nicolas.*

FONDERIE DE N JACLARD
DE METZ

2ᵉ face : *Assomption de la Vierge.*
Note : *sol* ♯.   Diam. 94 c.

1084. — PISIEU.   1861.

ACIERIES D UNIEUX ☆ ☆ ☆ JACOB HOLTZER ET Cⁱᴱ ☆ ☆ ☆

1ʳᵉ face :   2ᵉ face :

J'AI ETE FONDUE
☆ LE 17 AOUT 1861 ☆
☆ SOUS ☆
L'ADMINISTRATION MUNICIPALE
DE Mᴿ DUPINAY MAIRE
DE LA COMMUNE DE PISIEU
ISERE

Note : *si.*   Diam. 95 c.
(Cloche en acier fondu.)

1085. — PONT-EN-ROYANS (LE).   1861.

SI VOCEM MEAM AUDIERITIS NOLITE OBDURARE CORDA VESTRA.

HODIE, ANNO DOMINI MDCCCLXI DIE VIGESIMA NONA MENSIS SEPTEM-
BRIS, IN ECCLESIA PONT-EN-ROYANS.

PAROCHO, JOANNE FRANCISCO A REGIS GARCIN.

URBIS PRÆFECTO PETRO JACOBO JOSEPHO BERTHUIN.

LUDOVICVS STEPHANUS BELLIER DU CHARMEIL, JUDEX AD TRIBUNAL
CIVILE URBIS GRATIANOPOLIS.

ET UXOR EJUS ADELAIDA VICTORINA MARTIN, PATRINUS ET PATRINA,
NOMEN DEDERE MIHI : LUDOVICA ADELAIDA VICTORINA.

SIT NOMEN DOMINI BENEDICTUM.

(1) Pour *immaculatæ.*

Sous le *Crucifix* : GULLIET FONDEUR A LYON 1861

Note : *sol.* Diam. 94 c.

Cette cloche a été fondue avec le bronze de l'ancienne cloche de 1692 que nous avons vue sous le n° 205.

1086. — PRÉBOIS. 1861.

〰 ✠ MAGNIFICAT . ANIMA . MEA . DOMINUM . LUC CI 〰 (13 ▨)

〰 JE M'APPELLE MARIE 〰

〰 PARRAIN M^R H CURTIL MAIRE DE PREBOIS 〰

〰 MARRAINE MME S P TERRAS 〰 CURE MR HOSTACHE 〰

〰 PRINCIPAUX DONATEURS MM C^DE TERRAS ▨ V^TOIRE CLARET ·

▨ ODDOS ▨ A CLARET ▨ J PELLISSIER ▨ H ELI ▨ M CURTIL ▨

〰 J CURTIL 〰 MDCCCLXI 〰

Sur la panse : la *Vierge* à mi-corps, avec : ▨ MARIA IMMACV-LATA ▨ : — *Evêque* à mi-corps, avec : ▨ S^T FELIX [1] PRIEZ POUR NOUS ▨ ; — *Jésus-Christ portant une brebis sur l'épaule et tenant la houlette,* avec : ▨ EGO SVM PASTOR BONVS ▨ ; — *St Barthélemy* à mi-corps, avec : ▨ S^T BARTHELEMY [2] PRIEZ POUR NOUS ▨

Un peu plus bas, et entre les médaillons ci-dessus, les symboles des Evangélistes : le *lion* avec ▨ S MARCVS ▨ ; — l'*aigle* avec ▨ S IOHANNES ▨ ; — le *taureau* avec ▨ S LVCAS ▨ ; — l'*ange* avec ▨ S MATTHAEVS ▨

Au bas : ▨ G MOREL A LYON ▨

Note : *fa.* Diam. 115 c.

1087. — RENAGE. 1861.

✝ SIT NOMEN DOMINI BENEDICTUM.

✝ PARRAIN MR ANTOINE ELISABETH GOUJON [3] CHEVALIER DE LA LÉGION D'HONNEUR.

✝ MARRAINE MME PAULINE, MARIE, FELICITE DE MORTILLET. [4]

✝ MR MOUSSET CURÉ MR LACOMBE VICAIRE ✝ MR CHAR-VET [5] MAIRE DE RENAGE

---

(1) Patron du curé. — (2) Autre patron du lieu.

(3) De Lyon, fondateur de la première fabrique de crèpes de Renage, en 1825. — (4) Née Chartron, veuve de M. Alex^dre de Mortillet, d'Alivet près Renage, ancien capitaine de cuirassiers, fils du parrain de la cloche de Beaucroissant (V. le n° 587). — (5) *Hypolite.*

Au bas : BURDIN FILS AINÉ FONDEUR A LYON 1861

Cette cloche a été payée au moyen de souscriptions, et surtout par le don de 1700 fr. fait par les RR. PP. Chartreux.

Note : *fa* ♯.   Poids : 870 kilog.   Diam. 106 c.

1088. — S^T-ALBAN-DU-RHONE.   1861.

DEUM LAUDO, NASCENTEM [1] CANO, FIDELES VOCO, MORTUOS PLORO, TEMPESTATES REPELLO.

JE M'APPELLE ANNE, FELICIE, CLEMENCE, JEANNE, FRANCOISE, MARIE, EMILIE, LOUISE, JOSEPHINE.

J'AI EU POUR PARRAIN M. JEAN FRANCOIS PEROUSE AVOCAT ET POUR MARRAINE MADAME FELICIE JOURDAN V^{VE} DE M. ALFRED DONNAT.

JOSEPH LEO CONTAMIN CURE DE S^T ALBAN DU RHONE APRES AVOIR RETABLI L'EGLISE RUINÉE EN 1562 DANS SON ANCIENNE SPLENDEUR☞

M'A FAIT PLACER DANS LE CLOCHER.

MEURIAU MAIRE. GARIN ANTOINE ADJOINT, BOHÉ JEAN, ALEON ANDRÉ, DEFAY MICHEL, GIRARD AUGUSTE, FABRICIENS.

J'AI ETE CONSACREE A DIEU LE [2]   JUIN 1861.

Au bas : GULLIET FONDEUR A LYON

Sur la panse, un *évêque* avec la légende au-dessus de la tête : S ALBAN

Note : *fa* ♯.   Diam. 67 c.

1089. — S^T-HILAIRE-DE-LA-COTE.   1861.

∞ ✠ MAGNIFICAT . ANIMA . MEA . DOMINVM. LVC CI ∞

∞ JE MAPPELLE HENRIETTE MARIE ∞ MR URTIERE EX CURE DE S^T HILAIRE BIENFAITEUR INSIGNE DE L EGLISE

∞ PARRAIN M^R J^H F^S HIP^{TE} HENRI G^{GES} DE CHOUMOUROUX ∞ MARRAINE MLLE GEORGETTE F^{SE} MARIE DE CHOUMOUROUX

∞ DEUXIEME PARRAIN M^R J^H CH ERNEST COMTE DE CHOUMOUROUX MEMBRE DU CONSEIL GEN [3] DE LA H^{TE} LOIRE ∞ DEUXIEME

∞ MARRAINE MME P^{TTE} F^{SE} ADULIE DE LA ROQUE C^{TESSE} DE CHOU-

_____

(1) *Nascentes.* — (2) Date laissée en blanc.

(8) *Général.*

MOUROUX ∾ TROISIEME MARRAINE MME V^{VE} DE LA ROQUE

∾ CURE DE S^T HILAIRE MR MICHEL BERRUYER ∾ MAIRE MR ANDRE L^S DOUCET ∾ MDCCCLXI ∾

Sur la panse, les 4 médaillons suivants, avec leurs légendes :
✸ MARIA IMMACVLATA ✸ ; — ✸ S HILAIRE PRIEZ POUR NOUS ✸ ; — ✸ IHESVS XRISTVS D N ✸ ; — ✸ S JOSEPH PRIEZ POUR NOUS ✸. Plus les 4 symboles évangéliques : ✸ S MARCVS ✸ — ✸ S IOHANNES ✸ — ✸ S LVCAS ✸ — ✸ S MATTHAEVS ✸

Au bas : ✸ G MOREL A LYON ✸

Note : *fa* ♯.   Diam. 108 c.

1090. — S^T-JEAN-D'AVELANE.   1861.

✝ VENITE ADOREMUS... JUBILEMUS ET PROCIDAMUS ANTE DEUM ; PLOREMUS CORAM DOMINO QUI FECIT NOS. PS. 94.

✝ PARRAIN : MR EUGÈNE FRANÇOIS FAVOT, NOTAIRE ET MEMBRE DU CONSEIL GÉNÉRAL

✝ MARRAINE : MLLE MARIE ANNE THÉODORINE [1] DE CORBEAU DE VAULSERRE

✝ L. LANNET, MAIRE. JOURDAN CURÉ.

Au bas : BURDIN FILS AINE FONDEUR A LYON 1861

Note : *fa* ♯.   Poids : 870 kilog.   Diam. 110 c.

1091. — S^T-MICHEL-LES-PORTES.   1861.

∾ ✝ MAGNIFICAT ANIMA MEA DOMINVM LVC CI ∾

∾ DONNEE A L EGLISE PAROISSIALE DE S^T MICHEL LES PORTES PAR MR J^H BARTHALAY ET MME TH^{SE} MAURICE SON EPOUSE ∾

∾ JE M APPELLE MARIE AUGUSTINE ∾

∾ PARRAIN MR J^H AUGUSTIN RIPERT PRETRE ∾

∾ MARRAINE MLLE MARIE DUMAS CLET ∾

∾ MAIRE M^R P^{RRE} AUG^{TIN} RIPERT ✸ CURE MR J^H F^S RIPERT ✸ MDCCCLXI ∾

---

(1) *Théodorine-M^{ie}-Anna*, sœur de M^{ie}-F^s-Ch^{es}, m^{is} de Corbeau de Vaulserre, morte en 1865.

Sur la panse : *Jésus* de face, mi-corps, bénissant et tenant une croix à bannière ; dessous : ✠ IHESVS XRISTVS D N ✠ ; — la *Nativité de la Vierge*, avec : ✠ NATIVITAS MARIAE D N ✠ ; — la *Vierge* à mi-corps, de face, avec : ✠ MARIA IMMACVLATA ✠ ; — *St Michel* foulant le démon aux pieds, avec : ✠ S MICHAELE ORA PRO NOBIS ✠

Plus, entre ces médaillons, les 4 symboles évangéliques.

Au bas : ✠ G MOREL A LYON ✠

Note : *fa* ♯.   Diam. 107 c.

1092. — St-PHILIBERT.   1861.

☆ ACIERIES D'UNIEUX ☆ 〰 ☆ JACOB HOLTZER & Cie L'AN 1861 ☆ 〰

Le globe crucigère et les étoiles représentent le symbole cartusien et indiquent évidemment un don de la Grande-Chartreuse.

Note : *sol* ♯.   Diam. 114 c.

(Cloche en acier fondu.)

1093. — St-PIERRE-DE-BRESSIEUX.   1861.

✝ PIETAS POPULI S^{TI}—PETRI—BRESSENSIS [1]

(1) Bressieux était nommé dans les chartes *Castrum Brissiacum* ou de *Bris-*

✝ JE M'APPELLE AMÉDÉE SOPHIE. PARRAIN Mᴿ JOSEPH-AMÉDÉE FAURE, ANCIEN CONSEILLER A LA COUR ROYALE DE ☞

✝ GRENOBLE, [1] Mᴰᴱ MARGUERITE PAULINE AUFFRAY SON EPOUSE. MARRAINE Mᴰᴱ SOPHIE BERTHET, Mᴿ GUSTAVE JARRIAND ☞

✝ SON EPOUX. Mᴿ JOSEPH MATHAIS, CURE. Mᴿ PAUL COHENDET, VICAIRE. Mᴿ LOUIS CHEVALIER, [2] GENDRE GUEYFIER,

Mᴿ VICTOR PONCET ADJOINT, Mᴱˡˡᴱ ADRIENNE GUEYFIER, [3] BIENFAI- TRICE PARTICULIERE.

Sur la panse : SIT NOMEN DOMINI BENEDICTUM EX HOC NUNC ET USQUE IN SECULUM. PS. 112.

Au bas : BURDIN FILS AINE FONDEUR A LYON 1861

Note : *fa.*   Poids : 840 kilog.   Diam. 108 c.

1094. — Sᵀ-ROMANS.   1861.

J'AI POUR PARRAIN LA CONFRERIE ┼ AGNUS VINCET ILLOS
DU T S [4] SACREMENT │ SICUT IN COELO ET IN TERRA
JAI POUR MARRAINE │ SANCTE ROMANE
LA CONFRERIE DU S [5] ROSAIRE ┴ ORA PRO NOBIS

FONDERIE DE N. JACLARD
DE METZ 1861

Note : *mi.*   Diam. 124 c.

Cette cloche, brisée en 1873, a été remplacée, la même année, par une nouvelle (V. le n° 1189).

1095. — Sᵀ-VÉRAN.   1861.

PARRAIN Mᴿ ALPHONSE DE BOUTI NY. [6] MARRAINE Mᴹᴱ LOUISE DE BORDES SON EPOUSE. CURE LOUIS REY. MAIRE JOSEPH FALQUE VERT.

---

siaco. Il aurait donc fallu mettre ici *Brissiaci, de Brissiaco* ou *Brissiacensis.* — (1) Propriétaire au-dit lieu, fils de Jⁿ Faure, ancien conseiller à la Cour et frère aîné d'Eugène et de Casimir, nommés sur la cloche de 1847 (V. le n° 943). — (2) *Maire,* titre omis sur la cloche. — (3) Sœur de Frédéric et François Gueyffier (V. le n° 963). (4) *Très saint.* — (5) Sᵗ. (6) *Boutigny* (le G a glissé à la fonte).

27

1re face : MARIA SINE LABE CONCEPTA, au-dessus de la *Vierge immaculée ;* dessous : ORA PRO NOBIS.

2e face : écusson aux armes de Napoléon III, avec : A HILDE-BRAND A PARIS FONDEUR DE L'EMPEREUR 1861

3e face : † — STAT CRUX DUM VOLVITUR ORBIS [1]

4e face : petit St *Sacrement.*

Note : *mi.*   Diam. 116 c.

1096. — VÉZERONCE.   1861.

JE M'APPELLE : MARIE IMMACULÉE RÉCONCILIATRICE.

J'AI EU POUR PARRAIN : MR LOUIS CLARET.

POUR MARRAINE : DE MARIE LOUISE MAGAUD.

MAIRE : MR CHEVROT. CURÉ : MR GUÉDY.

Au bas : G GULLIET FONDEUR A LYON 1861

Sur la panse, le *Christ,* l'*Adoration des Mages,* la *Vierge de la Salette.* Cette dernière a été cisaillée par ordre du maire qui, signant la cloche, avait le droit de ne pas se laisser imposer un acte de foi qui n'avait rien d'obligatoire. Au-dessous d'elle, on lit : VENITE, FILII, AUDITE ME : TIMOREM DOMINI DOCEBO VOS.

Note : *fa.*   Diam. 110 c.

1097. — CHAMAGNIEU.   1862.

VOX DOMINI

PARRAIN : MR CALVET-ROGNIAT ✳ DÉPUTÉ [2] ET MAIRE

MARRAINE : MME CAPELLE NEE ROGNIAT

CURÉ : MR SIBUT LOUIS

Sur la panse : *Crucifix,* avec : GULLIET FONDEUR A LYON 1862 ; — *Saint* debout et tenant un livre ; — la *Vierge immaculée ;* — St *Christophe portant l'enfant Jésus* (haut-relief).

Note : *sol* ♯.   Diam. 94 c.

---

(1) Devise de l'ordre des Chartreux, et indice d'un présent des Révérends Pères.

(2) De l'Isère.

1098. — CHATENAY.   1862.

L AN 1862 J AI ETE BENITE POUR L EGLISE DE CHATENAY ET NOM-
MEE JESUS MARIE JOSEPH PAR MGR GAUME ☞

JOSEPH PROT^{RE} APOST ⁽¹⁾ ET PAR MME STEPHANIE ADELAIDE PE-
CHIER NEE RAIN MR JOSEPH FORMAT ☞

ETANT CURE ET MR LOUIS PEREÑON MAIRE

Sur la panse, *Croix* ornée. Au bas : BOLLEE PERE ET FILS FON-
DEURS AU MANS SARTHE. — Médaille d'exposition où on lit : EX-
POSITION DE TOURS MEDAILLE D'ARGENT ; au bas, dans la légende :
1839 ; dans le champ, une couronne de chêne au milieu de laquelle on lit : BOLLÉE. — *Assomption de la Vierge.* — Médaille
d'exposition sur laquelle on lit : EXPOSITION DU MANS GRANDE
MEDAILLE D'ARGENT ; au bas, dans la légende, 1842 ; dans le
champ, couronne de chêne dans laquelle on lit : BOLLÉE.

Note *fa* ♯.   Diam. 99 c.

1099. — CHATENAY.   1862.

L AN 1862 J'AI ETE BENITE POUR L'EGLISE DE CHATENAY ET NOM-
MEE ANNE ET S^T JOACHIM ☞

PAR MR LESBROS FRANCOIS JUGE DE PAIX A GAP ET PAR M^{ELLE}
ALEXANDRINE COMBALOT

Sur la panse, comme sur la précédente cloche.

Note : *si.*   Diam. 77 c.

1100. — CHATENAY.   1862.

JAI NOM S^T GERMAIN PARRAIN M^R L ABBE JEAN ANORE ⁽²⁾ BARBIER
MARRAINE M^{ELLE} MARIA COMBALOT

Sur la panse : BOLLEE PERE ET FILS FONDEURS AU MANS SARTHE
1862.

Note : *ré.*   Diam. 65 c.

(1) *Proto-notaire apostolique.*
(2) Pour *André.*

1101. — CHATENAY (Carillon).   1862.

L AN 1862 J AI ETE BENITE POUR L EGLISE DE CHATENAY ET NOM-
MEE ST MICHEL PAR MR ☞

EUGENE COMBALOT ET PAR MELLE MARIE LESBROS

Sur la panse, comme sur la précédente cloche, moins la date.
Note : *si*.   Diam. 73 c.

1102. — CHATENAY (Carillon).   1862.

L AN 1862 J AI ETE BENITE POUR L EGLISE DE CHATENAY ET NOM-
MEE ST GABRIEL ET ST ☞

RAPHAEL PAR MR L ABBE COMBALOT (1) ET PAR MELLE JOSEPHINE
VACHON

Sur la panse, comme sur la précédente cloche.
Note : *ut* ♯.   Diam. 68 c.

1103 A 1116. — CHATENAY.   1862.

BENEDICITE ANGELI DOMINI DOMINO

Sur la panse, comme sur la précédente cloche, mais avec la
date 1862 après le mot SARTHE.

Cette cloche et les douze suivantes, qui lui sont en tout semblables, donnent des notes plus ou moins bien échelonnées et
qui ne m'ont pas paru former une gamme chromatique parfaite,
autant du moins que j'ai pu en juger en les faisant faiblement
résonner. Quant à leurs dimensions respectives, elles varient
suivant le son.

1117. — FRONTONAS.   1862.

1re face, sous une *Croix* tréflée :
VIVIS ET MORTUIS DA PACEM
SOUSCRIPTION PAROISSIALE DE 1862

(1) Cette cloche et les suivantes font partie du carillon donné par le célèbre
prédicateur à son village natal. (V. la note du n° 730).

BARBIER CURE EYNARD MAIRE

2e face :

ACIERIES D'UNIEUX (LOIRE) JACOB HOLTZER & Cie

Guirlande de chêne dans le cordon supérieur.

Note : *mi*. Diam. 134 c.

(Cloche en acier fondu).

1118. — HURTIÈRES. 1862.

Dans le cordon supérieur : HURTIERES St JACQUES ET St CHRISTOPHE (1) PRIEZ POUR NOUS

1re face : JE M'APPELLE LOUISE GABRIELLE

PARRAIN MR LE MQUIS DE MONTEYNARD HENRY REYMOND

MARRAINE MME LA MQUISE DE MONTEYNARD LOUISE GABRIELLE NEE DE ROSIERE DE SERAN (2)

2e face : GRACES SOIENT RENDUES A MES BIENFAITEURS

MR GIRAUD CURE }
MR SOUNIER MAIRE } 1862

ACIERIES D'UNIEUX JACOB HOLTZER ET CIE

Note : *la*. Diam. 113 c.

(*Cloche en acier fondu*).

1119. — PLAN. 1862.

SIT NOMEN DOMINI BENEDICTUM. GLORIA IN EXCELSIS DEO.

JE M'APPELLE MARIE. MR CL LAURENCIN CURE. MR F NAUD MAIRE.

PER (3) PARRAIN : MR L. BERNARD. PERE (4) MARRAINE : MME BERGERAND FEMME BERNARD.

DME (5) PARRAIN : MR JH THIBAUD. DME (6) MARRAINE : MAGL. MAY FEMME THIBAUD.

(1) Tous les deux, patrons du lieu. — (2) *De Rosières de Sorrans*.
(3) *Premier*. — (4) *Première*. — (5 et 6) *Deuxième*.

Au bas : GULLIET FONDEUR A LYON 1862.

Note : *sol* ♯.   Diam. 90 c.

1120. — ST-JEAN-D'AVELANE.   1862.

☩ CHRISTUS VINCIT, CHRISTUS REGNAT, CHRISTUS IMPERAT, AB OMNI MALO NOS DEFENDAT JESUS.

☩ PARRAIN. MR CLAUDE PILAUD TIRAD, PROPRIETAIRE RENTIER.

☩ MARRAINE MME ANTOINETTE LOUISE CLAIRE HENRIETTE BERMOND, VVE DE MR CLAUDE LANET, EX-MAIRE ☞ DE ST JN D'AVELANE. MR LOUIS LANET, MAIRE. MR JN PRRE JOURDAN, CURÉ.

Au bas : BURDIN FILS AINE FONDEUR A LYON 1862

Note : *si*.   Poids : 360 kilog.   Diam. 84 c.

1121. — BOURGOIN.   1863.

IMMACULATA VIRGINE DEIPARA AUSPICE

OPORTET ME EVANGELIZARE REGNUM DEI LUC 4 43

AUDIES VOCEM EJUS ET FACIES MANDATA DEUT 17 10

D. SUZANNA COUTURIER, CREDITRIX, PECUNIA ÆDITUIS CONDONATA, IMPENDIAM EXOLVIT [1]

H. GUILLERMARD PAROCHO, JH BUISSON MAGISTRATU CIVITATIS

Au bas, sous un *Crucifix* : GULLIET FONDEUR A LYON 1863

En lettres gravées : PARRAIN : JACQUES-JOSEPH RAILLON.

MARRAINE : MME RAILLON NÉE MARGUERITE-VICTORINE PANTHOT. [2]

Note : *sol*.   Poids : 630 kilog.   Diam. 103 c.

1122. — CHAMP (LE).   1863.

Dans le cordon supérieur : ACIERIES D'UNIEUX JACOB HOLTZER & CIE 1863 ☆☆☆☆ GLORIA PATRI ET FILIO ET SPIRITU SANCTO ☆☆☆

---

(1) Mme S. Couturier a fourni à la dépense par l'abandon d'une créance qui lui était due par la fabrique. — (2) Ces deux dernières lignes ont été gravées en 1874 seulement, lors de la bénédiction de cette cloche avec les deux autres que l'on venait de fondre, en cette même année 1874 (V. les nos 1189 et 1190).

1re face : *Crucifix* avec un *Christ* en demi-bosse très saillant ;
dessous : UNIQUE ESPOIR ; dessus : ☆ ☆ ☆

2e face : MARIE CLEMENTINE — HOMMAGE PIEUX DU CHAMP
A SON EGLISE ANTIQUE ET VENEREE.

PARRAIN [1]	BENE FAC DOMINE	MARRAINE [2]
(écusson.)	BONIS ET RECTIS CORDE	*(écusson.)*
LOUIS HUMBERT		CLEMENTINE DE DREUX-BREZE
COMTE DE MONTEYNARD		MARQUISE DE MONTEYNARD

3e face : médaillon de la *Vierge à la Chaise* ; dessous : PRIEZ
POUR NOUS.

4e face : SALVUM FAC POPULUM TUUM DOMINE Ps 19

☆ COLLECTEURS [3] ☆

Fs. SONNIER PR. [4] Fs. JOURDAN TR. [5] JH. MONCENIS [6] SRE.

B MANQUAT MAIRE   M TURC CURE

EGLISE DU CHAMP — DIOCESE DE GRENOBLE

Chiffre
de
Marie
sous une
Croix.

Note : *fa*.   Diam. 138 c.
(Cloche en acier fondu).

1123. — CORDÉAC.   1863.

☆ ☆ ☆ ☆ ☆ ☆ ☆ ☆ ☆ ☆ ☆ ☆ ☆ ☆

LAUDATE DOMINUM IN CYMBALIS BENE SONANTIBUS

---

(1) Sous le mot PARRAIN, écusson aux armes de la famille de Monteynard.
— (2) Sous le mot MARRAINE, écussons accolés de Dreux-Brézé et de Monteynard. (V. le n° 914). — (3) *Chargés de la quête*. — (4) *Président*. — (5) *Trésorier*. — (6) *Secrétaire*.

Sur la panse : PARRAINS $\left\{\begin{array}{l}\text{M. BERLIOUX MARTIN CURÉ}\\\text{M. MOUNIER HILAIRE MAIRE}\end{array}\right.$

MARRAINES $\left\{\begin{array}{l}\text{M}^E\text{ BLANCHARD CLAIRE}\\\text{M}^E\text{ MATHIEU VICTORINE}\end{array}\right.$

Au bas, près du bord : JACOB HOLTZER & CIE 1863

Sur l'autre côté : une *Vierge immaculée* et un *Christ.*

Note (?).   Diam. 110 c.

(Cloche en acier fondu.)

Communication de M. Berlioux, curé du lieu.

1124. — GRENOBLE *(S*ᵗ*-Joseph).*   1863.

✠ SIT LAUS PLENA, SIT SONORA. SERAPHIA. BENEDICTA A R.R. D.D. [1]
JACOBO MARIA ACHILLI

✠ GINOULHIAC, EPISCOPO GRATIANOPOLITANO. PATRINUS, D. CLAU-
DIUS JOSEPH JOUVIN ; [2]

✠ MATRINA D. MARIA SERAPHIA JOUVIN, NATA MORAIN. PAROCHUS.
D. J. CARTELLIER

✠ SUAM IN IMPENSIS PARTEM HABUERE OMNES PAROCHIANI. ANNO
DOMINI MDCCCLXIII

Au bas : FONDERIE DE GUILLAUME PERE ET FILS A ANGERS.

Sur la panse, une *Croix* gravée en creux.

Note : *ut.*   Diam. 162 c.

(V. la cloche n° 216).

1125. GRENOBLE *(S*ᵗ *Joseph).*   1863.

✠ SIT NOMEN DOMINI BENEDICTUM. VALENTINA BENEDICTA A R.R.
D.D. JACOBO MARIA ACHILLI

✠ GINOULHIAC, EPISCOPO GRATIANOPOLITANO. PATRINUS D. DOMI-
NICUS JULIUS DE GLOS, [3] CURIÆ IMPERIALIS

✠ CONSILIARIUS MATRINA D. VALENTINA JOSEPHA CHAPER, NATA
GIRO D PERIER. [4] PAROCHUS D. J.

---

(1) *A reverendissimo domino domino.* -- (2) Fabricant de gants à Grenoble.
(3) Gendre de Mᵐᵉ Badon. — (4) Née *Giroud*-Périer, et femme de M. Eug.
Chaper, député.

✠ CARTELLIER. SUAM IN IMPENSIS PARTEM HABUERE OMNES PARO-
CHIANI. ANNO DOMINI MDCCCLXIII

Au bas : FONDERIE DE GUILLAUME PERE ET FILS A ANGERS.

Sur la panse, même *Croix* que sur la précédente.

Note : *mi.*   Diam. 120 c.

1126. — GRENOBLE *(St-Joseph).*   1863.

✠ OMNIS SPIRITUS LAUDET DOMINUM. MATHILDIS BENEDICTA A R.R.
D.D. JACOBO MARIA ACHILLI

✠ GINOULHIAC, EPISCOPO GRATIANOPOLITANO. PATRINUS D. JOAN-
NES BERARD RECEPTOR GENERALIS, OLIM

✠ ISARÆ PRÆFECTUS[1] MATRINA D. MATHILDIS SEBASTIANA RALLET,
NATA FARCONET. [2] PAROCHUS D. J.

✠ CARTELLIER. SUAM IN IMPENSIS PARTEM HABUERE OMNES PARO-
CHIANI. ANNO DOMINI MDCCCLXIII

Au bas : FONDERIE DE GUILLAUME PERE ET FILS A ANGERS.

Sur la panse, même *Croix* que sur la précédente cloche.

Note : *sol.*   Diam. 102 c.

1127. — ILE-D'ABEAU.   1863.

MARIA VICTORIA NOMINOR

CLANGETIS ET ERIT RECORDATIO VESTRI CORAM DOMINO DEO VESTRO
LIB NUMER 10 9

PARRAINS : M. M. VICTOR BESSON PROPRIETAIRE. ANTOINE CHARREL
ANCIEN MAIRE

MARRAINES : MARIE PERENET DAME CHARREL. MARIE VILLET DAME
CROZET. J F B ANSELME CURE

DONNEE PAR LA COMMUNE SOUS LE VOTE DE M.M. C. MATHON MAIRE,
C. J. VINCENDON, P. BOUROT, J. LAURENT, F. CROZET, P. LACROIX,

B. GERMAIN, B. DELAY, B. GUERRIER, J. BOURNICARD, J. B. CHARPENET,
ADJOINT

(1) V. le nº 1028. — (2) Fille de M. Fréd. Farconnet, député à l'Assemblée
nationale en 1848, et de Mlle N. Allemandi, fille d'un général piémontais.

Au bas, sous un *Crucifix* : GULLIET FONDEUR A LYON 1863
2ª face : la *Vierge immaculée.*
Note : *mi.*   Diam. 117 c.

1128. — SABLES (LES).   1863.

☆ ☆ ☆ ☆ ☆ ☆ ☆ ☆ ☆ ☆ ☆

Sur la panse : MME. V^{VE}. BERARD BLAY
☆ M^{ES}. DOREY & MURYS SES FILLES FONDATRICES DE L'EGLISE
☆ PARRAIN M^R. J^N. B^{TE}. BARRUEL
☆ MARRAINE MLLE. MARIE PHILOMENE BARRUEL SA FILLE ☆
ZELATEURS [1] M^R. E. COTTAVE & F. BILLON CURE

Au bas : ☆ 1863 ☆ — JACOB HOLTZER & CIE
Note : *ut* ♯   Diam. 87 c.
(*Cloche en acier fondu.*)

1129. — S^T-BUEIL.   1863.

☩ LAUDO DEUM VERUM, PLEBEM VOCO, CONGREGO CLERUM,

☩ DEFUNCTOS PLORO, VENTOS FUGO, FESTA DECORO.

☩ PARRAIN MR MAURICE ANATOLE AIMÉ MARIE COMTE DE CORBEAU
DE VAULSERRE. [2]

☩ MARRAINE MLLE MARIE AIMÉE DE FRANCLIEU DE LONGPRA. [3]

Au bas, sous le *Crucifix :* ☩ CURA ET EXPENSIS PROECIPUE R^I [4]
ET OPTIMI LVDOVICI. CUZIN PAROCHI S. BUEIL ANNO DOMINI 1863.

Plus bas encore, mais sur l'autre face : BURDIN FILS AINE FONDEUR A
LYON

Note : *sol* ♯.   Poids : 625 kilog.   Diam. 99 c.

(1) Quelque chose, sans doute, comme les *collecteurs* de la cloche nº 1122.
(2) Fils ainé de M^{re}-F^s-Ch^{les} m^{is} de Corbeau de Vaulserre. — (3) Fille cadette
de M. Anselme-Louis-Marie Pasquier, baron de Franclieu, prop^e du château
de Longpra à Saint-Geoire, et de Mlle Eugénie Chosson du Colombier. —
(4) *Reverendi.*

1130. — SILLANS.   1863.

1ʳᵉ face : DON FAIT A SILLAN PAR LES RR. PERES CHARTREUX
EN 1863

PARRAIN Mᴿ L. FERDINAND JOLLANS MAIRE ET MEDECIN
MARRAINE FELICIE GUEFFIER ⁽¹⁾ DAME COCHE
Mᴿ L. GENTIL CURE
ACIERIES D'UNIEUX JACOB HOLTZER & CIE

2ᵉ face :

Note : *fa* ♯.   Diam. 122 c.
(*Cloche en acier fondu.*)

1131. — VIENNE (*Sᵗ-Maurice*).   1863.

✝ VOX DOMINI IN VIRTUTE .... ET IN TEMPLO EJUS OMNES DICENT
GLORIAM PS 28

✝ L'AN DE L'INCARNATION DE N.S. 1863, CETTE CLOCHE A ETE
FONDUE SOUS L'ADMINISTRATION ET PAR LES SOINS ☞
DE Mᴿ ORIOL, CURÉ DE Sᵗ MAURICE, CHAN. HONᴿᴱ ⁽²⁾ DE GRENOBLE,
AVEC LES DONS DES PAROISSIENS. LE PARRAIN A ETE ☞
Mᴿ LOUIS JOSEPH CROZEL ET LA MARRAINE Mᴹᴱ LEONTINE LOUISE
DONNAT, NÉE CONTAMIN.

Au bas : BURDIN FILS AINE FONDEUR A LYON
Note : *fa.*   Diam. 113 c.

Cette cloche, ainsi que celles de 1833, a péri dans l'incendie
du clocher, le 11 avril 1869.

1132. — VILLE-SOUS-ANJOU.   1863.
(*Château de Terrebasse*).

✝ HORLOGE DU CHATEAU DE TERREBASSE 1863

(1) *Gueyffier* (V. le n° 983).
(2) *Chanoine honoraire.*

Au bas : BURDIN FILS AÎNÉ ✝ FONDEUR A LYON

2ᵉ face : la *Vierge et l'enfant Jésus.*

Note : *mi.*   Diam. 55 c.

1133. — CHATEAU-VILAIN.   1864.

✝ NASCENTES CANO. FIDELES VOCO. MORTUOS PLORO. FESTUM NUN-TIO. TEMPESTATES REPELLO. MAGNALIA DEI LONGE FERO.

J'AI EU POUR PARRAIN Mᴿ PHILIBERT LOUIS ALPHONSE CONTAMIN☞

ET POUR MARRAINE Mᴹᴱ LOUISE ANTOINETTE CLÉMENCE VIMEUDON Vᵀᴱ DE Mᴿ CLAUDE PHILIBERT CONTAMIN ☞

JOSEPHUS LEO CONTAMIN. HUJUS PAROCHIÆ RECTOR SUO PECULIO ME EMIT ET DEO ME CONSECRAVIT DIE MAIUS [1] 1864 ☞

SUB TITULO PHILIBERTÆ. LUDOVICÆ. ANTONIÆ. CLEMENTIÆ. JOSE-PHÆ. UT ANNUMTIÆ [2] OMNES LAUDES TUAS DOMINE ☞

Sur la panse : le *Christ ;* — *Sᵗ Georges* à cheval perçant le dragon ; — la *Vierge et l'enfant Jésus ;* — un *évêque.* Entre lui et le Christ, sur la panse : FONDERIE DE ROSIER MARTIN — A VRECOURT VOSGES.

Note : *mi.*   Diam. 111 c.

1134. — CHEYSSIEU.   1864.

LAUDO DEUM VERUM, PLEBEM VOCO, CONGREGO CLERUM

DEFUNCTOS PLORO, PESTEM FUGO, FESTA DECORO.

JE M'APPELLE MARIE JOSEPH.

MON PARRAIN EST : FRANCOIS BONNETON, ET MA MARRAINE : MARIE TARDIEU.

CURE : PONCET FRANCOIS.

MAIRE : GUERIN BENOIT.

Au bas : GULLIET ✝ FONDEUR A LYON 1864 ; — écusson ar-

---

(1) Qu'a voulu dire l'auteur de l'inscription, cette cloche ayant été consacrée le 19 septembre ? — (2) Pour *annuntiam.*

morié de Pie IX;—*N.-D. des Sept Douleurs* (patrone);—*S. Jean*.
Note : *mi*.   Diam. 118 c.

1135. — COUBLEVIE.   1864.

VENITE ADOREMUS, VENITE EXULTEMUS DOMINO, JUBILEMUS DEO SA-
LUTARI NOSTRO.

SIT NOMEN DOMINI BENEDICTUM.

ANDRE SIBILLAT, CURE   LOUIS LOUVAT, MAIRE

PARRAIN ETIENNE TIVOLLIER.

MARRAINE PHILOMENE TIVOLLIER.

Sur la panse : *Crucifix* en haut relief ; dessous : GULLIET FON-
DEUR A LYON 1864 ; — la *Vierge et l'enfant Jésus*.
Note : *fa*.   Diam. 111 c.

1136. — ENCHATRE (L').   1864.

Cordon supérieur orné d'arabesques et d'étoiles.
1re face : ☆ DON DES R. P. CHARTREUX ☆
MR JARCERIE (1) DIRECTEUR DES CONTRIBUTIONS INDIRECTES
BIENFAITEUR INSIGNE DE LA PAROISSE
PARRAIN MR GAUTIER MARRAINE D^{ME} BOEL
FREYNET CURE
☆ L'AN 1864 ☆
2e face : *Crucifix* en fort relief, sous lequel on lit : UNIQUE
ESPOIR
Sur le cordon inférieur : ACIERIES D'UNIEUX PRES FIRMINY
(LOIRE) JACOB HOLTZER & CIE
Note ; *fa* ♯.   Diam. 123 c.
(Cloche en acier fondu).

1137. — FORTERESSE (LA).   1864.

JACOB HOLTZER & CIE (entre 2 cordons).

(1) Pour *Garcerie*.

Guirlande de pampre.

Sur la panse : JE M'APPELLE MARIE

JE LOUE DIEU JE CONVOQUE LES FIDELES A L'EGLISE JE PLEURE LES MORTS

JE SUIS L'ORNEMENT DES FETES

J'AI POUR PARRAIN. M. J. [1] EYMOND DARUD PRESIDENT DE LA FABRIQUE

ET POUR MARRAINE. M. [2] MARIE EYMOND DARUD [3] NEE ORCEL

M. J. [4] BERGERAND MAIRE M. E. [5] THIVOLLIER CURE DE LA FORTERESSE

☆ 1864 ☆

Note : *sol.*   Diam. 121 c.

(*Cloche en acier fondu.*)

1138. — LEYRIEU.   1864.

LAUDATE DOMINUM IN CYMBALIS BENE SONANTIBUS LAUDATE EUM IN CYMBALIS JUBILATIONIS PS 150

PARRAIN : MR EMMANUEL COMTE DE QUINSONAS. [6]

MARRAINE : M^E MARIE [7] COMTESSE DE QUINSONAS.

CURE : MR AUGUSTIN BRISSAUD.   MAIRE : MR CLAUDE ROUX

Au bas : GULLIET ✝ FONDEUR A LYON 1864 ; — écussons accolés sous une couronne comtale [8] ; — la *Vierge* aux mains croisées sur la poitrine ; — écusson armorié [9] de Mgr Ginouillac, surmonté de la devise : DEI SAPIENTIAM.

Note : *sol* ♯.   Diam. 92 c.

---

(1) *Joseph.* — (2) *Madame.* — (3) Nièce du parrain. — (4) *Joseph.* — (5) *Elie.*
(6) Second fils d'Adolphe-Edouard-H^t de Pourroy de Lauberivière, m^is de Quinsonnas, et de Mis-Em^ie-Nath^ie de Virieu-Pupetières. — (7) Marie de Vougny de Roquestant. — (8) Le 1er écusson : écartelé aux 1 et 4 : *d'or, à 3 pals de gueules ; au chef d'azur, chargé de 3 molettes d'or,* qui est de *Pourroy* ; et aux 2 et 3 : *d'or, à la bande d'azur, chargée de 3 croissants d'argent.* qui est de *Saint-Germain-Mérieu.* — Le 2e : *de gueules, à l'agneau pascal d'argent* (?) ; *au chef d'azur,* chargé *de 3 étoiles ou molettes d'or* (?). — (9) *Coupé au 1, parti de sable à la croix ancrée d'or, et de gueules au St Esprit d'argent ; au 2, d'azur au dauphin d'argent, sur une mer de sinople.*

1139. — MONSTEROUX. 1864.

BENEDICAM DOMINUM IN OMNI TEMPORE.

PARRAIN : M. ANTOINE MICHEL PERRAT;

MARRAINE: M. [1] ROSALIE BRUYERE EPOUSE DE JEAN ANTOINE PERRAT.

MAIRE : JOSEPH PERRAT.

CURE : JOSEPH PAGET.

Au bas : GULLIET ☨ FONDEUR A LYON 1864

Note : *ut* ♮. Diam. 70 c.

1140. — PERCY (LE). 1864.

☆ JUBILATE DEO OMNIS TERRA SERVITE INTROITE LAUDATE ☆ ACIE-RIES D'UNIEUX (LOIRE) JACOB HOLTZER & CIE. 1864

1re face : ☆ MARIE LOUISE EST MON NOM ☆

MES PARRAINS. M. M. L. P. AL^{DRE}. [2] DUPORT LAVILLETTE ✳

PRES^{DT}. A LA COUR IMP^{LE}. [3] DE GRENOBLE M^{BRE}. DU CONSEIL

G^{AL}. [4] DE L'ISERE

L^S J^N B. [5] GAUTIER ✳ IER. AVOCAT G^{AL}. PRES^{DT}. DU CONSEIL

D'ARROND^T. [6] DE GRENOBLE

MES MARRAINES M^{MES}. ELISA CHANROND NÉE MICHAL [7]

J. M. F. EUG^{NIE}. [8] DUPORT LAVILLETTE NÉE VERNEY

MLLE. M. L^{SE}. EUG^{NIE}. [9] GAUTIER

2e face : MES BIENFAITEURS LES R.R.P.P. CHARTREUX

MES PARRAINS ET MARRAINES. M. M. CHANROND. [10] CLA-RET. [11] GACHET. [12] DURIF. RICHAND

ET TOUS LES HABITANTS DE [13] PERCY

(1) Mme.

(2) *Léon-Pierre-Alexandre.* — (3) *Président à la Cour impériale.* — (4) *Géné-ral.* — (5) *Louis-Jean-Baptiste*, gendre du précédent. — (6) *D'arrondissement.* — (7) Femme de J^h-Aug^{te} Chanrond, géomètre et marchand de domaines à Mas-sieu, prop^e au Percy (V. l'inscription n° 836). — (8) *Jeanne-Marie-Françoise-Eugénie*, femme du premier parrain. — (9) *Marie-Louise-Eugénie*, fille du second parrain. — (10) Mari de la première marraine. — (11) Prop^e.— (12) *Idem.* — (13) Pour *du*.

ROUSSET HIPP^{te}. cure.
MALRIG ⁽¹⁾ maire.
Sur la panse : une *Croix* tréflée.
Note : *sol.*   Diam. 121 c.
(Cloche en acier fondu.)

1141. — ROMAGNIEU.   1864.

VESPERE ET MANE ET MERIDIE NARRABO ET ANNUNTIABO, ET EXAU-
DIET VOCEM MEAM PS. 54 v. 19

J'AI POUR PARRAIN : MR LOUIS PESSONNEAUX, ⁽²⁾ ET POUR MARRAINE
MME ZELIE FRANCOISE IRMINE DUPRAT ⁽³⁾ NEE CHEYLUS,

JE M'APPELLE : LOUISE IRMINE EUGENIE.   M.M. DELLOZCOUR,
CURE, DUPRAT, MAIRE.

MES PRINCIPAUX BIENFAITEURS SONT : M. M. DELLOZCOUR, CURE,
ET MERLIN, VICAIRE.   LES R.R. PERES CHARTREUX.   M.M. MOL-
LARD, BERRUYER, BAJAT, ANCIENS ☞

CURES ET V^{RE} ⁽⁴⁾   M.M. HYVRIER, PERRICHAUD, MARON, BERTHET
ET DAVID PRETRES.   M.M. DUPRAT, PESSONNEAUX, DULAC, PRAVAZ,
COTTIN ET BAS, FABRICIENS.

M.M. MARCEL CLAUDIUS JOSEPH ET MARIE MAGNIN, FRANCOIS MIGNOT,
HENRI PILAUD, ANTOINEC UNIT ET SA FAMILLE, ANTOINE MARTIN ET SA
FAMILLE, JOSEPH COTTIN, ☞

ORCEL ET GONTARD   LES D^{ELLES} ARRAGON ⁽⁵⁾ LOUISE CHABOUD,
MARGUERITE TRAFIT, V^{VE} PIRAUD ET 200 HABITANTS DE LA PAROISSE.

Sur la panse : *Crucifix* en haut relief entre GULLIET — FONDEUR
A LYON 1864 ; — St *Bruno* en pied et de face. Dessous : s. BRUNO ;
— la *Vierge immaculée* sur le globe ; — médaillon ovale d'un
saint agenouillé devant un *crucifix* ; au-dessus de sa tête :
s. ANTONIO ; — dessous le médaillon : s ANTOINE.

Note : *mi.*   Diam. 126 c.

(1) Pour *Malriq.*
(2) Artiste peintre. — (3) Femme du maire. — (4) *Vicaire.* — (5) *Fanély* et
Clotilde.

1142. — VERPILLIÈRE (LA). 1864.

JE SUIS LA VOIX DE CELUI QUI CRIE : RENDEZ DROITE LA
VOIE DU SEIGNEUR.

MON PARRAIN ET MA MARRAINE SONT LE DEVOUEMENT ET
LA GÉNÉROSITÉ DES HABITANTS DE LA VERPILLIÈRE [1]

CURÉ : GENIN CHANOINE.

MAIRE : FAURE CLAUDE FRANÇOIS, MAÎTRE DE POSTE.

ADJOINT : CHAUVET JEAN.

CONSEILLERS MUNICIPAUX : GUIGUE JEAN, CHATAIN LOUIS,
SIMONDANT PIERRE, ODET HENRY, EPARVIER FRANÇOIS, VIVIER FRAN-
ÇOIS, VERET PIERRE, MATHIEU JEAN FRANÇOIS.

Sur la panse : le *Crucifix*, la *Vierge immaculée* et *St Denis*.

Au bas : GULLIET FONDEUR A LYON. 1864.

Note : *mi ♭*. Diam. 127 c.

Com^{on} de par M. David, curé-archiprêtre de la Verpillière.

Cette cloche pèse 1300 kilog.

1143. — ASSIEU. 1865.

DON DE LA PAROISSE. MDCCCLXV.

VESPERE ET MANE ET MERIDIE NARRABO ET ANNVNTIABO, EXAVDIET
VOCEM MEAM. PS. LIV.

☞ PARRAINS ET MARRAINES. M. M. FABRE PIERRE FREDERIC, [2] ET
DORZAT CURÉ DES ROCHES.

☞ M^{ELLES} FABRE MARGUERITE ROSALIE [3] ET FABRE MARIE JOSEPHINE [4]

☞ PRINCIPAVX BIENFAITEVRS M.M. ORCEL PIERRE CURÉ. FABRE
PIERRE FREDERIC MAIRE. PLANTIER JEAN BAPTISTE. DOYEN JEAN PIERRE ET
EUGENIE

---

(1) Cette formule inusitée ne fut pas plus consentie par l'autorité religieuse
supérieure que par l'autorité locale et les donateurs. Elle fut un audacieux
empiètement qui faillit amener un procès et qui a longtemps maintenu dans le
pays les plus fâcheuses divisions. Nous ne pouvons en dire davantage.

(2) Notaire et maire à Assieu. — (3) Fille de M. L^s-Adolphe Fabre, son frère
président du tribunal de St-Etienne (Loire), auteur de plusieurs écrits sur le
Dauphiné, etc. — (4) Fille du maire.

☞ GAVTHIER FRANÇOIS MARTIAL. MORGVE ET MARCHAND MARIE. LES ABBÉS RABATEL ANTOINE ET JACQUES. BONNARD JOSEPH, LOVISE, JVLIE.

☞ LARDIERE JOSEPH FRANÇOIS. REYNAVD JOSEPH. DORZAT FRANÇOIS CHARLES. BRACOVD FRANÇOIS. BRACOVD ANTOINE. MOVLIN JEAN. (*en lettres gravées*: OLYMPE BRETON.

Sur la panse: *Adoration des Mages; — Mariage de la Vierge; — Jésus-Christ entre la Vierge et S⁺ Jean; —* le *Jour du Jugement dernier.*

Au bas : GVLLIET FONDEVR

Note : (?).   Diam. 110 c.

Com^{on} de M. A. Fabre, prés⁺ du trib. civil de S⁺-Etienne (Loire).

1144. — BOSSIEU.   1865.

PARRAINS : ENNEMOND MOVCHET. HONORE PION

MARRAINES : MARIE JOSEPHINE GAILLARD. MARIE MOVCHET

BIENFAITEVRS : BOVCHARDON, BOVILLER, A PION, MOIROVD, A. ARNAVD, J. VERDET, J. JIVARD, E. MONNET, A. BERTHIER, J. BOVVIER, F. VERDET, REYMOND, M. MOREL, PELISSIER PERE

CVRE, F. PONCET. MAIRE, H. PION. MDCCCLXV

Au bas, sous la *Croix :* GVLLIET FONDEVR A LYON. — La *Vierge* aux bras croisés sur la poitrine.

Note : *fa* ♯.   Diam. 103 c.

1145. — BOSSIEU.   1865.

BONAM VALLEM PROTEGE VIRGO TVAM. MDCI (1)

PARRAINS : ETIENNE BVRLET, JEAN FLACHER

MARRAINES : MARIE POVLLAILLON, SOPHIE JANIN

CVRE : F. PONCET. MAIRE : H. PION.   REFONDVE EN MDCCCLXV

Au bas, sous la *Croix :* GVLLIET FONDEVR A LYON. — Un *moine; —* la *Vierge* aux bras croisés sur la poitrine; — 7 épis enlacés par une vigne.

Note : *ut.*   Diam. 73 c.

(1) Inscription empruntée à la cloche de 1601. (V. n° 64).

1146. — COMBE-DE-LANCEY (LA).   1865.

MARIE MAGDELEINE JE M'APPELLE.

PARRAINS, MM ALBERT DV BOYS [1] ET FELIX DV BOYS. [2]

MARRAINES, MME DV BOYS, NÉE MARIE DE LARNAGE [3] ET M^ELLE NETY DV BOYS. [4]

Sur la panse : un *Crucifix* et la *Vierge immaculée*. — Au bas : GVLLIET FONDEVR A LYON MDCCCLXV

Note : *fa*.   Diam. 112 c.

1147. — COMBE-DE-LANCEY (LA).   1865.

CONSTANCE MARGUERITE JE M'APPELLE.

PARRAINS, JOSEPH JEAN BOVLLE, MAIRE. CHARLES ALEXIS BOVLLE [5]

MARRAINES, MME FANTON NÉE CONSTANCE DE BONO. [6] M^ELLE MARGVERITE FANTON. [6]

MDCCCLXV.

Sur la panse, une *Croix* et la *Vierge immaculée*. — Au bas : GVLLIET — FONDEVR À LYON

Note : *la*.   Diam. 90 c.

1148. — FORTERESSE (LA).   1865.

✝ J'AI NOM ANASTASIE. TROIS FOIS PENDANT LE JOUR J'INVITE LE FIDELE A BENIR J. C. [7] MAITRE DE NOTRE SORT, ☞

---

(1) Fils de M. G. M. Duboys, prés^t à la Cour royale de Grenoble (V. le n° 567) et conseiller auditeur à la même cour de 1825 à 1830, auteur de divers ouvrages estimés sur le Dauphiné, etc. — (2) Fils du précédent. — (3) C'est elle qui inspira à Lamartine ces vers charmants :

> Je ne vis qu'en passant ton céleste visage,
> Mon œil depuis ce jour reste ébloui de toi.
> Je plains le flot du Rhône où se peint ton image,
> Il la perd en fuyant, je l'emporte avec moi.

(*Rec. des écrits litt. et polit.* du c^te Monier de la Sizeraune, t. I, p. 207). — (4) *Netty*, fille des précédents.

(5) Mort lieutenant de mobiles pendant la guerre de 1870. — (6) Bonnot de Mably, femme de M. Fanton, ancien négociant à Grenoble, et fille de M. Bonnot de Mably, conseiller à la Cour royale de Grenoble, et de Mlle de Bruno.

(7) *Jésus-Christ*.

A PRIER FERVEMMENT NOTRE REINE IMMORTELLE, J'ANNONCE DE L'ENFANT LE BAPTEME ET LA MORT. (1) J'AI POUR ☞

PARRAIN MR FERDINAND BEAUME J'AI POUR MARRAINE MARIE ORCEL DAME HIPPOLYTE MENTHAS BERTON. M. E. ☞

THIVOLLIER ETANT CURÉ ET M. J. BERGERAND MAIRE DE LA FORTE-RESSE. 1865

Sous le *Crucifix* : BURDIN FILS AINE FONDEUR A LYON ; — la *Vierge* debout sur le globe et foulant le serpent aux pieds.

Note : *ut* ♯.   Poids : 250 kilog.   Diam. 73 c.

1149. — GRENOBLE *(St-André).*   1865.

✝ J'AI ÉTÉ BAPTISÉE EN 1865 PAR MONSEIGNEUR GINOULHIAC ÉVÊQUE DE GRENOBLE.

✝ J'AI POUR PARRAIN MR VENDRE MAIRE DE GRENOBLE, ET POUR MARRAINE MME BONAFOUS ÉPOUSE ☞ DE M^R LE IER PRÉSIDENT DE LA COUR IMPÉRIALE.

MR GERIN CURÉ DE S^T ANDRÉ

Sur la panse, un *Crucifix ;* — la *Vierge* écrasant le serpent sur le globe. — Au bas : BURDIN AINÉ FONDEUR A LYON

Note : *fa* ♯.   Poids : 810 kilog.   Diam. 107 c.

Cette cloche a été bénite le 4 janvier 1866 et a remplacé celle de 1832 (V. le n° 738). C'était jadis la cloche du *sing*.

1150. — PASSAGE (LE).   1865.

LAVDATE DOMINVM IN CYMBALIS BENE SONANTIBVS

PARRAIN FRANÇOIS MARIE DERIEVX

MARRAINE JEANNE FRANCOISE DERIEVX

MAIRE PIERRE ANTOINE RAVIX

CVRE PIERRE MOIROVX (2) — MDCCCLXV

---

(1) Quatre vers.
(2) *Moiroud.*

Sur la panse : un *Crucifix* accosté, au bas, des mots : GVL-
LIET — FONDEVR A LYON ; — la *Vierge immaculée.*

Note : *sol.* Diam. 90 c.

Com^ca de M. Gros, curé du Passage.

1151. — POMMIER. 1865.

SIT NOMEN DOMINI BENEDICTVM. COMMVNE DE POMMIER

PARRAINS ET MARRAINES : JEAN MICHEL ROVX ET ADELE PION, JOSEPH
MONNET-VIAL ET THERESE DIDIER.

PARRAINS ET MARRAINES : LOVIS FRANCOIS ROUX ET ANAIS VERRIER,
MICHEL ROBIN ET MARIE MONNET-VIAL.

MAIRE : ROVX. CVRE : GVINET. MDCCCLXV.

Au bas, 4 médaillons gothiques trilobés : le *Christ entre la
Vierge et St Jean ;* dessous : GVLLIET FONDEVR A LYON ; — la *Ré-
surreclion ;* — le *Mariage de la Vierge ;* — l'*Adoration des
Mages.*

Note : *fa* ♯. Diam. 103 c.

Cette cloche reproduit les 4 médaillons de celle de 1860 et a
été coulée pour la remplacer (V. n° 1075).

1152. — S^T-LAURENT-DU-PONT. 1865.

1re face :	2e face (*en lettres gravées*) :
HOC SIGNUM MAJUS	BAPTISÉE
AD DEI GLORIAM	PAR MR POLLARD ARCHIPRETRE.
ET IN HONOREM SANCTI BRUNONIS	PARRAINS :
SUIS SUMPTIBUS CONFICI VOLUIT	MR MICHALLET CHANOINE
MAJOR CURTUSIA (1)	ET
ANNO DOMINI	MR BOYER MAIRE
1865	MARRAINES :
♂	MME BOYER NÉE COTTAVOZ
	ET
VOX DOMINI IN MAGNIFICENTIA	M^MR COSTE NÉE MICHALLET

(1) Pour *Cartusia.*

Au bas, en relief, sous les armes de l'Empire : A HILDEBRAND FONDEUR DE L'EMPEREUR Ornements gothiques.

Note : *ut* grave.   Diam. 144 c

1153. — Sᵀ-LAURENT-DU-PONT.   1865.

1ʳᵉ face, au bas, sous les armes de l'Empire : A HILDEBRAND FONDEUR DE L'EMPEREUR

2ᵉ face, en lettres gravées, sous le sceau de la Chartreuse, au globe crucigère entouré de la légende : MAJOR CARTVSIA :

Adela Francisca

Note : *ut*.   Diam. 72 c.

1154. — Sᵀ-PAUL-DE-VARCES.   1865.

JACOB HOLTZER ET Cᴵᴱ 1865
JE SUIS LA VOIX DE DIEU
PARRAIN Mᴿ A. GUEYMARD
MARRAINE Mᴹᴱ PAULINE GACHET Fᴹᴱ TERRIER
Mᴿ BARBIER CURE. Mᴿ GUEYMARD MAIRE

Sur la panse, un gros *Crucifix.*

Note : *sol.*   Poids : 900 kilog.   Diam. 120 c.

(Cloche en acier fondu.)

1155. — Sᵀ-PAUL-DE-VARCES.   1865.

JE PORTERAI VOS PRIERES AV CIEL

PARRAIN Mᴿ IVLES GORGY

MARRAINE Mᴹᴱ CHRISTINE ARNAVD FEMME VINCENT

CVRE Mᴿ BARBIER. MAIRE Mᴿ GVEYMARD. MDCCCLXV

Ceinture d'arcatures gothiques.

Sur la panse : une *Croix byzantine* et la *Vierge,* les mains en croix sur la poitrine et écrasant le serpent.

Au bas, au-dessus d'un ornement courant fleuronné : GVLLIET FONDEVR A LYON

Note : *ré.*   Poids : 350 kilog.   Diam. 79 c.

1156. — S^T-PIERRE-DE-PALADRU. 1865.

☨ VOX DOMINI SUPER AQUAS ; PS, 28.

☨ PARRAIN MR HENRY DE NANTES D'AVIGNONET

☨ MARRAINE D^{LLE} URSULE BARBIER DE CALIGNON.

☨ M^R REY DORÈNE CURÉ. M^E B. RIVAT MAIRE

Sous le *Crucifix* : BURDIN FILS AINE FONDEUR A LYON 1865. — La *Vierge tenant l'enfant Jésus.*

Note : *mi.* Diam. 122 c.

1157. — CHAMPAGNIER. 1866.

En haut, entre 2 cordons : JACOB HOLTZER ET CIE.

Sur la panse : DON DE LA COMMUNE DE CHAMPAGNIER ET DU R. P. G^{AL}. (1) DE LA GRANDE CHARTREUSE

MARRAINE MME ROZE BONNIOT EPOUSE DE MR P. BLANC MAIRE

PARRAIN MR EUGENE THEODORE GAILLARD CH^{LIER} DE LA LEGION DHONNEUR MAIRE DE LA VILLE DE GRENOBLE BANQUIER

MAIRE DE LA COMMUNE MR PIERRE BLANC

CURE DE LA PAROISSE M. J. G. MOREL

1866

Sur la panse : *Crucifix* en fort relief ; — la *Vierge et l'enfant Jésus* sur un cul de lampe.

Note : *sol ♯.* Diam. 105 c.

(Cloche en acier fondu.)

1158. — ENTRE-DEUX-GUIERS. 1866.

PAR LA MVNIFICENCE DV R. P. GENERAL DES CHARTREVX, D. CHARLES MARIE, (2) JE SVIS LA VOIX DE LA REINE

DV ROSAIRE, JE BEVEILLE LE PECHEVR, J'AFFERMIS LE JVSTE, JE CONSOLE LE MOVRANT, JE SOVLAGE LE DEFVNT.

J'EVS POVR PARRAIN MR ANDRE LACROIX, MAIRE ET POVR MARRAINE MME FRANCOISE LABVLY SON EPOVSE

E. D. SAVIGNEVX, CVRE. MDCCCLXVI

(1) *Révérend Père général.*
(2) *Saisson.*

Sur la panse : *Croix* ; — la *Vierge immaculée* ; — *Croix* ; — S¹ *Bruno*.

Au bas : GVLLIET FONDEVR A LYON

Note : *la* ♭. Poids : 400 k. Diam. 90 c.

Comᵒⁿ de M. Rossat, curé d'Entre-deux-Guiers.

1159. — GRENOBLE. *(S¹ Louis).* 1866.

Au sommet, un ornement composé de feuilles d'acanthe et d'une autre plante. Dessous, un fort beau médaillon représentant S¹ *Louis* (mi-corps), portant la couronne d'épines sur un coussin. Ce médaillon occupe entièrement la tête des 6 lignes suivantes :

∞ ✠ VOX . DOMINI . IN . VIRTVTE . VOX . DOMINI . IN . MAGNIFICEN-TIA . PS XXVIII ∞

JE M APPELLE ANTOINETTE JOSEPHINE ∞ BENITE PAR Mᴳᴿ J M A GINOULHIAC EV (1) DE GRENOBLE ∞

PARRAIN M A C ACCARIAS CONSEILLER HONᴿᴱ OFF DE LA LEG (2) D HONNEUR PRESIDENT DE LA FABRIQUE ▨

MARRAINE Mᴹᴱ JOSEPHINE DE FRANCONIERE Vᵛᴱ DE TOURNEUF ∞ CURE ARCH (3) DE S¹ LOUIS M FRANCE ▨

FABRICIENS MM ACCARIAS ▨ LES PRESIDᵀˢ (4) NICOLLET ET CHARMEIL (5) ▨ GAUTIER PREMIER AVOCAT Gᴿᴬᴸ (6) ▨ ▨

NICOLET (7) NEGᵀ ▨ NICOLLET AVOCAT (8) ▨ E TEYSSERE (9) ▨ DE MONTROL ET FIERECK (10) ∞ MDCCCLXVI ∞ ▨ ▨

Cordon de pampres.

Sur la panse : *Croix* tréflée ; — le *bon pasteur* (mi-corps); dessous : ▨ EGO SVM PASTOR BONVS ▨ ; — l'*Assomption* ; dessous : ▨ MARIA D N ASSVMPTA ▨ au-dessus d'une *Etoile* ; — la *Vierge immaculée* (mi-corps) ; dessous : ▨ MARIA IMMACVLATA ▨ ; — la *Nativité de la Vierge* ; dessous : ▨ NATIVITAS MARIAE D N (11) ▨

Entre ces 4 médaillons, mais plus bas, les symboles évangé-

(1) *Evêque.* — (2) *Honoraire, officier de la légion.* — (3) *Archiprêtre.* — (4) *Présidents* à la Cour impériale. — (5) (V. le nᵘ 1173). — (6) *Général.* — (7) *Camille* Nicolet, négt., juge au tribunal de commerce. — (8) Bâtonnier de l'ordre. — (9) *Emmanuel Teisseire* (V. le nᵒ 1040). — (10) Tous les deux, conseillers à la Cour impériale. — (11) *Dominæ nostræ.*

liques avec les légendes : ✠ s matthaevs ✠. — ✠ s marcvs ✠. — ✠ s iohannes ✠. — ✠ s lvcas ✠

Cordon de laurier. Dessous : ✠ g morel fvnd camp lvgd [1] ✠

Note : *fa.* Poids : 916 k. 500 gr. Diam. 114 c.

1160. — MENS. *(Temple protestant).* 1866.

JACOB HOLTZER ET CIE.

CETTE CLOCHE A ETE ACQUISE EN 1866

PAR LES FIDELES DE L'EGLISE REFORMEE DE MENS

PENDANT LE MINISTERE DE MM.

CAMBEFORT ET SIRVEN

Note : *(?)* Diam. *(?)*.

(Cloche en acier fondu).

(Com[on] de M. Georges Périer.)

1161. — MIRIBEL. 1866.

PAROISSE DE MIRIBEL. CLAMA, NE CESSES, QVASI TVBA EXALTA VOCEM TVAM. ISAIÆ. 58. 1. SIT NOMEN DOMINI BENEDICTVM.

PARRAIN : MR VINCENT GVILLAT.

MARRAINE : MLLE MARIE MAGDELENE DIVAT.

MR CLAVDE COTTIN, MAIRE. MR ANTOINE CHARPENAY, CVRE DE LA PAROISSE.

JVILLET MDCCCLXVI.

Ces légendes sont coupées par les 4 médaillons gothiques suivants : *Ange* assis, tenant un calice et une lance ; — *Dieu le père et Jésus-Christ* assis de face ; — *Jésus et la Vierge* assis de face ; — *Ange* assis, tenant le Suaire et la couronne d'épines.

Sur la panse, les deux médaillons suivants : *St Bruno* debout de face avec la légende saint brvno : — l'écusson armorié de Mgr. Ginoulhiac avec la devise : dei sapientiam.

---

[1] Latin *remarquable* : pour *conflator* ou *fusor* sans doute, car *funditor* signifie *frondeur* : on doit ainsi rétablir la phrase : *fusor campanarum Lugduni.*

Au bas, les 4 médaillons gothiques : le *Christ entre la Vierge et St Jean* ; — la *Résurrection* ; — le *Mariage de la Vierge* ; — l'*Adoration des Mages.*

Note : *ré.*   Diam. 139 c.

Com^{on} de M. •••

1162. — S^T JEAN-D'HÉRANS.   1866.

☩ VOX DE TEMPLO (1) VOX DE COELO (2) VENITE ADOREMVS (3) VENITE FILII AVDITE ME (4)

JE M APPELLE MARIE DE LA SALETTE

DANS VOS JOIES ET VOS DOULEURS JE VOUS INVITE A LA PRIERE PARRAIN MR ACCARIAS CONSEILLER

HONORAIRE OFF DE LA LEG D HON (5) MARRAINE MME GROS NEE VILLE CURE DE S^T JEAN MR GARDEUR

ACHETEE PAR LES CATHOLIQUES (6) DE S^T JEAN D HERANS MDCCCLXVI

Sur la panse : la *Vierge* immaculée, à mi-corps dans une couronne, avec : MARIA IMMACVLATA ; — l'*Adoration des Mages* dans la même couronne, avec : NATIVITAS XRISTI D N (7) ; — *Jésus* tenant une bannière, à mi-corps dans une couronne, avec : IHESUS XRISTUS D N ; *St Jean (idem.)*, avec : S IOHANNES BAPTISTA ORA PRO NOBIS

Un peu plus bas, et entre ces médaillons, les attributs évangéliques.

Plus bas enfin : G MOREL A LYON

Note : *sol* ♯.   Diam. 92 c.

1163. — SALAGNON.   1866.

PARRAIN JEAN MARTIN, MARRAINE ANTOINETTE MARCEL GABRIEL PLATEL, ADJOINT SPECIAL. FRANÇOISE VESSILIER, MÈRE DE JEAN MARTIN.

(1) Inscription empruntée à quatre textes différents : *Isaïe,* 66, 6. — (2) *Dan,* 4. 28 ; *Luc,* 3, 22. — (3) *Psal.* 94, 6. — (4) *Psal.* 33, 12. — (5) V. l'inscription n° 1159. — (6) Tout le monde sait que, dans une partie du Triéves, à St-Jean d'Hérans comme à Mens, les catholiques et les protestants sont à peu près en même nombre. — (7) *Domini nostri.*

PIERRE MATHIEU. A. MARMONNIER CURÉ.

Sur la panse : *Naissance du Messie ;* — *Baptême* [1] *de l'enfant Jésus ;* — *Crucifiement du Sauveur ;* — *Ascension de Jésus-Christ.*

Au bas : GULLIET FONDEUR A LYON

Note : *la.*   Poids : 550 kilog.   Diam. 97 c.

Prix de la cloche : 2116 fr. 90 c. — Le baptême a eu lieu le 4 avril 1866.

(Com⁰ⁿ de M. Marmonnier, curé de Salagnon).

1164. — VILLETTE.   1866.

SVMPTIBVS CARTHVSIÆ MAJORIS
IN HONOREM MARIÆ IMMACVLATÆ 8 DECEMBRE MDCCCLXVI

En caractères plus petits : GVLLIET PERE ET FILS FONDEVRS A LYON

Sur la panse, en caractères gravés :

JE M'APPELLE MARIE BRUNO.
J'AI POUR PARRAINS
LE T. R. P. (1) DOM CHARLES MARIE SAISSON,
GÉNÉRAL DE L'ORDRE DES CHARTREUX,
ET LE R. P. DOM MARIE VINCENT CELLE,
PROCUREUR DE LA GRANDE CHARTREUSE.

Mᴿ L'ABBÉ MAURICE CHARVET
CURÉ DE LA PAROISSE DE VILLETTE

A. M. (2)

Au bas : médaillon gothique du *Christ entre Marie et Sᵗ Jean ;* — le *globe crucigère* de la Grande-Chartreuse, avec la légende : STAT CRUX DUM VOLVITUR ORBIS ; — médaillon gothique du *Mariage de la Vierge ;* — *Sᵗ Bruno* debout de face, avec la légende : SAINT BRVNO.

Note : *fa* ♯.   Diam. 108 c.

(1) *Très Révérend Père.* — (2) Initiales du nom du graveur de la légende placée sur la panse, Auguste Martin, qui obtint du curé l'autorisation de les placer là, sous prétexte qu'on les lirait : AVE MARIA.

1165. — BERLAND.   1867.

1ʳᵉ face : Curé Mʳ Adolphe Cottave

Sur la panse : grande *Croix* entre Gvillet (1) père et fils — fondeurs a Lyon MDCCCLXVII

2ᵉ face : Parrain Mʳ Joseph Biron

Marraine Dame Emilie Lacombe

Sur la panse, la *Sᵗᵉ Vierge.*

Note : *la.*   Poids : 312 kilog.   Diam. 80 c.

(Comᵒⁿ de M. Buissard, curé de Berland).

1166. — GRENOBLE *(Sᵗ-Louis).*   1867.

∞ ☩ VESPERE ET MANE ET MERIDIE NARRABO ET ANNVNTIABO ∞

∞ JE M APPELLE JOSEPHINE ∞

∞ PARRAIN Mʳ Lˢ JOSEPH CHABERT ANCIEN VICAIRE DE Sᵗ LOUIS ∞

∞ MARRAINE Mˡˡᵉ Mⁱᵉ JOSEPHINE BERNARD ∞

∞ BENITE PAR Mʳ FRANCE CURE DE Sᵗ LOUIS A GRENOBLE *(en lettres gravées :* VI OCTOBRE * *(en lettres moulées :* MDCCCLXVII ∞

Sur la panse : 4 médaillons : *Jésus,* à mi-corps, tenant une bannière ; dessous : ✚ IHESVS XRISTVS D N (2) ✚. Au-dessus, une *Croisette* ; — la *Nativité,* avec : ✚ NATIVITAS IHESV XRISTI D N ✚ ; la *Vierge et l'enfant Jésus* à mi-corps, sous une *Etoile*: dessous : ✚ MATER DEI ✚ ; — *Jésus mort,* étendu sur les genoux de sa mère: dessous : ✚ MATER DOLOROSA ✚

. Plus bas, sous la guirlande : ✚ G MOREL A LYON ✚

Note : *la.*   Diam. 89 c. 1/2.

1167. — VILLETTE.   1867.

SUMPTIBUS CARTHVSIE (3) MAJORIS.

CANTATE DOMINO CANTICUM NOVUM : LAUS EJUS IN ECCLESIA SANCTORUM PSAL. 149. I

MDCCCLXVII (4)

(1) pour *Gulliet.*
(2) *Dominus noster.*
(3) Pour *cartusiæ.* L'U ayant glissé, on a gravé un V à la place. — (4) VII a été également gravé pour la même raison.

Sur la panse et en lettres gravées : Je m'appelle Octavie Louise
j'ai pour parrain Mr Philippe Octave Amédée
Anne vicomte de Barral (1) sénateur de l'empire,
et pour marraine Mme Louise Marie
Elisabeth baronne de Barral (2).

Au bas et en relief : Gulliet père et fils fondeurs a Lyon.

Sur la panse : ✠ ; — St Bruno debout de face ; — la *Vierge
immaculée* ; — *globe crucigère* avec la légende : stat crux dum
volvitur orbis.

Note : *sol* ♯.   Diam. 88. c.

1168. — BERLAND.   1868.

Premier curé (3) de la paroisse Mr A. B. (4) Cottave
Parrain : Mr André Cottave
Marraine : Melle Julie Pivot-Taffut
Sumptibus Cartusiæ majoris
Moderante R.P.M. Car. (5) Saisson prio. gener. (6)
Procurante V. P. (7) Vincentio Celle
Gvillet (8) père et fils fondeurs a Lyon MDCCCLXVIII

Sur la panse : *Mariage de la Ste Vierge et de St Joseph* ; —
deux saints (?). — La *Ste Vierge* ; — le *Christ entre la Ste Vierge
et St Jean* ; — le *globe crucigère des Chartreux* ; — la *sainte
Trinité.*

Note : *fa*.   Poids 812 kilog.   Diam. 111 c.
Comon de M. Buissard, curé de Berland.

1169. — MONTCARRA.   1868.

Jeanne Louise donnée par Mr Iean Lovis Bvrgarel, ancien cure
de St Savin.

---

(1) Second fils d'André-Horace-Fois, victe de Barral, maréchal de camp et préfet
du Cher sous Napoléon Ier, et de Anne-Amédée de Beauharnais. Né en 1789, il
est mort en 1884. Son père était le petit-fils de Jh de Barral (V. le n° 396). —
(2) Belle-fille du parrain. Lse Me Elisabeth Rigault, femme de M. le baron
Edgard de Barral, fils du parrain.

(3) La paroisse de Berland est de création récente. — (4) *Adolphe-Benoît.* —
(5) *Moderante* (administrant) *Reverendissimo Patre Maria-Carolus.*—(6) *Priore
generali.* — (7) *Procurante* (procureur) *Venerabili Patre*, — (8) Pour *Gulliet.*

GANDIL, CVRE DE MONTCARRA.

Au bas : GVLLIET PERE ET FILS ✝ FONDEVRS A LYON MDCCCLXVIII ; — médaillon de St *Luc ;* — la *Vierge immaculée ;* — *Evêque* bénissant et tenant une double croix.

Note : (?).   Diam. 104 c.

1170. — S^T-NIZIER.   1868.

Sous un ornement courant, dans le cordon :

JACOB HOLTZER ET CIE 1868.

Sur la panse : SIT NOMEN DOMINI BENEDICTUM
L'AN 1868 LA PAROISSE A ACHETE CETTE CLOCHE A UNIEUX
FRANCOIS MARCHAND FILS A FOURNI 400 F.
LE PARRAIN A ETE MR GUSTAVE REAL [1] MAIRE
ET LA MARRAINE DAME LOUISE GENEVIEVE BELLON DE CHASSY F^{EME} [2]
REF [3] CURE   [REAL

2e face : la *Vierge et l'enfant Jésus.*
Note : *ut.*   Diam. 82 c.
(*Cloche en acier fondu.*)

1171. — MONTEYNARD.   1869.

∞ MAGNIFICAT . ANIMA . MEA . DOMINVM ∞
∞ JE MAPPELLE MARIE FELICIE ∞
∞ PARRAIN MR FELIX DE PELLISSIERE [4] MAIRE DE MONTEYNARD ∞
∞ CURE MR J^{PH} THEVENON ∞
∞ DONATEUR MR PIERRE TELMOT [5] ⊠ MDCCCLXIX ∞

Sur la panse : *Jésus-Christ,* à mi-corps dans une couronne de laurier et de chêne ; dessous, ⊠ IHESVS XRISTVS D N ⊠ ; — la *Vierge immaculée (idem),* avec : ⊠ MARIA IMMACVLATA ⊠ ; — *St Antoine (idem),* avec : ⊠ S^{TE} ANTONI ORA PRO NOBIS ⊠ ; — *Ste Agnès,*

_____

(1) Fils de F^x Réal, ancien député, et député lui-même. — (2) *Femme.* — (3) Pour RIF.

(4) Dernier fils de Justin de Pélissières (V. la note 4 de l'inscription n° 1011), prop^e à Vif et à Monteynard. — (5) Pour *Telmat.*

avec : ✸ STA AGNES ORA PRO NOBIS ✸ ; — Plus bas, entre les médaillons précédents, les quatre symboles des Evangélistes.

Au bas : ✸ G MOREL A LYON O REYNAUD SUCCESSEUR ✸

Note : *sol.*   Diam. 100 c.

1172. — TULLINS.   1869.

☨ PARRAIN : Mᴿ MICHEL PERRET, [1] MAIRE DE TULLINS.

☨ MARRAINE : Mᴹᴱ LOUISE CHARLOTTE DE BRUCHÈRES, [2] DAME DE GLASSON.

☨ Mᴿ MÈGE, CURÉ ARCHIPRÊTRE.

☨ Mᴿ EU. [3] DE FONTGALLAND, PRÉSIDENT DE LA FABRIQUE.

Sur la panse, un *Crucifix* ; — la *Vierge et l'enfant Jésus.* — Au bas : BURDIN AINE FONDEUR A LYON 1869

Note : *ré* ♭.   Diam. 138 c.

1173. — TULLINS.   1869.

☨ PARRAIN : Mᴿ ETIENNE AUGUSTIN CHARMEIL, [4] CHEVALIER DE LA LÉGION D'HONNEUR, PRÉSIDENT ☛

HONORAIRE DE LA COUR IMPÉRIALE DE GRENOBLE.

☨ MARRAINE : Mᴹᴱ VÉRONIQUE DAMASKY, DAME MICHEL PERRET. [5]

Sur la panse : *Croix* ornée ; — la *Vierge* immaculée.

Au bas, comme sur la cloche précédente.

Note : *fa.*   Diam. 104 c.

1174. — TULLINS.   1869.

☨ PARRAIN : Mᴿ EUGÈNE DE FONTGALLAND, PRÉSIDENT DE LA FABRIQUE.

☨ MARRAINE : Mᴹᴱ MARIE CLAIRE HENRIETTE CLÉMENTINE DE PORTROUX, [6] DAME DE RIVOLLE.

---

(1) Agronome, propriétaire du Château des *Chartreux*. — (2) *De Brucher.* — (3) *Eugène.*

(4) V. l'inscription n° 1159. — (5) Femme du parrain de la précédente cloche.

(6) Fille de Jˢ Gabˡ du Portroux, conseiller-maître en la Chambre des Comptes du Dauphiné, et de Henriette-Josᵉᵖʰ-Jeanne-Louise de Chieze, elle fut mariée en 1819 à Clᵈᵉ Edouard de Rivole.

Sur la panse, comme sur la cloche précédente.

Note : *la* ♭.   Diam. 86 c.

1175. — NIVOLAS.   *(sans date. XIX° siècle).*

Anépigraphe.

Au bas : BURDIN AINE ± FONDEUR A LYON

Note : *mi.*   Diam. 60 c.

Cette cloche ne portant pas de date, je la place chronologiquement après celles de Tullins, les premières qui nous offrent la raison sociale *Burdin aîné* au lieu de *Burdin fils aîné*. C'était la seule cloche de l'église avant l'année 1866, où l'on en fit fabriquer deux nouvelles.

1176. — OZIER (L').   1870.

✠ AVE . MARIA . GRATIA . PLENA . DOMINVS . TECVM . ∾

∾ ANNO DOMINI MDCCCLXX PIO PAPA IX GLORIOSISSIME ECCLESIÆ NAVIM GVBERNANTE ∾

∾ DEVOTA LIBERALITATE PIISSIMÆ DOMINÆ MARTHÆ GABRIELIS ANTONIÆ SOPHIÆ TERRIER DE LAISTRE DE JUSTVS SVB ARCHANGELI ∾

∾ GABRIELIS NOMINE ∾

∾ OBLATI MARIÆ IMMACVLATÆ MISSIONNARII SANCTVARIO D N DE VIMINE CVRIS ILLORVM INDEFESSIS REÆDIFICATO ∾

Sur la panse :

1° Effigie du *Bon pasteur* sous une croisette, avec la légende : ∾ EGO SVM PASTOR BONVS ∾

2° St *Joseph tenant l'enfant Jésus*, avec : ∾ S IOSEPH ORA PRO NOBIS ∾

3° L'*Annonciation*, avec : ∾ ANNVNCIATIO D N ∾

4° La *Vierge immaculée*, sous une étoile, avec : ∾ MARIA IMMACVLATA ∾

Au-dessous, mais entre chacun des sujets ci-dessus indiqués, les symboles avec les noms de chacun des quatre évangélistes.

Au bas, et au-dessous d'une bande richement fleurie : ∾ G MOREL FVND CAMP LVGD O REYNAVD SVCCESSOR ∾

Note : *fa.*   Diam. 104 c.

Com^on de M. Lavillardière, missionnaire et curé de l'Osier.

1177. — OSIER (L').   1870.

✠ EXVLTA . TERRA . IVBILATE . MONTES . LAVDEM . IVRAVERVNT . DOMINO . VOCE . MAGNA . IN . IVBILO . ∞

∞ L AN MDCCCLXX EN SOUVENIR DU MEMORABLE JUBILE DE PIE IX A L OCCASION DU CONCILE DU VATICAN LA ∞

∞ PIETE RECONNAISSANTE DES HABITANTS DE N D DE L OSIER M OFFRIT AU SEIGNEUR JOSEPH VILLARD MON PARRAIN ∞

∞ ET MARIE THIBAUT MA MARRAINE ME NOMMERENT MARIE JOSEPH ∞

Sur la panse : 1° Effigie du *Christ triomphant,* sous une croisette, avec : ∞ XRISTVS SALVATOR ∞

2° *Miracle de l'Osier* (Port-Combet taille l'arbuste, et le sang en jaillit ; la Vierge apparaît, et la femme de Port-Combet contemple).

3° *Armes* des RR. PP. Oblats de N. D. de l'Osier : *la Croix avec tous les instruments de la Passion.*

4° *La Ste Vierge,* sous une étoile, avec : ∞ VIRGO POTENS ∞

Au bas, sous une riche ceinture de fleurs : G MOREL A LYON O RAYNAUD SUCCESSEUR

Note : *la.*   Diam. 92 c.

Com⁰⁰ de M. Lavillardière, missionnaire et curé de l'Osier.

1178. — St ROMAIN-DE-JALLIONAZ.   1870.

† Mʀ LE BARON JOSEPH DE VERNA (1) PARRAIN

† Mᵐᵉ MARIE JOSEPHINE CELESTINE LA BONNARDIERE DAME MATHIAN MARRAINE

† Mʀ FAVIER CURE

† M.M. SYLVAIN GUICHARD, GROS CLAUDE, GODARD ANTOINE, MEMBRES DE LA COMMISSION

Sur la panse : *Croix* ornée se fondant dans une ceinture ornementée ; la *Vierge immaculée* foulant aux pieds le serpent sur le globe terrestre.

Au bas : BURDIN AINE FONDEUR A LYON 1870.

(1) Conseiller général de l'Isère.

Cette cloche a remplacé celle de 1534, fondue pour la circonstance. (V. le n° 38.)

Note : (?).   Poids : 850 kil.   Diam. (?).

1179. – ENTRE-DEUX-GUIERS.   1871.

ANNO D^NI MDCCCLXXI

PIO IX PONTIFICE MAXIMO COMPLETIS ANNIS PETRI INIQUAM INTRA VATICANUM CAPTIVITATEM FORTISSIME PATIENTE [1]

S. D. [2] SAVIGNEUX PAROCHIAM MINISTRANTE

EGO CONSTITUTA SUM VOX CLAMANTIS VENITE AD ME OMNES ET EGO REFICIAM VOS [3]

PARRAIN MR JACQUES COLOMBET

MARRAINE M^LE MARIE BAFFERT

Sur la panse, 1re face :   2e face :

COR JESU ECCLESIAM CUSTODI   TU NOS AB HOSTE CUSTODI

Au milieu, *Sacré Cœur de Jésus.*—Idem, la *Vierge immaculée.*

Au bas : FONDERIE DE QUINTAL PRES ANNECY BEAUQUIS FRERES 1871

Cette cloche a remplacé celle de 1853.

Note : *fa.*   Poids : 1035 kilog.   Diam. 120 c.

(Com^on de M. Rossat, curé d'Entre-deux-Guiers.)

1180. – MONTFERRAT.   1871.

∞ ✝ VBI . SVNT . DVO . VEL . TRES . CONGREGATI . IN . NOMINE . MEO . IBI . SVM . IN . MEDIO . EORVM [4] ✝ S MATH CXVIII ∞

∞ OMNE . REGNVM . IN . SEIPSVM . DIVISVM . DESOLABITVR . ET . DOMVS . SVPRA . DOMVM . CADET ✝ S . LVC C XI ∞

---

(1) Voilà une cloche qui fait de la politique et qui, par le fait, devient une cloche historique : *Pie IX, souverain Pontife, ayant atteint les années de Pierre et souffrant avec un grand courage une inique captivité dans l'enceinte du Vatican.* — (2) Des prénoms de M. Savigneux, je ne connais que celui d'Etienne. Or, la cloche d'Entre-deux-Guiers de 1866 présentant les initiales E. D., il est facile de comprendre que l'S de la présente inscription est l'initiale latine du prénom d'*Etienne.* — (3) Texte hybride composé avec des fragments de David (*ps. 11*), des Evangiles et enfin de St Mathieu (XI, 28).

(4) *Ubi enim sunt* etc., Matt. 18, 20).

∞ MON PARRAIN Mᴿ ROMAIN RENE JOSEPH PERRIN (1) PRESIDENT DU
CONSEIL DE FABRIQUE ET Mᴹᴱ EMMA MILLON Jᴾᴴ NEE ☞

   ∞ BEAUQUIS MA MARRAINE M ONT NOMMEE JOSEPHINE EMMA ∞

   ∞ Mᴿ CHARLES BULLY RECTEUR ∞

   ∞ Mᴿ LOUIS HENRI APPRIN MAIRE ∞

   ∞ Mᴳᴿ JUSTIN PAULINIER EVEQUE DE GRENOBLE ∞

   ∞ PAROISSE DE MONTFERRA M DCCC LXXI ∞

Bande de pampre.

Sur la panse : Sous une *Croix* tréflée, le *Christ* bénissant et
tenant un labarum sur lequel ont lit ʀᴠ, le tout entre 2 branches
de laurier; Dessous : ✥ XRISTVS REDEMPTOR ✥ ; — *Sᵗ Joseph* ten. un
lis et l'*enfant Jésus*, dans une couronne de laurier; dessous :
✥ Sᵀᴱ IOSEPHORA PRO NOBIS ✥ ; — Sous une étoile, la *Vierge tenant
l'enfant Jésus*, entre 2 br. de laurier; dessous: ✥ MATER MISERICORDIÆ ✥;
— *Sᵗ Didier*, dans une couronne de laurier ; dessous : ✥ Sᵀᴱ DE-
SIDERI ORA PRO NOBIS ✥

Entre ces 4 écussons, les attributs évangéliques.

Bande de chêne. Dessous : ✥ G MOREL FVND CAMP LVGD O REYNAVD
SVCCESSOR ✥

Note : *ré* ♯.   Diam. 122 c.

1181. — VIZILLE.   1871.

CANTATE DOMINO CANTICVM NOVVM, LAVS EIVS, IN ECCLESIA SANC-
TORVM, PS. CXLIX

HYMNVM CANTATE NOBIS DE CANTICIS SION. ANT. (2)

PATRINVS ADOLESCENS PETRVS CASIMIR PERIER. (3) MATRINA ADO-
LESCENTVLA MARIA THERESA DE GREMION. (3)

PAROCHVS ARCHIPRESBYTER STEPHANVS CHARPE, VIZILLE ANNO
MDCCCLXXI

---

(1) Juge de paix à St Geoire, de 1848 au 2 décembre 1851 ; fils de Romain-Ives
Perrin, avocat, qui avait également été juge de paix du même canton, de 1830
à 1846, et, antérieurement, représentant à la Chambre des Cent jours.

(2) A moins que ce fragment du *ps.* 136 ne se trouve dans quelque ANT*ienne*.
je suppose que ces 3 lettres ANT sont une erreur du fondeur ou du rédacteur
de l'inscription. — (3) Fils de M. Cas. Périer, député de l'Aube, mort en 1884. —
(4) Fille de M. de Grémion, prop° du château de Cornage, près Vizille.

Autour de la panse :

SANCTE SEBASTIANE   SANCTA MARIA
ORA PRO NOBIS   ORA PRO NOBIS
SANCTE STEPHANE   XRISTVS REDEMPTOR
ORA ORA PRO NOBIS   *(Effigies en pied.)*
(Effigies en pied.)   S. LVCAS
S. IOHANNES   S. MATHEVS
S. MARCVS

Au bas : C. MOREL FVND. CAMP. LVGD. O REYNAVD SVCCESSOR.

Note : *ré.*   Diam. 127 c.

Com^{on} de M. Charpe, curé-archiprêtre de Vizille.

Cette cloche a remplacé celle de 1839. (V. le n° 850.)

1182. — ECHIROLLES.   1872.

∽ AD MAIOREM DEI GLORIAM ∾

∽ JE M APPELLE ANTOINETTE EULALIE ∾

∽ PARRAIN MR ANTOINE ARTRU (1) MAIRE D ECHIROLLES ∾

∽ MARRAINE MME PIERRE NAPOLEON BEYLIER (2) NEE EULALIE ROS-
SET BRESSAND (3) ∾

∽ MLLE ANN^{TE} FROMAIN (4) EN SOUVENIR DE L HONORABLE FAMILLE
RENAULDON ET M^R ANT^E ARTRU ONT FAIT DON DE L HORLOGE DE LA
PAROISSE ∾

∽ CURE D ECHIROLLES MR VIAL ❦ MDCCCLXXII ∾

Sur la panse : *St Jean-Baptiste*, à mi-corps dans une couronne
de laurier et de chêne, prêchant et tenant la croix à banderolle.
Au-dessus, une croisette de *St Maurice* ; — *St Joseph*, à mi-
corps, dans une cour. de laurier, tenant une tige de lis et l'*enfant Jésus* ; — La *Vierge et l'enfant Jésus*, à mi-corps, dans une
couronne de laurier et de chêne, surmontée d'une étoile à 5
rais ; — Un buste de je ne sais qui, à droite, dans une couronne
de laurier.

---

(1) Ancien commissionnaire en peaux à Grenoble. — (2) Entrepreneur de tra-
vaux publics. — (3) Propriétaire à Echirolles. — (4) Légataire universelle de M.
Adolphe Renauldon, fils cadet de l'ancien maire de Grenoble et frère de M. Ch.
Renauldon, ancien préfet du Cher et de l'Aisne.

Plus bas, et alternant avec ces 4 images, les symboles des Evangélistes.

Au bas, sur le bord de la cloche : ✠ O REYNAUD SUCCᴿ DE G MOREL A LYON ✠

Note : *fa* ♯. Diam. 108 c.

1183. — MENS. 1872.

CHRISTUS VINCIT CHRISTUS REGNAT CHRISTUS IMPERAT
JE M'APPELLE FOI ESPÉRANCE ET CHARITÉ.
J'AI POUR PARRAIN Mᴿ L'ABBÉ PIERRE REY
J'AI POUR MARRAINE Mᴹᴱ Vᵛᴱ HYPPOLYTE ACCARIAS (1), NÉE PAULINE ROMBAU

Sur la panse, 1ʳᵉ face : *Crucifix* sous lequel on lit : BURDIN AÎNÉ FONDEUR A LYON 1872.

2ᵉ face : *la Vierge immaculée* sous laquelle : MARIA SINE LABE CONCEPTA, MATER NOSTRA, ORA PRO NOBIS

Note : *mi.* Poids : 1280 kilog. Diam. 113 c.

(Comᵒⁿ de M. Samuel, curé-archiprêtre de Mens).

1184.—MONT-FLEURY *(Couv. du Sacré-Cœur).*1872.

En lettres gravées au ⟨burin : MARIE EUPHEMIE JEANNE THEO-DORA (2)

Sur la panse : la *Vierge* debout de face.

Au bas *(en relief) :* D DUTOT JEROME & C FONDEURS A PARIS 1872

Note : *mi.* Diam. 60 c.

Au-dessus de la cloche, sur la roue qui sert à la faire sonner, est fixée une plaque métallique gravée, contenant l'inscription suivante, à défaut de celle de la cloche achetée toute fondue chez le fabricant de Paris par le parrain et donateur.

---

(1) Vᵛᵉ de M. Hip. Accarias, receveur du Timbre extraordinaire à Grenoble
(2) Mʳ le cᵗᵉ R. de Nicolay, d'une ancienne famille parlementaire de Paris, avait deux sœurs religieuses, l'une à Chambéry, la seconde à Montfleury. C'est à la demande de cette dernière qu'il fit présent, au couvent du Sacré-Cœur de Montfleury, de cette cloche qui porte sans doute les prénoms de ses sœurs réunis à celui de sa femme.

AD MAJOREM SACRATISSIMI CORDIS JESU GLORIAM ET IN HONOREM

B. MARIÆ V. IMMACULATÆ, ANNO SALUTIS MDCCCLXXII ET PI
PAPÆ IX PONTIFICATÛS XXVII.

III. (1) ET R.R.A. (2) JUSTINUS PAULINIER GRATIANOPOLITANUS
EPISCOPUS HANC CAMPANAM RITU SOLEMNI

CONSECRAVIT, IN SACELLO MONASTERII VULGO DICTI MONTFLEURY

PATRINI COMES RAYMUNDUS DE NICOLAY ET D. IOANNA DE
NICOLAY

LÆTATUS SUM IN HIS QUÆ DICTA SUNT MIHI, IN DOMUM DOMINI
IBIMUS (PS. 121)

SIT NOMEN DOMINI BENEDICTUM (JOB)

BENEDICAM DOMINUM IN OMNI TEMPORE, SEMPER LAUS EJUS IN ORE
MEO (PS. 33)

1185. — PASSAGE (LE).   1872.

✠ LÆTATVS — SVM — IN — HIS — QVÆ (3) — SVNT — MIHI — IN —
DOMVM — DOMINI — IBIMVS ∾

MR FRANCISQVE DERIEVX (4) MON PARRAIN ET MME JPH ENNEMOND
APPRIN NEE CAMILLE PATRICOT MA MARRAINE M ONT NOMMEE

FRANCISQVE CAMILLE

JPH ENNEMOND APPRIN MAIRE — FRANCISQVE BEL ADJOINT — FA-
BRICIENS MM ETIENNE CARS JOSEPH CVTTIVET PIERRE BIOL

CVRE DU PASSAGE MR PIERRE MOIROVD MDCCCLXXII

Sur la panse : *Jésus* ouvrant sa poitrine et montrant son
cœur ; dessous : COR IESV CONSOLATIO AFFLICTORVM. — St *Pierre*,
avec : STE PETRE ORA PRO NOBIS. — *La Vierge-mère*, ayant à ses
pieds les armoiries pontificales autour desquelles une bandelette
sur laquelle on lit : GRAND PRIX — EXPOSITION DE ROME — 16 MAI 1870. Sous la
bandelette : MATER MISERICORDIÆ. — St *Etienne* tenant une palme ;
dessous : STE STEPHANE ORA PRO NOBIS. Ces quatre effigies sont entourées de couronnes d'olivier.

(1) Pour ILL*ustrissimus.* — (2) *Reverendissimus Antonius.*
(3) On a omis *dicta.* — (4) Membre du Conseil général de l'Isère.

Entre ces quatre médaillons, mais un peu plus bas, les figures emblématiques des *Evangélistes* avec leurs noms au-dessous.

Au bas : O RRYNAVD FVND CAMP LVGD.

Note : *mi.*   Diam. 120 c.

Com^{on} de M. Gros, curé du Passage.

1186. — VOIRON (St-Bruno).   1872.

1re face :   JE M'APPELLE CHARLES MARIE, DV
          NOM DV REVEREND PERE GENERAL
          DE L'ORDRE DES CHARTREVX, QVI M'A
          DONNEE A L'EGLISE S^T BRVNO DE VOIRON

2e face : J'AI POVR PARRAIN, MR ANTOINE DE VOIZE (1)
          MINISTRE PLENIPOTENTIAIRE
          ET POVR MARRAINE, MME MARIE IRMA
          DVGVEYT, (2) NEE ESTIENNE

3e face :   LAVDATE DOMINVM IN
          CYMBALIS BENESONANTIBVS
          PS. G. L. 5. (3)
          MDCCCLXXII

4e face : inscriptions au crayon, qui y ont été mises le jour de la bénédiction :

DOMINE DEVS, REX CŒLI ET TERRÆ.
SIT NOMEN TVVM BENEDICTVM. MARIA VIRGO,
RESVLTET DVLCE NOMEN TVVM LAVDE
PERENNI. DOMINE JESV CHRISTE, MECVM
POST TE CLAMAT ECCLESIA.

Au-dessus de ces inscriptions, 4 médaillons : *Jésus et Marie assis.* C'est la représentation de ces paroles : *Dextera illius amplexabitur me.* — L'*Ange du Jardin des Oliviers*, tenant un calice de la main droite, une lance et une éponge de la gauche. — Le *Père, le Fils et le St Esprit :* le *Père* avec la boule du monde, le *Fils* avec sa croix, le *St Esprit* sous la forme d'une colombe. — Un *Ange* portant une couronne d'épine.

(1) Frère de la marraine de la cloche de St-Etienne-de-Crossey (n° 1025). — (2) Femme de M. Dugneyt, ancien notaire à Lyon et prop^e du château de la Brunerie, près Voiron. — (3) Pour *CL. 5.*

Au bas, 4 autres médaillons : L'*Adoration des Mages.* — *Le Christ entre la Vierge et St Jean.* — Scène de la *Résurrection.* — *Mariage de Marie et de Joseph.* — A droite du 2e médaillon inférieur, les *armes de la Grande-Chartreuse*, avec la devise *Stat Crux*, etc.; à gauche, *St Bruno.*

Plus bas encore : GVLLIET PÈRE ET FILS FONDEVRS A LYON.

Note : *ut.*   Diam. 147 c.

(Com^{on} de M. l'abbé Hélie, vicaire à St-Bruno, de Voiron.)

1187. — S^T GEOIRE.   1873.

∽ ✝ AD . DOMINVM . CVM . TRIBVLARER . CLAMAVI ∽

∽ FONDUE AUX FRAIS DE LA FABRIQUE ✹ JAI ETE BENITE EN MDCCCLXXIII SOUS LES NOMS D EMILIENNE SOPHIE PAR MR JOSEPH ∽

∽ BIESSY CURE ✹ MON PARRAIN A ETE M^R LE BARON EMILIEN DE FRANCLIEU (1) MARRAINE Mlle SOPHIE CHABOUD

∽ MAIRE MR FELIX ALLEGRET ∽

∽ PAROISSE DE S^T GEOIRE ∽

Ceinture de feuilles de vigne et de raisins. — Sur la panse : ✝ *Le Christ* bénissant mi-corps tenant une double croix, dans une couronne de laurier et de chêne ; Dessous, ✹ XRISTVS REDEMPTOR ✹ ; — *St Sulpice*, mi-corps, dans une couronne de laurier, avec : ✹ ST SVLPICE PRIEZ POVR NOVS ✹ ; — *La Vierge*, mi-corps, dans une couronne de laurier et de chêne ; au-dessus ☆, et, au-dessous, la tiare et les clefs sur une bandelette où on lit : GRAND PRIX | EXPOSITION DE ROME | 6 MAI 1870 | . Dessous : ✹ O MARIA IMMACVLATA ORA PRO NOBIS ✹ ; — *St Georges* dans une couronne de laurier, avec : ✹ ST GEORGES PRIEZ POVR NOVS ✹.

Entre les médaillons, les attributs des Evangélistes. Au bas, sous une ceinture de chêne : ✹ O REYNAUD FVND CAMP LVGD ✹

Note : *fa* ♯.   Diam. 103 c.

1188. — S^T-ROMANS.   1873.

∽ HODIE SI VOCEM AVDIERITIS NOLITE OBDVRARE CORDA VESTRA ∽

(1) Frère de la marraine de la cloche n° 1129.

∞ MON NOM EST RRUNO NATALIE IL M'A ETE DONNE PAR BRUNO CREST TRESORIER DE LA FABRIQUE MON PARRAIN ET PAR ∞

∞ MME NATALIE JORDAN [1] MA MARRAINE ∞

∞ CETTE CLOCHE A ETE FONDUE EN MDCCCLXXIII ELLE EST DUE PRINCIPALEMENT AUX DONS VOLONTAIRES DES PARROISSIENS DE S^T ROMANS ∞

∞ CONSEIL DE FABRIQUE MR JOSEPH CHARRIER BRUNO CREST CLEMENT CREST ETIENNE FAVOT HIPPOLYTE ROUX ∞

∞ MAIRE MR VITTON ∞   ∞ CURE MR PIERRE DAVID ∞

Guirlande en feuilles de vigne et grappes de raisins.

Sur la panse, 4 médaillons. Dans une couronne de laurier et de chêne : le *Baptême de N.-S. Jésus-Christ.* Au-dessous : écusson de Pie IX sur une banderole où on lit : GRANDE EXPOSITION DE ROME 16 MAI 1870. Au bas : O MARIA IMMACVLATA ORA PRO NOBIS ; — Buste de *Pie IX,* dans une couronne d'olivier. Au bas : PIVS NONVS PONT MAX ; — Dans une couronne de laurier et de chêne : *N.-S. Jésus-Christ* tenant une croix à doubles croisillons de la main gauche et montrant le ciel de la droite. Au bas : XRISTVS SALVATOR ; — St *Romain,* patron de la paroisse, tenant une palme de la main droite et la main gauche sur son cœur. Au bas : S ROMANE ORA PRO NOBIS

Plus bas et entre ces médaillons, les 4 symboles évangéliques.

Plus bas encore : ∞ O REYNAUD FVND CAMP LVGD ∞

Note : *ré.*   Diam. 130 c.

V. la cloche n° 1094, que celle-ci a remplacée.

1189. — BOURGOIN.   1874.

LAUDATE DOMINUM IN CYMBALIS BENE SONANTIBUS. VOX CLAMANTIS IN DESERTO, PARATE VIAM DOMINI RECTAS 🤝

FACITE SEMITAS EJUS. — D.D. JUL. GALLOIS, JOSEPHO — HŒC CAMPANA CONSECRATA EI NOMEN JOANNEM ELISAB.

ANNO DOMINI MDCCCLXXIV — GENSOUL ALPH. BUISSON, AUG. — FUIT AD DEI GLORIAM D. JOAN — IMPOSUERUNT, SANCTOQUE

[1] Née Brenier de Montmorand (V. le n° 1070).

D.J.P. PIERRI ADMINISTRANTE — POLOSSON, JOS. GUERIN SIMUL —
PET. PIERRI ET UXOR EJUS Dᴬ CL. — PRŒCURSORI ET MATRI

URBEM BERGUSIUM. D. J. CL. PONTHON ⁛ CONSULENTIBUS BONŒ DIS-
PEN : JOANᴬ ELISAB. NŒRICIA PIERRI E ⁛ EJUS DEDICAVERUNT. ⁛

ARCHIPRESBYTERO PAROCHIAM REGENTE ⁛ SATIONI REDITUUM EC-
CLESIŒ : FAMILIA BONNEVEAU ORIUNDA ⁛

Légendes coupées par 4 écussons ogiveaux : un *ange*, *Dieu
le père et son fils*, *Jésus et Marie*, un *ange*. Sur la panse, *Sᵗ Jean-
Baptiste*, 7 *épis*. Au bas, 4 écussons gothiques trilobés : l'*Adoration des Mages*, le *Christ entre Marie et Sᵗ Jean*, la *Résurrection*, le *Mariage de la Vierge*.

Au bas : GVLLIET PERE ET FILS FONDEVRS A LYON

Note : *ut.* Poids : 2100 kilog. Diam. (?)

Cette inscription complètement inintelligible par la manière
dont les lignes ont été disposées et l'enchevêtrement de ses
diverses parties, doit être rétablie ainsi, après la citation du
texte sacré :

Anno Domini MDCCCLXXIV. — *D. J. P. Pierri* [1] *administrante
urbem Bergusium.* — *D. J. Cl. Ponthon archipresbitero paro-
chium regente.* — *D. D. Jul. Gallois,* [2] *Josepho Gensoul,* [3]
Alph. Buisson, [4] *Aug. Pollosson,* [5] *Jos. Guerin* [6] *simul consulentibus bonæ dispensationi redituum ecclesiæ.* [7] — *Hæc
campana consecrata fuit ad Dei gloriam.* — *D. J. P. Pierri et
uxor ejus D. Cl. Joanᵃ. Elisab. Nœricia Pierri è familiá Bonneveau oriunda, ei nomen Joannam Elisabeth imposuerunt,
sanctoque prœcursori et matri ejus dedicaverunt.*

1190. — BOURGOIN. 1874.

AVE MARIA ❦ ET NOMEN VIRGINIS MARIA ❦ ECCE MATER TUA ❦ ET EX
ILLA HORA ACCEPIT EAM DISCIPULIS IN SUA.

---

(1) Banquier et maire de Bourgoin. — (2) Avocat. — (3) Rentier. — (4) Juge
d'instruction. — (5) Docteur-médecin. — (6) Pharmacien. — (7) Membres du
conseil de fabrique (*préposés ensemble à la bonne administration des revenus
de l'église.*)

HŒC CAMPANA EX SUMPTIBUS D. JOANNIS ALPHONSI ROY [1] DEO
MUNIFICENTISSIME DICATA FUIT, ANNO DOMINI MDCCCLXXIV

ILLIUS NEPOS [2] JOANNES JOSEPHUS MARIA ALPHONSUS BUISSON ET
NEPTIS [3] D. ALEXANDRI ROY, FRATRIS BENEVOLI DONATORIS ☞

    D. CLAUDIA FRANCISCA ALEXANDRINA MORAND, E FAMILIA PAUTHE
ORIUNDA EI NOMEN MARIAM JOANNEM IMPOSUERUNT ☞

    ET B. V. MARIŒ, DILECTOQUE DOMINI DISCIPULI [4] DEDICAVERUNT.

GVLLIET PERE ET FILS FONDEVRS A LYON

    Sur la panse : *Crucifix ;* — *7 épis ;* – *L'Annonciation ;* —
Ecusson du pape Pie IX.

    Note : *mi* ♭.   Poids : 1300 k.   Diam. (?).

1191. — ENGELAS (LES).   1874.

RESPICE STELLAM . INVOCA MARIAM . MARIE BRUNO UALERIE

PARRAIN : M . DAVID ANDRE FREDERIC NOTAIRE 200 F.

    MARRAINE : MME VALERIE GALLET, VEUVE DE THEVENON BRUNO
AVOUE [5] 200 F.

    M. RIF LOUIS, ANCIEN CURE DE S^T NIZIER 1000 F.

DOM CHARLES SAISSON, GENERAL DES CHARTREUX 200 F.

M. PELLAFOL BRUNO, CURE DE LA PAROISSE 200 F.

JESUS, MARIE, JOSEPH, PROTEGEZ LA PAROISSE.

    Sur la panse : *Le Christ ;* — *La Vierge ;* — *Epis et grappes
de raisins ;* — Evêque en chape et mitre, tenant une croix double.

    Au bas : GULLIET PERE ET FILS FONDEURS A LYON 1874.

    Note : *fa* ♯.   Poids net : 790 kilog.   Diam. 109 c.
(Com^en de M. Arthaud, curé des Engelas).

1192. — VOIRON *(St-Bruno).*   1875.

    ✠ CANTATE DOMINO IN CYMBALIS MODVLAMINI ILLI. JVDITH. XVI. II.

HANC CAMPANAM MVNIFICENTIA D^NI IVLII MONNET DAIGVENOIRE [6]
CONFECTAM RR. DD. PETRVS ANTONIVS JVSTINVS

    PAVLINIER EPISCOPVS GRATIANOPOLITANVS SOLEMNITER DEO DICAVIT
ANNO MDCCCLXXV. PAROCHO IOHANNE FRANCISCO

---

(1) Rentier. — (2) Neveu d'Alph. Roy. — (3) *Petite-fille.* – (4) Pour *discipulo.*
(5) A Grenoble.
(6) Prop^e à Voiron.

POLLARD CANONICO ARCHIPRESBITERO DE VOIRÓN. PATRINO IVLIO
MONNET DAIGVENOIRE. MATRINA ADINA ALLEGRÈT (1)

MARTIN

Sur la panse, 4 médaillons : le *Christ* nimbé, tenant à la main
une croix double avec oriflamme. A l'exergue : CHRISTVS REX GLORIÆ :
— la *Ste Famille* : Jésus entre les bras de St *Joseph* ; la *Ste Vierge*
assise lui tend les bras. A l'exergue : SANCTA FAMILIA ; — l'*Immaculée Conception*. A l'exergue : AVE MARIA GRATIA PLENA ; — l'*Adoration des Bergers*. A l'exergue : VENITE ADOREMVS

Au-dessous, mais entre ces quatre médaillons, les quatre
symboles évangéliques.

Au bas : REYNAUD FOND DE SS. N. S. (2) PERE LE PAPE A LYON
Note : *la*.   Diam. 90 c.
(Com^on de M. l'abbé Hélie, vicaire à St-Bruno, de Voiron).

1193. — VOIRON (St *Bruno.*)   1875.

+ LAVDATE DOMINVM IN CYMBALIS IVBILATIONIS. PS. CL. V.

HANC CAMPANAM SOMPTIBVS (3) D^NI IVLII MONNET DAIGVENOIRE CON
FECTAM RR. DD. PETRVS ANTONIVS PAULINIER EPISCOPVS

GRATIANOPOLITANUS SOLEMNITER DEO DECAVIT (4) ANNO MDCCCLXXV
+ PAROCHO IOANNE FRANCISCO POLLARD CANONICO

ARCHIPRESBITERO DE VOIRON PATRINO ALBERT MARTIN (5) + MATRINA
ALICIA MARTIN (6) MANTHE (7)

Sur la panse, 4 médaillons : le *Christ enseignant :* livre, croix
double avec oriflamme. A l'exergue : CHRISTVS DOCENS ; — le *Christ
au Jardin des Oliviers*, avec deux *Anges* dont l'un lui présente
un calice et l'autre le soutient. A l'exergue : FIAT VOLVNTAS TVA ;
— la *Vierge-Mère*. A l'exergue : MATER DIVINÆ GRATIÆ ; — la *Résurrection*. A l'exergue : SVRREXIT CHRISTVS ALLELVIA

Au bas, comme sur la précédente.

Note : *ut* (à l'octave).   Diam. 73 c.

Communication du même).

----

(1) Née Martin, nièce du parrain et donateur. — (2) *Fondeur de Sa Sainteté
Notre-Saint.*
(3) Pour *sumptibus*. — (4) Pour *dicavit*. — (5) Frère de la marraine de la
cloche précédente. — (6) Femme du parrain ; par conséquent, neveu et nièce
du donateur. — (7) *Née* Manthe.

1194. — ANTHON. 1876.

AD MAJOREM DEI GLORIAM

J'AI ÉTÉ BAPTISÉE LE 6 FÉVRIER. JE M'APPELLE SABINE MARIE IMMA-CULÉE.

J'AI POUR PARRAIN, MARIE JOSEPH AUGUSTE, VICOMTE DE LEUSSE

POUR MARRAINE, MARIE SABINE, MARQUISE DE LEUSSE [1]

CURÉ, PONCET FRANÇOIS. MAIRE, MARIE JOSEPH AUGUSTE VICOMTE DE LEUSSE

GULLIET FILS FONDEUR A LYON. 1876.

Sur la panse : *Crucifix ;* — *St Joseph :* — les armes de Pie IX ; — l'*Immaculée Conception.*

Note : (?)   Diam. 105 c.

(Com^on de M. Beauchamp, curé d'Anthon.)

1195. — ANTHON. 1876.

SIT NOMEN DOMINI BENEDICTUM.

J'AI ÉTÉ BAPTISÉE A ANTHON. J'AI POUR PARRAIN FÉLIX DÉSIRÉ HUGON PEILLOD,

POUR MARRAINE ANNA SORNET

CURÉ, PONCET FRANÇOIS. MAIRE MARIE JOSEPH AUGUSTE VICOMTE DE LEUSSE

Sur la panse : *Crucifix ;* — *gerbe de blé* ; — la *Vierge mère ;* — les armes de Pie IX.

Au bas : GULLIET FILS, FONDEUR A LYON. 1876.

Note : (?)   Diam. 61 c.

Com^on de M. Beauchamp, curé d'Anthon.

1196. — CHARTREUSE-DE-CURRIÈRE. 1876.

(Etablissement des Sourds-Muets.)

BENE OMNIA FECIT, ET SURDOS FECIT AUDIRE ET MUTOS LOQUI

PRO DOMO CURRERIÆ 1876

Sur le cerveau de la cloche : *Cœur de Jésus ;* — *grappe de raisin ;* — *Cœur de Marie ;* — *épis de blé.*

(1) Mère du parrain.

Sur la panse : *Crucifix* sur un socle ; — *St Bruno* debout ; — *globe crucigère* des Chartreux surmonté de 7 étoiles et d'une bandelette sur laquelle on lit : STAT CRVX DVM VOLVITVR ORBIS ; — la *Vierge mère.*

Dessous : GULLIET FILS FONDEUR A LYON

Au bas : double ceinture ornementée.

Note : *la.*   Diam. 44 c.

Com^on de M. Hiboud, aumônier de l'Etablissement.

1197. — FERRIÈRE-DU-GUA (LA).   1876.

✠ A FVLGVRE ET TEMPESTATE LIBERA NOS DOMINE ⚭ LAVDATE DOMINVM OMNES GENTES ⚭

⚭ JE M APPELLE MARIE EMILIE ⚭

⚭ PARRAIN MR JOSEPH CLET FILS MAIRE ⚭ MARRAINE MME MARIE EMILIE CLAVEL V^VE MARTIN COTE ⚭

⚭ DON DE MME V^VE MARTIN COTE EN MEMOIRE DE SON FILS CLAUDE BRUNO ET DE SA FILLE VICTOIRE ⚭

⚭ PAROISSE DE LA FERRIERE DU GUA CURE MR JEAN BAPTISTE DELLOZ-COUR ⚭ ▓ MDCCCLXXVI ▓

Sur la panse : Dans une couronne de laurier, au-dessous d'une croisette recroisettée, *le Christ* à mi-corps montrant son cœur enflammé. Dessous : ▓ XRISTVS BONITAS INFINITA ▓ ; Même couronne, sans la croisette : Buste de *saint* à droite. Dessous : ▓ S^T FRANCOIS DE SALES ▓ ; Même couronne surmontée d'une étoile, avec la *Vierge* à mi-corps, les mains croisées sur la poitrine. Dessous : ▓ VIRGO POTENS ▓ ; Même couronne, sans l'étoile, avec *St Joseph* à mi-corps, tenant une tige de lis et l'*enfant Jésus.* Dessous : ▓ S^T JOSEPH ▓

Au bas, sous le médaillon de la Vierge : ▓ O. REYNAUD FOND. DE S.S. N. S^T PERE LE PAPE A LYON ▓

Note : *la.*   Diam. 80 c.

C'est la cloche qui a remplacé celle de 1760 (V. n° 362).

1198. — FERRIÈRE-DU-GUA (LA).   1876

✠ AVE MARIA GRATIA PLENA ⚭ ⚭ MDCCCLXXVI ⚭ *(gravé au*

burin: DOMINIQUE BEYLIER Vᵛᴱ FAURE (1)

∞ JE M APPELLE EUGENIE ✺ PARRAIN Mᴿ JEAN BAPTISTE BLAIVE ✺
MARRAINE Mᴹᴱ EUGENIE THORAND NEE ROCHAT ∞

∞ MES BIENFAITEURS SONT LES FAMILLES DE VICTOR THORAND ✺
PAPOUX DE LA FERRIERE ✺ JEAN CHARLES ✺

∞ PAUL CLET ✺ Jᴺ Bᵀᴱ BLAIVE ✺ MARIANNE BRUN Vᵛᴱ BONNIER ✺
L ABBE DELLOZCOUR CURE DE LA FERRIERE DU GUA ✺

Ceinture de pampre. Au-dessous, sur la panse : Couronne de laurier, surmontée d'une croisette recroisettée, dans laquelle *Jésus* debout de face, tenant un livre et une double croix. Dessous : ✺ XRISTVS DOCENS ✺ ; — Même couronne, sans la croisette, avec *Sᵗ Jean-Baptiste*, montrant le ciel et tenant la croix à banderole. Dessous : ✺ S JEAN BAPTISTE ✺ ; — Même couronne surmontée d'une étoile, avec l'*Apparition de la Sallette*. Dessous : ✺ MATER MISERICORDIÆ ✺ ; — Même couronne sans l'étoile, avec *Sᵗ Bruno* en prière devant un crucifix. Dessous : ✺ S BRVNO ✺

Au bas : nom du fondeur comme sur la précédente.

Note : (?) la cloche est cassée.   Diam. 65 c.

1199. — GENEVREY (LE).   1876.

∞ ✠ SONET VOX TVA IN AVRIBVS MEIS VOX ENIM TVA DVLCIS
CCII (2) ∞∞ ✺ MDCCCLXXVI ✺ ∞

∞ JE M APPELLE MARIE VINCENT EMILIE ∞∞ Mᴿ L ABBE ROUDET
CURE DU GENEVRAY ∞

∞ MES PREMIERS PARRAINS ET BIENFAITEURS SONT Mᴿ L ABBE VIN-
CENT BAILLY CURE DE VENON ET Mᴹᴱ MARIE ∞

∞ PAUCHER ✺ MES SECONDS PARRAINS ET BIENFAITᴿˢ SONT Mᴿ EMILE
RIONDET ET Mᴹᴱ EMILIE AUGIER GRAY ✺ ✺

Sur la panse : Dans une couronne de laurier, au-dessous d'une croisette recroisettée, *le Christ* à mi-corps, de face, tenant un livre et une double croix. Au-dessous : ✺ XRISTVS AVCTOR VITÆ ✺ ; — Dans la même couronne, mais sans croisette, *l'Adoration des Bergers*. Dessous : ✺ VENITE ADOREMUS ✺ ; — Dans la même cou-

(1) Ce nom avait été oublié dans la liste des bienfaiteurs et a été ajouté depuis.

(2) J'ignore quelle indication on a voulu mettre là, car ce texte est emprunté au Cantique II, v. 14. Il y a sans doute un C de trop.

ronne, sous une étoile, *la Vierge et l'enfant Jésus*. Dessous : ❀ MATER DIVINÆ GRATIÆ ❀ ; — Dans la même couronne, mais sans étoile, l'*Annonciation*. Dessous : ❀ AVE MARIA ❀

Au bas, sous la Vierge et l'enfant Jésus, comme sur la précédente.

Note : *mi*. Diam. 65 c.

1200. — GRENOBLE *(S¹-Bruno)*. 1879.

1ʳᵉ face : ∞ J ☆ M ☆ J ∞

∞ NOMEN MIHI EST MARIA ∞

∞ EGO VOX MARIÆ DICENTIS MAGNIFICATE DOMINUM MECUM ∞

∞ MATRINA Dᴬ MARIA BRUN [1] ∞

∞ PATRINUS REVERENDISSIMUS ANSELMUS ORDINIS CARTHUSIANI PRIOR
                                                 [GENERALIS ∞

∞ SANCTA MARIA SANAM SERVA CAMPANAM ∞

2ᵉ face : ∞ EX DONO ∞

∞ CARTHUSIARORUM ∞

∞ ANNO DOMINI MDCCCLXXIX ∞

∞ LEONE XIII PONTIFICE MAXIMO ROMANO ∞

∞ A J [2] FAVA EPISCOPO GRATIANOPOLITANO ∞

∞ MARTINO BERLIOUX PAROCHO ∞

Sur la panse, à partir de la 1ʳᵉ face : Ecusson [3] de Mgr Fava, au-dessus d'une bandelette portant la devise : ACCEPIT PUERUM ET MATREM EJUS [4]. — La *Vierge tenant l'enfant Jésus* et foulant aux pieds le serpent sur le globe terrestre. — Dans une couronne de pampres, les armes de la Grande-Chartreuse (un globe cru-cigère surmonté de sept étoiles et entouré de la devise: STAT CRUX DUM VOLVITUR ORBIS). — 4° Un grand *Crucifix*.

Au-dessous, et régnant tout autour de la cloche, comme le couronnement de feuilles d'acanthe du sommet, une riche cein-ture de médaillons, sous laquelle une guirlande de draperies. Il y a 16 médaillons dont plusieurs sont reproduits deux fois ; les voici dans l'ordre où ils sont placés : S. JEAN, S. JUDES, S. PAUL,

(1) Veuve de M. Philippe Brun, brasseur. — (2) *Amand-Joseph*. — (3) *D'azur, au palmier d'or, accosté d'un chrisme d'or et du chiffre de Marie d'argent, et placé entre deux îles d'argent sur une mer de sinople.* — (4) *Matth.* ch. 2, v. 14.

S. LUC, S. MATHIEU, S. THOMAS, S. PHILIPPE, un *ange*, S. JEAN, S. ANDRÉ, S. PIERRE, S. JACQUES, S. MATHIEU, un *ange*, S. BARTHELEMY, S. SIMON.

Au bas, un ornement courant, au-dessus duquel, sur la 2° face :

PACCARD FRERES FONDEURS A ANNECY LE VIEUX HAUTE SAVOIE 1879

Note : *ut.*   Poids : 2061 kilog.   Diam. 150 c.

1201. — GRENOBLE *(St Bruno).*   1879.

1re face :

∞ J ☆ M ☆ J ∞

∞ NOMINOR JOSEPHA ∞

∞ EGO VOX CLAMANTIS ITE AD JOSEPH (1) ∞

∞ MATRINA D^A JOSEPHA BRENIER (2) ∞

∞ PATRINUS D^S MARTINUS BERLIOUX PAROCHUS ∞

∞ SANCTE JOSEPH ECCLESIÆ CATOLICÆ PROTECTOR ORA PRO NOBIS ∞

Guirlande de draperies.

Sur la panse, dans une couronne d'étoiles : EX DONO — PARO-CHIANORUM — ANNNO DOMINI MDCCCLXXIX

Au bas, comme sur la précédente.

2° face : Pas d'inscription, mais, sur la panse, les armes (3) de Mgr. Fava, et sur les deux autres, un *Crucifix* et la *Vierge immaculée* avec cinq étoiles sur la tête et le croissant sous les pieds.

Note : *sol.*   Poids : 604 k.   Diam. 100 c.

1202. — S^{TE} MARIE D'ALLOIX.   1880.

1re face : ∞ PAROISSE DE S^{TE} MARIE DALLOIX ∞

Au bas : †

2° face : ∞ D ☆ O ☆ M (3) ∞

∞ EX MUNIFICENTIA PATRINI MATRINÆ PAROCHIANORUMQUE SANCTÆ MARIÆ ∞

∞ PARRAIN MR HENRY MARIE THERESE ALBERIC HELY GASTON COMTE DE MARCIEU (4) ∞

---

(1) Inscription composée des V. 23 du Ch. 1 de l'évangile selon St Jean, et 55 du Ch. XLI de la Genèse. — (2) Femme de M. Brénier, mécanicien. — (3) V. la cloche précédente.

(3) *Deo optimo maximo.* — (4) Petit-fils du parrain des cloches inscrites sous les n°s 744, 778, 786 et 908; actuellement lieutenant au 9° dragons.

∞ MARRAINE MME MARIE ISABELLE DE CHANALEILLES MARQUISE DE MARCIEU ⁽¹⁾ ∞

Sur la panse : *la Vierge*, la tête entourée de cinq étoiles. — Au bas : ∞ PACCARD FRÈRES A ANNECY LE VIEUX HAUTE SAVOIE 1880 ∞ Cette cloche a remplacé celle de 1641 (V. le n° 119).

Note : *la* ♯.   Poids : 305 k.   Diam. 78 c.
(Com^{on} de M. Perrin, curé de Ste Marie-d'Alloix).

1203. — SERRE (LE) *(Chapelle de St-Roch. — Hameau de Tréminis).* 1880.

MARIA AUGUSTA

Sur la panse : le *Christ et la Vierge*.

Au bas : ALEXANDRE BAUDOIN FOND^R A MARSEILLE. 1880.

Note : *la* ♯.   Diam. 35 c.

Cette cloche, m'écrit M. l'abbé Lagier, curé de Tréminis, fut bénite le 15 février 1880 et portée solennellement, par les hommes, de l'église paroissiale à la chapelle de St-Roch, le jour de la clôture d'une mission.

1204. — ANNOISIN-CHATELANS. 1882.

VESPERE ET MANE ET MERIDIE NARRABO ET ANNUNTIABO ET EXAUDIET VOCEM MEAM (PS. 54)

IER PARRAIN : BARON JOSEPH DE VERNA, CONSEILLER GÉNÉRAL

I^{RE} MARRAINE : DAME MARIE SABINE⁽²⁾ DE LACROIX DE CHEVRIÈRES DE PISANÇON, COMTESSE HUGUES DE MONTEYNARD

2^E PARRAIN : COMTE HUGUES DE MONTEYNARD ⁽³⁾

2^E MARRAINE : DAME MARIE ⁽⁴⁾ DE PIERRE DE BERNIS, BARONNE JOSEPH DE VERNA

1882

---

(1) Fille du Mis de Chanaleilles, ancien lieutenant-colonel, et femme de M. le Mis Gaston de Marcieu. Le parrain de la présente cloche est leur fils aîné.

(2) Fille de M. le m^{is} H^t de Pisançon. — (3) Fils de M. le c^{te} Aténulphe de Monteynard. — (4) Fille de M. le m^{is} de Pierre de Bernis, membre du Conseil général de l'Ardèche.

CURÉ D'ANNOISIN ET CHATELANS : L'ABBÉ VALLIN

MAIRE : AIMÉ BELLON

Sur la panse : statue du *Sacré-Cœur*, avec l'inscription : VENITE AD ME OMNES ; — *St Joseph ;* — la *Vierge,* avec l'inscription MATER DIVINÆ GRATIÆ ; — *St Hugues.*

Plus bas, et entre ces 4 effigies, les symboles des Évangélistes.

Au bas : REYNAUD : FOND. PONT. LUGDUNI ME FECIT

Note : (?)   Diam. 110 c.

Cette cloche a remplacé celle du n° 473.

Com^{on} de M. le b^{on} J^h de Verna.

1205. — MURE (LA).   1882.

FIDES

MARIA FERREOLUS NOMINOR A PATRINO MEO

FERREOLO MARIA GIROLET DE VAUJANY [1]

GENEROSO SACERDOTE MURIENSI

ANNO D^I 1882 ☆ L. F. MOREL PAROCHO

VOX EXUTATIONIS ET CONFESSIONIS SONUS EPULANTIS (PS. 41).

Festons de guirlandes composées de fleurs et de fruits, et portant au milieu un satyre jouant de la flûte.

Sur la panse : *Sacré-Cœur de Jésus ;* — Armes de M. Girolet de Vaujany [2].

Au bas : GEORGES ET FRANCISQUE PACCARD FONDEURS A ANNECY LE VIEUX HAUTE SAVOIE 1882

Note : *ré.*   Poids : 1484 k.   Diam. 127 c.

(Com^{on} de M. l'abbé Lagier, curé de Tréminis).

1206. — MURE (LA).   1882.

SPES

LA FABRIQUE ET SES BIENFAITEURS

IN MEDIO ECCLESIÆ LAUDABO TE (PS. 21)

APUD TE LAUS MEA IN ECCLESIA MAGNA (PS. 21)

ANNO D^I 1882.

[1] Curé de St Honoré, près de la Mûre. — [2] *Burelé d'argent et d'azur de 10 pièces ; au chef de gueules, chargé d'un lion naissant d'or.*

Même ornementation que sur la précédente cloche.

Sur la panse : image de *N.-D. du Sacré-Cœur* ; — armes de la Mûre surmontées d'une croix.

Au bas, comme sur la précédente.

Note : *sol.*   Poids : 605 kilog.   Diam. 100 c.

(Com^{on} du même.)

1207. — MURE (LA).   1882.

CARITAS

1625 JE SUIS 1881 [1]

LA CLOCHETTE DES PÉNITENTES

OS MEUM PATET AD VOS [2] (EP. AD CORINTH.)

PANGE LINGUA

Même ornementation.

Sur la panse : *St Joseph du Sacré-Cœur* ; — armoiries des Pénitents blancs.

Au bas, comme sur la précédente.

Note : *si.*   Poids : 301 kilog.   Diam. 78 c.

(Com^{on} du même).

1208. — MURE (LA).   1882.

ZELUS

A LA MÉMOIRE DE NOTRE SOEUR [3] . . . .

BENEDICAM DOMINUM IN OMNI TEMPORE (PS. 33).

AUDIANT MANSUETI ET LÆTENTUR (PS. 33)

ANNO D^I 1882

(1) Fondue en 1625 pour le Tiers-ordre, cette cloche fut brisée, il y a déjà quelques années, et refondue en 1882, et non 1881, ainsi que le porte l'inscription. Voilà pourquoi elle donne ces deux dates, 1625 et 1881, car on a voulu rappeler que le Tiers-ordre n'a pas cessé d'exister, à la Mûre, depuis son établissement par les PP. Capucins en 1620 ou 1621. — (2) C'est aussi la devise prise par Mgr Gueulette, évêque de Valence, dont l'écusson porte une tige de gueule-de-loup.

(3) On a mis ici quelques points, parce que la personne, membre important de la confrérie des Pénitentes, qui a fait en grande partie les frais de l'achat de cette cloche, n'a pas voulu, par humilité, y laisser placer son nom.

Même ornementation.

Sur la panse : *Crucifix ;* — armes du Tiers-ordre de *St François.*

Au bas, comme sur la précédente.

Note : *ré.* Poids : 182 k. 500 gr. Diam. 61 c.
(Com^{on} du même).

1209. — BIVIERS. 1883.

CHRISTUS VINCIT CHRISTUS REGNAT CHRISTUS IMPERAT CHRISTUS
PLEBEM SUAM AB OMNI MALO DEFNDAT (1)

EX MUNIFICENTIA S BRUNONIS FILIORUM (2) ET SPONTANEIS OMNIUM
PAROCHIANORUM BIVIERS OBLATIONIBUS DEODICATA FUI ANNO DOMINI
MDCCCLXXXIII

D P (3) PAGET PAROCHIAM REGENTE (4)

D A (5) RALLET REM CIVILEM ADMINISTRANTE (6)

D PRÆDICTUS HONORABILIS A RALLET ET DE (7) NOBILIS MULIER
MARTHA DU BOURG (8) MIHI NOMEN OLGAM (9) MARTHAM IMPOSUERE

Sur la panse, un *Crucifix* et *la Vierge* couronnée, debout de
face, tenant son fils et le présentant des deux mains. Sur sa
tête 7 étoiles.

Au bas : GEORGES & FRANCISQUE PACCARD FONDEURS, etc... 1883

Note : *mi.* Poids : 1030 kil. Diam. 125 c.
Communication de M. Félix du Bourg.

1210. — BIVIERS. 1883.

☆ J ☆ M ☆ J ☆

BENEDICAM DOMINUM IN OMNI TEMPORE

CUM SORORE MEA MAJORE DEO DICATA FUI ANNO DOMINI MDCCC-
LXXXIII

D P PAGET PAROCHIAM REGENTE ☆ D A RALLET REM CIVILEM ADMI-
NISTRANTE

(1) Pour *defendat.* — (2) Les Chartreux. — (3) *Dominus.* — (4) Curé de la paroisse. — (5) *Dominus Alphonsius.* — (6) Maire de la commune, ancien membre
du conseil général de l'Isère. — (7) Pour *Domina* ; l'E est une lettre parasite. —
(8) Marthe du Bourg, née Bontaud. — (9) Prénom de la fille unique de M. Rallet,
Mme Augustin Blanchet, de Rives.

D HONORABILIS P (1) SISTERON ET D (2) NOBILIS MULIER A (3) MASSE MIHI NOMEN LUDOVICAM MARIAM SERAPHINAM IMPOSUERE

Sur la panse, un *Crucifix* et *la Vierge immaculée*, couronnée de 5 étoiles et foulant le serpent sous ses pieds.

Au bas, même inscription que sur la précédente.

Note : *sol* ♯.   Poids : 529 k. 500 gr.   Diam. 100 c.
Com⁰ⁿ du même.

1211. — ENGELAS (LES). 1883.

JE M APPELLE MARGUERITTE CELESTINE PHILOMENE.
PARRAIN PIERRE HELME LATOUR 100 F.
MARRAINE MARGUERITE PAUCHON 100 F.
DOM ANSELME GENERAL DES CHARTREUX 100 F.
RIF PIERRE 100 F.

Sur la panse : le *Christ ; —* la *Vierge ; —* le *Sacré-Cœur de Jésus ; —* les armoiries de la Grande-Chartreuse, entourées de la légende : STAT CRUX DUM VOLVITUR ORBIS

Au bas, comme sur la précédente.

Note : *si* ♭.   Poids : 376 kilog.   Diam. 85 c.
(Com⁰ⁿ de M. Arthaud, curé des Engelas.)

---

(1) *Paul.* — (2) *Domina.* — (3) *Amélie* Masse, fille du Bⁿ Bougault et Veuve de M. Masse, président de chambre à la Cour d'appel de Grenoble.

RECUEIL

DES

INSCRIPTIONS CAMPANAIRES

DU DÉPARTEMENT DE L'ISÉRE

Supplément.

1212. — GRENOBLE (St André). 1526.

Anno domini m° quingentesimo vicesimo sexto sub Clemente Papa septimo ac Francisco regi dalphino facta fuit hec campana Andreas nomine dicta, quam fleri jusserunt dni Jacobus Callie prepositus, Guill. de Ventis, Guill. Molarus, Honoratus Bocherii, Hugo Farulli (vel Facelli), Karolus de Columberia, Franciscus Laterii, Joh. Feysani, Ludovicus Gauteronis, Cyprianus Chapusi, Glaud. Ferrandi, Petrus Guillonus, Glaud. Veteris, et ista sunt nomina canonicorum Sd Andree moder. bapt.... compere Joh. Fleard [1] et Louis Porterii [2] audit. computor. delph. et marene Anne de Monte Lacu (?) R. et mag. viri domini Cassenatici.

[1] Jᵃ Fléard, auditeur des Comptes, par lettres de François Iᵉʳ du 15 juin 1522, en remplacement et sur la résignation d'Eymard, son père. — [2] Lᵃ Portier, d'abord auditeur, et ensuite Président des Comptes, en remplacement et sur la résignation de Jacq. Portier, son frère, mourut en 1583.

(Com^{on} de M. Edm. Maignien, conservateur de la bibliothèque publique de Grenoble, relevée dans un protocole de notaire de cette ville).

1213. — GRENOBLE (*Notre-Dame*).   1530.

La plus grosse cloche de l'église Notre-Dame avait été brisée au premier coup de matines de la fête de Noël 1529. Elle fut restaurée le 17 juillet 1530, et la nouvelle cloche portait cette inscription :

Laudo Deum, voco plebem, congrego clerum, deffunctos ploro, pestem fugo, festa decoro, vox mea cunctorum fit terror demoniorum ; vocor Maria et fui facta in julio anni 1341, indeque fracta, me Laurentius Alamandi secundus, episcopus, simili mense anni 1530, sua impensa auxit et restauravit.

(Com^{on} de M. Prudhomme, archiviste départemental de l'Isère, d'après son *Inventaire-sommaire des Archives communales de Grenoble, antérieures à 1790,* non encore publié.

1214. — VIRIVILLE (*Chapelle du bourg*). Fin du XVIe

siècle ou commencement du XVIIe.

STA VIRGO MARIA ORA PRO NOBIS. S^E BASTIANE LAVRENCE DE GROLLEE. [1]

Pas de date ; mais évidemment de la même époque que le tableau de 1602 que l'on voit dans la chapelle.

Note : *fa* discord.   Diam. 49 c.

1215. — VOIRON (*Chapelle de N. D. de Grâce*).   1608.

SIT NOMEN DOMINI BENEDICTVM. LOYS ET FRANÇOYS DE GALLE [2] M'ONT FAICT FERE

(1) Après le nom de *St Bastien*, invoqué sur cette cloche, vient celui d'un membre de la famille de Grolée sur lequel je n'ai pu trouver aucun renseignement.

(2) Fils d'Olivier de Galles, mistral de Voiron en 1544 et lieutenant au gouvernement de la ville de Valence, Louis, seigneur de la Buisse, fut le second de

25 OCTOBRE 1608 . IE M'APELLE FANCYSE [1]

Sur la panse, écusson aux armes de la famille de Galles. [2]

Note : *la.*   Diam. 81 c.

Cette cloche n'a plus son battant et sert de timbre.

(Com^{on} de M. l'abbé Hélie, vicaire à St Bruno, de Voiron.

1216. — OSIER (L).   1647.

✝ IHS BEATA VIRGO MARIA ORA PRO NOBIS 1647

Sur la panse, 2 crucifix.

Note (?).   Diam. 31 c.

(Cette petite cloche a été mise au rebut dans les tourelles de l'église).

Com^{on} de M. Lavillardière, missionnaire et curé de l'Osier.

1217. — COTE-S^T-ANDRÉ (*Abbaye de N. D. de Laval-Bénite de Bressieux*).   1654.

Je trouve, dans le *Bulletin d'histoire ecclésiastique et d'archéologie religieuse des diocèses de Valence,* etc. (1883, p. 241),

---

Charles de Créquy dans le duel où succomba Don Philippin, bâtard de Savoie. Il fut aussi gouverneur de Chambéry, colonel des légionnaires du Dauphiné, Lyonnais, Forez et Beaujolais, puis maréchal de camp. François, frère ou fils du précédent (V. du reste, sur ces deux personnages, la *Biographie du Dauphiné* d'A. Rochas). — (1) Pour Françoise, sans doute, du nom de l'un des parrains. — (2) D'azur à six molettes d'argent 3. 2. 1 ; au chef cousu du même. « Cette maison dit l'*Armorial,* ayant manifesté la prétention de descendre des anciens rois de Galles, plusieurs de ses membres prirent pour armes : *Ecartelé d'or et de gueules à 4 léopards lionnés, se regardant, les queues nouées et passées en sautoir, de l'un en l'autre* ». Je n'ai jamais vu ces armoiries, mais ce que je puis constater, puisque je possède cette rare plaquette, c'est que le recueil indiqué par Rochas sous le titre abrégé : *Laurentio et Ludovico de Gallis DD. Du Mestrail et de la Buisse suis ipsæ manibus musæ concinnarunt,* porte en frontispice des armes bien différentes : *Ecartelé d'or et d'azur, à 4 lions de..* et l'écusson est surmonté d'un trophée d'armes couronné de laurier et sommé d'un coq, avec la devise : *Gallo cessére Leones.* Au bas, le distique suivant :

Æmulus Alcidæ spoliis exultat opimis
Gallus, et à victo stemma Leone gerit.

une note campanaire [1] que je reproduis ici sous la forme même du ms. auquel elle a été empruntée :

« *L'année 1654, au mois d'aoust, la petite cloche s'estant rompue tomba (lorsque l'on sonnoit le* Te Deum) *sur le plancher du clocher et par miracle y fut retenue. Elle a esté refaite et augmentée de 25 livres de métal. Elle fut béniste par Mr Bérard, curé député par l'Illustrissime Pierre de Villars [2] archevesque de Vienne. Et pour parrain et maraine, noble Félinam de Michas [3] docteur en ste théologie et en droit, prestre et directeur des Religieuses de Ste Ursule de la Coste, a esté choisi avec la très-révérende Dame Françoise de Bocsozel [4] abbesse du monastere de Laval-Bressieux.* »

1218. — GRENOBLE *(St André).*   1657.

Faute de l'inscription de cette cloche que je n'ai pu retrouver, je transcris ici une note relevée par moi dans le *Livre blanc* du Parlement (fo 141), sous la date du 27 juin 1657.

La Cour ordonne que Me Baudet, conseiller et secrétaire du Roy et receveur des deniers communs d'icelle délivrera la somme de 200 liv. à prendre sur les deniers procédant de la réception des officiers au scindicq du Chapitre de l'église collegiale de St André, pour être employée à faire fondre la grosse cloche de ladite église, et à cest effect que mandat sera donné audit scindicq pour laditte somme laquelle est donnée charitablement par la Cour.

Le Gout, Boffin, Dargenson.

---

(1) *Abbaye de Notre-Dame de Laval-Bénite de Bressieux*, par M. l'abbé Lagier. — (2) Pierre VI de Villars (Pierre III du nom) fut archevêque de 1626 à 1662. — (3) Le prénom de *Félinam* a t-il été bien lu ?... Plusieurs membres de la famille de Micha ont porté le prénom de *Félicien*, que l'on écrivait aussi *Felician* à cette époque, et, pour moi celui de *Félinam* est dû à une erreur de copiste. Quoiqu'il en soit, je n'ai pas trouvé dans la généalogie de la famille de Micha que donne l'*Armorial* de M. de Labâtie, le nom de cet ecclésiastique, et pourtant je crois qu'il était membre de cette famille. — (4) C'est elle qui avait opéré le transfert de l'Abbaye de La Val-Bénite de Bressieux à la Côte-St-André, vers 1618.

1219. — GRENOBLE *(S⁺ᵉ Marie-d'en-Haut).* 1657.

✳ J.HS ✳ MARIA ✳ IOSEPH ✳ 1 ✳ 6 ✳ 5 ✳ 7 ✳

Note : *sol.* Diam. 44 c.

Ancienne cloche de S⁺ᵉ Marie-d'en-Haut transporté au Sacré-Cœur d'Aix (B.-du-Rhône) en.....

(Com⁰ⁿ de M⁰ᵉ la Supérieure du Couvent de Montfleury.)

Le Couvent de S⁺ᵉ-Marie-d'en-Haut, le 4ᵉ de l'Ordre de la Visitation, — fut fondé par S⁺ François de Salles, qui en posa la première pierre le 21 septembre 1619. J'attribue sans hésitation cette cloche à Pierre Thibaud, tant pour la date que pour les caractères et les ornements qui sont particuliers à ce fondeur.

1220. — VIF *(Chapelle du S⁺ Sacrement).* 1658.

Le 13ᵉ jour du mois de juillet 1658, le samedy, la cloche de la Confrerie du tres sainct et très adorable sacrement de lautel a esté benitte au devant du grand autel de S⁺ Jean Baptiste à Vif, les parrains et marraines ont été, Noble Allexandre de Berengier, Cheuallier Seigneur du Gua et dudict Vif et autres places, et damoizelle françoise du Pillon [1] *dame de Miribel, et ladicte cloche porte le non de la marraine.*

(Extrait du *Registre des délibérations de la Confrérie du très saint et très auguste sacrement de l'autel, fondée le 18 janvier 1632,* existant dans les archives de la paroisse de Vif).

V. les deux cloches de la même Confrérie, année 1686, sous le n° 1222.

1221. — MOTTE-S⁺-MARTIN (LA). 1678.

(Ce n° fait double emploi avec le n° 184 ; mais il en est le complément, et j'ai dû le placer dans ce Supplément).

L'an 1678 j'ay acheté une cloche pesant 100 liv. du rendu du pré Darue. elle a esté posée la veille de noe [2] *et depuis elle a*

(1) Nous avons déjà vu le nom de Françoise du Pilhon, avec ses armoiries, sur la cloche de l'Enchâtre de 1694 (V. le n° 214).

(2) *Noël.*

esté bénie par moy dit Curé le 7 aoust 1680 en présence de M
galien et pierre archier Carlet et de s Michel Mecou p. (1) et de*
demoiselle marguerite pommiers m. (2) et autres. Lagier curé.

Extrait des registres de catholicité de la paroisse de Saint-Martin de la
Motte conservés à la mairie .

Com°ⁿ de M. l'abbé Béthoux, vicaire de la Motte d'Aveillans.

1222. — VIF *(Chapelle du S* Sacrement).*   1686.

Le dix neufi° Jour du mois dapuril 1686, Mons Baffer et moy*
Riondet sacristain de ce lieu de Vif auons donné à prisfait a
Maistre Claude Voullemot du bourg d'Ambelin en Lorraine m
fondeur de Jetter (3) La Cloche qui estoit Cassée, Et Luy auons
donné La somme de Vingt sept Liures Luy ayant fourny tout
ce qui estoit necessaire, Il L'a Jetté Le second Jour du mois de
may dicte année Et Elle pese Cinq Cens ; Il en a faict vne autre
qui pese Cens vingt deux liures pour Laquelle nous Luy auons
donné de façon La somme de neuf liures et lesd. ont payé par*
moytié, La matiére de la petite a Esté Les vieilles quinquallies (4)
de la parroisse que chacun a donné, Comme clochettes, Chan-
deliers de loton, chauderons, fonts Et tout ce qui n'estoit pas,
fer et guise, estoit bon. Et auons achetté vingt Liures d'estain
de saumon (5) qui a Cousté vingt sol la liure que nous auons
mis dans Les deux Cloches. Elle a esté jetté Le septie du°
mois de may et Elles ont Esté fondues dans Le jardin de La sa-
cristie autrefois Les Cloîtres, La premiere a Esté benitte le deuxie
Juin Jour de pentecoste, Les parrain et marraine sont Mons le*
Compte du Gua (6) Et Madame la Contesse son Espouse. La pe-
tite a Esté benitte le seizie jour du mois dapuril de la presente
année 1689 trois ans ou Enuiron apres La premiere, Les par-

---

(1) *Parrain.* — (2) *Marraine.*

(3) *Jeter,* en termes de fonderie, signifie Faire couler du métal fondu dans un
moule, afin d'en tirer une figure. — (4) *Quincaille* se disait de toute sorte d'us-
tensiles, d'instruments de fer ou de cuivre. Ce mot a vieilli ; mais celui de *guise,*
employé plus loin, a été écrit pour *gueuse,* terme encore en usage. — (5) *Saumon*
se dit d'une masse d'étain ou de plomb, telle qu'elle est sortie de la fonte. —
(6) Le C°* *Béranger du Gud* (V. le n° 1220).

rain et marraine sont Monsr de Chaleon (1) *Conseillier au parle-*
ment de Grenoble et Seig^r de St Roman, et Madame de Chaleon
son Espouse. Leurs noms et qualitez sont sur les deux Cloches.

(Extrait du *Reg. des délibérations de la Confrérie du très saint et très au-*
guste sacrement de l'autel de la paroisse de Vif.)

V. la cloche de 1658, sous le n° 1220.

J'emprunte encore au même *Registre*, la note suivante, signée
par Daniel Caral, comme intéressant le sujet traité dans ce *Re-*
cueil, et dont il conviendra de rapprocher ce que j'ai déjà dit à
propos de la cloche de Varces de 1501 (V. le n° 25).

« ... *De plus led^t Dom Riondet a dit auoir apris par tra-*
ditions de ces parans que le clocher estoit a peu pres de la gran-
deur largeur et hauteur de celluy de St André de Grenoble...
qu'il y auoit neuf cloches qui ne peuuent setre perdues que par
les guerres ciuilles des Hugenots ... »

1223 A 1225. — GRENOBLE *(St André).*   1692.

Il n'y avait, en 1692, que deux cloches à l'église de St André,
de Grenoble. Le Chapitre de cette église décida qu'il en serait
fondu trois nouvelles et arrêta, dans son assemblée du 16 août
de l'année susdite, la rédaction suivante des inscriptions que
l'on devait leur donner.

Je trouve intéressant de reproduire ici le procès verbal de
cette séance, que j'ai relevé dans le *Livre des Conclusions* de ce
Chapitre. (2)

Du 16e aoust 1692 dans la sacristie ou estoient presant et capitulairement
assemblés MM. etc.....

A esté proposé par le Sr Dufour qu'il est necessaire de regler les inscriptions
qu'il faut mettre sur les trois cloches dont le prix fait est donné et auxquelles
les Srs Chambon et Vallette m^{tres} fondeurs de la ville du Puy en Velay tra-
vaillent actuellement.

Conclû qu'attendû que la plus grosse cloche a esté présenté à Mrs du Parle-
ment pour la consacrer au S^t qu'il leur plairroit et que M^r le Premier Presi-

(1) Laurent de Chaléon, avocat en la Cour, conseiller par lettres du 25 janvier
1668; reçu le 11 février suivant. Il décéda le 29 novembre 1690.

(2) *Livre des Conclusions capitulaires depuis le tresieme avril 1677 jusques*
au premier Decembre 1696 (Archives de l'Evêché de Grenoble).

dent (1) *a trouvé bon que ce fût à S' André on mettra dessus l'inscription suivante deux croix avec des fleurs de lys tout autour les armes du Chapitre et celles de M. le Prevost et les jmages de la Vierge, de S' Pierre et de S' Paul.*

Inscription pour la grosse cloche.

D. O. M. sedentibus Innocentio P. P. XII et Steph. S. R. E. Presbytero Card. le Camus Episcopo ac Principe Gratianop. regnante Ludovico Magno, signum istud D. D. D. in honorem B. Andreæ, conflatum est largitionibus supremi senatus Delphin. providentia R. P. Innocentij le Masson ordinis Cartusiensis ministri generalis, ac etiam D D Flodoardi Moret de Bourchenu Præpositi et Canonicorum hujus Ecclesiæ anno Dni m. D. C. XCII.

Sur la seconde cloche, attendù qu'elle a été présenté a M^{rs} de la chàbre des Comptes pour y mettre le nom du s^t qu'il leur plairroit et M^r le Premier président de la Chambre ayant trouvé bon que ce feut celuy de S' pierre son patron, on mettra dessus l'inscription suivante deux croix avec des fleurs de lis tout autour et les armes du chap. et de M^r le Prevost.

Inscription pour la 2e cloche.

Anno salutis reparatæ m. D. C. CXII (sic) signum istud conflatum est largitionibus D. D. supremæ Computorum Curiæ Delph. D. D. Petro de Bourchenu de Valbonnois⁽²⁾ Protopræside, providentiâque R. P. Innocentij le Masson Prioris Cartusiæ, jtemque Præpositi et Canonicorum hujus ecclesiæ et Deo consecratum in honorem S^{ti} Petri.

Sur la troisième Cloche, attendu qu'elle est présenté a M^{rs} les Thresoriers pour y mettre le nom du s^t qu'il leur plairroit et M^r le Premier President du Bureau ayant pris celui de S' Jean son patron on y mettra l'inscription suivente, et on y mettra deux croix avec des fleurs de lis tout autour les armes du Chapitre et celles de M. le Prevost.

Inscription de la 3me cloche.

Anno ab incarnatione M. D. C. CXII (sic) signum istud Conflatum fuit largitionibus D.D. Ærarij regii quœstorum Delph., DD Joanne Guido Basset Protopreside,

(1) Nicolas Prunier de St André, 1er président du 9 août 1679 au 22 août 1692. — (2) Jean-Pierre Moret de Bourchenu de Valbonnais, Ier président de 1690 à 1728. C'est l'illustre auteur de l'*Histoire de Dauphiné et des princes qui ont porté le nom de Dauphins.* Nous avons déjà vu son nom dans l'inscription n° 353.

**providentiaque R. P. Innocentij le Masson Prioris Car-
tusiæ itemque DD. Præpositi et Canonicorum hujus
Ecclesiæ et Deo consecratum in honorem Sti Joannis.**

Mais la fonte de ces cloches ne réussit point, et le Chapitre
résolut de s'adresser à un autre fondeur. Son choix s'arrêta sur
Nicolas Huard, mtre fondeur de Clérieu, près Romans, et, l'année
suivante, celui-ci en fondit cinq qui réussirent parfaitement.
Leurs inscriptions figurent dans ce recueil sous les nos 207, 208,
209, 210 et 211.

Ici se présente naturellement une objection.

Pourquoi les inscriptions ci-dessus furent-elles abandonnées
pour faire place à de nouvelles ? C'est une question à laquelle
le *Livre des Conclusions* n'apporte aucun renseignement. Les
illustres corps du Parlement, de la Chambre des Comptes et du
Bureau des Finances se refusèrent-ils à de nouvelles largesses ?...
Le silence du procès-verbal de l'assemblée à cet égard me le
ferait volontiers penser. D'un autre côté, le décès du Premier
Président Nicolas Prunier de St André, arrivé sur ces entrefaites
(22 août 1692), pourrait bien avoir servi également de motif à
cette abstention. Un mort ne pouvait plus être parrain... et les
Présidents de la Chambre des Comptes et du Bureau des Finances ne furent pas nommés sur *leurs cloches*, par égard sans
doute pour le Premier Président du Parlement dont le nom ne
pouvait plus figurer sur *la sienne*. Ce qu'il y a de positif, c'est
que les projets d'inscriptions campanaires de 1692 furent modifiés et que les nouvelles cloches n'eurent pas de parrains dé-
signés, — en apparence du moins, — bien qu'on leur conservât
les noms patronymiques donnés par les présidents du Parlement, de la Chambre des Comptes et du Bureau des Finances.
Je parle, bien entendu, des trois premières cloches de 1693 seulement. La rédaction des nouvelles inscriptions est due au R.P. Général des Chartreux, ainsi que nous l'apprend le procès-verbal
de l'assemblée du 16 mars 1693, et elle fut aussitôt adoptée par
le Chapitre. Les inscriptions des autres cloches ne furent adop-
tées qu'un peu plus tard (assemblée du 4 mai 1693). Toutes

furent bénites en grande pompe par le Prévôt du Chapitre, le 11 juillet 1693 (V. le procès-verbal du 13 juillet suivant).

1226. — GRENOBLE *(Couvent de Ste Claire).*   1714.

Le 13 septembre 1714 a esté béni une cloche sous le gouvernement de la reverende mère Madeleine Charonnier abbesse de ce monastère de S. Claire et sous la direction du Frère François Philippon bachelier de Sorbonne et ancien définiteur, laquelle cloche a été nommée Jeanne Catherine. Le parrain a été M. Joseph Fleurie Bovier (1) *fils de M. Claude Bouvier, avocat au Parlement et payeur des gages de Messieurs du Parlement de Grenoble, et la marraine D^{elle} Jeanne Catherine Perret, fille de noble Melchior Perret* (2) *écuyer conseiller secretaire du Roy maison couronne de France en la grande Chancellerie lequel parrain et marraine ont signés avec tous pères et mères* (3)

Bovier F. Philippon Jeanne Catherine Perret Magdeleine Charonnier abbesse Père Jacques Tissier sacristain Jane Bovier.

(Note extraite des registres du couvent de Ste Claire déposés aux archives départementales de l'Isère, et communiquée par M. Edm. Maignien, conservateur de la bibliothèque publique de Grenoble).

1227. — S^T-PIERRE-DE-MÉAROTZ.   1719.

☩ LAVDATE DOMINVM IN CYMBALIS BENE SONANTIBYS
SANCTE PETRE ORA PRO NOBIS

(1) *Floris Bouvier* (à cette époque on disait indifféremment *Bovier* ou *Bouvier*), suivant l'*Armorial du Dauphiné*, était conseiller du roi, receveur général des comptes de la chambre, vers 1669. — Il n'est pas impossible que ce soit le même personnage que celui de notre cloche, malgré la différence des dates et celle aussi du titre qui lui est donné dans ce procès-verbal. Il portait : *De sable, au taureau passant d'or ; au chef d'or, chargé de 3 étoiles de sable* ; et sa devise était : CAPUT INSERET ASTRIS. — (2) Suivant l'*Armorial* aussi, Melchior Perret, était directeur pour les affaires du roi en Dauphiné, en 1696. Ici, il ne peut y avoir de doute : c'est bien le personnage indiqué sur la cloche. Il portait : *D'or, à une fasce de gueules accompagnée de 3 poires, tigées et feuillées de sinople, la tige en haut.* — (3) Allusion sans-doute au P. Jacques Tissier et à la mère-abbesse du couvent.

Mᴱ IEAN PANSIN CURE

M IAQUES DV FREYNET [1] SEIGNEVR DE BEAVMONT CONSEILLER MAI-
TRE DES COMPTES PARREIN . MADAME MARIANE SEIGNORET SON EPOVSE
MAREINE

AN . [2] FAVRE CONS . ET PR . DE LEGLIS [3] 1719

Note : *mi* ♭.   Diam. 59 c.

(Comᵒⁿ de Mʳˢ Paccard frères, fondeurs à Annecy).

Cette cloche a été cassée en 1881 et n'a pu être remplacée
qu'en 1883 (V. le nº 1376).

1228. — CHARNÈCLE.   1726.

Cette cloche n'existant plus depuis longtemps, j'ai été fort
heureux d'en retrouver les traces dans le *Registre des naissances,
mariages et décès* de l'église de Charnècles, (1701 à 1760).
Voici les lignes qui lui sont consacrées.

*Bénédiction de la cloche de Charnècle (paroisse de Rives), Chapelle
de Sᵗ Roch et Sᵗ Sebastien.*

*Ce 24ᵉ Xᵇʳᵉ 1726..... et en vertu dicelle (commission) j'ay fait la
benediction de la ditte clauche avec les ceremonies accoutumés dont
le parrain a eté sieur antoine martel bourgeois de charnecle, et maraine demoiselle louise gachet epouse dud. sʳ martel pour et au nom
de messire francois de Manissy, [4] chevalier comte de ferriere, seigʳ
de riues charnecles et beaucroissant lieutenant du roy de grisiuodant,
et de dame marie justine de bressac [5] ueuue de messire francois de
Manessy comte de ferriere chevalier conseillier du roy premier pre-
presidant en la chambre des contes de Sauoye, et second presidant
en celle de Dauphiné en presance de messire Antoine dralliat pretre
et curé de riue, etc.*

---

(1) Jacques du Frênet de Beaumont, avocat en la Cour, fut reçu maître ordinaire en la Chambre des Comptes du Dauphiné en 1696 et décéda en 1727. —
(2) *Antoine* (?). — (3) *Conseiller et procureur de l'église* (?).

(4), Je n'ai pas d'autres renseignements sur ce Fᵒⁱˢ de Manissy, lieutenant du
roi pour le Graisivaudan, que ceux fournis par cette inscription, l'*Armorial du
Dauphiné* se contentant de parler de son père et de sa mère, sans même dire
un mot de leur descendance. — (5) Mère du précédent.

1229. — PACT.   1731.

Le vingt septieme decembre mille sept cent trente un nous avons fait la ceremonie de la Benediction de la Grosse Cloche de Pact Laquelle Cloche a ete fondue le vingt quatrieme du meme mois. Le parrain a ete Messire Joachim Dupuis de Murinais Seigneur de Bellegarde et autres places et La marraine dame françoise de Chatelard epouse de noble Henry de Pelissac En presence du dit noble Henry de Pelissac et Sr Jacques et Antoine Chapuis chatelain et vis chatelain du dit Pact dont les noms sont Ecrits sur la cloche lesquels ont tous signes Dupuy Murinais, Chatellar Pelissac, Pelissac Davaillac, Chapuis chai̅n, Chapuis vis chai̅n, Peyronnet curé de Jarcieu, Allegret curé de Pact, J. Jacob, M^{tre} fondeur Michel Gansber. (Registre paroissial de Pact, p. 4).

Cette communication, que je dois à l'obligeance de M. l'abbé Chapelle, curé de Pact, vient à propos éclairer quelques obscurités de rédaction dans l'inscription de la cloche de 1732 (V. le n° 297), dont la bénédiction, on vient de le voir, devança de quelques jours la date inscrite sur la panse. Mre de Pélissac y figure également comme témoin. Quant aux lettres S^{RS} que j'ai interprétées *Seigneurs* (Note 10), c'est *Sieurs* qu'il faut dire.

1230. — PACT.   1732.

Le vingt huitieme octobre mille Sept cent Trente deux nous auons fait La Benediction de la seconde cloche de Pact nous lui auons donné pour parrain Sr Antoine Chapuis chatelain et Bourgois [1] *de cette parroisse et pour marraine d^{elle} marie de la Cour son Epouse Laquelle Benediction a été faitte En presence de Sr Jacques Chapuis et Louis Giraud maréchal de Pact Lesquels ont signés avec le parrain et la marraine de ce que Enquis et requis Giraud, Chapuis, Marie de la Cour, Chapuis, Allegret curé de Pact.*

Com^{on} de M. l'abbé Chapelle, d'après le *Registre paroissial*, p. 18.

_____

(1) *Bourgeois.*

1231. — Sᵀ-MARCELLIN *(Hospice).* 1745.

∴ GOSS ⁽¹⁾ MICH CHRISTIAN VICTOR HEROLT NURNBERG ⁽²⁾ ANNO 1745

Au-dessus et au-dessous de cette inscription, des festons cir-
culaires.

(Comᵒⁿ de M. Roussillon, curé-archiprêtre de Sᵗ Marcellin).

Note : *la.* Diam. 50 c.

1232. — ROYBON. 1747.

**Sacro ritu initiavit ac benedixet ⁽³⁾ in honorem divi Petri
illustrissimus DD. Stephanus Galland ordinis S. Antonii abbas
generalis nomen dedit eminentissimus Petrus de Guerin de
Tencin S. R. E. ⁽⁴⁾ cardinalis Lugduni archiepiscopus ⁽⁵⁾ anno
domini MDCCXLVII.**

Fondue la même année que les trois premières cloches de Sᵗ
Antoine, ainsi qu'on peut s'en assurer en se reportant aux Nᵒˢ
329, 330 et 331 de ce recueil, elle est due, selon toutes présomp-
tions, au même fondeur, J. Ducray ; mais le copiste de l'inscription a négligé ce détail, comme beaucoup d'autres.

Comᵒⁿ de M. Edm. Maignien, conservateur de la Bibliothèque
de Grenoble, qui a relevé cette inscription sur une copie de 1811.

1233. — AMBEL. 1748.

CLOCHE DE LA PAROISSE DE DIE ⁽⁶⁾ PAR LES

PENITANS DV SACREMENDT DV LIEVX DAMBEL 1748

VACHAT LE CADE ⁽⁷⁾ E D ⁽⁸⁾

Note : *la.* Diam. 37 c.

(Comᵒⁿ de M. Magnat, curé d'Ambel).

---

(1) Vieux allemand, pour *gohs.* — (2) *Christian Victor Hérolt m'a faite à
Nuremberg.*

(3) Pour *benedixit.* — (4) *Sacræ Romanæ Ecclesiæ.* — (5) Pʳᵉ Guérin de Tencin,
archevèque d'Embrun, puis de Lyon, cardinal ministre d'Etat, mort en 1758. Il
était fils d'Antoine Guérin, seigneur de Tencin, conseiller au Parlement de Grenoble de 1674 à 1684 et président au même Parlement jusqu'à 1696, année où il
résigna ses fonctions. La trop célèbre Mᵐᵉ de Tencin était sa sœur.

(6) *Dédiée.* — (7) *Le cadet.* — (8) (?).

1234. — OSIER (L'). 1749.

VACHAT FRCI [1] 1749

(Au rebut, dans les tourelles de l'église).

Com^{on} de M. Lavillardière, missionnaire et curé de l'Osier.

1235. — TULLINS *(Horloge de la paroisse).* 1756.

A GRENOBLE 29 NOVEMBRE. L. FRAYE MAITRE FONDEVR

✠ 1756 ✠

Note (?). Diam. 37 c.

(Com^{on} de M. l'abbé Mège, curé-archiprêtre de Tullins).

Il y a une seconde cloche à l'horloge ; mais elle est complètement anépigraphe.

1236. — ENGELAS (LES). 1774.

✠ M^{RE} PIERRE DVRAND ANCIEN CVRE & ARCHIPRETRE DE VAL-
BONNOIS [2]

MON PARRAIN EST M^{RE} J. B. BERNARD NOTAIRE ROYAL LIEVTENANT
DE CHATELAIN

POVR MARRAINE D^{LLE} THEREZE SIMON RAMPLACE [3] PAR MARGVERITE
MIARD EPOVZE DV S^R LOVIS CHAMPOLLION 1774.

Sur la panse : *Le Christ ;* — la *Vierge.*

Note : *sol.* Poids : 80 kilog. Diam. 50 c.

(Com^{on} de M. Arthaud, curé des Engelas).

1237. — S^T-JEAN-DES-VERTUS. 1774.

✠ SAINT IEAN ◡ BAPTISTE [4] PRIES ◡ PVR [5] NOVS 1774

Sur la panse : *Crucifix à la Magdeleine ;* — *St Joseph tenant
l'enfant Jésus* (?) ; — Marque de fondeur sur laquelle on lit :
NCHATEEAEN. [6]

(1) *Fecit* ?
(2) *Valbonnais.* — (3) *Remplacée.*
(4) Patron du lieu. — (5) *Pour.* — (6) *Nicolas Chatelain.*

Note : (?).   Diam. 60 c.

(Com^on de M. J^h Coque, curé de St Jean-des-Vertus).

1238. — VIENNE *(St André-le-Bas).*   1777.

VOBIS DICITUR POPULIS QUACUNQUE HORA AUDIERITIS SONITUM
EIUS CADENTES ADORATE DOMINUM. DAN. C. :::::: [1]

HOC TINTINNABULUM APPENDI VOLUIT CAPITULUM ECC^AE S^I A^AE
VIENN. [2] ANNO DNI MDCCLXXVII   FECIT GOMET.

M. V^or Teste a publié cette inscription dans sa notice sur S^t
Chef, en même temps que celles des cloches encore existantes.
Je la donne telle qu'il l'a reproduite, du reste, d'après M. Vital
Berthin. La cloche a été fondue.

1239. — MENS.   1787.

*Le 22 mai 1787, le conseil général de la communauté de Mens
vote la refonte de la grosse cloche cassée depuis quelques mois.*

Elle fut coulée le 17 juillet.

*Le 22 du même mois, cette cloche « fut solennellement baptisée
par M. Bac, en presence de Monsieur Joseph-Armand Sibeud de
St Ferreol, parrain, resident à Cornillon, de Dame Magdeleine-
Thérèse Achard de la Roche épouse de Messire David* [3] *de Blosset de Rochevive conseiller au parlement, marraine; » en présence encore de tous les officiers de la communauté, d'une nombreuse réunion de personnes marquantes et de prêtres des
environs.*

(Extrait du *Registre des délibérations,* du 22 juillet 1787, conservé à la
mairie du Mens).

Com^on de M. Lagier, curé de Tréminis.

---

(1) Inscription abrégée des v. 4 et 5 du Ch. III de *Daniel.* — (2) *Ecclesiæ sancti
Andreæ Viennæ.*

(3) L'*Armorial du Dauphiné* nomme ce conseiller au Parlement Daniel de
Blosset. C'est une erreur, et l'*Inventaire-sommaire des Archives départementales*
est parfaitement d'accord avec le *Reg. des délibérations* de Mens pour l'appeler
ainsi que nous l'avons vu. David de Blosset, avocat en la Cour, fut nommé Conseiller au Parlement par lettres du 15 juillet 1754 et reçu le 9 août suivant. Il
exerçait encore sa charge, lors de la suppression du Parlement en 1789.

1240. — RIVIER D'ALLEMONT (LE).   1807.

JEAN DV SER CURÉ D'ALLEMONT

DOMINIQUE CHATELOT : CATHERINE GENEVOY

NOEL SERT. MICHEL GAY : PIERRE SERT BOULE

Sur la panse, le *Crucifix à la Magdeleine*.

Au bas : FAIT PAR CLAUDE PERNET ET DUTRUC 1807

Note (?)   Diam. environ 60 c.

Com⁰ⁿ de M. Tallard, curé du Rivier d'Allemont, qui n'ose pas garantir l'exactitude parfaite de cette inscription, vu la difficulté d'accéder à la cloche et de la lire convenablement, sur l'un des côtés principalement.

1241. — TULLINS *(Couvent de Ste Ursule).*   1820.

☨ SANCTOE [1] URSULA ET ANGELA ORATE PRO NOBIS LE 15 IUIN 1820.

Le *Crucifix* et la *Vierge tenant l'enfant Jésus*.

Note (fêlée).   Diam. 43 c.

(Com⁰ⁿ de M. Mège, curé-archiprêtre de Tullins).

1242. — TULLINS *(Hôpital).*   1820-

☨ SANCTA MARIA SUCCURE MISERIS IUVA PUSILLANIMES REFAVE [2]
FLEBILES ORA

☨ PRO POPULO OF EC [3] LE 15 IUIN 1820

Sur la panse : La *Vierge tenant l'enfant Jésus ;* au-dessus : S^TE MARIE ; — Marque de J. B. Rosier, fondeur ; — *Evêque* crossé et mitré ; — 3 Fleurs de lis :

Note (?).   Diam. 70 c.

(Com⁰ⁿ de M. Mège, curé-archiprêtre de Tullins).

1243. — S^T-JEAN-DES-VERTUS.   1821.

☨ VIVOS VOCO MORTUOS PLORO FULGURA PELLO

MR = BERNOUD CURE

Sur la panse : le *Christ à la Magdeleine ;* — *St Joseph tenant*

(1) Pour *sanctæ*.
(2) Pour *refove*. — (3) *Office ecclésiastique*.

un lis et l'enfant Jésus au globe crucigère ; — Marque du fondeur avec : BONNEVIE FONDEUR A GRENOBLE. 1821.

Tout autour, au sommet de la cloche, 5 anges.

Note (?) Diam. 60 c.

(Com⁰⁰ de M J ͪ Coque, curé de S ͭ Jean-des-Vertus).

1244. — VIENNE *(Hospice).* 1822.

BEATUS QUI INTELLIGIT SUPER EGENOS ET PAUPERES 1822

Sur la panse : le *Christ en croix* ; — la *Vierge avec l'enfant Jésus dans ses bras.*

Pas de nom de fondeur.

Note : *ré.* Diam. 64 c.

(Com⁰⁰ de M. Gadoud, aumônier des Hospices de Vienne).

1245. — CORPS *(Chapelle de S ͭ Roch).* 1823.

En haut : *Grande Croix* au-dessus d'une guirlande de fleurs circulaire.

AN 1823 BONNEVIE FILS

S ͭ ROCH PRIEZ POUR NOUS.

Note (?). Diam. 50 c.

Com⁰⁰ de M. Fuzier, curé-archiprêtre de Corps.

1246. — S ͭ -MARCELLIN *(Couvent de la Visitation).* 1823.

SIT NOMEN DOMINI BENEDICTUM VISITATION S ͭᴱ MARIE S ͭ MARCELLLIN FAITE EN 1823.

Sur la panse: *Crucifix ;* — la *Vierge* tenant l'enfant Jésus.

Note ; *la.* Diam. 44 c.

(Com⁰⁰ de M. Roussillon, curé-archiprêtre de S ͭ Marcellin).

1247. — S ͭ -PAUL-DE-VARCES. 1823.

MARIE MARGUERITE (1) JEAN DUMAS 1823

(1) Sont-ce des prénoms de Jean Dumas, ou bien les noms de la marraine ?... Je n'ai pu le savoir.

Au bas : VACHAT

Note : *fa* ♯.   Diam. 32 c.

Cette cloche, vendue au fondeur en 1865, est actuellement employée au service des hommes d'équipe, à la gare du chemin de fer de Grenoble.

1248. — ST-ETIENNE-DE-StGEOIRS.   1830.

◄ SONANTE TINTINABULO ACCURANT CHRISTIANI CONFRERIE DU SAINT ROSAIRE

◄ MR JOLLAND CURE DE ST ETIENNE DE ST GEOIRS ►

◄ FAITE A LYON PAR JOSEPH FREREJEAN 1830 ►

Sur la panse, ☩ ; — Médaillon rond de la *Vierge* tenant l'enfant Jésus, entourée de Chérubins, et avec la légende IESVS MARIA sur une bandelette.

Note : *la*.   Diam. 79 c.

1249. — VIENNE *(Hospice).*   1835.

Anépigraphe.

Sur la panse : MONET ET BRUNET FONDEURS A LYON. 1835.

Note : *la*.   Diam. 37 c.

(Com⁰ⁿ de M. Gadoud, aumônier des Hospices de Vienne).

1250. — MONTCARRA.   1838.

FRANÇOISE JULIE JE M'APPELLE. PARRAIN MR ANTNE MAGNILLAT MARRAINE MLLE FRANÇOISE MOLLET MR JOSEPH TRIPIER MAIRE DE MONTCARAS M MOLLET CURÉ

Sur la panse, 1ʳᵉ face : *Croix* fleuronnée soutenue au pied par deux anges, entre : BURDIN AÎNÉ — FONDEUR A LYON 1838

2ᵉ face : la *Vierge-mère.*

Note : *la*.   Diam. 89 c.

(Com⁰ⁿ de M. Biboud, curé de Montcarra).

1251. — TULLINS *(Couvent de Sᵗᵉ Ursule).*   1838.

En lettres gravées : SIT NOMEN DOMINI BENEDICTUM

Sur la panse : *Crucifix* et *St Joseph tenant un lis et l'enfant Jésus.*

Au bas : BURDIN AINÉ FONDEUR A LYON 1888

Note (?).   Diam. 44 c.

(Com^{on} de M. l'abbé Mège, curé-archiprêtre de Tullins).

1252. — S^T-BARTHÉLEMY *(de Beaurepaire)*. 1839.

✝ S^{TA} MARIA. S^{TE} JOSEPHE. S^{TE} BARTHOLOMOE. S^{TE} GENESI. ORATE PRO NOBIS ☞ ☞ ☞

✝ PARRAINS MR JACQUES F^{OIS} AVIT DE CHARVAT [1] RECEVEUR PRINCIPAL M^{DE} AUGUSTINE DE BEAUX DE PLOVIER [2] SON EPOUSE ☞

✝ 1° MR CHORIER FILS H FERDINAND. 2° CHRISTINE RAYMOND VEUVE BOURDE. 3° MARGUERITE PELLAT. DEMOISELE V BAJAT. S ARGOUD. DEMOISELLE F PERRIER.

✝ F^X CHOIN DU DOUBLE. C^H ROUX. B^{NE} ECHINARD. A F^{OIS} DUFEUILLANT. A LETY. MR MEDALLIN. M^R F DE BARRIN. T^H COCHE. M^R J COSTE DESS^{VT}. [3]

✝ OR. [4] FRANÇAIS. F ROBERT. P BRENIER MAIRE. A VILLARD ADJOINT.

☞ ☞ BLANC J^{OSE}. [5] ✝ LES ROSIERS PERE ET FILS FONDEURS. 1839.

Sur la panse : le *Crucifix ;* — *Evéque*, avec : R. D. PH. DE BRUILLARD. ; — la *Vierge*, avec : S^{ET} [6] MARIE ; — *Evéque*, avec : S^T BARTHELEMY

Note : *fa* ♯.   Diam. 105 c.

(Com^{on} de M. E. de Charvat. [7]

1253. — S^T-JEAN-DES-VERTUS.   1841.

✝ SIT NOMEN DOMINI BENEDICTUM HOC DONUM FECIT PETRUS VACHIER

---

(1) Descendant d'une ancienne famille de Beaurepaire, fixée à St Barthélemy quelques années seulement après le baptème de cette cloche. — (2) D'une ancienne famille aussi du Valentinois, dont une fille fut la femme de Cl. Frère, Ier prés^t du Parlement de 1616 à 1641 (V. ma *Numismatique du Parlement de Grenoble*, pp. 155 à 172), Mlle Augustine-Adrienne de Beaux de Plovier fut mariée, en 1889, à M. J.-F.-A. de Charvat, parrain de cette cloche, dont elle devint alors la marraine. — (3) *Desservant*. — (4) *Oronce*. — (5) *Joseph*. — (6) *S^{te}*. — (7) V. le n° 841 aux *Errata* de la fin du Recueil.

DEFUNCTUS ANNO 1827 JE M'APPELLE J. (1) PHILIPPINE MON PAR-
RAIN EST

PIERRE VACHIER (2) ET MA MARRAINE PHILIPPINE JOANNAIS . M . GIRIN,
CURÉ .

Sur la panse : *Crucifix à la Magdeleine.* — Sur l'autre face
est représentée *une femme de la Confrérie des Pénitentes, ayant
son voile et un livre à la main.* (3) — Marque du fondeur, avec :
BONNEVIE FONDEUR AN 1841.

Note (?).   Diam. 45 c.

(Com⁰⁰ de M. Jᵃ Coque, curé de Sᵗ Jean-des-Vertus.

1254. — BALME (LA).   1849.

OMNIS SPIRITUS LAUDET DOMINUM

MARRAINE, FÉLICITÉ DUMAREST DE CHASSAGNY   DE DRUYON. (4)
PARRAIN Mᴿ USMAR BONNAIRE CHEVAILIER (5)

DE LA LÉGION D'HONNEUR. M. REMY PONSARD, MAIRE. M. LOUIS RA-
BATEL, CURÉ.

Sur la panse : BURDIN FILS AINE *(Crucifix)* FONDEUR A LYON. 1849.

Sur l'autre face : La *Vierge* tenant l'enfant Jésus.

Note : *la.*   Poids : 480 kil.   Diam. 89 c.

Le procès-verbal de la bénédiction de cette cloche, que veut
bien me communiquer M. Bouvier, curé de la Balme, signale
deux omissions dans l'inscription ci-dessus. La seconde ligne a
été oubliée par le fondeur, et elle était occupée par le seul
nom de FÉLICITÉ, donné à la cloche. — La ligne suivante offre
une lacune entre le nom de CHASSAGNY et celui de DRUJON ; c'est
encore une faute du fondeur : il devait y avoir DAME DE DRUJON ; et
ce dernier nom a également été estropié, puisqu'il a été inscrit
sous la forme de DRUYON.

---

(1) *Quid ?* — (2) Le fils du donateur, sans doute. — (3) Je pense que c'est tout
simplement la *Vierge*, déjà signalée par moi sur d'autres cloches du même
fondeur.

(4) *Drujon.* — (5) *Chevalier* (V. le n⁰ 1257).

1255. — CHAPONNAY *(Chapelle de Notre-Dame-de-Sous-Vignes).* 1849.

JE M'APELLE MADELEINE PARAIN M. JAN BATIS [1] DEBOLO DE MARENNES

MARRAINE DAME MAGDELEINE BERTRAND CHAPONNAY

M ANTOINE BUYAT. M NIVOLET CURE.

Sur la panse, comme sur la précédente cloche.

Sur l'autre face, la *Vierge* tenant l'enfant Jésus.

Note (?). Diam. 45 c.

(Com⁰ⁿ de M. Ch. Bardin, curé de Chaponnay).

1256. — VOIRON *(Chapelle de N. D. des Victoires (ou de l'Archiconfrérie).* 1850.

F. A. BONNEVIE PÈRE ET FILS

Note (?). Diam. 35 c.

J'ai placé cette cloche, quoique ne portant pas de date, à celle de 1850, la maison F. A. Bonnevie ayant cessé de fabriquer en cette année.

1257. — BALME *(Chapelle de Notre-Dame de la).* 1853.

VŒU DE Mᴿ ALEXᴰᴿᴱ BONNAIRE CHEV DE LA LEGION D'HONNEUR

JE M'APPELLE AGNES ADOLPHINE NOEMI

PARRAIN Mᴿ DE MEPIEU

MARRAINE Mᴱᴸᴸᴱ NOEMI DE LA SERVETTE

CURE DE LA BALME Mᴿ RABATEL MDCCCLIII

Sur la panse, 4 médaillons : La Ste *Famille.* — L'*Annonciation.* — *Jésus* bénissant et tenant le globe crucigère. — L'*Adoration des Bergers.*

Au bas : ɢ ᴍᴏʀᴇʟ ᴀ ʟʏᴏɴ

Note : *fa* ♯. Diam. 50 c.

Com⁰ⁿ de M. Claudius Bouvier, curé de la Balme, qui a bien

_____

[1] *Jean-Baptiste* Debolo, de Marennes (V. le n⁰ 670).

voulu y joindre un extrait des procès-verbaux. Je les reproduis en note pour servir de commentaires à l'inscription et établir que le parrain de cette cloche est bien le même que celui du n° 1254. (1)

1258. — Sᵀ-SYMPHORIEN-D'OZON (*Clochette des Sœurs de la Providence*).   1856.

Anépigraphe.

Au bas, sous une *Croix* ornée : BURDIN FILS AINE — FONDEUR A LYON 1856. — Sur l'autre face : La *Vierge tenant l'enfant Jésus, les pieds posés dans un croissant.*

Note (?).   Diam. 40 c.

(Comᵒⁿ de M. Berlioz, curé-archiprêtre de Sᵗ-Symphorien-d'Ozon).

1259. — CRACHIER.   1858.

PARRAIN Mᴿ LE COMTE CHARLES DE MEFFRAY

(1) Dans la séance du même jour (17 octobre 1852), M. Bonnaire, président du conseil, déclare que, au déclin de la vie, il désire laisser une marque de sa gratitude envers la mère de Dieu pour les grâces qu'il en a obtenues durant le cours de sa longue existence. Dans cette intention, il remet, en présence du conseil, entre les mains de M. le trésorier, une somme de trois cents francs, pour être appliquée à l'achat d'une cloche à suspendre au clocheton de la chapelle de la Grotte.

Il met à sa donation les conditions suivantes : 1° Qu'un nouveau clocheton approprié à l'édifice sera préalablement construit.... *(Il l'a été)*. 2° Qu'en mémoire de sa mère, et en souvenir de la meilleure des sœurs, cette cloche sera baptisée sous le nom d'Agnès. 3° Qu'il nommera le parrain et la marraine. 4° Qu'il dictera toutes les inscriptions à graver sur la cloche. 5°.... et 6°.... Le conseil accepte avec reconnaissance.

BAPTÊME DE LA CLOCHE.

Ce jourd'hui, 7 août 1854, a été baptisée en l'antique chapelle de N.-D. de Balme la cloche offerte par M. Alexandre-Usmar Bonnaire, ancien chef au Ministère de l'Intérieur, chevalier de la légion d'honneur, né au Cateau-Cambrésis (Nord), en 1777.

Cette cloche a reçu les noms d'Agnès-Adolphine-Noémi, correspondants à ceux de la mère et de la sœur du donateur, du parrain Mʳ de Mépieu, député au Corps législatif, membre du Conseil général de l'Isère, et de la noble Demoiselle Noémi de la Servette.

MARRAINE MME LA COMTESSE CHARLES DE MEFFRAY NEE PRINCESSE LOUISE NAHALANDIL TZARACHTE [1]

CURE MR VILLON

MAIRE M^R AUG MOYROUD. MR CURT. MR E. MOLLARD

Sous le crucifix : GVLLIET FONDEUR A LYON 1858.

2e face : La *Vierge* aux bras croisés sur la poitrine.

Note : *la.* Diam. 85 c.

1260. — N.-D. DE LA SALETTE. 1862.

SI VIS AD VITAM INGREDI, SERVA MANDATA (MATTH, 19, 17.)

PARRAIN, MONSIEUR LE COMTE DE PILNAVER.

MARRAINE, MADAME LA COMTESSE DE PILNAVER [2]

MDCCCLXII

Sur la panse : une *Croix ;* — la *Vierge montant au ciel ;* — *corbeille d'épis et de raisins ;* — *idem.*

Au bas : GULLIET PÈRE ET FILS FONDEURS A LYON.

Note : *sol.* Diam. (?).

(Com^{on} du P. Perrin, Supérieur de N.-D. de la Salette.

1261. — TOLVON. 1863.

LAUDATE DOMINUM, OMNES GENTES : LAUDATE EUM, OMNES POPULI. PS. 116

VENITE, EXULTEMUS DOMINO, JUBILEMUS DEO : ADOREMUS ; PLORE-MUS CORAM DOMINO. PS. 94

JE M'APPELLE : MARIE

PARRAIN : MR JEAN-BAPTISTE BARNIER. MARRAINE : MLLE MARIE JANON

CVRE : MR ANTOINE JANON.

Sur la panse : La *Croix,* la *Vierge immaculée,* un *archevêque* (St Denys est le patron du lieu) et *St Bruno.*

Au bas : GULLIET FONDEUR A LYON 1863.

---

(1) Ces noms, bien faits pour surprendre le lecteur, s'expliquent par le ma-riage de M. Ch. Meffray en Orient, à l'époque de la guerre de Crimée.

(2) C'est une famille de Barcelonne (Espagne).

Note : *sol* ♯.   Diam. 82 c.

(Com°ⁿ de M. l'abbé Hélie, vicaire à Voiron).

1262. — CORBAS.   1864.

DON FAIT A LA PAROISSE DE CORBAS PAR SES HABITANTS ET Mᴿ IVLES MILLIAT DONATAIRE [1] PRINCIPAL.

CONSEIL DE FABRIQVE MMᴿˢ BENOIT BARRIOZ, JEAN MOLY, FRANCOIS BLANC, JEAN BARRIOZ, JEAN MARIE VERNAY.

PARRAIN Mᴿ JEAN MOLLY, MARRAINE Mᴱ Jᴴ MILLIAT. 1864.

MON NOM EST JEANNE FRANÇOISE.

Au bas : GVLLIET FONDEVR A LYON.

Note : *sol* ♯.   Poids : 569 kil.   Diam. 94 c.

J'ai copié cette inscription sur le registre même du fondeur.

1263. — FONTANIL (LE).   1865.

JACOB HOLZER ET Cⁱᴱ

———

MARIE EUGÉNIE

MON PARRAIN EST Mᴿ AMÉDÉE-SEBASTIEN CHARVET SOUS-INSPECTEUR DES FORÊTS

MA MARRAINE Mᴹᴱ REY NÉE PIERRETTE ZOE ROY

Mᴿ BENJAMIN GENTIN CURE DE LA PAROISSE

Mᴿ J. BAPTISTE CROZET MAIRE

Mᴿ SEBASTIEN GERLAT ADJOINT

FONTANIL 1865

Sur la 2ᵉ face, la *Vierge immaculée.*

(*Cloche en acier fondu.*)

Note : *sol.*   Poids : 820 kil.   Diam. 122 c.

1264. — SABLONS.   1865.

✠ S . FERREOLE, O . P . N . [2] PARRAIN : NOBLE GABRIEL DE FAY.

---

(1) Pour *donateur*. Jolie coquille !...
(2) *Ora pro nobis.*

MARRAINES : NOBLE MAGDELEINE DE VIRIEU

✠ NOBLE MARGUERITE DE LESTANG [1] 1650 REFONDUE EN 1865 .
CURE : A . M . D'HUET-POMPEE

✠ PARRAIN Mʀ LOUIS ANTOINE Jʜ LEOPOLD COMTE DE FAY-SOLI-
GNAC [2] MARRAINE Mᴹᴱ ANTOINETTE Jʜɪɴ

✠ ALIX DE VALLIN MARQUISE DE VIRIEU Mᴱˡˡᴱ JEANNE MARIE AN-
TONINE DE MONTRAVEL DE LA MURE [3]

Sur la panse : une *Croix latine.*

Au bas : FONDERIE DE GUILLAUME PERE ET FILS A ANGERS.

Note : *sol* (?)   Diam. 93 c.

Pour l'intelligence de cette inscription, il faut remonter à
celle de 1650 (V. le n° 132).

Seulement, il y a, dans le rappel de l'ancienne inscription
que j'affirme de nouveau avoir relevée avec la ponctuelle attention que j'apporte à tout ce que je fais, — quel intérêt aurais-je
à agir autrement ? — une *inexactitude* déplorable dont le mo-
bile m'échappait et dont j'ai dû rechercher la cause. M. le curé de
Sablons ne pouvait monter jusqu'à la cloche, et ce fut un jeune
ecclésiastique qui se chargea de lire pour lui l'inscription de
1650. Malheureusement, il lut BARONNE *de Virieu,* au lieu de BA-
RON, et en *conclut* que c'était une marraine. De là, dans l'ignorance
où l'on était de l'existence de la Seigneurie de *Faÿ-Virieu* en Forez, à conclure que cette marraine appartenait à la famille de *Virieu,* du département de l'Isère, il n'y avait qu'un pas, et il fut bien
vite franchi . . . . Et voilà comment les traditions de la famille de
Virieu (Dauphiné) furent rattachées ou plutôt confondues avec
celles des Faÿ-Virieu (Forez) ! . . . Le P. Loriquet n'aurait pas
mieux fait ; mais, chez lui, c'était préméditation . . C'est ainsi, la
plupart du temps, que s'écrit l'histoire.

_____

(1) Deux marraines pour un parrain ! . . Ce n'était guère l'usage alors ; . . . mais
tout progresse, et je sais telle cloche de nos jours qui a jusqu'à 3 ou 4 parrains
et marraines. Et dire qu'on a mis plusieurs siècles à comprendre que cette mul-
tiplication bien comprise pouvait être d'un bon rapport ! . . . — (2) D'une branche je crois, des *Faÿ de la Tour-Maubourg,* résidant dans la Haute-Loire, et
qui, lui, habitait le Vivarais en 1865. — (3) Habitant l'Ardèche. Elle était la sœur
de Mᵐᵉ de Pont-Martin, femme de l'écrivain bien connu. Le nom de *la Mure*
et celui de la propriété habitée par cette famille dans l'Ardèche.

1265. — BRESSON.   1866.

JE M APPELLE MARIE   JE PESE (gravé : 353) KILOGRAMMES.

MON PARRAIN A ETE, AVGVSTE CHEVILLARD, ADJOINT ET MA MARRAINE
MLLE MARIE CHEVILLARD.

GLORIFIEZ LE SEIGNEVR, AVEC MOI, EXALTONS SON SAINT NOM.

LA MARRAINE A ETE DONATRICE DE LA CLOCHE, FONDVE LE (gravé : 31)
JVILLET MDCCCLXVI.   RIVAL, MAIRE, REY, CVRE.

Bandeau élégant de feuillages et de fruits.

Sur la panse : *Croix* pattée et ornée ; — La *Vierge* foulant le
serpent sous ses pieds.

Au bas : GVLLIET — FONDEVR A LYON.

Note : *ut.*   Diam. 84 c.

1266. — CHAMBARAND (*La Trappe de*).   1866.

☩ J'AI ÉTÉ BÉNITE EN 1866 ET J'AI EU POUR
PARRAIN MR PIERRE COMTE DE LA BASTIDE [1] ET POUR
MARRAINE AUGUSTINE COUTISSON.

PRO MONASTERIO B^{TÆ} M^Æ IMMACULATÆ DE MÉRIGNAT.

Sur la panse, une *Croix* de St Maurice et, de l'autre côté, la
Vierge debout tenant l'enfant Jésus au globe crucigère.

Au bas : BOLLÉE ET SES FILS FONDEURS A ORLÉANS.

Note : *ut.*   Poids : 250 kil.   Diam. 67 c.

(Com^{on} de Dom Antoine, abbé de la Trappe de Chambarand.

Cette cloche avait été faite pour la Trappe de Mérignat (Creuse),
dont les Religieux ont été dépossédés, en 1870, par les héritiers des
fondateurs de ce couvent. Par son poids et son diamètre, on voit
que cette cloche est fort petite. Les Trappistes ne peuvent en
avoir de plus grosses, leurs statuts le prescrivant ainsi, afin
qu'on puisse les sonner plus facilement.

1267. — CLELLES.   1866.

☩ MARIE
IER PARRAIN, MR AIMÉ RIPERT, [2] I^{RE} MARRAINE, MME MARIE BOU-

---

(1) J'ignore s'il faut lire *Pierre, comte de la Bastide,* ou bien *Pierre Comte,
de la Bastide.*

(2) Greffier de la Justice de paix.

LAND . [1] 2ᵐᵉ PARRAIN Mᴿ VICTOR PRIMARD ; [2] 2ᵐᵉ MARRAINE Mˡˡᵉ CLOTILDE ☜

BOYER [3] PRINCIPAUX BIENFAITEURS ; LES PARRAINS, LES MARRAINES, MM FRANÇOIS RIPERT, [4] Jᴺ BAPᵀᵉ FREDERIC IMBERT, AVOUÉ, [5] ☜ CÉLÉSTIN SAMUEL, PRÊTRE, [6] VICTOR GACHET, RECTEUR. DES PÉNITENTS ET Mˡˡᵉ CLOTILDE MOUNARD, [7] MM MOUNIER CURÉ, MAZET . MAIRE

Sous le *Crucifix* : BURDIN AINE FONDEUR A LYON 1866

2ᵉ face : *La Vierge* entourée de rayons, sur un croissant, supportée par cinq *Chérubins* et couronnée par deux anges.

Note : *mi.*　　　　Poids : 1100 kil.　　　　Diam. 120 c.

1268. — LAFFREY.　　　　　　　　1866.

VESPERÉ ET MANÉ ET MERIDIÉ NARRABO ET ANNUNTIABO ; ET EXAUDIET VOCEM MEAM.

CURE Mᴿ BERLIOUX NICOLAS . MAIRE Mᴿ GUICHARD HIPPOLYTE

1ᴱᴿ PARRAIN Mᴿ BERGET [8] JOSEPH MARTIN ÉMILE 1ᴱᴿᴱ MARRAINE Mᴹᴱ LOUISE MARIE PIOLLET ÉPOUSE PENET [9]

2ᴹᴱ PARRAIN Mᴿ LOUIS ACHILLE PENET [10] 2ᴹᴱ MARRAINE Mᴹᴱ FÉLICIE AMÉLIE PENET ÉPOUSE BERGET [11]

BURDIN AINÉ FONDEUR A LYON 1866.

Note (?)　　　　Poids : 300 k.　　　　Diam. 85 (?).

(Comᵒⁿ de M . . . . curé de Laffrey.

1269. — N.-D. DE LA SALETTE.　　　　1867.

O VOS OMNES QUI TRANSITIS PER VIAM, ATTENDITE ET VIDETE SI EST DOLOR SICUT DOLOR MEUS (THREN. I, 12).

(1) Femme de Fᵒⁱˢ Ripert, nommé ci-après. — (2) Pour *Victorin* Primard, propriétaire à Clelles ; ancien maire et propriétaire à Sᵗ Martin-le-Vinoux (V. le nᵒ 813). — (3) Propriétaire. — (4) Ancien greffier de la justice de paix, oncle du parrain. — (5) A Grenoble ; — (6) Professeur au Grand-Séminaire de Grenoble. — (7) *Monnard.*

(8) Alors substitut du Procureur général à Grenoble, membre du Conseil général de l'Isère ; aujourd'hui, conseiller à la Cour d'appel d'Aix. — (9) Femme de M. Lᵉ Penet, qui suit, et belle-mère du parrain. — (10) Lᵉ Ach. *Geoffroy*, beau-père du précédent, ancien négociant, juge au Tribunal de commerce de Grenoble, membre du Conseil municipal de cette ville, et, plus tard, du Conseil général de l'Isère, décédé en 1879. Il était fils de M. Fˣ Penet, ancien maire de Grenoble et député de l'Isère. — (11) Fille du précédent et de la 1ʳᵉ marraine, et femme du 1ᵉʳ parrain.

PARRAIN, MONSEIGNEUR GINOULHIAC, ÉVÊQUE DE GRENOBLE.

MARRAINE MADEMOISELLE FRANCISCA DE ROBIANO. [1]

MDCCCLXVII

Sur la panse : *Crucifix ;* — *Armes* du pape Pie IX ; — La *Vierge en pleurs ;* — le groupe de la *Conversation de la Vierge avec les deux petits bergers ;* — la *Vierge* remontant au ciel , — *Armes* de Mgr Ginoulhiac.

Au bas : GULLIET PÈRE ET FILS FONDEURS A LYON.

Note : *mi* ♭.   Diam. 120 c.

(Comᵒⁿ du P. Perrin, Supérieur de N.-D. de la Salette.

1270. — N.-D. DE LA SALETTE.   1867.

MES ENFANTS, VOUS LE FEREZ PASSER A TOUT MON PEUPLE.

PARRAIN, MONSIEUR ORCEL VICAIRE GÉNÉRAL.

MARRAINE, MADEMOISELLE LE GRAND. [2]

MDCCCLXVII.

Sur la panse : *Crucifix* et le groupe de la *Conversation de la Vierge avec les deux petits bergers.*

Au bas : GULLIET PÈRE ET FILS FONDEURS A LYON

Note : *fa.*   Diam. 105 c.

Communication du même.

1271. — N.-D. DE LA SALETTE.   1867.

REGNA TERRÆ, CANTATE DEO, PSALLITE DOMINO (PS. 65) [3]

PARRAIN, MONSIEUR LEJAY.

MARRAINE, MADAME LEJAY.

MDCCCLXVII

Sur la panse : *Croix ;* — la *Vierge en pleurs ;* — *corbeille d'épis et de raisins ;* — *idem.*

Au bas : GULLIET PÈRE ET FILS FONDEURS A LYON

(1) D'une grande famille de Belgique.
(2) De Marseille, une des bienfaitrices du couvent.
(3) Pour *67*.

Note : *la* ♭. Diam. 90 c.
Communication du même.

1272. — HERBEYS. 1868.

◄ VOX DOMINI IN VIRTUTE VOX DOMINI IN MAGNIFICENTIA ►
◄ ST VICTOR ET ST OURS PROTEGEZ HERBEYS ►
◄ LE CURE A. D. (1) CARRIER EST MON PARRAIN ►
◄ LA PAROISSIENNE MAZUEL NEE BALLY EST MA MARRAINE ►
Ceinture de pampres.
Sur la panse, le *Crucifix* et la *Vierge immaculée sur le croissant*.
Au bas : ◄ PACCARD FRERES FONDEURS A ANNECY LE VIEUX HAUTE SAVOIE
1868 ►
Note : (?) Diam. 119 c.

1273. — SABLONS. 1868.

DONO CARTHUSIÆ.
JACOB HOLTZER & CIE 1868
PAIN (2) MR CESAR MESTRAL MAIRE DE SABLON
MAINE (3) MME MARIE SUZANNE DANIEL NEE REVOIL
CURE MR D'HUET-POMPEE
(*Cloche en acier fondue*).
Note : *si* (?). Diam. 104 c.

1274. — ST-LAURENT-DE-MURE. 1868.

N. D. DE LA SALETTE ET ST JOSEPH, PRIEZ POUR NOUS.
PARRAIN : MR LOUIS FRANÇOIS PERRIN, NOTAIRE . MARRAINE : MME
PERRINE MELANIE CHAINE, F. (4) PERRIN .
MAIRE : MR CLAUDE DULAQUAIS .
CURÉ : MR MARIE ANTOINE GERIN .
BURDIN AINÉ FONDEUR A LYON 1868 .
Note (?) Poids : 300 kil. Diam. (?).
(Comⁿ de M. Burdin, fondeur).

(1) *Dominique.*
(2) *Parrain.* — (3) *Marraine.*
(4) *Femme.*

1275. — SÉCHILLIENNE.   1868.

1868 . SAINT MATTHIEU ET SAINT MARTIN .

DE LA FOUDRE ET DE LA TEMPÊTE, DÉLIVREZ-NOUS SEIGNEUR .

PARRAIN : M . ETIENNE CHARPE CURÉ-ARCHIPRÊTRE DE VIZILLE . MARRAINE : MLLE EUPHROSINE PEILLAUD .

CURÉ DE SECHILIENNE : M . MATTHIEU JOUBERT.

MAIRE DE SECHILIENNE : M. DIDIER MACHOT .

BURDIN AINÉ FONDEUR A LYON.

Note (?).   Poids : 630 kil.   Diam. (?).

(Com^{on} de M. Burdin, fondeur).

1276. — VIENNE *(St Martin)*.   1868.

EGO VOX CLAMANTIS :

MON NOM EST NATALIE :

MON EVÊQUE ÉTAIT MGR GINOULHIAC A GRENOBLE :

M^R J . B. RIGAT, CHANOINE HONORAIRE, MON CURÉ, M'A BAPTISÉE :

MON PARRAIN A ÉTÉ MR CLAUDE DELAIGUE, PRÉSIDENT DU TRIBUNAL DE COMMERCE DE VIENNE : MA MARRAINE, M^E NATALIE DE LONG, NÉE PIELLAT .

1868

BURDIN AINÉ FONDEUR A LYON

Note (?).   Poids : 900 kil.   Diam. (?).

(Com^{on} de M. Burdin, fondeur).

1277. — VILLE-SOUS-ANJOU.   1868.

CETTE CLOCHE A ETE OFFERTE A DIEU ET A SAINT DENIS DE VILLE-SOVS-ANJOV PAR LA FAMILLE DE TERREBASSE ☞

ALFRED, (1) MELANIE, (2) HVMBERT, (3) PHELISE (4) MARQVISE DE CASTELLANE, LIONNEL MARQVIS DE CASTELLANE.

PARRAIN : HVMBERT DE TERREBASSE, MARRAINE : MELANIE DE TERREBASSE .

P . DIDIER, CVRE . MDCCCLXVIII .

(1) L'historien dauphinois. — (2) Femme d'Alf. de Terrebasse, née Mélanie Dupuis. — (3) Fils des précédents. — (4) Fille des précédents et femme de M. le Mis L. de Castellane.

Sur la panse : le *Crucifix ;* — un beau médaillon de St Michel, déjà décrit sous le n° 1004 ; — la *Vierge immaculée ;* — St *Denis*, en pied, mitré et tenant une longue croix double.

Au bas : GULLIET PÈRE ET FILS FONDEURS A LYON.

Note (?).   Diam. 95 c.

1278. — VIRIVILLE.   1868.

BENEDICAM DOMINUM IN OMNI TEMPORE .

JE NOMME JOSEPHINE PAULINE DES NOMS DE MR JOSEPH CHARCOT DR MÉDECIN A VIRIVILLE ET DE DAME PAULINE LOIZY SON ÉPOUSE MES PARRAIN ET MARRAINE QUI M'ONT DONNÉE A LA PARROISSE DE VIRIVILLE.

L'AN DE LA RÉDEMPTION DU SEIGNEUR JÉSUS-CHRIST MDCCCLXVIII
BURDIN AÎNÉ FONDEUR A LYON 1868 .

Note (?).   Poids : 400 kil.   Diam. (?).
(Com^{on} de M. Burdin, fondeur).

1279. — VOUREY.   1868.

CANTABO DOMINO .

MR HIPPOLYTE PETIN, (1) OFFICIER DE LA LÉGION D'HONNEUR, PROPRIÉTAIRE DU CHATEAU DE VOUREY, PARRAIN .

MME CAMILLE DE TOURNEUF, NÉE DE ROSIÈRE, MARRAINE .

MR JULES DE TOURNEUF, MAIRE DE VOUREY .

MR PIERRE GRAND, CURÉ DE VOUREY. 1868.

BURDIN AÎNÉ FONDEUR A LYON.

Note (?).   Poids : 800 kil.   Diam. 108 c.
(Com^{on} de M. Burdin, fondeur).

1280. — ALBENC (L').   1869.

AVDITE ET ATTENDITE, POPVLI, DE LONGE . J . S . C . XL .

CETTE CLOCHE A ETE ACHETEE PAR LA FABRIQVE ET PAR LA CONFRERIE DV ROSAIRE DE LA PAROISSE DE L'ALBENC .

---

(1) Maire et conseiller général de Rive-de-Gier (Loire) ; gérant de la Société des haut-fourneaux, forges et aciéries de la marine et des chemins fer audit-lieu.

ELLE A EV POVR PARRAIN : PIERRE EVGENE MOVRRAL, JVGE AV TRIBVNAL DE GAP, FABRICIEN DE L'ÉGLISE DE L'ALBENC .

ET POVR MARRAINE : SVZANNE AMELIE MOVRRAL, NEE MALLEFAUD. (1)

TH . B . BALLET CVRE .   HIP . GILLIN . MAIRE . MDCCCLXIX .

Sur la panse, *Crucifix* et bel ornement.

Dessous : GVLLIET PERE ET FILS FONDEVRS A LYON.

2⁰ face : *Ascension de la Vierge*. Dessous : VIRGO ASSVMPTA IN CŒLVM, ORA PRO NOBIS.

Note : *fa*.   Diam. 119 c.

1281. — BRIÉ.   1869.

JE M'APPELLE MARIE ANNE ET J'APPARTIENS A LA CONFRÉRIE DU RO-SAIRE .

MON PARRAIN EST Mᴿ LÉGER CYPRIEN GUÉRIN RECEVEUR DE L'ENRE-GISTREMENT

MA MARRAINE Mᴹᴱ EMMA LETOCART NEE ARRIBERT (2)

DON DU ROSAIRE ET DE Mᴿ FRANÇOIS LIOTARD CVRÉ DE BRIÉ ET ANGONNES Mᴿ RÉMY TROUILLON MAIRE

Au bas : PACCARD FRERES ETC. 1869.

Note : *si* ♭.   Diam. 80 c.

Comᵒⁿ de M. le curé ***.

1282. — CHATONNAY.   1869.

VOX DOMINI IN VIRTVTE, VOX DOMINI IN MAGNIFICENTIA PS. 28

JE M'APPELLE VICTOIRE

PARRAIN, ALPHONSE MONROSIER, (3) MAIRE

MARRAINE, VICTOIRE Sᵀ DIDIER-MONROSIER (4)

CVRÉ, ANTOINE CHAMPON MDCCCLXIX

Sur la panse, beau médaillon gothique, dans lequel le *Christ*

---

(1) *Maillefaud.*

(2) Femme de M. Letocart, commandant du génie en retraite.

(3) Jⁿ-Bapᵗᵉ-Alphˢᵉ Monrozier, fils du parrain de cloches précédentes (V. les nᵒˢ 514 et 629), ancien notaire à Grenoble, ancien député à l'assemblée nationale de 1871, maire de Chàtonnay, suppléant de la justice de paix du canton de Sᵗ Jean-de-Bournay. — (4) Mère du parrain (V. le nᵒ 514).

entre la Vierge et St Jean; — St Christophe portant l'enfant Jésus ; — la Vierge immaculée et la Résurrection.

Au bas : GVLLIET PERE ET FILS FONDEVRS A LYON

Note : *ré.* Poids : 1400 kil. Diam. 129 c.

Com^{on} de M. Gadoud, curé de Châtonnay.

1283. — CHATONNAY. 1869.

VESPERE ET MANE ET MERIDIE NARRABO ET ANNVNTIABO PS . 50

JE M'APPELLE JENNY

PARRAIN : ALEXANDRE TOVRTON (1)

MARRAINE : MME JENNY FERLAT TOVRTON (2)

MAIRE : ALPHONSE MONROSIER . CVRÉ : ANTOINE CHAMPON . MDCCCLXIX

Sur la panse : le *Crucifix*, le *Mariage de la Ste Vierge*, *St Joseph portant l'enfant Jésus*, et *Ste Philomène.*

Au bas : le nom du fondeur (*ut suprà*).

Note : *fa ♯.* Poids : 780 kil. Diam. 103 c.

Communication du même.

1284. — COTE-S^T-ANDRÉ. 1869.

JE M'APPELLE BERTHE LOUISE .

JE SUIS NEE EN 1869 . BAPTISÉE LE 24 JUIN .

J'AI EU POUR PARRAIN M . LOUIS ROCHER, ET POUR MARRAINE MLLE BERTHE ROCHER

M . CAMILLE ROCHER, MAIRE .

M . JEAN REYNIER, CURÉ .

REGINA SACRATISSIMI ROSARII, ORA PRO NOBIS

BURDIN AÎNÉ FONDEUR A LYON .

Note (?) Poids : 360 kil. Diam. (?).

Com^{on} de M. Burdin, fondeur.

1285. — SAINT-ONDRAS. 1869.

AD MAJOREM DEI GLORIAM .

(1) Propriétaire. — (2) Femme du parrain.

MDCCCLXIX .

DENISE ÉMÉLIE .

PARRAIN : MR DENIS FRANÇAIS DE NANTES, [1] CONSEILLER A LA COUR DE LYON .

MARRAINE : MME ÉMÉLIE AUGER .

M^R A . LOMBARD ÉTANT RECTEUR DE LA PAROISSE DE S^T ONDRAS, SOUS LE PATRONAGE DE S^T HONORÉ .

BURDIN AINÉ FONDEUR A LYON .

Note (?).   Poids : 570 kil.   Diam. (?).
Com^{on} de Mr Burdin, fondeur.

1286. — SAINT-ONDRAS.   1869.

SIT NOMEN DOMINI BENEDICTUM .

MDCCCLXIX .

VICTORINE LOUISE THÉRÈSE .

PARRAIN : MR ALEXANDRE BEL NOTAIRE ET MAIRE DE S^T ONDRAS .

MARRAINE : MME VICTORINE FRANÇAIS DE NANTES [2]

DONNÉE A LA PAROISSE DE S^T ONDRAS PAR MR LOUIS BROCHIER ET SON ÉPOUSE THÉRÈSE PEGOUD .

BURDIN AINÉ FONDEUR A LYON .

Note (?).   Poids : 360 kil.   Diam. (?).
Com^{on} de M. Burdin, fondeur.

1287. — SECHILLIENNE.   1869.

1869 . MATER PURISSIMA , ORA PRO NOBIS .

PHILOMÈNE , AUGUSTINE , CAROLINE , JOSEPHINE .

PARRAIN : MR JOSEPH BELLON , CHEVALIER DE LA LEGION D'HONNEUR , A LYON .

MARRAINES : MLLE PHILOMÈNE SIBILLE , MLLE AUGUSTINE DREVET , MLLE CAROLINE MATTHIEU , MLLE JOSEPHINE FINET .

CURÉ DE SECHILIENNE : MR MATTHIEU JOUBERT .

---

(1) Neveu d'Ant. Français *de Nantes*, 1er du nom, membre du Conseil des Cinq-Cents en l'an VII, Directeur des Droits réunis, Comte de l'Empire, etc. etc.

(2) Femme du parrain de la cloche précédente.

MAIRE DE SECHILIENNE : MR DIDIER MACHOT .

BURDIN AÎNÉ FONDEUR A LYON

Note (?).   Poids : 300 kil.   Diam. (?).

Il y a peut être encore FRANÇOIS MOREL, SONNEUR.

(Com^{on} de M. Burdin, fondeur).

1288. — CHABONS.   1870.

D . O . M . (1)

LAUDATE DOMINUM IN CYMBALIS BENE SONANTIBUS . EGO PARO-CHIALIS ECCLESIÆ DE CHABONS MAJOR CAMPANA

1° CURIS DE MARTIN PAROCHI ET EX MUNIFICENTIA PAROCHIANO-RUM EJUS CONFLATA ANNO DOMINI 1830, PATRINUM HABUI D . HENRI-CUM GABRIELEM AYMONEM DE VIRIEU .

MATRINAM D . VICTORIAM JOACHIM EMMA DE MEALLET DE FARGUES COMITISSAM DE VIRIEU . (2)

2° EGO EADEM SED LONGE PONDEROSIOR ET AMPLIOR UTINAM ET VIVACIOR (3) MATRINÆ MEÆ NOMEN FELICITER SUSCIPIENS NOMINOR JOSEPHA .

PATRINUM HABEO JOANNEM ALPHONSUM AYMONEM MARCHIONEM DE VIRIEU (4) ET MATRINAM D . ANTONIAM JOSEPHAM ALICEM DE VALLIN MARCHIONISSAM DE VIRIEU . (5)

ITERUM IMPENSIS FABRICÆ EAM VALDE ONERANTIBUS DE FABRICEN-SIUM OMNIUM CONSENSU CONFLATA SUM ANNO DOMINI 1870 DD . JACOBO MARIA ACHILLEO GINOULHIAC GRATIANOPOLITANO EPISCOPO .

D . PETRO JOSEPHO LAPIERRE CHABONENSI PAROCHO . SIMPER (6) ET PRÆSERTIM AD SONITUM MEUM ORA PRO NOBIS SANCTA VIRGO DEI GENITRIX

Au bas : PACCARD FRÈRES etc... 1870

Note (?).   Poids : 1521 kil.   Diam. 135 c.

Com^{on} de M. l'abbé***

(1) *Deo Optimo Maximo*. — (2) Inscription de la cloche de 1830, mais relevée peu exactement, lors de la fonte de cette cloche en 1870. — (3) *Utinam et viva-cior* : vœu, pour la cloche de 1870, d'une durée plus longue que celle de 1830. — (4) Le même que le parrain de la cloche de 1857 (n° 1030). — (5) *Idem*. — (6) Pour *semper*.

1289. — CHABONS. 1870.

A MARIE IMMACULÉE PATRONNE DE CHABONS . JE ME NOMME MARIE COMME ELLE

FONDUE EN 1870 AUX FRAIS DE LA COMMUNE SUR LA PROPOSITION DE M<u>R</u> PIERRE ANTOINE VIAL MAIRE ET DE L'AVIS UNANIME DU CONSEIL MUNICIPAL .

J'AI EU POUR PARRAIN M<u>R</u> CHARLES D'AUBERJON MARQUIS DE MURINAIS (1)

ET POUR MARRAINE M<u>ME</u> ADÈLE DU PARC MARQUISE DE MURINAIS (2)

MON SON DIRA TOUJOURS : MARIE CONÇUE SANS PÉCHÉ PRIEZ POUR NOUS

Au bas : PACCARD FRÈRES etc. 1870.

Note (?).   Poids : 752 kil.   Diam. 108 c.

Com^{ee} de M. l'abbé***

1290. — CHATEAU-BERNARD. 1870.

JE M'APPELLE MARIE JOSEPHINE OLYMPE

J'AI POUR PÈRE MR JACQUES RIOUDET-GAFFET .

MES PARRAINS SONT M.M. JOSEPH BLANCHET ANCIEN CURÉ ET JOSEPH VALLIER ADJOINT ET MES MARRAINES OLYMPE RIOUDET-GAFFET ET MARIE BEC FEMME MARTIN

J'AI ÉTÉ BAPTISÉE LE 3 MAI FÊTE DE L'INVENTION DE LA SAINTE CROIX DE L'AN DE GRACE 1870

PIE IX PAPE NAPOLÉON EMPEREUR JOSEPH MARTIN MAIRE ET CALIXTE DUMAS CURÉ DE CHATEAU-BERNARD ISÈRE

Note (?).   Poids : 500 kil.   Diam. (?).

Com^{ee} de M. Gulliet, fondeur.

1291. — EPARRES (LES). 1870.

LES ÉPARRES (ISÈRE) 1870.

CETTE CLOCHE A ÉTÉ LIQUIDÉE PAR LES HABITANTS DE LA PAROISSE

(1) (V. les n°° 882, 981 et 1059). — (2) (V. le n° 1050).

DES ÉPARRES, SOUS LES AUSPICES DE MGR L'EVÊQUE DE GRENOBLE [1] ET
LA DIRECTION DE M^R DE RIVOIRE LABBATY, [2] DE MR TROUVAZ CURÉ, DE
M.M . BADIN , MERMET , RIVOIRE , GENIN , COUTURIER ET LAMBERT TOUS
MEMBRES DU CONSEIL DE LA FABRIQUE DE L'ÉGLISE DE CE LIEU.

SON PARRAIN A ÉTÉ MR JOSEPH POULET ET LA MARRAINE MLLE AURÉ-
LIE BUQUIN ÉPOUSE DE MR POULET

Note (?).   Poids : 1000 kil.   Diam. (?).
Com^{ce} de M. Gulliet, fondeur.

1292. — VIENNE *(St Maurice).*   1870.

1re face : PARRAIN : LOUIS JOSEPH CROZEL .

MARRAINE : FRANÇOISE JOLIOT NÉE TESTE-LE-BEAU .

2e face : PSALLITE DOMINO .

CURÉ : JACQUES ROBIN .

MDCCCLXX .

                    BURDIN AINÉ FONDEUR A LYON .

Note (?).   Poids : 550 kil.   Diam. (?).
(Com^{ce} de M. Burdin, fondeur).

1293. -- VIENNE *(St Maurice).*   1870.

1re face : PARRAIN : JACQUES ROBIN , CURÉ .

MARRAINE : MARIE ROBIN .

2e face : LAUDATE DOMINUM .

MDCCCLXX

                    BURDIN AINÉ FONDEUR A LYON .

Note (?).   Poids : 400 kil.   Diam. (?).
(Com^{ce} de M. Burdin, fondeur).

1294. — VIENNE *(St Maurice).*   1870.

1re face : PARRAIN : CLOVIS DAVID .

MARRAINE : MARIE LAUGIER .

---

[1] Mgr. Ginouilhiac venait de mourir, et son successeur n'était probablement
pas encore nommé. De là, l'absence du nom de l'Evêque. — [2] *Rivoire de la
Bâtie*, père de l'auteur de l'*Armorial du Dauphiné*.

2ᵉ face : AVE , MARIA GRATIA PLENA , DOMINUS TECUM .
CURÉ : JACQUES ROBIN .
MDCCCLXX .

BURDIN AÎNÉ FONDEUR A LYON .

Note (?).   Poids : 300 kil.   Diam. (?).
(Comᵒⁿ de M. Burdin, fondeur).

1295. — VOUREY.   1870.

CHRISTUS VINXIT , (1) REGNAT , IMPERAT .
REFONDUE EN 1870 .
Mᴿ JULES DE TOURNEUF ÉTANT MAIRE DE VOUREY ET Mᴿ GRAND, CURÉ.
BURDIN AÎNÉ FONDEUR A LYON .

Note (?).   Poids : 450 kil.   Diam. 90 c.
(Comᵒⁿ de M. Burdin, fondeur).

1296. — NOYAREY.   1871.

± GRATIARUM ACTIO VOX LAUDIS (ISAI 52 (2)) EX ORE INFANTIUM ET LACTENTIUM PERFECISTI LAUDEM (3) MATH. 21
Sur la panse : PARRAIN Mᴿ VINCENT RIVIER
MARRAINE Mˡᴱ GABRIELLE THOMAS
Mᴿ POCHOY CURÉ 1871
(La Vierge)

Au bas : BURDIN AÎNÉ FONDEUR A LYON
Note : ut.   Poids : 225 kil.   Diam. 70 c.
Comᵒⁿ de M. Pochoy, curé de Noyarey.

1297. — Sᵀ-MAURICE-L'EXIL.   1871.

Mᴿ MERLE JEAN PIERRE (4) , PARRAIN .
Mᴹᴱ DE GARILLE , MARRAINE .

(1) Pour *vincit*.
(2) Pour *LXI*. — (3) Allusion à l'âge des parrain et marraine, dont le premier est fils de M. Augᵗᵃ Rivier, président du Tribunal civil de Grenoble (V. le nᵒ 1367), et la seconde, fille de M. le baron Alexis Thomas, colonel au 16ᵉ régᵗ d'infanterie.
(4) V. le nᵒ 792.

MR RAFFARD LAURENT , MAIRE .

MR TERMOZ , CURÉ .

BURDIN AINÉ FONDEUR A LYON 1871 .

Note (?). Poids : 650 kil. Diam. (?).
(Com^{on} M. Burdin, fondeur).

1298. — VILLARD-DE-LANS. 1871.

PARRAIN : JEAN CLAUDE ACHARD PICARD , MAIRE DE LA COMMUNE DU VILLARD-DE-LANS .

MARRAINE : MME SOPHIE BERTRAND NÉE JULLIEN . [1]

BURDIN AINÉ FONDEUR A LYON 1871 .

Note (?). Poids : 100 kil. Diam. (?).
Com^{on} de M. Burdin, fondeur.

1299. — VIRIVILLE. 1871.

SEMPER LAUS EJUS IN ORE MEO .

JE M'APPELLE PIE MARIE AYANT POUR PARRAIN PIE IX PROCLAMÉ PAPE INFAILLIBLE LE 18 JUILLET 1870 ET POUR MARRAINE L'IMMACULÉE CONCEPTION REINE DU CIEL ET DE LA TERRE . [2]

J'AI ÉTÉ BÉNITE PAR MR MICHEL CROZIER CURÉ DE VIRIVILLE SOUS L'ADMINISTRATION DE M^R [3] MAIRE DE LA COMMUNE, L'AN DE LA RÉDEMPTION DE NOTRE SEIGNEUR JÉSUS CHRIST MDCCCLXXI . BURDIN AINÉ FONDEUR A LYON .

Com^{on} de M. Burdin, fondeur.
Note (?). Poids : 1686 kil. Diam. (?).
(Com^{on} de M. Burdin, fondeur).

1300. — CHANAS. 1873.

J'AI ÉTÉ FONDUE EN 1870 SOUS L'ADMINITRATION DE M^R J . A . NICOUD CURÉ .

(1) Nièce de M. Julien, parrain de la cloche de 1826 (n° 688), et veuve de M. Eug. Bertrand, notaire et maire du Villard-de-Lans, conseiller-général de l'Isère, mort en 1855. (V. le n° 1362).

(2) Mettre sur la même ligne la Vierge Marie et le Pape !.. Voilà une licence *épigraphique* qui passe la mesure!.. C'est un comble, et je doute fort que le Pape lui-même en absolve l'inventeur .... — (3) Nom en blanc. Peut-être n'y avait-il pas de *maire* en ce moment-là à la tête de la commune.

J'AI EU POUR PARRAIN MR J. MANDIER ANCIEN CURÉ DE CHANAS ET POUR MARRAINE MME C. A. S. GARDIER ET MME A. C. PELISSIER NÉE ROBERT LESCOT

J'AI ÉTÉ REFONDUE EN 1873 SOUS L'ADMINISTRATION DE J. B. SERVIOZ MAIRE ET DE G . (1) GINON CURÉ

J'AI POUR PARRAIN LÉON ROSTAING ET POUR MARRAINE CAMILLE SEGUIN NÉE ROSTAING QUI M'ONT DONNÉ LES NOMS DE MARIE MARCELLE

Note (?).   Poids : 800 kil.   Diam. (?).

Com^on de M. Gulliet, fondeur.

1301. — CHASSE.   1873.

CLAMOR MEUS AD TE VENIAT DOMINE .

PARRAIN : MR JEAN BAPTISTE LAURENT DE VALORS .

MARRAINE : MME MARIE ANTOINETTE CONSTANCE LAURENT DE VALORS, VEUVE GIRAUD (2).

CURÉ : MR ALBRAND

BURDIN AINÉ FONDEUR A LYON 1873

Note (?).   Poids : 600 kil.   Diam. (?).

Com^on de M. B. ***

1302. — HERBEYS.   1873.

VENITE AD ME OMNES QUI LABORATIS ET EGO REFICIAM VOS S^T MATH CH V 28

LE PARRAIN ET LA MARRAINE SONT MR VINCENT AUGUSTIN DESVIAL (3) CONSEILLER A LA COUR

ET SA FILLE M D E (4) LEONIE TRINCHE (5) BIENFAITEURS INSIGNES DE L'ÉGLISE

M^R L ABBE CARRIER CURE D HERBEYS

Ceinture de pampre et belle guirlande. Sur la panse, la *Vierge immaculée* sur le croissant, au-dessus de deux branches de pensées et de lis en sautoir. Sur la tête, cinq étoiles.

---

(1) *Gustave.*
(2) V. le n° 1307.
(3) *Piat-Desvial*, père. — (4) *Madame.* — (5) *Trinche.*

2ᵉ face : le *Crucifix*.

Au bas : PACCARD FRÈRES, etc   1873.

Note (?).   Diam. 95 c.

1303. — MEYRIÉ.   1873.

SIT NOMEN DOMINI BENEDICTUM .

PARRAIN : Mᴿ GABRIEL TRANCHANT .

MARRAINE : MADEMOISELLE LOUISE RAST .

BIENFAITEURS : Mᴹᴱ MARIE Vᵛᴱ RAST , Mˡˡᴱ IRÈNE TRANCHANT , Mᴿ
PAUL TRANCHAND .

MARIE LOUISE GABRIEL (1) .

Mᴿ JEAN BAPTISTE GENIN CURÉ DE LA PAROISSE DE MEYRIÉ ,
L'AN 1873 .

BURDIN AINÉ FONDEUR A LYON ,

Note (?).   Poids : 475 kil.   Diam. (?).

(Comᵒⁿ de M. Burdin, fondeur.)

1304. — Sᵀ-JEAN-DE-MOIRANS.   1873.

1ʳᵉ face : AD MAJOREM DEI GLORIAM .

SUB DIVINIS AUSPICIIS SACRATISSIMI CORDIS JESU

QUOD NOS IN SUAM FIDEM RECIPIAT .

PATRINO Dᴺᴼ AMBROSIO VERNEY .

MATRINA Dᴺᴬ MELANIA BOURGEAT .

2ᵉ face : ANNO Dᴺᴵ MDCCCLXXIII .

EX DONIS FIDELIUM PAROCHIÆ Sᵀᴵ JOANNIS A MORENCO ,

PAROCHIÆ CURAM HABENTE Dᴺᴼ GALLIN

BURDIN AINÉ FODDEUR A LYON .

Note (?).   Poids : 400 kil.   Diam. (?).

(Comᵉⁿ de M. Burdin, fondeur).

1305. — Sᵀ-THÉOFFREY.   1873.

PARRAIN : Mᴿ ANTOINE ANDRÉ ENNEMOND JULES TEYSSIER-PALERNE
DE SAVY (2) NÉ A GRENOBLE LE 14 SEPTEMBRE 1814 .

MARRAINE : Mᴹᴱ CLAIRE LOUISE TEYSSIER- PALERNE DE SAVY , NÉE
LACROIX Sᵀ PIERRE (3) A PARIS LE 2 AVRIL 1823 .

(1) Noms de la cloche.

(2) Fils des parrain et marraine de la cloche du Bouchage (n° 887) et petit fils
de ceux de la cloche de Vignieu (N° 651). — (3) Femme du parrain. (V. le n° 956.)

BURDIN AINÉ FONDEUR A LYON 1873 .

Note (?).   Poids : 250 kil.   Diam. (?).
(Com^{on} de M. Burdin, fondeur).

1306. — TOUSSIEUX.   1873.

VOX DOMINI IN VIRTUTE , VOX DOMINI IN MAGNIFICENTIA .

CETTE CLOCHE EST DUE A LA GÉNÉROSITÉ DES HABITANTS DE TOUS-
SIEUX SOUSCRIPTION OUVERTE PAR M.M . LOUIS PIATTON CURÉ ET JEAN
DENIS LAVOUTE MAIRE

PARRAIN MR JEAN ENNEMOND FRÉDÉRIC BRET-MOREL

MARRAINE MLLE MARIE HORTENSE QUANTIN

Note (?).   Poids : 800 kil.   Diam. (?).
(Com^{on} de M. Gulliet, fondeur).

1307. — CHASSE.   1874.

INTENDE MIHI ET EXAUDI ME .

DONNÉE PAR : MR ANTOINE NIZIER AMÉDÉE LAURENT DE VALORS,
MAIRE , PARRAIN ; MLLE FRANÇOISE CLOTILDE LAURENT DE VALORS,
MARRAINE ; MME MARIE ANTOINETTE CONSTANCE DE VALORS , VEUVE
GIRAUD (1).

MR ALBRAND , CURÉ. M^R J^H AT^E GIRERD , VICAIRE .

BURDIN AINÉ FONDEUR A LYON 1874 .

Note (?).   Poids : 300 kil.   Diam. (?).
(Com^{on} de M. Burdin, fondeur).

1308. — COMMUNAY (Timbre de l'horloge
communale).   1874.

COMMUNE DE COMMUNAY, ISÈRE .

LE MAIRE : MOIROUD .

BURDIN AINÉ FONDEUR A LYON 1874.

Note (?)   Poids : 125 kil.   Diam. (?).
(Com^{on} de M. Burdin. fondeur.

(1) V. le n° 1301.

1309. — DÉCINES. 1874 (?).

SI VOCEM EJUS AUDIERITIS NOLITE OBDURARE CORDA VESTRA. PS. 94.
PARRAIN MR JEAN JACQUES VILLARD .
MARRAINE MARIE AIMÉE VILLARD NÉE BULMONT .
CHÊNE ETIENNE MAIRE . CONSEIL MUNICIPAL : BERLIOZ , BOUCHAR-
LAT , BOURGEY , CAPONAT , FOREST , REYMOND , REYNAUD , REVEL-
LIN , ROBELET , TISSERAND
PASCAL PIERRE ETIENNE CURÉ . CONSEIL DE FABRIQUE : CAPONAT
CLAUDE , DESCHAMPS BENOIST , DESCHAMPS JEAN BAPTISTE , HUVET
PIERRE , SERAILLE ANTOINE .

Note (?).   Poids : 600 kil.   Diam. (?).
Com°° de M. Gulliet, fondeur.

1310. — VENON. 1874.

En haut, guirlande circulaire de fleurs de lis et de colombes ;
puis une seconde guirlande circulaire de pampres et de raisins.

1ERS PARRAIN ET MARRAINE VINCENT BALLY[1] CURÉ FAURE ADÉLAÏDE
FEMME CHAIX
2MES PARRAIN ET MARRAINE FATIN FRANÇOIS MAIRE DE VENON
JACQUET FRANÇOISE
CONSEILLERS MUNICIPAUX
CHAIX FRANÇOIS ADJOINT DE VENON MAZUEL JOSEPH FERDINAND
ROCHE PIERRE JULES TARDY MARECHAL AUGUSTE
STE BRIGIDE [2] PRIEZ POUR NOUS
Sur la panse, le *Crucifix* et l'*Assomption de la Vierge.*
Au bas : PACCARD FRÈRES etc... 1874.

Note (?).   Diam. (?).
Com°° de M. Hy Duhamel.

1311. — COUR. 1875.

1875 .
REVERENDISSIMO JUSTINO PAULINIER EPISCOPO. L. GENEVOIS PA-
ROCHO .

(1) *Bailly* (V. le n° 1199). — (2) Patronne de la parroisse.

CETTE CLOCHE , SOUS LE VOCABLE DE S^T MARTIN ⁽¹⁾ , IER PATRON DE LA PAROISSE , EST EN PARTIE UN DON DE M^R J : FAURE PÈRE .

ELLE A EU POUR PARRAIN M^R LE COMTE D'AUBIGNY , ET POUR MAR- RAINE MLLE FRAN^{SE} FEMME VALLIN

PLEBEM VOCO , TEMPESTATES REPELLO .
BURDIN AINÉ FONDEUR A LYON

Note (?).   Poids : 300 kil.   Diam. (?).
Com^{on} de M. Burdin, fondeur.

1312. — OYTIER.   1875.

SIT NOMEN DOMINI BENEDICTUM .
PARRAIN : PERRET JEAN BAPTISTE .
MARRAINE : ANNETTE LINAGE , V^{VE} MOUDRU, FEMME LAFONT .
MAIRE : EMERARD ⁽²⁾ . CURÉ : ABEL .
BURDIN AINÉ FONDEUR A LYON 1875 .

Note (?).   Poids : 950 kil.   Diam. (?).
(Com^{en} de M. Burdin, fondeur).

1313. — PACT.   1875.

∞ ✝ LAVDATE DOMINVM IN CYMBALIS BENE SONANTIBVS ∞ ✠ AVE MARIA VIRGO IMMACVLATA AD TE CLAMAMVS SPES NOSTRA SALVE

∞ S^T GEORGES ⁽³⁾ ✠ S^T FRANCOIS REGIS ✠ S^{TE} MARGUERITE ✠ S^T JOSEPH ✠ S^{TE} PHILOMENE PRIEZ POUR NOUS ∞

∞ CETTE CLOCHE A ETE DEDIEE A DIEU PAR LES HABITANTS DE PACT ✠ ILS LUI ONT DONNE LE NOM DE MARIE ET L'ONT ☞

∞ CONSACREE A LA VIERGE IMMACULEE MERE DE DIEU

∞ PARRAINS LES DONATEURS ✠ MARRAINES LES DONATRICES ∞

∞ MGR JUSTIN PAULINIER EVEQUE DE GRENOBLE ✠ MR SILVAIN NO- VAT CURE ✠ JULIE MIACHON ⁽⁴⁾ ✠ MDCCCLXXV

Ceinture de pampres et de raisins.

Sur la panse, sous une *Croix de St Maurice*, le buste du *Sacré-Cœur de Jésus* dans une couronnne de laurier et de

(1) Patron de la paroisse.
(2) V. le n° 941.
(3) Patron du lieu. — (4) Nommée ici, suivant le procès-verbal de la bénédic- tion de la cloche, comme donatrice de 50 fr.

chêne : dessous : ✠ XRISTVS DEVS PACIS ✠ ; — *St Joseph tenant l'enfant Jésus* dans une couronne de laurier, avec : ✠ STE JOSEPH ORA PRO NOBIS ✠ : — la *Vierge* à mi-corps dans une couronne de laurier et de chêne, placée au-dessous d'une étoile, avec : ✠ VIRGO IMMACVLATA ✠ ; — *St Georges* terrassant le dragon, dans une couronne de laurier, avec : ✠ STE GEORGI ORA PRO NOBIS ✠.

Ceinture de glands et de feuilles de chêne. Au-dessous : O REYNAUD FOND. DE SS. N. S. PERE LE PAPE LYON.

Note : *la*.   Poids : 565 kil.   Diam. 98 c.

Cette cloche a remplacé celle de 1841 (n° 866).

1314. — S^T-QUENTIN-SUR-ISÈRE.   1875.

∾ ✠ LAVDATE NOMEN EIVS IN CHORO IN TYMPANO ET IN PSALTERIO PSALLANTI EI ∾

∾ DON DE MR JOSEPH OLIVET FILS DE GUILLAUME ET DE DAME SERAPHINE FAYS EPOUSE OLIVET ✠ EN MEMOIRE DE LEURS TROIS EN-FANTS RAVIS A ∾

∾ LEUR AFFECTION ✠ M M JOSEPH EUGENES FREDERIC OLIVET ✠ TOUS DE S^T QUENTIN ∾

∾ SOUS LE PONTIFICAT DE PIE IX ET LA GESTION DE MR ANTOINE BIRON MAIRE DE S^T QUENTIN ✠ MR GEORGES BENOIT GRANGE CURE ✠ PROSPER ☞

∾ TETE PRESIDENT DU CONSEIL DE FABRIQUE ∾   MDCCCLXXV ∾

Ceinture de pampres et de raisins.

Sur la panse et sous une *Croix* ornée, couronne de laurier et de chêne dans laquelle le buste à mi-corps du *Sacré-Cœur*, avec l'inscription ✠ COR IHSV THESAVRVS NVNQVAM DEFICIENS ✠ ; — Couronne de laurier dans laquelle un *Saint* à mi-corps, tenant une palme. Dessous : ✠ S^T CELSE PRIEZ POUR NOUS ✠ : — Sous une *Etoile*, couronne de laurier et de chêne, dans laquelle *la Vierge et l'enfant Jésus* à mi-corps ; dessous : ✠ AVE GRATIA PLENA ✠ ; — Couronne de laurier dans laquelle un *Saint* à mi-corps ; dessous : S^T NAZAIRE PRIEZ POUR NOUS ✠ ; — Entre ces quatre sujets, les symboles évan-géliques.

Au bas, sous le 3e médaillon : ✠ O REYNAUD FOND DE S S N S PERE LE PAPE A LYON ✠

Note : *mi*.   Diam. 110 c.

1315. -- CHAPAREILLAN. 1876.

PSALLITE DEO

J'AI REÇU LE NOM DE CATHERINE

MON PARRAIN EST Mᴿ EUSTACHE-ETIENNE-MARIE ARRAGON, CHE-VALIER DE L'ORDRE DE Sᵀ GRÉGOIRE LE GRAND (1)

ET MA MARRAINE Mᴹᴱ PROSPER ARRAGON, NÉE CATHERINE-MARIE ARRAGON (2)

Mᴿ RÉMI LARRIVÉ CURÉ. Mᴳᴿ AMAND FAVA EV. DE GRENOBLE. PIE IX PAPE

Sur la panse :   RÉPUBLIQUE FRANÇAISE
1876
HONORABLE Mᴿ BRAVET, (3) MAIRE DE CHAPAREILLAN,
DÉPUTÉ A L'ASSEMBLÉE NATIONALE

Au bas : PACCARD FRERES etc... 1876.

Note (?).   Poids : 750 kil.   Diam. (?).

Comⁿ de Mʳˢ Paccard frères.

1316. -- CHAPAREILLAN. 1876.

VOX MARIAE.

JE M'APPELLE AMELIE

MON PARRAIN EST Mᴿ JOSEPH PELLOUX

MA MARRAINE, Mᴹᴱ PELLOUX NÉE AMÉLIE HENRIETTE SOPHIE PATUREL

Mᴿ RÉMI LARRIVÉ CURÉ DE CHAPAREILLAN, LUCIEN BAÉNERD (4), VIC. Mᴳᴿ AMAND FAVA EV. DE GRENOBLE. PIE IX PAPE

Sur la panse, image de la *Vierge-mère* avec la légende : sᴛ ʀᴏsᴀɪʀᴇ : — l'*Immaculée Conception*, avec la légende : ɪᴍᴍᴀᴄᴜʟᴇᴇ ᴄᴏɴᴄᴇᴘᴛɪᴏɴ ; — un *Christ*.

Au bas : PACCARD FRÈRES, etc... 1876.

Note (?).   Poids : 369 kil.   Diam. (?).

Comⁿ de Mʳˢ Paccard frères.

---

(1) Maire de Chapareillan, de 1848 à 1870. — (2) Cousine du parrain et fille de M. Jˢ Arragon, maître de poste à Montmeillan. — (3) Député en 1876, mort en 1882.

(4) *Buénerd.*

1317. — PONTCHARRA *(Villard-Benoit).*   1876.

◦ VOX DEI ☆ AVE MARIA ◦

◦ A (1) SAPILLON CURÉ ☆ P PIAGET (2) MAIRE ◦

◦ PIERRE DE ROCHAS-AIGLUN (3) PARRAIN ◦

◦ CLEMENTINE DE COPPIER (4) MARRAINE ◦

◦ L ET H (5) DE COPPIER ☆ M (6) ET E (7) DE ROCHAS ☆ M S J F (8) PENET ☆ M ET J B (9) BOUCHET ☆ J ET A (10) PARADIS ☆ VA (11) ☆ CS (12) ☆ C ET L G (13) ☆ C ET G R (14) ☆ R B (15) ◦

1ⁿ face : sur la panse, une *Croix.*

Dessous : ◦ PACCARD FRERES etc... 1876 ◦

2ᵉ face : la *Vierge immaculée.*

Note *mi* (?).   Poids : 1007 kil. 500.   Diam. 119 c.

C'est à M. le curé Sapillon que je dois l'interprétation des sigles *prénominaux* et *nominaux* des dernières lignes. Ce sont ceux des autres donateurs de la cloche.

1318. — Sᵀ-ANTOINE.   1876.

◦ + QVID . CLAMABO . OMNIS . CARO . FENVM . (16) ET . OMNIS GLO-RIA . EIVS . QVAS . FLOS . AGRI . ISAIE ▦ QVIS . DEVS . MAGNVS . SICVT . DEVS . NOSTER PS ◦

◦ VOCOR PIA AMANDA ▦ EX PIO NONO ET AMANDO FAVA ◦

◦ PATRINVS VICTOR BUIS (17) ◦

◦ MATRINA EVGENIA GUILHERMIER VIDVA FONTAINE (18) ◦

◦ ORONTIVS REYNAUD DEDIT MIHI LVCEM (19) ANNO DOMINI MDCCCLXXVI ▦ ANTONIO LALICHE PAROCHO ◦

---

(1) *André.* — (2) *Pierre* Piaget géomètre. — (3) Fils de M. Ed. de Rochas-Aiglun, nommé plus bas. — (4) Bisaïeule du parrain. — (5) *Laure* et *Hermione,* aïeule et grand'tante du parrain. — (6) *Marie,* mère du parrain. — (7) *Edouard* de Rochas-Aiglun, inspecteur des forêts, père du parrain. — (8) *Marie-Anne, Sabine, Joseph, Félix,* enfants de M. Fˣ Penet. — (9) *Marie et Jean-Baptiste.* — (10) *Joseph et Alexis.* — (11) *Victoire André.* — (12) *Célidoine Sachet.* — (13) *Corinne et Louise Gonon.* — (14) *Claude et Gabrielle Rosset.* — (15) *Rosalie Bally.* .(16) *Fœnum.* — (17) Propᵉ à Sᵗ Antoine. — (18) Restauratrice de la chapelle de Sᵗ Pierre, à Chapaize, hameau de Sᵗ Antoine. — (19) Contre tous les usages, le fondeur a consacré cette ligne à la réclame. Son nom, placé au bas de la cloche,

∾ PAROCHIA SANCTI ANTONII [1] ∾

Ceinture de feuilles et de grappes de raisins.

Sur la panse et sous une *Croisette* ornée : — Dans une couronne de chêne et d'olivier, *Jésus-Christ triomphant*, à mi-corps ; dessous, ⬛ XRISTVS DEVS FORTIS ⬛ — Dans une couronne d'olivier, *St Joseph*, à mi-corps, tenant une tige de lis et l'enfant Jésus ; dessous, ⬛ S. IOSEPH ⬛. — Dans une couronne d'olivier, et sous une *Etoile*, la *Vierge-mère*, à mi-corps ; dessous, ⬛ MATER MISERICORDIÆ ⬛. — Dans une couronne de laurier, *St Antoine*, debout de face ; dessous, ⬛ S. ANTONIVS ⬛ ; — Entre ces quatre médaillons et un peu au-dessous d'eux, les symboles évangéliques. Sur le bord, ceinture de feuilles de chêne.

Au bas : ⬛ O. REYNAUD FOND DE SS N S PERE LE PAPE A LYON ⬛.

Note : *ré.*   Poids : 1605 kil.   Diam. 132 c.

Cette cloche a remplacé celle 1747 (n° 330), cassée en 1876, en sonnant le tocsin à l'occasion d'un incendie.

1319. — S^T ISMIER.   1876.

D . EUG . AUG. JACQUEMET PAROCHIAM REGENTE

D . JOAN . AUG . JORE REM CIVILEM ADMINISTRANTE

D . NOBILIS MULIER MARESCALLA COMITISSA RANDON [2] ILLUSTRIS COMITIS RANDON [3] FRANCIÆ MARESCALLI VIDUA

ET D. HONORABILIS JOS . ANT. FELIX FAURE [4] PRÆSES FABRICIÆ PAROCHIALIS

MIHI NOMEN CONSTANTIAM FELICEM IMPOSUERE

---

devait suffire. — (1) *St Antoine*, quoiqu'ayant absorbé l'ancien nom de ce bourg qui s'appelait *La Motte-St-Didier*, n'est que le patron secondaire de la paroisse, et *St Didier* est resté le premier. Témoin la clochette des Pénitents, qui existe encore, sans date, et porte ces 2 lignes :

☞ CLOCHE DE LA CONFRERIE DV TRES SAINT
SACREMENT DE LA PAROISSE DE S^T DIDIER

Sur la panse, un *Ostensoir* et le buste de St Didier, évêque de Vienne et martyr. Elle sert encore dans les processions.

(2) Hedwige-Constance-Zénaïde, fille de M. Suin d'Hermaville, Directeur de l'Enregistrement et, précédemment, Directeur général des Domaines en Belgique, sous le premier Empire. — (3) Né à Grenoble. — (4) Fils de M. Faure, Pair de France et 1er Président de la Cour royale de Grenoble.

Sur la panse, et dans un cadre entouré d'étoiles :

JESUS MARIA JOSEPH

GLORIA IN EXCELSIS DEO ET IN TERRA PAX HOMINIBUS BONÆ VOLUNTATIS

EX SPONTANEIS OMNIUM PAROCHIANORUM SCTI ISMERII OBLATIONIBUS

IN JUBILÆI COMMEMORATIONEM DEO DICATA FUI,

ANNO DOMINI MDCCCLXXVI.

Au bas : PACCARD FRÈRES FONDEURS A ANNECY LE VIEUX HTE SAVOIE 1876.

Note (?). Poids : 1797 kil. Diam. (?).

Com°⁵ de Mʳˢ Paccard frères.

1320. — Sᵀ ISMIER. *(Chapelle de Mᵐᵉ la maréchale Randon).* 1876.

IMMACULATA VIRGINE DEIPARA AUSPICE

D. NOBILIS MULIER MARESCALLA COMITISSA RANDON (1) ILLUSTRIS

COMITIS RANDON FRANCIÆ MARESCALLI VIDUA

ET D. NOBILIS FRANCISCUS DE SALIGNAC-FENELON

MIHI NOMEN MARTHAM FRANCISCAM IMPOSUERE

Sur la panse, et dans un cadre entouré d'étoiles :

ANNO DOMINI MDCCCLXXVI

LAUDO DEUM

PLORO DEFUNCTUM

QUI DE PATRIA ET SANCTA SEDE

BENE MERUIT

Au bas, comme sur la précédente cloche.

Note (?). Poids : 25 kil. Diam. (?).

Com°⁵ de Mʳˢ Paccard frères.

1321. — Sᵀ-MARTIN-D'URIAGE. 1876.

LAUDATE DOMINUM DE CŒLIS... LAUDATE DOMINUM DE TERRA...

PS . 148 .

(1) V. le n° précédent. — (2) Le maréchal avait épousé en premières noces Mˡˡᵉ Clotilde Périer, fille de M. Alexandre Périer et nièce de Casimir Périer. Il n'en avait eu qu'une fille, Mˡˡᵉ Claire Randon, mariée au général de Salignac-Fénelon ; le parrain de cette cloche est le fils de ces deux derniers et, par conséquent, le petit-fils du Maréchal Randon.

JE M'APPELLE MARIE JOSÉPHINE LOUISE FÉLICIE .

MON PARRAIN EST Mᴿ LE COMTE LOUIS-XAVIER DE SIBEUD DE
Sᵀ FERRIOL (1) .

MA MARRAINE, MADAME PRINCE NÉE FÉLICIE BOURG

M.M . VIALLET CURÉ , PRINCE MAIRE

Au bas : PACCARD FRÈRES etc... 1876. (2)

Note (?).   Poids : 1008 kil. 500.   Diam. 118 c.

1322. — Sᵀ-MARTIN-D'URIAGE.   1876.

VESPERE ET MANE ET MERIDIE ANNUNTIABO ET GLORIFICABO
NOMEN TUUM

PARRAIN Mᴿ JACQUES HENRI ODRU

MARRAINE Mᴱ PAULINE CORJON

Mᴿ PRINCE MAIRE

Rᴰ VIALLET CURÉ

Au bas : PACCARD FRÈRES etc... 1876 (3)

Note (?).   Poids : 304 kil.   Diam. 93 c.

Comᵒⁿ de Mʳˢ Paccard frères.

1323. — Sᵀ-SIXTE.   1876.

✠ VESPERE ET MANE ET MERIDIE NARRABO ET ANNVNTIABO ET
EXAVDIET VOCEM MEAM ∾

MON PARRAIN Mᴿ GEORGES LEONCE VINCENT MARIE RAYMOND BER-
NARD DE PELAGEY (4) ET MA MARRAINE DAME ∾

ANNA MARIE ELISA DE PELAGEY (5) NÉE CHANROND M ONT APPELE
ANNE MARIE ∾

(1) Pour Sᵗ Ferréol (V. le n° 870). — (2) C'est sans-doute par inadvertance
que cette date a été placée sur la cloche : M. Paccard m'écrit que ce doit être
1878, ainsi que pour la suivante.

(3) Pour la date, V. la note 2 de l'inscription précédente.

(4) Fils de la marraine. — (5) Fille de M. Chanrond, géomètre et marchand
de domaines à Massieu, et sœur des parrain et marraine de la cloche de Massieu de 1839 (V. les n°ˢ 896 et 1140).

FABRICIENS MM ANTOINE PICCARD PRESIDENT ✱ ANTOINE PELLET
TRESORIER ✱ FRANCOIS TIRARD COLLET ✱ JOSEPH BILLON ∾
GRAND ✱ HENRI TIRARD ✱ St SIXTE ✱ MDCCCLXXVI ∾

Sur la panse, les médaillons du *Christ* à mi-corps ; Au-dessous l'inscription : ✱ VENITE AD ME OMNES ✱ ; — de *St Sixte* (id.),
avec : ✱ S SIXTE PAPE ✱ ; — de la *Vierge* (id.), avec : ✱ O MARIA IM-
MACVLATA ✱ ; — de *St Bruno* à genoux devant une croix, avec :
✱ S. BRVNO ✱.

Au bas : ✱ O REYNAUD FOND DE S. S. N. S^T PERE LE PAPE A LYON ✱
Note (?).   Diam. 86 c.

Cette cloche a été brisée en 1884 et remplacée la même
année (V. le n° 1385).

1324. — St SIXTE.   1876.

✝ LAVDATE PVERI DOMINVM LAVDATE NOMEN DOMINI ∾
∾ DON DE MR ANTOINE PELLET PERE EN MDCCCLXXVI ✱ PARRAIN
MR ANTOINE PELLET FILS ∾
∾ MARRAINE MLLE CELINE PELLET ✱ AUTRE PARRAIN ET MARRAINE
M^R ET MME DE PELAGEY (1) ∾
∾ MR JOSEPH PELLET ✱ MR ANTONIN PELLET ✱ MLLE SERAPHINE
PELLET ✱ M^R L ABBE GONON CURE ∾

Sur la panse, les quatre médaillons du *Sauveur*, de *St Joseph*,
de la *Vierge* et de *St Antoine*. avec les légendes : ✱ SALV (2). MVNDI ✱
— ✱ S. JOSEPH ✱ — ✱ STELL. MATVT (3). ✱ — S. ANTOINE ✱.

Au bas : ✱ O REYNAUD etc., comme sur le n° précédent.
Note (?).   Diam. 58 c.

1325. — SALAISE.   1876.

SANCTI CLAUDI ET JUSTE (4), ORATE PRO NOBIS . LAUDATE DOMINUM
IN CYMBALIS BENE SONANTIBUS ; LAUDATE EUM IN CYMBALIS JUBILA-
TIONIS . OMNIS SPIRITUS LAUDET DOMINUM .

(1) V. le n° précédent. — (2) *Salvator.* — (3) *Stella matutina.*
(4) Patrons du lieu.

JE M'APPELLE MARIE . J'AI POUR PARRAIN MR JOSEPH MARCHAND ,
J'AI POUR MARRAINE MLLE MARIE FRANÇOISE (CELIMA) EYMONOT . M .
E . THIVOLLIER ÉTANT CURÉ ET M . J . GUIGUE , MAIRE DE SALAIZE .
BURDIN AINÉ FONDEUR A LYON 1876 .

Note (?).   Poids : 270 kil.   Diam. (?).
(Com^{on} de M. Burdin, fondeur).

1326. — EYBENS.   1877.

A . M . D . G . [1]

✳ CONFITEANTUR TIBI DEUS : TERRA DEDIT FRUCTUM SUUM [2]

D. JOAN. ANT. CUILLERIEZ-ROUX PAROCHIÆ EYBENS TUNC RECTORE

D. EDUARDUS ROMANUS VIDIL ET D^A MARIA AUG. ELISABETH PERIER [3],

CASTELLANA EYBENS, MIHI NOMEN IMPOSUERE

ANNO DOMINI MDCCCLXXVII

Sur la panse, dans un encadrement d'étoiles :

EX DONO
D. [4] HENRICI GIROUD-PÉRIER CONJUGUM
PAROCHIÆ EYBENS
CASTELLANORUM [5]

Au bas : PACCARD FRÈRES etc. 1877.

Note (?).   Poids : 1030 kil.   Diam. (?).
Com^{on} de Mrs Paccard frères.

1327. — S^T-BARTHÉLEMY (de Beaurepaire). 1877.

⚜ MAGNIFICAT ANIMA MEA DOMINVM . L . C . I . ⚜

⚜ L AN MDCCCLXXVII LE XXXII DU PONTIFICAT DE PIE IX M^R DE

---

(1) Ad Majorem Dei Gloriam. — (2) Fragments du v . 5 du Ps. LXVI. —
(8) Mme-Aug^{te}-Elisabeth, fille de M. Alph. Périer, ancien député, et femme de M.
Hⁱ Giroud-Périer, nommé plus bas. — (4) Domini (et Dominæ, oublié sans
doute). — (5) Le château d'Eybens est la propriété des parrains de cette cloche.
Donc, pour l'auteur de l'inscription, ce sont des Châtelains !... Je ne veux pas
en dire davantage ; mais on comprendra le vœu formé par moi, dans ma préface, en faveur d'une commission de révision des textes d'inscriptions campanaires et autres.

CHARVAT [1] ÉTANT MAIRE DE S︠T BARTHELEMI ET M︠R L'ABBÉ CARUT CURÉ DE LA PAROISSE ☙

☙ IAI EU POUR PARRAIN M︠R EOLDE BERTHIN [2] DE BEAUREPAIRE ET POUR MARRAINE ☙

☙ M︠E EMILE DE CHARVAT [3] NÉE MATHILDE DORIOL. ☙ IAI REÇU AU BAPTÊME LES NOMS DE MATHILDE EOLDE. ☙

✝ MA MISSION EST DE LOUER LE SACRÉ COEUR DE IESUS ET L'IMMACULÉE CONCEPTION DE MARIE. ET DE PRIER POUR LE PAPE ☙

✝ LA FRANCE LA PAROISSE DE S︠T BARTHELEMI LE R . P . SUP . [4] DE LA GRANDE CHARTREUSE . ☙ M . M . DE CHARVAT MAIRE , CARUT CURÉ ☙

☙ CHARLES ROZIER , IOSEPH TERRAY ONT AVEC LA FABRIQUE CONTRIBUÉ AUX FRAIS DE MON INSTALLATION . ☙

Sur la panse, le *Crucifix* avec : O COR IHE. S [5]. BONITATIS OCEANVS : — *Évêque*, avec : S︠T BARTHELEMI : — la *Vierge*, avec O MARIA IMMACVLATA ; — *S︠t Joseph*, avec : S︠T IOSEPH. — Au-dessous de la *Vierge* ; O. REYNAUD FOND. DE N. S. P. LE PAPE A LYON.

Note : *ut* ♯. Diam. 70 c.

1328. — S︠T-JULIEN-DE-RATZ. 1877.

EGO VOX CLAMATIS
PARATE VIAM DOMINI. RECTAS FACITE SEMITAS EJUS .
LŒTA DEI LAUDES ANIMASQUE CELEBRO REUCTAS
TRISTIS DEFUNCTOS CRIMINA VESTRA FLEO [6]

(1) M. Jacq. F︠ois Avite de Charvat, employé supérieur des finances (V. le n° 1252). — (2) Fils de M. Vital Berthin et frère de Hugues Vital Berthin, connus tous les deux par des productions littéraires fort estimées. — (3) Belle-fille du parrain de la cloche de S︠t Barthélemy de 1839 (V. le n° 841). — (4) Le Révérend Père Supérieur. — (5) *Jesus, sanctæ.*

(6) Distique ; mais il s'est glissé, dans l'hexamètre, une faute du fondeur, qui a mis REUCTAN (pour RENATAS, sans-doute, car je ne trouve que ce mot qui puisse compléter ce vers pour le sens et la mesure).

Sur la panse, 1re face :

PAULA OLGA JOHANNA

HOC NOMEN DEDERUNT

D. PAULUS BLANCHET (1)

D. OLGA BLANCHET (2)

ANNO REPARATÆ SALUTIS MDCCCLXXVII

HUJUS PAROCHIÆ RECTORE JOANNE Jᴴ BLANC

2e face : un *Crucifix*.

3e face :

AD FELICEM MEMORIAM

PERPETUO SERVANDAM

EVANGELICÆ PRÆDICATIONIS

ANNO NOMINI HABITÆ MDCCCLXXVI

HUJUS PAROCHIÆ FIDELES

INTER QVOS EMINUIT JACOBUS DURIF

PIIS LARGITIONIBUS ME DOMINO

DEDICAVERUNT.

4e face : La *Vierge immaculée*, entourée d'étoiles.

Au bas : PACCARD FRÈRES etc... 1877.

Note : *la* (?).   Poids : 508 kil. 500.   Diam. 94 c.

Comᵒⁿ de M. E. Gauthier, curé de Ratz.

1329. — SERMÉRIEU.   1877.

J'AI PRIS LES NOMS DE MARIE JOSEPH PATRONS ET PROTECTEURS
DE SERMÉRIEU

J'ANNONCE LA NAISSANCE, PUBLIE LE MARIAGE, PLEURE LA MORT
ET CHANTE LES LOUANGES DES CHRÉTIENS FIDÈLES

JE CÉLÈBRE LES VERTUS DES SAINTS ET PROCLAME LA GLOIRE DE
DIEU, DE JESUS CHRIST ET DE SON ÉGLISE

PARRAIN Mᴿ MARIE JOSEPH EMMANUEL FLOCARD DE MÉPIEU (3)

MARRAINE Mᴱ EDMÉE D'ARCOLLIÈRE

R (4). BERGER JOSEPH CURÉ DE LA PAROISSE, Mᴿ RICHARD BENOIT
PRÉSIDENT DE LA FABRIQUE, Mᴿ MEUNIER JEAN-MARIE MAIRE

Mᴿ BOUVIER Mᴿ ET Mᴱ CAILLAT JOSEPH BIENFAITEURS

---

(1) Fils des parrain et marraine de la cloche de Longechenal (V. le nᵒ 1041).
— (2) Fille de M. Rallet, parrain de la cloche de Biviers, et femme de M. Augⁿ
Blanchet, frère du parrain de la présente cloche.

(8) Ancien officier au service du roi de Sardaigne et frère de M. Ad. de Mépieu, député au Corps législatif. — (4) *Révérend.*

Au bas : PACCARD FRÈRES etc... 1877.
Note (?). Poids : 915 kil. Diam. (?).
Comᵒⁿ de Mʳˢ Paccard frères.

1330. — THUELLIN. 1877.

MISERICORDIA ⁽¹⁾ DOMINI IN ÆTERNUM CANTABO PS 88
PARRAIN Mᴿ L'ABBÉ JOSEPH GALLIN
MARRAINE Mᴹᴱ MARGUERITE PAULAUD Vᵛᴱ GALLIN
MAIRE Mᴿ JOSEPH BONNICHON
CURÉ MARIE AUGUSTE BERTHIER
Note (?). Poids : 300 kil. Diam. (?).
Comᵒⁿ de M. Gulliet, fondeur.

1331. — AUBERIVES (Roussillon). 1878.

(Gravé en creux) : MICHEL MARIE.
PARRAIN : SILAN MICHEL PROPRIÉTAIRE ET MAIRE D'AUBERIVES.
MARRAINE : CHARDON MARIE, VEUVE MOINE FILS, RENTIÈRE AU MÊME LIEU.
(En relief) : BURDIN AINÉ FONDEUR A LYON 1878.
Note (?). Poids : 840 kil. Diam. (?).
Comᵒⁿ de M. Burdin, fondeur.

1332. — BIZONNES. 1878.

JE M'APPELLE THEOPHILE JOSEPHINE.
MA MARRAINE EST Mᴸᴸᴱ THEOPHILE BERNARD DE Sᵀ DIDIER ⁽²⁾ ET MON PARRAIN Mᴿ JOSEPH VIEUBLÉ DE LYON
S S LÉON XIII ETANT PAPE. Mᴳᴿ Jᴴ AMAND FAVA ÉV. DE GRENOBLE.
Mᴿ Jᴴ A BARBIER, CURÉ DE LA PAROISSE ET Mᴿ PIERRE DREVET, MAIRE DE LA COMMUNE.
SAINTE VIERGE IMMACULÉE, PROTÉGEZ NOUS, SAUVEZ LA FRANCE.
BURDIN AINÉ FONDEUR A LYON 1878.

(1) Pour *misericordias*.
(2) Sous entendu : *de Bizonnes* : Sᵗ Didier est le patron de cette paroisse, et celle-ci est fréquemment appelée de son nom.

Note (?).   Poids : 600 kil.   Diam. (?).
(Com^{on} de M. Burdin, fondeur).

1333. — CHAMBARAND (*La Trappe de*).   1878.

JE ME NOMME LÉONIE : J'AI ÉTÉ BÉNITE EN SEPT [1] 1878 .

LEON XIII . S . P [2] . JOS . AM [3] . FAVA EV [4] . DE GRENOBLE

DOM ANT . AB [5] . CHAMBARRAND : MON PARRAIN EST

M^R P [6] . CHABERT D'HIÈRES . MA MARRAINE

M^{DE} AD [7] . D'AUBERJON DE MURINAIS

Sur la panse, la *Vierge immaculée*. — De l'autre côté, une *Croix* entourée d'une couronne.

Au bas : BURDIN AINÉ FONDEUR A LYON.

Note : *mi*.   Poids : 180 kil.   Diam. 62 c.
Com^{on} de Dom Antoine, abbé de la Trappe de Chambarand.

Cette cloche a été fondue à l'époque de la consécration de l'église et de l'érection du monastère de Chambarand en Abbaye.

1334. — CHANAS.   1878.

LAUDO DEUM VERUM . PLEBEM VOCO . CONGREGO CLERUM . DEFUNCTOS PLORO . PESTEM FUGO . FESTA DECORO .

J'AI ÉTÉ REFONDUE EN 1878 SOUS L'ADMINISTRATION DE J^H [8] GINON CURÉ ET DE J . B . SERVIOZ MAIRE .

J'AI EU POUR PARRAIN JOSEPH DONNAT ET POUR MARRAINE LAURE ROSTAING NÉE FAUGIER QUI M'ONT DONNÉ LE NOM DE JOSEPHINE LAURE.

Note (?)   Poids : 400 kil.   Diam. (?).
Com^{on} de M. Gulliet, fondeur.

1335. — CHANAS.   1878.

DURET ILLA DIES , AD PRECES EXISTANS [9] , USQUE AD SONITUM SU-PREMAE TUBAE

(1) *Septembre.*
(2) *Saint Père.* — (3) *Joseph-Amand.* — (4) *Évêque.* — (5) *Dom Antoine, abbé de.*
— (6) *Paul.* — (7) *Adèle,* (V. la cloche de 1857, n° 1050).
(8) *Joseph* (c'est un parent de M. G. Ginon, curé de Chanas en 1878).
(9) *Quid ?...*

JE M'APPELLE PETRONILLE-VICTORINE

MON PARRAIN A ÉTÉ PIERRE COUTURIER MA MARRAINE VICTORINE COUTURIER NÉE PASCAL

J'AI ÉTÉ FONDUE EN 1878 SOUS L'ADMINISTRATION DE J: GINON CURÉ ET DE J. B. SERVIOZ MAIRE

Note (?).   Poids : 250 kil.   Diam. (?).
Com^{on} de M. Gulliet, fondeur.

1336. — CHANAS.   1878.

NON CLAMOR, SED AMOR CANTAT IN AURE DEI.

JE M'APPELLE MARIE JEANNE.

J'AI EU POUR PARRAIN J. F. P. ASTRUC ET POUR MARRAINE JEANNE ASTRUC.

J'AI ÉTÉ FONDUE EN 1878 SOUS L'ADMINISTRATION DE J^H GINON CURÉ ET DE J. B. SERVIOZ MAIRE.

Note (?).   Poids : 100 kil.   Diam. (?).
Com^{on} de M. Gulliet, fondeur.

1337. — MEAUDRE.   1878.

JE M'APPELLE EUGENIE-MARIE-JEANNE

PARRAINS ET MARRAINES : B. P. BONIN NOTAIRE ET MME BONIN NÉE E. COCHE SON ÉPOUSE. — C. SEGOND ET MLLE SEGOND.

J^H MARTIN ET MME MARTIN NÉE AUDEMARD SON ÉPOUSE. — A. GUILLARD ET MME GUILLARD NÉE R. GLEYNAT SON ÉPOUSE

BIENFAITEURS : GULMICHE, SOUS INSPECTEUR DES FORÉTS ET MME GULMICHE SON ÉPOUSE

Note (?).   Poids : 600 kil.   Diam. (?).
Com^{on} de M. Gulliet, fondeur.

1338. — MOTTE-S^T-MARTIN (LA).   1878.

✠ MAGNIFICAT ANIMA MEA DOMINVM

LEONIS PP. XIII ANNO PRIMO IOSEPHI AMANDI FAVA EPISCOPI

GRATIANOP [1] . ANNO TERTIO ✠ FERDINANDO GREFFE PAROCHIALIS ✠ ꙮ RECTORE [2] ꙮ

✠ VICTORE ARNAVD [3] COMMVNITATIS MAIORE ✠ SVMPTIBVS FIDELIVM HVIVS LOCI SANCTI MARTINI NECNON EXTRANEORVM [4] ꙮ

BENEFICIIS NATATORVM DE LA MOTTA ✠ CONFLATA SVM AD LAVDANDVM DOMINVM

PATRINOS HABVI DOM^M. VICTOREM ARNAVD ET DOM^M. FRANCISCVM GVERIMAND [5] ✠ MATRINAS VERO HORVM CIVIVM PIAS VXORES ꙮ

ANNO DOMINI M D CCC L XX VIII

Sur la panse, les quatre médaillons à mi-corps du *Sacré-Cœur*, avec l'inscription : VENITE AD ME OMNES ; — de la *Vierge*, avec : MATER DIVINÆ GRATIÆ ; — de St *Joseph*, avec : STE JOSEPH ORA PRO NOBIS, et de St *Martin*, avec : STE MARTINE ORA PRO NOBIS. — Entre ces médaillons, les symboles évangéliques.

Au bas : O. REYNAUD. FOND. DE S.S. N. S. PÈRE LE PAPE A LYON.

Note (?). Poids : 1800 kil. Diam. 100 c.

La bénédiction de cette cloche fut faite par Mgr. Fava, le 21 juillet 1879, dans la cour intérieure du château de la Motte.

Com^on de M. l'abbé Béthoux, vicaire de la Motte-d'Aveillans.

1339. — S^T-MARTIN-D'URIAGE. 1878.

REGINA SACRATISSIMI ROSARII ORA PRO NOBIS

J'APPARTIENS A LA CONFRÉRIE DU S^T ROSAIRE DE LA PAROISSE DE S^T MARTIN D'URIAGE

JE M'APPELLE MARIE FRANÇOISE LÉONIE

---

(1) *Gratianopolitani.* — (2) PAROCHIALIS ✠ ꙮ RECTORE ; pour *parochiali rectore.* — (3) Co-propriétaire du Château de la Motte, avocat à Grenoble et maire de la localité. — (4) *Aux frais des fidèles du lieu de St Martin et des étrangers.* — (5) *Par les offrandes des baigneurs de la Motte* (Pour les personnes étrangères au Dauphiné, il est convenable d'expliquer que le Château de la Motte est un établissement thermal fort renommé). — M. Guérimand, fabricant de papier à Voiron, est également co-propriétaire de ce château ; ce qui s'explique facilement par le fait que lui et M. Arnaud ont épousé les deux sœurs, filles de M. Vachon, ancien propriétaire dudit établissement.

MON PARRAIN F<u>ÇOIS</u> COCHET DE SONANS [1] A DONNÉ POUR M'AVOIR 500 FR.

MA MARRAINE MARIETTE ROSE BRUN F<u>E</u> JEAN ODRU DES AVEUX [2], 200 FR.

VIALLET LÉON CURÉ. 1878

Au bas : PACCARD FRÈRES, etc. 1878.

Note (?).   Poids : 296 kil.   Diam. (?).

Com^{on} de Mrs Paccard frères.

1340. — TORCHEFELON.   1878.

VOX DOMINI IN VIRTUTE (PSALM. XXVIII)

ANNO DOMINI 1876 PAROCHO ANTONIO IVRIER [3], SUB MARIÆ JOANNÆ CLAIRE TORCHEFELLONENSIS [4] VOCABULO BATIZATA [5] SUM.

MON PARRAIN A ÉTÉ MR JEAN BRUN, CURÉ DE TORCHEFELON PENDANT 50 ANS DU IER OCT^{BRE} 1826 JUSQU'AU IER OCT^{BRE} 1876, ET MA MARRAINE MME V^{VE} CLAIRE PICOT LABAUME [6] NÉE D'AUVERVILLE [7].

MES PRINCIPAUX SOUSCRIPTEURS SONT MM LE MARQUIS DE VIRIEU, ARGOUD FRANÇOIS, POULET ADJOINT, VILLARD ROMAIN, MICHALLET PIERRE, CARTALIER XAVIER ET DÉCHENAUX.

MAIRE : MR GUILLAUD.

BURDIN AINÉ FONDEUR A LYON.

Note (?).   Poids : 900 kil.   Diam. (?).

(Com^{on} de M. Burdin, fondeur.

1341. — CHOLONGE.   1879.

VOX MEA CUNCTORUM SIT TERROR DÆMONIORUM [8], SANCTIS LÆTITIA, HONOR GENEROSIS.

---

(1) Hameau qui pris le nom du *Sonnant*, ruisseau qui, d'Uriage, va se jeter dans l'Isère. — (2) Hameau d'Uriage.

(3) Pour *Yvrier*. — (4) Pour *Torchefelonensis*. — (5) Pour *baptizata*. — (6) Ancien conseiller gén. de l'Isère. — (7) Pour *Auferville*.

(8) Légende renouvelée de l'ancienne cloche de 1755 (V. n° 846), mais se terminant autrement qu'elle.

MARIA CALMÆLONGÆ ET MARTHA BENEDICTÆ ANNO MISSIONIS DO-
MINI 1879 [1] PAROCHO A. BRUN.

PATRINUS LUDOVICUS CHALON. MATRINA ROSINA SIBILLE UXOR J :
VACHIER INSTITUTORIS.

GENEROSI [2] : LUCIANUS ARTHAUD, PHILOMENA ARTHAUD, LUDO-
VICUS LAFOND, SERAPHINA LAFOND.

BURDIN AÎNÉ FONDEUR A LYON.

Note (?).   Poids : 590 kil.   Diam. (?).

Com^on de M. Burdin, fondeur.

1342. — CHOLONGE.   1879.

SALVE, MARIA SOROR MEA, NOSTRIS VOCIBUS LAUDEMUS ET SUPER
EXALTEMUS DEUM IN SECULA [3].

ANNO MISSIONIS DOMINI 1879. MARTHA.

PAROCHUS A. BRUN.

PATRINUS FRANCISCUS SIAUD ✳. MATRINA PHILOMENA CHALON UXOR
PATRINI.

GENEROSI : FELIX ACHARD, CELINA SIBILLE, JOANNES RUELLE,
ADELAÏDA CHALON.

BURDIN AÎNÉ FONDEUR A LYON.

Note (?).   Poids : 285 kil.   Diam. (?).

Com^on de M. Burdin, fondeur.

1343. — CRAS.   1879.

COMMUNE DE CRAS 1879
JE M'APPELLE MARIE CÉLINIE JOSÉPHINE
PARRAIN MR JOSEPH SIMIAN MAIRE
MARRAINE MME PERRIOT NÉE SIMIAN
DONATEUR MR REYNAUD CURÉ

(1) *Marie de Cholonge et Marthe*, (*Marie* est seul le nom de cette cloche :
Marthe est celui de la suivante) ; bénites *l'an de la mission du Seigneur 1879.*
— (2) *Bienfaiteurs* ou *donateurs*.

(3) Légende assez curieuse, qui a trait aux noms des deux cloches que l'on a
vues sur la précédente.

Au bas : PACCARD FRÈRES etc. 1879.

Note (?).   Poids : 603 kil.   Diam. (?).

Com^{on} de Mrs Paccard frères.

1344. — PRUNIÈRES *(Hameau de la Mûre).*   1879.

PRUNIÈRES 1879 .

Au bas : PACCARD FRÈRES etc. 1879.

Note (?).   Poids : 53 kil. 500.   Diam. (?).

Com^{on} de Mrs Paccard frères.

1345. — SEPTÈME.   1879.

COR JESU SACRATISSIMUM MISERERE NOBIS

LAUDO COR JESU SACRATISSIMUM , PLEBEM VOCO , CONGREGO CLE-
RUM , DEFUNCTOS PLORO , PESTEM FUGO , FESTA DECORO

JE M'APPELLE LÉONTINE JOSÉPHINE RAOUL GABRIELLE

MON PARRAIN A ÉTÉ MR ABEL CHRISTOPHE RAOUL MARQUIS D'ALBON

MA MARRAINE MME SUZANNE JOSÉPHINE MARIE GABRIELLE D'ALBON
MARQUISE D'ALBON

INSPIRANTE D. H. BERGER PAROCHO ✝ ZELO ZELANTE D. AUG.
PRIVAR EJUS COADJUTORE ✝ D. AUG. MEYSSON, ADVOCATO, CIVITA-
TIS PRÆFECTO

Au bas : PACCARD FRÈRES etc. 1879.

Note (?).   Poids : 1232 kil.   Diam. (?).

Je dois la communication de cette inscription et des deux suivantes à Mrs Paccard frères.

1346. — SEPTÈME.   1879.

MARIA SINE LABE CONCEPTA ORA PRO NOBIS

JE M'APPELLE FANNY

MON PARRAIN A ÉTÉ MR JACQUES BERGER

MA MARRAINE MME FANNY BERGER ÉPOUSE BONNET

INSPIRANTE etc., comme sur la précédente.

Sur la panse :

EX DONO
HENRICI BERGER ET JACOBI BERGER
EJUSDEM NEPOTIS.
1879.

Au bas : PACCARD FRÈRES etc. 1879. .

Note (?).   Poids : 603 kil. 500.   Diam. (?).

1347. — SEPTÈME.   1879.

SANCTE JOSEPH ORA PRO NOBIS

JE M'APPELLE MICHELLE MARIE ZOÉ

MON PARRAIN A ÉTÉ MR MICHEL TERRAY FILS

MA MARRAINE MME MARIE ZOÉ DUPLESSIS ÉPOUSE D'ANDRÉ MICHEL

COURJON

INSPIRANTE etc., comme sur la précédente.

Sur la panse :

EX DONO
D. MICHAELIS TERRAY JUNIORIS
ET
CONJUGIS (1) D. ANDREÆ MICHAELIS COURJON
NATÆ DUPLESSIS
1879

Au bas : PACCARD FRÈRES etc. 1879.

Note (?).   Poids : 354 kil. 500.   Diam. (?).

1348. — VIENNE (St Martin).   1879.

JE M'APPELLE JULIE ANNE

MON PARRAIN A ÉTÉ M . JULES VINCENT TRÉSORIER DE LA FABRIQUE

MA MARRAINE MME ANNA COTTET NÉE ROCHE

PAROISSE DE ST MARTIN DE VIENNE ✝ MDCCCLXXIX

RD J . P . COLLET , CURÉ.

FLAMINE DUM SANCTO SANCTAQUE RENASCITUR UNDA

DUM RAPIT OSTRA PUER , CARMINA CANTO PIA (2)

Au bas : PACCARD FRÈRES etc. 1879.

Note (?).   Poids : 176 kil.   Diam. (?).

Comon de Mrs Paccard frères.

(1) C'est la marraine sus-nommée.
(2) Distique, dont le fond me paraît meilleur que la forme.

1349. — CHATONNAY. 1880.

✝ EX ORE INFANTIVM PERFECISTI LAVDEM

JE M'APPELLE MARIE

J'AI EU POUR PARRAIN PIERRE AUGIER (1), J'AI EU POUR MARRAINE
MME MARIE PONCIN AUGIER (2)

MR MONROZIER (3) MAIRE DE CHATONNAY . M^R L'ABBÉ CHAMPON CURE

J'AI ETE FONDUE A LYON EN MDCCCLXXX PAR O . REYNAUD FOND . DE
S. S. N. S. PÈRE LE PAPE

Sur la panse, sous une *Croix* : le *Sauveur ;* dessous, XRISTVS
DEVS NOSTER ; — L'*Annonciation*, avec : ANNVNTIATIO ; — Sous une
Étoile : la *Vierge Immaculée ,* avec : O MARIA IMMACULATA ; — la
Naissance du Sauveur, avec : VENITE ADOREMUS.

Note : *la.* Poids : 350 kil. Diam. 85 c.

Com^{ee} de M^r l'abbé Gadoud, curé de Châtonnay.

1350. — CHAVANOZ. 1880.

IHS MARIA JOSEPH. ASSUMPTA EST MARIA IN CŒLUM ET GAUDENT AN-
GELI (4) . A FULGURE ET TEMPESTATE LIBERA NOS DOMINE .

FONDUE EN 1661 (5) . REFONDUE EN 1880 .

PARRAIN ANTOINE CHENEVAZ MARRAINE MADELEINE NIZAT V^{VE} GOY .
CURÉ JULIEN VARNOUX .

JOSEPH LANIS MAIRE DE CHAVANOS .

Note (?). Poids : 350 kil. Diam. (?).

Com^{ee} de M. Gulliet, fondeur.

1351. — RÉAUMONT. 1880.

AB ANNO 1723 SONAVI SUB PRECE : SANCTA MARIA INTERCEDE PRO
FAMULIS TUIS PAROCHIÆ REGALIS MONTIS , QUI LAUDANT DEUM IN CYM-
BALIS BENE SONANTIBUS .

---

(1) Ancien négociant à Lyon. — (2) Femme du parrain. — (3) V. la note 3 du
n° 1282.

(4) *Office de l'Assomption,* 1re antienne de *Laudes.* — (5) V. le n° 155,

ET ANNO 1880 , OB RIMAM [1] REFUSA ET ÆRE MULTUM AUCTA A GE-
MINIS [2] NICOLAO PAROCHO RIPARUM ET DOROTHEA MICHAL , ITERVM
SONO SUR EADEM PRECE ET AD M. D. G [3].

VIVIER PAROCHO REGALIS MONTIS .

BURDIN AINÉ FONDEUR A LYON

Note (?).   Poids : 425 kil.   Diam. (?).

Com⁰⁰ de M. B***.

On voit que la nouvelle cloche a remplacé celle de 1723, qui
était fêlée *(ob rimam)*. Elle avait été *respectée* en l'an 2 de la
République française, et j'ai retrouvé, depuis, le procès-verbal
de l'époque que je m'empresse de donner ici *in-extenso*, comme
pièce à l'appui et en *respectant*, de mon côté, l'orthographe du
Secrétaire Greffier.

« Du sextidi 16 frimaire, l'an second de la Republique françoise une et
indivisible, au lieu de Reaumont et dans le lieu ordinaire des séances de la
Municipalité, où étoient presents les citoyens Joseph Victor Trouilloud, maire,
françois Bois et Jean Piquet, officiers municipaux, joachim fournier, procureur
de la Commune, pierre Bois sⁿ greffier, le procureur de la Commune óui.

« En exécution du décret de la Convention nationale du 23ᵉ juillet dernier,
portant qu'il ne doit être laissé dans chaque paroisse qu'une seule cloche, et
en suite de la lettre des administrateurs du directoire du district de Sᵗ Marcellin du 6ᵉ 7ᵇʳᵉ dernier (vieux stylle) Il est arretté que comme il existe deux
cloches dans cette paroisse, il est vrgent d'en faire descendre vne et même la
plus forte, attendu que la plus foible doit suffire à lavenir pour rasambler le
Peuple ; en conséquence Nous avons nommé les citoyens Antoine Devoise
charpentier à Buis, et Benoit Chanin de ce lieu, pour la descente de ladᵉ cloche,
ce qu'ils ont faits de suite, lesquels Devoise et chanin nous ont rapportés que
ladᵉ cloche et du poids denviron six quintaux poids de marc ; avons arretté
qu'ils seroit payé aux dits Devoise et Chanin, pour la descente de la cloche
dont sagit, deux livres dix sols ; de tout quoy nous avons dressé le present
procès verbal, extrait duquel sera adressé sans delay au Directoire du district
de Sᵗ Marcellin par notre Sⁿ greffier qui en demeure chargé. Et ont les sus
nommés officiers Municipaux, et Procureur de la Commune, signés.

(En marge) « La ferrure de la dᵉ cloche a été deposé au presbytère et est
du poids de 52 liv. non compris le battan. »

*Registre de délibérations de la Municipalité et du Conseil Général de la
Commune de Réaumont.*

(1) (V. l'inscription n° 279). — (2) *Geminis :* M. Nicolas Michal, curé de Rives,
et Mˡˡᵉ Dorothée Michal sont frère et sœur jumeaux. — (3) *Ad majorem Dei
gloriam.*

1352. — ST-MICHEL-DE-PALADRU.   1880.

VOX DOMINI SUPER AQUAS.

PARRAIN FÉLIX GARIN

MARRAINE GABRIELLE PRAVAZ FEMME BOUFFIER

Sur la panse, un *Crucifix*, sous lequel : BURDIN AINÉ FONDEUR A LYON 1880 ; — la *Vierge tenant l'enfant Jésus*.

Guirlande d'acanthe au-dessous.

Note : *sol* (?).   Poids : 1200 kil.   Diam. 115 c.

Com⁰ⁿ de M. Jʰ Perrin, ancien juge de paix à Montferra.

Le clocher ayant été frappé de la foudre, en juillet 1884, cette cloche a été détruite, fendue dans tous les sens par l'eau jetée en abondance pour éteindre l'incendie du beffroi.

1353. — ST-MICHEL-DE-PALADRU.   1880.

UT VIDEAM VOLUPTATEM DOMINI ET VISITAM (1) TEMPLUM EJUS.

PARRAIN ANTOINE IVRIEL (2)

MARRAINE VICTORINE BOUFFIER FEMME MILLON

Sur la panse, une *Croix*, sous laquelle : BURDIN AINÉ FONDEUR A LYON. 1880.; — la *Vierge*, sans l'enfant Jésus.

Guirlande d'acanthe, moins fouillée que celle de la cloche précédente.

Note : *la* (?).   Poids : 600 kil.   Diam. 100 c.

Communication du même.

1354. — SALAISE.   1880.

JE LOUE DIEU . J'APPELLE LES VIVANTS . JE PLEURE LES MORTS .

JE M'APPELLE CHARLOTTE HELENE .

PARRAIN CHARLES MOURETTE DE FONTANES . MARRAINES MATHILDE ET SERAPHINE MOURETTE DE FONTANES .

P . F . MAULIN CURÉ DE SALAISE 1880 .

Note (?).   Poids : 600 kil.   Diam. (?).

Com⁰ⁿ de M. Gulliet, fondeur.

_____

(1) Pour *Visitem*. — (2) Pour *Yvrier*.

1355. — SONNAY.   1880.

SONNAY 1880 . SANCTE BLASI [1] ORA PRO NOBIS
BENEDIXIT LUDOVICUS PERRIN RECTOR
PATRINI EDMUNDUS PIC ET EJUS SPONSA MARIA HOURS NOBILITER
VIVENTES ANTONIO CADIER OFFICIALE [2]

Note (?).   Poids : 800 kil.   Diam. (?).
Com^on de M. Gulliet, fondeur.

1356. — CESSIEU.   1881.

PARRAIN : MR PIERRE GUIGUES, CHEVALIER DE LA LÉGION D'HONNEUR,
JUGE DE PAIX .
MARRAINE : MME MARIE VELLEIN , NÉE LESPINASSE .
CETTE CLOCHE A ÉTÉ REFONDUE PAR LES SOINS ET LE ZÈLE DE
MR MOULIN, CURÉ DE LA PAROISSE DE CESSIEU, ET DE MM. LES MEMBRES
DU CONSEIL DE FABRIQUE .
                    BURDIN AÎNÉ FONDEUR A LYON 1881

Note (?).   Poids : 735 kil.   Diam. (?).
Com^on de M. B***.

1357. — CESSIEU.   1881.

PARRAIN : MR DOMINIQUE CHEVALIER .
MARRAINE : MME MARIE BRUN NÉE JOUGUET .
CETTE CLOCHE etc., comme sur la précédente.
                    BURDIN AÎNÉ FONDEUR.A LYON 1881

Note (?).   Poids : 350 kil.   Diam. (?).
Com^on de M. B***.

1358. — ÉCOUGES (LES) *(Chapelle de M. Chabert d'Hières).*   1881.

PARRAIN ANDRÉ VINCENT LÉON [3] CHABERT D'HIÈRES
MARRAINE MARIE FRANÇOISE ÉLÉONORE ZÉNAÏDE [4] CHABERT D'HIÈRES
1881 .

(1) St *Blaise*, patron du lieu. — (2) *Officiale*, pour *Maire !*
(3) Substitut du procureur du roi, mort en 1846, père du parrain de la cloche
de St Marcellin de 1884 (V. le n° 1384). — (4) Née Robert, de Chatte, femme du

Sur la panse : le *Christ,* avec la légende : SANCTIFICETUR NOMEN TUUM ; — l'*Immaculée Conception* avec : SEMPER LAUS IN ORE MEO ; — *Ecusson* aux armes de M. Chabert d'Hières ; — *Sceau* de l'ancienne Chartreuse [1].

Note (?).   Poids : 35 kil. 80.   Diam. (?).

Com°ⁿ de Mʳˢ Paccard frères etc.

1359. — Sᵀ-JOSEPH-DE-RIVIÈRE.   1881.

1ʳᵉ **face** : HOC SIGNUM MAJUS A R. R. P. P. CARTHUSIANIS DATUM CUI NOMEN MARIA JOSEPHINA

LEONE XIII PONTIFICE MAXIMO . A . J . FAVA EPISCOPO GRATIANOPOLITANO

LUDOVICO SATRE MAGISTRATU CIVILI SANCTI JOSEPHI FLUVIATILIS

JOANNES BONDAT [2] PAROCHUS BENEDICTUM FECIT

ANNO MDCCCLXXXI .

2ᵉ **face** : PARRAINS Mʳˢ Jᴴ BUISSIÈRE ET Jᴴ GERENTE

MARRAINES Mᴹᴱ MARIE GUERRES ET Mˡˡᴱ MARIE BURILLE

Au bas : PACCARD FRÈRES etc... 1881.

Note (?).   Poids : 1435 kil.   Diam. (?).

Com°ⁿ de Mʳˢ Paccard frères.

parrain. L'inscription de ces deux noms sur la cloche des Ecouges n'est motivée que par un souvenir filial, cette cloche se trouvant dans la chapelle de l'habitation de M. Chabert-d'Hières. — (1) La Chartreuse des Ecouges date du commencement du XIIᵉ siècle. Elle n'existait déjà plus vers la fin du XIVᵉ.

Le sceau placé sur la cloche est, m'assure-t-on, la reproduction exacte de celui que j'ai dessiné pour le *Cartulaire des Ecouges* de M. l'abbé Auvergne et dont je reproduis, du reste, l'image en insérant ici le bois même qui a servi à l'impression de ce *Cartulaire,* bois que j'ai dessiné très-fidèlement et de la grandeur même du sceau-matrice. Inutile, je pense, de faire remarquer l'erreur dans laquelle est tombé le graveur de ce sceau, — acquis par moi de M. Nogent-Saint-Laurens et faisant partie de ma collection, — en mettant l'*alpha* à la place de l'*oméga,* de sorte que, dans l'impression, ou plutôt dans l'empreinte qu'on en tire, l'*oméga* prime l'*alpha.*

Ce sceau-matrice est en bronze.

(2) *Boudat.*

1360. — S^T-NIZIER. 1881.

1re face : JESUS , MARIA , JOSEPH

EX DONO OMNIUM SANCTI NICETII PAROCHIANORUM

D<u>NO</u> VARVAT ALPH (1) . PAROCHIAM REGENTE

D<u>NO</u> THORRAND PET (2) . REM CIVILEM ADMINISTRANTE

2e face : PATRINIS D<u>NO</u> ANDREA DUHAMEL (3) ✛ D<u>NA</u> LAUREA JOUGUET EJUS UXORE

ANNO DOMINI MDCCCLXXXI DEO DICATA FUI

ANDREA LAUREA VOCOR

CANTABO : GLORIA IN EXCELSIS DEO .

Sur la panse : MEMBRES DU CONSEIL DE FABRIQUE

MM. VARVAT ALPHONSE, GIRARD JULES, REVOLLET LOUIS, ROUX SÉRAPHIN, THORRAND PIERRE, JASSERAND PIERRE, HÉBERT JOSEPH

Au bas : PACCARD FRÈRES etc... 1881.

Note (?). Poids : 632 kil. 500. Diam. (?).

Com^{on} de Mrs Paccard frères.

1361. — S^T-PIERRE-D'ALLEVARD. 1881.

1re face : ✛ SIT . NOMEN . DOMINI . BENEDICTUM .

S<u>TI</u> PETRE (4) . ET . THEODULE . ORATE . PRO . NOBIS .

MAGNIFICATE . DOMINUM . MECUM . ET . EXALTEMUS . NOMEN . EJUS . IN . IDIPSUM . .

REFONDUE EN 1881 , J'AI PLUS QUE DOUBLÉ EN GROSSEUR.

J'AI EU POUR PARRAIN LA CONFRÉRIE DU S. SACREMENT, QUE REPRÉSENTAIT SON RECTEUR, M . ÉT<u>NE</u> DUPELOUX ;

ET POUR MARRAINE M<u>ME</u> SÉRAPHIN COLLIN : LESQUELS ONT ÉTÉ SECONDÉS PAR MR ANDRÉ DAVALLET ET M<u>ME</u> AUGUSTE BELLIN .

2e face : M . J . S . BARBIER ÉTANT CURÉ ;

M . G . DUTRAIT , MAIRE ;

ET M . M . A . DAVID, E . DUPELOUX, E . PERRUCHON, A . DAVALLET F . BIBOUD, MEMBRES DU CONSEIL DE FABRIQUE .

MA VOIX , DEUX SIÈCLES ET DEMI , AVAIT PRIÉ POUR EUX , PLEURÉ AVEC EUX , LES AVAIT CONSOLÉS , RÉJOUIS :

(1) *Alphonso.* — (2) *Petro.* — (3) Négociant à Grenoble.
(4) St *Pierre*, patron du lieu.

LEUR RECONNAISSANCE M'A VOULU CONSERVER ENTIÈRE ;
LEUR GÉNÉROSITÉ M'A EMBELLIE . ✝

Sur la panse : *St Pierre*, avec les clefs ; — le *Bon pasteur ;* — *St Joseph ;* — la *Vierge-mère.*

Au bas : PACCARD FRÈRES etc. 1881,

Note (?).   Poids : 1505 kil.   Diam. (?).

Com^{on} de Mrs Paccard frères.

1362. — VILLARD-DE-LANS.   1881.

VILLARD-DE-LANS
BENEDICITE OMNIA OPERA DOMINI DOMINO DAN . CIII
MIHI NOMEN LAUS DEI
VIVENTES VOCO , DEFUNCTOS FLEO , FULGURA PELLO
FONDUE EN 1881 , SOUS LOUIS CÉLESTIN RAVAUD, CURÉ-ARCHIPRÊTRE
DE LA PAROISSE , CHANOINE HONORAIRE DE VALENCE
MES PARRAIN ET MARRAINE SONT LÉOPOLD DE PÉLISSIERE [1] ET DAME
SOPHIE JULIEN V^{VE} EUGÈNE BERTRAND [2]

2e face : JE SUIS COMPOSÉE DE TROIS CLOCHES RÉUNIES : DEUX
AVAIENT EU POUR PARRAINS ET MARRAINES ISMIDON CHARLES DE BÉRAN-
GER , MARIE FRANÇOISE DE SASSENAGE V^{VE} DE BÉRANGER ; J. B. AIMARD
NOTAIRE ET MARIE MARGUERITE BLOT SON ÉPOUSE , SOUS N. DANIEL CURÉ-
ARCHIPRÊTRE EN 1809 . LA TROISIÈME AVAIT EU POUR PARRAIN ET MAR-
RAINE J. B. JULIEN NOTAIRE ET MAIRE, DAME DE LAVALLONE, SOUS J.
B. BEYLE CURÉ-ARCHIPRÊTRE EN 1826 [3]

Au bas : PACCARD FRÈRES etc... 1881.

Note (?).   Poids : 1029 kil.   Diam. (?)

Com^{on} de Mrs Paccard frères.

1363. — VILLARD-DE-LANS.   1881.

VILLARD-DE-LANS
LAUDATE DOMINUM DE CŒLIS , LAUDATE EUM IN EXCELSIS (PS. 148).
MIHI NOMEN VOX B [4] . MARIÆ

(1) Prop^e à Vif et au Villard-de-Lans ; frère de la marraine de la cloche de Vif (V. le n° 1011). — (2) V. le n° 1297. — (3) Pour plusieurs de ces noms mal orthographiés ou incomplètement reproduits, (V. les n°s 520, 521 et 688).

(4) *Beatæ.*

ERRANTES OPTATUM AD ITER CŒLUMQUE REDUCO (1)

FONDUE EN 1881, etc. (comme sur la cloche précédente).

J'AI EU POUR PARRAIN ET MARRAINE AMAND ALLARD (2), DAME ELI-
SABETH DE MONRAVEL, ÉPOUSE DE PÉLISSIÈRE (3).

Sur la panse :   DON
                          D'AMAND ALLARD
                               1881

Au bas : PACCARD FRÈRES etc... 1881.

Note (?).   Poids : 510 kil.   Diam. (?).

Com⁰ⁿ de Mᵣˢ Paccard frères.

1364. — VILLARD-DE-LANS.   1881.

VILLARD-DE-LANS

OMNIS SPIRITUS LAUDET DOMINUM PS. 150

MIHI NOMEN VOX B (4). JOSEPH

AUXILIUM IMPLORO MORIENTIBUS ATQUE SALUTEM (5)

FONDUE EN 1881, etc., comme sur la cloche précédente.

J'AI EU POUR PARRAIN ET MARRAINE JEAN CLAUDE ACHARD-PICARD,
ANCIEN MAIRE, DAME VIRGINIE MATHONNET ÉPOUSE D'ANTOINE GUILLOT-
PATRIQUE

Sur la panse :   DON
                      DE VIRGINIE MATHONNET
                               1881

Au bas : PACCARD FRÈRES etc... 1881.

Note (?).   Poids : 301 kil.   Diam. (?).

Com⁰ⁿ de Mᵣˢ Paccard frères.

1365. — FAVERGES.   1882.

1ʳᵉ face : AD LAUDANDUM DEUM.

HYMNUM CANTATE NOBIS DE CANTICIS SION (PS. 136).

2ᵉ face : NOMINOR GABRIELLE ELISABETH.

Sᵀ BARTHÉLEMY DE FAVERGES.

---

(1) Hexamètre. — (2) Fils de M. Allard, ancien maire du Villard-de-Lans et
propriétaire à Lyon. — (3) Pour *Montravel* ; femme de M. Léopold de Pélissières
parrain de la précédente cloche.
(4) *Beati.* — (5) Hexamètre.

Tout autour : LÉON XIII PAPE . AMAND JOSEPH FAVA , ÉVÊQUE . GREFFE CURÉ .

GABRIEL SAINT OLIVE , PARRAIN . ELISABETH SAINT OLIVE , MARRAINE. DONATEURS : FERDINAND GREFFE. ALEXANDRE GABRIEL SAINT OLIVE . ELISABETH SAINT OLIVE . B . VIDAL-GALLINE. BRUNO THIBAUD. MARIE JOSEPHINE COLPART . ANATOLE SAINT OLIVE . LOUIS SAINT OLIVE . COBALIE VANEY . EMMA-NUEL VANEY . HENRY MATHILDE SAINT OLIVE . FERNAND MAGDÈLEINE SAINT OLIVE . MAGLOIRE MARTIN . CHARLES HÉLÈNE ELISABETH SAINT OLIVE . L'ABBÉ MOREL CURÉ DE VERNA . BELMONT-CARREL . CLAUDE ROJON . CLAUDE GENIN . PIERRE ROUX . ALEXIS FRAGNON . MÉLANIE POULET . RIPPERT . BEJUY . DEBRIEU . GENIN . BERTHET . PONCET . TRIPIER . BARBIER . FRANÇOISE BORDEAUX . LES PAROISSIENS DE FAVERGES.

Au bas : BURDIN AINÉ FONDEUR A LYON 1882.

Note (?).   Poids : 1022 kil.   Diam. (?).

Com⁰ⁿ de M. B***

1366. — Sᵗ-PIERRE-D'ALLEVARD.   1882.

ERUNT OMNES DOCIBILES DEI
EX ORE INFANTIUM ET LACTENTIUM PERFECISTI LAUDEM TUAM
SINITE PARVULOS VENIRE AD ME
J'APPELLE AU CATÉCHISME LES ENFANTS DE DIEU
J'AI EU POUR PARRAINS XAVIER ET LÉON BELLIN ET POUR MARRAINES
AGLAÉ DIDELLE ET CÉLESTINE SANDROT

Sur la panse, le *Crucifix* et la *Vierge.*

Au bas : GEORGES ET FRANCISQUE PACCARD etc.... 1882.

Note (?).   Poids : 185 kil. 500.   Diam. (?).

1367. — Sᵗ-PIERRE-DE-MEAROTZ.   1882.

1ʳᵉ face : EGO NOMINOR MARIA-CŒLINA-JULIA
PATRINUS MEUS AUGUSTINUS RIVIER [1], TRIBUNALIS GRATIAN [2] .
PRÆSIDENS
MATRINA MEA JULIA BOURRON
ANNO DOM [3] . MDCCCLXXXII
2ᵉ face : JULIO BOURRON CIVITATIS ADMINIST [4] . ET JOSEPH BALLY
PAROCHO

(1) V. le n° 1295. — (2) *Gratianopolis.* — (3) *Domini.* — (4) *Administratore.*

SUIS DONIS INSTRUXERUNT ME S^{TI} PETRI DE MEAROTZ PAROCHIANI ET PRÆCIPUE

FAMILIÆ BOURRON, GUILLOT, RIVIER, CARTUSIANI, F. GIROLET DE VAU-JANY, OLIM PAROCHUS DE MEAROTZ, CÆCILIA REYMOND

GERMANUS BEAUP , FRANCISCUS CHARVET , LUDOVICUS DIDIER, LUDO-VICVS LANFRET, LUDOVICUS LAURENT , EMILIA NICOLLET , JEREMIAS PONSARD, BENEDICTUS TURC

Sur la panse : Le *Crucifix* et la *Vierge*.

Au bas : GEORGES ET FRANCISQUE PACCARD etc... 1882

Note (?).   Poids : 510 kil.   Diam. (?).

Com^{on} de Mrs Paccard frères.

1368. — S^T-PIERRE-DE-MEAROTZ.   1882.

MARIA-CÆCILIA-JOSEPH NOMINA MEA SUNT .

DON DE MON PARRAIN MR GAUTIER JOSEPH ANCIEN CURÉ DES MEAROTZ ET DE MA MARRAINE MLLE ROUGIER CÉCILE

A LA CHARGE ACCEPTÉE PAR LA FABRIQUE DE FAIRE DIRE ANNUELLE-MENT ET A PERPÉTUITÉ UNE MESSE A LEURS INTENTIONS

DOMINUS DET NOBIS SUAM PACEM ET VITAM ÆTERNAM AMEN [1]

Sur la panse, le *Crucifix* et la *Vierge*.

Au bas : GEORGES ET FRANCISQUE PACCARD etc... 1882.

Note (?).   Poids : 252 kil. 500.   Diam. (?).

Com^{on} de Mrs Paccard frères.

1369. — VALENCIN.   1882.

PARRAIN : M . PIERRE PIOT [2] .

MARRAINE : MME ANTOINETTE MERLIN [3] .

CURÉ : M . EUGÈNE JACQUIER.

BURDIN AINÉ FONDEUR A LYON 1882 .

Note (?).   Poids : 660 kil.   Diam. (?).

Com^{on} de M. B***

(1) Prière liturgique.
(2 et 3) Fils et belle-fille, probablement, des parrain et marraine de la cloche de 1850 (V. le n° 976).

1370. — VALENCIN. 1882.

PARRAIN : M. FRANÇOIS MERLIN.

MARRAINE : MME EUDOXIE FERRUS.

CURÉ : M. EUGÈNE JACQUIER.

BURDIN AÎNÉ FONDEUR A LYON 1882

Note (?). Poids : 180 kil. Diam. (?).

Com^on de M. B***.

1371. — BEVENAIS. 1883.

1re face : SIT NOMEN DOMINI BENEDICTUM

PARRAIN MR NARCISSE ROCHE ✳ MARRAINE MME HERMANCE JANAY ÉPOUSE ROCHE

MAIRE MR AUGUSTE SIMIAN ✳ CURÉ MR HIPPOLYTE MARION

1866

2e face : REFONDUE EN 1883

AUX FRAIS DES CHARTREUX ET DE LA COMMUNE

MAIRE MR JOSEPH GERIN

CURÉ MR DOMINIQUE BUISSIÈRE

Sur la panse, le *Crucifix* et la *Vierge*.

Au bas : GEORGES ET FRANCISQUE PACCARD, etc... 1883.

Note (?). Poids : 513 kil. 500. Diam. (?).

Com^on de Mrs Paccard frères.

1372. — COMMUNAY. 1883.

GLOIRE A DIEU AU PLUS HAUT DES CIEUX ET PAIX SUR LA TERRE AUX HOMMES DE BONNE VOLONTÉ.

BÉNITE LE 9 7BRE 1883 PAR MR J^N M^IE TENET, VICAIRE GÉNÉRAL DE GRENOBLE NÉ A TERNAY.

LE PARRAIN A ÉTÉ MR JEAN BAPTISTE FRANÇOIS RIGAT–CHAPUIS

LA MARRAINE MME LOUIS FOUCAUD NÉE MARIE BERGER

Sur la panse : DON

DES HABITANTS DE COMMUNAY

A LEUR ÉGLISE EN 1883

SOUSCRIPTION RECUEILLIE

PAR M. M. JEAN COLIN

JACQUES DÉFÉLIX

ET MARCELLIN RIGAT

et les effigies de la *Vierge immaculée*, du *Crucifix* et des 12 *Apôtres*.

Au bas : GEORGES ET FRANCISQUE PACCARD etc... 1883.

Note (?).	Poids : 646 kil.	Diam. (?).

Com^{on} de Mrs Paccard frères.

## 1373. — COMMUNAY.	1883.

1re face : HOMMAGE, HONNEUR A TOI, VIERGE PURE ET FÉCONDE
ESPOIR DES JOURS ANCIENS ET GLOIRE DE NOS JOURS
O VIERGE SALUÉE A L'AURORE DU MONDE
ET QUE DE SIÈCLE EN SIÈCLE ON BÉNIRA TOUJOURS
2e face : A NOTRE BONNE MÈRE DU CIEL
BÉNITE PAR MR TENET LE 9 7BRE 1883
LE PARRAIN A ÉTÉ MR CYPRIEN DÉFÉLIX FILS * LA MARRAINE MME
ANTOINE COMTE NÉE JEANNE PEYAUD
LE CURÉ DE COMMUNAY MR NARCISSE COINT

Sur la panse :	DON
DES HABITANTS DE COMMUNAY
EN 1883

et les effigies du *Crucifix* et de l'*Immaculée Conception*.

Au bas : GEORGES ET FRANCISQUE PACCARD etc... 1883.

Note (?).	Poids : 272 kil.	Diam. (?).

Com^{on} de Mrs Paccard frères.

## 1374. — MOTTIER (LE).	1883.

VESPERE ET MANE ET MERIDIE NARRABO ET ANNUNTIABO ET EXAUDIET
VOCEM MEAM PS . LIV .
JE M'APPELLE AUGUSTINE-MARIE
MON PARRAIN A ÉTÉ MR AUGUSTE COUTURIER
ET MA MARRAINE MLLE MARIE MOYROUD
PRINCIPAUX DONATEURS : LA FABRIQUE DU MOTTIER, LES R. R.-P. P. CHAR-
TREUX, FAMILLES COUTURIER, CLAUDE BUTTIN ET JEAN CHAPUIS 1883

Sur la panse, la *Crucifix* et la *Ste Vierge*.

Au bas : GEORGES ET FRANCISQUE PACCARD etc .. 1883.

Note (?).	Poids : 723 kil.	Diam. (?).

Com^{on} de Mrs Paccard frères.

1375. — COMMIERS.   1883.

BAPTISÉE PAR MGR L'EVEQUE AMAND JOSEPH FAVA

JE M'APPELLE JOSEPHINE MARIE ADOLPHE

J'EUS POUR PARRAIN MR ADOLPHE MASIMBERT AVOCAT A LA COUR

D'APPEL DE GRENOBLE POUR MARRAINE MLLE JOSEPHINE DE VENTAVON(1)

MES TEMOINS SONT M^{RS} ALFRED CHALVET (2) MAIRE JOSEPH JAS CURÉ

(Course de fleurs en guirlande).

* * ANNÉE 1883 * *

LAVDO DEVM VERVM PLEBEM VOCO CONGREGO CLERVM

DEFVNCTOS PLORO PESTEM FVGO FESTA DECORO

GEORGES & FRANCISQUE PACCARD etc.... 1883.

(Guirlande de feuilles de chêne).

Cette inscription occupe toute une face de la cloche ; et l'on voit, sur les trois autres, un *Crucifix*, un écusson aux armes de la famille de Ventavon (3), et la *Vierge*.

(1) Fille de M. Math. de Ventavon, ancien avocat à la Cour impériale de Grenoble. — (2) Propriétaire. — (3) Ecartelé aux 1 et 4 : *d'azur à la bisse d'argent se mordant la queue*, qui est de *Tournu*; aux 2 et 3 : *d'azur à 3 têtes de lion arrachées d'or, lampassées de gueules et couronnées d'argent*, qui est de *Morges-Ventavon.*

Le fondeur ayant fait reproduire ces armoiries d'après un vieux *ex-libris*, n'a pas su rectifier la position des têtes de lion qui devraient être 2-1, et non 1-2, et regarder à gauche, et non à droite.

35

Note : *si* ♭.   Diam. 84 c.
Com^{on} de M.***

1376. — S^T-PIERRE-DE-MÉAROTZ.   1883.

Même inscription que sur la cloche de 1719 (V. le n° 1227).
Seulement, on y a ajouté les lignes suivantes :

REFONDVE EN MDCCCLXXXIII

PAR LES SOINS DE MON PARRAIN

M L'ABBÉ FERRÉOL GIROLET, C^{TE} DE VAVJANY

CURÉ DES MÉAROTZ EN MDCCCXLVI.

Sur la panse, le *Crucifix*, la *Vierge-mère*, *St Pierre* et les
armoiries de M. Girolet, placées déjà sur une cloche de la Mûre
(V. le n° 1205).

Au bas : GEORGES ET FRANCISQUE PACCARD, etc... 1883.

Note (?).   Poids : 156 kil.   Diam. (?).

Cette cloche a été maintenue du même poids que celle qu'elle
a remplacée.

Com^{on} de Mrs Paccard frères.

1377. — SEYSSINS.   1883.

∾ VOX CLAMANTIS... PARATE VIAM DOMINI (ISAIE) ∾

∾ JE M APPELLE CHARLOTTE ∾

∾ PARRAIN MR JOSEPH LE HARIVEL DU ROCHER ☆ MARRAINE MME
MARGUÈRITE LE HARIVEL DU ROCHER NÉE DE LAMAJORIE ∾

∾ MR JOSEPH BUGEY CURE ∾

Ceinture et élégante guirlande fleurs.

Sur la panse, la *Vierge tenant l'enfant Jésus* et le *Crucifix*.

Au bas : ∾ GEORGES ET FRANCISQUE PACCARD, etc... 1883 ∾

Note : *fa* ♯.   Poids : 759 kil.   Diam. 107 c.

Cette cloche a remplacé celle de 1841 (V. le n° 871).

1378. — THODURE.   1883.

EGO, MARIA-ANTONIA.

VOX DOMINI IN VIRTUTE: VOX DOMINI IN MAGNIFICENTIA. PS. XXVIII.

MAGNIFICAT ANIMA MEA DOMINUM. LUC. I.

SUB VOCABULO ALMÆ MATRINÆ : ASSUMPTIO DEIPARÆ VIRGINIS IMMACULATÆ ET SUB PATROCINIO EMINENTISSIMI PATRINI ET DEDICA-TORIS THALDUBRICO ORIUNDI : R. R. D. D. FLAVIANUS-ABEL-ANTONIUS HUGONIN BAIOCENSIS ET LEXOVIENSIS EPISCOPUS (1).

PAROCHO JOHANNE-MARIA-JOSEPH AGERON VICARIO JOSEPH APOLLI-NARI PICOT

MAJORE ELIA CHUZEL. ANNO CHRISTI MDCCCLXXXIII

Sur la panse : le *Sacré-Cœur* avec l'invocation : COR IHESU SALUS IN TE SPERANTIUM ; l'*Assomption,* avec : SANCTA MARIA, MATER DEI, ORA PRO NOBIS ; et les *armoiries* de Mgr. Hugonin (2) : Un peu plus bas, les quatre symboles évangéliques.

Deux guirlandes de feuilles de chêne.

Au bas : O REYNAUD, FLATUR (3) PONT., LUGDUNI ME FECIT.

Note : *mi.*   Poids : 1074 kil.   Diam. 120 c.

Com⁰ⁿ de M. l'abbé Picot, vicaire à Thodure.

1379. — VARCES. 1883.

1ʳᵉ face *(en relief)* : ☙ ✠ CHRISTVS VINCIT CHRISTVS REGNAT CHRISTVS IMPERAT CHRISTVS AB OMNI MALO NOS DEFENDAT ☙

☙ ✠ NOMINA MIHI SVNT MARIA ÆMILIA GABRIELLA ☙

☙ ✠ PATRINVS D ÆMILIVS BEYLIER (4) ☆ MATRINA D GABRIELLA POVLAT-FRANCOZ (5) ☙

☙ ✠ A J FAVA GRATIANOPOLITANO EPISCOPO ☙

☙ ✠ PETRO GIRARDIN HVJVS ECCLESIÆ SANCTI PETRI DE VARSIA RECTORE ☙

(1) Il aurait fallu mettre : *Flaviani... Antonii... episcopi,* de même que deux lignes au-dessus, il fallait mettre *Assumptionis* et non *Assumptio.* Voici la tra-duction de cette légende : *Sous le vocable de l'Auguste marraine, l'Assomption de la Vierge Immaculée, mère de Dieu, et le patronage du très-éminent parrain et consécrateur, né à Thodure, le très-révérend seigneur, Flavien-Abel-Antoine Hugonin, évêque de Bayeux et de Lisieux.* — (2) *Tranché d'or et de gueules, au dauphin d'azur barbé, crêté et langué de gueules sur l'or, et une croix de S* Maurice d'or sur le gueules.* — (3) Pour *flator.*

(4) Propᵉ à Varces. — (5) Veuve de M. Poulat-Francoz, chef de l'une des grandes maisons de ganterie de Grenoble.

∞ ✠ ANNO DOMINI MDCCCLXXXIII ∞

2ᵉ face *(en lettres gravées)* :

HÆC CAMPANA

EX DONIS PAROCHIANORUM VARSIÆ

INTER QUOS D FRIDERICVS GAUTIER [1] DE FONTANIBUS

DEO DICATA EST.

Ceinture de rinceaux à laquelle sont suspendues des guirlandes de fleurs et de fruits.

Sur la panse : la *Vierge immaculée ;* le buste de *Sᵗ Jean* sous
lequel on lit s. JEAN, le tout dans un cartouche ornementé ; le
Crucifix et le buste de *Sᵗ Pierre*, avec la légende s. PIERRE dans
un cartouche semblable au précédent. Entre ces quatre sujets,
les symboles évangéliques.

Au bas : ∞ GEORGES ET FRANCISQUE PACCARD etc.. 1883. ∞

Cette cloche a remplacé celle de 1501, fêlée en 1883.

Note : *mi* ♭.   Poids : 1226 kil.   Diam. 125 c.

1380. — BUISSIÈRE (LA).   1884.

BENEDICAM DOMINVM IN OMNI TEMPORE SEMPER LAVS IN ORE MEO
PS XXXIII

JE M'APPELLE IMMACULEE CONCEPTION

L'AN MDCCCLXXXIV SOUS LA REPUBLIQUE FRANÇAISE SS LEON XIII
PAPE GLORIEUSEMEMT REGNANT Mᴳ AMAND JOSEPH FAVA

ETANT EVEQUE DE GRENOBLE L'ABBE OGERET CURE DE LA BUIS-
SIERE M REY ETANT MAIRE MOI IMMACULEE CONCEPTION AI REÇU

LE BAPTEME MON PARRAIN A ETE DOM ANSELME GENERAL DES
CHARTREUX MA MAREINE DAME DE BOURDEILLE MES DONATEURS

SONT ENCORE Dᴱᴸᴸᴱ REY M. ET MADᴹ DE LA CHAPELLE M ET MADᴱ
DURAND [2]

O REYNAUD CONFLAT PONT [3] LUGDUNI ME FECIT

---

(1) Fréd. Gautier, propᵉ à Fontanieu. Le graveur aurait dû placer une virgule
après le nom de M. Gautier.

(2) M. Ch. Durand, Receveur de l'Enrégistrement à Chambéry, propᵉ à la
Buissière. — (3) *Conflator pontificalis.*

Note : *mi.*   Poids : 1025 kil.   Diam. 124 c.

Com⁰⁰ de M. P. Durand.

1381. — BUISSIÈRE (LA).   1884.

VESPERE ET MANE ET MERIDIE NARRABO ET ANNVNCIABO ET EXAV-
DIET VOCEM MEAM PS. LIV

JE M'APPELLE SAINT JEAN BAPTISTE

J'AI EU POUR PARRAIN Mᴿ LEON CAMAND [1] ET POUR MARRAINE Mᴱ
BAPTISTINE ARNAUD DAME CAMAND

CURE DE LA BUISSIERE Mᴿ L'ABBE OGERRT MAIRE Mᴿ REY

FONDUE A LYON EN MDCCCLXXXIV PAR O REYNAUD FOND. PONT. [2]

Note : *sol.*   Poids : 550 kil.   Diam. 96 c.

Communication du même.

1382. — CHANTELOUVE.   1884.

1ʳᵉ face : LAUDATE EUM IN CYMBALIS BENESONANTIBUS 1620 [3]

EN 1884 ALEXANDRE PASCALIS ÉTANT CURÉ DE CHANTELOUVE

JE M'APPELLE IRÉNÉE GERMANIE

DE MON PARRAIN IRÉNÉ CROS ET DE MA MARRAINE GERMANIE COSTE

2ᵉ face : VOX EXULTATIONIS ET SALUTIS PS. 117

ME PRÆSERTIM EXSTRUXERUNT CARTHUSIANI

ABBATES COSTE A. CROS J. SIAUD A. GAILLARD

ET PAROCHIANI DUSSERT C. SIAUD J. X. COTTE G. CROS FR. COSTE
LOUIS

DUSSERT J. FAURE FR. JOUBERT B. JOUBERT C. P.

Sur la panse, les effigies d'un *Saint évéque* avec la légende :
SANCTE IRENEE [4] ORA PRO NOBIS ; du *Christ entre la Vierge et Sᵗ
Jean ;* de *Sᵗ Joseph* et d'un *Sacré Cœur.*

Au bas : GEORGES ET FRANCISQUE PACCARD, etc... 1884

Note (?).   Poids : 360 kil.   Diam. (?).

Com⁰⁰ de Mʳˢ Paccard frères.

---

(1) Ancien avoué à Grenoble, propᵉ à la Buissière. — (2) Fondeur pontifical.
(8) Partie de la légende de la cloche de 1620 (V. le n° 78), qui probablement a
servi à la confection de la présente cloche. — (4) Sᵗ *Irénée*, patron du lieu.

1383. — S^T GEOIRE.   1884.

∞ LAUDATE DOMINUM OMNES GENTES LAUDATE EUM OMNES POPULI
PSAL 116 ∞

    ∞ EX ÆRE MATRIS [1] QUÆ BAPTISATA AN [2] 1808 D [3] TOURNU PA-
ROCHO HABUIT PATRINOS D D [4] DE LONGPRA ET UXOREM EJUS [5] ∞

    ∞ EGO NATA MARIA LAURENTIA VOCOR ∞

    EX [6] D BOUVIER LAURENTIO [7] ET DD [8] MARIA DUGAS BARONA
J DE FRANCLIEU [9] ∞

    NOMEN SUMENS IN BAPTISMATE IN ECCLESIA S^{TI} GEORGII DIE 27
MENSIS APRILIS AN 1884 [10]

Guirlande circulaire de fruits et de fleurs.

Sur la panse, la *Vierge tenant l'enfant Jésus*, debout sur le
globe et foulant le serpent sous ses pieds ; de l'autre côté, le
Crucifix.

Au bas : ∞ GEORGES ET FRANCISQUE PACCARD etc... 1884 ∞

Note : *fa.*   Diam. 118 c.

1384. — S^T MARCELLIN.   1884.

+ OCTOBRE 1884 +

+ JE M'APPELLE FRANÇOISE JEANNE VICTORINE ANNE MARIE +

+ MON PARRAIN A ÉTÉ MR PAUL CHABERT D'HYÈRES +

+ MES MARRAINES MMELLES CAROLINE ET EMMA CHABERT D'HIÈRES +

+ SEIGNEUR, MA VOIX ANNONCERA VOS LOUANGES (PS. 50 v. 17) +

Sur la panse, la *Vierge immaculée*, avec la légende : MARIE
CONÇUE SANS TACHE ORIGINELLE, PRIEZ POUR NOUS ; — *Armes* du S. Pon-
tife, avec : VIVE LÉON XIII ; — statue du *Sacré-Cœur*, avec : CŒUR
SACRÉ DE JÉSUS, SAUVEZ NOUS ; — *St Marcellin*, évêque, avec : S^T MAR-
CELLIN, PRIEZ POUR NOUS.

---

(1) La cloche de 1808. — (2) *Anno.* — (3) *Domino.* — (4) *Dominum dominum.*
— (5) V. l'incription n° 517. — (6) *Domino* ; — (7) Artiste-peintre, à St Geoire. —
(8) *Dominâ dominâ.* — (9) M. Joseph de Franclieu. — (10) De ce latin, un peu
tourmenté, je crois devoir donner la traduction suivante : « Je suis née de
de l'airain de ma mère (la cloche précédente) qui, baptisée dans l'année 1808 par
M. Tournu, curé, eut pour pour parrain M. M. de Longpra et son épouse. Je
m'appelle Marie-Laurence [et] j'ai reçu mon nom, au baptême, de M. Laurent Bou-
vier et de Mme Marie Dugas, baronne J^h de Franclieu, dans l'église de St Geoire
le 27e jour du mois d'avril, année 1884.

Au-dessous : POUR LA PLUS GRANDE GLOIRE DE DIEU. ROUSSILLON, CURÉ DE Sᵀ MARCELLIN.

Sur l'autre face : GEORGES ET FRANCISQUE PACCARD etc... 1884.

Note : *mi.*   Poids : 980 kil.   Diam. 127 c.

Comᵒⁿ de Mʳˢ Reboud et Charvet, de Sᵗ Marcellin.

1385. — Sᵀ MAXIMIN.   1884.

JESUS   MARIA   JOSEPH

GLORIA IN EXCELSIS DEO ET IN TERRA PAX HOMINIBUS BONÆ VOLUN-TATIS

LAUDATE PUERI DOMINUM, LAUDATE NOMEN DOMINI

RECTORE LUDOVICO DEUIL ✝ PRIMO REI CIVILIS PRÆPOSITO ISIDORO BLANC

CURIS HUJUS ECCLESIÆ ADMINISTRATORUM DEO DICATA FUI SUB NO-MINE JOSEPHINÆ MARIÆ. AN. DOM. [1] MDCCCLXXXIV

Sur la panse :

EX MUNIFIC. REVᴹⁱ [2] ANSELMI PRIORIS GENER. CARTHUSIAN [3].

ET EX DONIS

JOSEPH BOULLE ET UXORIS EJUS MARIÆ GAYET BENEDICT [4]. MEÆ SPONSORUM [5]

FILIIQUE EORUM JULII BOULLE

FRANCISCI GAYET ET UXORIS EJUS MARGARITÆ RAMUS

NECNON FRANCISCI MOREL UXORISQUE SUÆ MARIÆ REYNAUD

MARIÆ LUDOVICÆ PONTARLY

JOSEPHINÆ VIZIOZ

FELICIÆ MARIÆ OLYMPIÆ PORTAZ

ALIORUMQUE PLURIM [6]. HUJUS ECCLESIÆ FIDELIUM

Sur la panse : le *Crucifix* et la *Sᵗᵉ Vierge.*

Au bas : GEORGES ET FRANCISQUE PACCARD, etc... 1884.

Note (?).   Poids : 1024 kil.   Diam. (?).

Comᵒⁿ de Mʳˢ Paccard frères.

1386. — SAINT-SIXTE.   1884.

∞ ✝ VESPERE ET MANE ET MERIDIE NARRABO ET ANNVNTIABO ET

---

(1) *Anno Domini.* — (2) *Munificentiâ Reverendissimi.* — (3) *Generalis Car-thusianorum.* — (4) *Benedictionis.* — (5) *Les répondants, les garants de ma bénédiction, mes parrain et marraine* (C'est la cloche qui parle ici). — (6) *Plu-rimorum,* beaucoup d'autres.

EXAVDIET VOCEM MEAM . PS . LIV . ∾

∾ JAI EV POVR PARRAIN Mᴿ GEORGES LEONCE VINCENT MARIE RAY-MOND BERNARD DE PELAGEY (1) ✠ ET POVR MARRAINE DAME ANNA ∾

∾ MARIE DE PELAGEY NEE CHANROND (2) ∾ PAROISSE DE SAINT SIXTE . Mᴿ L ABBE J . GILLET CVRE ∾

∾ FABRICIENS ✠ M . M . ANTOINE TIRARD PRESIDENT ✠ JOSEPH PICARD TRESORIER ✠ HENRI TIRARD COLLET SECRETAIRE ✠ MICHEL PICARD ∾

∾ JOSEPH TIRARD ✠ ✠ ✠ FONDVE A LYON EN MDCCCLXXXIV PAR O REYNAUD FONDEVR PONTIFICAL ∾

Ceinture ornementée, au-dessous de laquelle une autre ceinture de pampres et de raisins.

Sur la panse, *Croix* au-dessus du médaillon du *Sacré-Cœur*, avec : ✠ VENITE AD ME OMNES ✠ ; — médaillon de *Sᵗ Sixte*, dans une couronne de chêne, avec : ✠ SANCTVS SIXTVS PONT. MAX. ✠ ; — *Étoile* au-dessus du médaillon de l'*Immaculée Conception*, dans une couronne de laurier et de chêne, avec : ✠ O MARIA IMMACVLATA ✠ ✠ ; — médaillon de *Sᵗ Bruno*, dans une couronne de chêne, avec : ✠ SANCTVS BRVNO ✠

Au bas, ceinture de myrte.

Note : *la* (?).   Diam. 96 c.

Il paraît que cette cloche a remplacé une autre cloche de 1876, brisée et refondue pour la confection de celle-ci.

Comᵉ de M. J***

1387. — TOURDAN.   1884.

CETTE CLOCHE EST DUE A LA GÉNÉROSITÉ DES HABITANTS DE TOURDAN

1ᵉʳ PARRAIN JEAN SERRONNAT . MARRAINE MARIE LOUISE LEVET

2ᵉ PARRAIN JOSEPH REYMOND . MARRAINE MARGUERITE TABARET FEMME REYMOND

Mᴿ MARIE LOUIS BRESSY CURÉ

Sur la panse, la *Sᵗᵉ Vierge immaculée* et *Sᵗ Joseph*.

Au bas : GEORGES ET FRANCISQUE PACCARD etc... 1884.

---

(1) Fils de la marraine. — (2) Sœur des parrain et marraine de la cloche de Massieu de 1839 (nº 836), et fille de M. Jⁿ Augᵗᵉ Chanrond, géomètre et marchand de domaines, nommé sur la cloche de Massieu (nº 836).

Note (?).   Poids : 517 kil. 500.   Diam. (?).

Com^{on} de Mrs Paccard frères.

1388. — CHAPELLE-DE-LA-TOUR (LA). 1885.

✠ DEUS CANTICUM NOVUM CANTABO TIBI PS. 143. V. 9. ✠ SEMPER LAUS EJUS IN ORE MEO PS. 33. V. 3. ✠

J'AI ÉTÉ ACHETÉR PAR SOUSCRIPTION EN L'AN DE GRACE 1885

MM. TROUILLOUD ÉTANT CURÉ ✕ VALLIN J^N B^{TE} MAIRE ✕ ENNEMOND LANFRAY PRÉSIDENT DE LA FABRIQUE ✕ ET BEJUY PIERRE TRÉSORIER

JE M'APPELLE JEANNE MARIE LOUISE

MON PARRAIN EST M^R LE COMTE J^N LOUIS RAOUL DU BOIS DU BAIS [1]

ET MA MARRAINE MLLE JEANNE-MARIE-LOUISE-JOSÉPHINE-MAGDELEINE DU BOIS DU BAIS [2]

Sur la panse : la *Vierge* et le *Christ*.

Au bas : GEORGES ET FRANCISQUE PACCARD, etc... 1884.

Note (?).   Poids : 1000 kil.   Diam. (?).

Com^{en} de Mrs Paccard frères.

1389. — CORENC.   1885.

SIVE VIVIMUS, SIVE MORIMUR DOMINI SUMUS

JE M'APPELLE BERTHE

MON PARRAIN A ÉTÉ JEAN BERT

ET MA MARRAINE HENRIETTE B. DÉSIRAT

PAROISSE DE CORENC 1885.

Sur la panse :   LÉON XIII PAPE

AMAND J. FAVA ÉVÊQUE

MATHIEU ADRIEN CURÉ

et les effigies de St *Pierre*, du *Sacré-Cœur de Jésus* et de la *Vierge immaculée*.

Au bas : GEORGES ET FRANCISQUE PACCARD etc... 1885.

Note (?).   Poids : 980 kil.   Diam. (?).

Com^{on} de Mrs Paccard frères.

---

[1] Ancien sous-préfet de la Tour-du-Pin. — [2] Sa fille.

1390. – LONGECHENAL. 1885.

JE M'APPELLE ANNE-MARIE-JOSEPHINE
J'AI ÉTÉ PAYÉE PAR LES FIDÈLES DE LA PAROISSE
PARRAIN (1)
MARRAINES M^{MES} OLYMPE THOMAS GRANGER ET PAULINE GUILLET
M^R REY CURÉ—1885.

LAUDO DEUM VERUM, PLEBEM VOCO, CONGREGO CLERUM
DEFUNCTOS PLORO, NIMBUM FUGO, FESTA DECORO
ANNO D^{NI} 1885

Sur la panse, le *Crucifix* et la *Vierge immaculée*.
Au bas : GEORGES ET FRANCISQUE PACCARD, etc... 1885.
Note (?).   Poids : 300 kil.   Diam. (?).
Com^{on} de Mrs Paccard frères.

1391. – MAUBEC. 1885.

JE LOUE DIEU, J'ASSEMBLE LE PEUPLE, J'EMBELLIS LES FÊTES, JE
PLEURE LES MORTS
JE M'APPELLE FRANÇOISE JEANNE
MON PRINCIPAL DONATEUR A ÉTÉ FEU MR FRANÇOIS BOSSY DE PALEYZIN
MON PARRAIN A ÉTÉ M^R LE COMTE HENRY DE MEFFRAY ET MA MAR-
RAINE MME MARTHE-MARIE-JEANNE COPPENS DE FONTENAY, SON ÉPOUSE
MR JEAN-PIERRE PERRIN, CURÉ. 1885.
Sur la panse, effigies de la *Vierge* et du *Christ*.
Au bas : GEORGES ET FRANCISQUE PACCARD etc... 1885.
Note (?).   Poids : 850 kil.   Diam. (?).
Com^{on} de Mrs Paccard frères.

1392. – MÉAUDRE. 1885.

PARRAIN IOSEPH MARTIN MAIRE. MARRAINE CAROLINE ROJAT.
LÉON VANHOUCKE, INSPECTEUR DES FORÊTS, MME VANHOUCKE. NANCY
ODEMARD FEMME J^H MARTIN.

(1) Le nom du parrain manque.

RONIN NOTAIRE. MME RONIN. OLYMPE REYMOND V^VE AMAT.
VÉRONIQUE REYMOND. A. DOUCET, CURÉ.

Plusieurs ceintures d'ornements gothiques.

Sur la panse, 4 médaillons gothiques réunis entre eux par une ceinture gothique et représentant : Le *Christ triomphant*, le *Mariage de la Vierge*, l'*Adoration des Mages* et le *Christ en croix entre la Vierge et St Jean.*

Un peu au-dessus, à gauche du *Christ triomphant*, effigie de *St Joseph, en pied, tenant l'enfant Jésus et une tige de lis.*

Sur l'autre face : *une gerbe de blé.*

Au bas : ANCIENNE MAISON GULLIET FILS. CH. ABRAGON, INGÉNIEUR DES ARTS ET MANUFACTURES, SUCCESSEUR, FONDEUR A LYON ; DÉCEMBRE 1885.

Note : *ré.*   Poids : environ 1500 kil.   Diam. 139 c.

1393. — MOULIN-VIEUX. 1885.

✠ AD MAJOREM DEI GLORIAM ✠ VOX DE TEMPLO, VOX DOMINI (IS. 66 (1))
ANTONIA.

PATRINUS EUGENIUS RUELLE ✕ MATRINA JOSEPHINA CELESTINA RUELLE.
ADJUVANTE TOTIUS PAROCHIÆ CONCURSU.

D. J^H ALLAIX, ECCLESIÆ S^TI ANTONII DE MOULIN-VIEUX RECTORE ✕
ANNO DOMINI MDCCCLXXXV

Sur la panse, effigie de *St Antoine,* sous laquelle on lit :
SANCTE ANTONI ORA PRO NOBIS

Au bas : GEORGES ET FRANCISQUE PACCARD etc... 1885.

Note (?).   Poids : 520 kil.   Diam. (?).

Com^on de Mrs Paccard frères.

1394. — MOULIN-VIEUX. 1885.

IN HONOREM BEATÆ GENITRICIS MARIÆ
MARIA-EUGENIA
SEIGNEUR, J'ANNONCERAI VOS LOUANGES (PS. 50)
PATRINUS ANTONIUS CROS ✕ MATRINA ZOÉ PELLAFOL-FINET
D. J^H ALLAIX, RECTORE DE MOULIN-VIEUX 1885.

---

(1) Portion du verset 6.

Sur la panse, effigies du *Christ* et de l'*Immaculée Conception*, sous laquelle on lit : MARIA SINE LABE CONCEPTA. ORA PRO NOBIS

Au bas : GEORGES ET FRANCISQUE PACCARD etc... 1885.

Note (?).   Poids : 215 kil.   Diam. (?).

Com⁰ⁿ de Mʳˢ Paccard frères.

1395. — PAJAY.   1885.

JE M'APPELLE FRANÇOISE-JEANNE-CÉCILE.

MON PARRAIN EST Mᴿ FRANÇOIS DE GARNIER DES GARETS.

MA MARRAINE Mᴹᴱ DES GARETS NÉE FRANÇOISE-JEANNE-CÉCILE PERIER DU PALAIS.

JE REDOIS LA VOIX QU'UN ACCIDENT M'AVAIT FAIT PERDRE A Mᴿ LOUIS BOUCHON CURÉ, ANTOINE GIRAUD MAIRE, LOUIS MONNET ADJOINT, AINSI QU'AUX DONS DES R.R. P.P. CHARTREUX ET DE Mᴿ PERIER DU PALAIS.

Sur la panse, en 6 lignes, dans un cadre entouré d'étoiles : LAUDO DEUM VERUM — PLEBEM VOCO — CONGREGO CLERUM — DEFUNCTOS PLORO — NIMBUM FUGO — FESTA DECORO — Effigies du *Christ* et de l'*Immaculée Conception*.

Au bas : GEORGES FRANCISQUE PACCARD etc... 1885.

Note (?).   Poids : 500 kil.   Diam. (?).

Com⁰ⁿ de Mʳˢ Paccard frères.

1396. — PRÉBOIS.   1885.

MARIE-PAULINE

PARRAIN Mᴿ CURTIL ARCHᵀᴱ MAIRE DE PRÉBOIS CONSEILLER D'ARRONDᵀ COMMANDEUR DE PLUSIEURS ORDRES ÉTRANGERS

MARRAINE Mᴱᴸᴸᴱ PAULINE TERRAS RENTIÈRE

PRINCIPAUX DONATEURS : LES MEMBRES DU CONSEIL DE FABRIQUE M.M. BERT CESTIN (?) [1] RUTTY EX-INSTITUTEUR ANSELME SCHETEK GROS SÉVERIN HELLIS EDOUARD GRAND CURÉ

Sur la panse, le *Crucifix* et une *Immaculée Conception*.

Au bas : GEORGES ET FRANCISQUE PACCARD, etc... 1885.

Note (?).   Poids : 480 kil.   Diam. (?).

Com⁰ⁿ de Mʳˢ Paccard frères.

[1] *Célestin !*

1397. — ST-ETIENNE-DE-MONTAGNE. 1885.

JE M'APPELLE JULIE

MON PARRAIN EST JEAN FONTAINE

ET MA MARRAINE JULIE LOMBARD DONATRICE

MR VEYRET EUGÈNE CURÉ

MA VOIX PUBLIERA LES LOUANGES DU SEIGNEUR. PS. 50.

Sur la panse, effigies du *Sacré-Cœur*, de l'*Immaculée Conception* et de *St Etienne* ; sous cette dernière, on lit : ST ÉTIENNE, PRIEZ POUR NOUS.

Au bas : GEORGES ET FRANCISQUE PACCARD etc... 1885.

Note (?).   Poids : 250 kil.   Diam. (?).

Comon de Mrs Paccard frères.

1398. — TRÉMINIS.   1885.

✠ LAUDATE DOMINUM IN CYMBALIS BENESONANTIBUS ✠

CLAUDE BUSCOZ CURÉ ✕ GERMAIN BACHASSE MAIRE

MR JOSEPH BONAND PARRAIN

MME ANGÉLIQUE BRACHON VVE VILLEMIN MARRAINE

Sur la panse, *Armoiries* du parrain ; — le *Christ* et la *Vierge*.

Au bas : GEORGES ET FRANCISQUE PACCARD etc... 1885.

Note (?).   Poids : 250 kil.   Diam. (?).

INDEX ALPHABÉTIQUE

Des textes empruntés aux Écritures, à la Liturgie et à d'autres sources.

Ab increpatione tuâ fugient : à voce tonitrui tui formidabunt. (*Ps.* CIII, 7).

Ab ortu enim solis usque ad occasum, magnum est nomen meum in Gentibus (*Malac.* I, 11.)

Ad Dominum cum tribularer'clamavi : et exaudivit me. (*Ps.* CXIX, 1.)

Ad majorem Dei gloriam (*Devise de St Ignace de Loyola*).

Adorate Dominum in atrio sancto ejus (*Ps,* XXVIII 2).

Adorate eum omnes angeli ejus (*Ps.* XCVI. 7).

Afferte Domino gloriam et honorem : afferte Domino gloriam nomini ejus ; adorate Dominum in atrio sancto ejus (*Ps,* XXVIII, 2. — XCV, 9).

A fulgre et tempestate libera nos Domine (*Litanies des saints*).

Agnus vincet illos (*Apoc,* XVII, 14).

Alleluia (*Ps.* CIV, 1).

Apud te laus mea in ecclesiâ magnâ (*Ps* XXI 27).

A solis ortu usque ad occasum, laudabile nomen Domini. (*Ps.* CXII, 3).

Audiam quid loquatur in me Dominus Deus : quoniam loquetur pacem in plebem suam (*Ps.* LXXXIV, 9).

Audiant mansueti, et lætentur (*Ps.* XXXIII, 3)

Audies vocem ejus, et facies mandata (*Deut.* XXVII, 10).

Audite insulæ, et attendite populi de longè, (*Isaïa,* XLIX, 1).

Ave gratia plena : Dominus tecum : Benedicta tu in mulieribus (*Luc.* I, 28).

Ave Maria gratia plena, Dominus tecum, benedicta tu in mulieribus, et benedictus fructus ventris tui. Sancta Maria, mater Dei, ora pro nobis peccatoribus. (*Salutation angélique*).

Ave maris stella (*Hymne de Vépres, de l'Off. de la Se. Vierge*).

Beatus qui intelligit super egenum et pauperem. (*Ps.* XL, 2).

Bene cane, frequenta canticum, ut memoria tui sit. (*Isaïa,* XXIII, 16).

Benedicam Dominum in omni tempore : semper laus ejus in ore meo (*Ps.* XXXIII, 2).

Benedicamus Dominum (*Judith* VII, 14).

Benedicite fulgura et nubes Domino (*Dan.* III 73).

Benedicite omnia opera Domini Domino (*Dan.* III, 57).

Benedictus Dominus Deus Israël, qui fecit mirabilia solus. (*Ps.* LXXI, 18).

Benefac Domine bonis, et rectis corde (*Ps.* CXXIV, 4).

Bene'omnia fecit ; et surdos fecit audire et mutos loqui. (*Marc,* VII. 37).

Buccinate in Neomeniâ tubâ, in insigni die solemnitatis vestræ (*Ps.* LXXX. 4).

Canite tuba in Sion, congregate populum (*Joël.* II, 15 et 16).

Cantabiles mihi erant justificationes tuæ (*Ps.* CXVIII, 54).

Cantabo dilecto meo canticum (*Isaïa.* V. 1).

Cantate Domino canticum novum : laus ejus in ecclesiâ sanctorum. (*Ps.* CXLIX, 1).

Cantate Domino canticum novum : quia mirabilia fecit (*Ps.* XCVII, 1).

Cantate Domino in cymbalis (*Judith,* XVI, 2).

Cantemus Domino : gloriosè [enim magnificatus est]. (*Exod.* XV, 1).

Celebra Juda festivitates tuas, et redde vota tua (*Nahum,* I, 15).

Christum regem venite adoremus (*Invitatoire de l'Off. de Matines*).

Christus vincit, Christus regnat, Christus imperat, Christus ab omni malo nos defendat (*Devise très fréquente sur les monnaies françaises des XIVe, XVe et XVIe siècles, et qui se trouve aussi sur la colonne de la place St. Pierre, à Rome*).

Clama ne cesses, quasi tuba exalta vocem tuam (*Isaïa, LVIII, 1*).

Clamor meus ad te veniat, Domine (*Ps. CI, 2e partie du 1er v.*).

Clangetis [ululentibus tubis], et erit recordatio vestri coram Domino Deo vestro. (*Numer. X, 9*).

Confiteantur tibi populi, Deus : confiteantur tibi populi omnes, terra dedit fructum suum. (*Ps. LXVI, 5*).

Confitemini Domino, et invocate nomen ejus (*Isaïa XII, 4*).

Congrega omnes tribus Jacob.... et ennarent magnalia tua. (*Eccl. XXXVI, 13*).

Congregate [illi] sanctos ejus (*Ps. XLIX, 5.*)

Convertisti planctum meum in gaudium mihi.... et circumdedisti me laetitia (*Ps. XXIX, 12*).

Cumque increpueris tubis, congregabitur ad te omnis turba ad ostium tabernaculi foederis (*Numer. X, 3*).

De profundis clamavi ad te Domine : Domine exaudi vocem meam (*Ps. CXXIX, 1 et 2*).

Deus, canticum novum cantabo tibi (*Ps. CXLIII, 9*).

Deus majestatis intonuit, [Vox Domini in virtute] vox Domini in magnificentiâ... et in templo ejus omnes dicent gloriam (*Ps. XXVIII, 3, 4 et 9*).

Dixi : tu es spes mea (*Ps. CXLI, 6*)

Dominus benedicet populo suo in pace (*Ps. XXVIII, 11*).

Dominus dissipat consilia gentium (*Ps XXXII, 10*).

Ecce ancilla Domini, fiat mihi secundum verbum tuum (*Luc. I, 38*).

Ecce dabit voci suae vocem virtutis (*Ps. LXVII, 34*).

Ecce mater tua. Et ex illâ horâ accepit eam discipulus in suâ (*Joan. XIX, 27*).

Ego sum pastor bonus (*Joan. X, 11 et 14*).

Ego vox clamantis in deserto (*Joan. I, 23*).

Elevaverunt flumina Domine.... fluctus suos, à vocibus aquarum multarum. (*Ps. XCII, 4 et 5*) ;

Erunt omnes docibiles Dei (*Isaïa. LIV, 13 ; Joan. VI, 45*).

Et benedictum nomen majestatis ejus in aeternum (*Ps. LXXI, 19*).

Et ego si exaltatus fuero à terrâ, omnia traham ad meipsum. (*Joan. XII, 32*).

Et erit : In die illâ clangetur in tubâ magnâ, et venient qui perditi fuerant [de terrâ Assyriorum], et qui ejecti erant [in terrâ Ægypti], et adorabunt Dominum in monte sancto in Jerusalem (*Isaïa. XXVII, 13*).

Et laudabo nomen tuum (*Ps. CXLIV, 2*).

Et nomen Virginis Maria (*Luc. I, 27*).

Et Verbum caro factum est (*Joan. I, 14*).

Exalta in fortitudine vocem tuam (*Isaïa. XL, 9*).

Exaltare super coelos Deus : et super omnem terram gloria tua (*Ps. LVI, 6*).

Ex ore infantium et lactentium perfecisti laudem (*Ps. VIII, 3 ; et Math. XXI, 16*).

Exulta terra, jubilate montes. (*Isaïa, XLIX, 13*).

Exurgat Deus, et dissipentur inimici ejus (*Ps. LXVII, 2*).

Fiat pax in virtute tuâ : et abundantia in turribus tuis. (*Ps. CXXI, 7*).

Gloria in altissimis Deo, et in terrâ pax hominibus bonae voluntatis. (*Luc. II, 14*).

Gloria in excelsis Deo, et in terrâ pax hominibus bonae voluntatis. *Cantique de la Messe*).

Gloria Patri et Filio et Spiritui sancto (*Doxologie des psaumes*).

Gloria tibi, Domine, qui natus es de virgine cum Patre et sancto spiritu in sempiterna secula. Amen. (*Doxologie dans l'ancien Off. de la Ste Vierge*).

Gratiarum actio et vox laudis *Isaïa, LXI, 3*). ·

Gratia vobis et pax (*I ad Corinth. I, 3*).

Hodie si vocem ejus audieritis, nolite obdurare corda vestra. (*Ps. XCIV, 8, — Hebr. III, 7-8 et 15 ; IV, 7*).

Hosanna in excelsis (*Marc. XI, 10*).

Hostem repellas longiûs (*Hymne de la Pentecôte : Veni Creator : 5e* strophe, *1ᵉʳ vers*).

Hymnum cantale nobis de canticis Sion (*Ps.* CXXXVI, *9*).

In conveniendo populos in unum, et reges ut serviant Domino. (*Ps.* CI, *23*).

In horâ, quâ andieritis sonitum tubæ... cadentes adorate. (*Dan.* III, *4 et 5*).

In matutinis meditabor in te (*Ps.* LXII, *7*).

In medio ecclesiæ laudabo te (*Ps.* XXI, *23*).

In nomine Jesu fugite partes adversæ (*3ᵉ Antienne à l'Off. de Laudes, en la fête de l'Invention de la Sᵗᵉ Croix*).

In omnem terram exivit sonus eorum (*Ps.* XVIII, *5.*)

Intende mihi, et exaudi me (*Ps.* LIV, *3*).

In tribulatione invocasti me, et liberavi te (*Ps.* LXXX, *8*).

In voce exultationis et confessionis : sonus epulantis. (*Ps.* XLI, *5*)

Ite ad Joseph (*Gen.* XLI, *55*).

Jesus [ipse] autem transiens per medium illorum, ibat (*Luc* IV, *30*).

Jubilate Deo omnis terra : (*Ps.* LXV, *1.* — XCVII, *4*).

Jubilate Deo omnis terra : servite Domino in lætitia. Introite in conspectu ejus, in exultatione (*Ps.* XCIX, *2*).

Jubilate montes laudem : quia consolatus est Dominus populum suum, et pauperum suorum miserebitur (*Isaïa*, XLIV, *13*).

Juraverunt que Domino voce magnâ in jubilo (II *Paral.* XV, *14*).

Lætatus sum in his quæ dicta sunt mihi: in domum Domini ibimus (*Ps.* CXXI, *1*).

Laudabile nomen Domini (*Ps.* CXII, *3*).

Laudate cœli, et exulta terra, jubilate montes laudem. (*Isaïa,* XLIX *13*).

Laudate Dominum de cœlis : laudate eum in excelsis (*Ps.* CXLVIII, *1*).

Laudate Dominum de cœlis : — Laudate Dominum de terrâ. (*Ps.* CXLVIII, *1 et 7*).

Laudate eum [Dominum] in sono tubæ... laudate eum in tympano, et choro : laudate eum in chordis, et organo. Laudate eum in cymbalis bene sonantibus : laudate eum in cymbalis jubilationis. Omnis spiritus laudet Dominum. Alleluia. (*Ps.* CL. *3-6*).

Laudate Dominum omnes gentes: laudate eum omnes populi (*Ps.* CXVI, *1*).

Laudate pueri Dominum : laudate nomen Domini (*Ps.* CXII, *1*).

Laudem juraverunt Domino voce magnâ in jubilo (*2 Paral.* XV, *14*).

Magnificat anima mea Dominum (*Luc* 1, *46*).

Magnificate Dominum mecum : et exaltemus nomen ejus in idipsum (*Ps.* XXXIII, *4*).

Misericordiam, et judicium cantabo tibi Domine (*Ps.* C, *1*).

Misericordias Domini in æternum cantabo (*Ps.* LXXXVIII, *2*).

Non moriar, sed vivam : et narrabo opera Domini (*Ps.* CXVII, *17*).

Non secundum peccata nostra fecit nobis (*Ps.* CII, *10*).

Non surrexit inter natos mulierum major Joanne Baptista. (*Matth.* XI, *4*).

Omne regnum in seipsum divisum desolabitur, et domus supra domum cadet (*Luc*, XI, *17*).

Omnis qui est ex veritate, audit vocem meam (*Joan.* XVIII, *37*).

Omnis spiritus laudet Dominum. (*Ps.* CL, *5*).

Omnis terra adoret te et psallat tibi (*Ps.* LXV, *4*).

Oportet me evangelizare regnum Dei (*Luc.* IV, *43*).

Os nostrum patet ad vos. (*2ᵉ Corinth.* VI, *11*).

O vos omnes, qui transitis per viam, attendite, et videte si dolor sicut dolor meus (*Threni*, id est, *lamentationes Jeremiæ* I, *12*).

Parate viam Domini (*Isaïa* XL, *3*. — *Matth.* III, *3*.— *Marc.* I, *3*.— *Luc* III, *4*).

Per crucem et passionem tuam à fulgure et tempestate libera nos, Domine (*Litanies des saints*).

Periit memoria eorum cum sonitu et Dominus in æternum permanet (*Ps.* IX, *7-8*).

Propitius esto, parce nobis, Domine, ut fidem, spem et caritatem nobis dones. Te rogamus audi nos. Jesu, exaudi nos. (*Litanies romaine et Viennoise*).

Psallam Deo meo quamdiu sum (*Ps.* CIII, *33*).

Psallite Deo nostro..., psallite Regi nostro, psallite (*Ps.* XLVI, *7*).

Psallite Domino (*se trouve dans une foule de psaumes*).

Quasi tuba exalta vocem tuam :

os enim Domini (*Isaïa.* LVIII, *3 et 14*).

Qui creavit me, requievit in tabernaculo meo (*Eccl.* XXIV, *12*).

Qui dispersit Israël, congregabit eum (*Jerem.* XXXI, *10*).

Quid clamabo ? Omnis caro fœnum et omnis gloria ejus quas flos agri (*Isaïa,* XL, *5*).

Quis deus magnus sicut Deus noster *Ps.* LXXVI, *14*).

Quoniam magnus es tu, et faciens mirabilia : tu es Deus solus. (*Ps.* LXXXV, *10*).

Rachel plorans filios suos (*Math.* II, *18*).

Regna terræ, cantate Deo : psallite Domino (*Ps.* LXVII, *33*).

Resonate montes laudationem (*Isaïa.* XLIV, *23*).

Respice stellam, invoca Mariam. *St Bernard, Homélie* II, super *Missus est*).

Salvator mundi, salva nos (*Litanies*)

Salvum fac populum tuum Domine (*Ps.* XXVII, *9*).

Sancta Maria succure miseris, juva pusilanimes, refove flebiles, ora pro populo (*Off. de la Vierge*).

Sanctus Deus, Sanctus fortis, Sanctus et immortalis, miserere nobis (*Trisagion du vendredi saint* : *Agios o Theos ! agios ischyros, agios athanatos, eleison imas*).

Semper laus ejus in ore meo (*Ps.* XXXIII, *2^e partie du 1er v.*).

Servite, introite, laudate (*Ps.* XCIX, *1, 2 et 4*).

Sine Dei numine nihil est in homine.... Da salutis exitum... da perenne gaudium (*Prose de la Pentecôte, au Missel Viennois. V. la 5^e strophe et les deux derniers vers de la prose*).

Sinite parvulos venire ad me (*Marc.* X, *14*).

Si vis ad vitam ingredi, serva mandata (*Matth.* XIX, *17*).

Sit laus plena, sit sonora (*Prose de la Fête-Dieu*).

Sit nomen Domini benedictum (*Job.* I, *21*).

Sit nomen Domini benedictum, ex hoc nunc, et usque in sæculum '*Ps.* CXII, *2*).

Sit nomen ejus benedictum in sæcula (*Ps.* LXXI, *17*).

Soli Deo, honor et gloria (*1. Tim.* I, *17*).

Sonet vox tua in auribus meis : vox enim tua dulcis. (*Cant.* II, *14*).

Stat crux dum volvitur orbis (*Devise de l'Ordre des Chartreux*).

Sursum corda (*Préface de la Messe*).

Te Deum laudamus : te Dominum confitemur (*Hymne des SS^{ts} Ambroise et Augustin, 1er verset*).

Timeat Dominum omnis terra (*Ps.* XXXII, *8*).

Tonabit Deus in voce suâ mirabiliter (*Job.* XXXVII, *5*).

Tu eris super domum meam, et ad tui oris imperium cunctus populus obediet (*Gen.* XLI, *40*).

Tu es Petrus (*Matth.* XVI, *18*).

Ubi enim sunt duo vel tres congregati in nomine meo, ibi sum in medio eorum (*Matth.* XVIII, *20*).

Ut videam voluptatem Domini et visitem templum ejus (*Ps.* XXVI, *2^e partie du v. 4*).

Venite ad me omnes, qui laboratis, et onerati estis, et ego reficiam vos (*Matth.,* XI, *28*).

Sive ergo vivimus, sive morimur, Domini sumus (*S^t. Paul. ad Rom.* XVI, *8*).

Venite ad sanctuarium ejus (II. *Paral.* XXX, *8*).

Venite, et videte opera Domini (*Ps.* XLV, *9*).

Venite, exultemus Domino : jubilemus Deo salutari nostro.... Venite adoremus, et procidamus, et ploremus ante Dominum qui fecit nos, quia ipse est Dominus Deus noster *Ps.* XCIV, *1, 6 et 7*)

Venite filii, audite me : timorem Domini docebo vos, (*Ps.* XXXIII, *12*).

Venite in conspectu ejus et adorate eum (*1. Paral.* XVI, *29.—Apoc.* XIV, *7*).

Vespere, et mane, et meridie narrabo et annuntiabo : et exaudiet vocem meam (*Ps.* LIV, *18*).

Vocate cœtum, congregate populum (*Joël,* II, *15 et 16*).

Voce meâ ad Dominum clamavi : ad te Domine. (*Ps.* III, *5 ; et passim pour la suite, dans les psaumes*).

Vox clamantis in deserto : Parate viam Domini ; rectas facite.... semitas ejus (*Isaïa,* XL, *3.—Matth* III, *3*).

Vox de cœlo (*Dan.* IV, *28.—Luc.* III, *22*).

Vox de templo, vox Domini. (*Isaïa,* LXVI, *6*).

Vox Domini super aquas... Vox Domini in virtute ; Vox Domini in magnificentiâ. Vox Domini confringentis cedros... Vox Domini intercidentis flammam ignis. Vox Domini concutientis desertum... Et in templo ejus omnes dicent gloriam (*Ps.* XXVIII, *3, 4, 5, 7, 8 et 9*).

Vox ejus quasi æris sonabit (*Je-*

rem. XLVI, *22*).

Vox Domini confringentis cedros *Ps.* XXVIII, *5*).

Vox exultationis et confessionis sonus epulantis (*Ps.* XLI, *5*).

Vox exultationis et salutis, in tabernaculis justorum (*Ps.* CXVII, *15*).

INDEX DES FONDEURS

ALBENGA, ALBENGUE ou ALBINGUE (*Pierre*) — 1723-45. — Maître-fondeur à Lyon, mais dont le nom italien dénote l'origine (1) ; signe d'abord ses cloches de son vrai nom **Albenga** (1723) ; établit ensuite un atelier à Grenoble et signe Albengue (1726-28) ; ses affaires paraissent prendre de l'extension, et, en 1732, nous retrouvons son nom entièrement francisé, **Albingue,** suivi de la formule *fondeur u Lyon et à Grenoble* ; en 1744, paraît avoir abandonné sa maison de Lyon pour se fixer complètement dans cette dernière ville, où nous le voyons, en 1745, associé à Jh Vachat, maître-fondeur. Dès lors il n'est plus question de lui.

ANCELLE ou ENCELLE (*J. B.*) — 1769-70. — Maître-fondeur lorrain ; paraît, en 1769, sous le dernier de ces noms, associé à F. Navoiset et J. B. Picaudez et prend avec eux la qualité de maître-fondeur lorrain. En 1770, son nom s'écrit Ancelle, et celui de Navoiset a disparu de l'association.

ARRAGON (*Charles*) — 1885. — Ce fondeur, natif du Pont-de-Beauvoisin (Isère), ingénieur des Arts et Manufactures, a pris, pendant le cours de cette année, la succession de la maison Gulliet, fondée à Lyon en 1850.

AUBRY (*N.*) — 1667. — Nous trouvons ce nom associé au nom d'un autre fondeur qu'il nous a été impossible de ressusciter, vu l'état de dégradation où il se trouve. Nous l'avons lu: ÆML ? TTOYER avec beaucoup d'hésitation.

AUBRY (*P.*) — 1728. — Un descendant sans-doute de N. Aubry, qui précède, et qui paraît, en cette année, associé avec les fondeurs D. Goussel et J. B. Chrétienot.

BANDIER — 1808. — De Lyon. La même année, nous trouvons une cloche de cet artisan, associé à Moreaux, fondeur de la même ville.

BARBE —1787.— *Voir* **VALLIER.**

BARET (*F.*) — 1758-60.

BAUDOIN (*Alexandre*) — 1880. — Fondeur à Marseille.

BAUDOIN (*C. F.*) — 1844. — En société av c le chevalier Malnuit.

BEAUQUIS Frères —1871.—Fondeurs à Quintal, près Annecy.

BELLI (*Aloysius*) — 1806. — De Viterbe.

(1) Il descendait sans-doute d'André Albengo, de St Alban (Piémont), qui, en 1633 et 1634 était privilégié pour la fonte des cloches en Piémont.

BERNARD *(André)* — 1629. — On trouve, à cette date, la marque de ce fondeur suivie des lettres F I, qui sont peut-être les initiales du nom d'un autre fondeur.

BERTHIER — 1786. — Fondeur à Lyon.

BESSON *(Etienne)* — 1680-81. — On le trouve en 1680 en société avec *Grand.....ne* (?) ; mais il signe seul, l'année suivante, par l'apposition de sa marque.

BILLIARD *(Jean)* — 1723. — Maître fondeur, signe seul une cloche en cette année. A la même date, nous le trouvons en collaboration avec N. Royer.

BOLLÉE père et fils — 1862. — Fondeurs au Mans (Sarthe). Leurs cloches offrent la représentation de la médaille d'argent que ces fabricants obtinrent, en 1839, à l'Exposition de Tours et de la grande médaille de même métal qui leur fut décernée, en 1842, à l'Exposition du Mans. Ces fondeurs ont beaucoup perfectionné la construction des carillons.

BONVIE, puis BONNEVIE — 1765-1844. — Voici une famille de fondeurs grenoblois dont le nom paraît sur les cloches de la région pendant une longue série d'années. On remarquera la transformation de ce nom en 1780, époque où André Bonvie fit subir au nom de son père un changement motivé sans doute par *l'euphonie* qui avait présidé à celui des noms de *Valpute* en *Vallouise*, de *Menufamille* en *Bonnefamille*, de *Montcuq* en *Cumont, de Beauvit en Beauharnais*, etc. En fait de langage, ainsi que l'a fort bien fait observer le b⁰ⁿ de Coston, (1) la décence est souvent une affaire de temps, de mœurs, d'usage et même de religion. Quoiqu'il en soit, ce nom de *Bonvie* porté par Nicolas, de 1765 à 1769, quelquefois en collaboration avec celui du fondeur Jⁿ Breton, se change bientôt en celui de *Bonnevie* qu'André signe de 1780 à 1804. A partir de cette époque, on trouve la signature *F. A. Bonnevie*, alternant successivement avec celles de *Bonnevie* (A.) *père et fils, Bonnevie* (F. A.) *fils, Bonnevie* (F) *fils, Bonnevie fils, Bonnevie, Bonnevie* (A. F.), *Bonnevie* (F.

A. *père et fils, Bonnevie* (F. A.) *frère et fils*, jusqu'en 1850, où nous ne retrouvons plus de traces de leur fabrication. Peu d'années après, du reste, cette maison n'existait plus J'ajouterai qu'à l'exemple des *raisons de commerce* que je viens d'énumérer, les marques de fabrique ont aussi beaucoup changé. J'en ai remarqué une quinzaine au moins dont la variété résidait surtout dans l'ornementation. J'ajouterai qu'il existe, sur une cloche de 1768, les sigles N-Bque je crois être les initiales de Nicolas Bonvie.

BRETON *(Joseph)* — 764-76. — Fondeur de Lamarche, en Lorraine. On trouve la marque, seule, de ce fondeur en 1764. Elle est associée au nom de Nicolas Bonvie en 1767 et 1768, et à celui de N. L. Gerdolle en 1776. (V. ces noms).

BREVIGNON — 1839. — V. **DECHARNE.**

BURDIN — 1802-85. — Fondeur à Lyon. Encore un nom qui se perpétue sur nos cloches, depuis 1802 jusqu'à nos jours. De cette époque à 1821, nous le trouvons seul. De 1827 à 1849, Burdin joint à son nom la qualité *d'aîné*. De cette époque à 1865, nos cloches portent la raison de commerce *Burdin fils aîné*. En 1836, nous voyons ce fondeur associer son nom à celui de Chevalier. Burdin est un des fondeurs de notre temps qui ont le plus fourni de cloches au département de l'Isère. Cette famille exerce sa profession depuis le commencement du XVIIIᵉ siècle.

CARET *(M.)* — 1654. —

CHAMBON — 1692. — Maître fondeur du Puy-en-Velay. V. **VALLETTE** avec qui on le trouve associé.

CHAMPION *(Antoine)* — 1757. — Signe seul au moyen de sa marque.

CHAMPION *(J. P.)* — 1760. — Un parent sans doute du précédent ; signe en société avec N. Catelain (V. ce nom).

CHAPPUT (H ᴇ̅ɴ, *sic*) — 1684. —

CHATELAIN — 1760-74. — Fondeur à Langres. Nous trouvons Nicolas Chatelin, en 1760, associé à J. P. Champion (V. ce nom), et, en

(1) *Origine, étymologie et signification des noms propres et des armoiries* ; Montélimar, Bourron, 1867, p. 79.

— Maitre fondeur, en société avec Jean Jacob.

GARNIER (*Nicolas*) — 1642.

GAUTIER — 1808. — En société avec Vallier (V. ce nom).

GELLY (*S.*) — 1806. — Fondeur à Lyon. La cloche de Mozas, près Bourgoin, offre le nom de ce fondeur ; mais elle ne porte pas de date, et j'ignore si elle est antérieure ou postérieure à 1806.

GERDOLLE (*N. L.*) — 1776-77. — Il signe, la première année, en communauté avec J^h Breton, et seul la seconde.

GIRAUD (*Claude*) — 1804-10. — Son nom est ainsi figuré sur les cloches. Je ne trouve néanmoins, en 1810, qu'une marque au nom de *Giraud*, sans prénom ; mais j'ai lieu de supposer que c'est toujours le même fondeur.

GOUSSEL (*D.*) — 1728-36. — Fils ou frère du suivant sans-doute, nous le voyons signer, pour l'année 1728, avec J. Baptiste Chrétienot et P. Aubry (V. ces noms) ; mais il figure seul sur une cloche de 1736.

GOUSSEL (*F*) — 1726. — Parait en société avec J. Baptiste Chrétienot.

GRAND (*M.*) — 1680. — V. **BESSON**.

GRIZARD (*Bastien*) — 1655. — Fondeur lorrain (Voir l'inscription n° 422.)

GUEBAN ou GUERDAN — 1644. — Nom qu'il me semble pouvoir lire ainsi, quoiqu'il soit fort effacé. Placé au bas de la cloche, je suppose que c'est le nom du fondeur.

GUIBER — 1751. — Maitre-fondeur.

GUILLAUME père et fils — 1863-65. — Fondeurs à Angers.

GULLIET (*Claude*) — 1851-80. — De Saint-Chef (Isère), et fondeur à Lyon, où il établit sa maison en 1850, il signe indifféremment Cl^{de}, C. ou G. *Gulliet* (soit par erreur de lettre, soit à cause de la prononciation du nom de Claude), où même simplement *Gulliet* ; mais c'est toujours le même fondeur.

HILDEBRAND — 1861. — Fondeur de l'Empereur, à Paris.

HOLTZER (*Jacob*) **et Cie** — 1861-68. — Fondeur de cloches d'acier, à Unieux (Loire).

HORIOT — 1775-81. — Ce nom se trouve écrit une seule fois *Horiot*, en 1775, évidemment par erreur.

HUARD — 1688-1722. — Nom d'une famille de fondeurs de Clérieu, près Romans. Nous trouvons N. Huard sur une cloche de 1688 ; puis, en 1693, il se fait assister de ses deux fils, Pierre et Jean, dans la fabrication des cloches de l'église St André de Grenoble. Le nom seul de Huard paraît de 1696 à 1697. De 1700 à 1704, c'est celui de Joseph Huard. Enfin, de 1707 à 1722, on ne trouve que I. Huard qui est sans-doute le même et qui se contente de signer J. H sur une cloche de 1721. J'ai trouvé également les initiales I-H sur deux cloches de 1686 et 1711 et ce sont probablement celles de Je n Huard.

Mais, de cette note, il ne faut pas induire que cette famille n'exerçait pas son industrie avant 1688. Un article inséré dans le *Bull. de la Soc. dép. d'arch. de la Drôme* (1876, p. 391) nous apprend, en effet, que l'une des cloches de Buisson fut fondue par Huard, de Venterol, un des ancêtres probablement de ceux de Clérieu.

JACLARD (*N.*) — 1861. — Maitre-fondeur à Metz.

JACOB (*Jean*) — 1731-32 — Maitre-fondeur, en société avec Michel Gansbert.

JACQUOT (*Michel*) — 1739.

JEANNY (*J. E.*) — 1718. — En collaboration avec F. Vouillemot.

JOLLY ou JOLY — 1641-55. — Je ne sais si tous les fondeurs de ce nom appartiennent à la même famille. Une cloche de 1718 nous apprend qu'Alexis et François Joly frères sont de Brevannes (Lorraine). Nous trouvons, dès 1641, Michel Jolly sur une cloche du département de l'Isère. En 1668, c'est J. J. Jolly, en collaboration de Pierre Royer (P-R) sans-doute (V. ce nom) ; Alexis Jolly en 1714 et 1715 ; *Alon* (?) (peut-être encore Alexis) en 1718 ; Alexis et François, la même année ; et enfin, en 1755, la marque de Joly entre les deux sigles A-I, Alexis Joly sans-doute. (V. la marque incertaine MI (1601).

JUNI ou JUNY — 1704-95. — Famille de fondeurs, de Montpellier, que nous rencontrons pendant presque tout le XVIIIe siècle. Jacques Juny, en 1704 ; Juny ou Juni de 1705 à 1727, enfin J. Juny en 1795. On cite Jacques Juny depuis 1697.

KLELI (*Jean-Christophe*) — 1643. — de Fribourg.

LAMBERT (*J. M*.) — 1819. — Fondeur.

MALNUIT (*le chevalier*) — 1844. — En société avec C. F. Baudouin.

MARCHAND — 1735-62. — Encore une famille de fondeurs dont les membres apparaissent à différentes époques que je me contente de relever. En 1735, ces fondeurs signent collectivement *Les marchand*. De 1742 à 1761, *E. Marchand*. En 1762, P. (serait-ce une erreur ?) *Marchand*. La même année, *E. Marchand* en collaboration avec C. Pétignot, dont on trouve le nom écrit en entier ou avec sa marque seulement.

MEUNIER (*Eustache*) — 1805-7. — Fondeur à Chambéry. Seul, la première année, il signe, en 1806, avec Claude Pernet, et, en 1807, avec Dutruc. (V. ces noms). Seul aussi en cette même année.

MONET et BRUNET (*F.*) — 1835-1838. — Fondeur à Lyon.

MOREAUX — 1808. — (V. Bandier)

MOREL (*Gédéon*) — 1834-69. — Fondeur à Lyon, mais originaire du Jura. Sa fonderie de Lyon date de 1833.

NATTA (*Jean*) — 1701.

NAVOISET (*F.*) — 1770. — Maître fondeur lorrain (V. Ancelle).

PACCARD (*Georges et Francisque* — 1795 à 1885. — Fondeurs à Annecy-le-Vieux, H^{te} Savoie. — La fonderie de cloches d'Antoine Paccard, grand-père des Paccard actuels, date de 1795. On cite une cloche d'elle (celle de Quintal, près Annecy, où se trouvait alors son atelier), qui porte cette inscription:

Si je survis à la Terreur,
C'est pour annoncer le bonheur.

Ses fils lui succédèrent et y travaillèrent jusqu'en 1857, époque à laquelle Claude Paccard transféra cet établissement à Annecy-le-Vieux et y mourut en 1858. Ses trois neveux, qui travaillaient avec lui depuis la mort de leur père (1848), continuèrent cette industrie sous la raison sociale *Paccard frères* jusqu'en 1881, où, par la retraite du frère aîné, elle se transforma en celle de *Georges et Francisque Paccard*.

PERNET (*Claude* — 1806-07. — Fondeur à Chambéry, en collaboration pour 1806 avec Eustache Meunier, de la même ville, et, en 1807, avec Dutruc.

PERRUSINI (*Francesscus* (sic), — 1563. — (V. **CRESCIMBENI**).

PETIGNOT (*C*) — 1754-62. — Fondeur à Lyon. Signe d'abord avec sa marque ou avec son nom, mais en 1762, en collaboration avec E. Marchand, et, en 1665 peut-être, avec Rochas (?) Seulement, la marque C-P de cette dernière association ne ressemblant pas à celle employée précédemment, je n'ose affirmer qu'elle soit bien celle de Petignot.

PICAUDEZ (*J. B.*) — 1769-76. — Maître fondeur lorrain. En 1769, associé à Ancelle et à Navoiset ; en 1770, à Ancelle seulement ; en 1772, son nom figure seul sur les cloches ; en 1774, associé à Chatelain, et, en 1775 à J. Soyer, avec lequel il signe, la même année et l'année suivante : *Picaudez et Soyer*. Enfin, on voit encore son nom figurer seul, en 1776, sous la forme *J. B. Picacdez* (sic).

PICAUDIEZ — 1733. — Selon toutes les apparences, ce fondeur appartient à la famille du précédent ; néanmoins, soit à cause de la date, soit pour l'orthographe du nom, j'ai cru devoir lui consacrer un paragraphe particulier.

POTIÉ — 1784. — Fondeur à Grenoble.

PRIVAT — 1805-06. — Fondeur à Lyon.

RAMBAUD — 1701. — Fondeur à Grenoble. Nom douteux pour les quatre premières lettres, mais que cependant j'ai cru pouvoir lire ainsi. Dans tous les cas, le style de cette cloche et de son ornementation ne peut la faire attribuer à Tibaud, autre fondeur contemporain de la même ville.

REYNAUD (*Oronce*) — Successeur, en 1869, de Gédéon Morel, fondeur à Lyon.

RICHARD (*Claude*) — 1659-60. — Fondeur à Grenoble.

RICHARD — 1772. — J'ignore si ce fondeur appartient à la même famille que le précédent. Il y a plus d'un siècle d'intervalle entre les deux.

ROCHAS (?) — 1665. — Est-ce *Roch, Roche ou Rochas* qu'il faut lire sur une marque de cette année ? Je reste indécis. (V. Petignot.)

ROLLANDIN (*Antoine*) — 1692-94. Maître-fondeur à Grenoble, décédé le 3 avril 1696 (*Bull. de la Soc. de statistique de l'Isère*, 3e série, t, 1, p. 35.

ROMAIN (*E. Jean-Louis*) — 1725-71. — Fondeur de Carpentras ; signe tantôt *E.-Jean-Louis*, tantôt *Jean-Louis* seulement.

ROSIER — 1785-1864. — Une des familles de fondeurs dont on possède le plus de produits dans le département de l'Isère. Je me contenterai de donner la liste de ses différentes associations :

1785. — *François et Nicolas Rosier,* de Chaumont-la-Ville. (Lorraine).

1786. — *N. Rosier.*

1806. — *F. Rosier.*

1806, — *F. et C. Rosier.*

1811-16. — *Jean-Baptiste* ou *J. B. Rosier.*

1813-17. — *J. B. Rosier fils.*

1817-56. — *Rosier.*

1819. — *Les frères J^h et Jean B^te Rosier.*

1819. — *Les frères Rosier.*

1822-36. — Marque de *Rosier*, en société avec F. Vallette.

1835. — *J^h et Jean B^te Rosier à Chaumont-la-Ville* (H^te *Marne*).

1835. — Mrs *Rosier frères*, id.

1835-50. — *Rosier p. et f.*

1836. — *Les Rosier frères* ou *Les Rosier.*

1843-48. — *Prosper Rosier fils.*

1849-53. — *Prosper Rosier à Vrécourt* (*Vosges*).

1864. — *Rosier-Martin.*

ROSSET (*J. B.*) — 1827. — On trouve la marque de ce fondeur réunie à celle de F. Vallette.

ROYER (*N.*) — 1723. — En société avec J. Billiard (V. ce nom).

ROYER (*P. et A.*) — 1733. — De la même famille sans-doute que les précédents. La cloche qui porte leurs noms réunies offre en même temps la marque P-R, qui semblerait indiquer que P. Royer a précédé A. Royer dans la fabrication des cloches.

Je retrouve également une autre marque de fondeur représentant une cloche entre quatre fleurs de lis, accostée des mêmes initiales P-R, et en collaboration avec J. J. Joly, sous la date 1668. J'ignore si on doit l'attribuer à la même famille. (V. **JOLY** (J. J.)

SEVROT — 1641. — Je trouve, sur une cloche de 1634, la marque I [cloche] S que je voudrais, mais que je n'ose pas attribuer à ce fondeur, vu que, sur la cloche de 1641, il y en a une bien différente ; ce qui d'ailleurs ne serait pas une raison pour la lui refuser ; mais alors il faudrait aussi, pour être logique, lui attribuer les marques A [cloche] S, de 1608 et 1609, et E [cloche] S, de 1613 ; et d'autres fondeurs ont pu avoir aussi un nom commençant par un S, à la même époque.

SOYER — 1757-75. — Je trouve le nom de ce fondeur en collaboration avec Vallier (1757) et Picaudez (1775)

TIBAUD — 1633-1731. — Fondeur à Grenoble. Une seule génération n'a dû évidemment suffire à la fabrication presque séculaire des cloches signées de ce nom ; mais les moyens de distinguer les divers membres de cette famille nous manquent, les initiales baptismales ne suffisant point pour cela. De 1633 à 1645. on trouve la signature P [cloche] T. De 1644 à 1715, il y a une foule de cloches portant les caractères et les ornements habituels à ce fondeur et fabriquées dans le style qui lui est propre, mais sans aucune signature. Je ne puis néanmoins me dispenser de les lui attribuer.

Pierre Tibaud ou *P. Tibaud* signe ainsi de 1693 à 1718 ; ou bien encore simplement *Tibaud* de 1701 à 1731, année où je constate aussi la seule signature T. J'ai trouvé, de ce fondeur, cinquante cloches, dont 27 sans nom ni date, 4 avec initiales seules, 19 avec le nom entier.

VACHAT — 1735-1802. — Fondeur à Grenoble. Encore une famille qui offre plusieurs générations de fondeurs. Je trouve la signature Vachat, sans autre indication, de 1735 à 1768. Pendant cet intervalle, je remarque, en 1745, *Joseph Vachat* — est-ce le même ? — signant en collaboration avec Albingue, et seul de 1749 à 1778 ; puis, de 1748 à 1751, *Vachat le cadet.* La *veuve Vachat* signe de 1765 à 1767. Enfin, je trouve encore la signature *Vachat* en 1802.

VALETTE — 1692. Maître fondeur au Puy-en-Velay. J'ignore s'il y a quelques rapports de famille entre ce Valette et les Vallette de 1818 à 1827. (V. Chambon).

VALLETTE (*F.*) — 1818-27. — Je trouve ce nom avec la marque de ce fondeur, ou représenté par cette marque seulement, de 1822 à 1827 ; et, en collaboration avec J. B. Rosier, de 1818 à 1825. Une seule fois, en 1827, en société avec J. B. Rosset.

VALLIER — 1702-1830. — De Briançon (H^tes Alpes.) Voilà un nom que je trouve pendant une période de 128 ans sur les cloches de notre département, et toujours dans la partie montagneuse des environs de Grenoble : malgré ses fréquents changements de *raison sociale* ou plutôt *d'association passagère*, ce nom est évidemment celui des membres d'une même famille que l'intérêt ou la suite des temps unit entre eux ou avec d'autres artisans spéciaux. C'est ainsi que le nom de *C. Vallier* paraît sur nos cloches dès 1702. Je le retrouve sans prénom en 1757 avec la marque de Soyer, et, depuis la même époque jusqu'en 1817, seul et sans aucune association. De 1787 à 1789, on le voit figurer à côté de celui de Barbe : de 1808 à 1816, avec celui de Gautier ; puis seul en 1817. En 1819, la raison sociale est : *les frères Vallier*, et on la voit, sous cette forme, associée au nom de Gautier en 1823 : de 1823 à 1824, c'est *Vallier p. et f.* en 1824, je trouve encore *Vallier et A. Gautier* ; enfin, en 1830, nous avons une cloche signée *F. Vallier*.

VASTOIS — 1734-49. — Maître fondeur à Grenoble.

VOISSOT (*Jean*) — 1685.

VOUILLEMOT (*F.*) — 1718. — En collaboration avec J. E. Jeanny.

VOULLEMOT (*Claude*) — 1624-86. — Je trouve d'abord la marque C [cloche] V en 1624 ; puis, en 1676, le nom écrit comme je l'ai indiqué ci-dessus (1). Je suis tenté, peut-être un peu gratuitement, de supposer — pour la cloche de 1624 comme pour deux cloches de 1666 et 1688 qui portent la marque C ‡ V, — que c'est le même fondeur qui les a si-

gnées, car alors il me faudrait invoquer une cloche de 1626, portant les marques C [cloche] V et S [cloche] V, et une cloche de 1644 avec la marque M [cloche] V.

Je suppose aussi que le fondeur *Vouillemot*, qui précède, pourrait bien être un des ancêtres des *Voullemot*.

NOMS
DE FONDEURS INCERTAINS OU INCONNUS.

A la suite de cet index des noms de fondeurs écrits en toute lettres, je dois placer une autre table, celle des fondeurs qui n'ont cru devoir signer leurs œuvres qu'au moyen de leurs initiales. Peut-être, dans le nombre, en est-il quelques-unes que nous pourrons rattacher à la liste précédente. Pour les autres, il faudra s'incliner devant le temps qui détruit jusqu'au souvenir.

Ꝺ — XVe siècle. — Est-ce une initiale de fondeur ? (*Inscriptions* : n° 14).

A [cloche] ꞩ — 1608-09. — Nous trouverons plus tard, en 1641, une cloche à la marque nominale de Sevrot. La présente marque A [cloche] ꞩ lui appartiendrait-elle, ou bien serait-elle celle de l'un de ses ascendants ou même d'un autre fondeur (*Inscriptions* n°s 68 et 71).

ꝺu — 1463. — Sont-ce bien des initiales de fondeur ? (*Insc^on* n° 8).

ꞩ suivi d'un petit écusson chargé d'un soleil rayonnant. — 1623. — Cette marque, répétée quatre fois tout autour de la cloche, ne peut-être que l'initiale et la marque du fondeur. La troisième cloche de Villard-Eymond, de 1632, porte le même soleil rayonnant que l'on voit ici, mais sans la lettre B. Elle est pro-

---

(1) Le procès-verbal de la cloche de Vif, que j'ai découvert depuis (V. le n° 1222), nous donne le prénom de Voullemot et nous apporte la preuve que ce fondeur exerçait encore sa profession en 1686. Je ne suis donc pas loin de la vérité dans le rapprochement que je fais ici pour les cloches de 1666 et 1688. Ce procès-verbal nous apprend en même temps que Claude Voullemot était maître-fondeur à Ambelin, en Lorraine.

bablement du même fondeur. (*Inscriptions* n°ˢ 81 et 101)

🔔(C) — 1573. — (*Insc°ⁿ* n° 55).

C ⊥ G — 1660. — A qui donner ces initiales ? . Je trouve Nicolas Garnier en 1642 et M. Grand en 1680: **C. G** appartient-il seulement à quelqu'un de l'une de ces deux familles? Je me borne à ce simple rapprochement.

C 🔔 P — 1685. — (*Inscription* n° 161). (V. **Petignot**).

C 🔔 P — 1756. — (*Inscription* n° 349). (V. **Petignot**).

C ⊥ V — 1624-88. — *Insc°ⁿ* n°ˢ 83, 163 et 208). (V. **Vouillemot**).

C 🔔 V et S 🔔 V — 1626. — Je retrouve également la marque S 🔔 V sur des cloches de 1712 et 1715 et dans la même région. (*Insc°ⁿ* n° 88 pour la première marque, et, pour la seconde, N°ˢ 254 et 260). (V. **Vouillemot**).

C 🔔 . . . . — 1661. — (*Insc°ⁿ* n° 154). Peut-être C. G que nous trouvons plus haut, en 1660.

B. G. I. V. — 1668 : *Insc°ⁿ* n° 166) La position de ces sigles me fait une loi de les considérer comme des initiales de fondeurs. Seraient-ce celles de D. Goussel, qui se trouve sur des cloches de 1728 et 1736. (*Insc°ⁿˢ* n°ˢ 290 et 306), et de Jean Voissot qui apparaît aussi en 1685 (*Insc°ⁿ* n° 194)? Je n'ose l'affirmer. Pour cette dernière signature, la rapprocher de celle d'une cloche de 1697 (*Insc°ⁿ* n° 222).

D 🔔 V — 1613. — (*Insc°ⁿ* n° 73).

E 🔔 D — 1625. — (*Insc°ⁿ* n° 86). Cette marque serait-elle celle d'un membre des familles Doriz ou Dorre que nous trouvons en 1631 et 1651 ? (*Insc°ⁿ* n°ˢ 97 et 137).

E 🔔 S — 1612. — (*Insc°ⁿ* n° 74). (V. **Sevrot**).

F ⊥ C —1666.—(*Insc°ⁿ* n° 263). (V. **CHAUCHAUD**). Sur une cloche de 1584, je retrouve les mêmes sigles, mais ainsi disposés : F C *et* I G

m'*ont fait refaire*, et je me demande si ce sont les noms de deux donateurs ou ceux de deux fondeurs (*Insc°ⁿ* n° 58) ; j'avoue pourtant que je penche pour la première interprétation.

F. D. — 1820. — (*Insc°ⁿ* n° 599). Ces initiales, gravées comme toute l'inscription de la cloche d'Eydoche, me font supposer qu'elles sont celles du graveur, et que celui-ci pourrait bien être *Dandelle* que nous voyons au même titre sur la cloche de Gillonay (1808, *Insc°ⁿ* n° 512). Cependant ce dernier paraît avoir d'autres initiales.

F. D. B. — 1614. — *Insc°ⁿ* n° 75).

FS ⌣ CI ∩ IIMO (?) — 1719. — *Insc°ⁿ* n° 273). Je n'ai pu retrouver ailleurs ce nom dont les caractères trop frustes sont peut-être mal reproduits par moi. Cependant, je serais tenté d'y retrouver le nom de *F. Vouillemot* que nous avons vu l'année précédente. (V. ce nom).

G. A. F. — 1703. — *Insc°ⁿ* n° 233). Encore une supposition: ces initiales sont-elles celles d'un membre de la famille Aubry, à laquelle cette date nous permet de rattacher ce souvenir ? La dernière initiale, dans ce cas, serait celle du mot *Fecit*.

I. B. — 1578. — (*Insc°ⁿ* n° 57). A la fin de la légende de la cloche de Gillonay. Ces deux sigles me paraissent être les initiales des nom et prénom du fondeur.

IES — 1789. — (*Insc°ⁿ* n° 466). Placées comme elles le sont, au bas de la panse et dans un isolement complet, ces lettres que l'on a d'abord tenté d'interpréter par IES*us*, ainsi que nous l'avons vu inscrit sur la cloche de Villard-Reymond, (*Inscription* n° 224), mais à sa place ordinaire, ne peuvent être que les initiales du fondeur.

I ⊥ H — 1686 (et même 1681) et 1711. — (*Insc°ⁿˢ* n°ˢ 199 et 253). Je pense que c'est J° ou J° *Huard*. Je donnerais cependant plus volontiers cette marque à *Jean*, Joseph avant signé J ⊥ H en 1721. (V. **HUARD**).

I ⊥ P - 1700. — Sur la cloche des Angonnes (*Insc°ⁿ* n° 225). Je trouve en 1703 (*Insc°ⁿ* n° 234), sur une des cloches d'Oz, les sigles I. P. M. F. que l'on peut interpréter I. P. M*e*

Fecit : mais ce rapprochement ne me donne pas la clef de l'énigme, et je ne vois, à cette époque, aucun fondeur qui puisse revendiquer les initiales I. P.

I. B. — 1616. — (*Insc* n° 76). Ces deux lettres terminent la léger de de la seconde cloche de St André-le-Bas, à Vienne. Je suppose qu'elles sont les initiales du nom d'un fondeur.

I ⌂ S. — 1634. — (*Inscription* n° 103). (V. **SEVROT**).

I. V. — 1697. — (*Insc* n° 222). Ces initiales pourraient être rapprochées sans beaucoup de peine des noms de *Vachat* (1735), *Vasfois* (1734), *Vouillemot* (1718), *Vallier* (1702) et *Voissot* (1685). Le dernier surtout, qui porte le prénom de *Jean*, semblerait revendiquer cette cloche : mais, selon moi, ces initiales conviennent mieux à la famille de fondeurs des *Vallier*, qui se trouve, par le fait du millésime, plus rapprochée de celui de cette cloche et dont les produits ont presque tous vu le jour dans les montagnes de l'Oisans et du Trièves. Bien entendu, je ne garantis pas cette attribution ; je la suppose seulement.

L. M. — 1641. — (*Insc* n° 119). A la fin de la légende de la cloche de Ste Marie-d'Alloix, Est-ce bien un nom de fondeur ? Je le crois, sans néanmoins pouvoir l'affirmer.

✝ MI. — 1601. — (*Insc* n° 65). Pourquoi ces initiales ne seraient-elles pas celles de Michel Jolly dont nous retrouvons le nom sur une cloche de 1641, ou tout au moins d'un de ses ancêtres ?

M — IT. — 1739. — (*Insc* n° 313) Ces lettres, qui terminent la légende de la cloche de Billieu, sont-elles bien les initiales du nom d'un fondeur ? Je le pense sans en avoir la certitude.

M ⌂ V. — 1644. — (*Insc* n° 125). Je ne vois que le nom de *Voullemot*, parmi ceux des fondeurs de cette époque, dont on pourrait rapprocher ces initiales ; mais il faudrait alors supposer un Voullemot portant un nom de baptême commençant par un M.

N. — 1641. — (*Insc* n° 115). A la fin de la légende campanaire de Betenoud, cette lettre semble indiquer le nom du fondeur.

N ✝ B. — 1768. — (*Inscription* n° 390). (V. **Bonvie**).

N ⌂ D. — 1631. — (*Inscription* n° 98). (V. **Doriz**).

N ⌂ — 1601. — (*Insc* n° 64). Nicolas Huard (1688) est bien éloigné pour lui attribuer cette cloche. Il vaut mieux laisser ces initiales dormir dans l'oubli, à moins de songer à quelque ancêtre.

N ⌂ M et NA — 1657. — *Insc* n° 177). Je n'ai aucune attribution à proposer pour la première de ces deux marques : la cloche qui sépare les initiales N-M paraît elle-même accostée de quelques caractères que je n'ai pu lire. Quant à NA, je ne me charge pas non plus de l'interpréter.

P. P. — Fin du XVIIIe siècle. — (*Insc* n° 473). Ces deux P sont-ils bien les initiales du fondeur ? Dans mes notes, je suis resté dans le doute.

P ⌂ B. — 1668. — (*Insc* n° 165). **Pierre Boyer** (?) V. ce nom et celui de **Jolly**.

S ⌂ F. — 1501. — (*Insc* n° 25).

S ⌂ V. — 1712-15. — (*Insc* n° 254. Pourquoi ne serait-ce pas un descendant de l'auteur de la marque de 1626 ? (V. **Voullemot**).

Petit écusson renfermant une cloche entre les deux lettres gothiques **l-b** et ayant en chef un **T** — 1589. — *Insc* n° 39). Il faut savoir dire : *J'ignore*.

P et BB. — 1511. — (*Insc* n° 29). *Bis repetita placent*.

Une petite cloche non accompagnée d'initiales se voit sur quelques cloches :(*Insc* n° 18, 72, etc.) Ce sont bien des marques de fondeur ; mais leur mutisme ne nous apprend rien.

TABLE
DES LOCALITÉS DU DÉPT. DE L'ISÈRE
INDIQUÉES DANS CE RECUEIL

Abréviations :

TABLE DES PERSONNES

COUVENTS ET CONFRÉRIES NOMMÉS DANS LES INSCRIPTIONS

Abréviations.

C.	**pour**	**Curé.**	*Ev.*	**pour**	*Evêque.*
M.	—	**Maire.**	*n.*	—	*née.*
P.	—	**Prêtre.**	*Past.*	—	*Pasteur.*
PP.	—	**Pape.**	*Préf.*	—	*Préfet.*
R.	—	**Roi.**	*S. préf.*	—	*Sous-Préfet.*
Adj.	—	*Adjoint.*	*Vic.*	—	*Vicaire.*
Chan.	—	*Chanoine.*	*V.*	—	*Voir.*
Cons.	—	*Consul.*			

N. B. — *A défaut de prénoms ou pour cause de prénoms semblables, plusieurs noms sont forcément inscrits sous les mêmes numéros.*

A

ABEL, J.-J., **C.**	949, 1312
ABRARD (M**ᵐᵉ**), M.-S.-D.	633
ACCARIAS, A.-C.	1159, 1162
— H.	1183
— P.-F.	633
— (Vve Hiptᵉ.), n. P. Rombau.	1183
ACHARD, Adèle.	899
— F.	1342
— Magdeleine.	490
— P.	137
ACHARD DE LA ROCHE, M.-Thérèse.	1239
ACHARD-PICARD, **M.**	1298, 1364
ADENEIS-BULION, n. L. Debolo.	482
ADREVET.	72
ADRETS (de Vaulserre des).	499
AGERON, J.-M.-J., **C.**	1378
— J.-S., **C.**	868
AGLOT, A.	1022
AGOULT (d'), H.-T.	964
— (d'), M.-E.-Philomène.	964
— (Comte d'), P.-H.	669
AIGUE (de l'), V. Laigue.	
AILLOUD, J.-P.	838
AIMARD, J.-B., **M.**	520, 521, 1362
— n. Marguerite Blot.	521, 1362
— n. M.-Marguerite-Blot.	521
ALBERT, J.-A., **C.**	194
ALBON (d'), A.	102
— (Cᵗᵉˢˢᵉ d'), n.M.-T.-A.-A.'de Viennois.	546
— (Marquis d'), A.-C.-R.	1345
— (Mˢˢᵉ d'), n. S.-J.-M.-G. d'Albon.	1345
ALBRAND, **C.**	1301, 1307
ALÉON, A.	1088
ALÉRON, Catherine.	312
ALLAIX, J., **C.**	1393, 1394
ALLARD, Amand.	1363

ALLARD, Antoine, **C.**	926
— P., **M.**	900
ALLEGRET, **C.**	1229
— F.	1187
— L., **C.**	297
— **M.**	566
— n. A. Martin.	1192
ALLEMAN II, L., *Ev.*	34, 1213
— J.-C.	77
ALLEMAND, J.-J., **C.**	456
ALLIBE, C., *Adj.*	661
ALLIOUD, J.-P.	840
ALLIOUD, n. J.-A. Salamand.	840
ALLOIS, Marianne.	373
ALLOUARD, **C.**	624
— J.-B.	508
— J., **C.**	508
ALLYRE-BOUBON, **M.**	968
ALMERAS-LATOUR, J.-G.	834
ALRICY.	466
AMAR-CHATELARD (Vve), n. E. Belluard.	690
AMAT, Marie.	773
— (Vve), n. O. Reymond.	1392
AMAT-ROLLAND, F.	562
AMBLARD, F., **M.**	984
AMBROISE (Sœur Ste.)	768
ANDRÉ, H.	137
— J.	623
— S., **C.**	164
— Victoire.	1317
ANDRIEU, Marie.	821
ANGELIN (d'), n. C. Aléron.	312
ANGERAY (d'), M. A.	193
ANGLANCIER, C.	243
ANGLÈS, A.-M.-C. S. *préf.*	670
ANGOULÊME (LE DUC D').	547
ANNUEL-CHASSAGNE.	587
— C. P.	720
— n. Manuel.	587

37

ERRATA ET ADDENDA

P. XI, dernière ligne. — *Devint* ; lisez : devlnt.

Page 17, n° 31, ligne 4. — D'après un mémoire adressé à Mgr. J⁴ de Caulet, lors de sa 2ᵉ visite pastorale à Sᵗ Théoffrey, en 1757, cette cloche pèse 4 quintaux.

P. 31, n° 64, ligne 7. — Dans la marque du fondeur, N-II ; *lisez* : N-H.

P. 33, n° 67, note 4. — C'est ¦par erreur que ce sceau a été indiqué comme figurant sous le n° 1 (pl. 1). Cette note s'applique au n° 168.

P. 37, n° 83, note 3. — Laie ; *lisez* : L'Aigue.

P. 43, n° 93, ligne 3. — Sous le titre de *petit médaillon à lettres gothiques*, j'ai placé, en tête de cette inscription, l'indication d'une pièce qu'une empreinte insuffisante ne m'avait pas permis de déterminer avec certitude. Une nouvelle épreuve, reçue de Morestel, me fait vivement regretter de n'avoir pu la faire graver à temps. C'est, en effet, un sceau ogival inédit des Augustins de cette localité, sceau que je n'hésite pas, vu son style, à faire remonter au XIIIᵉ ou XIVᵉ siècle. Voici sa légende :

Sanctus augustinus doctor ecclesiæ — cõveť morestelι ;
dans le champ, et dans une niche gothique surmontée d'un dais, effigie de Sᵗ Augustin nimbré et mitré, debout de face, tenant un cœur (1) de la main droite et une crosse de la gauche. Au-dessous, une écusson chargé d'un aigle éployé de face, tournant la tête à gauche.

P. 63, n° 139, note 4. — Je donne ici l'image de ce jeton, comme preuve à l'appui.

P. 66, n° 139, dernière ligne de la note. — Note relatives aux *armes à enquerre*, publiée ; *lisez* : note relative aux *armes à enquerre*, publiées.

P. 69, n° 147, ligne 3. — Le renvoi n° 4 doit être annulé.

---

(1) Un vieux tableau de l'église de Morestel représente également le saint tenant un cœur à la main ; et, pour ceux qui l'ignorent, j'ajouterai que les armoiries de l'Ordre des Augustins portaient : *d'argent, au chef de sable, avec un cœur de gueules sur l'argent, enflammé d'or sur le sable.*

P. 71, n° 151, ligne 2. — F⁵⁰ de Gilibert de Verdun ; *femme du parrain,* sans-doute.

P. 75, n° 164, ligne 5. — Magdelene DAVTHVN ; *lisez en note* : pour *d'Hostun*.

P. 77, n° 168, ligne 1. — *Les R. P. Récollets.* Il y a eu plusieurs couvents de cet Ordre à Grenoble et dans la province de Dauphiné. Le premier couvent de St François établi en France par Henri IV, pour la pénitence que lui imposa le Pape, le fut à Grenoble en 1608.

P. 77, n° 168, ligne 6. — V. la planche, n° 1.

P. 81, n° 185, ligne 1. — CHELLES ; *lisez* : CLELLES.

P. 84, n° 197, note 2. — GHEVRON ; *lisez en note* : pour *Chevron*.

P. 89, n° 207. — J'ai oublié de dire qu'au dessous de cette inscription se trouvent une *Croix,* les armes du Chapitre (*d'or, au sautoir de gueules*) et celles du Prévot (*d'or, à la croix de sable, cantonnée de 4 flammes, chacun de 3 pointes, de gueules*), et que ce dernier écusson est surmonté d'une couronne comtale et d'une crosse.

P. 106, n° 252, ligne 4. — S.T GEORGE ; *lisez en note* : pour *St Georges de Commiers.*

P. 111, n° 268, ligne 1. — LAFREY ; *lisez* : LAFFREY.

P. 115, n° 278, ligne 10. — Sanctuaire ; *lisez* : Calvaire.

P. 129, n° 290. — L'inscription de cette cloche fait allusion à celle de 1573 qu'elle a remplacée ; et, selon moi, ce sont les Chartreux qui firent les frais de la nouvelle fusion : le nom de *Marie* est une des raisons que j'invoque en faveur de mon opinion, et le mot *Dominorum* (DD) vient encore à l'appui de mon idée, les Chartreux étant alors *seigneurs* de leurs montagnes dont ils ne furent dépossédés qu'à l'époque de la Révolution.

P. 136, n° 307, note 4. — *Joannis* ; lisez : *Joannes.*

P. 139, n° 314, ligne 4. — DONADEL ; *lisez* : DONADEI.

Cette cloche avait succédé sans-doute à celle de 1712, qui n'est pas arrivée jusqu'à nous. Elle fut probablement détruite à la suite de la contestation qu'elle suscita et dont nous avons la trace dans la note suivante, qui m'est parvenue trop tard pour l'insérer à la suite de ma 2e note.

• M. de Lombard de Montchallin ayant été parrain de la cloche de Courtenay avec Marianne de Montgrillet, sa femme, veuve de Claude-Gabriel de la Balme, seigneur de Courtenay, Montchallin et Optevoz ; et les titres de seigneur de Montchallin et Optevoz lui ayant été donnés sur l'inscription ; opposition est formée contre messire Jean-Dominique Donadei, curé dudit Courtenay pour qu'il fasse rayer ces titres de la cloche à peine d'être poursuivi par messire Jean d'Euvrard, chevalier seigneur de Courboin, Montchallin Courtenay, Optevoz, et dame Marianne-Rose de la Balme Montchallin, son épouse, le 22 Xbre 1712, se fondant sur ce que M. de Lombard n'a aucun titre à prendre les qualifications de seigneur de Montchallin et Courtenay. •

Cette note est donc une trace du procès qui survint, à propos de cloche, entre les familles de Lombard et d'Euvrard de Courtenay, au sujet de leurs prétentions respectives, procès dont il est question dans l'*Armorial du Dauphiné.*

P. 131, n° 330, ligne 4. — CVHE ; *lisez* : CVRE.

P. 143, n° 353, ligne 5. — Mettre le renvoi (5) après S. TI AC Sᴿ.

    —   —   **6.** — Mettre le renvoi (6) à la place du renvoi (5).

P. 147, n° 364, ligne 1. — MARIAE ; *lisez* : MARIAE.

P. 151, n° 375. — C'est la cloche que l'on sonne en cas d'incendie.

P. 156, n° 387, note 4. — *Ajouter* : Ch.-Frédéric, M⁰ de Gouvernet et Senne-vières, C¹ᵉ de *Bourrellon*, Mures, Chonas, etc. etc., gouverneur de Montélimar, mort en 1775.

P. 172, n° 424. — J'ai oublié de mentionner l'apposition sur cette cloche d'un cachet gravé en relief (une pierre sans doute), qui, par conséquent, a donné une empreinte en creux. Ce cachet représente deux écus ovales accolés : le premier, aux armes de Lᵘ Fᵒⁿ de Vachon, qui, selon l'*Armorial*, aurait épousé 1°, en 1741, Mⁱᵉ Paule de la Rivoire-la-Tourette, et 2°, vers 1770, Mⁱᵉ-Violente-Gilberte de Rostaing de Vauchette, dont il ne donne pas les prénoms *(de sable, à la vache passante d'or)* ; le second, aux armes des Rostaing de Valentinois (d'après l'*Armorial* : *d'azur, à la fasce d'or, accompagnée en pointe d'une rose de même*.

P. 195, n° 488, note 2. — M'imaginant corriger une erreur que j'avais cru reconnaître, j'en ai commis une autre dans cette note : c'est bien *Regnauld* qu'il faut lire (V. également, pour le nom de *du Bouchage*, le n° 641).

P. 210, n° 522, note 15. — *Ajouter* : M. Maignien (*Généalogies et armoiries dauphinoises*) cite une branche cadette de la famille Barnave, dont Barnave de Boudrat, maire de Saillans, épousa Mⁱˡᵉ Baudet de Beauregard, fille de Louis Baudet, conseiller au parlement de Dauphiné ; sa sœur fut mariée à M. de Glasson, capitaine de cavalerie.

P. 229, n°ˢ 581 et 582, ligne 1. — BESSES ; *lisez* : BESSE.

P. 242, n° 627, ligne 12. — Diamètre : *100 c.*

P. 247, n° 641, note 2. — Annuler cette note et la remplacer par celle-ci : Fils de Humbert I Gab. du Bouchage, Conseiller au Parlement du Dauphiné, seigneur de Brangues, et de Bonne de Regnauld de Parcieu (V. le n° 488).

P. 247, n° 642, ligne 8. — MAIRIE ; *lisez* : MAIRE.

P. 252, n° 655, ligne 2. — MOMEN ; *lisez* : NOMEN.

P. 252, n° 656, ligne 3. — COL (pour *Col*) ARCHIPRETRE ; *lisez* : ARCHIPRETRE.

— — **ligne 7.** — JOSEPHA NTOINE ; *lisez* : JOSEPH ANTOINE.

P. 253, n° 659, ligne 6. — BAUD ; *lisez* : RAUD.

P. 262, n° 685, ligne 6. — *Neroud-Lagayère.* Je ne puis m'empêcher de comparer ce nom avec celui d'un curé de 1722, que nous trouvons sous la forme *Neyroud Lagaicre* (V. le n° 275). Il est fort possible que ce dernier ait été estropié aussi bien que plusieurs mots de la légende qui le renferme, et que ces deux noms soient le même.

P. 266, n° 690, ligne 6. — MONTCLA ; *lisez en note* : Pour *Montclar.*

P. 315, n° 841. — Cette inscription, inexactement relevée sur la cloche par un lecteur superficiel ou inexpérimenté, et que je devais à l'intervention trop confiante de M. H. Vital Bertin, se trouve nécessairement annulée par la nouvelle leçon qu'on trouvera plus loin (n° 1252).

P. 323, n° 864, ligne 7. — DESSINES ; *lisez en note* : Pour *Décines.*

P. 326, n° 870, note, 3° ligne. — 1876 ; *lisez* : 1877.

P. 347, n° 921, ligne 3. — Après la seconde ligne, consacrée à la marraine, devait venir la suivante, oubliée par l'ouvrier typographe : ∞ PARRAIN Mᴿ CLᴰᴱ ROUSSILLON MAIRE DE GRENAY ∞

P. 357, n° 940, ligne 6. — REVENTIN ; *lisez* : REVELLIN.

P. 390, n° 1028, ligne 8. — DONNEÉ ; *lisez* : DONNÉE.

Sous ce numéro se placent naturellement les lignes suivantes, dictées par le désir de fixer un souvenir local qui mérite d'être conservé. Voici le fait :

Un journal de Grenoble, l'*Impartial* du 19 mars 1876, annonçait la mort de M. Mathieu-Félix Escoffier, ancien entrepreneur de la manufacture d'armes de guerre de Saint-Étienne-en-Forez. Allié à la famille de l'un des grands industriels du département de l'Isère et possesseur d'une immense fortune, cet honnête homme était peu connu dans notre pays ; mais ses relations en firent un jour presque un compatriote.

C'était en 1856. M. Escoffier était lié d'amitié avec un propriétaire de la commune de Veurey (Isère), M. Valantin. Or l'amitié a des droits, et M. Escoffier était homme à répondre à tout ce qu'on attendait de lui. La paroisse de Veurey avait besoin d'une cloche : on la lui demanda. Et comme, avec lui, chose demandée était chose acquise, la cloche fut baptisée la même année et, ainsi que dans *la Dame Blanche*,

> Ce baptême *fut* une fête
> Pour les parents, pour les amis...

Rien n'y manqua, pas même la pièce de vers de circonstance. Mais ces vers étaient en patois et, qui plus est, dans ce patois forézien qui, malgré de nombreux points d'attache avec ceux du Dauphiné, n'en diffère pas moins sous beaucoup de rapports. Quoiqu'un peu tard, — cela aurait dû se faire depuis longtemps, — il y a intérêt à publier cette pièce naïve, émanée d'un employé de la fabrique de Saint-Étienne et ayant le triple mérite de nous offrir un point de comparaison entre le langage des *canuts* de Lyon, celui de St-Étienne-sur-Furan et les idiomes de notre Dauphiné, et de rappeler à une petite localité de l'Isère le souvenir d'une fête locale qui fut un événement et ne doit pas être oubliée.

Voici la pièce de l'humble poète stéphanois :

Soulannita à l'hounou' de moussu' Felice Escoufflé, lou jou' qu'aul éra paurain d'ina clochi à la Coumuna de Veuray prochi de Granoublou on 1856.

Lou si'nâ at éta bailli	Le signal a été donné
A Veuray lou quinze se'tombre ;	A Veuray le quinze septembre ;
Tout ait sous plus bais habits ;	Tout avait ses plus beaux habits ;
Ina clochi el'ant batéi.	Une cloche on a baptisée.
Tout éra dins la jouay ;	Tout était dans la joie ;
Autoritais civiles et militaires	Autorités civiles et militaires
Aïant liou's bais chapais ;	Ayant leurs beaux chapeaux ;
Jamais Veuray n'a ron veu de si bai.	Jamais Veurey n'a rien vu de si beau.
Au point d'o jou', soule' levant,	Au point du jour, soleil levant,
Au valloun et su'le mountagne,	Dans les vallons et sur les montagnes,
Lous homous fats et lous effant	Les hommes faits et les enfants
Moussu' Felice el' attondiant,	Monsieur Félix ils attendaient,

Bramant tous de boun cœu' : Au' nous fat present d'ina clochi ; N'avons très bionfatcu's, Moussu Valentin et lou di'nou pasteu'.	Criant tous de bon cœur : Il nous fait présent d'une cloche ; Nous avons trois bienfaiteurs, Monsieur Valentin et le digne pasteur.
Coumonçount la soulannita. Si vou aïas veu moussu' le maire, Quand Moussu' Felice at ontra, Lou bai complimont qu'aui y a fat.	Commence la solennité. Si vous aviez vu monsieur le maire, Quand monsieur Félix est entré, Le beau compliment qu'il lui a fait.
Et tous lous counseilllié's... Tout èra pretou pa' faire la fèta ; Jusqu'à lous manelié's De jouay donsavount avouè lous marguillié's	Et tous les conseillers... Tout était prêt pour faire la fête ; Jusqu'aux maneliers De joie dansaient avec les marguilliers.
Lou tions a bion favourisa ; Vou n'y aït dous conts fille blanche, Quand la prouccessioun a fila. Lou Profet, lou di'nou prélat,	Le temps a bien favorisé : Il y avait deux cents filles blanches, Quand la procession a défilé. Le Préfet et le digne prélat,
Et peu lous plus marquans De Granoblou sount venus à la fèta ; Vou y ontondit Pin ! Pan ! Pan ! Lous co's de boueti tiris on redoublant.	Et puis les plus marquants Des Grenoblois sont venus à la fête ; On entendait pin ! pan ! pan ! Les coups de boîte tirés en redoublant.
Vou s'è fat in cot de torchoun ; El' criant quatrou vingts à tabla ; N'y aït de toute counditioun ; Et peu granda illuminatioun.	Il s'est fait un coup de torchon (1) ; Ils étaient quatre-vingts à table ; Il y en avait de toutes conditions ; Et puis grande illumination ;
Et peu de feus de jouay Que vous vèit su' toute le mountagne Ponsa si vou ère bai ; Pa' l'ompereu' vou pot pas faire mais.	Et puis des feux de joie Qu'on voyait sur toutes les montagnes. Pensez si c'était beau ; Pour l'empereur on ne peut pas faire mieux.
Quand Valantina sounara ; Dos plus vio's couma dos plus jouénous Votroun noum se pronouncara, Et lou boun Diò vous bénira.	Quand Valantine (2) sonnera, Des plus vieux comme des plus jeunes Votre nom se prononcera, Et le bon Dieu vous bénira.

L'auteur de cette amusante pièce de circonstance s'appelait — j'ignore s'il est encore de ce monde, — J.-Bte. Thivet et exerçait les modestes fonctions de concierge à la manufacture impériale d'armes de Saint-Étienne.

La cloche de Veurey avait déjà salué bien des naissances, célébré bien des épithalames, pleuré bien des morts, lorsqu'une fête de famille me mit, un beau jour, en rapports avec M. Félix Escoffier que je n'avais pas encore l'honneur de connaître. C'était en 1869, s'il m'en souvient bien. Je lui parlai de la cloche de Veurey, et ce fut lui qui m'apprit de quelle poétique façon sa naissance avait été célébrée. Je lui demandai de me procurer une copie de ces vers, et, peu de temps après, il m'envoya cette pièce écrite de la main même de l'auteur ; mais comme M. Thivet l'avait déposée sur le papier sans trop connaître l'orthographe de son patois. M. Escoffier la transmit d'abord, par l'intermédiaire de M. Testenoire-Lafayette et sur ma demande, à un juge plus compétent, à l'un de ses compatriotes qui fait le plus honneur à son pays et aux lettres, et conserve, quoique habitant Paris, l'amour du vieux langage natal, le possède parfaitement et fait des études de linguistique qui donnent beaucoup de

(1) Un *diner*.
(2) Nom de la cloche.

poids à son opinion. M. Aug. Callet (1) eut non-seulement la complaisance de corriger cette première pièce, mais encore, — voyant qu'elle laissait beaucoup à désirer, — d'en faire sur le même sujet, une autre qui conserve toute la saveur du cru. M. Testenoire-Lafayette voulut bien y joindre, en outre une note sur l'orthographe adoptée par M. Aug. Callet pour reproduire ce patois local.

Voici la nouvelle pièce qui, sans rien perdre de son air *gaga*t, est beaucoup plus littéraire que la précédente.

Le batéaille
de la clochi devè' Veuray,
parochi dau las devè' Granoblou

A la louïangi dau paurain Mounsu' Félice Escouffié,

devè' Sant-Thieve-de-Feron.

—

1856

Pin ! Pan ! lou si'na é bailli
A Veuray, lou quinzou se'tombre,
Iquen ne s'écound pas dins l'ombre :
Une clochi el ant bateu !

Nò ! Veuray de grands de la terra
Jamais n'ait veu tau' troupé ! ;
Gens d'iglesi avoué gens de guerra
Reluyant dau pié au chapé' ;

Curats portant la blanchi flochi,
Souda's trainant lio's éperouns ;
Lous gros bounets de la parochi,
Tous lous ricba's daus environs.

Dreit qu'ò fit jou', dins le campagne,
Vio's, fenne, effans, tout lou forain,
Dins le coumbe et su' le mountagne
Attondiont, joyoux, lou paurain.

Lou vequia ! vou é lu', placi, placi !
Et l'avisant, tout ebaubis
E' se disiant : d'iquetta raci
Que n'y a-t-ou mais dins lou païs.

Una clochi éra notroun rêve ;
Mais gin de lia's, gin de foundò !
N'avouns décuché vè' Sant-Tiève
Un ami, tialochi et cœu' d'o'.

Vou é lu ! dit l'un. Iqué' ? dit l'una.
Ma's au vilageou ol é't ontra.
Que lous parmeis de la communa,
Moun Dio ! l'ant dounc bion harangat !

Lou maire ait preis soun écharpa,
Sa bella étola lou pasteu' ;
Me, bada-bè couma una carpa,
J'acotave chaque orateu'.

L'un disit : iquella campana,
Tant que lou moundo durara,
Not et jou', diomingi et semana,
De vous, moussu', nous parlara ;

Et dins le rire, et dins le larme,
Aux Noue's, aux *De profundis*,
Si é souna, avoué' grand vacarme,
De çay, de lay, parons, amis,

---

(1) M. Auguste-Pierre Callet, né le 27 octobre 1812 et mort le 9 janvier 1883, avait été représentant du peuple à la Constituante de 1848 et à l'Assemblée nationale de 1871 pour le département de la Loire. Républicain modéré, après avoir fait partie du groupe Féray, il se rapprocha bientôt du centre droit, dont il fut vice-président, et ne cessa plus de voter avec la droite. Battu aux élections de février 1876, M. Callet rentra dans la vie privée. Il a publié quelques brochures politiques et deux romans, sous le pseudonyme de *Sir Walter Scott*. Il préparait, quand la mort l'a surpris, une édition, de l'un des vieux poètes *gagats* du pays de Saint-Étienne. Sur le désir qu'il m'en avait fait exprimer, je n'avais d'abord désigné l'auteur de ces vers que par la qualification qu'il prend à la fin de la pièce ; mais les retards indépendants de ma volonté, qui m'ont empêché de la publier plus tôt, ont modifié naturellement la détermination que j'avais prise, et la mort de M. Callet, qui date déjà de deux ans, m'a rendu une liberté qui me permet de mettre son nom à la place d'un pseudonyme.

Crede nous, à chaque vouléia
Tous, par vous à tabla beirouns,
Et, par vous, meilloura ponsèia.
A l'iglesi tous prèiarouns.

L'autrou disit : ... Ma's, paura tèta !
Si je n'ai pas tout es•oubla,
Prònou, discou's, parpos de fèta,
Je crèïou que j'ai tout mécla.

Revenouns à le batèaille.
La clochi, vou é couma l'effant,
Ma's gin de mare en relevaille,
Et gin de pare trioumphant.

Gin de nùricl. Dompeus l'auba,
Couma filla é l'ant affutiat ;
Avouè' la linga el a la roba,
De le fille bouna métiat.

Pa' témoins douè'cents domiselle,
Couma de nonne, tout en blanc,
Evècou, cla's, dame en farbelle,
Tous lous marguilliès à lio' banc.

Peus venount le sainte parole ;
Amen, dit lou paurain tout bas,
Mais bras balans : quelle fillole
Se croussount pas au meid lous bras.

Vou é fat ! Prenou l'aiga beneite.
Onte ant-i's metta lou couvè'?
Vivats, chansouns et co's de boueiti,
Iquen n'e' sadou qu'au dessè'.

Davant me lou Prafet passave ;
Lou seguiò, ponsant : un Prafet,
Qu'ò vire de chaus ou de rave,
Counut lou chami' dau buffet.

O lou trovait. La granda nappa !
Que de poutets (1) ! que de bichouns !
Jouènous vins que sontount la grappa,
Vio's vins meûris sous lous bouchouns ;

Giblé, agnè's, cayouns, voulailli !
A tabla n'èriouns quatrou vingts.
Vrai ! lous gagats, dins lio's froumailli,
N'ant pas mais d'èmou et meillo's vins.

Qui a payï ? n'é pas lou vicairou,
Ni lou prafet. Qui ? Zo scaò pas.
Le gens de Veuray poyount guerou,
Tandio que mingiouns què repas.

I's dansavount davant la porta,
Aiant alluma cent crisiòs, (2)
Et peta's et fusais, de sorta
A charmâ' l'oureilli et lous yo's.

Lous beus, lous crès, et la vallèïa,
Et paisanna et paisan,
Partout vou èra la mèma veia ;
Tout èra flambant, tout dansant.

Me mèmou j'ontriò dins la rounda ;
Tornave et vèins tout tornâ'...
Vou ne durait qu'una secounda ;
Lou sûn venit.. m'èveillò tâ'.

Hiora (3) la fèta, la boumbanci,
Et lou bel moundou dau deffò',
Tout iquen n'é que souvenanci ;
Ma's la clochi demore incô'.

Din ! Din ! à toun travouè, pereisi ! (4)
Acota ! Vequia l'*Angelus*,
Au travouè tous, peu' qu'à l'igleisi,
Din ! Din ! lous treis co's sount ferus.

Doun ! Doun ! plouràs, la Jeanna ò mortal
Din ! Doun ! chantàs, Piarre é naisçu !
Din ! pâ' zo veire, eiri la porta :
La bouètousa épouse un boussu.

Din ! Din ! couma quella bicana,
Que de tant brûre ait lou goût,
Autra bouètousa, la campana,
En se tortillant, vous dit tout.

Vou é la gazetta dau villageou
Ma's é ne maufat à tengun ;
Et dit aux partants : boun vouiageou !
Et dit : boun courageou à chacun !

Tant et quant d'iquella babiola
Un chacun ame lou refrain ;
Et vou é ina figua, una fillola
Que fat hounou' à soun paurain.

UN VIÒ'S GAGAT
De la Grand-Charreiri

NOTES SUR L'ORTHOGRAPHE DU PATOIS DE SAINT-ETIENNE

1º Le *d* suivi d'un *i* ou d'un *u* se prononce comme le ζ grec, *dz*. Di se prononce *dzi* et du, *dzu*. Sous le bénéfice de cette indication, on se contente d'écrire le *d* comme en français. Le *dz* employé constamment rend l'orthographe très bizarre.

(1) *Poutets*, pots. — (2) Le *crusiou*, ou petite lampe en fer blanc, de forme antique, que l'on trouve encore dans nos campagnes. — (3) *A cette heure, maintenant.* — (4) *Paresseuse.*

2° *U* dans *un, una*, se prononce comme *i*. Je maintiens l'*u*. Je préfère écrire *un, una*. Il faut reconnaître cependant que la prononciation patoise tient le milieu entre l'*i* et l'*u*.

3° Au pluriel féminin, on ne met pas de *s* : les femmes, *le fene* ; c'est le féminin pluriel italien. L'*e* final se prononce moitié muet, moitié fermé, ou plutôt c'est une syllabe muette, mais sur laquelle on appuie.

4° Dans beaucoup de mots, la finale *ou* ou *eou* est brève et muette, comme dans *courageou*, qui ne compte que pour deux syllabes à la fin d'un vers. Cette dernière syllabe s'élide devant une voyelle. Il en est de même de l'*i* dans *clochi, prieri*, etc. Ces syllabes muettes pourraient être indiquées en les sur-montant du signe '.

5° Dans beaucoup de mots, la prononciation patoise retranche des lettres : on prononce *si'nà'* pour *signal* ; *cœu'* pour *cœur* ; *lià's* pour *liards*. Je remplace la lettre disparue par une apostrophe ('). J'écris *si'nà, cœu', lia's*. Cela me paraît à la fois simple, exact, clair et étymologique.

P. 408, n° 1675, ligne 14. — V. n° 1149 ; *lisez :* V. n° 1151.

P. 503, n° 1394, en note. — Le parrain et la marraine sont, le premier, fils de M. Edouard Rocher, et la seconde, fille de M. Firmin Rocher, frères du maire de la Côte-St-André et chefs, tous les trois, de la grande fabrique de liqueurs de cette petite ville.

P. 510, n° 1390, ligne 2. — Il y a un singulier rapprochement entre les noms de la marraine de cette cloche et celui de la marraine de la cloche d'Aguin (n° 852). — N'y aurait-il pas une erreur de nom sur l'une des deux cloches ? — Quant à la cloche de Chanas, de 1870, je n'en ai pas eu connaissance et, par conséquent, je n'ai pu en reproduire l'inscription.

P. 527, n° 1337, ligne 2. — B. P. BONIN NOTAIRE ET Mᵐᵉ BONIN ; *lisez :* B. P. RONIN NOTAIRE ET Mᵐᵉ RONIN, et retranchez de la table générale les noms erronés de BONIN.

P. 595, 2ᵉ colonne. — Une erreur typographique nous a fait placer les deux noms de GALLIEN et GALLAD à la fin de la lettre G de cette table. On voudra bien les rapporter à leur place, un peu plus haut.

TABLE GÉNÉRALE

.

MONTBÉLIARD (DOUBS), IMP. P. HOFFMANN. — 3,281.

CATALOGUE

DES

LIVRES ET BROCHURES

DE

M. G. VALLIER

1. — **Le vallon de la Fûre**. — Lettres sur l'histoire et l'industrie de ce pays. —Grenoble, 1852 (60 p. et 1 carte). 8 fr. »
Epuisé.

2. — **Notice** sur Augustin Blanchet. — Notice sur Edmond Badon. — Grenoble, 1856.   1 25
Epuisé.

3. — **Notice** sur les découvertes archéologiques faites à Réaumont (Isère), à l'occasion des travaux du chemin de fer de St Rambert à Grenoble. — Grenoble, 1856 (7 p. et 2 grandes pl.). 3   »
Epuisé.

4. — **Relation** de l'exécution à mort d'un ministre protestant à Grenoble, en 1745 ; précédée de quelques notes sur la situation des Calvinistes en Dauphiné à la même époque. — Grenoble, 1860 (22 pages).   1 50
Epuisé.

5. — **Notice** sur Albin Gras. — Grenoble, 1860.   1 25

6. — **La vérité** sur l'autel druidique de la Motte-d'Aveillans. — Grenoble, 1860 (8 pages et 4 pl.)   2   »
Epuisé.

7. — **Documents** pour servir à l'histoire de Grenoble en 1814 et 1815. — Grenoble, 1860 (99 pages et un grand fac-simile).   3   »

8. — **Lettres inédites** de Jean-Jacques Rousseau. — Grenoble, 1863 (19 p. et un grand fac-simile).   2 50

9. — **Archéologie de contrebande.** ... à propos de Mandrin . — Grenoble, 1864 (14 p. et 1 grande pl.).   3   »
Epuisé.

10. — **Réflexions** sur les excès commis pendant les guerres de religion. — Un autographe du baron des Adrets. — Une lettre inédite d'Henri III. — Grenoble, 1865 (20 p., 1 pl. et un gr. fac-simile).   3 50
Epuisé.

11. — **Dissertation** sur une colonne milliaire au nom de Constantin, découverte récemment à St Paul d'Izeaux. — Grenoble, 1866 (16 p.). 2   »

12. — **La légende de la ville d'Ars,** en Dauphiné, sur les bords du lac de Paladru (Isère), étude critique et historique. — Lyon, 1866 (86 p., 4 gr. dans le texte et 1 grande carte). 3   »

vertes archéologiques et numismatiques de Francin, près Montmélian (Savoie). — Chambéry, 1877 (16 p. et 1 pl.). 2 »

44. — **Notes** sur l'abbé Guillioud et sur un recueil anonyme de poésies chrétiennes. — Vienne, 1877 (13 p.). 2 »

45. — **Monnaies féodales** du Dauphiné. (Pièces inédites). — Bruxelles 1877 (79 p., 6 pl. et 5 gr. dans le texte). 8 »

46. — **Carrelages** du château de Bressieux (Isère) et du presbytère de Saint-Trophime à Arles (Bouches-du-Rhône).—Tours, 1877 (16 p. et 1 chromolithographie). 3 »

47. — **Les suites de la guerre**, ou Numismatique des forteresses du Dauphiné. — Vienne, 1877 (11 p. et 1 gr. planche). 2 50

48. — **Médailles** historiques de Grenoble. — Bruxelles, 1878 (21 p. et 1 pl.). 2 50

49. — **Notice** biographique et littéraire sur Joseph Rocher, ancien président de la Haute Cour de justice, ancien recteur de l'Académie de Toulouse, etc. — Vienne, 1878 (20 p. et 1 belle photographie). 3 »

50. — **Numismatique mérovingienne** de la Maurienne (Savoie). — St-Jean-de-Maurienne, 1878. (19 p. et 1 pl.). 3 »

51. — **Une inscription retrouvée.** — Tours, 1878 (7 p. et 1 gr. dans le texte). 1 »

52. — **Une inscription** de la vallée d'Aspe (Basses-Pyrénées). — Tours, 1878 (15 p. et 1 belle héliographie). 3 »

53. — **Médailles et jetons** dauphinois — Bruxelles, 1879 (31 p. et 1 pl.). 3 »

54. — **De quelques curiosités** ou bizarreries littéraires, par G. V. Saint-Percurrens.—Marseille. 1879 (35 p. et 1 gr. pl.). 2 »

55. — **La Grande Abbaye** de Dauphiné. — Vienne, 1879. (16 p. et 1 gr. dans le texte.) 2 50

56. — **Numismatique mérovingienne** de la Maurienne (Savoie), 2e lettre. — S-Jean-de-Maurienne, 1879 (8 p. et 1 pl.). 1 50

57. — **Découverte** de médailles gauloises à Moirans (Isère) en 1879; (Rapport à M. le maire de Grenoble). — Grenoble, 1879 (22 p. et 1 pl). 2 50

58. — **Inscription arabe** trouvée à Villefranche-sur-Mer (Alpes-Maritimes). — Nice, 1880 (8 p. et 1 phototypie). 2 »

59. — **Souvenirs** d'une course de montagne en Dauphiné : le mont Saint Eynard, par G. Saint-Percurrens.— Vienne, 1880. (24 p.). 2 50

60. — **Numismatique mérovingienne** de la Tarentaise (Savoie). — Moutiers, 1880 (29 p. 2 pl.). 3 »

61. — **Un œuf de Pâques dauphinois**, par Lord What Fairfish. — Vienne, 1880 (30 p., couverture et titre en chromolithographie). 2 50

62. — **Médailles et jetons** dauphinois (2e art.).—Bruxelles, 1880 (22 p. et 1 pl.). 2 »

63. — **Petite incursion** dans le domaine de la numismatique monégasque. — Nice, 1879, (8 p. et 1 pl.). 1 25.

64. — **Iconographie numismatique** du roi René et de sa famille. — Aix, 1880 (80 p. et 11 pl.). 7 »

65. — **Essai** sur les monuments numismatiques de l'Église et de la Cité de Vienne, en Dauphiné, et sur ceux des Chapitres et des Communautés religieuses de la même province, depuis la fin du XIVe siècle. — Bruxelles, 1881 (176 p., 13 pl. dont une grande et 3 gr. dans le texte). 12 »

66. — **Glanures monétaires** de Savoie (1188-1630). — Chambéry, 1881 (45 p. et 1 pl.). 3 »

67. — **Armorial** des Grands-Maîtres et des Abbés de Saint-Antoine de Viennois. — Marseille, 1881 (76 p. et 35 gr. dans le texte) 8 »

68. — **Inventaire** des monnaies gauloises d'Hostun et dissertation au sujet de quelques-unes de ces pièces. — Bruxelles, 1882 (91 p., 4 pl. et 1 carte géographique). 8 »

69. — **Trouvaille de monnaies** de la dernière moitié du XVIe siècle à Grenoble. — Bruxelles, 1882 (10 p. et 1 gr. dans le texte). 1 »

70. — **Découverte** d'un nouveau dépôt de monnaies romaines dans le département de l'Isère. — Le trésor de l'Albenc.—25,000 pièces !—Bruxelles, 1882 (10 p.). 1 »

71. — **Une boîte en cuir** du XVIe siècle. —Tours, 1882 (29 p. et 1 gr. lithographie). 3 »

2. — **Quelques mots** sur la numismatique gauloise de la Bretagne. — Tours, 1882 (8 p. et 4 gr. dans le texte). 1 »

73. — **Bretagne et Dauphiné**. — Notice sur des médailles et jetons frappés aux armes de France, Dauphiné et Bretagne. — Tours, 1882 (55 p., 2 pl. et 5 gr. dans le texte). 4 »

74. — **Mémoire autographe** de Mansart, avec les observations de Louis XIV. — Tours, 1883. (8 p.). 1 »

75. — **Petit supplément** à la numismatique papale d'Avignon. — Tours, 1883 (16 p., 16 gr. dans le texte). 2 50

76. — **Un billet inédit** de Jean-Jacques Rousseau, publié avec quelques autres documents sur le philosophe genevois. — Genève, 1883. (16 p.) 1 50

77. — **Iconographie numismatique** du roi René et de sa famille. (2e lettre). — Aix, 1883 (68 p., 5 pl. et 1 gr. dans le texte). 6 »

78. — **Les Martyrs de la science :** André Mazot. — Grenoble, 1883. (8 p.) 1 »

79 — **Armes à enquerre**. — Valence, 1884 (2 p. et 1 gr. dans le texte). 0 50

80. — **Une médaille historique** d'Henri IV et un jeton de la Comtesse de la Marche. — Bruxelles, 1885 (16 p. et 1 pl.). 2 »

81. — **Iconographie numismatique** du roi René et de sa famille (3e lettre). — Aix, 1885. (16 p. et 1 pl.) 2 50

82. — **Un nouvau tiers de sol** d'Aire (Landes). — Mâcon, 1885. (9 et p., 1 gr. dans le texte). 2 50

83. — **Numismatique féodale** du Dauphiné : Gros de Guillaume de la Voulte, évêque de Valence et de Die (1378-87). — Valence, 1885. (7 p. et 1 gr. dans le texte). 1 »

84. — **Iconographie et numismatique** des Dauphinois dignes de mémoire : le Comte Monier de la Sizeranne. — Valence, 1885 (20 p. et 4 magnifiques photogravures). 4 »

85. — **Souvenirs** de la Révolution dans le département de l'Isère. — Grenoble ; 1885 (8 p.). 1 »

86. — **Un baptême de cloche** en Dauphiné, en 1856, par Jacques Saint-Mèry. — Montbéliard 1886 (8 p.). 1 »

87. — **Le nouveau tiers de sol** d'Aire à la légende *Vico-Juli*. — Mâcon 1885 (11 p.). 2 50

88. — **Trouvailles monétaires** en Dauphiné et en Savoie. — Bruxelles 1886 (6 p.). 1 »

89. — **Une médaille** de St. Bruno, fondateur de l'Ordre des Chartreux, par D. Waterloos, graveur belge (1627-1715). — Bruxelles, 1886. (9 p. et 1 pl). 2 »

90. — **Sceau** de B.-F. Fouquet, archevêque d'Embrun (1740-67). — Gap, Jouglard (4 p. et 1 gr. dans le texte). 0 50

91. — **Trois médailles hongroises**. — Bruxelles, 1886. — (18 p. et 1 pl.) 2 50

92. — **Sur l'origine des noms** de l'Isère et de la Tarentaise. — Voiron, 1886 (8 p.). 1 »

Montbéliard, imp. P. HOFFMANN. — 3, 281.

SOUS PRESSE :

DU MÊME AUTEUR

Numismatique de la Cour des Comptes et du Parlement de Grenoble, — Un fort volume d'environ 350 pages, orné d'un grand nombre de gravures dans le texte et hors texte, la plupart de ces dernières tirées en chromolithographie à deux teintes.

Lightning Source UK Ltd.
Milton Keynes UK
UKHW05f2006020518
322020UK00008B/546/P

9 781271 041350